Bruno Bettelheim

UN GENITORE QUASI PERFETTO

Traduzione di Adriana Bottini

Feltrinelli

Titolo dell'opera originale
A GOOD ENOUGH PARENT
Alfred A. Knopf, Inc., New York

Traduzione dall'inglese di
ADRIANA BOTTINI

Prima edizione nei "Saggi" ottobre 1987
Prima edizione nell'"Universale Economica" gennaio 1998
Tredicesima edizione nell'"Universale Economica" - SAGGI
aprile 2005

ISBN 88-07-81469-2

Dedicato alla memoria di
Trude Bettelheim
e ai nostri figli Ruth, Naomi, Eric

Ringraziamenti

Desidero per prima cosa precisare che il titolo del presente libro si ispira all'idea di "madre abbastanza buona", o "madre passabile", formulata da D.W. Winnicott. Io l'ho estesa a entrambi i genitori, visto che entrambi sono importanti per lo sviluppo del bambino. Il titolo suggerisce che, per una buona educazione dei propri figli, non bisogna cercare di essere dei genitori perfetti, né tanto meno aspettarsi che lo siano, o che lo diventino, i nostri figli. La perfezione non è alla portata del normale essere umano, e l'accanimento nel volerla raggiungere è inevitabilmente di ostacolo a quell'atteggiamento di tolleranza verso le imperfezioni altrui, comprese quelle dei figli, che, solo, rende possibili rapporti umani decenti.

È invece alla portata di tutti essere genitori passabili, vale a dire genitori che educano bene i figli. Occorre però che gli errori che commettiamo nell'educarli (errori il più delle volte dovuti semplicemente all'intensità del nostro coinvolgimento emotivo) siano più che compensati dalle molte occasioni in cui ci comportiamo in modo giusto con loro. Scopo di questo libro è aiutare i lettori a essere genitori passabili.

Le mie idee sull'educazione infantile si sono formate nel corso di lunghi anni e sarebbe quindi impossibile ringraziare tutti coloro che hanno esercitato un'influenza su di esse. Molte di tali idee si sono sviluppate in risposta a problemi educativi concreti, incontrati personalmente o presentatimi da altri perché li risolvessi. Non mi è possibile pertanto esprimere qui la mia gratitudine a tutti coloro che, in un modo o nell'altro, mi hanno aiutato a dar forma alle idee su cui si basa questo libro. La mia più viva riconoscenza va comunque a Joyce Jack, per l'aiuto che mi ha dato nella stesura del testo e per il suo sforzo incessante nel renderlo più leggibile.

Dietro suo suggerimento ho fatto leggere il manoscritto anche a Katherine Bernard, ai cui consigli devo pure molto.

È stato Theron Raines a suggerirmi l'idea, molti anni fa, di scrivere un libro sull'educazione dei figli; da lui mi è venuto l'impulso iniziale e, ora che il libro è terminato, gliene sono grato. Se Theron Raines è stato dunque la causa prima, la seconda è stata Robert Gottlieb, con il suo interessamento e incoraggiamento, e con la sua rara pazienza nell'aspettare che il libro fosse portato a compimento, cosa che ha richiesto un tempo incredibilmente lungo; anche a lui desidero esprimere la mia gratitudine.

Prefazione: nota per il lettore

Nel corso del libro uso il maschile per riferirmi ai genitori (a meno che gli esempi non si riferiscano esplicitamente a una madre) e questo nonostante, scrivendo, avessi in mente soprattutto le madri e benché presuma che saranno soprattutto le donne a leggerlo. Non solo, ma, dato che un po' più della metà di tutti i bambini sono femmine, è stato anche difficile decidere quale genere usare nel riferirmi a essi. Sono peraltro convinto che, benché entrambi i genitori contribuiscano alla buona (o meno buona) educazione dei figli, sia la madre, particolarmente durante i primi anni di vita del figlio, a svolgere il ruolo di gran lunga più importante. Un modo per aggirare questo scoglio semantico sarebbe stato quello di riferirmi ai genitori sempre al femminile e ai figli sempre al maschile, rendendo così più facile per il lettore capire se sto parlando di un genitore o di un bambino. Ma a me riesce difficile pensare a tutti i genitori al femminile, non meno che pensare a tutti i bambini al maschile. Un'altra possibilità sarebbe stata quella di usare ogni volta pronomi e suffissi di entrambi i generi, maschile e femminile, -o/a, lui/lei, ma questa soluzione è troppo lontana dal mio modo antiquato di pensare e di scrivere.

Tuttavia, il motivo principale per cui ho scartato queste soluzioni è che ho scritto questo libro con la sensazione di parlare direttamente ai lettori esattamente come in tutti questi anni ho parlato con le madri, con il personale di istituzioni per l'infanzia, o con un pubblico eterogeneo di persone interessate ai problemi educativi. Mai avrei potuto, rivolgendomi a questi interlocutori, dire lei/lui o aggirare il problema riferendomi genericamente alle "persone che", in astratto. Tali espressioni non avrebbero consentito quel contatto personale, diretto, che per me è importante; perciò ho pensato che fosse più sensato attenermi al convenzionale, antiquato pronome maschile, riferendomi sia ai padri che alle madri, sia a un adulto che a un bambino. Il maschile, in questo senso generale, per indicare sia i maschi che le femmine, mi è più naturale da usare, soprattutto in riferimento ai bambini, anche perché io sono nato e ho trascorso quasi metà della mia vita a Vienna, dove, secondo l'uso della lingua tedesca, per i bambini si usa il genere neutro. Mi piacerebbe che anche in inglese fosse così, e anche per gli adulti, perché in tal modo sarebbe chiaro che non ci si vuole riferire a uno solo dei due sessi. Ma, visto che questo non è possibile, ho ritenuto preferibile attenermi all'uso linguistico tradizionale, che è quello nel quale mi sento più a mio agio.

Parte prima

Genitori e figli

1. Quasi un'introduzione: l'importanza delle prime esperienze

> Secondo la direzione data al giovane virgulto, così crescerà l'albero.
>
> ALEXANDER POPE, *Moral Essays*

Questo libro rappresenta un po' un condensato dei miei sforzi, portati avanti durante tutta la vita, per scoprire e verificare che cosa occorre per riuscire a crescere bene i nostri figli: per allevare cioè dei figli, che magari non faranno necessariamente una buona riuscita agli occhi del mondo, ma che, riflettendoci, si sentiranno contenti di come sono stati allevati, e contenti, tutto sommato, di quello che sono, nonostante gli inevitabili difetti, di cui peraltro nessuno è privo. Un altro segno, secondo me, che si è stati educati bene è la capacità di far fronte in modo ragionevolmente adeguato alla infinite vicissitudini, alle molteplici sofferenze e gravi difficoltà che si incontrano nella vita, e di farvi fronte soprattutto perché si possiede un solido senso di sicurezza in se stessi. Anche se talvolta dubiterà di se stesso (ma solo gli sciocchi arroganti non hanno mai dubbi su di sé), chi ha ricevuto una giusta educazione possiede una vita interiore ricca e gratificante, che lo fa sentire soddisfatto di sé, qualunque cosa gli succeda nella vita. Ultimo punto, ma non certo per ordine di importanza: il fatto di crescere in una famiglia dove i rapporti dei genitori tra loro e con i figli sono improntati a intimità e onestà, rende questi ultimi capaci di formare a loro volta durevoli e soddisfacenti rapporti di intimità con gli altri, rapporti che conferiscono un senso alla vita propria e altrui. Li mette inoltre in grado di trovare soddisfazione e senso nel loro lavoro, così da giustificare l'impegno che esso richiede, perché saranno portati a non accontentarsi di attività che non posseggano un significato intrinseco.

Il mio interesse per i bambini e per l'educazione risale a una settantina di anni fa; incominciai a riflettere su questi problemi quando mi ci scontrai personalmente da bambino e poi da adolescente, e da allora non ho mai smesso di occuparmene. All'inizio il mio interesse non era solo teorico ma anche personale; volevo capire quali erano i fattori coinvolti nel processo educativo quale io l'avevo sperimentato e quale l'avevo osservato nel mondo intorno a me. Benché mio padre e mia madre fossero ottimi genitori, molti aspetti dell'educazione che mi avevano dato mi sembravano discutibili e altri da rifiutare categoricamente. In generale, ero convinto che si potessero e si dovessero migliorare molte delle pratiche educative in uso, soprattutto alla luce delle intuizioni, allora del tutto innovatrici, della psicoanalisi.

In seguito, parlo di almeno 55 anni fa, l'educazione dei bambini divenne per me anche un problema eminentemente pratico e immediato, in quanto avevo incominciato a dedicare la mia vita al difficile compito di cercare di porre rimedio ai gravi danni psichici che altri avevano inflitto ai bambini fortemente disturbati che avevo in cura. Per diversi anni visse in casa con me un bambino autistico (a cui per un certo periodo se ne aggiunse un altro), che cercai di guarire applicando quelle che secondo me erano le pratiche educative corrette, basate sui principi della psicoanalisi. Negli anni quaranta, in circostanze molto diverse, il mio impegno, che fino a quel momento era stato limitato a pochi ragazzi oltre ai due citati, poté estendersi a un numero relativamente ampio di bambini affetti da disturbi psichici molto gravi, nell'ambito della Sonia Shankman Orthogenic School dell'Università di Chicago, dove quei bambini, oltre a ricevere un trattamento psicoanalitico, venivano ospitati ed educati. Il lavoro dell'Orthogenic School è stato descritto in una quantità di pubblicazioni, e non c'è quindi bisogno, in questa sede, che io mi dilunghi ulteriormente su di esso.

Avendo io stesso tre figli, ho imparato, insieme a molte altre cose, che esistono differenze decisive, sul piano psicologico e, quel che più conta, sul piano emotivo, tra fare il genitore dei propri figli e fare da genitore, sia pure con la più grande dedizione, a figli di altri. I risultati di ciò che ho imparato da tutte queste esperienze, le cose che ho trovato utili e quelle che ho trovato dannose, e perché, costituiscono il fondamento del presente libro.

Nel trattare questo materiale ho inoltre tenuto presenti i miei quasi quarant'anni di esperienza nel comunicare ad altri come affrontare i problemi che si incontrano nell'educazione infantile. Questi "altri" di cui parlo consistono essenzialmente in due gruppi di persone molto diversi tra loro: da un lato, un notevole numero di madri, intelligenti e fortemente motivate, di bambini e ragazzi più o meno normali, dall'altro il personale dell'Orthogenic School, dedito al recupero di bambini affetti da carenze psichiche molto gravi, vivendo sotto lo stesso tetto con loro, educandoli in base a principi corretti, e prendendoli in terapia. In ambedue i casi, i miei sforzi hanno sempre mirato a indurre gli adulti a far fronte da soli, nei modi loro più idonei, ai problemi piccoli e grandi che incontravano con i propri figli o con i bambini loro affidati, in modo che i risultati riuscissero di beneficio a entrambi. Dire loro che cosa fare di preciso, o che cosa evitare di fare, non sarebbe servito a risolvere i loro problemi, perché le generalizzazioni e i consigli perdono qualunque efficacia di fronte all'unicità di ciascun adulto e di ciascun bambino, e di fronte alla molteplicità e alla varietà delle situazioni in continua evoluzione in cui si trovano tanto l'adulto educatore quanto il bambino che reagisce al modo in cui viene educato.

Per infinite e complicate che possano essere le mosse in una partita a scacchi, persino il gioco degli scacchi costituisce una metafora semplicistica della complessità dell'interazione umana. Ogni partita inizia da zero, nello stesso identico modo. Le regole sono le medesime per entrambi i giocatori, sono immutabili, note e accettate liberamente dai giocatori, che devono attenervisi rigorosamente. Inoltre, l'esito desiderato e il momento in cui lo scopo è raggiunto sono chiari e indiscutibili: dare scacco matto al re avversario.

Nessuna di queste caratteristiche è applicabile a quello che succede tra genitori e figli. Ogni minima cosa che avviene tra loro è il risultato di una lunga e complessa storia. Ciascun momento, ciascun episodio inizia in modo diverso dai precedenti, a meno che, naturalmente, non siano entrambi, genitore e figlio, già nevroticamente prigionieri di reazioni reciproche stereotipate, che uccidono qualunque germe di spontaneità e di calore emotivo. Non esistono, inoltre, regole condivise, anche se spesso i genitori cercano di imporre le proprie regole, e il figlio, per la sua condizione di maggior debolezza, può non essere in grado di opporvisi. Ma tale consenso forzato non fa che interferire nella capacità del bambino di affrontare in modo costruttivo per sé la situazione problematica. Per tutti questi motivi non intendo offrire in questo libro risposte precise e definitive, ma solo suggerire metodi di approccio atti a rafforzare la tendenza di ogni genitore e di ogni bambino a essere spontanei, a essere se stessi nei loro rapporti reciproci, perché questo, a sua volta, rafforzerà la capacità del bambino di far fronte alla realtà positivamente, nel modo che più gli è congeniale.

Il fatto che un genitore pretenda di far valere la sua visione di una certa situazione e insista perché il figlio ubbidisca alle sue regole non garantisce che il bambino le accetti veramente in cuor suo. Per ciò che riguarda l'esperienza interiore, figlio e genitore seguono ciascuno le proprie regole, di solito senza che esse siano state rese esplicite, né a sé né all'altro. Inoltre, se è vero che ciascuno segue le proprie regole, è anche possibile però che le modifichi nel corso dell'interazione, senza avvertire l'altro, e di solito senza la minima consapevolezza di *averle effettivamente cambiate* e di come ciò sia avvenuto. Né esiste alcun accordo chiaramente enunciato e compreso e liberamente accettato circa quello che costituirà l'esito desiderabile del rapporto genitori-figli. Ma la differenza più grande tra una partita a scacchi e il processo educativo è che la vita vera non è un gioco, bensì qualcosa di molto, molto serio.

Tuttavia, per quanto rappresenti una metafora banale e semplicistica dei rapporti umani, il gioco degli scacchi torna utile per illustrare come in ogni interazione complessa si possano programmare in anticipo soltanto poche mosse: ogni mossa infatti deve tener conto della risposta alla mossa precedente. Perciò è molto importante valutare ogni volta la situazione nella sua totalità: una prima mossa corretta può al massimo dare solo un'indicazione di quale dovrà essere la risposta giusta alla prima contromossa.

Il giocatore principiante, che cerca di seguire i suoi piani senza tener conto delle mosse dell'avversario, va incontro inevitabilmente alla sconfitta. Altrettanto succederà a quel genitore che segue un piano predeterminato, basato su spiegazioni o consigli che altri gli hanno dato su come trattare il figlio. Un genitore deve adattare di continuo con grande flessibilità i suoi sistemi alle risposte del figlio, valutando di continuo la situazione globale via via che essa si evolve. Negli scacchi è subito chiaro che cercare di seguire i propri piani senza riflettere molto attentamente su quello che ha in mente l'avversario e su ogni sua contromossa, è un errore. Lo stesso tipo di riflessione sugli intenti e sulle reazioni del figlio è decisivo anche per la condotta del genitore. Solo che spesso i bambini, se sono in disaccordo con i genitori, nascondono i propri veri sentimenti per paura delle loro reazioni e questi, di conseguenza, si trovano in una posizione falsa.

Il bravo giocatore di scacchi sa prevedere in anticipo tutta una serie di possibili mosse e probabili contromosse, ma solo perché ha imparato a riesaminare e a rivalutare la situazione complessiva dopo ogni mossa. Il genitore che è già abituato a fare la stessa cosa nel rapporto con il figlio non avrà quasi bisogno di consigli; saprà come intervenire e continuerà a fare il punto della situazione dopo ogni intervento e dopo ogni reazione del figlio, per capire che cosa occorre fare. In un certo senso, si può dire che il genitore capace di far buon uso dei consigli non ha bisogno di consigli, mentre quello che non è capace di analizzare correttamente la situazione che si è creata non è neppure in grado di applicare in modo intelligente ed efficace i consigli ricevuti. Ecco perché le spiegazioni e i consigli non bastano: occorre aiutare i genitori a intuire da soli che cosa può passare nell'animo del figlio. Se impariamo a proiettarci nella psiche di nostro figlio, e contemporaneamente cerchiamo di capire quali sono le nostre motivazioni, allora sceglieremo istintivamente la linea d'azione più giusta.

Questo libro, dunque, si basa su quello che per esperienza ritengo essere il modo più efficace per aiutare gli altri nell'educazione dei figli: incoraggiandoli cioè a sviluppare un proprio intuito educativo, e ad assumere atteggiamenti appropriati non solo agli scopi che si prefiggono, ma anche al tipo di persone che essi sono (e al tipo di persona che è il figlio); spronarli ad arrivare a una consapevolezza e a un atteggiamento emotivo che risultino positivi sia per il genitore e il bambino individualmente, sia per il loro rapporto.

E l'esperienza mi ha insegnato che, per arrivare a sviluppare questo tipo di intuito e di atteggiamento che favoriscono la crescita come persone di genitore e bambino e nello stesso tempo accrescono l'intimità del loro rapporto, è di primaria importanza non credere mai di sapere quali sono le risposte giuste, per quanto ovvie possano sembrare, prima di aver analizzato attentamente in che cosa ognuna delle due parti ha contribuito all'evolvere della situazione. Un'altra cosa molto importante è non pretendere di capire la parte del figlio indipendentemente da quella giocata da noi. Se ci sforziamo onestamente di capire noi stessi nel contesto di una data situazione, cercando di vedere in che modo noi vi abbiamo contribuito – volontariamente o involontariamente, coscientemente o inconsciamente – scopriremo che il nostro modo di vedere il problema cambia completamente, e con esso anche il nostro modo di affrontarlo.

Non sempre è possibile seguire questa prescrizione: di fronte a un pericolo imminente o ad altra situazione di emergenza è chiaro che bisogna agire immediatamente. Però, se vogliamo risolvere durevolmente il problema, dobbiamo, una volta passata l'emergenza, in primo luogo analizzare i nostri pensieri e le origini delle nostre reazioni, e quindi provare a immaginarci che cosa è passato nell'animo di nostro figlio. Il fatto di sforzarci di capire il nostro comportamento e quello di nostro figlio riguardo a una situazione ben nota, e a questo punto per noi chiara nei suoi fattori, ci porterà a comportarci nel modo più giusto e più utile a noi e al bambino. Anzi, è appunto questo tipo di autoanalisi che il più delle volte fornisce gli spunti migliori per capire e aiutare il comportamento dei nostri figli.

Già in altri miei scritti, come *Dialoghi con le madri* e alcune parti di *A Home for the Heart*, era implicito il ricorso a questo metodo per comprendere i rapporti genitori-figli. In questo libro vorrei renderlo il più esplicito possibile, precisando che l'unico modo efficace di aiutare le persone intelligenti e ben intenzionate ad allevare il meglio possibile i propri figli consiste nell'incoraggiarle e nel guidarle *a pensare sempre con la propria testa* di fronte ai problemi educativi, *senza* affidarsi ciecamente alle opinioni altrui.

Cercherò quindi, prendendo in esame abbastanza particolareggiatamente un numero limitato di situazioni e aree problematiche tipiche, di mostrare come sia meglio, tanto per il genitore quanto per il figlio, che l'adulto analizzi a fondo la situazione per conto suo, scoprendo così esattamente che cosa c'è in gioco. La premessa da cui partiremo è che, qualunque cosa faccia, il bambino è sempre convinto, anche se a volte erroneamente, che quello che sta facendo o che intende fare rappresenti il modo migliore di comportarsi nella situazione in cui si trova. Il numero limitato di questioni educative che affronteremo in questo libro non pretende naturalmente di esaurire l'enorme gamma di problemi che si incontrano nell'educare i nostri figli. Ma le tracce che darò vogliono aiutare i lettori a diventare più capaci nell'analizzare qualunque problema si troveranno di volta in volta a dover affrontare. Data la mia lunga esperienza sono convinto che quanto esposto in queste pagine sia comunque sufficiente a dare ai lettori che lo desiderino la possibilità di fare propria questa metodologia, al punto di metterli in grado di intervenire in modo più efficace come educatori e anche di trarre maggiore soddisfazione dal rapporto con i figli.

I libri che insegnano ai genitori come si dovrebbero educare i figli non rappresentano un fenomeno nuovo o recente; anzi hanno una lunga tradizione. Soltanto nel nostro secolo, però, e soprattutto a partire dagli anni cinquanta, sono diventati così richiesti: oggi un gran numero di genitori cercano in questi libri consiglio e conforto quando non sanno bene come risolvere i problemi che incontrano nell'educare i figli; e le ragioni non sono troppo difficili da individuare.

Con il disgregarsi della famiglia tradizionale, a seguito del massiccio processo di urbanizzazione e industrializzazione avvenuto in questo secolo, è andata perduta la sicurezza che in precedenza derivava da usanze di antica tradizione, dal fatto di crescere all'interno di famiglie allargate comprendenti più generazioni, e da tutte le esperienze che questo comportava.

Oggi, soprattutto chi proviene da famiglie della classe media non sa più come si allevano i bambini, perché non l'ha imparato durante l'infanzia. Ben diversamente stavano le cose quando le famiglie erano numerose, e gli altri parenti vivevano comunque nelle vicinanze; allora la cura dei bambini più piccoli era affidata ai fratelli maggiori, oppure a cugini o a qualche giovane zia o zio, che abitavano nella stessa casa o nella casa accanto. Se non c'erano consanguinei adatti alla bisogna, supplivano i figli dei vicini, cosa questa normale in tutte le culture contadine. Una volta diventati adulti, tutti ne sapevano abbastanza di puericultura e di pedagogia da sentirsi sicuri su come allevare i propri figli. E se c'era bisogno di consigli, ci si rivolgeva ai propri genitori e parenti, o al sacerdote, o al dottore, certi di ricevere l'aiuto necessario.

Oggi invece i genitori, da un lato, hanno la sensazione che allevare dei figli in un mondo tanto più complicato di un tempo rappresenti una responsabilità molto più grande, dall'altro, si sentono costretti ad assumersene il compito senza il supporto di precedenti esperienze. E la distanza fisica e psicologica che oggi tanto spesso separa le generazioni induce i giovani genitori a temere, sovente con qualche ragione, che a chiedere consiglio ai propri genitori si attireranno invece le loro critiche, e che comunque i consigli che riceveranno saranno inadeguati.

Un altro fattore significativo è la diffusa convinzione che, in un mondo che cambia così rapidamente e in cui le scoperte scientifiche producono sempre nuove conoscenze, sia necessario ricorrere agli "specialisti". Questo crescente bisogno di "specialisti" si inquadra nella convinzione che non ci siano limiti alle conquiste dell'uomo quando questi concentra gli sforzi e applica un metodo "scientifico". La fede nella scienza come fonte del progresso ha sostituito oggi la fiducia di un tempo nella saggezza della tradizione.

Nel campo della psicologia umana, la credenza che tutto sia possibile all'uomo, purché si applichino i metodi scientifici corretti, ha trovato espressione nel modo più diretto e radicale nei principi del comportamentismo (o behaviorismo), secondo la formula originale di J.B. Watson. Watson riteneva che l'essere umano potesse essere trasformato in qualunque tipo di persona si volesse, a seconda di come veniva condizionato durante l'infanzia: perciò, a seconda dell'ambiente e della sua influenza, un bambino avrebbe potuto diventare un genio o un mascalzone, o qualunque altra cosa. Secondo questa bizzarra concezione, la mente e la personalità del bambino appena nato costituiscono una *tabula rasa*, una lavagna vuota, sulla quale i genitori, gli educatori, gli psicologi possono iscrivere indelebilmente i tratti che vogliono. Non è facile spiegarsi come mai questa concezione dell'uomo come un essere completamente manipolabile abbia ricevuto e riceva tuttora così vasti consensi; ma probabilmente viene accolta senza che ci si renda conto delle sue implicazioni. In realtà, l'esperienza di qualunque genitore indica semmai che fin dal momento in cui vengono al mondo, i bambini reagiscono e rispondono nei modi più diversi l'uno dall'altro e già a un'età molto precoce dimostrano una propria volontà, che spesso cercano di affermare anche contro quella dei genitori, benché il tentativo possa rimanere velleitario a causa dell'immaturità del bambino.

Per alcuni la dottrina comportamentistica risulta accettabile perché conferma due idee care all'uomo di oggi: che la vita di un bambino rappresenta un nuovo inizio, per cui qualunque tipo di sviluppo futuro è una possibilità reale; e che, per raggiungere i fini desiderati, è necessaria la più accurata e sistematica preparazione.

Oggi solo i comportamentisti più fanatici sostengono che davvero si possa ottenere qualunque risultato si voglia attraverso l'addestramento, ora chiamato, più "scientificamente", condizionamento o modificazione comportamentale. Ben poco è cambiato invece, rispetto alla diffusa convinzione, di stampo sostanzialmente comportamentista, che il destino futuro di un bambino dipenda interamente da come è stato allevato da piccolo. Senza rendersene conto coscientemente, molte persone fanno propria e applicano al loro prossimo questa teoria, che deriva dallo studio dei riflessi condizionati nei cani di Pavlov e nei colombi di Skinner; quello di cui non tengono conto è che queste reazioni furono prodotte e studiate su animali da laboratorio, addestrati a percorrere labirinti e resi quindi, in seguito a un condizionamento del genere, del tutto inetti a sopravvivere nel loro *habitat* naturale; se questi animali fossero uomini, li chiameremmo disadattati e nevrotici gravi, individui incapaci di reagire spontaneamente e di propria iniziativa alle situazioni, capaci solo di fare quello per cui sono stati "condizionati".

Il comportamentismo divenne la scuola dominante nella psicologia accademica degli Stati Uniti durante il secondo quarto del nostro secolo; in questo stesso periodo si assisté a un rigetto delle pratiche tradizionali nell'educazione dei bambini, in favore di un atteggiamento nuovo, più scientifico, che sembrava più consono alla crescente complessità della vita moderna. E da allora esso ha mantenuto il suo predominio nella psicologia americana, al punto che la maggior parte della gente non si rende neppure conto che "comportamentismo" è il nome che definisce ciò in cui crede.

Il comportamentismo, che viene di solito accettato implicitamente, inconsciamente e quindi in modo acritico, è in antitesi con i principi di altre teorie scientifiche di validità ben maggiore: la teoria evoluzionistica e la teoria genetica. Entrambe dimostrano, con ricchezza di prove incontrovertibili, che l'essere umano non è affatto completamente manipolabile; che la psiche del bambino al momento della nascita non è affatto una *tabula rasa*: al contrario, la sua stessa natura limita drasticamente le sue possibilità di sviluppo futuro. Le teorie genetiche dimostrano che quello che una persona diventerà viene determinato in gran parte già al momento del concepimento dalla particolare combinazione di geni forniti dai genitori. Tale combinazione è diversa da persona a persona (l'unica eccezione è costituita dai gemelli identici, che posseggono la medesima dotazione genetica). Attraverso i geni noi ereditiamo anche gli effetti del lunghissimo processo di evoluzione dell'uomo. Il patrimonio genetico e il processo di evoluzione oppongono entrambi un limite alle modificazioni che si possono produrre nell'individuo mediante l'educazione o altre esperienze di vita.

Nello stesso periodo in cui il comportamentismo conosceva la sua trionfale diffusione, ebbe ampia accoglienza negli Stati Uniti anche la teoria freudiana sullo sviluppo umano, che con il comportamentismo era in netto contrasto. La teoria freudiana pone l'accento sia sull'immodificabilità di gran parte della nostra eredità evolutiva, sia sull'importanza delle prime esperienze: benché non sia possibile modificare minimamente tale eredità, le prime esperienze determinano le modalità in cui essa troverà espressione nella personalità di ciascuno. La psicoanalisi in un certo senso completa la teoria evoluzionistica aggiungendo che, come l'embrione ripercorre nel grembo materno determinate fasi dell'evoluzione animale, alla stessa stregua il lattante e il bambino piccolo ricapitolano certe importanti tappe della storia dell'umanità.

Considerato che il patrimonio ereditario è inalterabile e che non si possono saltare certe tappe dell'evoluzione umana, la psicologia freudiana è molto meno ottimistica del comportamentismo sui risultati raggiungibili attraverso l'educazione. Sostiene che l'uomo sarà sempre diviso da profondi conflitti interiori tra ciò che egli è per natura e ciò che vorrebbe essere (o ciò che i suoi genitori e i suoi educatori vorrebbero che sia); che dovrà sempre inevitabilmente lottare contro le sue tendenze egoistiche, aggressive, asociali, che fanno parte integrante della sua eredità evolutiva e della sua dotazione personale, tanto quanto le aspirazioni e il bisogno di formare legami affettivi intimi; che la nostra pulsione egoistica all'autoconservazione si trova spesso in doloroso conflitto con le nostre tendenze altruistiche, che potrebbero richiedere il sacrificio degli interessi personali al fine della conservazione della specie in generale e della protezione dei nostri figli, o per garantire il benessere delle persone care.

D'altro canto, e questo è un altro principio fondamentale della dottrina psicoanalitica, la forma che le caratteristiche ereditarie assumeranno dipende dalle esperienze di vita dell'individuo. La psicoanalisi assume dunque un punto di vista storico, nel senso che afferma che gli eventi successivi sono in notevole misura condizionati da quanto è avvenuto in precedenza; pertanto, le primissime esperienze di un individuo sono della massima importanza per ciò che egli sarà nella vita adulta, non solo perché costituiscono la base di tutto quello che seguirà, ma anche perché la sua storia iniziale determina in gran parte *il modo* in cui sperimenterà gli eventi successivi. Mentre, dunque, la storia per così dire genetica ed evolutiva di un individuo crea le sue potenzialità, la sua storia personale infantile, più di qualunque altro fattore successivo, rende conto delle forme che tali potenzialità assumeranno nell'attualità della sua vita. Di conseguenza, in tutte le nostre azioni nei confronti del bambino assume importanza decisiva il rispetto per la sua personalità, che è unica e irripetibile. Anziché forzarlo o "condizionarlo" nel senso ritenuto preferibile dal genitore, questi risponderà con la massima sensibilità a quello che di volta in volta meglio corrisponde all'individualità di quel particolare bambino, aiutandolo così a diventare la persona che lui vuole diventare. Il genitore cosciente e responsabile non solo saprà intuire le difficoltà in cui si dibatte il figlio in certe fasi del suo sviluppo, e ne terrà conto, ma cercherà anche di dargli il tipo di sostegno che gli permetterà di risolverle nel modo migliore. Le fasi difficili per un bambino sono, per esempio, la scoperta che il lattante fa di se stesso e i suoi sforzi verso l'individuazione, che comporta la separazione dalla madre; il lento percorso da un'esistenza basata sul principio di piacere, che lo induce a voler soddisfare immediatamente i bisogni e i desideri senza curarsi delle conseguenze, all'accettazione del principio di realtà, basata sulla comprensione del fatto che alla fine si troverà meglio se modificherà certi desideri o ne rimanderà la gratificazione, perché questo gli arrecherà più importanti vantaggi a lungo termine; l'acquisizione dell'autocontrollo, per esempio del controllo delle funzioni fisiologiche; la conquista dei rudimenti dell'individualità durante la fase edipica; l'adattamento alle regole che gli vengono imposte, e la loro interiorizzazione sotto forma di Super-io; e i conflitti dell'adolescenza, attraverso i quali si deve passare per conquistare una relativa maturità, l'indipendenza e una identità personale veramente individuale.

Per padroneggiare ciascuna nuova fase del suo sviluppo psichico e sociale, il bambino ha bisogno della comprensione, della sensibilità e dell'aiuto dei suoi genitori, altrimenti la sua futura personalità sarà segnata dalle cicatrici di ferite psicologiche. Il genitore deve resistere all'impulso di cercare di costruire il figlio che *lui* vorrebbe avere, e aiutarlo invece a sviluppare appieno, secondo i suoi ritmi, le sue potenzialità, a diventare quello che lui vuole e può essere, in armonia con la sua dotazione naturale e come risultante della sua individualissima storia.

Come ammettono sia la dottrina comportamentista sia la teoria freudiana, i nostri atteggiamenti, il nostro comportamento, la nostra stessa personalità possono modificarsi, e di fatto si modificano, nel corso di tutta la vita. Ma, col tempo, diventa sempre più difficile produrre cambiamenti profondi, perché a ogni anno che passa il nostro modo di vedere e di fare le cose si consolida sempre più nei solchi dell'abitudine; diventiamo cioè sempre meno flessibili. E i cambiamenti che possono avere luogo nell'età adulta tenderanno a investire solo zone limitate della nostra personalità e della nostra vita. L'importanza delle prime esperienze riposa quindi sul fatto che esse preparano il terreno per ciò che verrà in seguito, e quanto più precoci esse sono, più intensa ed estesa sarà la loro influenza.

Secondo il comportamentismo, anzi, le prime esperienze ci determinano completamente, creano dal nulla quello che saremo. La psicoanalisi, invece, le considera importanti per un'altra ragione, che riguarda il ruolo che inconscio e coscienza svolgono nella nostra vita. La coscienza, la parte conscia della nostra psiche, si sviluppa molto lentamente, e per certi aspetti rimane sempre sotto il dominio dell'inconscio. Per tutta la durata della nostra esistenza, secondo la psicoanalisi, l'inconscio ci induce a interpretare tutto quello che ci succede alla luce delle nostre prime esperienze. Per esempio, sulla base di come abbiamo interpretato le nostre prime esperienze con i genitori, l'inconscio ci induce a pensare che il mondo ci accetta e ci approva, oppure ci rifiuta e disapprova. Questo atteggiamento viene generalizzato, traducendosi poi nella sensazione di essere buoni o cattivi, capaci o inetti a far fronte alla vita, degni o indegni di amore, e persino soddisfatti o delusi da quello che abbiamo. Tali atteggiamenti così pervasivi si formano sulla base di sensazioni estremamente vaghe e tuttavia vissute con grandissima intensità da piccoli, quando, non essendo ancora sviluppate le nostre capacità di ragionamento, non eravamo ancora in grado di capire quello che ci succedeva. E poiché quegli atteggiamenti, che continuano a dominare le nostre esperienze, nascono dall'inconscio, noi non sappiamo quali ne siano state le cause e perché ci sembrino tanto convincenti.

Se le teorie freudiane sono corrette, risulterà chiaro che le prime esperienze infantili non solo influiscono sulla formazione dell'autostima e sulla percezione di sé in rapporto agli altri, ma determinano anche il modo in cui interpreteremo le esperienze successive, inducendoci a organizzare gli eventi della nostra vita in conformità con le nostre idee pre-concette. Di conseguenza, chiunque si trovi in posizione da influenzare la vita di un bambino dovrebbe sforzarsi di dargli una visione positiva di sé e del suo mondo, perché la felicità futura di quel bambino e la sua capacità di far fronte alla vita e di entrare in rapporto con gli altri dipenderanno da questo.

Freud ebbe a dire che il risultato più desiderabile di un'educazione basata sulla psicoanalisi (di un'educazione, cioè, che riconosca sia l'importanza dell'inconscio sia la necessità di incanalarne le forze al servizio di fini socialmente e individualmente utili) consiste nel mettere una persona in grado di "amare e lavorare" nel modo migliore. E intendeva riferirsi alla capacità di trarre la massima soddisfazione possibile dalla vita nella sfera privata come nella sfera pubblica: amare, essendone ricambiati, coloro con i quali si condivide la vita, ed essere utili alla società, così da trarre un giustificato orgoglio da quanto ci è dato conseguire in quell'ambito, nonostante le inevitabili durezze della vita, e indipendentemente dal giudizio altrui. Possiamo aiutare i nostri figli a raggiungere queste due mete se li aiutiamo a sviluppare la capacità di far fronte alle vicissitudini della vita, in modo che, anziché sentirsene sconfitti, ne traggano forza e consapevolezza maggiori, e soprattutto consapevolezza di ciò che avviene dentro di loro.

Le principali correnti di psicologia infantile, dunque, sottolineano l'importanza delle esperienze infantili per lo sviluppo verso la maturità, e mettono in luce come il modo in cui il genitore interviene in tali esperienze non solo sia della massima importanza, ma possa addirittura risultare fatale. Non si può dire che il genitore di oggi non sia stato informato sulle cose di cui dovrebbe preoccuparsi nel rapporto con il suo bambino che cresce! E infatti il genitore moderno si preoccupa, purtroppo.

Se pensiamo a quanto affermano il comportamentismo e la

psicoanalisi, e se consideriamo che la maggior parte della gente, prima di avere figli propri, non ha mai fatto esperienza di bambini, non stupisce che il genitore coscienzioso entri in ansia all'idea di sbagliare tutto e di fare del male al figlio che ama. Ma l'ansia del genitore, per quanto giustificabile, è molto dannosa, per il genitore come per il bambino. Winnicott, al cui concetto di madre passabile ho accennato nello spiegare il titolo di questo libro, afferma, a proposito della madre passabile, che quando il bambino nei primi mesi di vita la guarda, vede se stesso nel suo viso, o, si potrebbe dire, trova se stesso nel viso della madre, che, grazie alla profonda empatia che prova nei confronti del figlio, riflette sul suo viso i sentimenti *del bambino*; in questo senso egli si vede in lei come in uno specchio e in tal modo trova se stesso. Una madre non altrettanto passabile non riesce a riflettere sul suo viso i sentimenti del figlio, perché è troppo presa dalle proprie preoccupazioni, per esempio si chiede se sta facendo la cosa "giusta", o è in ansia perché teme di sbagliare tutto. Il piccolo, non trovandosi riflesso nel viso della madre, reagisce a quello che vi trova, all'ansia materna, e comincia a sentirsi in ansia per se stesso. Peggio ancora, vede un viso sconosciuto là dove avrebbe dovuto trovare ciò che più gli è noto, e si sente solo anziché unito da un legame profondo a un altro essere umano.

Ne consegue che per essere dei genitori passabili occorre riuscire a sentirsi sicuri di sé come genitori, sicuri nel rapporto con il figlio. Talmente sicuri che, pur usando la massima attenzione nel trattare il figlio, non ci si preoccupa più di tanto, e non ci si sente in colpa all'idea di non essere genitori passabili. La sicurezza del genitore circa *il suo essere genitore* sarà l'origine della sicurezza del bambino in rapporto a se stesso. Perciò è mia speranza che questo libro, lungi dal far sentire i miei lettori in ansia o in colpa su come si comportano con i loro figli, faccia loro pensare: "Ecco, è quello che faccio io," o almeno: "È quello che volevo fare." In altre parole, vorrei che questo libro li faccia sentire più sicuri come genitori, meno preoccupati di sbagliare.

Tuttavia, benché la sicurezza del genitore circa il suo modo di comportarsi con il figlio sia molto importante per il benessere del bambino e per il suo, rimane il fatto che, oggi, molti tra i genitori più responsabili si sentono quasi oppressi dalle responsabilità che avere figli comporta. Persino i problemi più banali e normali possono assumere proporzioni spaventose se si è convinti che tutto il futuro del proprio figlio venga deciso da come si risolve una data situazione. È comprensibile dunque che i genitori di oggi, che non credono più che il destino dell'uomo sia nelle mani di Dio o del caso, sentano il bisogno di una guida, che li consigli su come assolvere a un compito così decisivo.

Il problema allora è: in che cosa deve consistere tale guida? In uno "specialista" che dica al genitore che cosa deve e che cosa non deve fare, o consiste invece nell'aiutare i genitori ad arrivare, autonomamente, a prendere decisioni che siano giuste non solo per i loro figli ma anche per loro?

Nessun libro può avere la pretesa di trattare i mille e mille problemi che si possono incontrare nell'educazione dei figli, né tanto meno le infinite variazioni in cui essi si manifestano in pratica. Per il suo stesso bene, nonché per quello del figlio, il genitore deve risolvere i problemi via via che gli si presentano, e deve risolverli a modo suo; altrimenti la soluzione non andrà bene né per il bambino né per lui, non lo farà sentire "a posto" con se stesso. Quanto al fornire una guida ai genitori, l'unica possibilità realistica è indicare, attraverso l'analisi di alcuni esempi, quale tipo di ragionamenti un genitore potrebbe fare su di sé e sul suo bambino nelle varie situazioni concrete.

A mio avviso, il compito più importante del genitore è imparare a intuire con il sentimento il senso che possono avere le cose per suo figlio, e comportarsi di conseguenza; in questo modo farà ciò che è più utile per entrambi e inoltre renderà più profondo e positivo il loro rapporto. Il modo migliore per riuscirci, per acquistare questo "feeling", consiste nel richiamare alla memoria che cosa aveva significato per noi, da bambini o da ragazzi, una situazione analoga, e per quali motivi, e pensare a come avremmo voluto, allora, che i nostri genitori gestissero quella situazione. In tal modo useremo creativamente le nostre stesse esperienze di vita, che acquisteranno un nuovo e più profondo significato via via che le richiamiamo alla mente alla luce del nostro essere, oggi, genitori.

Perché allevare figli è un'impresa creativa, un'arte più che una scienza. In queste pagine cercherò di offrire alcuni suggerimenti su come avvicinarsi a quest'arte, e su come applicarla. Non potrò invece dire al lettore come viverla, né quello che egli individualmente vi potrà trovare, perché queste sono cose troppo personali, che nessuno può dire a un altro, anche se le idee di un'altra persona possono effettivamente stimolare la capacità di agire creativamente, con gesti, però, che siano solo nostri. Vorrei cercare di chiarire quella che spero possa essere la funzione di questo libro per i miei lettori citando quanto ebbe a scrivere T.S. Eliot nel suo libro *Sulla poesia e sui poeti*: "Probabilmente, ci sono molte cose da conoscere su questa o quella poesia, molti fatti sui quali i dotti possono istruirmi; ma penso che un'interpretazione valida della poesia debba essere nel contempo un'interpretazione dei miei sentimenti di lettore."*

Il lettore che adotterà l'atteggiamento indicato da Eliot, che è un artista, troverà le proprie azioni molto più interessanti e gratificanti, e scoprirà che allevare un figlio è un'esperienza molto più esaltante, molto più ricca di gioia, per sé e per lui.

*T.S. Eliot, 1956. Trad. it., Milano 1960, p.126.

2. I consigli dello specialista o l'esperienza interiore?

I consigli sono raramente bene accetti; e coloro che più li richiedono sono sempre quelli che meno li gradiscono.

EARL DI CHESTERFIELD, Lettera al figlio, 29 gennaio 1748

Quello che è irritante nelle istruzioni di questo tipo è che partono dal presupposto che ci sia un solo modo di montare un barbecue: il *loro*. E questo presupposto esclude qualsiasi intervento creativo. In realtà di modi ce ne sono cento, e quando ti costringono a seguirne uno solo, senza mostrarti il problema nel suo complesso, diventa difficile seguirlo senza fare errori. È un lavoro che si fa senza slancio. Oltre tutto, è molto improbabile che il loro modo sia il migliore.

ROBERT M. PIRSIG, *Lo Zen e l'arte della manutenzione della motocicletta**

Il modo in cui i bambini vengono allevati influisce dunque enormemente sul loro sviluppo e su come saranno da adulti. Si può quindi capire che i genitori chiedano consiglio agli specialisti, specialmente quando non riescono a decifrare il significato del comportamento del figlio, o si sentono ansiosi circa il suo futuro; quando non sanno bene se e come intervenire; o quando i tentativi da parte loro di correggerne la condotta rendono infelice il figlio e suscitano la sua resistenza.

Esistono tuttavia anche altre ragioni che spiegano come mai, negli ultimi decenni, tanti genitori finiscano per affidarsi ai consigli e alle raccomandazioni dei libri che insegnano come allevare i figli. Una di queste è il fascino che esercita il taglio da "istruzioni per l'uso" di molte di queste pubblicazioni, quasi che la vita fosse una partita da giocarsi seguendo le istruzioni. E all'idea che sia sufficiente attenersi punto per punto alle istruzioni per ottenere automaticamente certi risultati hanno contribuito sia il comportamentismo sia una certa banalizzazione delle teorie di Freud.

L'esperienza del "fai da te" insegna che, se ci viene dato uno schema valido e delle istruzioni corrette, riusciamo a costrui-

*Trad. it., Milano 1984[6].

re con piena soddisfazione oggetti anche piuttosto complicati, mentre senza le istruzioni per l'assemblaggio avremmo fatto dei pasticci o rovinato tutto. Questo spiega l'attuale popolarità di libri e manuali su "come fare" nei campi più svariati, persino su argomenti che riguardano i sentimenti più privati e i rapporti più intimi. I consigli che questo tipo di libri offre vengono accettati da molti senza esitazione, e tanto grande è il timore di sbagliare da parte dei genitori che non stupisce come il desiderio di comportarsi nel modo giusto con i propri figli abbia portato alla creazione di una vastissima letteratura su come allevare i bambini.

Inoltre, nella nostra società vige il pregiudizio quasi universale che esista un solo modo giusto di fare le cose, mentre tutti gli altri sono sbagliati; per cui, se si segue questo modo "giusto", raggiungere lo scopo prefisso diventa un processo abbastanza semplice. Perciò, quando le cose si fanno difficili e complicate, i genitori tendono a pensare di non aver seguito il metodo giusto, altrimenti tutto sarebbe andato liscio e sarebbe riuscito alla perfezione. Effettivamente, quando, nell'assemblaggio di qualche oggetto complicato, le cose non tornano, andiamo a consultare il manuale delle istruzioni e il più delle volte scopriamo di avere commesso un errore. Se lo correggiamo e procediamo come dicono le istruzioni, ecco che subito i vari elementi combaciano perfettamente.

È su questa duplice convinzione che si basa il successo dei manuali del "fai da te", unita all'esperienza che, effettivamente, se si seguono le istruzioni, si ottiene il risultato promesso. Anzi, il movimento del "fai da te" ci ha dimostrato che in molti casi esiste davvero un metodo giusto per fare le cose, metodo che davvero è abbastanza facile da applicare con successo. Questo vale, tuttavia, quando si tratta di costruire degli oggetti, soprattutto se l'unica cosa richiesta è il corretto assemblaggio di pezzi già pronti. Nella nostra società, che si può dire ha conosciuto il maggior successo con i macchinari per la produzione in serie, è forte la tentazione di credere che gli stessi principi, che si sono dimostrati così indiscutibilmente validi nel campo dell'ingegneria meccanica, dovrebbero essere applicabili anche ai rapporti umani e allo sviluppo delle persone.

I genitori che si affidano ai manuali del tipo "come allevare il vostro bambino", stabiliscono nel loro subconscio un parallelo tra la forma più intima di rapporto interpersonale e l'assemblaggio delle funzioni di una macchina.

Poiché qui e altrove nel libro si usano i concetti di inconscio e di subconscio, può essere d'aiuto indicare in che cosa differiscono. Normalmente una persona non è cosciente di ciò che accade nel proprio inconscio o subconscio. Ma il contenuto del subconscio può divenire accessibile attraverso un'attenta analisi dei pensieri, dei sentimenti, delle motivazioni profonde: per quanto si tratti di un processo assai difficile, è tuttavia possibile portare alla coscienza ciò che si muove nel subconscio. Tra conscio e inconscio vi è invece una barriera impenetrabile: ciò che si agita nell'inconscio è ciò che per la coscienza è assolutamente inaccettabile ed è stato quindi rimosso. La piena consapevolezza dei materiali inconsci può essere raggiunta solo attraverso la più grande resistenza. Occorrono uno sforzo e una determinazione concentrati e un duro lavoro intellettuale per penetrare la barriera che separa la coscienza dall'inconscio e, in molti casi, questo è possibile solo fino a un certo punto, se non addirittura del tutto impossibile.

Tornando al nostro esempio, l'idea che vi sia un parallelo tra l'assemblaggio delle funzioni di una macchina e il funzionamento di un bambino (e ci si comporti poi di conseguenza), potrebbe essere per alcuni genitori un pensiero talmente aberrante che essi semplicemente non lo accettano. Per loro, tale parallelo, che pure determina i loro pensieri e le loro motivazioni, rimane inconscio. Altri genitori, riflettendoci sopra e sforzandosi seriamente di analizzare i propri pensieri e le proprie motivazioni, riescono a riconoscere che, sia pure senza esserne consapevoli, essi avevano effettivamente stabilito un parallelo tra il funzionamento del figlio e quello di una macchina. In questo caso, il parallelo non era stato rimosso nell'inconscio, ma era rimasto, fino al momento della sua riscoperta, nel subconscio.

In entrambi i casi, molti ne parlano nello stesso modo, dicendo per esempio che vorrebbero che il loro bambino desse delle "prestazioni" migliori, o "rendesse" di più a scuola (uno dei motivi più diffusi per cui ci si rivolge agli specialisti). Se invece a un genitore sta a cuore soprattutto che suo figlio abbia una vita soddisfacente e sia felice, è poco probabile che ne parli in questo modo. Anzi, è il parallelo operato nel subconscio tra due fenomeni assolutamente non paragonabili, come una macchina ben funzionante e una vita vissuta bene, che suscita nei genitori, quando i loro sforzi non riescono a "produrre" esattamente i risultati previsti, quel senso di intima insoddisfazione nei confronti propri e del figlio. Ne deducono allora che ci deve essere qualcosa che non va nelle loro "tecniche" educative, che devono avere applicato un "sistema scorretto", perché altrimenti avrebbero ottenuto i risultati giusti. È questo tipo di mentalità che induce i genitori a ricorrere ai manuali per imparare "come fare" a fare i genitori, quando il problema vero non è "fare" ma *essere* dei bravi genitori.

Con questo non voglio dire che un genitore non debba preoccuparsi di fare del suo meglio con i figli, o che bisogna lasciare tutto al caso. È compito dei genitori offrire una guida ai figli, attraverso il loro comportamento e i valori sui quali impostano la loro vita. Ma bisogna liberarsi dall'idea che esistano dei metodi infallibili che, se applicati correttamente, produrranno automaticamente risultati determinati e prevedibili. Qualunque cosa facciamo con e per i nostri figli dovrebbe scaturire naturalmente dalla nostra comprensione, comprensione anche emotiva, delle singole situazioni e del particolare rapporto che vorremmo avere con i nostri figli.

Nel suo libro *Lo Zen e l'arte della manutenzione della motocicletta*, Robert Pirsig dimostra che persino quando montiamo un congegno meccanico il fatto di ubbidire alle istruzioni ci priva della sensazione di essere creativi nel nostro lavoro. E questa, per un essere umano, è una perdita molto più grande del vantaggio che otteniamo quando seguire correttamente le istruzioni ci permette di montare facilmente i pezzi di un meccanismo; sicché persino nel caso di una macchina da montare i sentimenti che investiamo nel nostro lavoro sono determinanti per la soddisfazione che ne possiamo trarre. È raro sentirsi davvero contenti di noi stessi e di nostro figlio quando nei nostri rapporti applichiamo consigli pensati da qualcun altro: questo toglie al rapporto quella spontaneità che lo rende un'esperienza umanamente significativa e quindi realmente soddisfacente.

Mettere insieme i pezzi di una macchina è relativamente facile, avendo a disposizione uno schema o un manuale di istruzioni. Le nostre aspettative circa le istruzioni da seguire sono tutte positive; l'ansia non interferisce nella nostra comprensione ed esecuzione. E poi, se siamo stanchi, scoraggiati o annoiati dal fatto che la faccenda risulta più complicata del previsto, possiamo sempre abbandonare il progetto, ben sapendo che il danno si limiterà a un po' di denaro e di fatica sprecati; non succederà nulla di male se lo daremo da finire a qualcun altro, o se lo finiremo in un altro momento.

Appare ben più complicata, in confronto, la situazione emotiva del genitore che non sa come risolvere un problema che riguarda suo figlio. Sappiamo di dover fare qualcosa, ma ci appare incredibilmente difficile, al di là, spesso, delle nostre risorse emotive, comportarci in modo da tener conto dei nostri bisogni personali e nello stesso tempo aiutare nostro figlio a sviluppare la propria personalità, acquisendo, un po' alla volta, una visione realistica e insieme positiva di se stesso e del mondo. Mentre riconoscere la nostra ignoranza in fatto di meccanica non intacca la nostra autostima, non riuscire a trovare da soli le soluzioni "giuste" a problemi educativi ci allarma e subito temiamo di essere dei genitori incapaci. È dunque con una buona dose di ansia e un certo intimo disagio che ci avviciniamo ai consigli che si possono trovare nei libri sull'educazione.

Quanto maggiori sono i dubbi e il bisogno, più sentita è l'urgenza di trovare subito una soluzione. Più siamo agitati, meno riusciamo a valutare oggettivamente tutti gli elementi, e più sentiamo il bisogno di un'autorità che ci dica che cosa fare. Di conseguenza la nostra disponibilità ad accettare i consigli che ci vengono dati ha molto a che fare con il bisogno di comportarci nel modo giusto con nostro figlio e relativamente poco a che fare con la "giustezza" dei consigli che questi libri offrono. In caso contrario esisterebbe ampio consenso sui libri da seguire e su quelli da rifiutare, cosa che invece non si verifica. Ma, paradossalmente, più sentiamo il bisogno di consigli, meno questi ci sono graditi, perché il nostro bisogno deriva da una situazione che, nel nostro intimo, pensiamo che dovremmo essere capaci di affrontare da soli.

Inoltre, il più delle volte non possiamo fare a meno di chiederci se davvero, seguendo quei consigli, ci troveremmo meglio, o non provocheremmo invece guai più grossi. Il dubbio è più che giustificato, perché può ben darsi che, anche ammesso che in sé il consiglio sia appropriato, per qualche ragione, che riguarda noi o le circostanze, non si sia in grado di applicarlo correttamente, e allora le cose potrebbero addirittura peggiorare. In molti casi tutto dipende da come viene interpretato il consiglio, da come viene adattato alla situazione specifica e al particolare temperamento del genitore e del bambino, nonché da come viene applicato in pratica: insomma, le possibilità di errore sono molteplici.

Il consiglio più "giusto" è quello che si basa sull'esame accurato e l'attenta valutazione di tutti i particolari, compresa la preistoria del problema; perciò non lo potremo mai trovare in un libro. Ma anche quando il consiglio ci viene dato dopo l'analisi più accurata di tutti gli elementi possibili, può darsi che non riusciremo ad applicarlo nella maniera in cui andava applicato. Questo può aggravare la difficoltà iniziale, perché a questo punto a farci stare male non sarà più solo il problema in sé, ma anche il pensiero che non siamo capaci di mettere a frutto i consigli che riceviamo. Basta questo per farci provare risentimento: se dovevamo combinare dei guai, tanto valeva combinarli a modo nostro.

Nel nostro subconscio, abbiamo nei confronti dei consigli su come allevare i bambini, anche quando palesemente li andiamo a cercare, un atteggiamento di sfiducia ostile. Dentro di noi, sappiamo benissimo che il problema sul quale interroghiamo lo specialista ha una lunga storia; non è saltato fuori dal nulla, e contiene tante sfumature che si ritrovano solo in noi e in nostro figlio. Benché la nostra situazione e il nostro comportamento possano avere tratti in comune con quelli descritti dall'autore del libro, ciascuno di noi è un individuo unico, anche se il nostro problema è un problema comune a molti. Nessun autore che si rivolga ai genitori in generale può conoscere e soppesare tutti gli elementi che concorrono a creare la nostra particolare situazione problematica. Siamo pronti a credere che il consiglio in questione possa valere per quasi tutti i casi simili al nostro, ma che sia veramente adatto al nostro caso non possiamo saperlo con sicurezza, e già questo ci mette a disagio. Sappiamo anche che chi ha formulato quel consiglio non ha nulla da perdere nel caso che si riveli controproducente, mentre per noi e per nostro figlio un errore nell'applicarlo o nell'interpretarlo o un consiglio sbagliato in se stesso significherebbero pene e dolori.

Per riprendere il paragone con quello che succede quando si seguono le istruzioni per montare da soli i pezzi di una macchina o di un apparecchio domestico: se a un certo punto del nostro lavoro ci accorgiamo che le istruzioni sono poco chiare, troppo difficili o addirittura sbagliate, possiamo metterle da parte o procurarcene delle migliori; e non abbiamo perso nulla. Ma quando si tratta di un bambino, è ovvio che sarà molto più difficile annullare il danno derivato da un errore nella scelta del momento, dalla scarsa chiarezza delle spiegazioni o da un'interpretazione errata, o addirittura da un consiglio fondamentalmente sbagliato. Né possiamo tornare indietro al punto in cui è stato commesso l'errore, o ricominciare da capo, perché nel frattempo tra noi e nostro figlio sono successe altre cose che hanno modificato la situazione iniziale.

Quando studiamo un manuale di istruzioni per l'assemblaggio di un congegno meccanico, ben pochi di noi si preoccupano all'idea che altri siano in grado di costruirselo senza bisogno di istruzioni. Ma quando leggiamo un libro che spiega come risolvere i problemi educativi, proviamo la deprimente sensazione che altri genitori sanno come fare e lo fanno bene, e noi no. Perché noi siamo costretti a leggere in un libro come si fa ad abituare un bambino a fare i suoi bisogni sul vaso, o a mangiare di tutto, mentre altri genitori non sembrano neppure avere di questi problemi? E anche se tutti i libri premettono sempre che sono molti i genitori che hanno le stesse esperienze e incontrano le stesse difficoltà, noi sappiamo, per averne parlato con altri genitori, che per alcuni di essi non è così. Sappiamo di bambini che hanno imparato da soli a non bagnare il letto, di altri che hanno sempre dormito tutta la notte, di altri ancora che sono felici di avere un nuovo fratellino. Insomma, per ogni bambino che dà dei problemi ai genitori, ne esiste uno che non ne crea, o così sembra al genitore angosciato.

Inoltre, quando cerca di mettere in pratica un consiglio altrui, il genitore non può fare a meno di provare risentimento per il fatto che la condotta del figlio lo obblighi ad avere bisogno di consigli; è una debolezza molto umana, questa. Noi genitori, in quanto siamo adulti e capaci di un certo autocontrollo, abbiamo spesso l'impressione che nostro figlio non sarebbe dovuto neppure incorrere nella difficoltà in questione, o che comunque avrebbe dovuto essere in grado di risolvere da solo il problema: se altri bambini lo fanno, perché il nostro no? O forse (e questo è peggio di tutto) è colpa nostra se nostro figlio ha dei problemi dove altri non ne hanno? Se ragioniamo così, ci diventa ancora più difficile accogliere un consiglio con l'equanimità necessaria per comprenderlo e applicarlo correttamente.

Insomma, purtroppo le emozioni con le quali ci accostiamo ai consigli su come allevare i nostri figli sono di solito ambivalenti o decisamente negative. Ci viene il timore di scoprire che già abbiamo commesso qualche errore irreparabile; o che la linea di condotta suggerita vada contro le nostre idee o il nostro modo di fare abituale; o che sia troppo difficile per noi comportarci come dice il libro; oppure che nostro figlio avrà una reazione negativa. A livello di coscienza, ma più probabilmente a livello inconscio, forse siamo anche preoccupati all'idea di creare problemi in famiglia, se facciamo come ci consiglia il libro, o di venire criticati dall'altro genitore o dai nonni del bambino. Dunque, nella nostra ambivalenza nei confronti dei consigli che ci sembrano non del tutto convincenti o difficili da mettere in pratica, gioca anche la preoccupazione per le eventuali critiche altrui.

Quando un genitore decide di consultare un libro sull'educazione dei bambini avrà certamente già preso in considerazione diverse possibili soluzioni al suo problema attuale. Anche i genitori che giurano di non sapere "proprio che pesci pigliare" avranno già tentato parecchie mosse, e più ancora ne avranno pensate. Di qualunque problema di una certa importanza si tratti (incubi, bagnare il letto, piccoli furti), non avremo fatto altro che rimuginare su quale *potrebbe* essere il modo migliore di affrontarlo, e avremo anche sentito le opinioni di altri al riguardo.

Ci ricordiamo inoltre di come avevano gestito problemi di

questo genere i nostri genitori quando eravamo piccoli, e sappiamo quali dei loro sistemi ci erano sembrati buoni o cattivi allora. Ma quale che fosse la nostra opinione sui metodi dei nostri genitori, essi hanno comunque lasciato su di noi un'impressione profonda e indelebile, che continua a essere circondata dall'alone dell'autorità, indipendentemente dal fatto che abbiamo fatti nostri quei metodi o che li abbiamo rifiutati con un senso di rancore ancora vivo. Comunque stiano le cose, la nostra reazione ai consigli del libro sarà colorita dai residui delle nostre esperienze passate, che costituiscono la "preistoria" del nostro atteggiamento attuale nei confronti del problema in questione.

Noi *sappiamo* che esistono molti modi diversi di gestire una situazione, ma sappiamo anche che solo alcuni andranno bene per nostro figlio; è quindi più che naturale che ci si accosti al libro con la tacita speranza che le sue raccomandazioni coincidano con la linea di condotta già adottata o a cui avevamo già pensato. Se così è, la soddisfazione è grande, ma altrettanto grande è la delusione in caso contrario. Spesso il disappunto nel constatare che le nostre idee vengono messe in discussione interferirà sulla nostra capacità di mettere in pratica in maniera intelligente i suggerimenti del libro; può darsi addirittura che, inconsciamente, si faccia in modo che le cose vadano male, per ottenere una sorta di rivalsa sullo "specialista". Questo perché abbiamo, per così dire, un interesse personale nella contesa: vogliamo convincerci che avevamo ragione noi fin dall'inizio, che solo noi, che siamo i suoi genitori, sappiamo che cosa funziona e che cosa non funziona con nostro figlio.

In realtà quasi sempre si chiede consiglio nella speranza che esso confermi le idee che già avevamo. Supponiamo, per esempio, che un genitore abbia in mente di intervenire in un certo modo con il figlio ma che l'opinione contraria di vicini di casa, amici o parenti, l'abbia reso insicuro circa la sua idea: gli sarà sicuramente di grande conforto vedersela confermata da uno specialista. Come scrive C.C. Colton (nel *Lacone*), "Chiediamo consiglio, ma intendiamo approvazione." Questo è tanto più vero quando sono coinvolte intense emozioni, come succede in tutte le questioni riguardanti i nostri figli.

Se siamo sinceri con noi stessi, ammetteremo che per ogni consiglio letto su una rivista o su un libro che viene accettato e seguito, ce ne sono altrettanti, contrari, che vengono rifiutati. Benché tutti i libri su come allevare i bambini siano scritti da cosiddetti "specialisti", questi vengono accettati come tali da alcuni ma non da altri. Il fatto è che, mentre esistono degli esperti di psicologia infantile e dell'età evolutiva in generale, solo una persona che conosca intimamente quello che succede tra quel particolare genitore e quel particolare figlio può dirsi un esperto dei *loro* problemi.

L'unica cosa che un genitore in cerca di consigli può fare è scegliere dalla gran massa di libri sui bambini quello in cui trova qualche affermazione che gli riesce convincente perché in accordo con le sue idee, e poi sperare che anche il resto del libro lo sia. Che altro potrebbe fare, infatti? Certo, per ampliare i nostri orizzonti su argomenti in cui non ci sentiamo personalmente coinvolti, è opportuno leggere autori le cui idee sono contrarie alle nostre, ma dove si tratta di nostro figlio, ci piace consultare qualcuno che vede le cose più o meno come le vediamo noi.

Tuttavia, persino i consigli sostanzialmente convincenti non sempre sono facili da seguire, se comportano qualche disagio. E questo vale non solo per i consigli che ci danno gli altri, ma anche per quelli che ci diamo noi stessi, o che, oggettivamente, non dovrebbero presentare particolari difficoltà. Per esempio, tutti i libri che accennano all'argomento consigliano di tenere fuori della portata dei bambini le sostanze potenzialmente pericolose. Ciò nonostante, ogni giorno vengono ricoverati al pronto soccorso bambini che hanno ingerito tali sostanze. Abbiamo tutti una forte propensione a comportarci come Mary Wortley Montagu, che scrisse in una lettera alla Contessa di Mar: "A volte do a me stessa consigli ammirevoli, ma sono incapace di seguirli."

Dunque i consigli che non intaccano la tranquillità dei genitori o le loro idee vengono seguiti più facilmente, a dispetto del parere contrario espresso da altri "specialisti". Questo spiega come mai venga tuttora seguito da molti il consiglio di lasciar piangere i neonati invece di prenderli in braccio e coccolarli. Qui non si tratta tanto del fatto che questa linea di condotta sia più comoda per i genitori, perché i vagiti di un lattante danno fastidio; il problema è più sottile: tutti ci irritiamo con chi ci provoca un disagio, e inconsciamente il genitore prova risentimento per il pianto prolungato di suo figlio. E se, benché sia irritato, lo prende in braccio ugualmente (come, altrettanto frequentemente, gli viene consigliato di fare), si può star certi che il rimedio non funzionerà, perché tutto il suo modo di fare sarà nervoso e irritato. Ecco dunque confermato che prendere in braccio i bambini quando piangono non serve! Infatti, mentre compiere i gesti richiesti è abbastanza facile, molto difficile è dare vero conforto alle persone verso le quali proviamo risentimento, anche se si tratta dei nostri figli. Perciò, se un consiglio viene seguito controvoglia, il più delle volte si rivelerà controproducente.

Mi è capitato spesso di parlare con genitori che ricorrevano a sistemi alquanto bizzarri nell'educare i figli; e quando domandavo loro come gli fosse venuta l'idea di agire in quel modo, quasi tutti rispondevano di aver letto, o sentito dire, che quello era il sistema migliore. Quasi sempre risultava inoltre che gli era stato dato anche il consiglio opposto, ma, siccome seguirlo era sembrato scomodo o inadatto al loro caso, avevano spulciato la letteratura esistente fino a che avevano trovato un suggerimento che confermasse la loro valutazione della situazione.

In altre parole, è difficile leggere dei consigli su come dovrebbe comportarsi un genitore senza avere intense reazioni personali, reazioni che interferiscono nella comprensione dei consigli stessi, per non parlare dell'obiettività necessaria per evitare di proiettarvi elementi che essi non contengono affatto. D'altro canto, visto che il consiglio lo abbiamo cercato, diventa difficile ignorarlo: dobbiamo farci i conti, accettarlo, rifiutarlo, del tutto o in parte; dobbiamo comunque continuare a rifletterci sopra. Tuttavia, dato che, se abbiamo chiesto consiglio, è perché ci troviamo in un momento di crisi acuta (per esempio perché nostro figlio è violentemente geloso del fratellino, o ha paura dei cani, o non vuole andare a scuola, o bagna ancora il letto, oppure mangia troppo o non vuole mangiare nulla), ci mancano il tempo e l'agio di esaminare il consiglio ricevuto con quella equanimità che ci consentirebbe di compiere una scelta oculata. L'urgenza è troppo grande, perché davvero nostro figlio si rifiuta di andare a scuola, continua ad avere il terrore dei cani, continua a mangiare troppo o a non mangiare, a fare cose pericolose, o ad avere incubi dai quali ci chiede di proteggerlo. E se anche non ci chiede esplicitamente di "fare qualcosa", noi ci sentiamo in obbligo di aiutarlo, il che non ci facilita certo nell'assumere un atteggiamento obiettivo. E se per caso il problema dovesse momentaneamente recedere, noi continuiamo a domandarci preoccupati quale potrebbe esserne stata la causa, perché sappiamo fin troppo bene per esperienza che la tregua non durerà, o che il problema rispunterà sotto altra forma. Sicché non possiamo evitare di continuare a rimuginare sul consiglio ricevuto, sui suoi vantaggi e svantaggi, il che il più delle volte ci impedisce di valutare obiettivamente se e in quale misura sia adatto a risolvere il nostro problema.

Spesso i libri ci dicono *come dovremmo essere* con i nostri figli: e cioè comprensivi, pazienti, e, soprattutto, pieni d'amore. Ma per quanto ci piacerebbe essere genitori, se non ideali, almeno molto bravi, è quasi impossibile mantenere simili atteggiamenti totalmente positivi, quando ci si trova in una situazione di crisi, quando il comportamento di nostro figlio ci provoca emozioni molto intense. Non riusciamo a capire che cosa lo renda tanto ostinato e perdiamo la pazienza. Scopriamo così di non riuscire a essere pieni d'amore per lui quando ferisce profondamente i nostri sentimenti, quando ci mette in situazioni imbarazzanti, quando rompe qualcosa a cui teniamo molto, sputa il cibo tutt'intorno, o sfoga la sua collera prendendo a pugni o a calci, letteralmente o figurativamente, noi o il fratellino. E se anche a volte riusciamo a prendere tutto con filosofia e a non lasciarci toccare eccessivamente, ci sono momenti in cui non riusciamo a sopportare il comportamento di nostro figlio, anche se ci dicono che è tipico della sua età.

S'intende che la grande maggioranza dei genitori ama i figli quasi tutto il tempo, e non chiede di meglio che riuscire ad amarli sempre; oltre tutto, è così bello sentire di amarli senza riserve. Tuttavia è molto raro che l'amore sia completamente libero dall'ambivalenza. Questo vale anche per l'amore di una madre per il maschio primogenito, che, secondo Freud, costituisce la forma più positiva e meno ambivalente dell'amore umano. In realtà, non solo il nostro amore per i figli è a volte inquinato dall'irritazione, dallo scoraggiamento, dalla delusione, ma lo stesso si può dire dell'amore dei nostri figli per noi.

In molte situazioni di conflitto con i figli, il genitore intelligente si ripete che i conflitti sono una parte necessaria, anche se dura da sopportare, del processo di crescita, e che l'importante è che i figli arrivino a sviluppare idee e valori loro personali. Purtroppo pensieri del genere, indubbiamente corretti, sono di scarso aiuto per il genitore quando ha la sensazione che il figlio, attorno al quale, oltre tutto, ha costruito gran parte della sua vita, stia mettendo in discussione non solo i suoi valori bensì il suo stesso modo di vivere.

In questi casi quello che di solito riesce d'aiuto è richiamare alla memoria le volte in cui noi stessi ci siamo comportati come sta facendo ora nostro figlio, o abbiamo avuto l'impulso di farlo; sicuramente nella vita di tutti noi ci sono stati momenti in cui abbiamo fatto perdere la pazienza ai nostri genitori, in cui li abbiamo sfidati, o abbiamo criticato, tacitamente o dichiaratamente, la loro vita e la loro condotta. Se veramente riusciamo a richiamare alla mente situazioni del genere, ci ricorderemo anche di come fossero dolorose per noi da bambini o da ragazzi, quanta ansia e insicurezza si nascondessero dietro la facciata ribelle, dietro il nostro criticare tutto; e ci ricorderemo di quanto ci facesse soffrire il fatto che i nostri genitori non lo capissero, tutti presi com'erano dalla loro esasperazione.

Prendiamo come esempio l'episodio riferitomi da una madre. Durante una discussione, sempre più accesa, con la figlia adolescente, questa finì per dire una parolaccia alla madre, che ne rimase così profondamente ferita da non riuscire a scrollarsi di dosso l'impressione dolorosa per parecchi giorni. La donna si chiese come mai la cosa l'avesse colpita con tanta intensità: dopo tutto non era la prima volta che le liti con la figlia finivano in quel modo, eppure non si era mai sentita così ferita. Alla fine le venne in mente che quel particolare litigio le aveva chissà come richiamato un episodio dimenticato della sua adolescenza, quando lei stessa aveva insultato i suoi genitori, che l'avevano rimproverata duramente perché l'avevano scoperta a fumare. Con sua grande sorpresa le tornò alla mente che in quell'occasione, come in altre analoghe, benché con i suoi insulti avesse voluto ferire i sentimenti dei genitori, così come i suoi erano stati feriti, l'impressione che aveva avuto era di non esserci riuscita. Aveva pensato di non contare abbastanza per i suoi genitori da riuscire a ferirli veramente, qualunque cosa facesse o dicesse. Solo ora, dopo aver sofferto per giorni e giorni per la parolaccia della figlia, si rendeva conto del dolore che dovevano aver provato i suoi genitori quando lei li aveva insultati.

Il ricordo di quell'episodio le fece capire quanto fosse stata ingiusta nei loro confronti ritenendoli insensibili ai suoi scoppi di collera e preoccupati solo di essere ubbiditi, calpestando i suoi sentimenti. Ma la cosa più importante, per ciò che riguardava il suo rapporto attuale con la figlia, fu che ora capiva come doveva essersi sentita ferita la ragazza, per arrivare a perdere così il controllo. Di fronte alla compassione per la figlia, i suoi sentimenti feriti passarono in secondo piano: ora poteva capire come lo scoppio di collera della figlia fosse dovuto a un senso di profonda delusione nei suoi confronti, perché ricordava il proprio senso di delusione, quando i suoi genitori avevano reagito in modo tanto eccessivo, così le era parso allora, al gesto di sfida rappresentato dal fumare di nascosto.

Ecco: se riusciamo a ricordarci la pena e il turbamento da noi provati in occasioni analoghe, nonostante l'aria di sfida e l'ostentata indifferenza, allora la nostra ira svanirà e proveremo invece una profonda simpatia per l'intima sofferenza che nostro figlio cerca di nascondere (a noi e probabilmente a se stesso) con il suo atteggiamento di strafottenza o di superiorità. I ricordi della nostra infanzia e adolescenza ci renderanno pazienti e comprensivi; e una volta compreso che, nonostante la sua testardaggine, nostro figlio soffre come soffrivamo noi allora, tutto il nostro amore per lui, in cui ora ritroviamo tanta parte di quello che eravamo, ritornerà spontaneamente. Ma perché questo accada, occorre rivivere dentro di noi quelle esperienze; leggerle in un libro non basta a ricrearle, perché è la specificità dell'esperienza di ciascuno a renderla così viva da farcela ricordare non solo con la testa, ma anche con il cuore.

Quand'anche, in una situazione come quella del nostro esempio, un genitore riuscisse a seguire il consiglio, che tanto spesso viene dato, di mantenere in ogni caso la calma (e ci sono genitori capaci di un simile autocontrollo), il suo comportamento diventerebbe artificioso, meccanico si potrebbe dire, perché non costituirebbe l'effetto naturale dei suoi intimi sentimenti. Agli occhi del figlio quel genitore apparirà non già più umano, bensì meno umano. È difficile ricordarsi che dobbiamo sempre dimostrarci amorevoli verso nostro figlio, quando è appunto il nostro amore per lui a renderci così preoccupati circa il suo comportamento. È appunto perché amiamo tanto i nostri figli che siamo così vulnerabili: quanto più intenso è il nostro amore, tanto più è facile sentirci feriti e perdere l'equilibrio emotivo da cui dipende la capacità di mantenersi pazienti e comprensivi. Fossimo più indifferenti nei confronti dei nostri figli, essi non avrebbero il potere di farci perdere il controllo di noi stessi.

Ci sentiamo così legati ai nostri figli perché in loro vediamo tanta parte di noi; per usare un linguaggio tecnico, perché ci identifichiamo nei figli, come loro in noi, e di solito in misura maggiore e in modi più sottili e più vari di quanto ci possiamo rendere conto coscientemente. Quando riconosciamo in loro aspetti che ci piacciono in noi, siamo contenti; ma il nostro legame non deriva solo dalle identificazioni positive, bensì anche da quelle negative. Rimaniamo molto turbati quando ci sembra di cogliere in nostro figlio tratti della nostra personalità che non ci piacciono, che magari abbiamo faticato molto per eliminare. Quando si attivano queste costellazioni emotive, il consiglio di essere pazienti, comprensivi e pieni di amore non è di grande aiuto. Invece, prendere coscienza del fatto che un certo atteggiamento di nostro figlio ci dà così fastidio perché abbiamo dovuto o dobbiamo tuttora combattere contro la stessa tendenza in noi stessi, ci aiuta a capire che il fastidio che proviamo riguarda noi, più che nostro figlio; e cioè che il problema sta prima di tutto in noi, e solo secondariamente in lui. Questo ci rende effettivamente più facile gestire la situazione ed evitare di intervenire troppo duramente sul bambino per qualcosa che è un problema nostro più che suo.

In realtà, quasi tutti i genitori sono capaci di agire in maniera ragionevole, di essere pazienti e comprensivi, quando non interferiscono le emozioni, in circostanze, cioè, che non evocano intensi sentimenti personali. Ma nel rapporto con i figli, sono ben poche le situazioni che non evochino tali sentimenti. Il guaio è che molte volte, quando siamo convinti di avere un atteggiamento emotivamente neutro e di comportarci in modo del tutto razionale, in realtà non è vero. Un esempio chiarirà quello che intendo dire.

Il più grande desiderio di due genitori, persone con un elevato grado di cultura, era che il loro unico figlio, che avevano avuto in età già avanzata, diventasse il tipo di persona che più apprezzavano: un uomo di cultura, di vaste letture e ampi interessi intellettuali. Qualunque altro esito sembrava loro di poco conto. Ciò nonostante, finché il figlio era piccolo, seppero adattarsi ai suoi modi di bambino senza forzarlo, e tutto andò bene. Quando però, durante l'adolescenza, il ragazzo cominciò a mostrare scarso interesse per gli studi, anche se continuava a essere promosso senza particolari problemi, e ad appassionarsi invece alle attività sportive, per i genitori fu un grave colpo. Incominciarono a criticarlo duramente e a fargli capire senza mezzi termini che li aveva delusi. Soprattutto il padre, un noto scienziato, preoccupato per il futuro del figlio, non gli dava pace. Le sue insistenze perché il ragazzo abbandonasse la passione sportiva non ottennero l'effetto desiderato ma sfociarono bensì nell'estraniamento tra padre e figlio, che pure erano stati molto intimi finché il padre non aveva incominciato a temere che il figlio diventasse, dal suo punto di vista, una nullità.

Diversa era la percezione del figlio. Il ragazzo, come del resto il padre, non capiva che la ragione del suo scarso impegno negli studi era la sensazione di non essere in grado di competere con il padre sul suo terreno, e che perciò aveva scelto un campo d'azione, gli sport, completamente estraneo agli interessi del padre, dove i due non fossero in competizione. Non rendendosi conto delle motivazioni che stavano dietro al suo disinteresse per le cose che per i suoi genitori contavano più di tutto, il ragazzo viveva le loro critiche e le loro preoccupazioni per il suo futuro come sfiducia nella sua persona, (e, naturalmente, aveva ragione). Questo, nel suo vissuto, poneva in dubbio la sua stessa esistenza: proprio le persone che più di chiunque altro al mondo avrebbero dovuto avere fiducia in lui, credere in lui, affinché egli potesse credere in se stesso, lo rendevano profondamente insicuro, gli facevano dubitare di sé e di tutto quello che faceva. Questo lo feriva enormemente e lo riempiva di rancore, il che gli rendeva ancora più impossibile essere e fare quello che i suoi genitori desideravano. Il suo bisogno era di diventare non già una copia scadente dei suoi genitori, bensì un'individualità autonoma, ed era questo che essi sembravano incapaci di accettare e di approvare.

Dal canto loro i genitori erano convinti che le loro motivazioni fossero assolutamente razionali, che fosse per il suo bene che il figlio dovesse lasciar perdere gli sport e dedicarsi agli studi. Non riuscivano a distinguere tra il figlio e i loro desideri circa il figlio, e questo inquinava tutti i loro rapporti. Il ragazzo, che da piccolo li aveva amati intensamente, e ancora li amava e ammirava, era profondamente ferito dal fatto che i suoi amati genitori non sapessero ora vedere nulla di buono in lui e nelle cose che faceva. Si isolò quindi da loro, per non soffrire troppo della loro disapprovazione; e, per nascondere la profonda delusione che gli avevano causato, assunse un atteggiamento sempre più ribelle. Poiché in famiglia la situazione era disperata, passava quasi tutto il suo tempo con amici appassionati come lui di sport, cosa che irritava ancor più i genitori, perché lo allontanava ulteriormente da loro e dalle loro aspirazioni circa il suo futuro.

Quando il padre chiese consiglio su come trattare il figlio, si sentì rispondere che probabilmente si trattava di una fase transitoria, e che crescendo il ragazzo non avrebbe mancato di riconoscere la bontà dei loro valori e di aderirvi. Siccome però le cose non cambiavano, alla fine il padre si decise a chiedere aiuto a uno psicoterapeuta. Voleva che il terapeuta gli dicesse come fare per far cambiare idea al ragazzo. Dopo aver ascoltato a lungo le sue lamentele a proposito del figlio, il terapeuta lo convinse a parlargli invece della sua propria infanzia e adolescenza, e dei suoi rapporti con suo padre. Nel descrivere alcuni episodi della sua tarda adolescenza, improvvisamente l'uomo si rese conto di avere vissuto lo stesso tipo di esperienza del figlio, e di avere avuto nei confronti del padre le stesse reazioni che il figlio aveva ora con lui, cosa di cui si era completamente dimenticato. Nel suo caso, il problema era sorto per la pretesa del padre che egli seguisse le sue orme subentrando nell'azienda di famiglia. Lui si era ribellato, deciso a intraprendere una carriera completamente diversa da quella che il padre voleva imporgli; così era diventato uno scienziato. Per un lungo periodo padre e figlio interruppero i rapporti, ma alla fine il padre aveva accettato, sia pure a malincuore, la decisione del figlio di non adeguarsi ai suoi desideri, e aveva finito addirittura per essere orgoglioso dei suoi successi.

Una volta riconosciuta l'analogia tra il suo rapporto con il proprio padre e quello di suo figlio con lui, l'uomo poté modificare la sua identificazione con il figlio, basandola sulle esperienze di vita anziché sulle scelte professionali: identificandosi cioè con il faticoso tentativo del ragazzo di diventare uomo senza dover entrare in competizione con il padre. In più (e questo facilitò enormemente il cambiamento di prospettiva), il padre si rese conto di un'altra cosa, di cui fino a quel momento era stato del tutto inconsapevole, e cioè che una delle ragioni per cui da ragazzo non aveva potuto neppure prendere in considerazione l'idea di seguire le orme paterne era stata la convinzione di non essere all'altezza di suo padre come uomo d'affari e il timore di dover continuare per tutta la vita a sentirsi inferiore a lui. Il riconoscimento dell'analogia esistente tra le esperienze del figlio e le proprie gli consentiva ora non solo di accettare lo stile di vita del figlio, ma anche di provare la più profonda empatia nei confronti del ragazzo. Immediatamente, si potrebbe dire dalla sera alla mattina, padre e figlio ricominciarono a sentirsi vicini e a essere in grado di esprimere nuovamente il profondo amore che li univa.

I due padri, l'uomo d'affari e lo scienziato, erano convinti in perfetta buona fede di essere motivati da una valutazione oggettiva, basata sul buon senso, del bene del figlio: secondo l'uno, il modo migliore e più conveniente per riuscire nella vita sarebbe stato di subentrare nell'azienda paterna; secondo l'altro, solo la carriera accademica avrebbe offerto a suo figlio delle vere soddisfazioni. Nessuno dei due era consapevole del fatto che dietro le loro considerazioni razionali si celassero profonde motivazioni per lo più inconsce, la cui forza scambiavano anzi per una conferma della validità dei loro desideri coscienti. Le motivazioni inconsce erano molte e complesse, ma le più potenti erano due: l'identificazione con il figlio e il desiderio di prolungarla all'infinito, facendogli vivere la vita che aveva vissuto il padre; e il desiderio, mantenuto con ancor maggiore forza rimosso, di conservare la superiorità paterna nei confronti del figlio, facendogli intraprendere una carriera in cui non potesse riuscire bene come il padre. Entrambi dunque volevano, nel profondo dell'animo, che il figlio riuscisse una sorta di copia, imperfetta, di loro stessi, in modo che il legame che li univa non avesse mai a spezzarsi o a essere modificato col mettere in discussione la superiorità paterna. Ma per poter agire in base a tali desideri inconsci, i due padri dovevano convincersi di agire invece per il bene del figlio, e di essere mossi da motivi assolutamente non egoistici. Avevano bisogno di esserne convinti, di impedire al dubbio di affiorare alla coscienza, altrimenti non avrebbero potuto esercitare delle pressioni sul figlio con la necessaria buona fede. Ma in entrambi i casi, i figli avvertirono inconsciamente quali processi fossero in atto; di lì la loro determinazione a non divenire copie di seconda qualità dei rispettivi padri.

Tuttavia il desiderio che il figlio segua le orme paterne o materne non è dovuto semplicemente al bisogno di mantenere intatta la superiorità del genitore. Si basa piuttosto sul desiderio di conservare al rapporto con il figlio la forma che aveva quando esso era più intenso e più soddisfacente per entrambi. Inizialmente, la superiorità del genitore, dovuta alle sue più sviluppate capacità, è appunto ciò che garantisce sicurezza e benessere al figlio; e il figlio ama e ammira il genitore che sa soddisfare i suoi bisogni. Il fatto che più avanti si rifiuti di seguire il modello di vita del genitore minaccia dunque di distruggere un aspetto molto importante, sperimentato e di vecchia data, del loro rapporto: appunto quella superiorità del genitore nell'affrontare i problemi della vita, che durante l'infanzia del figlio aveva costituito un forte legame reciproco. È molto comprensibile, pertanto, che il genitore possa desiderare di mantenere immutato tale legame facendo sì che il figlio scelga il suo stesso mestiere, in cui lui è tanto più competente. Trattandosi però di un desiderio egoistico, viene mantenuto inconscio, e sostituito, a livello di coscienza, con la convinzione razionale che tale scelta professionale rappresenti il meglio per il figlio.

Un'ulteriore complicazione è costituita dal fatto che, di solito, quando l'adolescente afferma il suo bisogno di condurre un'esistenza autonoma, il genitore ha raggiunto l'età in cui incomincia a temere il declino delle proprie forze. In tal caso, i passi del figlio verso l'autonomia vengono vissuti dal genitore come una minaccia alla propria potenza, minaccia che risulterebbe attenuata qualora il figlio lavorasse nel suo stesso campo, dove la sua maggiore esperienza potrebbe continuare a garantirgli una forma di superiorità.

Così profondamente umano è questo conflitto che lo troviamo rappresentato in molte fiabe di tutti i tempi e paesi. La gelosia della madre, la cui bellezza e femminilità sono in declino nel momento in cui quelle della figlia giungono a fioritura, è immortalata nella figura della cattiva matrigna di Biancaneve, e la gelosia del vecchio re nei confronti della forza e delle conquiste del giovane successore ha trovato espressione esemplare nella storia di Re Saul e Davide. In queste antichissime storie il re e la regina cercano addirittura di uccidere i giovani che minacciano la loro supremazia.

Oggi, la reazione del genitore a questa situazione tipica consiste piuttosto nel negare la realtà. Il genitore che sente avvicinarsi il declino mentre il figlio sta raggiungendo il pieno fiore della gioventù, reagisce cercando di rimanere bello, giovane, forte e attraente come il figlio. Nella nostra cultura invecchiare è una cosa che fa paura. Non è detto che debba necessariamente essere così, come dimostra l'esempio dell'antica Cina, dove più si diventava vecchi più si era oggetto di venerazione; in quel caso i genitori non avevano motivo di essere gelosi dei successi ottenuti dai figli in virtù della loro giovinezza, né alcun bisogno di competere con loro su quel piano. Ma nella nostra società c'è il mito della giovinezza, e qualunque cosa sembri intaccarlo, per esempio il fatto che i nostri figli diventano grandi, viene vissuta come una minaccia personale, che va respinta sforzandosi di essere, o almeno di apparire, giovani, forti e sessualmente attraenti, come loro.

Se in passato molte madri cercavano di reprimere la nascente sessualità delle figlie, per timore di esserne soppiantate, oggi è più probabile che entrino in competizione con loro sul piano della femminilità e della sessualità, o addirittura cercando di sembrare più giovani di loro. Alla stessa stregua i padri si sforzano di non sfigurare con i figli quanto a prestanza fisica. Questa competitività, esercitata su un terreno che è proprio dei figli, fa sembrare i genitori dei fratelli o sorelle maggiori, più che dei padri o delle madri. Ponendo genitore e figlio sul medesimo piano, essa nega la differenza tra le generazioni. Tuttavia il genitore desidera pur sempre conservare la sua autorità di genitore, la quale si basa appunto sulla superiorità generazionale, che tale competitività però nega. Dal canto suo, il figlio ha bisogno della superiorità generazionale del genitore per sentirsi sicuro, per poter trovare in lui una figura da rispettare.

Oggi, dunque, il rapporto psicologico tra genitore e figlio si è ulteriormente complicato: non solo il figlio desidera trovare la propria strada, diversa da quella del genitore, cosa già abbastanza difficile da accettare da parte del genitore; quest'ultimo desidera anche essere partecipe della vita del figlio mantenendosi fisicamente attraente ed efficiente, come un giovane, ma nello stesso tempo si aspetta di venire rispettato per la sua maggiore conoscenza della vita. È evidente che, finché il genitore non riuscirà a riconoscere gli aspetti inconsci della sua rivalità nei confronti del figlio, entrambi si troveranno in una situazione di stallo. Se invece riesce a prendere coscienza dei processi che avvengono dentro di lui e ad accettarli, allora, con ogni probabilità, al posto di quelle che, dietro la fragile maschera delle razionalizzazioni sul bene del figlio e sui vantaggi reciproci di mantenersi così giovanile, erano di fatto inconsce reazioni di gelosia, proverà un genuino piacere per i successi del figlio nell'età in cui la sua grazia e la sua forza giungono al culmine.

Se rimaniamo ciechi di fronte ai processi in atto nel nostro inconscio, allora le nostre razionalizzazioni (come quando ci convinciamo che la nostra scelta professionale è la migliore anche per nostro figlio), che pure non sono altro che una sottile mano di vernice, nasconderanno ai nostri occhi le forze che di fatto ci muovono, che sono sempre emozioni molto intense e potenti (per esempio identificazioni egoistiche, il desiderio di conservare la nostra superiorità, o finanche la gelosia). E proprio per il fatto che vorremmo comportarci nel modo più giusto possibile ed essere genitori intelligenti e responsabili, ci lasciamo sedurre così facilmente dagli aspetti razionali, trascurando le molle emotive delle nostre azioni. Ma i nostri figli, tanto più in contatto di noi con l'inconscio, il loro come il nostro, e così poco toccati dalle considerazioni di tipo razionale, avvertono benissimo il nostro coinvolgimento emotivo e a volte, quando ci sentono così coinvolti su questioni che a loro parrebbero di scarsa importanza, ne rimangono comprensibilmente sconcertati.

Se ammettessimo dentro di noi che il nostro modo di comportarci con i figli è spesso dettato dalle emozioni, riusciremmo anche a essere più sensibili e ricettivi di fronte alle loro reazioni emotive. E se, pure, nella foga del momento, ci riuscirà impossibile conservare la pazienza e la comprensione che vorremmo possedere, una volta ammesso con noi stessi di esserci lasciati trascinare dalle emozioni, riacquistarle sarà più facile. Per chi si rifiuta categoricamente di ammettere che dietro i propri comportamenti possa esservi altro che non ragioni perfettamente logiche e razionali, non c'è via d'uscita.

Quante volte ci sarà capitato di dire, in tutta sincerità, ma anche con una notevole dose di esasperazione: "Ce l'ho messa tutta per essere paziente con mio figlio, ma non ha funzionato?" Infatti, quando le emozioni sono sotto controllo, tutti riescono a essere pazienti, ma poi arrivano momenti in cui le emozioni hanno la meglio sulla pazienza di chiunque. D'altro canto, quando ci sforziamo di portare pazienza, perché *ci è stato detto* che così bisogna fare, indipendentemente dai nostri sentimenti, allora è come se fossimo poco naturali, falsi.

Quando c'è un coinvolgimento emotivo (e nel rapporto con i figli è raro che non ci sia), i nostri gesti non rispecchiano soltanto la volontà di seguire il consiglio ricevuto, ma anche la spinta delle nostre emozioni, e spesso le due cose sono in contrasto. Per fortuna nostra e dei nostri figli, tuttavia, il più delle volte ci comportiamo in armonia con le persone che siamo, con quello che la vita ci ha reso. Una volta compreso questo, una volta riconosciuto come ogni nostro gesto sia condizionato dalle nostre esperienze, ecco che saremo in grado di comprendere le sorgenti profonde del nostro comportam...

La sua intuitiva comprensione, basata su innumerevoli o... servazioni delle azioni e reazioni dei genitori nelle situazioni più svariate, conferisce al bambino una sorta di sesto senso infallibile per capire se il genitore sta agendo in conformità con le sue convinzioni, con i suoi valori e il suo stile abituali. Quanto più il bambino è piccolo tanto più esclusivo è il suo interesse per i genitori e tanto più portato sarà a trarre conclusioni, non sempre corrette, ovviamente, da ciò che osserva. Se avverte che i suoi genitori stanno facendo qualcosa che "non è in carattere" (come quando si segue un consiglio senza averlo prima attentamente soppesato e adattato ai nostri sentimenti), ne rimane sconcertato e assume un atteggiamento difensivo di sfiducia.

Come già osservato, i consigli che vengono dati nei libri devono di necessità essere generici, presentare concetti astratti e conclusioni che nella migliore delle ipotesi si baseranno su situazioni analoghe alla nostra, senza mai pienamente rispecchiarne la specificità. Lo stesso vale per le spiegazioni e i suggerimenti offerti con le migliori intenzioni da parenti e amici. I loro consigli si basano sulla loro esperienza, che, dato che loro e i loro figli sono persone diverse da noi e dai nostri figli, non potrà veramente essere applicabile alla nostra situazione. Ciascun genitore e ciascun figlio sono individui unici, diversi da tutti gli altri; hanno avuto ciascuno una storia diversa e diverse saranno le loro reazioni a qualunque situazione data, nonché le loro reazioni reciproche. Inoltre non si danno mai circostanze perfettamente identiche. Quanti drammi familiari, piccoli e grandi, si potrebbero evitare se i genitori riuscissero a liberarsi da ogni idea preconcetta su come essi o i loro figli "dovrebbero" comportarsi.

Ha ragione Robert Pirsig: è difficile seguire le istruzioni senza commettere errori, perché "è un lavoro che si fa senza slancio". Credere che esista un solo modo di fare le cose esclude la possibilità di qualunque intervento creativo da parte nostra. Il rimedio a tale perdita di spontaneità, che svuota e rende meccanico il rapporto tra genitore e figlio, non è tanto che gli specialisti ci "mostrino il problema complessivo", quanto riuscire a comprenderlo nel suo complesso *a modo nostro*, e su questa base "inventare" una soluzione che ci corrisponda. La vera comprensione scaturisce dal di dentro, mentre analizziamo il problema nelle sue ramificazioni; nasce dallo sforzo personale di trovare una soluzione che corrisponda alla nostra personalità e a quella di nostro figlio. È questo il tema del libro di Pirsig, che descrive il suo viaggio in motocicletta in compagnia del figlio undicenne da un capo all'altro degli

Durante il viaggio, che è anche un itinerario alla se stesso, il padre cerca di comprendere il proble-ssivo del suo rapporto con il figlio, di cui è parte in-na più profonda conoscenza di sé; e durante il per-a visione di sé viene radicalmente modificata.

Al pari di lui, tutti noi dobbiamo sforzarci di comprenderci meglio, non ultimo perché il tentativo di fare chiarezza su noi stessi ci consente di raggiungere una maggiore trasparenza nel rapporto con i nostri figli, con il conseguente arricchimento di tutta la nostra vita. La comprensione di ciò che siamo noi rispetto a determinati problemi educativi non ci può venire da nessun altro, neppure dallo specialista più esperto; la si può raggiungere solo sforzandosi di rimuovere gli ostacoli che si frappongono a una più chiara visione. Solo lo sforzo personale per giungere a questa comprensione più profonda può stimolare una vera crescita umana, in noi come nei nostri figli. Tutto quello che un libro può fare (e ciò vale anche per questo libro) è rivolgere l'attenzione su alcuni dei "problemi complessivi" che si incontrano nell'educazione dei bambini, additandone l'origine, il significato e l'importanza, e, soprattutto, proponendo, tra i molti possibili, un certo atteggiamento mentale nell'affrontarli.

3. Genitore o estraneo?

Le proposizioni generali non risolvono i casi concreti.

GIUDICE O.W. HOLMES

Il giudice Holmes ebbe a dire che le proposizioni generali non possono risolvere i casi concreti. Con questo non intendeva minimamente negare l'importanza degli enunciati generali; sapeva bene però che nel decidere sui casi concreti occorre prendere in attenta considerazione tutti i più minuti particolari. In altre parole, le decisioni del giudice necessitano di qualcosa di più che non l'intelligente applicazione dei principi generali; esigono anche la più attenta considerazione degli aspetti specifici del caso concreto, che è sempre unico e diverso da tutti gli altri. Alla stessa stregua Freud sottolineò ripetutamente l'importanza per il terapeuta di possedere un'approfondita conoscenza sia dei principi della psicoanalisi sia delle molteplici e sempre diverse modalità in cui essi si manifestano nelle situazioni concrete. Lo studio dei testi di psicoanalisi, o il training psicoanalitico, possono familiarizzare il futuro analista con i problemi generali e le possibili distorsioni dello sviluppo umano; tale conoscenza gli renderà più facile comprendere anche quello che si può celare dietro le particolarità di una situazione; ma rappresenta sempre solo il punto di partenza nella valutazione dei casi individuali. Il passo successivo, per il genitore come per il giudice o lo psicoanalista, consiste nell'entrare in intima risonanza con il problema complessivo e con la concreta specifica forma in cui esso si presenta, in modo che la sua comprensione non sia solo razionale, ma anche emotiva, basata sull'empatia.

Quando i consigli di qualcuno che non è parte in causa sembrano fornire una scorciatoia al processo di scoperta, il genitore può essere indotto a credere che lo sforzo per la comprensione sia superfluo. Invece, il fatto che, anziché essere stimolato a pensare con la propria testa, gli venga detto che cosa deve fare, per corrette che siano le nozioni e intelligenti i consigli che gli vengono forniti, distrugge tutta la sua spontaneità nell'affrontare il problema e gli toglie la soddisfazione di scoprire da solo come risolverlo. E spontaneità e intima soddisfazione sono ingredienti della massima importanza nelle questioni riguardanti l'educazione dei figli, dove sono sempre in gioco complesse emozioni, e dove non possiamo fare a meno di avvertire che l'unica autentica soluzione è quella che nasce *da noi*. Cercare di *capire*, con l'aiuto di altri, per esempio consultando gli esperti, il *problema complessivo*, che può legittimamente sfuggirci, costituisce certamente un modo di procedere sensato e desiderabile. Ma *agire* in base ai suggerimenti altrui non potrà mai darci quella gioia per la conferma ricevuta che sorge in noi soltanto quando abbiamo capito *da soli, nel modo che ci corrisponde*, i fattori coinvolti in una data situazione e quindi la linea d'azione da applicare.

Quando mettiamo tutto il nostro impegno per trovare la soluzione di un problema, per capire come e perché noi e i nostri figli siamo venuti a trovarci in quella situazione, per scoprire di che cosa si tratta, noi investiamo notevole energia intellettuale ed emotiva nel nostro sforzo. E i nostri figli, i quali sono costantemente in sintonia con noi, lo avvertono, e traggono un profondo senso di sicurezza dal fatto di essere considerati degni di un simile investimento di energie da parte nostra. Il nostro sforzo rappresenta per loro un'indicazione della profondità della nostra dedizione, ed è questo che più di tutto li tocca, e dunque ci aiuta a raggiungere il nostro scopo: creare un rapporto intimamente soddisfacente, e perciò "giusto", con i nostri figli.

Normalità e regole

Sentirci dire che il comportamento di nostro figlio è normale per la sua età non ci è mai di molto aiuto. Si tratta, tra l'altro, di un concetto discutibile: che cosa significa esattamente "normale" nel caso di un rapporto così intimo? Significa "medio": ma quale bambino si accontenta di essere semplicemente "un bambino medio", e a quale genitore interessa che suo figlio lo sia? Per noi nostro figlio dovrebbe essere, e vuole essere, qualcuno di molto speciale, di unico, non semplicemente un individuo "medio". Se dunque è vero che il concetto di normalità possiede una sua utilità in statistica, è assolutamente fuori luogo quando si ha a che fare con i profondi sentimenti che uniscono genitori e figli. Parlare di "normalità" segnala l'intrusione di un'astrazione scientifica in quello che dovrebbe essere un rapporto dei più intimi.

Quando siamo contenti di nostro figlio non ci viene neppure in mente che egli sia o faccia quello che sono o fanno la maggior parte dei bambini o ragazzi della sua età. L'amore che proviamo per lui ci convince che è qualcuno di molto speciale, non un bambino medio. Né ci farebbe piacere che nostro figlio pensasse che noi, i suoi genitori, siamo semplicemente dei genitori medi, né migliori né peggiori degli altri, interessati a lui e al suo bene e degni del suo amore né più né meno di tutti gli altri adulti che sotto molti aspetti, dal punto di vista statistico, possono dirsi simili a noi.

Né sentirsi dire che il comportamento di nostro figlio è "normale" ci è di consolazione quando siamo addolorati o preoccupati che le sue azioni possano essere, ora o in futuro, nocive per lui. Se avessi un figlio che tende a correre come un pazzo in automobile, e mi assicurassero che alla sua età è "normale" comportarsi così, non mi sentirei per questo meno angosciato. Preferirei di gran lunga che mio figlio deviasse dalla norma, ma guidasse con prudenza!

Pensare ai nostri figli in termini di normalità o devianza dalla norma svilisce l'importanza tutta speciale che essi hanno per noi, nonché l'importanza del nostro rapporto, perché implica che li paragoniamo a degli estranei, che li misuriamo dal di fuori, in rapporto ad altri individui che sono estranei alla profonda intimità della nostra vita comune. È perfettamente legittimo che degli estranei giudichino in questo modo nostro figlio: da un estraneo non si può pretendere di più. Ma quando un genitore incomincia a considerare il proprio figlio con occhio clinico, con l'occhio di un estraneo, valutando che cosa ha in comune con altre centinaia di migliaia di bambini e ragazzi e in che cosa differisce invece dalla norma, collocandolo al suo posto come in una rilevazione statistica, allora succede qualcosa al suo rapporto con il figlio, e al suo senso di sé come genitore.

Le ricerche di psicologia per stabilire le norme di comportamento per i vari gruppi d'età trascurano di proposito le innumerevoli differenze individuali che fanno di ciascun bambino un essere unico. È un fatto di cui i genitori, quando confrontano i loro figli con tali norme, tendono a non tenere conto, soprattutto quando il figlio supera le aspettative della norma. Per esempio, ci sono bambini che a scuola danno senza sforzo prestazioni superiori alla media, e allora il problema non si pone; ma ce ne sono altri che per ottenere risultati superiori alla media si impegnano oltre le proprie forze. A rigor di logica, i loro genitori dovrebbero preoccuparsi, temere che lo sforzo eccessivo faccia loro del male, e invitarli a desistere, così come al bambino che dà risultati inferiori alla media si raccomanda di impegnarsi di più per "essere alla pari con i compagni". Invece è raro che questo succeda.

E si potrebbero citare ancora altri esempi di un simile atteggiamento da parte dei genitori. Le norme circa il comportamento degli adolescenti prevedono la lotta per l'indipendenza, la ribellione contro ogni restrizione, come gli orari per il rientro a casa, e la sfida ai valori dei genitori. Sicché, nel caso che il loro figlio adolescente non desse segni di voler affermare con la ribellione la propria indipendenza, i suoi genitori, a conoscenza delle norme circa il comportamento nell'adolescenza, dovrebbero invitarlo ad adeguarsi alla media per la sua classe d'età: a ribellarsi, a disubbidire, a essere disordinato e soggetto a bruschi sbalzi d'umore; a comportarsi insomma come un adolescente tipico. Ma, naturalmente, è raro che i genitori lo facciano. Quando mai un genitore ha chiesto al figlio perché si dimostra tanto maturo, quando dovrebbe dibattersi nel pieno della crisi adolescenziale? Non mi è mai capitato di sentire un genitore, che pure esige che suo figlio stia "alla pari con i compagni" sul piano scolastico, invitarlo a comportarsi più da adolescente, vale a dire in modo più "normale", e cioè a ribellarsi. È molto più comune che il genitore rimproveri il figlio, che si comporta come un adolescente tipico, invitandolo a comportarsi "come un ragazzo della sua età", intendendo con questo come un adulto maturo, quando invece il suo comportamento è perfettamente in armonia con la sua età, cioè con quella che gli psicologi hanno rilevato essere la norma per la sua classe d'età.

Quando nostro figlio adolescente si ribella, ci disubbidisce, ci fa soffrire con la sua ostentata indifferenza per quello che diciamo e pensiamo, è ben difficile, di fronte ad attacchi del genere, accettare la sua condotta con equanimità solo perché ci hanno assicurato che "sta affrontando i suoi compiti evolutivi nel modo tipico dell'adolescente" e che il suo comportamento preoccupante rientra nel "normale processo di crescita e di maturazione". Assicurazioni del genere ci offrono scarso conforto quando siamo in ansia perché vuole provare la droga, o fa cose che potrebbero metterlo nei guai con la legge o essere pericolose fisicamente, tutte paure molto realistiche. Se però riusciamo a sviluppare l'atteggiamento giusto, a provare empatia per il suo stato di disorientamento interiore ed esterno, allora forse riusciremo ad aiutarlo a far fronte alle difficoltà dell'adolescenza. Ma difficilmente arriveremo ad avere un atteggiamento del genere confrontando nostro figlio, le sue difficoltà, e le nostre, con le norme stabilite per la sua età. Qualunque cosa s'intenda per normalità, noi vogliamo che nostro figlio sia diverso, che non corra pericoli, che la sua adolescenza non sia un periodo così duro per noi. Ma finché non riusciremo a capirlo come persona, come individuo a sé stante, indipendentemente dalla norma, non potremo provare vera accettazione né per lui né per quello che fa. E se anche riuscissimo, con un atto di volontà, ad assumere un atteggiamento di tolleranza e di rassegnazione, essendoci convinti che durante l'adolescenza è normale comportarsi come sta facendo, nostro figlio avvertirà che, dietro il nostro atteggiamento, sta questa idea dell'"adolescente medio" e se ne risentirà violentemente, perché nulla conta di più per lui che essere considerato unico, diverso da tutti gli altri, a dispetto del fatto che sembri mimetizzato nel branco.

Un'altra soluzione senza via d'uscita, dunque? No, ma potrebbe facilmente diventarlo, se ci lasciamo provocare a dargli battaglia o a sopportare in silenzio. Quello che dobbiamo fare è suscitare in noi, ricollegandoci alla nostra esperienza interiore, un senso di empatia per il disorientamento e i conflitti di cui il comportamento di nostro figlio è espressione. Ed è più facile riuscirci se richiamiamo alla memoria quanto ci avevano fatto soffrire alla sua età problemi simili ai suoi. Ci renderemo conto allora che sovente non era tanto questione di ribellarsi ai genitori, quanto di scoprire ed essere se stessi. I nostri ricordi si riferiranno sempre a situazioni concrete (a che ora rientrare la sera, quali compagnie frequentare) e mai a "compiti evolutivi" da affrontare o al "normale processo di crescita e di maturazione". Tuttavia, ricordare le situazioni nelle quali ci eravamo scontrati, o avremmo voluto avere il coraggio di scontrarci, con i nostri genitori, ci aiuterà a capire quanto sia irrilevante in realtà l'occasione dello scontro. Quello che conta è che anche noi volevamo liberarci dell'influenza dei nostri genitori e contemporaneamente continuare a sentirceli vicini; che anche noi abbiamo vissuto tutta una gamma di sentimenti dolorosi, intricati e spesso contradditori.

Ricordando tutto questo, come potremmo non provare simpatia per quello che sta passando nostro figlio? Sapere che il comportamento di nostro figlio è normale per la sua età porta al massimo a una tolleranza rassegnata della sua condotta, ma la comprensione e la simpatia che nascono dal ricordo delle nostre esperienze colma la distanza tra noi e nostro figlio e crea tra noi un potente legame emotivo.

Questa capacità di immedesimazione, così importante per il rapporto con i figli, scaturisce sia dallo sforzo, dettato dal nostro amore, di capire che cosa sta dietro il comportamento di nostro figlio, sia dal ricordo, che può essere inconscio, di nostre esperienze, che ora vediamo rispecchiate nelle sue azioni. E in realtà non ha importanza se noi ai nostri tempi avevamo messo in atto i nostri desideri o li avevamo invece repressi: il semplice fatto di ricordarcene ci aiuterà a dare a nostro figlio, nel difficile periodo che sta attraversando, una guida che lui può accettare e utilizzare e che per noi sarà una gioia fornire. Perché bambini e ragazzi si sentono più sicuri e accettano più prontamente la guida del genitore, se avvertono che questi agisce con autenticità, mantenendosi fedele ai suoi valori e alle sue convinzioni e, soprattutto, basandosi su quello che le sue personali esperienze, simili alle loro, gli hanno insegnato.

Le regole

La convinzione che nel trattare con i figli ci si possa riferire a una serie di regole è il maggior nemico dell'atteggiamento di comprensione basata sull'empatia di cui si diceva sopra, che può nascere soltanto dalla riflessione sulle esperienze personali, diverse per ciascun genitore come diverse sono per ciascun bambino le proprie. Affidarci alle regole ci risparmia la fatica di dover riflettere a fondo su ciascun problema che si presenta e di doverci assumere la responsabilità della sua soluzione. Inoltre, poiché ogni regola si basa sulla generalizzazione, prescindendo da tutto ciò che è individuale, affidarci alle regole ci fa trascurare quanto esiste di unico in nostro figlio e nel nostro rapporto con lui.

Per evitare di dovere ogni volta rientrare nel merito di una questione e discuterne daccapo con il figlio, alcuni genitori preferiscono stabilire delle regole, che di solito riguardano quello che deve fare *il figlio*; è molto raro infatti che i genitori stessi si sentano vincolati da regole. E ci sono bambini che effettivamente preferiscono avere delle regole, perché questo non solo evita, anche a loro, la fatica di doversi domandare ogni volta che cosa pensano e che cosa provano di fronte a una data situazione; oltretutto consente loro di prendersela con la regola invece che con il genitore che l'ha stabilita e ora vuole farla rispettare. (Crea meno problemi nutrire risentimento per una regola impersonale piuttosto che per qualcuno che per noi è molto importante, nei confronti del quale proviamo sentimenti molto intensi.) In tal modo il risentimento viene astratto dal contesto interpersonale e relegato nella sfera delle considerazioni generali, per esempio sulla validità della regola o la sua pertinenza al caso in questione. Contemporaneamente, però, anche il rapporto tra il genitore e il figlio viene scorporato dalla sfera del personale, allontanato da sé e trasferito nella discussione teorica e impersonale o nel risentimento per le regole in generale. Il bambino allora si pone in rapporto con la regola e con le sue implicazioni piuttosto che con il genitore, che è la persona più importante della sua vita. Affidarsi alle regole finisce, cioè, per estraniare genitore e figlio.

Mentre è vero che nelle situazioni impersonali le regole comportano indubbi vantaggi, in quanto ci risparmiano di dover prendere decisioni ogni volta, non bisogna dimenticare che esse sono qualcosa di reificante e di spersonalizzante. Questo intendeva dire Pirsig: per conveniente che possa essere sul piano pratico seguire le regole quando si vuole montare un congegno meccanico, è difficile non diventarne, o comunque sentirsene, prigionieri. Le regole sono nemiche della spontaneità e dei sentimenti positivi.

L'esistenza di regole, più o meno rispettate dal bambino, deruba genitore e figlio di quel profondo e tangibile piacere che entrambi provano quando il figlio si offre spontaneamente di eseguire un certo compito perché desidera essere d'aiuto, o semplicemente per dimostrare al genitore, contraccambiando, quanto apprezzi quello che fa per lui. Solo agli individui dalla personalità ossessiva piace agire in base alle regole, perché la loro nevrosi non li lascia liberi di fare altrimenti. Le altre persone traggono ben scarsa soddisfazione dal seguire i regolamenti: non provano piacere i bambini nell'ubbidirvi, e non provano piacere i genitori nell'esigere che vengano osservati. Può esservi, e sovente vi è, una certa convenienza nell'avere delle regole, ma mai del piacere; e sicuramente non ne guadagna il legame affettivo tra genitori e figli. L'esistenza di regole, comunque siano nate, reifica e meccanicizza quello che dovrebbe essere il più personale, il più essenzialmente umano, il più spontaneo dei rapporti, un rapporto che ogni giorno potrebbe arrecare nuova gioia.

La sicurezza e l'atteggiamento del genitore

In quasi tutti i problemi che si incontrano nell'educare i figli, genitore e figlio *sono* il problema e contemporaneamente la sua soluzione (questo vale anche quando le circostanze esterne esulano dalla possibilità di controllo e di influenza del genitore, come in caso di guerra, di terremoti, di malattie o di morti in famiglia). Quello su cui il genitore può influire è il modo in cui l'evento viene vissuto dal figlio e dunque il significato che esso assume per lui. Un bambino, per esempio, può vivere come un evento positivo una grave malattia, persino una malattia mortale, grazie all'assoluta dedizione e all'amore che essa ha messo in moto nel genitore, facendoli sentire vicini come non mai.

Di qualunque problema si tratti, la comprensione dei suoi aspetti emotivi e psicologici più importanti, della sua natura e delle sue origini ci aiuterà senza dubbio ad avvicinarci alla soluzione. Ma per chiarire queste cose dobbiamo usare la nostra intuizione, non quella di qualche altra persona, neppure di chi per mestiere dispensa consigli. Freud stesso dovette rendersi conto che era un errore credere che bastassero le intuizioni dello psichiatra a indurre progressi nel paziente, giacché persino quando esse erano assolutamente giuste, il paziente non ne traeva beneficio. Solo quando il soggetto arriva a capire i processi in atto dentro di sé, ne ha davvero un beneficio. E questo vale anche per i problemi che incontriamo con i nostri figli, persino quando non rientra nelle nostre possibilità correggere le circostanze oggettive da cui sorgono.

Durante il bombardamento di Londra, Anna Freud rimase profondamente colpita dal fatto che, mentre molti bambini erano sopraffatti dall'angoscia, non riuscivano a dormire neppure di giorno, quando tutto era tranquillo, e manifestavano tutta una gamma di sintomi nevrotici da bombardamento, ce n'erano altri che riuscivano a sopportare serenamente la situazione. E cita il caso di una bimbetta che un giorno, con un sorriso radioso, dichiarò di essere la bambina più felice di tutta Londra, perché, mentre passeggiava con la mamma per Hyde Park, poche ore prima, aveva visto un albero volare nel cielo: era stato uno spettacolo unico e meraviglioso, al quale lei sola aveva avuto la fortuna di assistere. Che vicino a dove si trovava con la madre fosse caduta una bomba che aveva sradicato un albero lo si poté ricostruire solo dopo molte domande. Al pericolo corso la piccola non aveva quasi prestato attenzione, presa com'era dalla bellezza, per lei, della scena.

Quella bambina tanto fortunata aveva una madre che, ben sapendo di essere impotente a impedire i bombardamenti, faceva il possibile per impedire che la figlia ne rimanesse angosciata. Non permetteva che la guerra e le sue devastazioni interferissero nel loro rapporto, e fu il loro rapporto a consentire a entrambe di trarre gioia da quell'esperienza, che altrimenti sarebbe stata terrificante. È significativo che la donna rimanesse nel loro appartamento anche quando veniva dato l'allarme antiaereo perché, diceva, non le andava di svegliare la bambina e di spaventarla dopo che si era addormentata. Il fatto che lei stessa riuscisse a dormire quasi tutta la notte, nonostante i bombardamenti, aumentava il senso di sicurezza della figlia. Se si fosse lasciata prendere dall'ansia, neppure la bambina sarebbe riuscita a dormire tranquilla tutta la notte. Laddove altre madri avrebbero contagiato i figli con il loro terrore, questa donna comunicava alla figlia solo l'immensa felicità di essere ancora vive insieme. A questa felicità, vissuta attraverso la madre, si riferiva la bambina quando raccontò di aver veduto "un albero volare nel cielo". Dove tanti genitori trasmettevano ai figli la loro angoscia per dover subire l'orrore dei bombardamenti, altri, come la madre di cui abbiamo parlato, comunicarono ai figli la loro felicità per il fatto di poter *essere insieme* sotto i bombardamenti. Il modo in cui il genitore vive un evento cambia tutto per un bambino, perché è in base al vissuto del genitore che egli si crea la propria interpretazione del mondo.

Gli studi condotti su numerose famiglie durante il bombardamento di Londra mostrarono una correlazione quasi perfetta tra il livello di ansia delle madri (i padri erano quasi tutti sotto le armi) e quello dei figli. Le madri che rimanevano in casa la notte invece di correre nei rifugi antiaerei, riuscendo anche a dormire abbastanza tranquillamente, avevano, nella grande maggioranza dei casi, figli altrettanto sereni e tranquilli. Quelle in preda all'angoscia avevano figli che soffrivano di angosce ancor più gravi. E benché ci fossero delle eccezioni, tra i casi che si erano potuti seguire in modo più approfondito fu rilevato che le madri che prima della guerra presentavano livelli di ansia più elevati erano anche quelle che, al pari dei loro figli, avevano sofferto di angosce più intense nel periodo dei bombardamenti. Mentre le madri che in tempo di pace erano risultate più sicure come persone e prive di particolari ansie nevrotiche furono quelle che durante i bombardamenti si lasciarono prendere meno dall'angoscia; e lo stesso fecero i loro figli.

Risultati analoghi emersero alcuni anni or sono dallo studio di una comunità della California meridionale che era stata colpita dal terremoto. Alcuni bambini soffrirono per periodi prolungati di intense angosce, mentre altri, che avevano vissuto esperienze identiche, o persino peggiori, ne riportarono conseguenze psicologiche relativamente meno gravi. Nel caso dei bambini che più ne avevano sofferto, l'angoscia, benché evidentemente scatenata dal terremoto, aveva radici precedenti l'evento scatenante; e la guarigione di questi bambini risultò più rapida laddove i genitori non li oberavano ulteriormente con la loro personale ansia.

Anche il comportamento dei bambini israeliani in tempo di guerra conferma i risultati esposti. Nel suo articolo *Children under Fire*, Alfred M. Freedman riferisce che "le reazioni di paura dei genitori risultarono particolarmente traumatiche per i bambini piccoli", mentre, dove i genitori riuscirono a mantenere sotto controllo la propria angoscia offrendo ai figli un forte sostegno emotivo e sociale, "il livello di ansia tra i bambini sottoposti allo stress della guerra non presentò aumenti di rilievo".

Per aggiungere una notazione personale: quando avevo sei anni, la casa di fronte alla nostra, un edificio di quattro piani, fu distrutta da un incendio nel cuore della notte. Le fiamme erano così alte che illuminavano a giorno tutto il quartiere, e le scintille arrivarono fino a casa nostra, che venne inondata dalle pompe dei vigili del fuoco. Io naturalmente stavo dormendo, ma i miei genitori mi svegliarono e mi portarono alla finestra per farmi assistere all'insolito esaltante spettacolo. Poiché essi erano così tranquilli e mi indicavano il mutare dei colori e delle forme delle fiamme, a me non venne neppure in mente di avere paura. Ispirato dal loro esempio, mi sentivo un po' come la bambina durante il bombardamento di Londra. L'unico pensiero che ebbi fu che i miei genitori erano stati molto buoni a svegliarmi e a portarmi in camera loro (la mia era sul retro della casa, da cui non si vedeva l'incendio), ad assistere a uno spettacolo così raro ed esaltante. Quando l'incendio fu domato e la casa distrutta, mi riportarono a letto e io mi riaddormentai immediatamente.

Per mesi, ogni volta che uscivo di casa, mi trovavo davanti le macerie della casa incendiata, ma non ne fui mai angosciato, non mi venne mai in mente di aver corso un pericolo, o che anche la nostra casa si sarebbe potuta incendiare. Pensavo solo che si era trattato di un'esperienza fuori dell'ordinario e che io ero stato ben fortunato a potervi assistere: la sicurezza che avevo sentito emanare dai miei genitori mi aveva impedito di provare paura.

Tutti sanno ormai che l'ansia del genitore induce ansia nel bambino, anche se, date le differenze esistenti tra un adulto e un bambino, le origini e la qualità dell'ansia tenderanno a essere diverse, e così pure la sua espressione. Meno frequente è la riflessione che, se varie persone reagiscono con gradi diversi di ansia a un medesimo pericolo, allora tali variazioni devono dipendere non dalla situazione esterna ma da qualcos'altro. Per comodità potremmo chiamare quest'altro fattore il grado di fiducia o sfiducia di fondo che una persona nutre nei confronti della vita, la misura del suo ottimismo o pessimismo, lo scarto tra la sua sicurezza e insicurezza interiori. L'analisi approfondita rivela immancabilmente che tali atteggiamenti di fondo si formano molto prima dell'evento in questione, anche se spesso in persone particolarmente sensibili è l'evento a provocare la manifestazione incontrollabile di angosce che, se l'evento non si fosse verificato, sarebbero rimaste relativamente latenti. Quando tali persone riescono a intuire le cause della loro sfiducia di fondo, o della profonda insicurezza o pessimismo circa il mondo e il loro destino nel mondo, e a dare in qualche misura espressione emotiva a questi sentimenti, allora si nota che l'angoscia per il pericolo attuale ne viene notevolmente ridotta. Cioè, una volta compreso che l'angoscia attuale ha a che vedere più con esperienze infantili irrisolte e fino ad allora inconsce che con il pericolo imminente, ecco che si riesce più facilmente a gestire la situazione presente ed eventualmente ad aiutare anche i figli a far fronte alle loro ansie.

L'ansia dei genitori rende la vita difficile a genitori e figli insieme, giacché i figli reagiscono all'ansia dei genitori con un'ansia ancora più intensa, che a sua volta aggrava quella dei genitori, in una reazione a catena. Fortunatamente, in circostanze normali la gente non deve far fronte a bombardamenti o a catastrofi naturali. Ma, indipendentemente dall'evento scatenante, la reazione d'ansia del genitore suscita sempre nel figlio un'ansia molto intensa, panica, a volte. Il figlio, cioè, reagisce a quello che ha suscitato l'ansia del genitore, qualunque cosa sia, come se si trattasse di una catastrofe, della fine del mondo.

Questo perché la vacillante sicurezza del bambino dipende, come egli ben sa, non dalla sua capacità di proteggersi dai pericoli, bensì dalla benevolenza altrui; è in un certo senso presa in prestito dalla sicurezza dei suoi genitori. E quando improvvisamente essi sembrano incapaci di reggere, il bambino perde quel piccolo margine di sicurezza che aveva. Tutto il suo mondo crolla, e in modo ben più radicale di quello dei genitori, i quali, per quanto in preda all'angoscia, dispongono pur sempre di qualche meccanismo per far fronte alla situazione, nutrono sempre la sia pur minima fiducia che la società verrà loro in aiuto, che in caso di bombardamenti arriverà la contraerea, che dopo un terremoto inizieranno le operazioni di soccorso, e così via. Il bambino non può trarre conforto da pensieri del genere, perché non li sa fare; sicurezza e conforto per lui vengono solo dai genitori. Se li sente paralizzati dall'angoscia o impotenti di fronte a essa, il bambino cade nella disperazione più totale. Per lui la situazione è più grave perché la sua valutazione della realtà si basa sui segnali che gli vengono dai genitori: quando all'improvviso tali segnali gli comunicano che vi è motivo di essere in ansia, il bambino risponde non già con i sentimenti che sarebbero appropriati al probabile pericolo, bensì con sentimenti appropriati all'ansia che avverte emanare dai genitori. Di solito poi egli è completamente all'oscuro, oppure ha solo una vaga idea delle cause della loro ansia, il che non fa che aggravare il suo senso di impotenza. Come tutti sappiamo, infatti, i pericoli di cui non conosciamo le cause fanno molta più paura, perché la conoscenza ci permette se non altro di premunirci contro di essi.

Un esempio molto semplice, quotidiano, di quanto appena detto, è costituito dalla difficoltà che tutti i genitori in varia misura provano nel separarsi dal figlio quando questi incomincia ad andare alla scuola materna. L'angoscia da separazione è una delle angosce più fondamentali dell'essere umano; tutti, chi più chi meno, ne andiamo soggetti. Da lattanti abbiamo paura di essere abbandonati dalla persona che si prende cura di noi, che di solito è la madre. La nostra esperienza del modo in cui viene gestita da nostra madre questa paura determinerà in gran parte il modo in cui noi stessi, in seguito, affronteremo l'angoscia da separazione. I meccanismi per cui questo avviene e come l'ansia della madre sia ciò che causa o aggrava l'angoscia del figlio si possono facilmente osservare quando il bambino viene mandato per la prima volta alla scuola materna.

Molti se non quasi tutti i bambini provano una certa diffidenza di fronte alla situazione del tutto nuova per loro della scuola materna e mostrano all'inizio qualche difficoltà a separarsi dalla persona che li accompagna a scuola, di solito la madre. Ciò nonostante, vediamo bambini che si abituano facilmente e altri che accettano la nuova situazione solo dopo molto tempo e con grande difficoltà. Tutto dipende dai segnali che il bambino riceve dalla madre; se essi gli comunicano che la situazione è sicura e desiderabile, la accetterà ben presto e anzi trarrà piacere dalla nuova esperienza. Se, invece, l'iniziale difficoltà del bambino a lasciare la madre susciterà in lei delle reazioni che gli fanno intendere come anche lei sia preoccupata per quello che potrebbe accadere e sia riluttante a lasciarlo, allora naturalmente il suo iniziale turbamento ne sarà aggravato. A sua volta questo sembrerà confermare le preoccupazioni iniziali della madre, accentuandole: il bambino si mette a piangere e si aggrappa alle gonne della mamma, questa allora diventa via via più insicura e incomincia a pensare che forse suo figlio non riuscirà a reggere la nuova esperienza, che forse è prematuro per lui frequentare la scuola materna. E anche se la madre a parole lo rassicura che si troverà bene a scuola, a quel punto il bambino è in preda all'angoscia e non risponderà alle assicurazioni verbali ma solo all'ansia della madre circa la loro separazione.

A mantenere in atto il processo è l'ansia della madre, più

che quella del bambino. E questo perché la madre è a conoscenza di qualcosa di cui il bambino non ha la minima idea: e cioè che quella separazione segna l'inizio di un lungo processo che lo condurrà, attraverso le varie tappe della scuola elementare e poi delle superiori, ed eventualmente dell'università, a crearsi una vita sua, autonoma e indipendente da quella dei genitori. È infatti la previsione angosciosa delle ben più drastiche separazioni che li attendono a far scattare ora nella madre l'angoscia da separazione, già presente nel suo inconscio come conseguenza delle sue personali esperienze infantili. Questo processo e i suoi effetti sugli altri bambini della classe risultano chiari dal seguente aneddoto, che mi venne riferito da un'insegnante di scuola materna.

Secondo l'esperienza di questa maestra, solo i bambini le cui madri hanno difficoltà a separarsi dai figli incontrano a loro volta difficoltà a separarsi dalla madre. La madre veramente convinta che l'esperienza della scuola materna farà bene a suo figlio trasmette questo messaggio al bambino attraverso tutto il suo comportamento. Il primo giorno di scuola saluta il figlio e lo lascia in classe senza indugiare troppo; e infatti di lì a poco il bambino si metterà a giocare tutto contento con i compagni e con la maestra. Tutto il contrario avviene se la madre dentro di sé nutre dei dubbi sull'opportunità di lasciare il bambino a scuola; e glieli comunica attardandosi nella classe, facendo il gesto di andarsene per poi tornare immediatamente indietro al primo segno di disagio del figlio. Ben presto il bambino avverte che secondo sua madre non è una buona cosa lasciarlo in quel luogo, e incomincia a piangere e ad aggrapparsi alle sue gonne. E non appena gli altri bambini se ne accorgono, incominciano anch'essi ad avere dubbi sulla bontà di quel posto, e incominciano a piangere e a chiamare la mamma, anche se fino a quel momento stavano giocando allegramente.

Nel racconto della nostra maestra, particolarmente interessante e indicativo dei meccanismi in atto in questi casi fu il comportamento del suo stesso figlio. Un giorno venne accompagnato a scuola per la prima volta un bambino, la cui madre fece più volte la mossa di andarsene, per poi tornare immediatamente indietro a stringersi al cuore il figlio. Questi, ogni volta che la scena si ripeteva, si agitava sempre di più e sempre più disperatamente si aggrappava alla mamma: pareva avvertire che sua madre in realtà non voleva lasciarlo, e assecondava puntualmente le sue aspettative impedendole di andare via. Via via che il pianto del bambino aumentava di volume e di intensità, pur con la madre vicina, altri bambini si unirono al coro dei "Voglio la mia mamma". Alla fine anche il figlio della maestra, che fino a quel momento era rimasto a giocare tranquillamente e mai prima di allora aveva manifestato la minima ansia nel lasciare la madre al mattino, neppure quando la classe era affidata a un'altra maestra, si mise a urlare che voleva la mamma. Quel giorno comunque in classe c'era sua madre, era lì al suo fianco e sarebbe rimasta con lui, come ben sapeva, tutto il giorno. La donna, sconcertata dal pianto di suo figlio, gli fece notare che lei, la sua mamma, era lì proprio al suo fianco. Al che il bambino smise di piangere per un attimo, come interdetto, per riprendere subito dopo a urlare, ancora più forte: "E allora voglio il mio papà!"

La vista di quella madre, che non riusciva a separarsi dal figlio, aveva attivato negli altri bambini la loro angoscia da separazione, che li aveva fatti precipitare nella disperazione per l'assenza della mamma: questa infatti è l'origine, il modello fondamentale, dell'angoscia da separazione. Anche il figlio della maestra, che la madre l'aveva accanto a sé, venne coinvolto nell'atmosfera generale di angoscia da separazione, e per dare una qualche giustificazione al suo pianto, dopo che la madre gli aveva fatto notare come non avesse senso nel suo caso invocare la mamma, si mise a invocare il papà (benché questi non l'avesse mai accompagnato a scuola, e lui stesso non l'avesse mai cercato le altre mattine). Cioè, non era l'assenza del padre che l'aveva fatto piangere, bensì l'angoscia da separazione in quanto tale.

Purtroppo, in situazioni del genere, non serve che l'insegnante faccia notare alla madre la sua incapacità a separarsi dal figlio o le spieghi che la sua riluttanza ad andarsene rende le cose molto più difficili anche al bambino. La madre potrebbe fare uno sforzo cosciente per comportarsi diversamente sul momento, ma questo non allevierebbe la sua angoscia, che potrebbe allora esprimersi in altri modi meno evidenti. Dunque il consiglio di "mollare la presa", se superficialmente potrà sembrare efficace, in realtà, rendendo meno visibile il problema sottostante, potrebbe impedirne la soluzione e provocare alla lunga problemi più gravi.

Si rivela più utile, invece, incoraggiare la madre ansiosa a cercare di ricordare il suo primo giorno di scuola, con le speranze e i timori che aveva suscitato in lei da bambina. Ricordare i suoi sentimenti di allora, compresi quelli che le avevano permesso di superare il momento della separazione, la aiuterà a scoprire da sola come rendere più facile quell'esperienza per suo figlio. Forse a quel punto capirà inoltre che l'inizio della scuola materna non segna la fine dell'attaccamento del bambino per la mamma; e questo riconoscimento, intimamente vissuto, dovrebbe conferirle la sicurezza necessaria per "mollare la presa".

Quando il genitore usa un'esperienza come quella del primo giorno di scuola come spunto per scoprire i sentimenti che lui stesso aveva provato in situazioni analoghe da bambino, arriverà a comprendere più a fondo l'angoscia del figlio. L'empatia che così si crea tra genitore e figlio consente al primo di comprendere come le sue stesse emozioni siano parte integrante dell'atteggiamento del figlio verso l'esperienza della scuola. Il metodo migliore, dunque, è aiutare il genitore a richiamare alla memoria le proprie angosce infantili. Così facendo, egli comprenderà il ruolo che queste svolgono nell'atteggiamento suo e del bambino di fronte alla separazione. Di solito, tuttavia, questo è possibile solo se il genitore ha ben chiaro che l'angoscia di suo figlio non ha nulla a che fare con quello che potrebbe succedere a scuola, ma riguarda unicamente la paura di essere abbandonato dalla mamma. Ma per capire di che cosa realmente si tratta, gli indizi migliori sono sempre quelli offerti dal comportamento concreto del bambino, che sarà diverso per ciascuno, e che occorre saper leggere (per esempio, l'invocazione "Voglio la mia mamma", che nel caso del figlio della maestra diventa "Voglio il mio papà!").

Che si riesca oppure no a scoprire le fonti più profonde della nostra angoscia e di quella di nostro figlio, che sono sempre strettamente intrecciate, il fatto stesso che siamo disposti a calarci nel nostro passato per meglio comprendere nostro figlio (cosa che il bambino avverte) rende più forte il legame tra noi e lui, ci fa sentire più vicini nel comune tentativo di risolvere la situazione. In questo senso dico che genitore e figlio insieme sono il problema, ma ne sono anche la soluzione.

I consigli degli specialisti non possono aiutare il genitore, se questi non ha fatto le opportune esperienze interiori; anzi, i consigli possono addirittura impedirgli di impegnarsi nel lungo e faticoso compito di scoprire le cause delle difficoltà del figlio, compito che richiede contemporaneamente di portare alla luce certi aspetti della propria vita e del proprio essere. È questo, comunque, che rende più stretto e intenso il legame tra genitore e figlio. L'esperienza interiore, a sua volta, metterà in luce quanto sia inevitabilmente superficiale e generico qualunque consiglio, anche il migliore, se applicato a una situazione complessa, in cui sono in gioco sentimenti tanto personali, e che può diventare sempre più complessa nella misura in cui rimescola sempre nuovi sentimenti personali. Perciò mi preme ribadire ancora una volta che questo libro non vuole offrire i "consigli dello specialista", bensì essere di stimolo ai lettori perché, quando si scontrano con qualche problema nell'educare i propri figli, si sforzino di indagare sui propri sentimenti.

4. Le nostre ragioni e le loro

> La prima condizione perché si possa arrivare a conoscere un uomo è che egli sia nelle cose essenziali affini e a noi.
>
> J.A. FROUDE

Nel momento stesso in cui viene accertata la gravidanza, nell'animo dei due futuri genitori incominciano ad alternarsi sentimenti di speranza e di ansia. Può darsi che entrambi desiderino con tutto il cuore avere un figlio (atteggiamento più raro di quanto comunemente si creda), ma ciò non toglie che nell'anticipazione dell'evento i loro sentimenti siano complessi e forse ambivalenti; e tali saranno anche dopo la nascita del bambino.

Prima ancora che il bimbo nasca, i genitori si creano delle aspettative (speranze e preoccupazioni) su di lui e su quello che la sua nascita comporterà per la loro vita. Quali che siano state le previsioni della madre circa la maternità, la realtà potrà poi addirittura capovolgerle. La donna che non voleva avere figli può innamorarsi a prima vista del suo bambino appena nato e domandarsi come avesse potuto, prima, mettere in dubbio la bellezza di essere madre. Mentre la donna che aveva tanto desiderato un figlio può scoprire che non è affatto esaltante dedicarsi in modo così esclusivo a un neonato, le cui cure le riescono molto più faticose e molto meno gratificanti di quanto si fosse aspettata.

In tutti i casi l'atteggiamento del padre-marito può modificare radicalmente la situazione. Se il padre ha l'impressione che il bambino gli sottragga una parte esorbitante dell'attenzione, del tempo e delle energie della madre, obbligandolo ad accontentarsi di un posto in secondo piano nella vita della moglie, ne avranno a soffrire lui stesso, la moglie, il figlio e tutti i loro rapporti. Viceversa il piacere dell'uomo per essere diventato padre, il suo appoggio amorevole e il suo aiuto concreto alla moglie quando questa si sente esaurita dopo il parto e durante l'allattamento, rivestono un'importanza decisiva nel far sì che l'arrivo in famiglia di un figlio risulti un evento felice nel senso più pieno della parola.

Molto dunque dipende dai sentimenti con i quali entrambi i genitori (ma particolarmente la madre) accolgono il nuovo membro della famiglia e i cambiamenti che la sua venuta impone alla loro vita. Fin dall'inizio, infatti, tra genitori e figlio si instaura una rete continua di interrelazioni reciproche. Ciascun evento al quale essi partecipano, non importa se grande o piccolo, assume significato e importanza in quanto è parte del loro rapporto: non sono le "questioni di fondo" che contano nel formare la personalità del bambino e nel definire il rapporto tra genitori e figli. Il più delle volte, anzi, episodi che i genitori considerano insignificanti rivestono invece enorme importanza agli occhi del bambino, perché gli forniscono i segnali in base ai quali viene orientato il suo destarsi al mondo; in questo consiste la grande influenza dei genitori, anche se non sempre essi se ne rendono conto. Una parola, un gesto del padre o della madre, il suo tono di voce o l'espressione del viso possono gettare improvvisamente una luce molto diversa sulle cose, e lo stesso può fare la mancata reazione del genitore. E a influire sul bambino, a fornirgli gli indizi sui quali egli basa la sua visione di sé e del mondo, non è solo il comportamento visibile del genitore, ma anche i suoi pensieri coscienti e quello che avviene nel suo inconscio.

Come ho accennato all'inizio di questo libro, il fine dell'educazione è di dare al proprio figlio gli strumenti che gli consentano in primo luogo di scoprire *chi* vuole essere, e quindi di diventare una persona contenta di sé e della propria vita. Nostro figlio dovrebbe poter essere in grado di fare nella sua vita quello che a lui sembra importante, desiderabile e degno di essere fatto; di creare con i suoi simili rapporti costruttivi, soddisfacenti, di reciproco arricchimento; e di sopportare le tensioni e le difficoltà che inevitabilmente la vita gli riserverà. Sotto questo punto di vista i genitori non rappresentano semplicemente i primi e più influenti maestri del figlio, sono coloro per mezzo dei quali egli si orienta nella vita; minuto per minuto egli li osserva e li studia per capire che cosa fanno e come lo fanno e con quali sentimenti, sentimenti manifesti, negati o persino rimossi. In tal modo i genitori gli indicano *chi* essere e *come* esserlo (e il "come" scaturisce sempre naturalmente dal "chi"). Sono questi i dati importanti per l'esistenza presente e futura del bambino, molto più importanti dell'acquisizione di conoscenze e abilità specifiche (certamente utili), alle quali sembrano invece attribuire tanta importanza i genitori.

Quali sono le tappe più importanti nel processo di crescita del bambino, nel suo diventare sempre più se stesso? Quali sono gli eventi decisivi nell'educazione dei figli? Alcune correnti della psicologia sottolineano l'importanza dell'allattamento, dello svezzamento, dell'addestramento all'uso del vasino, di come vengono gestite queste situazioni e con quali sentimenti; altre ritengono importante il modo in cui i genitori parlano al lattante, giocano con lui, gli fanno il bagno, lo mettono a letto. Altre ancora considerano decisive le reazioni dei genitori alle angosce e ai problemi del figlio: come lo aiutano a farvi fronte? Ci sono poi psicologi che concentrano l'attenzione sui sentimenti e le emozioni del genitore; sui suoi desideri e le sue preoccupazioni nei confronti del figlio, su ciò che ama o non ama in lui, sull'immagine che ha dell'altro genitore e di se stesso. Aveva ragione il filosofo Friedrich Nietzsche quando affermava: "Le dissonanze irrisolte tra il temperamento e i sentimenti dei genitori sopravvivono nel figlio e vanno a costituire la storia delle sue sofferenze interiori." In realtà, mentre è vero che tutte le situazioni e le circostanze citate sono importanti nel determinare la personalità e le percezioni del bambino, noi vediamo che l'influenza esercitata da una qualunque di tali esperienze può essere enorme per un bambino e minima o nulla per un altro. Molto dipende infatti non solo dalla situazione, dal contesto in cui un fatto avviene, ma anche dall'età del bambino, e dalla natura e dall'intensità dei sentimenti del genitore.

Spesso il fattore decisivo è il modo in cui il genitore si muove in una data situazione, perché è questo che per il figlio costituisce la guida al significato dell'evento. Gli atteggiamenti interiori del genitore, quali si esprimono nella sua condotta nelle singole situazioni, piccole e grandi, sono ciò che più agisce sul bambino; e per noi genitori è impossibile sul momento giudicare quale evento assumerà nell'esperienza di nostro figlio proporzioni massime o minime, giacché la nostra valutazione dell'importanza dell'evento stesso potrebbe essere completamente diversa dalla sua.

Ecco perché un genitore passabile è quello le cui azioni e reazioni, la cui approvazione e disapprovazione (entrambe ugualmente importanti e necessarie per educare i figli) sono temperate da una rispettosa considerazione per il modo in cui il figlio percepisce le cose. Dei genitori passabili si sforzano di valutare le cose e di reagire a esse sia dal loro punto di vista di adulti, sia da quello ben diverso del figlio; cercano di integrare per quanto possibile i due punti di vista e di agire in base a tale integrazione, accettando nel contempo che il figlio, invece, a causa della sua immaturità, possa vedere le cose soltanto dal suo punto di vista.

Ma è più facile dirlo o capirlo intellettualmente che non metterlo in pratica nella vita di ogni giorno. Ed è praticamente impossibile mantenere questa duplice prospettiva quando ci troviamo di fronte a un problema che suscita intense emozioni o ci sembra di urgenza immediata, vuoi per motivi nostri, vuoi perché appare decisivo per il benessere presente o futuro di nostro figlio. Quando siamo convinti che il nostro giudizio, più maturo, è corretto, è difficile uscire da questo schema e prendere realmente in considerazione il problema dal punto di vista di nostro figlio. In fondo, quali ragioni potrebbe avere per desiderare di compiere un atto così irragionevole, irrealistico, o pericoloso? Quali motivazioni potrebbe avere per desiderare così ardentemente, o di prendersela tanto per qualcosa che ai nostri occhi è solo una sciocchezza?

Quanto più importante e chiara appare a noi la questione, tanto meno siamo disposti a occuparci delle possibili ragioni dell'atteggiamento di nostro figlio. Sappiamo che si lascia spesso prendere da momentanei e irrazionali impulsi, che tende cioè ad agire impulsivamente, senza tener conto delle conseguenze: perché dunque dovremmo cercare di immaginarci che cosa potrebbe esserci dietro i *suoi* pensieri e le *sue* azioni; perché dovremmo prendere sul serio le *sue* ragioni? Se poi il comportamento del figlio appare stravagante o addirittura morboso, molti genitori ne concluderanno che sia assolutamente impossibile indovinarne i motivi.

Di solito, quando il figlio si comporta in maniera inaccettabile, i genitori intelligenti cercano di farlo ragionare, gli spiegano i suoi errori e gli dimostrano la superiorità del loro punto di vista. Purtroppo, una volta che il bambino si è messo in testa una cosa, questi sforzi bene intenzionati raramente lo convincono a cambiare idea. Finché è piccolo, i genitori potranno, sì, farsi ubbidire; ma troppo spesso questo li induce a credere che, visto che ora fa come gli è stato detto, il bambino abbia fatto propri i loro ragionamenti; oppure, e questo è peggio, al genitore non importa quello che pensa o non pensa il figlio, purché "faccia il bravo". Per loro, la questione è risolta; ma non lo è affatto per il figlio. Il bambino si sentirà infelice per la prevaricazione subita; oppure nutrirà risentimento contro il genitore che l'ha obbligato ad andare contro il suo giudizio, giudizio che considera tuttora valido, visto che non ha avuto modo di scoprire se lo era oppure no.

L'adulto può facilmente avere la meglio in una discussione con un bambino, senza neppure rendersene conto, perché le sue capacità di ragionamento sono tanto superiori a quelle di un bambino, il quale non è in grado di presentare con ordine, in maniera convincente, le sue argomentazioni. Ma la superiorità dialettica dell'adulto, la sua padronanza dei dati rilevanti (che sono ciò che risulta così convincente per lui) dal bambino possono essere vissuti semplicemente come prepotenza e scarsa considerazione per le sue opinioni. E tanti bambini, sapendo per esperienza che il genitore l'avrà vinta comunque, si sentono infelici o pieni di risentimento già in partenza, e a causa di queste emozioni non riescono né a esporre le loro ragioni, né a capire quelle del genitore.

Sicché il bambino si sente sconfitto sulle sue ragioni e questa è un'esperienza che lo esaspera e lo indebolisce. È ben diversa dal venire convinti: di solito ci fa chiudere la bocca, e rimanere attaccati ancor più ostinatamente alla nostra opinione. Il bambino dunque tace, e il genitore crede di averlo convinto; se glielo domanda, il figlio di solito risponde che ha ragione, perché vuole chiudere la discussione, e allora il genitore il più delle volte scambia per consenso convinto quella che è solo esteriore acquiescenza.

Di norma i genitori non si rendono conto che le loro ragioni e il loro comportamento risultano agli occhi del figlio almeno altrettanto assurdi di quanto appaiano ai loro occhi le ragioni e il comportamento del figlio. Quanto più i fini di due persone divergono, tanto meno ciascuno è disposto o capace di dare credito alle opinioni e alle ragioni dell'altro; e questo vale anche per genitori e figli. Nel loro caso, anzi, le cose sono ancora più difficili perché, finché non ha raggiunto l'adolescenza, il figlio è incapace di contemplare due o più punti di vista diversi: per un bambino le cose sono solo o tutte in in modo o tutte in un altro; solo una mente matura può comprendere le versioni diverse che possono nascere da punti di vista diversi. Tocca quindi al genitore dare un riconoscimento all'enorme diversità di prospettive, interessi e finalità esistenti tra lui e il figlio, e tocca al genitore dare il peso che meritano alle opinioni del figlio, per sbagliate che possano sembrargli.

Se almeno una delle parti in conflitto non è capace di prendere in seria considerazione il punto di vista dell'altro, non può darsi una soluzione soddisfacente.

La sua totale dipendenza nei confronti del genitore obbliga il bambino a fare quello che gli si dice, e i genitori tendono troppo facilmente a dedurre che l'ubbidienza del figlio sia una prova che il bambino è convinto della ragionevolezza delle loro richieste. Invece può darsi che il bambino ubbidisca al genitore con una grossa riserva mentale, perché comunque non è in suo potere fare altrimenti. Ed essere obbligati ad agire in contrasto con le nostre convinzioni è sempre un'esperienza dolorosa, che indebolisce, anche quando l'esito della nostra azione sia positivo; perché pensiamo sempre che, se avessimo potuto agire a modo nostro, i risultati sarebbero stati migliori. Perciò, ogni qualvolta il genitore non riesce a trovare una soluzione realmente soddisfacente al conflitto con il figlio, quello che ne soffre è il loro rapporto.

Una soluzione che possa accontentare sia il genitore sia il figlio è possibile soltanto dopo che il genitore ha dato credito ai desideri e al punto di vista del figlio, per ingenui e immaturi che possano essere. Dare credito ai pensieri e ai desideri dei nostri figli non significa che li dobbiamo accettare come attuabili, e neppure che dobbiamo scendere a compromessi se siamo convinti che soddisfarli sarebbe sbagliato, pericoloso o irrealistico. *Tout comprendre c'est tout pardonner*, dicono i francesi: comprendere appieno, dare il giusto riconoscimento alle idee e alle azioni dell'altro, equivale a giustificarle, il che non vuol dire che si debba adottarle. (Questo detto popolare deriva da una frase di Madame de Staël: "Quando si comprende tutto, si diventa molto indulgenti," che probabilmente si rifaceva a sua volta al goethiano: "Non ci è possibile biasimare le cose che comprendiamo." Quello che si richiede, dunque, è un atteggiamento di indulgenza e di non biasimo.)

Pertanto il genitore passabile analizzerà le motivazioni del figlio, cercherà di capire i suoi pensieri e i suoi desideri, così da farsi un'idea di quello che suo figlio spera di ottenere, e come e perché. A partire da questo tipo di comprensione saremo forse in grado di mostrargli, con il *suo* linguaggio invece che con il nostro, come il suo metodo sia inadeguato ai *suoi* fini, e in che modo potrebbe più sicuramente raggiungerli. A quel punto sarà più facile sollecitare l'impegno del bambino, perché si tratta di raggiungere quello che *lui* desidera, impegno che più difficilmente metterà nel realizzare quello che *noi* desideriamo per lui, per ragionevoli e importanti che possano sembrare a noi i nostri fini.

Essere preso sul serio è un'esperienza profondamente soddisfacente per un bambino, e così pure avere la sensazione di essere capito dal padre e dalla madre. Poiché la soddisfazione è in fondo quello che cerca, ricevere *questo tipo* di soddisfazione può risultare una compensazione accettabile per aver dovuto modificare il suo comportamento.

A dire il vero, quasi tutti noi abbiamo bisogno di sentire che le nostre idee vengono prese in considerazione, prima di essere disposti o addirittura capaci di prendere in considerazione quelle degli altri. Occorre una notevole sicurezza interiore per riuscire a considerare con obiettività idee contrarie alle nostre, una sicurezza che i bambini, di qualunque età, non possono avere. È comunque più facile farlo se abbiamo l'impressione che l'altro è disposto a fare lo sforzo di capire le nostre ragioni e di prenderle sul serio (e con esse di prendere sul serio noi): allora siamo aperti anche ad altre argomentazioni e forse persino disposti ad accettarle.

La più comune causa di discordia tra genitori e figli è la pretesa da parte dei genitori che i figli percepiscano le cose al loro stesso modo e reagiscano di conseguenza... e questo benché già san Paolo avesse avvertito che i bambini pensano e ragionano da bambini, e non da adulti. E ancor prima Terenzio aveva affermato che ci sono tante opinioni quante sono le teste degli uomini. È proprio così: un medesimo fenomeno può essere visto in modo diverso persino da adulti di provenienza e formazione molto simili; infatti è la combinazione di tutte le nostre esperienze passate e del nostro individuale schema di riferimento a determinare il nostro punto di vista. Nel caso di genitori e figli le cose sono ancora più complicate, perché le differenze di esperienza, obiettività e facoltà intellettive sono molto più grandi persino di quelle esistenti tra adulti di provenienza e formazione dissimili. Perciò, se vogliamo che nostro figlio prenda una certa cosa al modo che a noi sembra più giusto o migliore per lui, dovremo tener conto del significato che quell'evento o esperienza hanno per lui, dato il suo schema di riferimento. Su questa base, potremo adattare la nostra condotta in modo che essa assuma per nostro figlio il senso desiderato. Ma certo non è facile, neppure nelle più normali situazioni quotidiane, neppure quando non intervengono fattori esterni a frapporsi tra noi e nostro figlio.

Sappiamo benissimo che noi e i nostri figli guardiamo le cose da due prospettive diverse, ma questa consapevolezza rimane troppo spesso un'idea astratta, che perdiamo immediatamente di vista non appena veniamo coinvolti in una situazione in cui le nostre diverse prospettive si scontrano. Facciamo un esempio: i supermercati sono luoghi in cui è molto facile che genitori e figli si irritino a vicenda; quando succede, di solito madre e bambino sono convinti entrambi che la propria irritazione nei confronti dell'altro sia assolutamente giustificata, e quella dell'altro sia invece irragionevole: un conflitto di opinioni, questo, che non prelude a nulla di buono, né per l'una né per l'altro. Come ha fatto notare Anna Freud, il bimbetto di due anni che, allontanatosi dalla mamma, al supermercato, finisce per perdersi dietro una fila di scaffali, non dice mai tra i singhiozzi: "Mi sono smarrito," bensì in tono accusatorio: "Tu mi hai smarrito!" Ma sono molto rare le madri che concorderebbero con questa versione! Poiché lei si aspettava che il figlio rimanesse vicino al carrello, nel vissuto della madre è il bambino che l'ha persa di vista, mentre nel vissuto del figlio è esattamente il contrario. Se le consideriamo dal punto di vista di ciascuno dei due, entrambe le versioni sono corrette. Quello che è accaduto di fatto è che madre e figlio si sono ciascuno lasciati attrarre o distrarre da qualcos'altro: la madre, col pensiero alla spesa, dai prodotti da comperare, il bambino da qualche cosa che ha visto; oppure, più probabilmente, si è sentito deluso dal fatto che la madre prestasse più attenzione ai prodotti sugli scaffali che a lui e si è mosso in un'altra direzione, o è rimasto indietro. Improvvisamente si accorge che la mamma non è più vicino a lui e si mette a cercarla, finendo da tutt'altra parte del supermercato; a quel punto si rende conto con terrore di essersi smarrito.

La madre capisce l'angoscia del figlio, ma, sapendo che entrambi si trovano nel medesimo locale e che il figlio è facilmente rintracciabile, probabilmente non risponde adeguatamente all'*entità* della sua angoscia. Se volessimo tradurre la paura del bambino nei termini di un adulto, dovremmo immaginare di trovarci improvvisamente e inaspettatamente sperduti nel fitto di una giungla. Una madre sensibile questo lo intuisce, a qualche livello, ma può essere molto doloroso per lei riconoscere di aver provocato nel figlio un tale stato di angoscia o ammettere con se stessa di essere rimasta assorta in una cosa come i suoi acquisti, tanto poco importante rispetto al panico del suo bambino. Inoltre, si sentirà vagamente offesa dall'implicita accusa di negligenza da parte del figlio, tanto più che, secondo lei, è colpa di lui, e non sua, se si è smarrito. Sicché, più per tacitare la sua sensazione di non aver badato abbastanza al figlio, che per insensibilità verso i suoi sentimenti, la madre ricade nell'abitudine di considerare la situazione con l'equanimità dell'adulto basata sulle risorse che l'adulto ha a disposizione.

La versione della madre, benché sia corretta dal suo punto di vista, fa torto a quella del bambino, che prima si era angosciato per essersi smarrito e ora deve vivere in più la disperazione di non essere capito dalla mamma. È la combinazione di questi sentimenti che può rendere terribili per il bambino eventi quotidiani come questo, se noi non sappiamo rispondere nel modo corrispondente a come lui li vive.

In molte situazioni analoghe, se noi rispondiamo in modo appropriato al panico di nostro figlio, tutto si risolve, ma se non lo sappiamo cogliere e anzi ci irritiamo per la scena che fa, che attira su di noi l'attenzione degli astanti, allora il bambino si sentirà doppiamente smarrito. Anche se materialmente ci ha ritrovati, si sente smarrito perché non viene compreso dalla persona la cui comprensione costituisce la sua unica fonte di sicurezza. E visto che siamo stati noi a decidere di portarlo in un luogo dove ci sono così tante cose che attraggono la sua attenzione, distraendolo dalla consegna di restare vicino alla mamma, ai suoi occhi è stata tutta colpa nostra.

Un altro esempio chiarirà ancor meglio la differenza di prospettiva tra genitori e figli. Il bambino, poniamo, lascia cadere un oggetto di valore, che va in mille pezzi. Il padre, dispiaciuto per la perdita dell'oggetto, si arrabbia con il figlio perché è stato maldestro. Ora proviamo a considerare l'incidente dal punto di vista del bambino. Questi è in ansia per aver rotto l'oggetto e per la prevedibile reazione di biasimo irritato del padre. A peggiorare le cose, il bambino sa che a suo padre non sarebbe mai successo di lasciar cadere l'oggetto. Perciò il senso della propria inadeguatezza, richiamata così dolorosamente in evidenza, va ad aggiungere alla paura della collera paterna uno schiacciante senso di inferiorità. Se i genitori riuscissero a tenere sempre presente che questo è lo stato d'animo di un bambino, sono sicuro che non si irriterebbero così tanto per una perdita materiale. Al contrario, il loro cuore volerebbe incontro al povero bambino, che è tre volte infelice: per se stesso, per quello che ha fatto e per la paura della collera del genitore. Allora non degnerebbero di uno sguardo l'oggetto rotto per dedicarsi a consolare il profondo dolore del figlio.

Questi due esempi molto banali mostrano come cambino le nostre reazioni quando riusciamo a vedere le cose da *entrambe* le prospettive, la nostra e la loro. Tra l'altro, nel caso dell'oggetto rotto, è più probabile che sia il bambino a cogliere anche la prospettiva del genitore, se solo riesce a mettere ordine tra le sue vaghe e confuse impressioni. Ammesso che non si domandi perché mai lo abbiamo voluto tentare con un oggetto così attraente lasciato in giro alla sua portata, il bambino, oltre che alla propria inadeguatezza, messa in luce in modo lampante dall'incidente, soffre profondamente perché sa di averci dato un dispiacere. Mentre noi pensiamo solo alla nostra perdita, lui pensa alla nostra perdita e alla nostra infelicità, oltre che alla sua. Viene da chiedersi chi dei due, il padre o il figlio, mostri una maggiore comprensione e maturità, in questo caso!

Non è solo questione di prospettive emotive diverse, ma anche di differenze fisiche molto tangibili. I supermercati sono arredati in modo che le merci esposte siano raggiungibili facilmente da un adulto, ma non necessariamente da un bambino. Le merci esposte sugli scaffali sono visibili al bambino, e quindi solleticano la sua curiosità, ma non sempre sono raggiungibili, il che è frustrante. E l'oggetto prezioso che l'adulto può reggere al sicuro nella sua mano è decisamente troppo grosso per la manina di un bambino. Finché le emozioni non hanno il sopravvento, noi siamo ben consapevoli di queste differenze fisiche, e quando ci troviamo in sintonia con nostro figlio ancora così piccolo ci viene naturale colmarle o almeno ridurne gli effetti. Ci chiniamo per portarci al livello dei suoi occhi, ci sediamo sul pavimento con lui: e sempre con sua grande gioia, perché istintivamente il bambino coglie il nostro sforzo per ridurre la distanza emotiva e di esperienza tra noi e lui. Anche quando lo prendiamo in braccio o ce lo mettiamo a cavalluccio sulle spalle gli procuriamo un piacere grandissimo, perché ora potrà guardare il mondo dal nostro punto di vista. Persino in queste situazioni, tuttavia, rimangono importanti punti di differenza tra noi e lui, per ciò che riguarda il senso di sicurezza: il bambino che viene portato a cavalluccio ha perduto il contatto con il solido terreno, noi invece abbiamo sempre i piedi per terra.

Potranno sembrare osservazioni banali, ma solo se ci diamo la pena di fermarci un momento a guardare il mondo ad altezza d'occhio di un bambino potremo incominciare a capire come tutto gli appaia imponente e schiacciante: come tutti gli oggetti siano enormi e alti ed esasperatamente fuori della sua portata. Per gli adulti è normale vedere il piano del tavolo e potere toccare tutto quello che c'è sopra. Il bambino piccolo, a meno che non lo prendiamo in braccio o lo issiamo sul seggiolone, non sa mai che cosa sta sopra il tavolo, di norma ne vede solo le gambe. Persino quando sta seduto sul seggiolone, la maggior parte delle cose che stanno sul tavolo sono fuori della sua portata, cosa che spesso è frustrante per lui. La sua posizione sul seggiolone è piuttosto precaria: potrebbe cadere giù e farsi male, e per scendere ha bisogno del nostro aiuto. Inoltre, quando ci chiniamo verso di lui, o sediamo con lui sul pavimento, noi siamo padroni di entrambe le prospettive, la nostra di adulti e la sua di bambino piccolo; ma lui dispone solo della propria, se non siamo noi a mettergli a disposizione la nostra prendendolo in braccio. Per vedere le cose come le vediamo noi, per salire le scale, per attraversare la strada, deve dipendere dal nostro aiuto; in tutte le situazioni della vita il bambino piccolo deve dipendere dall'aiuto di un adulto. Questo determina un grado di insicurezza e di dipendenza che è difficile immaginare una volta che lo si sia superato, ma se vogliamo essere dei genitori passabili dobbiamo comprenderlo e immedesimarci in questo stato. Se al supermercato (o in qualunque posto del genere) fossimo capaci di proiettarci per un attimo nella mente di nostro figlio, ci riuscirebbe impossibile essere in collera con lui per essersi lasciato prendere dal panico nel constatare che eravamo scomparsi. Lungi dall'essere in collera, condivideremmo il suo sollievo per averci ritrovato.

Quando riusciamo a capire come appaiono le cose a nostro figlio, se guardate dal suo punto di vista, è come se facessimo nostra la sua esperienza, beninteso a modo nostro, non nel suo; e quindi è come se lo conoscessimo meglio, come persona. E allora, in ogni situazione, reagiremo non solo soggettivamente, ma anche, contemporaneamente, come se fossimo nostro figlio. Questo ci consentirà di partecipare a quello che succede non già alla pari (perché pari non siamo), ma come partner di pari importanza di quella straordinaria e comunissima impresa che è essere una famiglia.

Lo sforzo di capire e in un certo senso di vivere come se fossimo nostro figlio quello che lui sta vivendo, e di basare su questo la nostra risposta alla situazione, ha sovente come importante effetto secondario di riportarci alla memoria episodi analoghi, significativi e da tempo dimenticati, della nostra infanzia, consentendoci così di comprendere più a fondo il loro significato e il loro ruolo nella formazione della nostra personalità e della nostra visione del mondo. Quando questo avviene, ci ritroviamo arricchiti da una migliore comprensione non solo di nostro figlio ma anche della nostra infanzia. Potrà persino succedere che si riesca allora a sciogliere finalmente certi nodi della nostra vita, prima invisibili e ora rivelati dal triplice e variegato fascio di luce rappresentato dalla reazione del nostro bambino, dalla reazione del bambino che eravamo allora e dalla reazione dell'adulto che siamo ora. Nella misura in cui ci riusciremo, ci sentiremo più vicini ai nostri figli emotivamente e come persone, e, insieme, impareremo a conoscerli e ad apprezzarli per quello che sono: dei bambini.

5. Il rendimento scolastico: una questione che divide

> Non inducete i ragazzi ad apprendere con la violenza e la severità, ma guidateli invece per mezzo di ciò che li diverte, affinché possano meglio scoprire l'inclinazione del loro animo.
>
> PLATONE, *Repubblica, VII*

Il rendimento scolastico, un tema sul quale spesso genitori e figli sono in conflitto, può servire a illustrare ulteriormente come il fatto di vedere le cose da due prospettive diverse possa facilmente diventare di ostacolo al rapporto tra genitori e figli in quanto una stessa idea o esperienza può assumere significati completamente diversi per ciascuno di essi. Di solito il genitore che si preoccupa per i progressi scolastici del figlio è mosso dall'apprensione circa il suo futuro; ma per un bambino futuro vuol dire domani o, al massimo, di lì a qualche giorno. Per lui tra l'oggi e il giorno in cui finirà gli studi, per non parlare di quando sarà adulto, c'è di mezzo un'eternità, un lasso di tempo indefinibile e inimmaginabile. (Del resto, anche molti adulti trovano difficile proiettarsi in un futuro distante una quindicina d'anni.) Appunto perché il bambino è incapace di abbracciare il futuro, il presente immediatamente assume importanza assoluta. Perciò l'insoddisfazione del genitore, in quanto esiste nel presente e viene avvertita nel presente, è la cosa che conta, mentre la causa di quell'insoddisfazione, la preoccupazione per il "futuro", non ha per il bambino alcun senso.

Dicendo questo non si vuole assolutamente negare quanto sia importante per la buona riuscita scolastica dei bambini e dei ragazzi la vicinanza e l'interessamento dei loro genitori. Ma deve trattarsi di un interessamento che riguarda quello che succede a scuola giorno per giorno, perché questo è l'orizzonte entro il quale vive e concepisce la sua vita il bambino. Per la maggior parte dei bambini una relazione positiva con i genitori e con il loro atteggiamento verso la cultura è l'ingrediente fondamentale di una buona riuscita scolastica. Il bambino desidera naturalmente avere accesso alle cose che gli amati genitori considerano importanti, vuole saperne di più sulle cose che a essi stanno tanto a cuore. E vuole anche compiacerli, ottenere la loro approvazione (nonché quella dell'insegnante e di altri adulti importanti per lui), ma *ora, subito*. E applicarsi allo studio sembrerebbe un modo relativamente facile per ottenere tutte queste cose.

Il bambino che va bene a scuola riceve molte ricompense: i suoi genitori sono contenti di lui, l'insegnante lo loda, gli dà buoni voti. Perciò, se un bambino che possiede le abilità necessarie per riuscire bene a scuola invece va male, devono esistere dei motivi che spieghino il suo fallimento, dei motivi che, per quel bambino, devono evidentemente essere più pressanti del desiderio di ottenere tutte quelle gratificazioni. Per poter comprendere tali motivi dobbiamo scoprire da quale prospettiva il fallimento scolastico può apparire più desiderabile del successo. Solo la convinzione *aprioristica* dei genitori che non possa esistere una simile prospettiva impedisce loro di capire come mai il figlio abbia scelto il fallimento invece del successo. Se solo si sforzassero di vedere le cose da un'angolatura che renda intelligibile la scelta del figlio, allora il suo modo di ragionare apparirebbe anche a loro comprensibile e del tutto logico; e, quel che più conta, il conflitto si risolverebbe ed essi saprebbero come indurre il bambino a modificare la sua scelta in modo che si conformi maggiormente alla loro.

Il caso di Emma può servire a illustrare questo punto. Emma era una ragazzina i cui genitori si erano sempre distinti in campo intellettuale e attribuivano la massima importanza al successo scolastico. Tuttavia Emma aveva un rendimento mediocre, diversamente dal fratello maggiore, che, con evidente soddisfazione dei genitori, era sempre stato il primo della classe. Comunque la ragazza se l'era sempre cavata in tutte le materie, se non che, improvvisamente, incominciò a prendere insufficienze in tutto. Ovviamente, questo angustiò molto la madre, che da sempre era preoccupata per lo scarso entusiasmo di Emma per lo studio; aveva provato a ridurre la quantità di tempo che la figlia passava davanti al televisore, e a indurla a leggere "libri validi", ma tutto era stato vano. Né erano serviti a chiarire l'enigma i colloqui con gli insegnanti: anch'essi erano sconcertati dall'improvviso calo del rendimento di Emma.

La madre, infelice e confusa, si rivolse allora allo psicologo perché le consigliasse come fare a indurre la figlia a leggere buoni libri e a fare meglio a scuola. La donna diede sfogo alla sua preoccupazione per il disinteresse della ragazza per la lettura, per la sua abitudine di andarsene a zonzo con gli amici o di rimanere per ore davanti al televisore; e non fece mistero della propria esplicita e severa disapprovazione nei confronti della figlia. L'unico dato al quale non fece cenno, finché non le venne chiesto direttamente di descrivere la situazione familiare, fu che diversi mesi prima il marito se n'era andato di casa. Quella separazione evidentemente era così dolorosa per lei che preferiva non parlarne e non pensarci, benché si rendesse conto di come avesse creato gravi difficoltà per tutti in famiglia. Dal canto suo, ora sentiva più forte di prima l'obbligo morale di vigilare a che i figli non si sbandassero. Aveva dunque insistito perché Emma studiasse con maggiore impegno, ottenendo però l'effetto opposto.

Alla donna non era neppure venuto in mente che potessero esistere validi motivi per il comportamento della figlia; l'indolenza e la ricerca di piaceri insulsi le erano parsi una spiegazione sufficiente.

Se invece fosse partita dalla convinzione che la figlia doveva avere per le proprie azioni motivi altrettanto validi di quelli che aveva lei per desiderare che invece leggesse buoni libri e si impegnasse negli studi, allora forse le sarebbe venuto in mente di porsi la seguente domanda: come mai Emma, che pure aveva sempre ottenuto la sufficienza, ora improvvisamente era stata bocciata in tutte le materie, e non solo in una o due? La donna svolgeva lavoro di ricerca in campo scientifico ed era quindi abituata a prendere in attenta considerazione tutti i dati concomitanti prima di giungere a una conclusione circa le cause di un fenomeno. Eppure, quando il problema riguardava sua figlia, non si era posta domande del tipo: quale importante fattore potrebbe spiegare un cambiamento così radicale del rendimento scolastico di mia figlia? oppure: quali altri eventi significativi hanno avuto luogo più o meno contemporaneamente al fallimento scolastico di Emma? Se avesse riflettuto su questi interrogativi, le sarebbe apparso evidente che, in concomitanza con il peggioramento a scuola, si era verificato un grosso cambiamento nella vita della ragazza: la partenza del padre molto amato. E la connessione tra i due eventi le sarebbe parsa quanto meno ipotizzabile.

Il timore che il fallimento del suo matrimonio potesse avere conseguenze distruttive sulla vita dei figli, e il ferreo proposito di evitare che questo avvenisse, avevano impedito alla donna di percepire le vere intenzioni della figlia, tanto più che le sue emozioni personali si erano innestate sulla convinzione di fondo che non potessero esistere motivi validi per andare male a scuola. Il suo giudizio negativo sulle motivazioni della figlia, che attribuiva a pigrizia, superficialità, gusto per i piaceri scadenti, e il dispiacere che ne provava, le avevano impedito di cercare una spiegazione più generosa del comportamento della ragazza. Essendo sicura della correttezza del proprio giudizio, le era semplicemente impossibile capire come Emma volesse quello che voleva lei: riportare il padre in seno alla famiglia.

Contrariamente all'idea della madre che il suo insuccesso scolastico fosse una prova della scarsa importanza attribuita allo studio, in realtà la ragazza aveva assimilato la convinzione dei suoi genitori che lo studio potesse cambiare la vita di una persona e conseguire risultati importanti. Tant'è vero che aveva deciso di fare leva appunto sui sentimenti di suo padre verso il rendimento scolastico dei figli per conseguire il risultato che in quel momento per lei contava più di qualsiasi altra cosa: il ritorno del padre in seno alla famiglia. Emma era abbastanza intelligente da rendersi conto che, se avesse continuato a essere promossa, suo padre l'avrebbe interpretato come un segno che tutto andava bene nonostante la sua assenza e dunque non c'era bisogno di lui. La sua inaspettata e imprevedibile bocciatura, invece, l'avrebbe forse preoccupato al punto da farlo tornare: allora tutto sarebbe tornato come prima, compresi i suoi voti a scuola. Prendere l'insufficienza in tutte le materie, dunque, era stato una specie di stratagemma per far tornare a casa il padre, anche se, naturalmente, a livello di coscienza, la ragazzina avvertiva soltanto la vaga sensazioone che, senza l'aiuto del padre, non riusciva a studiare. Sua madre, tutta presa dai propri problemi, si limitava a sperare che non ci fossero conseguenze più gravi, ma Emma era più ottimista: era convinta che la rottura fosse reversibile, e si dispose a fare quanto in suo potere per ricomporre la famiglia. Per quanto riguardava il valore dello studio, l'accordo con la madre non poteva essere più totale, anche se la madre non lo poteva capire.

Dunque un comportamento che apparentemente indica una divergenza tra genitori e figli, può in realtà essere motivato dal medesimo scopo; solo che i mezzi usati per raggiungerlo sono molto diversi. Emma, è vero, si era comportata in modo ingenuo e immaturo, senza tener conto delle conseguenze lontane delle sue azioni. Ma, alla sua età, come avrebbe potuto essere altrimenti? E inoltre, considerando le cose realisticamente, che altro avrebbe potuto fare per scuotere veramente suo padre?

Più spesso di quanto non si creda, i figli vogliono le stesse cose che vogliono i loro genitori. Il bambino nutre un così profondo attaccamento per i genitori, la sua vita è così inestricabilmente legata alla loro, che non può fare a meno di rispondere istintivamente a quello che passa per la loro mente e per il loro cuore. Solo che i bambini il più delle volte reagiscono ai contenuti dell'inconscio dei genitori, più che ai contenuti presenti alla coscienza, giacché essi stessi sono molto più in contatto con l'inconscio di quanto non lo siano gli adulti. Il bambino, dunque, reagisce soprattutto all'inconscio del genitore. Nel mondo infantile, dove il sole sorge e tramonta in virtù del padre e della madre, dove non c'è nulla che sembri impossibile per loro, quella che noi chiameremmo realtà oggettiva conta ben poco.

Per quanto ardentemente desiderasse che il marito tornasse da lei, la madre di Emma, essendo vincolata alle leggi della realtà e ben conoscendo come funziona il mondo, e soprattutto come funzionava il suo ex marito, si sentiva impotente a cambiare quella situazione. Inoltre, poiché il suo abbandono l'aveva ferita profondamente, ora nutriva sentimenti ambivalenti nei suoi confronti. Essendo personalmente convinta che nulla avrebbe potuto farlo ritornare in famiglia, non le venne in mente che la figlia potesse essere motivata dal desiderio che il padre ritornasse a stare con loro.

Invece, i sentimenti di Emma verso il padre non erano ambivalenti, sicché la ragazzina aveva reagito solo a una faccia dell'ambivalenza materna: a quella che desiderava la ricostituzione della famiglia, quella che coincideva con i suoi stessi desideri. Perciò si era buttata (inconsciamente, beninteso) con tanta decisione a realizzarli, e le sembrava incomprensibile che la madre la criticasse. Emma, che viveva nel presente, non poteva nutrire preoccupazioni circa il suo futuro, come invece faceva la madre; quello che occupava tutto il suo animo era il dolore, reale e presente, per la perdita del padre.

La ragazzina non conosceva il padre, per esperienza diretta, nella sua veste di marito o di uomo adulto dai molteplici interessi fuori della famiglia. Per lei era essenzialmente suo padre: gli altri aspetti della sua vita rivestivano scarsa realtà. Ora che si era spezzato il rapporto per lei così importante tra padre e figlia, non riusciva a pensare ad altro che al suo bisogno di ricostituirlo. Non era in grado di vedere il rapporto tra i suoi genitori quale realmente era; lo vedeva come un bambino desidera che sia. Visto da questa prospettiva, il ritorno del padre appariva molto più possibile e molto più facilmente realizzabile di quanto non sembrasse a sua madre. Perciò Emma si dispose a fare tutto quello che poteva perché il suo desiderio, che nella sua percezione coincideva con quello della madre, si realizzasse.

Il guaio, in questo caso, fu che la madre di Emma, convinta che la figlia volesse deliberatamente frustrare il suo più grande desiderio circa il suo futuro, non potesse accorgersi che la ragazzina cercava di far succedere quello che entrambe più desideravano. Non aveva capito che, alla lunga, se si fosse potuto indurre suo marito ad assolvere se non altro alla sua funzione di padre, un anno di scuola perduto avrebbe rappresentato, in fondo, un prezzo irrisorio.

Potremmo paragonare i sentimenti dei quali siamo consapevoli alla punta di un iceberg, che ne è la minima parte, mentre la gran massa, al pari dei nostri sentimenti e delle nostre motivazioni inconsce, rimane sommersa e nascosta alla vista. Il fallimento scolastico rappresentava la risposta di Emma alla difficile situazione in cui si era venuta a trovare, una risposta dettata da forze per così dire sommerse, da impulsi, cioè, provenienti dal suo inconscio. Sarebbe erroneo pertanto supporre che l'improvvisa caduta del rendimento a scuola facesse parte di un piano accuratamente studiato, di cui la ragazza fosse in qualche misura consapevole. I processi attraverso i quali opera l'inconscio sono ignoti, caotici e confusi; le nostre motivazioni sono ambivalenti, spesso contraddittorie; e solo alcuni di questi contenuti risalgono temporaneamente alla coscienza sotto forma di fugaci pensieri, che vengono immediatamente o molto presto ricacciati nell'inconscio. Forse a Emma era balenata l'idea: "Se vengo bocciata in tutte le materie, i miei genitori dovranno rendersi conto di come mi abbia turbata la loro separazione; e mio padre dovrà intervenire." Ma un pensiero del genere, e le sue conseguenze se l'avesse messo in pratica, l'avevano spaventata, e la ragazza si era affrettata a rimuoverlo nell'inconscio; il che non aveva impedito a quell'idea di indurla ad agire: solo che ora non era consapevole di quello che stava facendo, né del perché.

Quando ci muovono profonde emozioni o complessi sentimenti, è probabile che siano in gioco anche motivazioni inconsce, di cui non abbiamo consapevolezza. Il nostro comportamento ne è allora "sovradeterminato", ovvero, pur essendo consapevoli di alcune delle nostre motivazioni, altre che pure influenzano il nostro comportamento, rimangono inconsce, e spesso sono proprio quelle che più ci spingono ad agire. In questi casi, le nostre azioni e i nostri sentimenti sono la risultante della confluenza di tanti filoni diversi, residui di esperienze e di sentimenti vissuti nel passato. La bocciatura di Emma, oltre a essere inconsciamente intesa a dimostrare a entrambi i genitori quanto fosse distruttiva per lei la loro separazione, costituiva anche, con ogni probabilità, la manifestazione culminante di altri processi psichici, alcuni di vecchia data, in atto nel suo inconscio. Se applichiamo al problema particolare di questa madre e di questa figlia quanto abbiamo appreso da molti casi analoghi, saremo legittimati a concludere che le radici del comportamento di Emma andrebbero ricercate in esperienze ben più antiche, precedenti l'abbandono della famiglia da parte di suo padre; circostanza, questa, che probabilmente aveva solo esasperato processi che da tempo erano in atto nella sua psiche. L'incapacità di Emma (incapacità, e non, come credeva la madre, rifiuto) a provare interesse per le buone letture potrebbe essere una conseguenza della sua percezione infantile che ai genitori interessassero di più la cultura e i libri che non la sua persona. Forse aveva avuto la sensazione che essi dedicassero troppo tempo allo studio e ai libri e troppo poco tempo a lei, ed era arrivata a detestare le cose che sembravano monopolizzare tutta la loro attenzione, al punto da diventare incapace di impegnarvisi a sua volta.

Che questa percezione corrisponda o meno alla realtà dei fatti, è pur vero che tutti i bambini la provano a volte: tutti i bambini sono convinti, in alcune occasioni, che ai loro genitori stiano più a cuore le loro cose che non loro. Quindi tutto dipende dalla possibilità che il comportamento dei genitori riesca a controbilanciare di fatto questa orribile sensazione del figlio, convincendolo di come, invece, egli sia il centro dei loro pensieri e dei loro affetti. Questa è la ragione per cui l'approvazione dei genitori per quello che il figlio è e fa riveste tanta importanza. Solo quando il bambino è fondamentalmente sicuro dell'approvazione dei genitori, la critica occasionale del suo comportamento (inevitabile se lo si vuole educare) diventa sopportabile e non arreca danni. I danni in questo caso consistono nel distruggere la sicurezza di sé del bambino e la sua fiducia nella benevolenza dei genitori, o nel provocare l'odio e il rifiuto per i valori dei genitori e la ribellione ai loro desideri. Che sembra essere quello che è avvenuto nel caso di Emma.

L'aspetto più triste della vicenda di Emma è che la ragazza era nell'impossibilità di farsi capire dalla madre, perché non era consapevole dei motivi per cui lo studio non la interessava e i libri consigliati dalla madre le sembravano noiosi. Ma anche se fosse stata cosciente delle ragioni del suo comportamento, non le avrebbe potute esprimere, perché sapeva che sarebbero state considerate assolutamente inaccettabili.

È molto triste vedere come i genitori non si rendano conto dell'importanza vitale che essi rivestono agli occhi dei figli. Se la madre di Emma avesse riflettuto da questa prospettiva sul rifiuto della figlia nei confronti delle buone letture, si sarebbe dovuta porre la seguente domanda: come mai mia figlia non riesce a interessarsi di qualcosa che per me e per suo padre è addirittura vitale? E forse la risposta sarebbe stata: Appunto perché *per noi* è tanto importante! Questo avrebbe potuto portarla a riconoscere che Emma era gelosa delle buone letture perché voleva essere lei la cosa più importante per i suoi genitori. Le si sarebbe allora presentata alla mente se non altro la possibilità di un diverso modo di affrontare il problema che non tormentando la ragazza con le sue critiche, perché avrebbe intuito quanto fosse vulnerabile la figlia in realtà, quanto avesse bisogno dell'attenzione e dell'affetto dei suoi genitori.

La via d'uscita da questa e da altre analoghe *impasse* tra genitori e figli *non è* indurre nostro figlio a ubbidirci, anche se troppo volte ai genitori questa sembra l'unica soluzione accettabile, sulla quale concentrano tutti i loro sforzi. Anche se nell'immediato possiamo ottenere quello che vogliamo, lo otteniamo soltanto infliggendo una sconfitta a nostro figlio, il che è negativo per la sua fiducia in se stesso; e inoltre, può darsi che alla fine ne usciremo noi sconfitti, non necessariamente su quel problema, ma in altre e forse più importanti battaglie. Si crea tra noi e nostro figlio una frattura, che potrebbe contribuire al suo definitivo estraniamento da noi, quando sarà grande.

Dato che i bambini non riescono a vedere più in là del presente né a immaginare che possano esistere altri modi di risolvere un problema oltre a quello che è venuto in mente a loro, tocca ai genitori trovare una soluzione che, nei limiti del possibile, renda giustizia a entrambi i punti di vista, il proprio e quello del figlio. Ma per riuscirvi, occorre innanzitutto comprendere e dar credito alle loro motivazioni. Per scoprire quali possono essere, dobbiamo partire dal presupposto che nostro figlio, appunto perché è *nostro* figlio, possa, al pari di noi, essere motivato solo da quelle che considera giuste ragioni. (Che, ovviamente, saranno colorate dal suo modo di vedere le cose, dalla sua età, e dalla sua percezione delle circostanze.) Se useremo questo procedimento, daremo a nostro figlio la sensazione che siamo *con lui* e non *contro di lui*, nel cercare di risolvere il problema. A quel punto potremo senza pericolo sollevare la questione se gli strumenti che usa per ottenere i suoi scopi siano veramente adeguati, se non si possa, collaborando insieme, scoprirne di migliori.

Procedere nel modo descritto non risulterebbe tanto difficile se solo fosse possibile mantenere un atteggiamento razionale di fronte ai nostri figli; il principio fondamentale di ogni giudizio equo esige infatti che si conceda all'avversario il beneficio del dubbio. Ma il nostro intenso coinvolgimento emotivo in tutto ciò che riguarda i nostri figli fa sì che si sia profondamente infelici quando essi agiscono contro i nostri desideri. Questo ci ferisce a tal punto che la nostra reazione emotiva ci impedisce di credere che chiunque possa infliggerci una tale sofferenza possa avere validi motivi per farlo. A rendere le cose più difficili, il medesimo intenso coinvolgimento emotivo nei confronti di nostro figlio (dopo tutto, siamo noi che lo abbiamo messo al mondo, che gli abbiamo insegnato tutto quello che sa, che l'abbiamo accudito giorno e notte) ci induce a credere di *conoscere di già* le sue motivazioni. Non sentiamo quindi l'esigenza di indagare ulteriormente. Che paradosso: l'intensità stessa dell'amore per nostro figlio ci induce a essere ingiusti nei suoi confronti! Eppure solo quando all'attaccamento affettivo e all'immedesimazione uniamo l'obiettività sufficiente per guardare le cose dal suo punto di vista possiamo scoprire, o lasciare che egli ci riveli, le sue vere motivazioni. Ma dobbiamo essere capaci di abbandonare (temporaneamente, ai fini dell'analisi e della ricerca) il nostro schema di riferimento per entrare nel suo.

Tra genitori e figli esiste sempre, in tutte le situazioni, una forte tensione emotiva. È inevitabile che sia così, ed è anche giusto, giacché sono i sentimenti positivi che emanano dai nostri gesti a convincere il bambino della sua importanza per noi, un'esperienza di cui ha un bisogno assoluto per riuscire a credere di poter essere importante anche per altri. Tant'è vero che, per quanto sia doloroso, per il bambino suscitare nel genitore sentimenti negativi è pur meglio che niente. I figli di genitori emotivamente freddi e indifferenti tendono a essere paralizzati sul piano emotivo o in preda a un'aggressività violenta.

Ma il legame fortemente emotivo tra genitori e figli nasconde anche gravi pericoli. Quando è sconvolto o in collera per qualcosa che non riguarda direttamente il figlio, il genitore tende a sfogarsi alla minima infrazione, e il bambino, che istintivamente se ne rende conto, prova un profondo risentimento: al pari di tutti noi, il bambino vuole essere oggetto soltanto delle emozioni che lo riguardano personalmente.

Un altro grave ostacolo, in cui si imbattono spesso genitori per il resto molto ragionevoli e attenti, si ha quando il genitore è convinto di esprimere un forte coinvolgimento emotivo nei confronti dei figlio, mentre la percezione del figlio è che al genitore non importi nulla di lui. È la situazione che si verifica spesso quando il genitore attribuisce esplicitamente molta importanza alla buona riuscita scolastica e reagisce in modo esagerato a qualunque insuccesso del figlio negli studi. Sovente la preoccupazione per il futuro di nostro figlio, per il giudizio di insegnanti e compagni, per la sua fiducia in se stesso, e forse anche per il buon nome della famiglia, aggiungono un tocco di passione e di eccessivo fervore a quello che altrimenti sarebbe un desiderio perfettamente legittimo e ragionevole. Purtroppo, alcuni bambini vivono negativamente questo interesse del genitore per il loro rendimento scolastico. In certi casi nostro figlio può arrivare a pensare che a noi interessano solo i suoi voti e non lui come persona, e questo può indurlo a detestare lo studio, che, a suo avviso, è per noi più importante di *lui*. Si crea cioè una di quelle situazioni in cui il genitore è sicuro di avere a cuore esclusivamente il bene del figlio, mentre il figlio è altrettanto convinto che a suo padre o a sua madre stia a cuore soltanto il suo rendimento scolastico, e non la sua persona.

Anche in questo caso, se cerchiamo di vedere le cose dal punto di vista del bambino, proiettandoci in qualche situazione paragonabile della nostra vita, riusciremo a dare credito al suo modo di vedere. Per esempio, è certamente successo a molti di noi, sul lavoro, di avere la sensazione che agli altri importi di più la nostra produttività che non il piacere, il senso o l'impegno che mettiamo nel nostro lavoro. In tal caso ci sentiamo strumentalizzati, trattati come oggetti invece che come soggetti, come ingranaggi della produzione invece che come individui.

Tuttavia, quando si tratta di nostro figlio e del suo rendimento a scuola, non abbiamo dubbi che il nostro interesse e la nostra preoccupazione per i suoi risultati scolastici equivalgano all'interesse per lui come persona, e ci aspettiamo anche che *lui* ne sia convinto. Ma non è così che il bambino vive la situazione. E non sono la pigrizia o la mancanza di interesse che gli impediscono di applicarsi allo studio. È la forte delusione che prova nel vedere che a noi sta più a cuore il suo rendimento che non lui come persona. E può arrivare, come conseguenza, a detestare la scuola e tutto quello che significa, a odiare lo studio al punto da essere davvero incapace di applicarsi. Chi di noi, del resto, riesce ad applicarsi a qualcosa che detesta?

Oppure potrebbe darsi che il bambino, per qualche motivo, si senta continuamente sconfitto dai suoi genitori, e si rifiuti di studiare perché questo gli sembra l'unico terreno su cui può dare battaglia ai genitori e possibilmente infliggere loro una sconfitta pari a quella che pensa di aver subito da loro. O, ancora, ci può essere il bambino che ha bisogno di dimostrare a se stesso di non essere un burattino nelle mani di genitori o maestri, e la cui ribellione, per affermare se stesso, assume la forma del fallimento scolastico.

Nel descrivere i possibili punti di vista dei nostri figli, ho usato spesso l'espressione "il bambino pensa che"; in realtà i bambini albergano vaghe ma nondimeno estremamente inquietanti *impressioni*, così dolorose e angosciose da dover essere escluse dall'attenzione cosciente. Una volta rimosse, tali impressioni diventano inaccessibili alla coscienza, continuando tuttavia inesorabilmente a esercitare su di essa una potente influenza. Il risultato è che il bambino diventa incapace di impegnarsi nell'odiato studio, benché non abbia la minima idea del perché gli sia così odioso, del perché lo debba trascurare a ogni costo, a costo persino della temuta disapprovazione dei genitori.

I desideri molto intensi che rimuoviamo per proteggerci dal bisogno di metterli in atto, continuano a esercitare la loro pressione nell'inconscio, e con forza ancora maggiore, dato che ora la nostra mente razionale non può più esercitare alcun controllo su di essi. A peggiorare la situazione, ora non sappiamo più perché avevamo quel desiderio, anzi non sappiamo neppure di quale desiderio si trattasse. Quello che in origine era il desiderio di agire in un certo modo, diviene ora una forza irrazionale che ci obbliga a compiere azioni che non sappiamo spiegarci né controllare.

È questa la misteriosa contraddizione che rende così difficili da capire la rimozione e i suoi effetti: ciò che era stato rimosso affinché non avesse più la forza di indurci ad agire, diviene la forza stessa che ci induce ad agire. Se riesce così difficile agli adulti capire come funziona l'inconscio, come possiamo pretendere che lo capiscano i bambini? Anzi, semmai i bambini si esasperano ancora di più nel vedere che non riescono a impedirsi di fare una cosa, come andare contro i desideri dei genitori, che a livello di coscienza non vorrebbero fare. E quando i genitori li rimproverano, per esempio perché vanno male a scuola, la loro disperazione raggiunge il culmine, visto che non riescono a imporsi di fare quello che i genitori, e loro stessi, vorrebbero.

Per non dover riconoscere di non essere capace di imporsi di fare quello che pure vorrebbe (equivarrebbe infatti a riconoscere la propria impotenza nel determinare le proprie azioni, un'esperienza tra le più frustranti e terrificanti), il bambino è costretto a negare con se stesso la propria impotenza affermando di *non voler* fare quello che non riesce a imporsi di fare. In quale altro modo un bambino potrebbe spiegarsi quello che gli sta succedendo?

Nel fondamentale saggio di Freud *La rimozione*, scritto nel 1915, troviamo spunti che riguardano direttamente questo problema: "[Nella nevrosi ossessiva] si rimane a tutta prima in dubbio su che cosa si debba intendere per rappresentanza pulsionale soggetta a rimozione, se una tendenza libidica [vale a dire d'amore] oppure una tendenza ostile. L'incertezza proviene dal fatto che la nevrosi ossessiva presuppone una regressione in virtù della quale in luogo di un'inclinazione tenera appare un impulso sadico. Proprio questo impulso ostile rivolto a una persona amata soggiace a rimozione..."* e proprio, si potrebbe aggiungere, perché quella persona è tanto amata. Quanto più si ama una persona, tanto maggiore è l'esigenza di rimuovere completamente qualunque sentimento negativo si provi verso di essa.

Pertanto, se a un bambino, che è incapace di studiare, perché inizialmente era stato portato a detestare lo studio e a farne il pretesto della sua ribellione contro i genitori, ma che ha rimosso il desiderio di ribellione perché lo trovava troppo angosciante, se a un tale bambino chiedessimo se vuole bene ai suoi genitori, egli risponderebbe di sì senza esitare. E direbbe la verità: infatti era stato appunto il suo amore per i genitori a provocare tanto risentimento all'idea che per loro fosse più importante il suo rendimento a scuola che non la sua persona. Tuttavia il bambino rifiuterebbe come assolutamente incomprensibile l'idea che non studiare o non stare attento in classe sia una forma di ribellione ai genitori, perché tale intenzione è ormai rimossa e quindi inaccessibile alla sua coscienza. E se gli si domandasse come mai non studia, visto che l'amato genitore lo vorrebbe tanto, quel bambino, del tutto sconcertato da una simile contraddizione, si limiterebbe a rispondere: "Vorrei studiare di più, ma non ci riesco." E questo è davvero tutto quello che sa, a livello di coscienza. Di fronte a un paradosso del genere non stupisce che sia il genitore sia il figlio si sentanto così disorientati.

Ho in precedenza affermato che il bambino è fortemente influenzato dai processi inconsci del genitore; ma è altrettanto vero che il genitore, senza rendersene conto, reagisce in maniera significativa ai processi in atto nell'inconscio del figlio. Di norma, in molte altre situazioni, i genitori accettano come un proprio dovere la responsabilità di rispondere positivamente alla naturale mancanza di capacità tecniche e di conoscenze dei figli, e cercano di supplirvi risolvendo i problemi che i figli non sono in grado di affrontare da soli. Ma quando la loro ansia cosciente circa il futuro del figlio che va male a scuola viene accentuata dalla sensazione inconscia che si tratti di un atto di ribellione nei loro confronti, allora è facile che perdano la pazienza. Avvertendo questo elemento di ribellione inconscia nel comportamento del figlio, i genitori tendono ad

* Trad. it., Torino 1976, vol. VIII, p.47.

aumentare ancora di più le loro pressioni su di lui. Tali pressioni e l'intensità delle emozioni che vi stanno dietro, ben avvertite dal bambino, vengono da lui sentite come una prova di più che quello che importa veramente ai suoi genitori è solo il suo rendimento: conclusione che ferisce profondamente i suoi sentimenti. La ferita alimenta la sua inconscia ribellione, accentuandola, sicché ora prova risentimento non solo contro la scuola, ma anche contro il genitore. Il che, a sua volta, aumenta l'irritazione del genitore, e tutti si sentono sempre più infelici.

I tentativi di appianare la situazione ricorrendo a lezioni supplementari sortiscono di solito scarsi o comunque solo circoscritti risultati, perché il conflitto originario era tra il bambino e il genitore, e non tra il bambino e la scuola. Indipendentemente dai risultati che si possono ottenere mediante il supporto delle lezioni private, il conflitto inconscio sottostante potrà essere risolto soltanto dal genitore, che dovrà innanzi tutto smettere di assillare il figlio perché faccia meglio a scuola, e in secondo luogo, alleviarne la sensazione angosciosa che a lui, al genitore, stia più a cuore il suo rendimento scolastico che non la sua persona.

Una volta che i genitori abbiano riconosciuto dentro di sé che gli insuccessi scolastici del figlio sono dovuti al suo risentimento, basato sulla convinzione che ai genitori stiano più a cuore i suoi voti che non la sua individualità di persona che ha bisogni, desideri e angosce particolari, allora i loro sforzi per dimostrare al figlio quanto in realtà tengano a lui, lo amino e vogliano solo che sia felice, riusciranno a capovolgere la situazione. Solo a quel punto potrà risultare rassicurante per il figlio sapere che le preoccupazioni che i genitori nutrivano per il suo rendimento scolastico costituivano un aspetto poco importante (e anche, come ora hanno capito, sbagliato) della più generale preoccupazione per il suo benessere e la sua felicità. Se poi a tale presa di coscienza da parte dei genitori si accompagna anche, come di solito quasi automaticamente avviene, un mutamento del loro atteggiamento, il figlio ne verrà aiutato a prendere coscienza a sua volta delle motivazioni che gli avevano fatto rifiutare lo studio. Il fatto che i suoi genitori siano riusciti a comprendere tutti i meccanismi in gioco, elimina la necessità di mantenere rimosse le sue motivazioni: quello che i genitori possono accettare in lui, anche il bambino lo può accettare. Avendo acquistato una certa consapevolezza dei propri processi inconsci, le sue motivazioni tornano a essere accessibili al controllo cosciente, ed egli è libero, ora, di decidere se vuole o meno riuscire bene a scuola.

Per riprendere la formulazione usata da Freud per spiegare l'origine delle nevrosi coatte, nell'inconscio del bambino l'impulso ostile a ribellarsi al genitore si era sovrapposto all'originario impulso d'amore, che, nel vissuto del bambino, era stato soffocato e respinto dal genitore stesso, con la sua miope, dal punto di vista del figlio, insistenza a che studiasse di più. Ma, una volta che la paura inconscia di non essere amato è stata eliminata dal mutato atteggiamento del genitore (che dimostra così di accettare il figlio per quello che è), l'impulso d'amore non ha più bisogno di essere rimosso e sostituito dall'impulso opposto, e può manifestarsi apertamente.

Effetti ancora più distruttivi sul rapporto genitore figlio ha la cosiddetta "fobia scolare": il rifiuto da parte del bambino di andare a scuola, perché la sola idea evoca in lui un'angoscia intollerabile. La fobia della scuola può avere cause diverse, la più frequente delle quali, soprattutto se il bambino è piccolo, è probabilmente il desiderio di non diventare grande, di rimanere per sempre "il piccino" dei suoi genitori. I bambini sanno che andare a scuola vuol dire diventare grandi, e che questo implica la rinuncia a soddisfazioni più infantili. Tuttavia, il desiderio di non crescere raramente costituisce, da solo, una causa sufficiente della fobia scolare, a meno che non sia associato con l'angoscia ben più potente di perdere, diventando grande, lo speciale legame di intimità con i genitori, soprattutto con la madre.

Ci sono bambini che, se vengono obbligati ad andare a scuola nonostante la grande angoscia che provano, sviluppano gravi sintomi psicosomatici, essendo la malattia una ragione accettabile per rimanere a casa. I sintomi possono essere il vomito nervoso, rappresentazione eloquente del senso di nausea che la scuola ispira al bambino, o un'emicrania lancinante, a rappresentare il fatto che la sua testa non regge all'idea di andare a scuola. Una bambina, che era stata obbligata ad andare a scuola nonostante le sue disperate suppliche, divenne anoressica e, a furia di non mangiare, si ridusse in uno stato di debolezza tale che non ci fu più questione di mandarla a scuola. Di solito, però, il sintomo che il bambino sviluppa è sovradeterminato, nel senso che si può far risalire a qualche altra difficoltà psicologica, poi confluita nell'angoscia che gli impedisce di affrontare la scuola. Per esempio, nel caso della bambina anoressica, la fobia della scuola aveva riattivato certi gravi conflitti infantili con la madre, imperniati sull'alimentazione; la madre infatti era ricorsa all'alimentazione forzata per coprire il proprio rifiuto nei confronti della figlia, a cui questa aveva reagito rifiutando il cibo.

Come si è detto, in molti casi, la motivazione in gran parte inconscia della fobia scolare, è la paura da parte del bambino che andare a scuola significhi perdere l'intimità con la madre. A volte l'angoscia è aggravata dall'idea che i fratelli più piccoli soppianteranno il bambino che va a scuola nella mente e nel cuore della madre. La malattia diventa allora non soltanto un modo per rimanere a casa, e quindi essere sicuri di non venire dimenticati, ma anche per ricevere attenzioni più assidue di prima; le cure rese necessarie dallo stato di malattia rappresentano per il bambino un vantaggio ulteriore, che rende ancora più attraente l'idea di starsene a casa, vicino alla mamma.

In molti casi del genere, la rassicurazione di non dover tornare a scuola una volta guarito, purché il bambino la viva come una promessa sincera, che i genitori manterranno, si è dimostrata sufficiente a far dileguare la malattia in breve tempo. Un periodo di assenza da scuola dopo la malattia, che il bambino può godersi tranquillamente e in cui viene seguito privatamente nello studio, lo mettono in grado di ritornare a scuola di sua spontanea volontà.

Questo rimedio, tuttavia, non sempre funziona, specialmente se la causa sottostante la fobia è una intensa e più generalizzata paura di crescere. Posso citare l'esempio estremo di una bambina, la cui nascita era stata voluta dai genitori in sostituzione di un'altra figlia, morta improvvisamente all'età di tredici anni. La bambina sapeva di essere il sostituto della sorella morta, e sapeva anche che i genitori la volevano esattamente uguale all'altra. Da ciò le era nata l'idea che anche lei sarebbe dovuta morire alla medesima età, tredici anni. Diventare grande, un processo che non poteva arrestare, era scandito nella sua mente dal progredire di classe in classe a scuola. Per salvarsi la vita, che era diventata per lei un'ossessione divorante, la bambina non trovò di meglio che rifiutarsi di andare a scuola, il simbolo del processo di crescita che l'avvicinava ai fatidici tredici anni. Per guarirla occorse una lunga psicoterapia, volta a convincerla che, nonostante i desideri dei genitori, essa non era la replica della sorella morta, ma una persona a sé stante.

L'aspetto drammatico di tali situazioni è che tutti i tentativi dei genitori per indurre il bambino a frequentare la scuola vengono interpretati dal figlio come una prova che essi vogliono, se non proprio liberarsi di lui, almeno non lasciarlo più essere il loro bambino. In questi casi, obbligarlo con la forza non è solo controproducente, ma addirittura la cosa peggiore che si possa fare, perché non fa che confermare ai suoi occhi i suoi timori. È effettivamente vero che la scuola, con tutto quello che comporta, provoca un allontanamento tra genitori e figlio. Perciò è indispensabile che i genitori convincano il bambino che, qualunque cosa succeda, egli non perderà mai il loro amore e il loro affetto e che non occorre quindi che egli ricorra a metodi così drastici.

Di fronte a un bambino che ha la fobia della scuola o presenta altre difficoltà scolastiche, i genitori devono imparare a simpatizzare con la difficile situazione del figlio, a capire che la sua sofferenza è reale ed è dovuta a un diffuso senso di insicurezza, e in particolare all'insicurezza circa la propria importanza, per la persona che è, agli occhi dei genitori. Solo questo tipo di empatia offre qualche possibilità di risolvere l'impasse in cui genitori e figlio si vengono a trovare quando ci sono problemi riguardanti la scuola. Un elemento importante, che aiuta i genitori a sviluppare dentro di sé un atteggiamento di empatia, è il rendersi conto dell'importanza vitale che essi rivestono per il loro figlio. Purtroppo, il comportamento ribelle del bambino, che sembra appunto negare la nostra importanza per lui, ci è di ostacolo a rendercene conto. Ma è la forza stessa del suo rifiuto di assecondare i nostri desideri che andrebbe interpretata come una prova dell'intensità del suo coinvolgimento emotivo; non si tratta semplicemente di una preferenza per il gioco o per la televisione invece che per i libri di scuola: le emozioni molto intense sono sempre espressione di profondo coinvolgimento. Una volta che si sia riusciti ad accettare l'idea che a creare la situazione di stallo è stata appunto l'eccezionale importanza che noi abbiamo per nostro figlio, gran parte della nostra irritazione scomparirà, e potremo incominciare a cercare il modo di dimostrargli che non è vero che confondiamo quello che lui è con quello che rende a scuola.

Ma, per arrivare a questo, i genitori devono avere (o imparare ad avere) fiducia nel figlio, e raggiungere la certezza interiore che il loro figliolo riuscirà bene nella vita. Il bambino ha bisogno della nostra fiducia in lui, nella sua capacità di far fronte alla vita, per acquistare a sua volta la certezza di riuscirci. Il dubbio che non riuscirà a cavarsela (e questa è, in fondo, l'origine delle nostre preoccupazioni circa il suo rendimento scolastico) è estremamente distruttivo per un bambino che già nutre dei dubbi sull'amore dei suoi genitori. Anzi, la nostra ferma convinzione che riuscirà a farcela è ciò di cui più ha bisogno per riuscirci davvero. È la fiducia che noi nutriamo nei suoi confronti che fa sorgere nel bambino un senso permanente di fiducia in se stesso e nelle proprie capacità. Lo psicoanalista Erik Erikson ha scritto pagine molto eloquenti sull'origine di questo atteggiamento fondamentale di fiducia, descrivendo in modo convincente come la sua presenza o assenza siano determinanti per tutto lo sviluppo successivo dell'individuo.

Il bisogno inconscio di ribellarsi ai genitori costituisce la causa psicologica più frequente, e forse la più difficile da trattare, di quello che il bambino stesso vive come incapacità di far bene a scuola. Se non gli si toglie la sua carica esplosiva, questo bisogno di ribellarsi potrà esprimersi in seguito in atti di delinquenza, ricorso alla droga, emarginazione.

Un rendimento scolastico scadente può dipendere, naturalmente, anche da altre ragioni, per esempio dal bisogno di affermare la propria indipendenza, dal timore di non essere persone autonome se si fa come vogliono gli altri. E un genitore passabile sarà capace di provare empatia per un bisogno del genere, di capirlo come se lui stesso lo provasse. Allora inevitabilmente il suo atteggiamento verso il figlio sarà totalmente diverso che se attribuisse il suo cattivo rendimento alla scarsa voglia di studiare o incapacità intellettuali. L'empatia trasforma un atteggiamento di critica in un atteggiamento di apertura: riusciamo allora a capire come il bisogno di indipendenza spinga i nostri figli a voler decidere da soli se impegnarsi o meno nello studio. Noi genitori possiamo desiderare che nostro figlio faccia meglio a scuola, e cercare di aiutarlo, ma nello stesso tempo dovremmo provare un empito di orgoglio all'idea che voglia già da ora provare le sue ali (anche se in modo poco appropriato), che cerchi di affermare se stesso anche contro l'autorità costituita. Potremmo addirittura dedurne che questo suo atteggiamento lascia bene sperare per il futuro! Un giudizio così positivo da parte nostra non mancherà di dimostrargli come sia infondato il suo timore che a noi interessino soltanto i voti che prende a scuola, e finirà anche per fargli assumere un atteggiamento più positivo verso lo studio. L'aver accettato la validità delle sue ragioni, l'aver scoperto il suo punto di vista, ci consente di aggirare l'ostacolo senza rinunciare ai nostri fini. Accettando il suo bisogno di indipendenza, facciamo sì che nostro figlio si senta degno di rispetto; a questo punto, poiché si sente appoggiato dai genitori sul tema che più gli sta a cuore in quel momento, può darsi che arrivi da solo a capire che il rifiuto di studiare non costituisce l'unico modo, né il migliore, per affermare la sua autonomia. Reciprocamente, il bisogno di indipendenza *non* verrà certamente soddisfatto assillandolo perché studi di più; questo, anzi, servirà solo a convincerlo che genitori e insegnanti lo considerano davvero un burattino da muovere a loro piacimento. L'accettazione da parte dei genitori del suo bisogno di autoaffermazione, invece, potrebbe aiutarlo a trovare altri modi meno distruttivi per affermare se stesso, eliminando così il bisogno di farlo rifiutando la scuola e lo studio.

Se partiamo dal presupposto che il comportamento di nostro figlio si basa su quelli che a suo avviso sono validi motivi, finiremo quasi sempre per scoprire che lo sono davvero, anche se derivano da una visione del mondo molto immatura. Del resto, trattandosi di un bambino, di un essere immaturo, quale altra visione potrebbe avere? Se dunque partiamo da questo presupposto, scopriremo anche che le sue ragioni e le nostre, che a tutta prima ci erano apparse diverse come la notte dal giorno, nella maggior parte dei casi possono essere conciliate con soddisfazione reciproca. Perché ciò avvenga occorre buona volontà da entrambe le parti, nonché, da parte nostra, una buona dose di pazienza. Ma buona volontà e pazienza non sono difficili da padroneggiare, una volta che siamo riusciti a capire che cosa muove nostro figlio e in qualche misura a condividere le sue ragioni. E, quando comprendiamo le sue motivazioni, non solo la comunicazione diventa più facile e più piacevole per entrambi, ma l'empatia che nasce in noi ci fa apprezzare maggiormente la persona che è nostro figlio, e dunque trarre maggiore gioia e soddisfazione dal fatto di essere suoi genitori.

6. La nostra comune umanità

Homo sum; humani nihil a me alienum puto. (Sono un essere umano; nulla di ciò che è umano reputo a me estraneo.)

PUBLIO TERENZIO AFRO

Emma, il cui caso abbiamo analizzato nel capitolo precedente, costituisce un tipico esempio di quei bambini e ragazzi che realmente non sanno perché rifiutano la scuola, avendo completamente rimosse le loro ragioni, che appaiono quindi incomprensibili ai loro stessi occhi. Anche se avesse desiderato spiegarlo alla madre, non le sarebbe stato possibile dirle: "Detesto le buone letture perché per te contano più di quanto conti io." E non tanto per timore delle conseguenze, quanto perché questa ragione era così profondamente sepolta nel suo inconscio da non risultare accessibile alla coscienza. Lo stesso vale per i bambini che si ammalano così che non possono andare a scuola, per il bimbetto di due anni che è troppo piccolo per parlare, o per il ragazzino che, quando è sopraffatto dalle emozioni, in particolare dall'angoscia, non sa far altro che urlare e piangere. Nessuno di loro è in grado di dirci le proprie ragioni; che fare, allora?

Una volta venne a consultarmi una madre esasperata dall'irragionevole comportamento del suo bambino di tre o quattro anni. Quando le chiesi di farmi un esempio recente, tipico o drammatico, del comportamento del figlio, mi raccontò che durante una gita in città dal paesino in cui abitavano, proprio nell'istante in cui stavano per attraversare una strada con molto traffico, il bambino si era impuntato e non c'era stato modo di smuoverlo. La madre era esasperata per la figura che le aveva fatto fare, con lei che cercava di convincerlo ad attraversare per finire il giro di commissioni, e lui che si rifiutava di muovere un passo. In una situazione del genere, mi chiese, come avrebbe dovuto comportarsi?

Io non amo dare consigli in questi casi, perché sono convinto che quello tra madre e figlio sia un rapporto talmente intimo, in cui sono in gioco emozioni molto intense, che solo il genitore può trovare la soluzione più adatta. Suggerii tuttavia alla donna di provare a immaginare, anche se era difficile, trattandosi di una persona adulta, dalla personalità matura e ben organizzata, che cosa avrebbe indotto *lei*, in una situazione analoga, a mettersi a urlare, o comunque a *provare il bisogno* di urlare. Le occorse soltanto un attimo per rendersi conto che avrebbe potuto reagire in quel modo se le fosse capitato di assistere, per esempio, a un grave incidente stradale. In un lampo la donna comprese che il suo bambino doveva essere stato terrorizzato da qualcosa che aveva visto o immaginato. E mentre rifletteva su questa idea, con sua stessa sorpresa le tornò in mente che, quando aveva all'incirca l'età di suo figlio, le veniva a volte il terrore di perdersi e di non riuscire a ritrovare la strada di casa. Tuttavia non le era passato per la mente che suo figlio potesse aver provato qualcosa del genere: c'era lei al suo fianco, come avrebbe potuto temere di perdersi? Ora, però, si rendeva conto che la presenza dei suoi genitori non sempre aveva costituito una protezione sufficiente contro la paura che provava *lei* da bambina; anche quando le erano vicini, le veniva il terrore di poterli perdere di vista e di non riuscire più a ritrovarli. Che anche suo figlio avesse potuto temere qualcosa del genere le venne in mente solo dopo essersi ricordata di questa angoscia della sua infanzia, e a questo punto ormai provava una grande simpatia per il suo bambino terrorizzato, e non le veniva più di definire esasperante e irragionevole la sua reazione. Quando poi le feci presente che forse suo figlio non aveva avuto paura solo per se stesso, ma anche per lei, paura che lei potesse farsi del male attraversando la strada, immediatamente la donna capì come doveva essere stata inquietante per lui l'idea di trovarsi tutto solo in una grande città sconosciuta, dove non conosceva nessuno e nessuno lo conosceva e dove non sapeva come fare per tornare a casa.

La paura dell'abbandono rappresenta una delle angosce più profonde dell'infanzia, e i bambini riescono a immaginarsi mille modi in cui potrebbero ritrovarsi soli e abbandonati. I genitori, come la madre del nostro esempio, spiegano loro con grande ragionevolezza che non esiste alcun pericolo; ma quando noi siamo sopraffatti dal terrore, le spiegazioni razionali non hanno alcuna influenza sui nostri *sentimenti*. La calma esteriore del genitore dimostra, è vero, che la situazione è sotto controllo, ma il bambino non può fare a meno di sentirsi sopraffatto dal panico. E anzi, se gli sembra che il genitore non colga la sua angoscia in tutta la sua gravità, allora la sua imperturbabile sicurezza peggiora la situazione, anziché migliorarla. Al bambino sembrerà che il genitore stia parlando di un mondo totalmente diverso; ciò che ne dice non può essere riferito al mondo che il bambino sta sperimentando e non allevia il suo terrore.

Se riandiamo col pensiero alla nostra infanzia, quasi tutti noi ricorderemo di avere sofferto di paure terribili, per esempio se dovevamo entrare in una casa buia che non conoscevamo, o se dovevamo dormire in una stanza dove non filtrava neppure un filo di luce. E quando raccontavamo urlando di avere visto qualcosa acquattato nel buio, la mamma o il papà ci spiegavano pazientemente che non c'era nulla di cui avere paura; ma se il loro tono di voce lasciava intendere che ci consideravano degli sciocchi a piangere così, noi ne concludevamo che era perché loro non sapevano nulla di tutti gli orrori che l'oscurità può nascondere. Se invece i nostri genitori mostravano di comprendere la nostra paura, allora ci sentivamo rassicurati e l'angoscia diminuiva, perché non ci sentivamo più soli.

Il genitore che mantiene le distanze dal nostro terrore non è *con noi* dentro la situazione; a livello di esperienza ne rimane al di fuori. Invece il genitore che ci comunica di comprendere fino in fondo la nostra paura, di considerarla giustificata e reale, ci dà la sensazione di sapere di che cosa sta parlando. Perciò possiamo fidarci delle sue parole. Dovremmo ricordarcelo, quando ci troviamo di fronte a una situazione come quella occorsa alla madre che abbiamo citato. Se entriamo in rapporto con lo stato emotivo di nostro figlio, anziché rispondere in base alla nostra valutazione obiettiva della situazione, ecco che finire il nostro giro di commissioni non ci apparirà più così importante, e alleviare il terrore del nostro bambino avrà la priorità su tutto il resto. Cioè lo prenderemo in braccio, lo stringeremo a noi, faremo di tutto per calmarlo, invece di pretendere che accetti le nostre spiegazioni razionali in un momento in cui l'intensità della sua angoscia gli impedisce persino di capirle.

Quando il bambino del nostro esempio rimase paralizzato dal terrore di fronte alla strada da attraversare (non dobbiamo dimenticare che non era abituato al trambusto e al traffico di una grande città), a paralizzarlo fu probabilmente un senso di totale inadeguatezza, più che l'ansia specifica per il traffico e i possibili incidenti. Anche la paura infantile di sua madre di perdere di vista i genitori doveva dipendere da un sentimento analogo. Quando, dopo tanto tempo, le tornò alla coscienza il ricordo della sua angoscia infantile, le riuscì facile comprendere le emozioni delle quali il suo bambino era preda. Anni dopo, la donna ebbe a dirmi di essersi anche in seguito sforzata di immaginare in quali circostanze le sarebbe venuto di reagire come suo figlio, e che il metodo aveva funzionato molto bene per entrambi. L'empatia che così nasceva in lei trasformava una situazione di conflitto in una in cui la madre si sentiva, se non tutt'uno con il figlio, comunque decisamente *dalla sua parte*. In altre parole, una volta imparato a provare empatia per il comportamento del figlio, le veniva naturale avere una comprensione intuitiva ed emotiva, anziché puramente intellettuale, delle forze in atto nel suo bambino.

È questo tipo di comprensione delle motivazioni di nostro figlio nei momenti in cui è intrattabile o angosciato a rendere possibile, insieme ai ricordi personali che allora affiorano, l'intima accettazione del suo comportamento. Senza una comprensione siffatta, in una situazione come quella descritta, la nostra reazione sarà probabilmente di antipatia e irritazione; irritazione non soltanto per l'inconveniente del momento (il rifiuto di attraversare la strada), ma soprattutto per l'incapacità del bambino a funzionare normalmente in una situazione quotidiana così semplice, nonché per il fatto che la nostra presenza e la nostra dedizione sembrano fargli così poca impressione. Perciò, se non abbiamo una reazione di empatia, di simpatia, per la difficoltà di nostro figlio, la nostra irritazione si carica di tutta una serie di complesse emozioni, e la situazione non farà che peggiorare.

D'altro canto, è appunto la nostra irritazione, di solito non riconosciuta, a renderci difficile, nella foga del momento, di provare empatia per il punto di vista di nostro figlio. La nostra collera non fa che accentuare la sua angoscia, e così non lo aiutiamo a riprendere possesso di sé. Se, tuttavia, riusciamo a richiamare alla memoria esperienze della nostra infanzia simili alla sua, diventa praticamente impossibile provare irritazione. In questi casi, cioè, non basta la comprensione intellettuale: per trovare dei suggerimenti validi su come aiutare nostro figlio, dobbiamo aprirci ai nostri sentimenti e al ricordo di analoghe esperienze della nostra infanzia. Se riusciamo a ricordare che cosa gettava noi nel panico (e tutti i bambini vivono a volte questa esperienza), può tornarci in mente anche che cosa avremmo voluto, allora, che i nostri genitori facessero per aiutarci, e questo può darci un'idea di cosa potrebbe essere utile ora.

Non sempre è possibile ricordare situazioni paragonabili a quella in cui si trova nostro figlio; abbiamo perduto il contatto con le nostre esperienze infantili, oppure realmente nella nostra infanzia non si sono verificate situazioni analoghe. Mentre la madre del bambino che non voleva attraversare la strada poté ricordare angosce infantili paragonabili a quella del figlio, la madre di Emma, per esempio, non poteva riferirsi ad analoghe esperienze personali. Poteva ricordare solo che la lettura era sempre stata uno dei maggiori piaceri della sua infanzia, perciò le era impossibile provare empatia per la reazione della figlia, che era esattamente il contrario della sua.

Quando i ricordi personali non ci vengono in aiuto, dobbiamo provare un altro metodo: domandarci che cosa farebbe reagire noi nello stesso modo di nostro figlio, indipendentemente dalle caratteristiche esteriori della situazione, che possono essere molto diverse. Per esempio, la madre di Emma avrebbe dovuto per prima cosa distogliere la mente dai libri e dall'enorme valore da lei attribuito alla cultura, visto che, evidentemente, sua figlia non condivideva la sua esperienza al riguardo: l'esperienza interiore di Emma rispetto ai libri era di rigetto. D'altro canto, la vera questione emotiva tra madre e figlia non riguardava i libri in quanto tali; riguardava l'incapacità di Emma di fare quello che sua madre più desiderava. I libri costituivano il pretesto occasionale sul quale si era imperniato il conflitto.

Per riuscire a provare empatia per lo stato emotivo di Emma, sua madre avrebbe dovuto dissotterrare il ricordo di qualche momento in cui lei stessa si fosse trovata assolutamente incapace di imporsi di fare qualcosa che ad altri non costava nulla; avrebbe dovuto recuperare alla coscienza un'esperienza di rifiuto nei confronti di qualcosa che ai suoi genitori stava particolarmente a cuore. Ricordando quello che lei aveva provato allora, riflettendo sulle sue reazioni di allora, avrebbe pensato: "*Ecco come* deve sentirsi Emma!" Allora avrebbe capito quanto fosse difficile e penosa la situazione per sua figlia, e le sarebbe riuscito impossibile sgridarla. E se, dopo, si fosse domandata: "Quando successe a me di essere assolutamente incapace di fare quello che i miei genitori desideravano più di tutto che io facessi, perché, benché mi dicessero che era un piacere, io provavo solo un senso di rifiuto, che cosa avrei voluto che facessero per aiutarmi emotivamente?"; se si fosse posta questa domanda, allora avrebbe capito di che cosa ha bisogno una ragazzina in quelle circostanze. E sarebbe stato il rimedio migliore per aiutare Emma a superare la crisi.

Prendiamo ora il caso del genitore il cui figlio ha picchiato un compagno. Invece di pensare che è sempre male ricorrere alla violenza fisica, quel genitore potrebbe domandarsi: "Che cosa dovrebbe accadermi, quali sentimenti dovrei provare io, per mettermi a picchiare qualcuno, o comunque per *aver voglia* di picchiare qualcuno?" Allora non sgriderebbe suo figlio, ma si renderebbe conto che quello di cui il bambino ha bisogno è qualcuno che lo aiuti a padroneggiare la collera e lo porti a capire che la violenza non è il modo migliore di affrontare certe situazioni.

Dunque un genitore passabile, oltre a essere convinto che qualunque cosa faccia suo figlio, la fa nella convinzione che sia la cosa migliore da fare in quel momento, si porrà anche la seguente domanda: "Che cosa mai indurrebbe me a comportarmi come sta facendo mio figlio? E, se mi sentissi spinto a comportarmi così, che cosa mi allevierebbe la tensione?" Se riusciamo in tutta onestà a rispondere a queste due domande tra loro collegate, ecco che conosceremo, con sufficiente approssimazione, le motivazioni di nostro figlio, anche se lui non sa o non vuole spiegarcele; e sapremo anche come aiutarlo a far fronte alle sue difficoltà.

A dire il vero si tratta di un principio vecchio di duemila anni. L'aveva già formulato Terenzio: *Homo sum; nihil humanum a me alienum puto*, poiché sono un essere umano, nulla di ciò che è umano può essermi estraneo; che è come dire, qualunque cosa pensi o faccia un altro essere umano, dovrei essere in grado di ritrovarne l'equivalente dentro di me, almeno come possibilità teorica. Se questo è vero del comportamento di persone a noi totalmente sconosciute, quanto più vero deve essere riguardo al comportamento di nostro figlio!

Sembra difficile credere che la vita possa metterci in condizione di compiere azioni che mai avremmo pensato di compiere. Io stesso, specialmente prima che l'età e l'esperienza mi avessero insegnato il contrario, ero solito pensare: "Io non farei mai così"; ma poi, l'essere passato attraverso due guerre mondiali, il crollo di un impero e due campi di concentramento tedeschi, e l'aver lavorato con i più svariati casi psichiatrici, compresi criminali e psicotici, mi hanno fatto cambiare idea. Ho finito per scoprire che, in determinate circostanze, di solito estreme, tutto quello che un tempo ero sicuro che mai avrei potuto fare, era ben possibile che lo facessi; più volte provai la fortissima tentazione di compiere azioni del genere e occorsero tutta la mia volontà e il mio autocontrollo per astenermene.

Non ci si può aspettare una simile autodisciplina da un bambino o da un ragazzo. E noi non dovremmo mai avere la presunzione di pensare, di qualcosa che nostro figlio ha fatto, "Io non farei mai così". Al contrario, dovremmo sempre pensare che, se si dessero le medesime circostanze, noi proveremmo esattamente quello che prova nostro figlio e che, se forse non ci comporteremmo come lui, è solo perché sappiamo più cose di lui sulla vita e possediamo un più maturo autocontrollo. Se accettiamo questa verità, non sarà poi così difficile immaginarci che cosa potrebbe avere indotto nostro figlio a comportarsi come sta facendo. Non solo, nello svolgere questo lavoro di indagine psicologica, scopriremo dati affascinanti su noi stessi e su nostro figlio, e su quante sono, in realtà, le cose che abbiamo in comune.

Perché l'amore del genitore svolga appieno la sua funzione positiva, occorre che sia illuminato dalla riflessione. Tutto quello che facciamo, e il come e il perché lo facciamo, ha, a livello di coscienza, ma più spesso inconsciamente, un enorme effetto sui nostri figli. Ma occorre la riflessione, perché persino l'amore più grande può contenere un elemento di egoismo e indurci ad agire ciecamente. Dobbiamo conoscere e valutare le nostre motivazioni, senza limitarci a prendere in considerazione soltanto quelle che ci appaiono immediatamente accettabili. Dobbiamo chiarirci per il bene di chi stiamo agendo in realtà, se per quello del bambino o il nostro, e ammettere la possibilità di essere influenzati dalla preoccupazione per le reazioni degli altri, parenti, amici, vicini di casa. Non intendo dire con questo che sia sbagliato agire per il nostro vantaggio, quando la situazione lo richiede, ma solo che dovremmo esserne consapevoli, senza cercare di barare con noi stessi, o, peggio, con nostro figlio, raccontandoci di stare agendo esclusivamente per il suo bene.

Il momento di mettere a letto i figli, la sera, ci offre un esempio molto comune e domestico di questo tipo di autoinganno. In genere i genitori sono abbastanza flessibili circa l'ora in cui i figli devono andare a letto, ma diventano improvvisamente molto rigidi, quando la cosa fa loro comodo. Quando la sera sono stanchi e vogliono un po' di respiro, o la possibilità di dedicarsi alle loro attività di adulti senza essere interrotti dai figli, tendono a insistere che il bambino deve andare a letto, perché è l'ora, e perché ha bisogno delle sue ore di sonno, cosa indubbiamente vera, come è vera per chiunque di noi. Ma che si debba andare a letto a un'ora piuttosto che a un'altra non è stabilito per decreto divino, e neppure quando debbano iniziare e finire le famose ore di sonno necessarie, certamente non nel caso dei bambini più piccoli, che la mattina dopo non devono alzarsi per andare a scuola. Sappiamo inoltre per esperienza diretta che le ore di sonno che perdiamo una notte le possiamo recuperare la notte successiva; i bambini, oltre tutto, possono recuperarle prolungando il sonnellino pomeridiano il giorno dopo.

Ma non c'è niente di male a voler avere la serata per sé. Diventa un problema soltanto se il genitore è convinto di voler mettere a letto il figlio per il bene di questi, e non per il proprio. Allora diventa rigido circa l'orario, invece di mantenere una certa flessibilità, cioè fa ricorso alle regole, per evitare di dover ogni volta considerare il grado di stanchezza del bambino, o la sua disponibilità interiore a dichiarare chiusa la sua giornata. Di questo i bambini si accorgono a un'età molto precoce, esattamente all'età in cui incominciano a protestare quando vengono messi a letto, che è anche l'età in cui incominciano a rendersi conto che noi invece andiamo a letto quando vogliamo, a seconda di come ci sentiamo e di quello che sta succedendo intorno a noi. A livello di coscienza il bambino sa soltanto che vorrebbe rimanere alzato perché ha qualcosa da finire o perché vuole continuare a partecipare alla vita familiare. Ma questo non significa che, a un altro livello, non provi risentimento per il potere che abbiamo di obbligarlo a fare quello che non vuole fare.

La cosa più esasperante per un bambino è sentirsi dire che è stanco, quando lui non si sente stanco. Mentre può accettare che i suoi genitori ne sappiano più di lui sulla vita in generale, perché è evidente che è così, lo stesso non vale per i suoi sentimenti e le sue sensazioni; può darsi che non sappia esprimerli in parole, ma li conosce benissimo. I bambini, inoltre, posseggono una specie di sesto senso per capire a vantaggio di chi va una certa azione, se a loro o a noi. Possono accettare, sia pure con difficoltà, l'idea che i nostri interessi siano legittimi, anche se i loro effetti sono spiacevoli per loro, purché però noi siamo franchi circa le nostre motivazioni. Quasi tutti noi ci sentiamo offesi quando ci sembra che qualcuno si voglia liberare di noi, e in questo senso i nostri figli non sono diversi da noi. L'offesa poi diventa collera se l'altro cerca di nascondere il fatto che vuole liberarsi di noi sostenendo che è tutto e solo per il nostro bene; e neppure in questo i nostri figli sono diversi da noi, anche se forse non sono capaci di percepire chiaramente che cosa li fa sentire offesi e in collera, o non sanno esprimerlo a parole.

Quando i genitori, pur sapendo, forse, a qualche livello, di voler avere del tempo per sé, cercano di barare raccontandosi che la loro insistenza perché il figlio vada a letto è dovuta al fatto che quello è il suo orario e che ha bisogno di dormire, il loro stesso tono di voce assume una nota di enfasi moralistica, tanto più evidente quanto più forte è il bisogno di tacitare il dubbio che vi sia una punta di egoismo nelle proprie motivazioni, e che il bisogno di riposo e di sonno del figlio, pur essendo reale, serva da comodo pretesto. Il bambino non mancherà di avvertirlo, e di risentirsene, il che gli impedirà di addormentarsi tranquillo; potrà persino provocargli degli incubi, nel tentativo di vendicarsi, in sogno, dell'ingiustizia subita da parte dei genitori, o come espressione del senso di colpa per il risentimento che prova nei loro confronti e che ha dovuto rimuovere.

Se invece i genitori sono sinceri riguardo alla loro voglia di avere del tempo per sé, accetteranno con simpatia il risentimento che il bambino prova nel vedersi temporaneamente escluso dalla loro vita. Troveranno allora un compromesso accettabile (concedere, poniamo, un altro quarto d'ora) e il modo di rendere più piacevole l'esclusione: per esempio, fargli compagnia per qualche momento, raccontargli una storia, o, se il bambino è più grandicello, dargli il permesso di giocare o di leggere ancora un po' da solo. E cercheranno, inoltre, di non fare rumore in casa, appena spenta la luce, per non dare l'impressione al piccolo esule di stare perdendo avvenimenti importanti.

In altre parole, dobbiamo sforzarci di vedere la situazione da entrambi i punti di vista, dal nostro di genitori (noi abbiamo bisogno di avere del tempo per noi, e lui di farsi un buon sonno) e dal suo di bambino. I bambini credono che quando una persona viene mandata via, è perché non la si vuole, non la si ama: se i miei genitori mi vogliono spedire a letto, significa che non mi vogliono più, così ragiona un bambino. Che cosa terribile non essere desiderati dai propri genitori, sia pure per lo spazio di una notte! Se ci mettiamo nei suoi panni, ci verrà naturale cercare di dissipare questa paura, di ridargli fiducia in sé e in noi, in modo che si addormenti tranquillo e contento.

Il momento di andare a letto, anche se può essere estenuante per il genitore, raramente assume le proporzioni di un vero problema. Tuttavia, proprio per la sua quotidianità, ci offre l'occasione di cercare di capire le reazioni dei nostri figli. Proviamo a chiederci che cosa proveremmo *noi*, se qualcuno dovesse decidere per noi che è ora di andare a letto, che noi se ne abbia voglia o meno. Comprendere le reazioni di nostro figlio a eventi quotidiani, come indossare gli indumenti che gli diciamo noi, lavarsi le mani quando glielo diciamo, mangiare una certa cosa ma non quell'altra, e così via, può insegnarci molte cose importanti su di noi, su nostro figlio, e sul nostro rapporto. Se provassimo a chiederci come reagiremmo noi se qualcuno ci facesse delle richieste del genere, e pretendesse di essere ubbidito, probabilmente ci verrebbe naturale di chiederci anche quali nostro figlio si immagina che siano le nostre ragioni per rivolgergli richieste del genere. Anzi, potremmo provare a domandarglielo direttamente. Per molti bambini e ragazzi sentirsi interrogare sulle loro idee circa le motivazioni dei genitori sarebbe un'esperienza del tutto nuova, che però ha senso soltanto se il bambino si sente davvero libero di dire quello che pensa: se è convinto che ascolteremo quello che ha da dire, senza l'intenzione di confutare ogni suo argomento.

Il modo migliore per convincere i nostri figli che le loro opinioni sono importanti per noi è domandargliele, e non per criticarle o confutarle, bensì per rifletterci sopra seriamente. E l'effetto più importante di un tale sincero interesse per il punto di vista di nostro figlio è che egli stesso ne verrà facilitato nel considerare a sua volta non arbitrarie le nostre idee su di lui. Il principio dell'equità, per limitarci a questo, esige che si prendano le sue idee sulle nostre motivazioni almeno altrettanto seriamente di come vorremmo che lui prendesse le nostre. E il fatto di essere profondamente convinti che noi e lui abbiamo molto in comune, che le molle profonde delle nostre azioni sono molto simili, anche se non sempre ci troviamo d'accordo sulle questioni specifiche, ci porterà tanto più vicini alla reciproca comprensione.

Chiedere a nostro figlio quali sono secondo lui le nostre ragioni è ben diverso dall'interrogarlo sulle *sue* ragioni; è diverso perché noi possiamo sempre obbligarlo a ubbidirci, mentre lui, per averla vinta con noi, può essere costretto a ricorrere a tutta una serie di manovre. È questa oggettiva differenza di *potere* a rendere scorretto ogni tentativo da parte nostra di indagare dentro la psiche di nostro figlio, soprattutto se non siamo del tutto disposti a sollecitare un'analoga indagine da parte sua circa le nostre motivazioni e a dargli in proposito risposte franche ed esaurienti. A dire il vero, anche se fossimo sinceramente disponibili a questo, chiedere a un bambino di rivelarci le sue motivazioni e i suoi pensieri più intimi è comunque un procedimento discutibile, sul quale vale la pena riflettere a fondo. È quello che ci proponiamo di fare nel prossimo capitolo.

7. Chiedere "perché?"

> Fare domande non è il modo di conversare che si conviene tra gentiluomini.
>
> SAMUEL JOHNSON, riferito da Boswell

Quand'ero bambino devo essermi sentito chiedere un numero infinito di volte, al pari di molti figli di genitori della borghesia colta, perché facessi o pensassi una certa cosa. E, per quanto mi ricordi, avevo raramente l'impressione che ai miei genitori interessasse veramente quello che avevo da dire. In molti casi, l'effetto della mia risposta era che mi veniva impedito di fare la cosa che avevo pensato e in più che venivo redarguito per averne avuta l'intenzione. Gli episodi di frustrazione avevano nella mia mente molto maggiore risalto dei casi, pur frequenti ma meno significativi, in cui la reazione dei miei genitori era stata positiva. Tant'è vero che, quando mi veniva rivolta quella domanda, "perché?", non mi aspettavo affatto che le mie ragioni venissero ascoltate con la dovuta imparzialità ed equanimità. Perciò ero arrivato a detestare quella domanda, anche nei casi in cui l'esito si rivelava a me favorevole.

Bisogna dire però che tutto sommato essa mi lasciava abbastanza indifferente; mi veniva rivolta talmente spesso, che giunsi alla conclusione che "perché?" è quello che chiedono gli adulti quando non sanno bene quali guai stiano per combinare i bambini o quando trovano fastidioso o fuori luogo il loro comportamento. La frequenza con la quale mi veniva chiesto il perché anche su questioni che a me parevano evidenti, l'attribuivo semplicemente al fatto che gli adulti non erano in grado di capire i bambini; altrimenti non avrebbero avuto bisogno di chiedere tutti quei perché.

Retrospettivamente, ciò che più mi è rimasto impresso è la sensazione, quando venivo interrogato in quel modo, di avere puntati addosso i riflettori, e la cosa mi dava fastidio. Dentro di me pensavo: "Se solo facessi lo sforzo di capirmi, sapresti rispondere da te alla tua domanda. Se la rivolgi a me è perché non ti sembra che valga la pena di fare lo sforzo di trovare da solo la risposta." Oggi potrei dire che i miei sentimenti si riassumevano nella convinzione che, se coloro che mi interrogavano fossero stati più sensibili nei confronti di quello che facevo e provavo, non avrebbero avuto bisogno di interrogarmi sulle mie ragioni. E ricordo, inoltre, quanto mi ferisse il fatto che rispondere sinceramente non servisse a nulla, visto che in cambio mi venivano solo critiche. Ciò che rendeva dolorosa quell'esperienza era la constatazione che le mie parole non incidevano minimamente su una decisione che, lo sentivo benissimo, era già stata presa, prima ancora di chiedermi di spiegare quello che pensavo. In altre parole, ero persuaso che quei "perché?" mi venissero rivolti con un atteggiamento di critica e con la presunzione *aprioristica* che non potessi avere valide ragioni per fare quello che intendevo fare. E anche le volte in cui la mia risposta otteneva l'approvazione dei miei genitori, ero convinto che mi venisse data di malavoglia (un'interpretazione, la mia, dovuta certamente più al mio risentimento che a una corretta valutazione dell'atteggiamento dei miei genitori).

Questa interpretazione della domanda "Perché fai questo?" è comune a tutti i bambini, anche se i genitori pensano di rivolgerla senza pregiudizi. I genitori suppongono che "perché" sia una parola neutra, ma i bambini non sono di questa opinione. Una scorsa al dizionario conferma che nella fraseologia corrente essa implica o suggerisce spesso una valutazione negativa, come nella frase "non vi è motivo perché tu...", esprimendo così una protesta o un'obiezione. E questo è esattamente quello che coglievo io, con la mia infantile intuizione, basata sulla ripetuta esperienza che da parte di chi mi rivolgeva quella domanda ci fosse una qualche forma di protesta o obiezione. La cosa mi infastidiva e faceva sì che le mie spiegazioni assumessero quel certo tono difensivo che tanto irrita i genitori.

L'osservazione del dottor Johnson "Fare domande non è il modo di conversare che si conviene tra gentiluomini" dà voce ai miei sentimenti infantili circa la presunzione degli adulti che dovessi una spiegazione, forse addirittura una giustificazione, dei miei pensieri e delle mie azioni. Mentre da me ci si aspettava che dovessi fornire a comando delle risposte, i miei genitori mi davano spiegazioni solo sporadicamente, quando ne avevano voglia. Questa disparità di doveri giocava certamente una parte importante nel mio risentimento.

Opposta era invece la mia reazione (cioè di vera e profonda felicità) quando i miei genitori approvavano spontaneamente qualcosa che avevo fatto o che intendevo fare, o quando sembravano capire che cosa volevo (e perché), senza domandarmelo. Allora ero ben felice di spiegare spontaneamente le mie ragioni e di chiarire eventuali piccoli malintesi. Mi dava una grande soddisfazione e un senso di sicurezza dimostrare loro che il nostro modo di pensare coincideva, almeno nelle linee fondamentali.

Quando i miei genitori mi facevano capire di aver riflettuto a lungo su una certa cosa e di avere cercato di immaginare quali potessero essere le mie motivazioni e mi mostravano la loro simpatia anche se non approvavano i miei progetti, allora gli fornivo spontaneamente delle spiegazioni, perché avevo l'impressione che sarebbero state accolte con simpatia ed equità. Volevo soltanto essere sicuro che avessero preso in seria considerazione il mio punto di vista: mi bastava questo. Se a quel punto loro mi spiegavano perché bisognava invece che facessi come volevano loro, io ero così contento del nostro scambio di idee e della dimostrazione di rispetto reciproco, che la loro decisione mi diventava se non esattamente gradita, almeno accettabile. Mi riusciva invece assolutamente inaccettabile quando, dopo avermi interrogato, i miei genitori si comportavano come se quello che avevo da dire non cambiasse nulla. Anche in questo caso alla fine il più delle volte ubbidivo, ma non lo facevo con sentimenti positivi verso me stesso e verso di loro: il mondo mi sembrava un posto dove regna l'ingiustizia. E persino nei molti casi in cui il mio buon senso mi diceva che la decisione dei miei genitori era stata accorta e probabilmente faceva il mio bene, questa comprensione a livello razionale non modificava la sensazione di non essere stato trattato con il rispetto che a mio avviso mi era dovuto.

Forse un'esperienza capitatami quando avevo quindici anni può servire a chiarire e in qualche misura a spiegare le reazioni che ho descritto. Quell'episodio mi fece un'impressione così profonda che il suo ricordo è rimasto vivo in me per tutti gli anni, 65 e più, trascorsi da allora.

A scuola ero sempre stato bravo, un ragazzo tranquillo, introspettivo, persino sottomesso. Ma un giorno il comportamento di uno dei nostri insegnanti, che aveva sempre irritato me e i miei compagni, e che era ben diverso da quello degli altri insegnanti di cui avevamo esperienza, mi provocò a tal punto che, senza pensarci sopra, lo afferrai per le braccia e, insieme a un paio di altri ragazzi, sollecitati dal mio esempio, lo spinsi fuori dell'aula. Immediatamente fui preso dall'orrore e soprattutto dallo stupore per quello che avevo fatto: era così lontano dal mio normale modo di comportarmi a scuola e fuori. Ricordavo soltanto di essermi sentito così oltraggiato che dovevo fare *qualcosa*; ma quale fatto in particolare avesse fatto scattare la mia reazione, quali altri sentimenti, oltre alla collera, agissero in me, e da che cosa fosse causata la mia collera, di tutte queste cose non avevo la minima idea.

Che cosa mi avesse indotto a comportarmi in un modo così estraneo al mio modo di essere non lo capii allora e non lo so neppure oggi. Non mi ero mai ritenuto capace di un gesto così impulsivo e violento, di un atto di insubordinazione così inaudito, considerato che l'ambiente era un liceo-ginnasio austriaco ai tempi della monarchia. Cercai in ogni modo di ricostruire che cosa avesse potuto indurre quella collera improvvisa, visto che quel professore in fondo non si era comportato diversamente dal suo solito con me o con altri compagni. Ma invano: non trovai nessuna giustificazione che potesse alleviare il terrore delle conseguenze del mio gesto. Non mi veniva in mente nulla di nulla. Il preside della scuola era un eminente studioso, molto esigente e autoritario, distante ed estremamente rigido in fatto di disciplina, e io tremavo all'idea della sua punizione. Mi aspettavo di venire espulso, magari da tutte le scuole del regno, cosa che avrebbe avuto conseguenze disastrose per il mio futuro, ed era tutt'altro che improbabile.

Il giorno seguente, a metà mattina, ricevemmo la visita del preside, un evento raro e sempre impressionante, addirittura sinistro. La classe scattò sull'attenti, e il preside incominciò ad attaccarci, accusando i miei compagni di non avermi fermato e me di essere stato l'istigatore di quel crimine senza precedenti. Ipocrita fu l'epiteto più tenero che mi rivolse, e quello che evidentemente meglio esprimeva il suo più profondo disprezzo, dato che fino a quel momento ero sempre stato, ovvero, secondo lui, avevo finto di essere, un così bravo ragazzo. Ascoltando la sua filippica, il mio terrore circa la punizione aumentava sempre più, e così pure, come mi dissero poi, quello dei miei compagni.

Dopo averci strapazzato e insultato per quella che ci parve un'eternità, all'improvviso fece una pausa di silenzio, dopo di che, con la massima calma (e il contrasto con la sfuriata precedente non poteva essere più drammatico) pronunciò le seguenti parole, che non ho mai dimenticato: "S'intende," disse, "che se il professor X si fosse comportato come mi aspetto che si comportino i membri di questo istituto, nulla del genere sarebbe mai potuto accadere." Quindi, rivolto a me, aggiunse: "Domani, lei si fermerà due ore dopo le lezioni a studiare da solo la materia che il professor X avrebbe dovuto renderle così interessante da non poter dare adito a un così grave gesto di insubordinazione." Dopo di che, lentamente, uscì dalla classe. E quella fu la sola punizione che ricevetti, oltre a un basso voto in condotta sulla pagella di quel trimestre, mentre prima di allora, e poi anche in seguito, avevo sempre ricevuto il voto più alto. Avendo, con ragione, temuto il peggio, io e i miei compagni provammo un sollievo indicibile per quella punizione così incredibilmente mite, che peraltro non riuscivamo a spiegarci.

Ma la cosa che più mi colpì allora, e che ancora ricordo, è che non venni interrogato sulle mie motivazioni. Non si pretese da me che confessassi la mia colpevolezza, né che rinnegassi il mio gesto, né che presentassi delle giustificazioni o chiedessi scusa. Di fatto il preside venne a dirci che conosceva la causa di quell'incidente e che, mentre non poteva lasciarlo correre, non solo capiva come fosse potuto accadere, ma ammetteva in un certo senso che la scuola da lui diretta ne fosse in parte responsabile, in quanto ci aveva dato un insegnante che non meritava rispetto.

Fu un enorme sollievo. Per tutto un giorno e per tutta una notte insonne mi ero arrovellato a pensare quale spiegazione avrei potuto fornire (non dico giustificazione, perché sapevo di non averne), senza venire a capo di nulla. Che quell'insegnante fosse particolarmente scadente, non costituiva una spiegazione, tanto più che io sapevo benissimo che non me ne importava molto: fingere che fosse stato il suo scarso valore a scatenare la mia indignazione, questo sì avrebbe rappresentato il massimo dell'ipocrisia. Al pari della maggior parte dei miei compagni, mi ero sempre preso gioco di quell'insegnante così inconsistente, debole e, quel che è peggio, sciocco. La sua personalità e la sua condotta erano state lo spunto di scherzi e prese in giro che ci divertivano molto; perché dunque avevo sentito il bisogno di eliminare la fonte di tanto divertimento, di cacciare fuori della classe un insegnante nei confronti del quale ci sentivamo tutti superiori, circostanza che costituiva un gradito sfogo, visto che di fronte a tutti gli altri ci sentivamo tanto inadeguati? Perché quell'improvviso impulso a liberarmi di lui? (Tra parentesi, il mio tentativo riuscì perfettamente, perché il professore non ebbe il coraggio di ripresentarsi in classe.)

Era evidente che il mio gesto era stato simbolico. Ma che cosa mi aveva indotto a compierlo? Su questo era il buio più completo. Mi ero aspettato un interrogatorio sulle mie motivazioni, prima del verdetto, e questo era ciò che più mi angosciava: non avevo la minima idea di che cosa mi avesse spinto a compiere quel gesto, ma sapevo benissimo che una risposta del genere sarebbe stata considerata totalmente inaccettabile da parte delle autorità scolastiche, e anzi le avrebbe solo irritate ancora di più. Disperato com'ero, sarei stato pronto a mentire, ma non mi veniva in mente nessuna bugia da dire: ero assolutamente indifeso. Il fatto era che il mio gesto non aveva scusanti, e il preside, rendendosene conto, aveva evitato di mettermi in condizioni di mentire. Mi occorse molto tempo per comprendere la profonda saggezza del suo comportamento.

Di lì a poco il professor X venne fatto dimettere e fu sostituito da un insegnante che seppe ottenere il nostro rispetto, non solo per l'alta qualità del suo insegnamento e per la sua giustizia nei rapporti con noi, ma anche per le doti umane di sicurezza interiore e di virilità che emanavano da lui senza che dovesse farne mostra. Anni dopo mi venne in mente che probabilmente il preside aveva scelto questo insegnante, che era esattamente l'opposto dell'altro, per compensarci in un certo senso dell'esperienza negativa subita con lui.

Prima di quell'episodio io non ero che uno tra le centinaia di allievi senza volto e senza nome che popolavano il liceo; ora invece, quando ci incontravamo per caso nei corridoi, avevo l'impressione che il preside mi riconoscesse, e mi trattasse con il consueto freddo distacco, animato però da una certa misura di rispetto; non fece mai, tuttavia, favoritismi nei miei confronti. Forse, come intuii molti anni dopo, il suo atteggiamento esprimeva il desiderio di farmi sapere che, pur disapprovandolo nel modo più assoluto, egli riconosceva che il mio gesto era comprensibile.

Da parte mia, mi occorse parecchio tempo per comprendere le sue ragioni e neppure questo me lo fece amare di più. Era troppo autoritario e aveva idee in politica e sull'educazione in netto contrasto con i miei valori. Riuscire ad apprezzare una persona i cui valori sono il contrario dei nostri richiede una maturità di giudizio che io allora non possedevo. Ma gradualmente, con il passare degli anni, la conquistai e allora apprezzai sempre di più il fatto che quell'uomo così rigido, all'antica, autoritario avesse capito da solo quello che aveva acceso la mia collera, e non avesse sentito il bisogno di farsi confermare le sue conclusioni interrogandomi e obbligandomi a dare il mio assenso. Aveva saputo intuire i bisogni che mi avevano spinto a quel gesto, anche se con esso gli avevo creato dei fastidi, come capo dell'istituto, e avevo messo in pericolo la disciplina della scuola. E non aveva preteso che diventassi diverso da quello che ero, come si vede dal fatto che mi diede una punizione insignificante, più che altro simbolica, e che non mi richiese alcun atto di contrizione né alcuna promessa di ravvedermi.

Con gli anni e la maturità, il fatto che, anziché sottopormi a un interrogatorio, il preside avesse spontaneamente reso pubbliche le sue conclusioni mi parve sempre più apprezzabile. Quell'uomo comprendeva i ragazzi della mia età abbastanza da sapere quello che si agitava dentro di loro, anche quando loro stessi non lo sapevano. Pur disapprovando il mio gesto, ne aveva compreso l'essenza: tutto era dipeso dalla stupidità del professore. Non si diede a indagare le mie specifiche motivazioni, in parte perché, una volta intuita la causa essenziale, gli sembravano di importanza relativa, e in parte perché riteneva, giustamente, che un ragazzo nella mia situazione non poteva sapere che cosa l'avesse mosso ad agire, in realtà.

Benché fosse una persona autoritaria e molto rigida in fatto di disciplina, mi trattò nel modo più giusto e morale: fu attento a non distruggere il mio rispetto per me stesso obbligandomi a professare una contrizione che non provavo, e che sarei stato costretto a fingere se mi avesse interrogato sul mio gesto. Il fine della scuola era istillare nei suoi allievi il rispetto di se stessi, e intaccare il mio, costringendomi a rivelare e a difendere le mie motivazioni più intime, ammesso che fossi in grado di farlo, sarebbe andato contro gli ideali della scuola. Se, per paura della punizione, mi fossi sentito costretto a fingermi contrito, sarebbe equivalso a farmi rinnegare una parte essenziale di me stesso; se, d'altro canto, di fronte alle domande del preside, avessi voluto affermare la giustizia del mio gesto (ipotesi per altro assurda, dato l'ambiente), egli sarebbe stato costretto a punirmi proprio in conseguenza del fatto che gli ubbidivo, rivelandogli la mia intimità. Questo, lungi dal correggere la mia condotta, mi avrebbe convinto di essere stato vittima di un'ingiustizia, inducendomi a odiare la scuola e il suo preside.

Il preside probabilmente aveva compreso al livello più profondo il mio gesto per quello che era: una dichiarazione simbolica del mio bisogno di avere buoni maestri, che potessi rispettare. Perciò anche la punizione, due ore in classe dopo le lezioni, fu simbolica, e così pure il basso voto in condotta su una pagella trimestrale, che non venne riportato sui documenti finali. Il che esprimeva tra l'altro il riconoscimento che si era trattato di un episodio isolato di indisciplina da parte mia.

Dovetti raggiungere la piena maturità e fare una lunga esperienza come educatore e terapeuta infantile (e come genitore) prima di capire fino in fondo come quell'uomo mi avesse insegnato una delle doti indispensabili di un saggio educatore, soprattutto nelle situazioni difficili: e cioè la disponibilità e la capacità di soppesare dentro di noi le possibili motivazioni dei giovani a noi affidati, se vogliamo cogliere le ragioni del loro comportamento, le sue cause, i suoi scopi. Solo sulla base di una tale comprensione ci sarà possibile decidere se approvare o meno quelle ragioni, e questo indipendentemente dal nostro atteggiamento nei confronti del comportamento in questione, giacché è ben possibile che si possano approvare di tutto cuore le motivazioni di un bambino o di un ragazzo pur sentendosi in dovere di impedirgli di metterle in atto.

Forse i lettori si chiederanno che rapporto esiste tra il fatto di esserci formata un'idea delle motivazioni di nostro figlio e quello di interrogarlo o meno al riguardo. Ebbene, nel caso che approviamo le sue motivazioni, non c'è bisogno di fare domande. Per esempio: supponiamo che per un lodevole impulso di generosità nostro figlio desideri regalare uno dei suoi giocattoli preferiti, ma noi non possiamo permetterlo. In tal caso, basta che gli spieghiamo perché non può regalare quel particolare giocattolo, esprimendogli contemporaneamente il nostro apprezzamento per l'impulso generoso. E se pure ci sbagliamo nel valutare certe sfumature delle sue motivazioni, il bambino stesso sarà probabilmente ben felice di correggerci, perché la nostra spontanea approvazione gli farà sentire che lo capiamo. La sua fiducia in noi ne verrà confermata e, cosa molto importante, lo indurrà a esser altrettanto aperto con noi in occasioni future.

Quando l'approvazione del genitore è impossibile, le cose cambiano. Allora diventa ancora più importante soppesare bene le motivazioni di nostro figlio, ma va valutato con la massima attenzione anche il grado di consapevolezza che egli stesso può averne. Se non possiamo approvare le sue ragioni, dobbiamo domandarci: che effetto avrà allora su di lui essere costretto a rivelarcele? Si sentirà a disagio? Si sentirà indotto a mentirci? E quando, sentita la sua risposta, saremo costretti a criticare quello che ci ha detto, questo fatto non lo indurrà a pensare che dire la verità ha conseguenze negative per lui?

Un caso ancora diverso è quello in cui l'adulto, oltre a disapprovare il comportamento del bambino, è incapace di immaginarsi le sue motivazioni. Se le nostre domande portano a risposte chiarificatrici, tanto di guadagnato, a un certo livello; ma a un altro livello nel bambino il bruciore per essere stato sottoposto a un interrogatorio rimane. Ammettiamo pure che egli ritenga di essere stato ascoltato senza pregiudizi e di avere avuto la possibilità di convincerci che aveva ragione, il che è un'ottima cosa; ma nessuno gli può togliere la sensazione che non l'avevamo capito, prima: altrimenti che bisogno avremmo avuto di porgli tante domande? Questo non accrescerà certamente il suo rispetto per un adulto che dà prova di così scarsa immaginazione ed è così pronto ad attribuirgli motivazioni poco accettabili. Dunque, nella migliore delle ipotesi, la reazione del bambino sarà ambivalente: i miei genitori sono giusti, ma ci vuole una bella fatica da parte mia per fargli capire le mie ragioni; perché non si sono fidati fin dall'inizio che io sapessi quello che stavo facendo?

E poi, naturalmente, esiste sempre la possibilità che il bambino non sappia il perché delle sue azioni, come successe a me quando cacciai di classe il professor X. Se le nostre domande obbligano nostro figlio ad ammettere di non sapere perché ha fatto una certa cosa, la nostra reazione sarà probabilmente di non credergli e di pensare che stia facendo dell'ostruzionismo. E il bambino scoprirà che il suo comportamento è incomprensibile non solo a lui stesso, ma anche agli adulti alla cui maggiore esperienza della vita è affidata la sua sicurezza. Risultato: una ulteriore diminuzione del rispetto del bambino per i suoi genitori e una maggiore riluttanza ad accettare la loro guida, dato che non sanno capirlo meglio di quanto egli stesso non sappia fare.

Dover ammettere pubblicamente di non conoscere le proprie motivazioni, anziché limitarsi a sospettarlo dentro di sé, è un'esperienza a dir poco imbarazzante per un bambino o un ragazzo. Se è costretto a riconoscere una cosa del genere come un dato di fatto, come potrà mai fidarsi di se stesso? Se ne sa così poco sulla propria persona e se i suoi genitori ne sanno poco più di lui, che speranze può avere di riuscire mai a comprendere se stesso e le proprie motivazioni? Come potrà comportarsi in modo più avveduto in futuro? Essere costretto a guardare in faccia la propria ignoranza circa se stesso incrina la fiducia in sé del bambino e inquina il rapporto con l'adulto, le cui domande lo hanno costretto a una così avvilente ammissione.

Inoltre, quando gli viene domandato perché ha compiuto una certa azione, il bambino che non lo sa ha tuttavia l'impressione che *dovrebbe* saperlo. Perciò, oppure perché non può ammettere con se stesso di non saperlo, le domande dell'adulto possono indurlo a mentire. Come osservò Oliver Goldsmith, "Non fatemi domande, e non vi dirò bugie". Sentirsi costretto a mentire distrugge il rispetto di sé del bambino, lo fa sentire un impostore, se non peggio; e lo allontana dall'adulto, che con le sue domande l'ha fatto sentire così scontento di se stesso.

Dunque, se non siamo arrivati da soli a formarci un'idea delle possibili motivazioni di nostro figlio, non possiamo prevedere se sarà in grado o meno di rispondere la verità, né possiamo prevedere le conseguenze indesiderabili che il nostro interrogatorio potrà avere. D'altro canto, se sappiamo in anticipo quale sarà la probabile reazione di nostro figlio, e ci sembra di conoscere con buona approssimazione quali debbano essere state le sue motivazioni, allora interrogarlo non può avere altro senso se non quello di metterlo con le spalle al muro.

Riassumendo: se il bambino non sa quali sono le vere ragioni del suo comportamento, interrogarlo lo farà sentire impotente, insicuro e incerto circa la validità delle sue azioni. Se, avendo compreso le sue motivazioni, intendiamo svelargliele, sarebbe molto meglio per entrambi se lo facessimo senza prima fargli perdere la fiducia in se stesso. Se le ragioni di nostro figlio sono ai suoi stessi occhi riprovevoli, delle due l'una: o mentirà, a noi e forse anche a se stesso, che è molto peggio; oppure sarà costretto a rinnegare le sue ragioni, cosa che certamente non servirà a farci amare da lui né ad accrescere la sua fiducia di saper agire con intelligenza.

Fortunatamente, nel mio caso, non venni interrogato né dal preside né dai miei genitori. I miei genitori, ovviamente, erano preoccupati per le possibili conseguenze del mio gesto e si misero a vagliare diverse soluzioni per farmi continuare ugualmente gli studi nel caso che venissi espulso dalla scuola, come tutti temevamo. La loro reazione, di non incolparmi e di fare invece piani concreti per il mio futuro, accrebbe la mia fiducia in loro; avevo la certezza che sarebbero stati capaci di trovare una soluzione. Il giorno dopo, quando seppero che la punizione era stata così mite, provarono solo un grande sollievo e non sentirono il bisogno di chiedermi perché avessi compiuto quel gesto così impulsivo. E sono ben felice che non me lo avessero domandato, perché non avrei potuto rispondere: si dà il caso che fossero morti entrambi, prima che io fossi in grado di dare una risposta soddisfacente a quella domanda. Dovettero passare oltre trent'anni prima che io scoprissi che cosa mi avesse indotto a quel gesto così incomprensibile sotto ogni punto di vista, sia estraneo, sia mio personale, per quanto potevo capire di me stesso allora. Fossi stato messo con le spalle al muro, avrei dovuto inventare delle bugie, non tanto per convincere gli altri, quanto soprattutto per camuffare un'ignoranza delle mie motivazioni che sarebbe stato fatale per me dover riconoscere o comunque ammettere pubblicamente.

Il professor X era uno sciocco vanesio dalla voce da eunuco; era incapace di insegnare persino gli aspetti più elementari della disciplina in cui era laureato. E noi ragazzi eravamo nell'età in cui si nutrono dubbi angoscianti sulla propria incipiente virilità, e avevamo bisogno di figure maschili adeguate, con le quali identificarci. Il professor X, lungi dall'offrire un'immagine capace di suscitare identificazioni positive, accresceva le nostre angosce sulla nostra capacità di diventare uomini, perché incarnava tutte le nostre peggiori paure al riguardo. Perciò lo detestavamo, perciò i miei compagni mi diedero una mano a cacciarlo fuori dalla classe.

Tuttavia ero stato io a prendere l'iniziativa. Quale impellente bisogno immediato poteva essersi impossessato di me al punto da indurmi a oltrepassare i confini del mio normale comportamento? Effettivamente era successo un fatto fuori dell'ordinario nei giorni immediatamente precedenti quel mio gesto di improvvisa e poco caratteristica violenza: mio padre aveva avuto un infarto che l'aveva completamente paralizzato. Dunque, non solo mi era improvvisamente e inaspettatamente venuto meno il più importante modello per la formazione della mia personalità; in quanto unico maschio della famiglia, oltre a mio padre, c'era la possibilità che dovessi assumermi prematuramente le sue responsabilità. Era un'eventualità terrificante per un adolescente insicuro, già lacerato da dubbi sulla propria virilità e timoroso di non possedere la necessaria capacità di autoaffermazione. Queste angosce divennero schiaccianti a seguito della grave malattia di mio padre (che fortunatamente a poco a poco si riprese), facendomi temere di diventare un tipo come il professor X; un pensiero che mi era intollerabile. Il fatto di vedermelo davanti tutti i giorni a scuola esasperò la mia angoscia, finché non fui più in grado di controllarla. Ormai solo un gesto di temeraria autoaffermazione avrebbe potuto placarla e il bisogno era talmente intenso che il pensiero delle conseguenze non valse a trattenermi. Con quel gesto era come se volessi dire: "Se tu non sei capace di comportarti da uomo, lo farò io, anche se sono troppo giovane per questo." Questo spiega il mio comportamento, e spiega anche perché non potessi permettermi di conoscerne le cause. Riconoscere l'origine e l'entità della mia angoscia era impossibile, perché avrebbe distrutto quel poco di fiducia in me che possedevo, mentre il mio bisogno era di accrescerla a qualunque prezzo. Avrebbe cancellato gli effetti positivi di un gesto che rivestiva per me una tale importanza da essere disposto a mettere in gioco per esso tutto il mio futuro.

Riuscii a comprendere la complessità delle mie motivazioni soltanto dopo che la mia analisi personale mi ebbe aiutato a scoprire taluni aspetti inconsci del mio rapporto con mio padre, e dopo che con gli anni ebbi acquistato sufficiente maturità e sicurezza da poter comprendere e accettare la terribile angoscia con la quale avevo reagito all'eventualità che mio padre morisse quando io ero ancora, in fondo, poco più che un bambino. Il fatto di avere constatato personalmente quanto tempo e quante esperienze siano occorse a me per capire le mie motivazioni mi ha convinto dell'indesiderabilità di sondare direttamente le motivazioni di un bambino o di un ragazzo, se esiste la possibilità che essi non ne siano a conoscenza. Quel mio preside dalle idee antiquate, che non sapeva neppure che cosa fossero la psicoanalisi e l'inconscio, tuttavia sapeva istintivamente che è indesiderabile, rischioso e forse distruttivo sondare le ragioni di un ragazzo, specialmente quando le sue azioni sono molto lontane dalla sua condotta normale o comunque quando sono di tipo estremo. Noi, che conosciamo quale ruolo svolga l'inconscio nell'indurci ad azioni di cui la nostra ragione non riesce a immaginarsi i motivi, dovremmo se non altro sforzarci di comportarci con altrettanta sensibilità psicologica. Il preside del mio liceo si era reso conto che un gesto così estraneo al mio carattere e così insolito sotto ogni altro profilo doveva avere delle cause sufficientemente gravi perché io lo compiessi. Ma non era realmente interessato alle mie personali motivazioni. Con ogni probabilità era molto interessato a ciò che dal suo punto di vista era completamente sbagliato, e cioè l'incompetenza dell'insegnante, di cui era ben conscio. Di conseguenza agì sulla base di ciò che egli pensava fosse all'origine dell'incidente. Il suo interesse era concentrato su quel che ne pensava lui stesso, non su quello che ne pensavo io.

Non sottoponendomi a un interrogatorio e confidando invece nelle proprie intuizioni, seppe guadagnarsi il mio duraturo rispetto, un risultato che ogni genitore desidera ottenere nel rapporto con i figli.

8. L'empatia

Empatia: capacità di proiettare la propria personalità nell'oggetto contemplato e di comprenderlo appieno in tal modo.
The Oxford English Dictionary

La sfuriata del preside aveva rappresentato la sincera espressione della sua collera. Le considerazioni che aveva fatto subito dopo in tono tranquillo sull'inadeguatezza del professor X come insegnante e come guida per dei ragazzi della nostra età rappresentavano invece un giudizio ponderato sui suoi meriti professionali. Il preside aveva dunque motivi suoi, di ordine tecnico, per non apprezzare il professor X, e l'irritazione nei suoi confronti gli rese comprensibile il mio gesto. Perciò non ebbe bisogno di sondare le mie motivazioni formulando ipotesi o chiedendomene conto, e neppure di darmi una punizione severa. Ma la sua era stata una comprensione intellettuale, non una comprensione basata sull'empatia: era troppo convinto della sua superiorità rispetto a un semplice allievo della sua scuola, era troppo distaccato dalle esperienze e dalle tribolazioni che lui stesso doveva aver vissuto da ragazzo, per esserne capace. Mentre il mio disgusto per il professor X gli appariva sufficientemente ragionevole, per accettare come un atto giustificato il mio gesto avrebbe dovuto vedere sé e me come due soggetti che agivano sul medesimo piano emotivo, che erano mossi da motivazioni identiche o molto simili, io nella pratica, nei fatti, lui in teoria, nei suoi pensieri. Ma la certezza di essere in tutto superiore a me glielo rendeva impossibile.

L'empatia, così importante perché un adulto possa comprendere un bambino, comporta che si consideri l'altro nostro pari; non per ciò che riguarda il sapere, l'intelligenza o l'esperienza e men che meno la maturità, bensì rispetto ai sentimenti e alle emozioni che ci muovono tutti, adulti e bambini. Questo comporta che si abbia familiarità con tutta la gamma dei nostri sentimenti, non solo con quelli del momento o con quelli che ci sono caratteristici o abituali. Avere una reazione empatica significa sforzarci di metterci nei panni dell'altro, così che i nostri sentimenti ci facciano intuire non soltanto le sue emozioni ma anche le sue motivazioni. Significa comprendere l'altro dall'interno, non dall'esterno, come potrebbe fare un osservatore interessato o anche coinvolto, che cerchi di capire i motivi dell'altro con l'intelletto.

Il nostro preside aveva cercato di comprendere l'accaduto intellettualmente; essendo a sua volta molto scontento del professor X, gli era stato facile rendersi conto che anch'io lo dovevo essere. E questo gli bastava. Per provare empatia nei confronti del mio gesto sarebbe dovuto andare ben oltre: avrebbe dovuto domandarsi come mai in quella circostanza mi ero comportato in modo tanto estraneo al mio carattere, che cosa mi aveva spinto a farlo. Ma, essendo convinto della propria superiorità, gli era sembrato sufficiente basarsi sulla sua comprensione intellettuale. In un capitolo precedente ho citato il proverbio francese che dice come *comprendere veramente* l'altro equivalga a perdonare le sue azioni. Ora potrei aggiungere che, quando si instaura un rapporto di empatia, *si prova direttamente* quello che prova l'altro; ci si sente con l'altro, dalla parte dell'altro; è quella che chiamiamo un'esperienza vicariante, in cui si sperimenta quello che vuol dire non solo trovarsi al posto dell'altro, ma addirittura, per così dire, nella sua pelle.

Freud parlò della simpatia che esiste tra l'inconscio di una persona e quello di un'altra, intendendo che è possibile comprendere l'inconscio di un altro solo attraverso il nostro. Non è possibile spiegare adeguatamente con le parole che cosa significa provare certe emozioni, come l'amore, la collera, la gelosia, l'angoscia, o certi stati emotivi come la depressione o l'esaltazione. Ma se li abbiamo vissuti a nostra volta, sappiamo come deve sentirsi l'altro, e allora ci sentiamo molto vicini a lui, lo comprendiamo molto meglio che se dovessimo basarci soltanto su quello che lui ci può dire. Persino i grandi poeti per comunicare sentimenti molto profondi devono ricorrere al linguaggio simbolico; parlano per metafore e allegorie, perché non esiste espressione diretta atta a comunicare quello che vogliono comunicare. E noi, per arrivare al senso di una poesia, dobbiamo leggere anche tra le righe, dobbiamo affidarci a quello che le parole del poeta suggeriscono al nostro inconscio, rispondere ai simboli, alle allusioni, alle metafore.

Non possiamo aspettarci che i nostri figli sappiano dirci quello che provano nell'intimo, quello che succede nel profondo del loro animo, tanto più che in gran parte questi processi non sono accessibili alla loro coscienza ed essi non possono quindi formularli. Per comprendere che cosa li muove nel loro intimo dobbiamo affidarci alle nostre reazioni di empatia: mentre con la ragione cerchiamo di tradurre quello che vogliono dirci con le loro parole e azioni, il nostro inconscio, "proiettandosi nell'oggetto contemplato", cercherà di coglierli in rapporto ai nostri vissuti personali, passati e presenti. Così facendo, potremo dire di capirli veramente, e nello stesso tempo scopriremo di capire meglio noi stessi. Perciò, oltre duemila anni or sono, il poeta Menandro ebbe a dire: "'Conosci te stesso' è un'ottima massima, ma non vale sempre. In molte situazioni sarebbe meglio dire 'Conosci l'altro'."

Per meglio spiegare la natura e l'effetto terapeutico dell'empatia mi rifarò al caso di un ragazzino di otto anni, riferito dalla psicoanalista infantile Olden. Nei primi tempi della terapia, il bambino dettò all'analista un racconto che iniziava con "Mia madre è una figlia di... Mio padre è un figlio di... Mia madre è schifosa. La mia analista è schifosa e orrenda", e proseguiva su questo tono. Era la violenta espressione della sua rabbia divorante, per cui era stato sottoposto a trattamento. Ben sapendo che l'analista non avrebbe reagito al suo scoppio di collera come erano soliti fare i suoi genitori, i suoi insegnanti e il resto delle persone, il bambino volle che fosse chiamato un altro adulto a leggere quello che aveva dettato: così l'analista avrebbe visto come reagiva di solito il mondo nei suoi confronti. Venne dunque chiamata una terza persona, che lesse il racconto molto attentamente e con grande simpatia. Non ricevendo la reazione scandalizzata e di condanna alla quale era abituato, il ragazzino disse in tono provocatorio: "È una bella storia, vero?" Al che la persona che aveva letto il suo irato messaggio rispose con grande compassione: "È una storia molto triste." L'imprevista risposta spiazzò il ragazzino, che considerava il suo racconto un attacco pieno di livore e di rabbia. Quando si fu riavuto dalla sorpresa volle sapere perché l'altra lo definiva triste, e si sentì rispondere che era triste, molto triste, perché mostrava quanto poco egli si amasse: un bambino deve odiarsi profondamente per vedere negli altri solo il male, ed essere così in collera con il mondo.

Provando a sentirsi come una persona che vomita rabbia contro coloro ai quali dovrebbe sentirsi più vicina, che più dovrebbe amare, la donna poté vivere dentro di sé le fonti più profonde dei sentimenti di quel bambino. Le risultò chiaro così che solo una profonda tristezza poteva spiegare una tale rabbia, la tristezza causata dalla disperazione per non essere capace di amarsi. Per il piccolo paziente il sentirsi compreso nei suoi sentimenti più profondi e il vederli accettati con simpatia, anziché rifiutati, come accadeva di solito, segnò l'inizio di un profondo cambiamento nel modo di vedere se stesso e il mondo. Un'analoga accettazione da parte della sua analista non avrebbe sortito il medesimo effetto, in quella fase iniziale della terapia; il bambino, infatti, era abbastanza intelligente da sapere che per l'analista accettare i pazienti faceva parte del suo mestiere. Ma il fatto che una persona che non aveva un simile obbligo e che praticamente non lo conosceva potesse capire che il problema non era l'aggressività come avevano sempre pensato gli adulti, bensì la tristezza, gli diede la speranza che prima o poi le persone per lui più importanti, i suoi genitori, potessero rispondere positivamente alla sua infelicità, invece che solo negativamente alla sua collera. Nessuna domanda, per quanto ben intenzionata, avrebbe potuto ottenere quel risultato: gli avrebbe solo confermato la convinzione che nessuno lo capiva e voleva capirlo.

Come io non avrei saputo spiegare le angosce che avevano provocato il mio sfogo violento contro il professor X, alla stessa stregua quel bambino di otto anni, pur così intelligente, non sarebbe potuto risalire alle sorgenti della sua rabbia divorante. L'intensità dei sentimenti di collera dei bambini costruisce una sorta di muro impenetrabile, che nasconde tutto ciò che vi sta dietro. È un'esperienza che dovrebbe esserci familiare, giacché anche molte persone più mature sono incapaci di riconoscere le fonti della loro collera. E il motivo è che chi vive sotto l'influsso psicologico di sentimenti così intensi da dominare tutta la vita (in particolare se si tratta di sentimenti come la collera) è incapace di pensare razionalmente. Questa emozione riempie a tal punto tutto il loro essere che non riescono a prenderne le distanze abbastanza da comprenderne le cause.

Prendere le distanze da emozioni divoranti, penetrare al di là di esse fino alle loro origini è difficile anche per le persone mature. In realtà, l'esserne capaci è uno dei segni della vera maturità; una caratteristica fondamentale della maturità è appunto la capacità di uscire, per dire così, da se stessi e dalle proprie emozioni, anche le più intense, per contemplarle con imparzialità. Ma non tutti ci riescono, e non sempre, neppure quando è passata da un pezzo l'adolescenza. A maggior ragione dunque, se vogliamo capire nostro figlio quando è mosso da intense emozioni, dobbiamo cercare di comprendere con l'empatia quello che si agita nel suo intimo, e rispondere con il sentimento e con l'azione a quanto abbiamo in tal modo scoperto dentro di noi. Ma per poterlo fare, non dobbiamo permetterci di farci trascinare dalle nostre reazioni al comportamento manifesto del bambino o del ragazzo.

Il piccolo paziente della Olden poteva solo dire "Mi riempie di rabbia!" e quel qualcosa che lo riempiva di rabbia era il suo inconscio, era l'inconscio la sorgente della sua collera. Se gli si fosse chiesto di essere più preciso, avrebbe potuto solo cavar fuori delle razionalizzazioni, essendogli ignoto il contenuto del suo inconscio. Avrebbe oscuramente avvertito, però, che le sue razionalizzazioni erano vuote, superficiali, marginali; e le domande dell'adulto non avrebbero fatto altro che accrescere la sua furia, perché l'avrebbero obbligato a riconoscere i limiti della sua comprensione di sé.

Io stesso, se fossi stato costretto a spiegare il mio attacco contro il professor X, avrei solo potuto dire, in completa buona fede, che "qualcosa" mi aveva mosso a compierlo, un "qualcosa" che mi occorsero anni per individuare; un'angoscia così minacciosa e incontrollabile che avevo dovuto rimuoverla nell'inconscio. Se mi avessero costretto a spiegare di che cosa si trattava, poiché dire "qualcosa" non costituiva una risposta, avrei fatto scena muta (e il mio silenzio sarebbe stato interpretato come ostinazione, non come impotenza); oppure avrei tirato fuori qualche scusa circa l'incapacità di insegnare di quel professore, pur sapendo, e il preside con me, che non costituiva una spiegazione sufficiente. Alla fine mi sarei sentito pieno di rancore contro il preside per aver preteso una cosa che non ero in grado di fare (spiegarmi), e lui si sarebbe irritato con me per essermi ostinatamente rifiutato di ammettere la vera ragione del mio gesto. Lo stesso sarebbe accaduto al piccolo paziente della Olden se avessero insistito perché rivelasse la causa della sua collera. Di fronte a emozioni molto intense e profonde, il comprensibile desiderio di capire che cosa muove il proprio figlio induce il genitore a insistere perché questi glielo spieghi. Ma poiché egli non è in grado di spiegare nulla, neppure se lo volesse, ecco che l'esasperazione di entrambi aumenta, e ciascuno perde la fiducia nell'altro.

Oggi i genitori sanno, intellettualmente, quello che per il preside del mio liceo era *terra incognita*; sanno che agiscono in noi potenti emozioni che determinano gran parte delle nostre azioni, e che possono occorrere anni di duro lavoro per portarle a livello di coscienza; sanno anche che questo non è un processo che si possa avviare a comando, anzi, esservi obbligati può rendere ancora più inaccessibile il materiale dell'inconscio. Dato che il motivo della rimozione di quei certi sentimenti era il fatto che riconoscerli sarebbe stato troppo angosciante o pericoloso, sentirsi chiedere di rivelarli accresce l'angoscia e dunque il bisogno di mantenerli rimossi. Come mai allora i genitori, che intellettualmente sanno tutte queste cose, all'atto pratico trovano così difficile agire di conseguenza? A mio avviso, il problema (come in quasi tutte le difficoltà che si creano tra genitori e figli) scaturisce dal desiderio cosciente da parte di noi genitori di avere intimità con i nostri figli, e dalla sensazione, inconscia, che essi possano essere veramente *nostri* solo se non ci tengono nascosto nulla: poiché si tratta di *nostro* figlio, non dovrebbe esserci nulla che lo riguardi, neppure la sua vita interiore, che ci possa sfuggire. Siamo disposti a riconoscere che nostro figlio ha un inconscio, ma, se è ammissibile che esso rimanga ignoto a chiunque altro, a *noi*, che siamo i suoi genitori, non può e *non deve* restare nascosto!

Quando ci rispondono "Non lo so"

Quando ci troviamo a un punto morto con nostro figlio e non riusciamo a evocare una reazione di empatia nei suoi confronti, dovremmo almeno cercare di provare simpatia per la posizione in cui egli si è venuto a trovare. Usando le nostre risorse di adulti possiamo proporgli noi una soluzione, assicurandoci, però, nel caso che egli accetti il nostro suggerimento, che non lo faccia solo per compiacerci o per evitare altre discussioni. Per questo motivo è preferibile invitarlo a vagliare la nostra idea ed eventualmente a perfezionarla. In tal modo è più facile che escano fuori le sue vere reazioni, e inoltre si acuiscono le sue facoltà di giudizio critico, cosa che non avverrebbe ponendogli una domanda diretta. Invitandolo a reagire alla nostra idea ("Che cosa ne pensi?"), invece che ad accettarla semplicemente, o a difendere la sua, il bambino imparerà come funziona la sua mente e, dovendoli esprimere in parole e frasi intelligibili, si chiariranno anche a lui i suoi pensieri.

Ho già accennato a come la prospettiva di un adulto sia molto diversa da quella di un bambino, e a come sia spesso difficile, pertanto, immaginarsi per quali vie un bambino arrivi alle sue decisioni. Tuttavia, se ci sforziamo di vedere le cose dal suo punto di vista, e quindi offriamo i nostri suggerimenti facendogli capire che il nostro modo di ragionare coincide in parte con il suo e che approviamo, o quanto meno non siamo inclini a disapprovare, le sue intenzioni, allora il bambino sarà felice di dirci liberamente quello che ha in mente.

Ma quando siamo in collera, qualcosa nel modo in cui esigiamo le sue spiegazioni gli dà l'impressione che nutriamo delle riserve sulle sue idee, se già non le disapproviamo. Qualunque bambino sa leggere la disapprovazione nel tono di voce del genitore, nell'espressione del viso, nell'atteggiarsi del corpo, e in altri segnali subliminari che noi non ci accorgiamo di emettere, ma ai quali i bambini sono estremamente sensibili. Se nostro figlio teme una reazione negativa a quello che sta per dirci, non riuscirà a rispondere serenamente alle nostre domande, anzi potrebbe turbarsi al punto da non sapere più quali fossero le sue intenzioni.

È raro trovare un bambino talmente sicuro di sé e del suo rapporto con il genitore da essere libero da questa forma di ansia. Anche se non è mai stato criticato in precedenza, il bambino vive *qualunque* critica come rivolta non semplicemente a quello che pensa o che fa in quel momento, ma alla persona che è. Perciò la maggior parte dei bambini espongono agli adulti i loro pensieri con un certo timore che possano essere trovati carenti o persino con la paura di essere rimproverati o puniti per averli albergati. Tale paura è l'altra faccia del bisogno di approvazione; quello che più di tutto preoccupa il bambino è che lo si faccia sentire inadeguato o cattivo dove a lui inizialmente non pareva di esserlo; e tutto per aver dato voce ai suoi veri pensieri.

Con una preoccupazione del genere è difficile uscire allo scoperto con le proprie opinioni; perciò il bambino le modifica, in modo da non dare adito a obiezioni da parte di chi lo interroga. Spesso si rende conto di non stare dicendo esattamente quello che pensa; altre volte invece non è consapevole di avere censurato i suoi pensieri per renderli più accettabili al genitore. Anche molti adulti non sono del tutto consapevoli di dare una versione opportunamente riveduta, né del perché lo fanno, e quanto più un individuo è giovane, tanto più frequentemente succede così.

Il fatto di non essere coscienti del perché stiamo facendo una certa cosa non significa però che essa non susciti in noi dei sentimenti; significa solo che non ce li sappiamo spiegare, in quanto la loro logica si vede negato l'accesso alla coscienza. E il bambino che, per tener buono il genitore, non dice o modifica le sue ragioni per aver voluto fare una certa cosa, prova irritazione con se stesso e risentimento per il genitore, perché non riesce a essere sincero e coraggioso come vorrebbe: l'ansia circa la possibile reazione del genitore glielo rende impossibile suo malgrado. Nel timore che disapproviamo quello che sta per dirci, cambia idea e risponde alla nostra domanda con un "Non lo so". Una risposta del genere, pensa, è neutra e dunque non può farci arrabbiare. E invece il più delle volte ci fa arrabbiare moltissimo, perché la prendiamo come un rifiuto di risponderci, e perché ci fa pensare che nostro figlio o è così stupido da non sapere quello che fa, o non si fida di noi abbastanza da confidarsi. Siccome né l'una né l'altra ipotesi ci fa piacere, tendiamo a non prendere per vero il suo "Non lo so", e ci sentiamo doppiamente frustrati nel nostro tentativo di arrivare al fondo del problema.

In verità, il più delle volte, "Non lo so" è la descrizione corretta dello stato di confusione in cui si trova nostro figlio, e non una scusa o un modo di evadere la nostra domanda. Può darsi che inizialmente sapesse benissimo che cosa stava facendo e perché, e fosse anche convinto della bontà della sua azione e dei suoi motivi. Ma il modo in cui lo abbiamo interrogato in proposito gli ha fatto intendere che noi lo disapproviamo, e ora ha le idee confuse: quello che fino a un momento prima sembrava giusto, ora improvvisamente non lo sembra più molto; e il bambino si sente preso tra due fuochi.

Noi genitori dobbiamo renderci conto di quanto siamo importanti per i nostri figli: non appena avvertono la nostra disapprovazione, subito diventano insicuri circa le loro opinioni. Quello che al bambino sembrava giusto, ora appare sbagliato, e non perché sia mutata la sua percezione di quell'azione, bensì perché essa ha provocato la disapprovazione del genitore. A questo punto egli non sa più quello che pensa: la sua azione rappresentava, a suo modo di vedere, la corretta risposta alla situazione per come la viveva lui, ma ora si scopre che era sbagliata, visto che lo mette in conflitto con il genitore. È un problema che non riesce a sbrogliare: la sua mente immatura non è in grado di comprendere la relatività dei punti di vista; il bambino sa soltanto che una cosa non può essere contemporaneamente giusta e sbagliata; di conseguenza è realmente e completamente sconcertato.

Ecco dunque che le nostre domande, che avevamo posto per il desiderio di capire meglio nostro figlio, provocano solo confusione in lui come in noi. Poiché "Non lo so" è una dichiarazione di incompetenza, il fatto di dover rispondere così riempie il bambino di risentimento, e siccome la sensazione di essere ignorante e inetto gli è venuta in seguito alle nostre domande, egli dà a noi, che gliele abbiamo rivolte, la colpa dello stato di confusione in cui si è venuto a trovare.

Anche un genitore si sente sconfitto e irritato quando il figlio risponde alle sue domande con un "Non lo so". In qualunque altra situazione, quando nostro figlio dichiara la sua ignoranza siamo più che disposti a colmargliela, perché sappiamo che è naturale che un bambino sia ignorante o confuso su tante questioni. Anzi, di solito ci piace l'idea di essere la principale fonte di informazione di nostro figlio. Invece quando, disapprovando il suo comportamento, gliene chiediamo conto e ci sentiamo rispondere "Non lo so", tendiamo a scartare l'idea che possa aver agito senza sapere perché, e non prendiamo in considerazione la possibilità che sia davvero incapace di rispondere alla nostra domanda perché le sue ragioni sono sepolte nel suo inconscio.

Dal canto suo il bambino avverte, sia pure oscuramente, che è la grande importanza che il genitore riveste ai suoi occhi a rendergli impossibile rispondere altro che "Non lo so". E trova ingiusto essere rimproverato per una risposta che il genitore stesso ha provocato. Sotto questo profilo, il bambino si mostra più perspicace dei suoi genitori, che nella sua risposta colgono solo l'esasperante ostinazione di chi non vuole dire quello che desiderano sapere, e non sanno vedere la ragione che vi sta dietro: la soverchiante importanza che le loro opinioni rivestono agli occhi del figlio, che gli impedisce di dire qualcosa che teme possa far loro dispiacere o irritarli.

Una situazione analoga si crea quando nostro figlio a nostro avviso non rende abbastanza, a scuola per esempio, e alle nostre domande risponde "Non ci riesco". Mentre in altre occasioni, quando nostro figlio ci dice di non saper fare una cosa reagiamo quasi sempre con accettazione e simpatia, qui le cose sono diverse. Il nostro atteggiamento è già in partenza di critica negativa, e la risposta di nostro figlio non può che essere evasiva. Il bambino infatti avverte il nostro atteggiamento di critica e vi reagisce, non necessariamente a livello conscio, con una diffidenza e una resistenza, che vanno ad aggiungere nuove frecce all'arco della nostra disapprovazione. Gli sembra che non accetteremo per buone le sue ragioni, dunque perché esporcele? Meglio confessare di non essere capace che non di non averne voglia; e beninteso in molti casi l'incapacità esiste davvero, anche se spesso è dovuta a cause inconsce.

Se vogliamo che nostro figlio ci dia la versione autentica, dobbiamo comunicargli, con il tono di voce, con l'atteggiamento, con la formulazione stessa delle nostre domande, che prenderemo per buona la sua risposta. Allora non si sentirà costretto a cercare delle scuse o a pretendere ignoranza o incapacità. Reso sicuro dalla nostra sincera disponibilità, sarà felice di alimentarla chiarendo a noi (e a se stesso) quello che pensa.

Si daranno sempre dei casi, tuttavia, in cui, pur riuscendo a comprendere, grazie alla nostra capacità di empatia, le ragioni di nostro figlio e a comunicargli la nostra comprensione, non potremo onestamente associarci alla sua visione delle cose, o approvare la sua condotta. Ma se il bambino, o il ragazzo, è sicuro della nostra buona volontà, riuscirà anche ad accettare la nostra guida con uno stato d'animo positivo. Forse le nostre obiezioni non gli faranno piacere, ma non si sentirà sconfitto; e se, come è nostra speranza, modificherà le sue idee e la sua condotta, non lo farà per paura, ma per amore, non perché teme la nostra disapprovazione o un castigo, ma perché desidera conservarsi la nostra stima. È davvero incredibile come si sia pronti a fare qualunque sacrificio pur di meritarci il rispetto e la disponibilità delle persone che per noi sono importanti e che sappiamo essere in sintonia con il nostro modo di pensare e di sentire. Gli stessi sacrifici invece ci costano moltissimo, se vi ci sentiamo costretti da persone della cui buona volontà dubitiamo. Nel primo caso è un piacere e dunque di solito ci viene bene, nel secondo è al massimo un dovere spiacevole, e il più delle volte ci riesce a metà.

Visto che è così difficile evitare le situazioni che possono provocare in risposta un "Non lo so", è molto meglio non interrogare mai un bambino o un ragazzo sulle sue ragioni. Anche ammesso che conosca le proprie motivazioni, è sempre preferibile non domandargliele, perché, anche se da parte nostra non c'è l'intenzione di criticarlo, lui potrebbe credere altrimenti. Il fatto è che, nell'esperienza di quasi tutti i bambini e i ragazzi, è raro che gli si chieda di dare spiegazioni circa un comportamento che approviamo pienamente. Per esempio, non è nelle nostre abitudini chiedere a nostro figlio: "Perché hai studiato così tanto per prendere quei bellissimi voti a scuola?" Gli domandiamo: "Perché non hai fatto i compiti?" e non: "Perché sei venuto a fare i compiti quando ti stavi divertendo così tanto a giocare con i tuoi amici?" Raramente, per non dire mai, chiediamo: "Perché sei così gentile con tuo fratello?" o: "Perché hai messo in ordine così bene la tua stanza?" Saremo anche prodighi di lodi con nostro figlio quando si comporta bene, ma è improbabile che ci venga in mente di domandargliene le motivazioni (benché esse possano essere altrettanto complesse e persino altrettanto preoccupanti di quelle che sottendono a una cattiva condotta). I nostri figli, dunque, sanno bene che nei nostri "Perché?" è implicita una sfumatura di disapprovazione.

Imparare a mentire

Neppure quando un bambino è così sicuro di sé o così certo di essere nel giusto da essere in grado di spiegare le sue ragioni, le cose vanno sempre lisce. Supponiamo che nostro figlio abbia picchiato un compagno; noi gli chiediamo perché l'ha fatto, e lui in tutta sincerità ci risponde che l'altro se lo meritava: "L'ha voluto lui." Se lo interroghiamo più a fondo, ci spiegherà che l'altro lo ha fatto arrabbiare, l'ha provocato.

A questo punto molti genitori reagiranno dicendo che non

bisogna lasciarsi provocare (benché essi stessi possano a volte trovare difficile mettere in pratica questa massima), o che arrabbiarsi non è un motivo sufficiente per mettersi a menare le mani. In ogni società civile, la violenza fisica va evitata il più possibile. Ma quello che è possibile per un adulto supera spesso la capacità di autocontrollo di un bambino, perché è diverso il grado di maturità, la misura in cui riesce a padroneggiare gli impulsi. Quando i genitori se ne escono con massime di questo genere, tutto quello che il bambino ricava da questa esperienza è che suo padre o sua madre non lo capiscono; ma può anche concluderne: "Quando gli dico sinceramente perché ho fatto una certa cosa, l'unica ricompensa che me ne viene in cambio è sentirmi dire che ho torto!" È sorprendente quante esperienze di questo genere collezioni in pochi anni di vita un bambino normale: e ogni volta impara che la conseguenza della sua sincerità è essere criticato dalla persona per lui più importante. Se tale è stata l'esperienza del bambino, gli sarà difficile resistere alla tentazione di ricamare sui fatti, per renderceli più appetibili, essendo convinto che non si può permettere di dirci la verità nuda e cruda.

Una delle spiegazioni che i bambini più comunemente danno per aver picchiato un compagno è: "È stato lui a cominciare!" Non si tratta del tentativo di scaricare sull'altro la colpa (come alcuni genitori potrebbero pensare), bensì di una descrizione veritiera della situazione psicologica che si è creata: il comportamento dell'altro ha provocato una tale marea di emozioni molto intense, che la capacità di controllarsi ne è stata sopraffatta. Il genitore, che ha potuto notare come l'altro bambino non abbia picchiato per primo, dirà probabilmente "Non è vero!", intendendo che l'altro non gli ha dato motivo di rispondere con le botte; ma dal punto di vista del bambino motivi ce n'erano in abbondanza. Può anche darsi che un adulto riesca in genere a mettere in pratica il principio della non-violenza, ma ci sembra realistico aspettarsi il medesimo autocontrollo da parte di un bambino?

Il problema, in questo e in molti altri casi, è che il genitore, avendo valutato la situazione dal proprio punto di vista e stabilito come reagirebbe lui, si aspetta chissà come che lo stesso faccia suo figlio. Ma il bambino è molto più sensibile alle proprie emozioni e molto meno capace di controllare i propri impulsi. Persino il codice penale prende in considerazione l'attenuante della diminuita capacità di autocontrollo, e non dovremmo farlo noi, che siamo dei genitori, invece di pretendere che i nostri figli mostrino una padronanza di sé superiore alla loro età?

Se partiamo dalla convinzione che le azioni dei bambini

hanno sempre i loro buoni motivi, daremo per scontato che, se nostro figlio ha picchiato un compagno, deve aver ricevuto una provocazione così grave che, a suo modo di vedere, la violenza fisica costituiva l'unica risposta appropriata. Se questo, dunque, è il nostro assunto, non abbiamo bisogno di chiedergli "Perché l'hai picchiato?", perché la risposta la sappiamo già. Quello che ancora non sappiamo è quale sia stata la provocazione, ma per saperlo ci basta formulare una domanda nel modo adatto, con tutta la simpatia del caso per questo nostro figlio, che si è sentito così offeso da pensare che una rappresaglia fisica fosse l'unica risposta possibile: "Che brutto che ti abbia fatto arrabbiare così! Cosa mai ti ha fatto?" Il bambino allora avvertirà che siamo dalla sua parte e si sentirà sicuro che noi capiamo come la situazione non gli consentisse di agire altrimenti. E non avrà motivo di non raccontarci la storia esattamente come l'ha vissuta lui. In tal modo non si crea alcun blocco tra noi e lui, e rimane solo il problema di fargli intravedere un'alternativa, una risposta più costruttiva alle provocazioni. Se crediamo nella bontà di fondo di nostro figlio, ci verrà naturale aspettare che gli sia sbollita la collera per spiegargli i lati negativi del ricorso all'aggressione fisica e i vantaggi dell'autocontrollo. Quando non è più in preda a una violenta emozione, il bambino è in grado di darci ascolto e di assimilare quello che gli diciamo.

È neccessario aggiungere che non riusciremo mai a convincere nostro figlio della desiderabilità di non ricorrere all'aggressione fisica, se noi stessi siamo abituati a ricorrere alle punizioni corporali? In tal caso, l'unica cosa che nostro figlio assimilerà è che la violenza fisica va benissimo se si è più forti dell'altro o se la si usa per quella che consideriamo una giusta causa. Siccome i bambini sono sempre convinti che la loro causa sia giusta, i nostri figli impareranno a non picchiare i compagni solo se noi gli diamo il buon esempio, evitando sempre di usare la violenza fisica nei loro confronti, anche quando ci sembra che ce ne diano validi motivi. E questo ci porta ad affrontare il problema della disciplina e delle punizioni.

9. La disciplina

> I bambini hanno bisogno di modelli più che di critici.
>
> JOSEPH JOUBERT, *Pensées*, 1842

Molti genitori si preoccupano, giustamente, di dare una buona educazione ai loro figli: di istillare in loro il senso della responsabilità e di insegnargli a essere ubbidienti e disciplinati nelle loro azioni e reazioni. Si pongono, cioè, il problema della disciplina, il che è molto comprensibile, data la sua diffusa mancanza nella nostra società, soprattutto tra i giovani. Le teorie al riguardo sono oggi spesso contrastanti e l'idea stessa di disciplina sembra incontrare meno favore di un tempo. Nella grande maggioranza, i genitori che si sono rivolti a me per sapere come ottenere dai figli la disciplina, in realtà volevano sapere la mia opinione sull'opportunità delle punizioni, su come e quando darle, con particolare riferimento alle punizioni corporali. Quei genitori, sinceramente desiderosi di educare nel modo giusto i figli e di ottenere la loro ubbidienza nei modi più consoni, avevano però trascurato di considerare il vero significato della parola disciplina. Se avessero consultato il dizionario, avrebbero scoperto che l'associazione con castighi e punizioni è solo secondaria. L'*Oxford English Dictionary* riporta le seguenti definizioni: "1. Istruzione impartita ad adepti o discepoli; insegnamento, studio, educazione. 2. Materia d'insegnamento e di studio; branca del sapere. 3. Addestramento di discepoli e subalterni alla corretta condotta attraverso l'ammaestramento e l'esercizio; addestramento mentale e morale. 4. Lo stato così raggiunto. 5. Obbedienza piena ai superiori da parte di persone sotto la tutela o il comando di questi / *part.*: obbedienza ottenuta con il ricorso a sanzioni, castighi o punizioni, anche corporali. 6. Il flagello usato dagli asceti per percuotersi / *estens.* penitenza, castigo." L'uso americano non è molto diverso, come si ricava dalle definizioni del *Webster's New World Dictionary*: "1. Branca del sapere, materia di studio. 2. a) Addestramento volto a sviluppare l'autocontrollo, il controllo o l'ordine e l'efficienza; b) rigido controllo volto a ottenere l'obbedienza. 3. Il risultato di detto addestramento o controllo / *part.* a) autocontrollo o condotta ordinata. 4. Sistema di norme che regolano la vita di una collettività, per esempio di un ordine monastico. 5. Trattamento che corregge o punisce."

Mi sono dilungato nel citare queste definizioni perché dimostrano come la connotazione di obbedienza imposta con castighi o punizioni, benché sia presente, non costituisca l'accezione principale della parola. È anche interessante notare come l'uso americano, a confronto di quello inglese, sottolinei l'autocontrollo: e questo è ciò che sembra stare maggiormente a cuore ai genitori americani. Il loro problema è dunque come insegnare ai figli a sviluppare un sano autocontrollo, ma, dato che l'accenno alle punizioni compare solo nell'ultima definizione e come suddivisione accessoria, sembra lecito dubitare che le punizioni "anche corporali" rappresentino un metodo adatto per insegnare la disciplina in generale.

La prima definizione dell'*Oxford* che dice trattarsi di un'istruzione impartita a "discepoli", si rifà al significato etimologico della parola "disciplina": "disciplina" e "discepolo" derivano dalla medesima radice latina: da *discere*, imparare. Per la maggior parte di noi, inoltre, la parola "discepoli" richiama alla mente i discepoli di Cristo, che lo amarono e ammirarono tanto, e furono così colpiti dalla sua persona, dalla sua vita e dai suoi insegnamenti che cercarono di seguire il suo esempio meglio che poterono. La loro più profonda aspirazione era di imitarlo, non solo perché credevano nelle sue parole, ma perché lo amavano e ne erano amati. Senza quel reciproco amore, l'insegnamento e l'esempio del Maestro, per convincenti che fossero, non sarebbero mai riusciti a operare un cambiamento così radicale nella vita e nelle idee dei discepoli. La loro storia testimonia del potere dell'amore e dell'ammirazione nell'ispirarci a immettere nella nostra vita e nella nostra condotta i valori e le idee di un altro essere umano. Reciprocamente, l'insegnamento, l'esempio e l'amore reciproco hanno, insieme, il potere di impedirci di andare contro i valori dell'altro. Partendo da questo tipo di ragionamento, risulterà evidente quale possa essere il metodo più efficace per istillare nei nostri figli i valori che ci stanno a cuore nonché l'autodisciplina necessaria ad attuarli.

L'idea di discepolato non implica soltanto l'acquisizione di doti e abilità particolari, bensì l'apprenderle da un maestro sulla cui immagine desideriamo modellarci perché ne ammiriamo la vita e le opere. Questo comporta di norma un contatto personale intimo e continuativo, in cui la personalità dell'uno si forma per la forza della presenza dell'altro. Si direbbe dunque che il modo migliore e più facile per diventare maestri in una disciplina sia quello di essere stati a propria volta discepoli di qualcuno che ne fosse un vero maestro. Se questo è il significato di "discepolo" e di "disciplina", come può venire in mente che la disciplina si possa *imporre* o inculcare *a forza* nelle persone? Nessuna disciplina degna di essere acquisita può essere inculcata; anzi l'idea stessa di forza è estranea e contraria all'idea di discepolato. In realtà, il modo migliore, anzi forse l'unico modo, per diventare persone "disciplinate" è di emulare l'esempio di qualcuno che si ammira, e non già di venire istruiti verbalmente (che può essere al massimo un mezzo complementare) né tanto meno di esservi indotti con le minacce. Se poi ci sentiamo il discepolo prediletto (o uno dei discepoli prediletti) del maestro, siamo ancora più motivati a plasmarci a sua immagine e somiglianza, in altre parole a identificarci con lui.

Quanto più il bambino è piccolo, tanto più ammira i suoi genitori. In realtà, non può fare altrimenti, perché, per sentirsi al sicuro, ha bisogno di credere nella loro perfezione. A immagine di chi potrebbe formare la sua personalità, se non delle persone che gli fanno da padre e da madre? Chi altri, infatti, gli è più vicino, ed è più importante per lui? E, se le cose vanno come dovrebbero, chi altri lo ama di più, lo protegge e lo accudisce meglio dei suoi genitori? Ogni bambino ha bisogno di credere di essere il prediletto del babbo e della mamma, e il timore di non esserlo sta alla base della rivalità tra fratelli, la cui intensità è una misura dell'intensità di questo tipo di angoscia. Come è naturale, succede effettivamente che i genitori preferiscano un figlio su tutti gli altri, anche se a volte cercano di convincersi di amarli tutti allo stesso modo. Ma questo significherebbe negare le differenze individuali: i bambini non sono tutti uguali, e quindi non possono essere amati nello stesso modo dalla stessa persona. Ciascun genitore può amare molto ognuno dei suoi figli, e di solito è così, ma amerà ciascuno in modo diverso, per ragioni diverse, che lo riguardano. Il più delle volte si preferisce un figlio a una certa età, e un altro ad un'altra età, a seconda delle fasi di sviluppo che ciascuno di essi attraversa, provocando in noi risposte emotive diverse. Tutti i bambini soffrono quando si accorgono di non essere i figli prediletti. Ma se si danno sufficienti occasioni in cui il bambino sente, con ragione, di essere il preferito, questo gli basta per alimentare la convinzione di esserlo sempre, o quasi sempre; per nostra fortuna, in questa come in molte altre situazioni, il desiderio è padre del pensiero, e il pensiero padre della fede. S'intende che la cosa funziona solo se il desiderio del bambino di essere se non il preferito in assoluto almeno uno dei preferiti del padre o della madre non viene deluso troppo frequentemente e troppo gravemente.

Via via che il bambino cresce, la sua ammirazione per i genitori non sarà più così cieca e assoluta; a confronto della cerchia sempre più ampia delle sue conoscenze, i genitori incominceranno a sembrare un po' meno perfetti. Tuttavia, il desiderio di esserne il preferito continuerà a mantenere intatta tutta la sua forza (anche se ora potrà estendersi ai maestri o a qualche amico), giacché il primitivo bisogno di ammirare i genitori incondizionatamente era talmente intenso e profondamente radicato da continuare ad agire nell'inconscio per lungo tempo ancora, di norma fino al raggiungimento della maturità, o anche oltre.

Dunque, fortunatamente, nella maggior parte delle famiglie il desiderio del bambino di farsi discepolo dei propri genitori, di amarli e ammirarli, di emularli se non in tutto negli aspetti più importanti, trova naturalmente una solida base; tale desiderio esiste, se non nella coscienza, certamente nell'inconscio del bambino. Ma tutti sappiamo di famiglie in cui questo non avviene, in cui i genitori hanno scarsa simpatia per uno dei figli, ne sono delusi, oppure non si comportano con lui in modo da ispirare il suo amore e la sua ammirazione. Persino in questi casi, tuttavia, il bambino che non ammira i suoi genitori e non prova il desiderio di emularli può sempre trovare qualche altra persona a cui ispirarsi e sulla cui immagine formare la propria personalità.

Questo processo, infatti, è la conseguenza naturale dello stato di dipendenza del bambino piccolo, del suo bisogno di essere accudito da qualcuno che sia abbastanza forte da dargli sicurezza, bisogno che perdura finché egli stesso non ha raggiunto la maturità. Il rischio, qui, è che il bambino che non ha avuto modo di acquisire precocemente l'autocontrollo attraverso l'emulazione dei genitori ed è diventato un adolescente indisciplinato continui a essere mosso dal bisogno di un maestro da emulare e ne trovi ora uno a sua volta incapace di disciplina. È il caso dei ragazzi delinquenti, che subiscono il fascino del capobanda, lo ammirano e ne emulano il comportamento asociale, con conseguenze disastrose per sé e per la società. La disciplina con la quale i membri delle bande giovanili perseguono gli scopi del gruppo e ubbidiscono al capo costituisce un'altra riprova del bisogno dei giovani di legarsi a qualcuno che ammirano, anche se la loro ammirazione è dovuta a ragioni che alla maggior parte di noi parrebbero sbagliate. Probabilmente, a un qualche oscuro livello, il ragazzo se ne rende conto, ma il bisogno di legarsi a qualcuno che ammira, che sembra offrirgli in cambio accettazione e sicurezza, è così forte da coprire la voce della ragione.

Sta dunque al genitore sfruttare il bisogno di attaccamento del bambino, per stimolare l'autocontrollo nelle situazioni concrete e, ancora più importante, per far nascere in lui l'impegno duraturo a essere, o comunque a diventare, un essere umano capace di disciplina. L'autodisciplina non si conquista facilmente, neppure quando il bambino ammira i suoi genitori, li ama, e, sentendosi amato da loro, desidera essere come loro. Non è un'impresa facile, perché molti genitori mancano a loro volta di autodisciplina, e perciò non possono fornire al figlio un'immagine chiara, sotto questo profilo, da emulare. Inoltre, molti genitori cercano di insegnare ai figli l'autocontrollo con sistemi che provocano la loro resistenza, anziché suscitare in loro il piacere di imparare.

Esiste poi un'altra difficoltà: i bambini tendono a rispondere più prontamente, in senso sia positivo sia negativo, quando avvertono la forza del coinvolgimento emotivo del genitore; ma l'autodisciplina preclude di norma l'effusione delle emozioni, anche quando queste sono intense. È quando il genitore *perde* il controllo che i bambini ne vengono più impressionati, perché allora ricevono segnali più intensi. Il paradosso sta appunto nel fatto che l'insegnamento dell'autocontrollo richiede grande pazienza da parte del maestro, ma la pazienza è una virtù poco vistosa e non fa quella profonda e immediata impressione che si ottiene invece quando la si perde. Occorre un numero si direbbe infinito di esempi di autocontrollo e di pazienza da parte del genitore per insegnare e fare interiorizzare ai bambini i valori di questo tipo di comportamento.

L'acquisizione dell'autodisciplina è un processo continuo ma molto lento, fatto di tanti piccoli passi avanti e di ancor più numerosi passi indietro, un processo così protratto nel tempo che, a considerarlo retrospettivamente, pare quasi insignificante, qualcosa di "naturale", di abbastanza indolore. Avendo dimenticato quanto fosse difficile conquistare l'autodisciplina, noi genitori tendiamo a essere impazienti con i nostri figli, che non l'imparano subito. Dimentichiamo anche quanto fosse potente, ai nostri tempi, come motivazione, la paura dell'inferno e della dannazione eterna, e ci aspettiamo che i nostri figli, privi di questo tipo di pungolo, l'acquisiscano ugualmente.

Se solo riuscissimo a ricordare le lotte che abbiamo dovuto combattere con noi stessi, e quante volte siamo stati indisciplinati, e che fatica è stata per noi da bambini riuscire a controllarci; quanto ci siamo sentiti prevaricati, se non violentati, quando i nostri genitori ci obbligavano ad avere un comportamento disciplinato contro la nostra volontà: se solo riuscissimo a ricordarci di tutto questo, le cose andrebbero molto meglio tra noi e i nostri figli. Uno dei più grandi maestri dell'umanità, Goethe, ci rammenta come solo la capacità di ricordare i nostri giorni scatenati ci consenta di sopportare la condotta scatenata dei nostri figli. Uno dei suoi epigrammi più famosi dice: "Dimmi, come fai a sopportare l'arrogante condotta esasperante della gioventù?" / "Non avessi anch'io, più d'una volta, tenuto una condotta insopportabile. / Sarebbe insopportabile davvero, la gioventù." ("*Sag nur wie Trägst du so behaglich / Der tollen Jugen anmassliches Wesen?" / "Fürwahr sie wären unerträglich, / Wär ich nicht auch unerträglich gewesen.*") Goethe poteva dirlo tranquillamente, cogliendone il lato umoristico, perché possedeva la vera sicurezza interiore che consente di capire, sorridendone, l'altrimenti "insopportabile" comportamento dei giovani. Il medesimo senso di sicurezza interiore gli consentiva di ricordare serenamente quanto fosse stato difficile, insopportabile appunto, lui stesso da giovane; che è una cosa che molti di noi sarebbero tentati di dimenticare, quando già il nostro amor proprio non ce l'abbia fatta rimuovere o negare.

Invece, anche noi dovremmo ricordare quanto eravamo disubbidienti e difficili a volte da bambini, e come ci offendeva il fatto che i nostri genitori non fossero pazienti e comprensivi. Se ci riuscissimo, avremmo molta più pazienza e comprensione verso i nostri figli quando non riescono a controllarsi; e non perderemmo di vista il fatto che l'autodisciplina si conquista solo molto lentamente e vincendo resistenze interiori spesso molto forti.

Nonostante tutte le difficoltà e gli ostacoli che si incontrano, è logico che tocchi essenzialmente ai genitori insegnare la disciplina, giacché questo tipo di apprendimento deve iniziare a un'età tanto precoce e continuare così lungo. Ma i genitori, se se ne assumono di buon grado la responsabilità, hanno qualche resistenza ad accettare la necessità di insegnare la disciplina con l'esempio. C'è persino il detto, "Fa' come dico, non come faccio", e noi non vogliamo convincerci che con i bambini non funziona. Che ubbidiscano o meno ai nostri ordini, dentro di loro reagiscono più alla propria percezione del nostro carattere e della nostra condotta che ai nostri comandi. I nostri figli si formano appunto attraverso le loro reazioni nei nostri confronti: più ci amano, più ci imitano e interiorizzano i nostri valori, non solo quelli che professiamo coscientemente, ma anche quelli di cui noi personalmente non siamo consapevoli e che tuttavia influenzano il nostro modo di agire. Meno ci amano e ci ammirano, più la loro personalità si forma in base a reazioni negative nei nostri confronti.

Uno studio condotto in Svezia e pubblicato nel 1973 dimostrò in modo convincente come gli adulti capaci di autodisciplina, che mettono in pratica i valori in cui credono, non abbiano quasi bisogno di insegnare a parole l'autocontrollo ai figli. Al contrario, i genitori che richiamano continuamente i figli alla disciplina, ma non sono capaci a loro volta di controllarsi, non ottengono alcun risultato. Le autorità svedesi erano allarmate per il fallimento del loro sistema sociale, che offre ai cittadini la sicurezza economica praticamente dalla culla alla tomba, nel conseguire una delle sue finalità principali, l'eliminazione dei conflitti sociali. Nonostante tutti gli sforzi dello Stato, l'alcolismo giovanile, la tossicodipendenza, il teppismo, la delinquenza e la criminalità mostravano lo stesso tasso di crescita che negli Stati Uniti, pur rimanendo in assoluto meno gravi. Il governo decise allora di finanziare una ricerca sui giovani, per capire le ragioni di questo fenomeno. L'ipotesi era che i ragazzi i cui genitori mostravano scarsa autodisciplina e tendenze asociali avrebbero presentato tendenze analoghe e sarebbero stati inclini alla delinquenza. Ma questo non spiegava come mai anche nelle famiglie della buona borghesia dove i comportamenti asociali non facevano parte dell'ambiente, si trovassero giovani che diventavano delinquenti, accanto ad altri che non creavano problemi. La ricerca dimostrò che né l'ambiente economico né la classe sociale esercitavano un'influenza statisticamente significativa sul comportamento giovanile: il fattore decisivo nel determinare le probabilità che un giovane diventasse asociale o meno era l'atmosfera psicologica ed emotiva che regnava in famiglia.

I genitori che più chiaramente erano riusciti a educare figli responsabili e ben adattati erano a loro volta persone responsabili, rette e capaci di autodisciplina, esempi viventi dei valori che professavano. Erano inoltre disposti a farsi mettere in discussione dai figli e non sentivano il bisogno di imporre loro i propri valori, perché avevano implicitamente fiducia che sarebbero comunque diventati persone decenti. Ed effettivamente, anche quando, nell'ambito della ricerca, vennero esposti all'influenza di cattive compagnie, questi ragazzi dimostrarono di avere interiorizzato i valori familiari abbastanza saldamente da non correre un reale pericolo. Se la curiosità li induceva a partecipare alle attività delinquenziali di loro coetanei o a provare la droga, si trattava sempre di esperimenti di breve durata, di episodi sporadici che non lasciavano conseguenze. Era come se le attività delinquenziali o comunque antisociali di quei gruppi non li attraessero e non li interessassero: evidentemente non rispondevano ai loro bisogni. Lo stesso valeva per i loro coetanei asociali: quando si fece in modo che i giovani delinquenti o partecipi della cultura della droga frequentassero esclusivamente coetanei "per bene", non si ottennero miglioramenti significativi: quei giovani non rinunciarono neppure temporaneamente alla loro condotta asociale.

Un altro dato interessante della ricerca fu che i ragazzi con problemi non provenivano necessariamente dalle famiglie che si è solito definire "disorganizzate", né avevano genitori vistosamente asociali (questi casi, anzi, non furono presi in considerazione dalla ricerca). Si trovò, invece, che i genitori di questi ragazzi asociali avevano rapporti difficili a causa di conflitti di valore o, più spesso, di incoerenza: non vivevano cioè secondo i valori che professavano e che cercavano di inculcare nei figli a parole o con le punizioni. I figli non avevano avuto modo di interiorizzare i valori dei genitori appunto perché si erano identificati con l'incoerenza morale di cui i genitori erano un esempio. Di fronte alla pretesa che si dimostrassero capaci di un'autodisciplina che i genitori non possedevano, questi ragazzi avevano finito per esserne ancora meno in grado.

Ricerche successive rivelarono che, per quanto riguardava la capacità dei ragazzi di resistere ai propri impulsi asociali, non aveva importanza quali fossero in concreto i valori professati dai genitori, se questi fossero, cioè, persone di idee conservatrici o progressiste, se fossero severi o permissivi. Ciò che contava era la loro fedeltà ai valori professati e insegnati ai figli.

I risultati di queste ricerche, del resto, non dovrebbero sorprendere, considerato che, come tutti sappiamo, il miglior criterio predittivo del rendimento scolastico di un bambino è il livello di scolarità dei suoi genitori. Se la capacità di apprendimento dei genitori ha una tale influenza su quella dei figli, non stupisce che lo stesso valga, *mutatis mutandis*, per la capacità di disciplina, visto che apprendimento e disciplina sono concetti strettamente collegati, come risulta dall'etimologia e dalla definizione dei due termini. Per quel che riguarda l'apprendimento, è stato dimostrato come a volte il rifiuto inconscio dei valori dei genitori possa indurre nel bambino il rifiuto dello studio, quasi a infliggere una sconfitta ai genitori, che su tutti gli altri fronti l'hanno vinta sul figlio. Lo stesso vale probabilmente per la disciplina: può darsi che il bambino si rifiuti di emulare l'esempio dei genitori perché questi sono troppo esigenti. In tal caso, tutto dipenderà da come i genitori reagiscono al temporaneo rifiuto da parte del bambino di un modello che egli vive come troppo difficile da imitare. Quanto sia comunque vincolante per i figli l'atteggiamento dei genitori è dimostrato dal seguente episodio: un bambino, americano, di nove anni sbottò a dire al padre, in uno scoppio di collera: "Lo so perché lavori tanto: perché vuoi dare il buon esempio ai tuoi figli!" Il padre ne rimase sorpreso; non ci aveva mai pensato in questi termini: metteva semplicemente in pratica i suoi principi, che gli imponevano di svolgere bene il suo lavoro e dedicare le sue energie a una causa che riteneva degna. Eppure la forza del suo esempio si faceva sentire comunque, e suo figlio non poteva fare a meno di seguirlo, di impegnarsi più di quanto avrebbe voluto, e di sentirsi in colpa quando non ci riusciva. Cioè, nel momento stesso in cui si ribellava all'esempio del padre, lo stava interiorizzando.

L'ingenua osservazione di quel ragazzino è molto rivelatrice. Assumendo l'idea che suo padre agisse soltanto per dare il buon esempio ai figli, il bambino sperava di eliminare la necessità di fare propri i valori del padre e di potere in tal modo esimersi dal comportarsi con altrettanta autodisciplina. Fortunatamente il padre se ne rese conto e poté rassicurare il figlio che, lungi dal volersi porre come modello, e ben sapendo quanto fosse difficile a volte mettere in pratica i propri principi, era sua speranza che il figlio, che era ancora giovane, riuscisse invece a prendere le cose con maggiore leggerezza e non si dedicasse al lavoro al punto da non avere più l'energia per godere delle gioie della vita. Aggiunse che lui stesso non era sempre stato così dedito al lavoro, finché non aveva trovato un'attività interessante e ricca di significato, e anzi da giovane gli piaceva divertirsi. Il ragazzino fece tesoro delle parole del padre e divenne meno esigente con se stesso, ma, crescendo, si fece sempre più rigoroso e autodisciplinato. Senza essere obbligato a identificarsi con lo stile di vita paterno, alla fine fece ugualmente propri i suoi valori. Probabilmente, se avessero preteso che a nove anni si mostrasse coscienzioso come un uomo di trenta, i risultati sarebbero stati meno positivi.

L'influenza dei genitori sui figli è più potente quando essi agiscono in modo spontaneo, senza preoccuparsi di fare effetto; il rispetto di sé costituisce un esempio così trascinante che il bambino non può fare altro che desiderare di seguirlo. Il genitore che ha rispetto per la persona che è non ha bisogno di puntellarlo esigendo il rispetto dei figli. Essendo intimamente sicuro di sé, non penserà che la sua autorità venga messa in pericolo se suo figlio qualche volta gli manca di rispetto, come tendono a fare a volte i bambini, soprattutto da piccoli. Sa che, quando succede, è per la naturale immaturità di giudizio del bambino, che il tempo e l'esperienza finiranno per correggere. Al contrario, la pretesa di essere rispettato rivela al bambino l'insicurezza del genitore, che evidentemente non è convinto che il rispetto possa venirgli offerto spontaneamente. Le cose che si pretendono ci vengono date di malavoglia, se pure ci vengono date, e le pretese vengono sempre vissute, coscientemente o inconsciamente, come il portato di un'intima insicurezza. Chi mai vorrebbe assomigliare a una persona così insicura? Purtroppo, però, i figli di genitori insicuri finiscono per diventare adulti insicuri: anche se non interiorizzano il loro atteggiamento e non desiderano adottarlo, in questo caso è l'assenza di un modello positivo di sicurezza interiore a far sì che anche i figli diventino delle persone insicure.

Ogni volta che un genitore predica principi che non sa mettere in pratica, la lezione cade nel vuoto, nel senso che non viene generalizzata ed estesa al di là del caso specifico. Nell'educazione, i risultati migliori si ottengono non già con le prediche e il calcolo, bensì vivendo secondo i propri principi perché così ci viene di fare.

A introduzione di questo capitolo abbiamo apposto l'osservazione del moralista francese Joubert, secondo la quale i bambini hanno bisogno di modelli più che di critici: evidentemente allora, come oggi, i genitori erano più pronti a criticare e a fare prediche che a fidarsi della propria efficacia come modelli per i figli. È vero che a breve termine si otterranno forse risultati più vistosi con le prediche e i castighi, ma, a paragone con quello che si può ottenere con l'esempio, gli effetti sono di breve durata.

Va detto, inoltre, che, muovendo delle critiche a un bambino, nonché imponendogli quello che deve fare, si riduce il suo rispetto di sé, perché si richiama la sua attenzione sulle sue carenze. Allora, anche se ubbidisce, in realtà non ha imparato nulla di utile, perché non viene incoraggiata la formazione di una personalità autonoma. I principi, gli assunti sui quali si basa la sua condotta, si modificheranno solo se e quando si renderà conto da solo che il cambiamento gli servirà a conseguire quello che più profondamente desidera: il rispetto di sé.

Vivere secondo le regole e la disciplina imposte da altri rende superfluo l'autocontrollo. Quando gli aspetti più importanti della sua vita e della sua condotta vengono regolamentati da altri, il bambino non vedrà la necessità di imparare a controllarsi, perché già lo fanno gli altri per lui. D'altro canto, non può imparare a controllarsi finché non è abbastanza maturo da capire perché sia necessario e vantaggioso impararlo. Le punizioni possono farci ubbidire agli ordini che ci vengono impartiti, ma, nella migliore delle ipotesi, ci insegneranno solo l'ubbidienza all'autorità, e non un autocontrollo che accresca il rispetto di noi stessi. Solo dopo aver raggiunto l'età in cui si è in grado di decidere da soli è possibile imparare a controllarci; e, per presto che questo avvenga, non potrà mai essere prima che si sia capaci di ragionare autonomamente, giacché l'autocontrollo si basa sul desiderio di mettere in pratica decisioni a cui si è arrivati per libera scelta.

Può essere istruttivo confrontare il diverso modo in cui i genitori insegnano la disciplina in Giappone e nel mondo occidentale: nella nostra cultura la disciplina viene insegnata attraverso una serie di ingiunzioni o proibizioni dei genitori, in Giappone facendo ragionare i figli. Lo rileva una ricerca condotta in questi anni per scoprire come mai i ragazzi giapponesi abbiano un rendimento scolastico superiore a quello dei ragazzi americani. Il confronto dei metodi e dei materiali didattici non sembrò fornire una spiegazione convincente, ma, quando i ricercatori rivolsero l'attenzione al problema della disciplina, emersero differenze culturali di fondo, che sembrano spiegare le differenze di rendimento scolastico. Quando, per esempio, al supermercato i bambini occidentali si mettono a scorrazzare e a toccare le merci, le loro madri dicono, o meglio urlano: "Smettila!", "Non toccare!" o "Ti ho raccomandato di non comportarti così!" Normalmente, invece, la madre giapponese si astiene completamente dal dire al figlio che cosa deve fare; ma gli domanda: "Che cosa penserà il padrone a vederti scorrazzare così nel suo negozio?" oppure "Come credi che mi senta, io, quando fai così?"

Analogamente, la madre occidentale dirà al figlio di mangiare una certa cosa, al massimo spiegandogli che la deve mangiare perché gli fa bene, mentre la madre giapponese chiederà al figlio: "Che cosa penserà il contadino che ha coltivato questa verdura per te, se tu non la vuoi?", oppure "Come si sentiranno queste carote, che sono cresciute per te, vedendo che non le mangi?" Ecco dunque che fin da molto piccolo il bambino occidentale si sente dire quello che deve fare, mentre il bambino giapponese viene incoraggiato non solo a prendere in considerazione i sentimenti degli altri (un aspetto fondamentale del processo di socializzazione per i giapponesi, sul quale non ci soffermeremo perché da noi non assume particolare importanza), ma a riflettere su quello che fa, invece di ubbidire semplicemente agli ordini.

(Per ciò che riguarda il problema del rendimento scolastico, che costituiva il tema della ricerca citata, si potrebbe avanzare l'ipotesi che il fatto di acquisire molto precocemente l'abitudine alla riflessione autonoma torna di vantaggio al bambino giapponese più avanti, quando andrà a scuola, dove dovrà padroneggiare idee astratte. Al bambino americano, invece, non si chiede di basare le sue scelte e le sue azioni sulla riflessione personale; gli si chiede di fare quello che gli viene detto. Non solo, dunque, non viene incoraggiato a riflettere autonomamente su situázioni che i suoi genitori ritengono importanti; l'aspettativa che faccia quello che gli viene detto probabilmente sminuisce ai suoi occhi l'importanza dei suoi stessi processi di pensiero.)

La madre giapponese si aspetta che suo figlio sia in grado di arrivare da solo a una decisione positiva, però gli chiede anche di non metterla in imbarazzo, perdere la faccia essendo il male peggiore che, secondo la mentalità giapponese tradizionale, possa capitare a una persona. La domanda "Come credi che mi senta io (o il padrone del negozio) quando fai così?" sottintende che, comportandosi meglio, il bambino le rende (o rende al negoziante) un grandissimo favore. Sentirci chiedere di ragionare autonomamente e di agire in base alle nostre conclusioni, e nello stesso tempo sapere di poter rendere un grande favore a una persona importante, accresce il nostro rispetto di noi stessi, mentre sentirci comandare di fare il contrario di quello che vorremmo, lo distrugge.

Altrettanto importante per far sviluppare l'autodisciplina (e i giapponesi sono un popolo notoriamente disciplinato) è la pazienza con cui la madre giapponese aspetta che il figlio si decida. La sua pazienza non solo serve a dare l'esempio, sottintende anche la convinzione che, se gli si concede il tempo necessario, il bambino arriverà da solo a prendere la decisione giusta: e anche questo non può che accrescere il rispetto di sé del bambino.

Ebbi occasione di fermarmi per un lungo periodo in Giappone, e per tutta la durata del mio soggiorno non mi capitò mai di sentir sgridare un bambino né di vedere bambini piangere o azzuffarsi tra loro. Era uno spettacolo osservare come le madri insegnavano ai figli, per esempio, a togliersi le scarpe prima di entrare in una stanza: non vidi mai una madre ordinare al proprio bambino di farlo. Anzi, la madre non diceva una parola, aspettava solo pazientemente e in silenzio che il figlio si decidesse a farlo. A volte, è vero, gli faceva capire con un gesto che non poteva varcare la soglia della stanza, ma senza dire niente: l'atteggiamento di paziente attesa della madre era sufficiente. In una situazione analoga, quante madri occidentali avrebbero mostrato una simile pazienza, senza mettersi immediatamente a dare ordini? In un caso del genere, può darsi che il bambino ubbidisca, ma il risentimento affiorerà probabilmente più tardi, sotto forma di capricci. Il fatto è che il genitore che ha fretta non può che *imporre* la disciplina, mentre per *insegnarla* occorrono tempo e pazienza, nonché la fiducia che il bambino saprà da solo fare la cosa giusta.

In un'altra ricerca venne messo a confronto il modo in cui i genitori americani (ma i risultati si possono estendere anche ai genitori dell'Europa occidentale) si comportano quando vanno a ritirare i figli all'asilo, rispetto al comportamento di una madre giapponese. (Tra parentesi, la madre giapponese in questione aveva avuto modo di osservare per tutto un anno gli altri genitori, sua figlia essendo l'unica bambina non americana di quell'asilo.) Come arrivavano, i genitori americani infilavano il cappotto ai figli e se ne andavano: nonostante l'evidente desiderio dei bambini di attardarsi in classe, nel giro di pochi minuti erano scomparsi. La donna giapponese, invece, entrava in classe e si sedeva in silenzio, senza cercare di attirare l'attenzione della figlia. Dopo un po' la chiamava a bassa voce, ma senza fretta, come senza fretta era la bambina, che continuava tranquillamente le sue faccende. A volte il processo di lasciare l'asilo richiedeva un'ora buona, ma alla fine madre e figlia se ne andavano di ottimo umore.

Ecco una bambina che sapeva che i suoi bisogni sarebbero stati rispettati, che sua madre non avrebbe dato la priorità alla propria voglia di tornare a casa rispetto al bisogno della figlia di operare una lenta transizione dalla situazione dell'asilo a quella di casa. Inoltre sua madre le dava un'ottima dimostrazione di autocontrollo, ben diversa da quella che ricevevano gli altri bambini. Quell'esempio, più di qualunque altra cosa, le avrebbe insegnato il valore dell'autodisciplina.

Un simile connaturato rispetto per il graduale e lento sviluppo dell'autocontrollo nei bambini non costituisce peraltro un'esclusività della cultura giapponese. L'antropologa americana Ruth Benedict, per esempio, descrive la sua meraviglia nel vedere con quanta pazienza gli indiani d'America aspettano che i loro bambini si decidano a svolgere, prendendosi tutto il tempo necessario, gli incarichi loro assegnati. E ammette che lei stessa riusciva a stento a trattenersi dal fare loro fretta, e una volta che aveva fatto il gesto di spronare un bambino, si sentì addosso una tale disapprovazione da parte degli astanti, che si vergognò di avere mostrato così poco rispetto per il bisogno del bambino di procedere lentamente, in modo da avere il tempo di convincersi che eseguiva l'incarico assegnatogli perché lo voleva lui, e non perché così gli era stato ordinato.

Ma gli americani sono sempre di fretta: fa parte della nostra cultura. Purtroppo, però, l'autocontrollo non si impara con la fretta, richiede tempi lunghi e molta pazienza. Noi facciamo fretta ai nostri figli praticamente da quando nascono. Uno studio condotto in un reparto maternità mise in luce come non si conceda neppure ai neonati il tempo di capire quello che vogliono. L'espressione più usata dalle madri era "Su dunque!", in varie combinazioni, spesso con una sfumatura di critica: "Su dunque, svegliati!" "Su dunque, devi berne più di trenta grammi!" "Su dunque, apri la bocca!" "Su dunque, fai il ruttino!" e anche "Su dunque, fai vedere alla signora!"

Dietro tutto questo spronare e fare fretta non c'è semplicemente l'impazienza della madre o la voglia di farla finita con la poppata; c'è l'intima convinzione che, se non lo si sprona o non lo si obbliga a fare quello che è giusto per lui, il lattante non vorrà farlo. Al contrario, dietro la pazienza delle madri giapponesi sta la convinzione che il bambino, essendo *il loro* bambino, a dargliene il tempo, finirà per far la cosa giusta: una convinzione che da un lato le rende meno ansiose circa il suo futuro, dall'altro induce il figlio a dimostrarsi all'altezza della loro buona opinione. I bambini americani, invece, risentono, nella grande maggioranza, dell'idea materna che, se non li si sprona e non gli si fa fretta, non faranno ciò che è bene per loro. Questa preoccupazione rende il bambino teso e poco incline a cooperare, il che non fa che aumentare la preoccupazione della madre, con effetti disastrosi per il loro rapporto.

Noi non possiamo copiare l'esempio dei giapponesi; la nostra cultura, la nostra storia, i nostri valori sono troppo distanti dai loro. Ma possiamo trarne ispirazione per capire l'importanza, nell'acquisizione dell'autocontrollo e della fiducia in se stessi, della fedeltà ai propri valori e della fiducia nella bontà dei propri figli da parte dei genitori. Sono la mancanza di fiducia da parte della madre e del padre, e soprattutto i loro dubbi sulla buona riuscita dei figli, a rendere così difficile a tanti bambini di avere fiducia in se stessi; eppure tale fiducia è la base indispensabile del rispetto per sé e per gli altri. I miei genitori non sbagliano, pensa il bambino, perciò, se non hanno fiducia in me, devono avere delle buone ragioni; devono avere scoperto in me qualche grave difetto di cui io non sono consapevole: basta questo per far dubitare di se stesso un bambino. È evidente come questo sia distruttivo per la fiducia e il rispetto di sé, sui quali soltanto può essere costruita l'autodisciplina. La vera autodisciplina si fonda sul rispetto che ci fa provare per noi stessi: ecco perché la mancanza di fiducia e di rispetto rende non solo difficile ma addirittura impossibile acquisirla.

Noi veniamo plasmati dalle emozioni che ci posseggono totalmente, e tali sono l'amore e l'ammirazione che il bambino piccolo prova per i suoi genitori. Le emozioni in sé non sono né buone né cattive, ma contengono potenzialmente sia il bene sia il male. Il bambino piccolo non sa distinguere tra ciò che è moralmente buono e ciò che è moralmente cattivo. Sa solo che certe situazioni lasciano una sensazione di benessere e altre no, che certe cose gli piacciono e altre non gli piacciono. Perciò, l'amore filiale lo induce a emulare i genitori, indipendentemente dalle loro qualità morali, a identificarsi con le loro virtù come con i loro difetti.

Per esempio, i figli di genitori alcolizzati, che li maltrattavano quando erano in stato di ebbrezza, tendono a diventarlo a loro volta, o a sposare degli alcolizzati. Probabilmente da piccoli, molto prima di essere in grado di collegare l'alcolismo con i maltrattamenti, avevano imparato ad ammirare il genitore per la sua forza e ad amarlo per il bene che ne emanava. L'identificazione con il genitore avviene a un'età tanto precoce e si radica così saldamente negli strati più profondi della personalità in via di sviluppo, che le esperienze successive la possono cancellare solo con grande difficoltà. Tale identificazione infantile continua a volte a motivare l'individuo anche da adulto, soprattutto quando è in preda a intense emozioni.

Come si può capire dall'esempio dei figli di alcolizzati, al genitore non è dato di imporre con quali aspetti della sua personalità dovrà identificarsi il figlio; nessun alcolista desidera certamente che i figli seguano le sue orme. Poiché non sappiamo con quali tratti della nostra personalità si identificherà nostro figlio, non ci resta che cercare di essere il più possibile coerenti con noi stessi, come insegna la ricerca condotta sui giovani svedesi. Naturalmente, poiché nessuno è perfetto, possiamo solo sperare che i tratti che *noi* riteniamo desiderabili siano palesemente dominanti nel nostro carattere; e non perché ci piacerebbe che nostro figlio li emulasse, come pensava di suo padre quel bambino di nove anni, bensì perché teniamo a essere, per noi stessi, il tipo di persona che possiede tali desiderabili caratteristiche. Se il nostro impegno e interesse a diventare quel tipo di persona è molto forte, quegli aspetti del carattere assumeranno rilievo e forza di attrazione, e quasi certamente nostro figlio si identificherà con essi. In seguito, quando sarà cresciuto, starà a lui giudicare quali caratteristiche dei suoi genitori considerare desiderabili o meno, e decidere quali fare proprie; ma queste scelte più mature si innestano su identificazioni precedenti, compiute molto prima dell'età della ragione. Possiamo capire, così, l'attrazione inconscia esercitata dall'alcolismo sui figli di genitori alcolizzati, che pure, da adulti, a livello di coscienza detestano l'alcolismo. Ma possiamo capire anche l'attrazione inconscia che l'autodisciplina dei genitori eserciterà sui loro figli, se avranno potuto identificarsi con quella caratteristica molto prima di essere in grado di apprezzarne consapevolmente il valore.

10. Perché le punizioni non funzionano

I castighi servono a ridurre al silenzio, non a confutare le idee.

Samuel Johnson, *Sermons*

C'è una differenza abissale tra l'acquisire l'autodisciplina attraverso l'identificazione con le persone che si ammirano, ed essere irreggimentati a forza, o addirittura con la violenza. Imporre la disciplina ai bambini tende a essere controproducente, se non addirittura nocivo ai fini che il genitore si propone. Quanto ai castighi, può darsi che trattengano il bambino dal fare quello che non dovrebbe, ma non gli insegnano l'autodisciplina; per fare questo esistono metodi certamente più efficaci. Il genitore che, lasciandosi trasportare dalle emozioni suscitate in lui dalla cattiva condotta del figlio, lo punisce, ci penserebbe due volte a farlo e non si sentirebbe più dalla parte della ragione, se invece di camuffare il suo gesto da metodo educativo, ammettesse con se stesso di essersi lasciato trascinare dall'emozione. In caso contrario, riuscirà forse a ingannare se stesso, ma non il figlio.

Quello che i bambini imparano dalle punizioni è che forza e diritto coincidono, quando saranno abbastanza grandi e forti, cercheranno di rifarsi; perciò tanti bambini "puniscono" i loro genitori comportandosi in un modo che sanno li addolora. Faremmo bene a non dimenticare le parole di Shakespeare: "Coloro che avendo il potere di fare del male non lo fanno... Giustamente ereditano le grazie celesti," e tra queste è certamente compresa la benedizione di essere amati e imitati dai propri figli.

Qualunque punizione, fisica o psicologica, ci pone contro la persona che ce l'ha inflitta. E a questo proposito non dobbiamo dimenticare che le ferite psicologiche possono fare più male e durare più a lungo di un dolore fisico. Ne costituisce un buon esempio il castigo, piuttosto comune un tempo per chi diceva le parolacce, di lavargli la bocca con il sapone. È un castigo che lascia un cattivo sapore in bocca, ma non è doloroso; l'umiliazione che infligge, è però enorme. Inconsciamente il bambino risponderà non solo al messaggio esplicito (quello che ha detto è inaccettabile), ma anche a quello implicito, e cioè che secondo i suoi genitori il suo intimo, simboleggiato dall'interno della bocca, è qualcosa di sporco e di cattivo: non solo ha detto delle brutte parole, lui stesso è brutto. Inoltre, questo castigo raramente serve a conseguire lo scopo dei genitori: "ripulire" il linguaggio del figlio; può darsi che cessi l'uso manifesto delle parolacce, ma l'uso nascosto, a livello di fantasie, continua. Il bambino avverte che suo padre o sua madre si preoccupano per il suo comportamento esteriore, ma non sembrano per nulla interessati alle ragioni che possono averlo indotto a dire parolacce. Cioè, agli occhi del figlio, al genitore sta a cuore soltanto quello che vuole lui, non quello che vuole il bambino; dunque, perché questi non dovrebbe a sua volta pensare ai suoi interessi, ignorando quelli del genitore?

Molti dei bambini che ho avuto in terapia mi hanno riferito di avere, in risposta al castigo del lavaggio della bocca col sapone, effettivamente smesso di pronunciare le parolacce ad alta voce, per ripetersele però di continuo dentro di sé, prorompendo in un torrente di oscenità alla minima frustrazione. Il loro atteggiamento si era fatto così ostile da non essere più capaci di stringere rapporti positivi, il che non faceva che aumentare la loro collera, ispirandoli a inventarsi epiteti ancora peggiori. Ci fu il caso particolarmente grave di un bambino, a cui la totale silenziosa concentrazione sulle espressioni oscene gli impediva qualunque contatto positivo e che finì per chiudersi nel mutismo più assoluto. Alla fine rivelò al suo terapeuta che a lavargli la bocca col sapone gli avevano lavato via le parole buone insieme con quelle cattive, e ora non gliene era rimasta *nessuna* per comunicare.

S'intende che ciascun bambino avrà una reazione diversa ai castighi, di qualunque tipo siano, a seconda del carattere e soprattutto a seconda del tipo di rapporto che ha con i genitori; ma nessun bambino può evitare di sentirsi umiliato dalle punizioni. Conosco una ragazzina che riuscì a vanificare i tentativi dei genitori di impedirle di dire parolacce facendo finta che non le importasse nulla se le lavavano la bocca col sapone. I genitori, spiazzati e sconfitti, ci rinunciarono. Ma ormai il danno al rapporto era stato fatto, perché la ragazzina, pur fingendo il contrario, in realtà si era sentita molto ferita. Ora disprezzava i genitori per essere ricorsi a un metodo così brutale, e il disprezzo, se pure neutralizzava il senso di umiliazione, aveva intaccato la sua capacità di amarli e di rispettarli.

Sono sicuro di avere usato anch'io a volte, da adolescente, un linguaggio osceno, ma dopo tanti anni ne ricordo un unico episodio. Non so più per quale motivo, una volta dissi qualcosa di offensivo a mia madre. Mia madre ne rimase scandalizzata e ferita, ma non disse né fece niente. Lo riferì però a mio padre, che ne fu visibilmente turbato. Mi prese in disparte e mi domandò in tono molto severo: "Mi vuoi costringere a punirti, per insegnarti a badare a come parli a tua madre?" Non aggiunse altro, ma le sue parole mi fecero una profonda impressione, molto di più, credo, di qualunque punizione. Era evidente che l'idea di essere costretto a punirmi addolorava mio padre, un uomo di indole gentile, e io mi angustiai, non per l'eventualità di una punizione (non si verificò mai), ma per avere turbato e addolorato mio padre fino a quel punto. Nonostante il suo turbamento, però, mio padre era riuscito a controllarsi; mi disse solo quella frase, e basta, non mi sgridò neppure. E questo ottenne lo scopo: mai dopo di quella volta dissi parolacce in presenza dei miei genitori. (In verità non ne ebbi mai motivo, ma non provavo il minimo ritegno a usare un linguaggio osceno con i miei coetanei.) La domanda di mio padre, un avvertimento più che una minaccia, fu sufficiente a farmi capire di avere sbagliato; ma poiché i miei genitori avevano saputo controllare l'irritazione nei miei confronti, mi resi conto che anch'io avrei dovuto fare altrettanto con loro. Un castigo non avrebbe sortito il medesimo effetto; probabilmente, anzi, avrebbe suscitato la mia ostilità. Infatti i bambini e i ragazzi, anche se sanno di avere torto, intuiscono che esistono modi migliori per correggerli che non il dolore fisico o psicologico. Quasi tutti i bambini reagiscono negativamente alle punizioni, e quanto più amano i loro genitori, tanto più si sentono offesi e delusi dalla mano che regge la frusta.

In genere si impara in fretta a evitare le situazioni che ci mettono in condizione di venire puniti: in questo senso si può dire che le punizioni siano efficaci. Tuttavia, come insegna la storia della criminalità, esse non costituiscono un deterrente adeguato per chi ritiene di poterla fare franca; cioè, il bambino che prima agiva apertamente, ora imparerà a fare le cose di nascosto, e più severamente verrà punito, più diventerà subdolo.

Inoltre, che provi o meno un reale rimorso, imparerà a mostrarsi pentito quando gli adulti si aspettano che lo sia, anche se forse gli dispiace solo di essere stato scoperto, o di dover "sentire la solita solfa". Le espressioni di rammarico ottenute con la durezza, non dimentichiamolo, sono assicurazioni prive di un vero contenuto, dette solo per placarci o per mettere fine ai rimproveri.

È molto meglio dire a nostro figlio che siamo sicuri non si sarebbe comportato male se avesse saputo che era male comportarsi così. Il che, tra l'altro, il più delle volte corrisponde a verità: può darsi che abbia pensato "Se i miei genitori lo scoprono, si arrabbieranno", ma questo è ben diverso dal credere di fare qualcosa di male. Qualunque cosa faccia, un bambino è sempre convinto che sia giusto, sul momento. Per esempio, la caramella proibita può essere così desiderabile che l'intensità stessa del desiderio giustifica ai suoi occhi l'atto di impossessarsene. In seguito, può darsi che la sgridata o il castigo del genitore lo convincano che il prezzo è troppo alto e che sarebbe stato meglio lasciare la caramella dove stava; ma si tratta del senno di poi.

Se facciamo capire al bambino che, pur disapprovando quello che ha fatto o proibendo quello che vorrebbe fare, siamo certi che non intendeva fare nulla di male, la nostra disponibilità susciterà in lui un'analoga disponibilità a darci ascolto. E anche se le nostre obiezioni non gli fanno piacere, gli farà piacere continuare a meritare la nostra stima, tanto da essere disposto eventualmente a rinunciare a qualcosa che voleva fare.

È difficile che un bambino si possa veramente *convincere* che un comportamento sia sbagliato solo perché lo dicono i genitori. Quel comportamento *diventa* sbagliato anche per lui, perché vuole essere amato e stimato dai suoi genitori. E siccome, alla fine, il modo migliore per farsi amare è di fare come dicono loro e in ultima analisi di diventare uguali a loro, ecco che egli si identifica con i loro valori. Ma quella identificazione è il portato dell'amore e dell'ammirazione che prova per i genitori, non delle loro punizioni.

Le critiche o la paura di essere puniti possono trattenerci dal compiere il male, ma non ci inducono a desiderare di fare il bene. Trascurare questo fatto così semplice ed evidente è il grande errore in cui cadono genitori ed educatori quando ricorrono a sistemi di correzione negativi, come le punizioni. L'unica disciplina efficace, giova ripeterlo, è l'*auto*disciplina, che è motivata dall'intimo desiderio di comportarsi bene ai propri occhi, di non tradire i propri principi, in modo da sentirsi, come si dice, con "la coscienza a posto". L'autodisciplina si fonda su valori che abbiamo interiorizzato perché amavamo, ammiravamo e volevamo emulare le persone che li professavano, perché speriamo così di esserne a nostra volta amati e stimati.

Potremmo davvero chiamare coscienza morale quella che ci dice di non fare il male perché altrimenti verremo puniti? La vera coscienza morale ci induce a compiere il bene perché sappiamo che altrimenti soffriremo e saremo depressi per il fatto di non sentirci a posto con noi stessi. In ultima analisi, la ragione *più attendibile* per comportarsi bene è il desiderio di evitare i rimorsi di coscienza, di sentirsi a posto con se stessi, e non il desiderio di evitare le punizioni.

Benché sia vero che quello che più conta è il sentirsi intimamente a posto con se stessi, esistono anche fattori esterni capaci di rafforzare il rispetto di sé. Uno di questi è il desiderio di meritare o conservare la stima delle persone la cui opinione ci sta a cuore. Delle persone di cui non ci importa se hanno un'immagine positiva di noi, non conta nemmeno quello che pensano, ed esse avranno forse il potere di punirci, ma non quello di influire sul nostro comportamento. Basta che evitiamo di farci punire.

In ultima analisi, dunque, l'unico deterrente su cui si possa veramente contare è il rispetto di sé, oppure, in mancanza di questo, il calcolo delle possibili conseguenze delle nostre azioni. In tal caso, però, vuol dire che viviamo in base a una moralità situazionale, che muta a seconda delle circostanze, e non in base a un'etica saldamente ancorata negli strati più profondi della nostra personalità. Perciò, la meta che un genitore si dovrebbe proporre per quanto riguarda la disciplina è di accrescere nei figli il rispetto di se stessi, di renderglielo così forte e resistente da riuscire in ogni circostanza a trattenerli dal comportarsi male.

Ho già detto, ma non lo si sottolineerà mai abbastanza, che il bambino, qualunque cosa faccia, è convinto di fare la cosa giusta, per quanto fallaci siano le sue ragioni o ingannevole la sua valutazione della situazione. Perciò, quando lo rimproveriamo, dobbiamo aver cura di chiarirgli sempre come anche noi si sia convinti che, se ha agito in quel modo, è perché *secondo lui*, era giustificato farlo. Questo è l'unico modo di impostare la discussione che salvaguardi il suo rispetto di sé e gli consenta di starci a sentire con una disposizione d'animo positiva. La condotta di nostro figlio potrà forse irritarci, ma non dobbiamo dimenticare l'avvertimento di Freud: la voce della ragione, per quanto insistente, è poco più di un bisbiglio, mentre il clamore delle emozioni è sovente molto forte, così forte da coprire ogni altra voce. E lo è soprattutto durante l'infanzia.

La voce della ragione va coltivata con grande cura, e va resa attraente per i bambini, in modo che la possano udire, anche se è solo un bisbiglio. Con i bambini urlare non serve a molto: forse si spaventeranno e ubbidiranno, ma sanno benissimo, e noi con loro, che non è quella la voce della ragione. Il nostro compito è di creare le condizioni in cui la voce della ragione possa essere udita e seguita. Se ci agitiamo e ci mettiamo in ansia, non riusciremo a far parlare quella voce così flebile, e se nostro figlio teme il nostro disappunto o le nostre punizioni, non sarà in condizione di starla ad ascoltare.

Il guaio è che la maggior parte di noi ha dimenticato quanto possa essere prepotente il desiderio delle cose proibite, persino di cose da poco come una caramella, perché per noi è un desiderio superato o possiamo facilmente soddisfarlo. Per un bambino, tuttavia, il desiderio delle cose proibite è così grande da mettere a tacere ogni altra considerazione. Se vogliamo capire il suo stato d'animo, dobbiamo cercare di immaginarci quello che proveremmo noi, come ci comporteremmo noi (e come, forse, ci comportiamo in realtà), se fossimo in preda alla voglia di fare qualcosa di trasgressivo che si possa fare facilmente e che non comporti un danno per nessuno. Un esempio molto comune, che i nostri figli hanno osservato mille volte anche se non hanno fatto commenti, riguarda la trasgressione dei limiti di velocità, o delle norme del traffico o del parcheggio. La disinvoltura con cui noi decidiamo se sia rischioso o meno trasgredire a queste regole non passa certo inosservata ai nostri figli, e naturalmente non gli riesce facile accettare che la stessa possibilità di trasgressione non valga anche per loro. Come sempre, conta quello che facciamo, non quello che diciamo.

Se ci riuscisse di formulare le razionalizzazioni con le quali giustifichiamo a noi stessi il fatto di superare i limiti di velocità prescritti, allora sapremmo esattamente che cosa ha provato nostro figlio nell'afferrare la caramella proibita. Capiremmo cioè che aveva trovato innumerevoli ragioni per infrangere la legge, esattamente come noi. Potremmo allora condannare tanto severamente la sua disubbidienza? Credo di no, credo che considereremmo la sua colpa con simpatia, e troveremmo le parole e i sentimenti giusti per convincerlo che il suo gesto lascia a desiderare. E il fatto di essere stati comprensivi e buoni con lui lo aiuterà a vincere la tentazione la volta successiva. Purché, s'intende, noi gli diamo l'esempio, dimostrandogli di sapere a nostra volta resistere alle tentazioni.

Quello della caramella rubata è solo un esempio, ma l'atteggiamento che ho suggerito vale per molti altri tipi di trasgressione, anche gravi; benché sia vero che, quanto più le consideriamo gravi, meno facilmente riusciremo ad assumere l'atteggiamento indicato. Dire a nostro figlio che, pur disapprovando quello che ha fatto, ci rendiamo conto che secondo lui era giustificato, apre una possibilità di dialogo; mentre se lo induciamo a pensare che per noi le sue ragioni non sono comunque degne di considerazione, si convincerà che noi diamo credito soltanto al nostro punto di vista, e mai al suo, se non concorda con il nostro. Allora, anche se esteriormente ci dà ragione, dentro di sé diventerà sempre più ostile a noi e al nostro modo di pensare.

Dire a un bambino che ha fatto qualcosa di male, specialmente con durezza o in tono di delusione, intacca il suo rispetto di sé e il suo amore per noi, e con ciò il bisogno di comportarsi in modo da ottenere la nostra approvazione. Invece, dirgli che sappiamo bene che, se avesse saputo di fare male, non l'avrebbe mai fatto, accresce sia il rispetto di sé sia l'amore per noi, con tutte le conseguenze del caso. Il desiderio di essere amato da noi lo induce a comportarsi bene ora che è piccolo, mentre il rispetto di sé lo motiverà, da adulto, a condurre una vita morale.

Con questo non intendo assolutamente dire che i genitori non debbano rimproverare i figli quando fanno qualcosa che a loro parere è sbagliato; né che non debbano mai provare irritazione nei loro confronti. Qualunque genitore, che sia profondamente coinvolto nel rapporto con il figlio, proverà inevitabilmente intense emozioni vedendo che questi non si comporta bene, e neppure il genitore più dolce e ben intenzionato potrà evitare di sentirsi a volte esasperato. In questi casi, la differenza tra un genitore passabile e il genitore non tanto bravo è che il primo si rende conto di come il più delle volte la sua irritazione riguardi lui personalmente più che la condotta del figlio, e di come cedere alla collera non faccia bene a nessuno; mentre il secondo è convinto che la sua collera sia dovuta esclusivamente al comportamento del figlio e di avere pertanto tutto il diritto di lasciarsene guidare. Eppure, non c'è dubbio che è meglio per tutti tenere presente che quando siamo in preda alla collera non riusciamo a ragionare adeguatamente. Le nostre azioni allora non sono dettate da un giudizio equilibrato, e neppure nostro figlio, trovandosi a reagire alle nostre emozioni invece che alle nostre ragioni, sta ad ascoltare quello che abbiamo da dirgli. Ma anche se cerchiamo di reprimere la collera e di parlargli pacatamente, avvertirà comunque le emozioni represse, e a queste reagirà, invece che alle nostre parole. Fingere di essere calmi quando dentro siamo tutto un ribollire di passioni e abbiamo una gran voglia di esplodere, fa dedurre a nostro figlio che siamo disonesti con noi stessi: esattamente il tipo di atteggiamento che secondo la ricerca condotta in Svezia risulta così nocivo all'apprendimento dell'autodisciplina.

Ma torniamo all'esempio del rubare la caramella: non sarebbe molto più sensato aspettare a fargli intendere le nostre ragioni quando il bambino è così sazio da non pensare più alle caramelle? Una volta saziato il desiderio di dolci, gli sarà più facile accettare l'idea che mangiarne troppi fa male. Non essendoci più l'interferenza delle emozioni, la flebile voce della ragione farà meno fatica a farsi udire.

Questo modo di procedere è così sensato che viene fatto di domandarsi come mai non sempre lo seguiamo. I motivi sono più d'uno, e facili da capire. Innanzitutto, a noi non basta che nostro figlio smetta di fare quello che noi disapproviamo, vorremmo anche che ci desse ragione. Per chiarire quello che intendo dire, voglio fare un esempio.

Una madre, che aveva un rapporto per altri versi ottimo con il figlio adolescente, dovette dire di no alla sua richiesta di avere una nuova bicicletta a dieci velocità. Il ragazzo ci rimase molto male e continuava ad assillarla, finché la madre decise di prenderlo in disparte per spiegargli minutamente la situazione economica della famiglia. Il ragazzo l'ascoltò pazientemente, cercando di capire bene tutto, ma poi sbottò: "Non mi va di non poter avere quella bici, ma ero disposto ad accettare il tuo no. Ma dovermi sorbire anche una lezione di economia, questo è troppo!" Fortunatamente la madre capì il suo punto di vista e gli porse le sue scuse: aveva capito che, lungi dal rendergli più facile accettare di non poter avere l'agognata bicicletta, gli aveva dato un carico in più. Invece di limitarsi a simpatizzare per la delusione di suo figlio, aveva preteso che il ragazzo vedesse le cose dal suo punto di vista, cosa che in quel momento gli era impossibile.

Il paradosso è che, appunto perché detestiamo dare delle delusioni ai nostri figli, quando dobbiamo negargli qualcosa a cui tengono molto, non riusciamo a provare simpatia per i loro sentimenti. Pretendiamo che accettino e comprendano le nostre ragioni in un momento in cui il loro coinvolgimento emotivo glielo rende impossibile. Se quella madre avesse accettato come legittima la delusione del figlio e avesse aspettato qualche giorno a spiegargli la situazione economica della famiglia, finché il ragazzo avesse avuto il tempo di assimilare la propria delusione, forse l'argomento non l'avrebbe ugualmente interessato, ma almeno avrebbe sentito che la madre faceva il possibile per rendergli accettabile il suo rifiuto. La "lezione di economia" aveva lasciato nel ragazzo l'impressione: "Mia madre si aspetta che io sia molto più maturo e ragionevole di quanto non sia; pretende troppo da me e io non sono in grado di accontentarla," una sensazione negativa per il suo rispetto di sé. Se invece avesse rimandato le spiegazioni e si fosse limitata a esprimergli la sua simpatia nel momento del rifiuto, suo figlio avrebbe sentito che la sua delusione era accettabile e ragionevole, e il suo rispetto di sé non ne avrebbe sofferto. Allora, quando fosse ritornata sull'argomento, il ragazzo sarebbe comunque stato contento nel constatare che la sua infelicità era stata presa sul serio e considerata legittima.

Non ci indurre in tentazione

Forse non esiste trasgressione infantile che più turbi i genitori del furto. E più sconvolgente dell'atto in sé è l'idea che nostro figlio possa diventare da grande una persona disonesta. Perciò le nostre reazioni sono proporzionate più all'ansia circa il futuro che non al misfatto concreto. Agli occhi del bambino, che non ha la minima intenzione di diventare un futuro ladro quando si appropria di qualche piccolo oggetto, una reazione tanto estrema appare del tutto fuori luogo, e in più si sente profondamente offeso dal fatto che i genitori ora lo considerino un criminale in potenza. In generale, il bambino sa di avere commesso una brutta azione, ed è disposto ad accettare la disapprovazione dei genitori, ma solo per quello che ha fatto qui e ora. Il futuro non gli interessa molto, in primo luogo perché non riesce a immaginarselo chiaramente, e in secondo luogo perché la sua mente è totalmente presa dalle tensioni del momento presente.

Il che non significa che i genitori dovrebbero rimanere indifferenti alla condotta dei figli. È pur vero che qualunque cosa un bambino faccia, nel bene o nel male, le reazioni positive o negative dei genitori influiscono potentemente sulla formazione della sua personalità. Una trasgressione grave richiede una risposta appropriata, in modo che il bambino impari dai propri errori. Se si trattano con indifferenza o con leggerezza i furti dei ragazzi, questi possono sentirsene incoraggiati a ripeterli, magari su più larga scala. È importante, dunque, che i genitori sappiano sempre quello che fanno i loro figli e si informino, per esempio, su come questi si siano trovati tutt'a un tratto in possesso di qualche oggetto di origine sconosciuta. Non occorre neppure ribadire che il furto va trattato con la dovuta serietà; ma è altrettanto importante ricordare che la reazione di noi genitori, per essere efficace, deve essere commisurata al fatto in sé, e non alle previsioni che ci suggerisce per il futuro. In altre parole, pur non prendendo un furto alla leggera, non dobbiamo neppure prenderlo più seriamente di quanto nostro figlio sia in grado di considerare giustificabile.

È evidente, per esempio, che non dobbiamo permettergli di godere di una merce ottenuta illecitamente. Quello che ha rubato va restituito immediatamente al legittimo proprietario, con le dovute scuse (e qualunque bambino è in grado di capire come ciò sia necessario) e, se vi è stato un danno, il proprietario va adeguatamente risarcito. Ma non dobbiamo considerare il suo gesto alla stregua di un reato; secondo il nostro codice penale i minori non sono considerati responsabili dei reati che commettono: e noi genitori vogliamo essere più severi della legge? D'altro canto, non è neppure consigliabile mandare il bambino da solo a restituire il maltolto: senza la nostra supervisione non possiamo essere certi che lo farà, ma soprattutto, a mio avviso, accompagnandolo, gli faremo constatare in prima persona quanto ci abbia messo a disagio il suo gesto. Per un bambino che ama i suoi genitori, rendersi conto di averli disonorati agli occhi di un estraneo è una delle esperienze peggiori.

Tuttavia, se in più lo puniamo, l'effetto di questa esperienza potrà esserne notevolmente diminuito. I sistemi giuridici riflettono in larga misura i normali sentimenti dell'umanità, e uno di questi è che la pena cancella la colpa. D'altro canto, l'esperienza con i criminali insegna che le punizioni sono piuttosto inefficaci come deterrenti: la punizione riempie di rancore nei confronti di chi la commina, al punto che il criminale può convincersi di non essersela meritata, tanto più che, una volta scontata la pena, ha meno motivi di sentirsi in colpa. È di gran lunga meglio, dunque, lasciare che nostro figlio constati, dalla nostra condotta nei confronti della persona da lui derubata, il dolore e l'imbarazzo che ci ha procurato. Se ne ricorderà per il futuro, e tenderà più facilmente a non ripetere la cattiva azione.

Probabilmente, per noi, che temiamo per il futuro di nostro figlio, è uguale che abbia rubato in un grande magazzino o a noi stessi, ma per un bambino o un ragazzo rubare qualcosa a un membro della famiglia o a un estraneo sono due cose completamente diverse. E se non sappiamo discriminare tra queste due situazioni, rischiamo di vanificare i nostri sforzi per correggere nostro figlio.

Sono rari i bambini e i ragazzi che non abbiano mai provato la tentazione di appropriarsi degli spiccioli che i genitori hanno lasciato in giro in bella vista, o di pescare da un borsellino lasciato convenientemente aperto. Le possibili ragioni possono essere tante: può darsi che il bambino voglia comperarsi qualcosa che desidera molto o che voglia scoprire con quanta cura i genitori vigilano sulle loro cose e sulle sue; oppure vuole far capire ai genitori quanto sia irresistibile il bisogno di possedere una certa cosa, per sentirsi alla pari con i compagni, o per comprarsi la loro amicizia; o forse vuole punire la persona alla quale ruba. Queste non sono che alcune delle ragioni di cui un bambino è consapevole quando commette un furto. Può esistere, inoltre, tutta una serie di motivazioni inconsce. Per esempio, anche se il bambino crede di appropriarsi di quel denaro solo per comperare un oggetto tanto desiderato, in realtà la sua azione è sovradeterminata: la causa inconscia del furto può essere il desiderio di punire i genitori perché non lo amano. Ci sono poi bambini e ragazzi che rubano per l'esaltazione che rubare gli dà, pur non rendendosene affatto conto. Oppure sono mossi dal bisogno di dimostrare a se stessi quanto sono audaci, o furbi, o per mettere alla prova il destino e assicurarsi di essere dei tipi fortunati.

Quando nostro figlio ci ruba dei soldi, prima ancora di affrontarlo, dobbiamo domandarci se per caso non l'abbiamo indotto in tentazione con la nostra negligenza. Troppo spesso noi genitori, pur sapendo che quasi tutti i bambini di tanto in tanto prendono delle cose di nascosto, tendiamo moralisticamente a pensare che *nostro* figlio non può cedere. È vero, non avrebbe dovuto rubare, ma, noi, abbiamo fatto tutto il necessario per proteggerlo dalla tentazione? Non preghiamo forse il Signore di "non indurci in tentazione", appunto perché sappiamo quanto sia facile cadervi? Potrebbe darsi che nostro figlio sarebbe stato in grado di resistere, se lo avessimo avvertito di come sia difficile per tutti noi vincere le tentazioni, e dunque lodevole riuscirci. Chissà, se lo avessimo avvisato, forse avrebbe scelto la virtù invece del vizio. La virtù che non riceve lodi riesce indubbiamente meno attraente del peccato per un individuo immaturo e inesperto, dal codice morale ancora vacillante. La sua resistenza morale può inoltre essere stata ulteriormente indebolita osservando con quanta disinvoltura i suoi genitori si comperano quello che vogliono; o, almeno, così risulta ai suoi occhi di bambino. Rubare è certamente una cattiva azione, ma non siamo forse un poco ipocriti a fare mostra di tanta moralistica indignazione quando nostro figlio ci ruba qualche spicciolo, mentre per tutta la sua vita ci ha visti soddisfare senza esitazione i nostri capricci, piccoli o grandi?

Se prendessimo con la dovuta serietà l'impegno di non indurre i nostri figli in tentazione, baderemmo a non lasciare alla loro portata le cose che non vogliamo che prendano. È troppo facile dirsi "Non c'è bisogno di mettere via le mie cose, tanto lui non ha il diritto di prendere quello che non è suo": in realtà questa è solo una scusa per la nostra negligenza.

Può darsi che io sia troppo sensibile all'argomento, ma se lo sono è a causa di un'esperienza che mi è capitata. Un giorno, avrò avuto dieci anni, un conoscente che viveva con noi lasciò in giro degli spiccioli, e io fui tentato di prenderli, benché né allora né in seguito riuscissi a immaginare perché, né a che cosa mi servissero. Tenni nascosto quel denaro tutto il giorno, da un lato temendo che il furto venisse scoperto e si capisse che il colpevole ero io, dall'altro sperando che questo avvenisse, così la faccenda si sarebbe conclusa. Via via che passavano le ore, mi sentivo sempre più in colpa, finché, il giorno dopo, ventiquattr'ore da quando l'avevo rubata, rimisi la somma al suo posto. Provai un grande sollievo, ma a quel punto incominciai a chiedermi perché l'avessi rubata, visto che non intendevo spenderla; non solo, ma a poco a poco incominciai a provare un rancore sempre più forte per chi mi aveva indotto in tentazione ed era così negligente da non essersi neppure accorto dell'ammanco. Allora, giovane com'ero, mi resi conto di aver rubato quel denaro per punirlo di avermi indotto in tentazione: ecco qual era stata la mia motivazione. Quello che non riuscivo a perdonare a quella persona era innanzitutto il fatto di avermi esposto alla tentazione, e in secondo luogo di avermi dato la possibilità di farla franca.

Perciò, per esperienza diretta so che un bambino può rubare ai suoi familiari semplicemente per punire coloro che lo espongono alla tentazione, o per scoprire se sono abbastanza attenti da notare quello che fa e abbastanza coinvolti da intervenire. Con mio grande sollievo nessuno venne mai a conoscenza del mio misfatto, ma il senso di colpa che avevo provato bastò a impedirmi per il resto della mia vita anche solo di pensare a prendere qualcosa che non mi appartenesse.

Se il furto fosse stato scoperto e mi avessero interrogato al riguardo, sono certo che avrei subito confessato tutto, per placare i miei sensi di colpa. Ma sono altrettanto certo che non avrei saputo esprimere la sensazione di aver commesso il furto per punire la persona che mi aveva esposto alla tentazione. E i miei genitori, comprensivi com'erano e disposti a convenire che non bisognava lasciare in giro del denaro, non avrebbero mai supposto che avessi potuto prenderlo altro che per comperarmi qualcosa che desideravo molto.

Ho raccontato questo episodio per far capire come non bisognerebbe mai presumere che un bambino rubi semplicemente per soddisfare un capriccio. Accontentarsi di una spiegazione così semplicistica sulle motivazioni dei bambini può rappresentare un grave errore. Come dimostra la mia esperienza, quando un bambino ruba qualcosa in casa, la relazione con la persona derubata svolge sempre un ruolo molto importante nel suo gesto. Pertanto, le malefatte dei bambini vanno sempre considerate nel contesto del rapporto con la persona a cui sono rivolte. Per esempio, un bambino può rubare qualcosa a un fratello perché è convinto che i genitori diano all'altro più di quanto non danno a lui: perciò, secondo lui, non fa che correggere un'ingiustizia. Oppure può essere convinto che i genitori l'abbiano privato arbitrariamente di qualcosa, o non abbiano voluto mantenere una promessa, e si appresta a raddrizzare il torto sottraendo a sua volta qualcosa a loro. O, ancora, vuole segnalare ai genitori un qualche bisogno pressante che secondo lui essi non sono disposti a soddisfare o a riconoscere. Queste non sono che alcune delle possibili ragioni dei furti dei bambini: di fatto ve ne sono moltissime altre. Nel caso dei bambini di classe media, i cui bisogni vengono di norma soddisfatti adeguatamente, la motivazione non è quasi mai soltanto il desiderio di ottenere una gratificazione materiale, e il supporlo sarebbe troppo semplicistico.

Il bambino che ruba del denaro per pareggiare i conti, o per punire un familiare, vuole anche, è vero, ottenere un vantaggio per sé, vale a dire una gratificazione, ma non si tratta quasi mai di una gratificazione che il denaro possa comprare. In questo caso, domandargli semplicemente *perché* abbia rubato a quella persona e non a un'altra può risultare molto istruttivo; ma potremo ottenere un'informazione così importante soltanto se non siamo troppo visibilmente indignati, e soltanto se ci mostriamo privi di pregiudizi. È poco probabile che nostro figlio, come tutti noi del resto, sia in grado di scoprire o di rivelare le sue motivazioni più profonde quando è pressato a farlo da qualcuno che è molto in collera con lui, o che ha già deciso che le sue motivazioni sono inaccettabili.

Se non ci sforziamo sinceramente di capire *tutte* le sue ragioni, quelle manifeste come quelle nascoste, allora il bambino si convincerà che a noi sta a cuore il denaro rubato, e non la sua persona. È ovvio che i genitori si preoccupano per il figlio e per il suo avvenire, e non per la perdita materiale, che di solito è di portata relativamente piccola. Ma è difficile che un bambino possa capirlo, a meno che i genitori non gli dimostrino in maniera inequivocabile che la loro maggiore preoccupazione non riguarda il furto in sé e neppure i presagi che se ne possono trarre circa il suo futuro, bensì capire il bisogno che ha motivato il suo gesto. Solo se è sicuro che del furto, e del fastidio che può averci causato, ce ne importa meno che non di lui come persona, solo in tal caso si sentirà motivato a meritarsi la nostra benevolenza, a mantenere intatta la buona opinione che abbiamo di lui.

Sottrarre degli oggetti, o rubare del denaro in casa è quasi sempre indicativo del fatto che i bambini hanno idee molto diverse dalle nostre circa la proprietà privata. Molte delle cose che ci sono in casa sono di uso comune, vengono prese liberamente da tutti, può essere quindi difficile per un bambino operare una distinzione quando si tratta di denaro. Vedendo che noi genitori ci sentiamo in diritto di regolamentare tanta parte della sua vita, può voler provare a esercitare un analogo controllo su di noi. Noi decidiamo che cosa può avere e che cosa non può avere, dunque perché non dovrebbe anche lui stabilire quali delle nostre cose sono anche sue? E ha grande importanza il fatto che il denaro che ha preso l'abbia trovato in giro, perché nostro figlio vede bene come noi ci sentiamo in diritto di toccare o anche di disporre delle sue cose, se non le ripone al sicuro. E se noi l'abbiamo obbligato a condividere con altri i suoi giocattoli più cari, può sembrargli logico fare in modo che anche noi condividiamo con lui le nostre cose. È vero che quando noi gli chiediamo di condividere con altri i suoi giocattoli abbiamo in mente un uso solo temporaneo, ma allora sarebbe meglio usare sempre la parola "imprestare", perché l'idea di prestito comporta quella di proprietà continuativa, mentre "usare insieme" o "condividere" sono espressioni più ambigue.

Comunque sia, il punto che importa, qui, è che noi ci sentiamo in diritto di dettar legge a nostro figlio circa quello che deve fare delle cose di sua proprietà, quando debba lasciarle usare ad altri, come debba trattarle, metterle al loro posto, o anche eliminarle, per non dire di quando, per le più svariate ragioni, gliele portiamo via o gli impediamo di usarle. Perché dunque non dovrebbe credere di avere lo stesso diritto con le cose di nostra proprietà? Se questa è la sua opinione, ma noi non gli concediamo esplicitamente un pari diritto, potrà cercare di affermarlo di nascosto. S'intende che è troppo piccolo per formulare tutti questi ragionamenti, ma questo è quello che sente, e i sentimenti intensi che non si possono formulare chiaramente sovente premono per essere messi in atto più di quanto non facciano i pensieri che vengono espressi.

Probabilmente il fattore che svolge il ruolo più profondo quando un bambino "ruba" ai genitori, è costituito dal suo particolare senso della famiglia. Visto che il bambino "appartiene" alla famiglia, e specialmente ai suoi genitori, non è forse logico che anch'essi "appartengano" al bambino? Sulle origini e la finalità della famiglia esistono le più svariate teorie. La sua funzione principale è, s'intende, la necessità di provvedere ai bisogni dei membri più giovani finché non sono in grado di provvedervi da soli. Ma è stata avanzata anche l'ipotesi che la famiglia nella sua forma attuale si sia formata come gruppo che condivideva proprietà comuni. Ci furono epoche storiche, ma il fenomeno si può osservare tuttora in talune società, in cui tutto ciò che la famiglia possedeva era proprietà comune, veniva usato da tutti i suoi membri a seconda dei costumi e della necessità. Inoltre, se le proprietà della famiglia un giorno saranno nostre, perché non farne uso ora, subito?

A causa della loro condizione di dipendenza, i bambini hanno sovente un senso della famiglia più accentuato dei loro genitori (a livello istintivo, subconscio, s'intende). Essendo un essere umano più primitivo di noi, il bambino ha un'esperienza molto più primitiva e diretta della realtà: si tratta della *sua* famiglia, dunque quello che appartiene a essa è anche suo. Se lui appartiene ai suoi genitori, come loro a lui, perché dei semplici oggetti, il denaro per esempio, dovrebbero appartenere ai suoi genitori e non anche a lui? Nei tempi e nei luoghi in cui tutte le proprietà familiari erano veramente della famiglia, e non proprietà privata dei singoli membri, forse il senso della famiglia era più forte e più saldo. Se poniamo mente a tutte queste considerazioni, possiamo capire come rubare in casa e rubare a estranei siano due cose diverse, e vadano considerate e trattate in maniera diversa. Non che non si debba dare importanza al fatto che nostro figlio abbia preso qualcosa in casa; piuttosto, bisognerebbe chiarire bene che quello che c'è in casa è, entro limiti ragionevoli, a disposizione *di ciascuno*, ma che lui non deve prendere nulla di nascosto: in questo modo, tra l'altro, gli istilleremmo un più profondo senso di coesione familiare. Dicendo "entro limiti ragionevoli" mi riferisco a piccole somme di denaro, o a oggetti di valore relativo, la cui perdita non mette a repentaglio il futuro della famiglia. Tali perdite turbano molto i genitori non per il loro valore materiale ma perché suscitano immagini mentali del figlio come futuro spendaccione o addirittura ladro. Questa esagerazione agli occhi del bambino è ingiusta e gli fa sentire infondata l'intensità della nostra reazione. Sensazioni del genere da parte del bambino, lungi dal rafforzare i nostri rimproveri, ne riducono l'efficacia. Un discorso a parte bisognerebbe fare se nostro figlio non sa perché ha "rubato", quando cioè è motivato da pressioni provenienti dall'inconscio. Se si appropria ripetutamente delle nostre cose, ma non sa perché lo ha fatto, e soprattutto non riesce a impedirsi di farlo, vuol dire che ha qualche problema psicologico, ed è questo che va risolto; il bambino cioè ha bisogno di essere liberato dalle pressioni interiori che non è in grado di controllare e che lo spingono a fare cose che non vorrebbe fare. Anche in questo caso, comunque, il primo e più importante passo per risolvere il problema è scoprire le motivazioni inconsce che determinano le sue azioni.

Ma, allora, i bambini non vanno mai puniti? Come mai dunque ci sono tanti adulti che, riflettendo sulla loro infanzia, ritengono che i castighi siano stati salutari per loro? Noi stessi non abbiamo avuto a volte l'impressione, da bambini, quando a nostra volta venivamo castigati, che il castigo ci liberasse da un peso che, per quanto ci dispiacesse, in realtà ci faceva bene?

Il mio intento, in queste pagine, non è tanto prendere in esame le punizioni in quanto tali, bensì lo sviluppo del senso morale, o, più esattamente, poiché parlo da psicologo, analizzare le condizioni che favoriscono il sorgere nel bambino del desiderio di essere una persona morale, capace di autodisciplina. Se fossimo capaci di ottenere questo, non ci sarebbe neppure bisogno di parlare di punizioni: in relazione a questo fine, infatti, i castighi non hanno alcuna efficacia. Tuttavia io mi spingerò oltre, affermando che punire i figli non è mai consigliabile, pur ammettendo che possa consentire la scarica della nostra collera e del loro senso di colpa.

È vero che quando un bambino o un ragazzo hanno commesso un'azione molto grave e il genitore è molto in collera, un castigo può all'occasione riuscire di sollievo a entrambi. Il genitore si sente sollevato, perché ha dato sfogo alla collera e all'ansia; una volta libero da queste emozioni conturbanti, si sentirà magari un po' a disagio, o forse addirittura un tantino in colpa, all'idea di avere punito il figlio, ma, in ogni caso, una volta scaricati quei sentimenti negativi, il suo atteggiamento nei confronti del figlio sarà improntato a maggiore positività. Il figlio, dal canto suo, non dovrà più sentirsi in colpa circa la sua azione, perché ha pagato il suo scotto di fronte al genitore, anche se di norma lo scotto pagato gli sembrerà eccessivo rispetto alla colpa commessa. Genitore e figlio, dunque, liberi dalle emozioni che li dividevano, hanno la sensazione che sia stata fatta la pace. Ma è questo il modo migliore per conseguire il fine a lungo termine di trasformare il bambino in un adulto responsabile? Ci sembra davvero che l'esperienza di vedere il genitore usare la violenza o comportarsi con moralistica indignazione possa suscitare nel figlio l'impulso a diventare una persona capace di autodisciplina? E se, dopo, il genitore si sente in colpa per aver punito il figlio (o, come è più probabile che si dica nel suo intimo, di essere stato *costretto* a punirlo, forse con troppa severità, forse più perché trascinato dalla sua collera che per l'entità del misfatto), ci sembra davvero che questo possa accrescere la fiducia e il rispetto di un figlio? Lasciarsi trascinare dalla collera ci sembra un buon esempio di autocontrollo? O non sarebbe stato meglio che l'irato genitore si fosse trattenuto dal comportarsi in un modo che poi gli procura un senso di rimorso? D'altro canto il genitore che, dopo aver punito il figlio, non importa se gli sembra o meno di esservi stato costretto, non prova una punta di rincrescimento, può dirsi veramente un genitore passabile? E, per quanto riguarda il figlio, non sarebbe stata un'esperienza di crescita morale più valida, nonché un deterrente più efficace, lasciarlo combattere più a lungo con i suoi sensi di colpa? Non sono forse i sensi di colpa e i rimorsi di coscienza deterrenti più sicuri e più duraturi della paura delle punizioni? Agire in base ai dettami della coscienza aiuta a costruire una personalità ben più desiderabile, più responsabile e più solida, di quella che può svilupparsi in risposta alla paura di essere puniti.

Le punizioni, soprattutto se dolorose o umilianti, rappresentano un'esperienza molto traumatica, sia per i processi che mettono in azione sul momento, sia perché intaccano la fede del bambino nella benevolenza dei genitori, che costituisce la base stessa del suo senso di sicurezza. Perciò, al pari di altri eventi traumatici, esse vanno soggette a rimozione. Ovvero, il dolore e il risentimento vengono rimossi, e si ricorda soltanto il sollievo provato con il ristabilirsi dei sentimenti positivi, a riconciliazione avvenuta. Sicché il ricordo dei pochi aspetti positivi serve a coprire i molti aspetti negativi, in primo piano al momento della punizione. Nessun bambino ha mai dichiarato, subito dopo essere stato punito, che la punizione gli ha fatto bene; questa valutazione si forma molto dopo, quando le esperienze passate vengono viste in tutt'altra luce. Senza dubbio la riconciliazione che segue rende il castigo molto più tollerabile; e col tempo, per una sorta di inversione dei termini, questo può portare a credere che i buoni sentimenti ispirati dalla riconciliazione fossero la conseguenza del castigo stesso; ma non è vero. Nella migliore delle ipotesi, la riconciliazione, se ha luogo, può far sì che il castigo non lasci cicatrici troppo profonde nella personalità del bambino; ma questo non dimostra affatto che le punizioni favoriscano lo sviluppo dell'autodisciplina o della rettitudine.

Qualunque gesto del genitore che sia inteso a punire, sia pur lievemente, suscita risentimento nel figlio, e quanto più la punizione è severa, tanto più intensa sarà l'indignazione del figlio. E a nessuno può venir voglia di emulare una persona verso la quale si prova risentimento, per ammirevole che possa essere sotto altri punti di vista. Perciò, qualunque punizione, per quanto giustificata ai nostri occhi e persino a quelli di nostro figlio, interferisce con il nostro fine più importante, e cioè che nostro figlio ci ami, accetti i nostri valori, si senta spinto a vivere quella che per noi è un'esperienza morale. Un castigo benevolo ci allontana da questi scopi molto meno di uno severo, ma la sostanza della cosa non cambia: le punizioni, intese e riconosciute come tali da genitore e figlio, intaccano il desiderio del bambino di identificarsi con noi, nonché il suo rispetto di sé e il suo atteggiamento positivo verso la vita.

Anche ammettendo che le punizioni corporali o d'altro genere non provochino danni psicologici permanenti, come invece spesso avviene, questo dimostra soltanto quale ampio margine di manovra abbiano i genitori che in tutto il resto sono passabili, prima di danneggiare seriamente i loro figli. Essere dei bravi genitori la maggior parte del tempo compensa di tanti errori educativi che potrebbero altrimenti bloccare lo sviluppo dei nostri figli. Il che non significa, però, che non sarebbe molto meglio per tutti se tali errori potessero essere evitati.

Questa è la ragione per cui sono così convinto che punire i bambini sia sempre un errore; anche quando il bambino stesso ritiene di essersi meritato il castigo, dopo averlo subito ha sempre la sensazione di essere stato trattato ingiustamente. Può darsi che la distinzione non gli sia del tutto chiara, almeno a livello di coscienza, ma ciò non toglie che l'avverta, e con molta forza.

Perché reagiscono così i bambini? Innanzitutto, perché le punizioni intaccano il senso di sicurezza, che riposa sul poter vedere nel genitore qualcuno che lo protegge e che lo tratta sempre con cura e tenerezza; in secondo luogo, perché fa parte della natura umana provare risentimento per chi detiene il potere di punirci. E se la nostra sicurezza dipende da una persona verso la quale proviamo risentimento, non possiamo sentirci sicuri. È vero, tutti i bambini provano risentimento per certe azioni dei genitori, ma in circostanze normali questo tipo di risentimento, che nasce nelle innumerevoli occasioni in cui il genitore deve effettivamente intervenire in maniera diretta o indiretta in aspetti importanti della vita dei figli (in aggiunta alle assai più numerose occasioni in cui non sarebbe necessario, ma il genitore crede di dover intervenire), questo tipo di risentimento, dicevo, è ben diverso dall'offesa e dal rancore che proviamo quando qualcuno si arroga il diritto di infliggerci una punizione.

Al genitore convinto che lo scopo delle sue punizioni sia quello di insegnare al figlio a comportarsi meglio in avvenire, la differenza tra trasmettere i giusti comportamenti e "insegnarli" con i castighi potrà sembrare irrilevante o inesistente. Ma dal punto di vista del figlio la differenza è enorme. Se potesse capire che l'intento del genitore è di fare il suo bene, allora, anche se non condivide il castigo o la proibizione, saprebbe nel suo intimo che le sue intenzioni sono buone, e l'immagine del genitore come protettore non ne verrebbe offuscata. Ma il fatto è che il bambino non ha questa sensazione, anche se il genitore, punendolo, crede di proteggerlo così dall'impulso di compiere azioni che potrebbero avere conseguenze pericolose per lui. E una breve riflessione sul nostro sistema penale ci dimostra che ha ragione il bambino.

Proviamo a pensare a tutte le garanzie alle quali ha diritto qualunque accusato prima che lo si possa giudicare colpevole. In primo luogo, secondo la legge va considerato innocente finché non viene provata la sua colpevolezza. Secondariamente, ha diritto a un difensore, un esperto che ha i medesimi diritti, privilegi e la medesima autorità dell'accusatore. Infine, ancora più importante, il caso viene sottoposto a un giudice e a una giuria indipendenti, che attribuiranno ugual peso alle argomentazioni della difesa e dell'accusa. Invece, quando sotto "processo" è nostro figlio, deve difendersi da solo, mentre noi rivestiamo i ruoli reciprocamente incompatibili di accusatori e di giudici, e la giuria manca del tutto.

Se solo potessimo tenere presenti le garanzie costituzionali alle quali abbiamo diritto noi come cittadini prima di poter essere giudicati colpevoli, non avremmo animo di punire i nostri figli, qualunque cosa facciano, perché ci renderemmo conto di non possedere il distacco emotivo e l'obiettività che costituiscono il requisito primario di chi dispensa la giustizia. E, l'ultima constatazione prima di chiudere l'argomento: il giudice che pronuncia la sentenza non infligge mai la pena personalmente. Noi invece facciamo entrambe le cose: non c'è qualcosa di scorretto in questo?

Insomma, che cosa deve fare un genitore per impedire al figlio di comportarsi male? In teoria, fargli capire il nostro dispiacere dovrebbe rappresentare un deterrente efficace, ma dubito che questo sia sempre sufficiente.

Come abbiamo ripetutamente spiegato, i migliori risultati educativi si ottengono quando il discepolo non solo è profondamente e positivamente impressionato dalla personalità e dalla competenza del maestro, ma desidera inoltre continuare a essergli gradito, in virtù dell'affetto che prova per lui, perché lo ama e desidera esserne riamato. Ecco perché, se solo gliene si dà la possibilità, il bambino che è stato allevato con cure amorevoli farà il possibile per conservarsi l'amore dei genitori, e nulla gli fa più paura che perderne la protezione.

Tenuto conto di questo dato di realtà, quando le parole non bastano, quando a dirgli di emendare la sua condotta non si ottiene nulla, ecco che la minaccia di una parziale e temporanea diminuzione del nostro amore e del nostro affetto diventa l'unico sistema sensato per fargli capire che farebbe meglio a ubbidirci; altrimenti non potremmo più stimarlo così tanto, o amarlo così tanto, come lui, e anche noi, vorremmo. Inconsciamente spaventati dalla potenza di una minaccia del genere, alcuni genitori ne distruggono l'efficacia affrettandosi ad assicurare al figlio che il loro amore non conosce limiti. Anche ammesso che questo sia vero, non suona del tutto convincente per il bambino, benché sul momento possa rassicurarlo, perché il bambino sa benissimo che, dal canto suo, non sempre ama i suoi genitori: come può credere alla loro rassicurazione, quando avverte che sono scontenti di lui, o persino in collera con lui? Di fatto, una rassicurazione del genere priva i genitori dello strumento migliore, l'unico logico, per indurre i figli a correggersi. Va detto, inoltre, che, almeno per la maggior parte di noi, non è vero che possiamo amare incondizionatamente: se veniamo delusi troppo spesso e troppo gravemente, il nostro amore si affievolisce. Pertanto, ogni tentativo di apparire migliori, più generosi e amorevoli di quello che siamo, sortisce l'effetto opposto a quello desiderato. È vero che il nostro amore può essere così profondo, così saldamente radicato dentro di noi, da reggere ai colpi più crudeli. Ma nel preciso momento in cui riceviamo una delusione dai nostri figli non può che essere al suo livello più basso, e se il nostro desiderio è che cambino la loro condotta, tanto vale che lo sappiano.

Molti genitori sanno istintivamente, senza magari esserne coscienti, che la paura di perdere il loro amore costituisce per i loro figli la motivazione più efficace per correggersi, e vi ricorrono quando l'espressione del loro dispiacere non basta a produrre questo effetto. Vale a dire che, quando vediamo che rivolgerci alla sua ragione, spiegandogli perché è male quello che ha fatto e come dovrebbe comportarsi in avvenire, ed esprimere il nostro dispiacere non sortiscono alcun effetto, istintivamente cerchiamo di far leva sull'inconscio di nostro figlio, aggiungendo alle nostre parole qualche gesto, che *deve assolutamente* avere un valore essenzialmente simbolico, e che tuttavia comunichi chiaramente come egli stia rischiando di perdere il nostro amore. Il bambino che riceve questo messaggio non mancherà di correggere la sua condotta in futuro, ma per motivi *suoi*, perché desidera garantirsi l'affetto immutato dei genitori. L'aspetto da sottolineare è che in questo caso il bambino corregge il proprio comportamento per motivi *suoi*, e non per i motivi che gli vengono prospettati dai genitori.

Un gesto simbolico per comunicare questo messaggio può essere escludere per *breve* tempo il bambino dalla nostra presenza, per esempio mandandolo fuori della stanza, possibilmente in camera sua; oppure possiamo ritirarci noi in camera nostra. Il modo o la forma non hanno importanza, purché gli si comunichi chiaramente: "Sono così scontento della tua condotta che in questo momento non ho né la voglia né la capacità di mantere una vicinanza fisica con te." La distanza fisica simboleggia la distanza affettiva, ed è un simbolo che parla contemporaneamente alla coscienza e all'inconscio del bambino: perciò è così efficace.

Spero non occorra precisare che lo scopo di allontanare fisicamente il bambino dalla presenza del genitore non deve mai essere quello di punirlo, ma solo di consentire a entrambi di prendere le distanze dall'accaduto, di calmarsi, di riflettere. E già questo è utile. Ma quello che probabilmente farà più impressione al bambino è la minaccia dell'abbandono. Come si è accennato, l'angoscia da separazione è probabilmente la prima e più fondamentale forma di angoscia dell'essere umano. Il lattante la vive quando la sua nutrice si assenta, ed effettivamente se tale assenza dovesse divenire permanente e nessun altro si assumesse il ruolo di nutrice, il bambino ne morrebbe. Qualunque esperienza rinnovi questa angoscia viene vissuta come una minaccia; di conseguenza, ogni qualvolta il bambino avverte, per quanto oscuramente, che la sua esistenza stessa è in pericolo se chi soddisfa i suoi bisogni primari lo abbandona, risponderà con sentimenti di angoscia a tale minaccia, sia essa reale, implicita o immaginaria. Risponderà con un senso di depressione persino quando è abbastanza grande da sapere di non essere veramente in pericolo di vita, perché in qualche misura continua a sentirsi come se lo fosse. La differenza è che, da più grandicello, la paura non riguarda la deprivazione fisica, bensì la deprivazione affettiva.

Quelli di noi che da bambini sono stati mandati nella loro stanza in circostanze del genere da un genitore amato, ricorderanno il senso di assoluto smarrimento e solitudine provato. Una reazione così intensa risulterebbe incomprensibile se l'esperienza dell'allontanamento non fosse stata vissuta come una minaccia della perdita dell'amore del genitore, che aveva riacceso nell'inconscio l'angoscia da separazione. Poiché in altre occasioni ci faceva piacere di starcene in camera nostra da soli e sopportavamo benissimo l'assenza fisica dei nostri genitori, il fatto di essere soli non può essere stato la causa di una sofferenza così acuta, come se ci sentissimo orfani. Una sensazione del genere dipendeva dall'aver compreso che era in gioco la possibile perdita dell'affetto materno o paterno, che è un pericolo terribile per il bambino, il quale sa di non poter gestire la vita senza il genitore che lo protegga.

Se ancora avessimo qualche dubbio sul fatto che questa forma di separazione fisica rappresenti un'espressione efficace della nostra avversione per la condotta di nostro figlio, basterebbe osservare, per convincersene, come si comportano i bambini stessi. La minaccia più terribile che viene in mente a un bambino quando è in collera oltre ogni dire con i suoi genitori è dire che scapperà di casa. I bambini evidentemente sono convinti che una minaccia del genere sia sufficiente a farci fare marcia indietro: così infatti ragionano i bambini. Capiscono benissimo, pertanto, che l'allontanamento fisico che gli imponiamo è un simbolo del nostro allontanamento affettivo, e questa minaccia lascia in loro un'impressione molto profonda.

Tuttavia, se viene usato *intendendolo* come una punizione, l'allontanamento fisico perde gran parte della sua forza d'urto a livello emotivo, perché a renderlo efficace non sono la premeditazione o l'accurata esecuzione del gesto, bensì la sua qualità di intensa asserzione emotiva. Tale era stata la domanda di mio padre quando aveva saputo che avevo mancato di rispetto a mia madre: rappresentava la reazione emotiva più forte che gli venisse spontanea in quel momento per comunicarmi il suo disappunto. (È interessante notare come io non gli avessi risposto nulla, né per scusarmi né per promettere di ravvedermi: ero troppo scosso per parlare. Mi ritirai invece in camera mia a riflettere. Sentivo il bisogno di sottrarmi fisicamente all'intensità dei sentimenti di mio padre: non dovette neppure ordinarmelo lui.)

Avere un'intensa reazione emotiva quando nostro figlio si comporta molto male è la cosa più naturale del mondo; e sospendere momentaneamente il nostro amore perché le sue azioni ci hanno così ferito da farci sentire temporaneamente estraniati, è la logica conseguenza delle nostre autentiche emozioni. Perciò, in una situazione del genere, mandare il figlio fuori della stanza, lontano da noi, costituisce una reazione appropriata a quello che proviamo dentro di noi. Che poi il bambino lo viva come una punizione, è un'altra questione, e indica semmai la sua corretta valutazione che il peggio che un genitore possa fare è minacciare di sospendere il suo amore. Ma nel suo significato più profondo, non si tratta di una punizione, bensì soltanto di una dichiarazione circa il nostro stato emotivo.

Il fatto di essere temporaneamente bandito dalla presenza del genitore riaccende inconsciamente l'antica angoscia del lattante di essere perduto se gli vengono meno i genitori. Il riattivarsi di questa angoscia nell'inconscio del bambino gli farà avvertire acutamente, a livello di coscienza, il bisogno che ha dei suoi genitori, inducendolo a cercare di essere riammesso a godere del loro amore. Il sollievo emotivo, la reale felicità, a volte, che genitore e figlio provano, dopo la breve separazione, quando si trovano nuovamente uniti, non può che intensificare il loro rapporto.

La cosa funziona, giova ripeterlo, soltanto se la motivazione del genitore è non già il desiderio di punire il figlio, bensì il desiderio di non farsi esasperare al punto da cedere alla collera, ben sapendo come questo, sì, potrebbe portare a una ben più grave lacerazione del loro rapporto, che rimane fondamentalmente un rapporto d'amore.

Esistono tuttavia persone che hanno bisogno di punire e ferire i loro figli, e cercano ogni occasione per farlo. Il metodo della sospensione dell'amore si presta ai loro fini nefasti, perché, non comportando alcuna aggressione fisica, come le punizioni corporali, essi possono raccontarsi di non stare mettendo in atto i loro sentimenti ostili, ma di voler semplicemente far ravvedere il figlio.

Genitori del genere sono quelli che puniscono i figli non rivolgendo loro la parola per giorni e giorni, addirittura per settimane. L'angoscia che questo suscita in un bambino danneggia gravemente non solo il rapporto con il genitore (probabilmente già compromesso dalla sua sotterranea ostilità), ma anche, e in modo grave, la personalità del bambino stesso.

So di una madre che, se la figlia non si comportava secondo le sue aspettative, per punirla non le rivolgeva la parola per mesi di fila; e appena possibile si sfogava a raccontare a chiunque le sue malefatte. In questi suoi sfoghi accaniti, giunse a dire che la bambina non era veramente sua figlia, rivelando così senza volere i suoi sentimenti più profondi: questa era probabilmente la causa del suo atteggiamento di rifiuto nei confronti della bambina.

Dunque, tutto ciò che accade all'interno del rapporto genitore-figlio dipende da quello che prova il genitore nei confronti del figlio. Un genitore passabile si sente turbato quando allontana il figlio da sé per permettere a entrambi di dominare i sentimenti negativi e di far emergere nuovamente quelli positivi. Il genitore meno bravo quando è irritato col figlio lo punisce severamente, quale che sia il castigo a cui ricorre. Probabilmente lo fa perché il figlio lo urta, in quanto con la sua esistenza lo mette di fronte alla sua incapacità di amare. Non credo che un genitore si comporti così perché è cattivo (non esistono persone cattive, a mio parere), bensì perché, come tutti noi, risponde ai suoi bisogni interiori, quale che possa essere stata la loro origine. Una madre come quella a cui ho accennato, che nega di essere la madre di sua figlia, non lo fa perché è una persona cattiva (anche se fa del male a sua figlia), ma perché non può tollerare di essere messa di fronte al fatto di non essere capace di amare e di essere una buona madre. Si vendica quindi sulla figlia per l'insopportabile sofferenza che le suscita dentro, perché inconsciamente sa di essere una cattiva madre. Punisce la figlia non per le malefatte che sostiene essere il motivo del castigo, bensì perché le fa provare disgusto per se stessa.

Poiché questo libro non è stato scritto per descrivere tutti i danni che i genitori meno bravi producono sui figli, ma si rivolge ai genitori passabili, che vogliono fare del loro meglio, non ha senso insistere su quanto possa essere terribile per il genitore come per il figlio un rapporto che non sia sostanzialmente d'amore.

Un genitore passabile eviterà, dunque, di infliggere punizioni, e farà di tutto perché le sue critiche siano più che compensate dalle lodi; una lode meritata infonde tanta più gioia sia a chi la dà sia a chi la riceve.

Le lodi, tra l'altro, sono strumenti molto efficaci, non tanto perché il nostro giudizio sia corretto e oggettivo, quanto perché sono espressione di intense emozioni positive, della nostra gioia e del nostro piacere nel vedere che nostro figlio è bravo e si comporta bene. Analogamente, anche quando si comporta male, la nostra risposta dovrebbe essere essenzialmente emotiva, dovrebbe esprimere i nostri sentimenti più che il nostro giudizio. Le lodi, simbolo dell'intensificarsi del nostro amore, e la sospensione temporanea dell'affetto costituiscono dunque i due strumenti migliori per influire sulla formazione della personalità dei nostri figli. Con le lodi ci avviciniamo emotivamente al bambino, e spesso anche fisicamente, quando lo abbracciamo, per esempio; e lui lo capisce. Quando ne siamo delusi e scontenti, avremo la reazione opposta. Abbiamo tutto il diritto di sentirci scontenti dei nostri figli; ma questo non ci legittima a punirli. I bambini lo sanno; perciò, mentre sono disposti a modificare la loro condotta pur di cancellare il nostro disappunto, provano invece risentimento quando li puniamo. Se nostro figlio è sicuro che lo amiamo, gli riesce comprensibile che si sia scontenti quando si comporta male; reciprocamente, il fatto di amarci fa sì che tema di renderci scontenti.

Solo l'esempio della nostra buona condotta indurrà i nostri figli a integrare nella loro personalità lo stesso tipo di comportamento: solo il nostro buon esempio, ma a condizione di essere autentici, e di non imporgli i nostri valori, né di pretendere che riescano a seguire il nostro esempio prima che siano pronti a farlo, nel rispetto delle loro tappe evolutive. Dobbiamo capire e accettare, senza sentirci delusi, che di tanto in tanto sbaglino; e dobbiamo mantenere intatta, sempre, in ogni momento, la convinzione della loro innata bontà, riconoscendo che occorre molto tempo perché il nostro esempio porti i suoi frutti, come del resto è stato per noi. Più prendiamo coscienza del fatto che così è stato anche per noi, più il nostro rapporto sarà soddisfacente, e lo sviluppo dei nostri figli facile e senza traumi.

Altrettanta sincerità e coraggio dobbiamo avere di fronte alle nostre emozioni: mostrando con le azioni la profondità del nostro amore per i figli, senza necessariamente stare a ripeterglielo a parole, benché anche questo sia importante. Dobbiamo essere profondamente convinti che il nostro amore si avverte soprattutto da come rispondiamo ai bisogni dei nostri figli e li aiutiamo a superare le loro difficoltà. Quando siamo scontenti di loro, fa parte del nostro rapporto lasciarglielo capire, senza però assumere atteggiamenti critici o punitivi, bensì aumentando la nostra distanza affettiva: come potremmo, in verità, fargli sentire una vicinanza che noi stessi non proviamo? Fa parte della nostra autenticità: non fingere di essere meglio di quello che siamo, meno che mai pretendere di essere perfetti, e tuttavia fare del nostro meglio per vivere una vita valida, in modo che i nostri figli, vedendo che ne vale la pena, desiderino, nei tempi e nei modi a loro confacenti, seguire il nostro esempio.

11. Esplorare la nostra infanzia da adulti

> Non cesseremo mai di esplorare
> E la fine delle nostre esplorazioni
> Sarà arrivare al punto di partenza
> E per la prima volta conoscere quel luogo.
>
> T.S. ELIOT

Tra le esperienze più preziose, anche se meno considerate, che la condizione di genitori ci offre è la possibilità di analizzare, rivivere e risolvere nel contesto del rapporto con i figli i problemi della nostra infanzia. Come ci rammenta T.S. Eliot, solo ripercorrendo sempre di nuovo tutti i passaggi che ci hanno portato a essere noi stessi è possibile *conoscere* veramente le nostre esperienze infantili e scoprirne il significato. La conoscenza così raggiunta modificherà l'influsso stesso di quegli eventi sulla nostra personalità. Si modificherà il nostro atteggiamento verso le nostre esperienze, e con esso anche l'atteggiamento verso le analoghe esperienze dei nostri figli. L'aumentata conoscenza di noi stessi ci porterà inevitabilmente a una maggiore comprensione dei nostri figli, soprattutto quando tali nuovi squarci di consapevolezza vengono raggiunti grazie al rapporto con loro.

Purtroppo quasi tutte le nostre primissime esperienze sono perdute per la memoria cosciente, perché sono avvenute troppo presto per lasciare altro che una traccia molto vaga nella nostra mente. Ma se non le possiamo rivivere, possiamo almeno esplorarne con l'immaginazione alcuni aspetti, osservando come nostro figlio risponde nei primi mesi di vita ai propri processi interiori, a noi, a tutto il suo mondo.

Per esempio, se ci rendiamo conto di come il mondo di veglia del lattante consista esclusivamente di due opposte esperienze, felicità e benessere fisico da un lato, e infelicità e dolore fisico dall'altro, potremo capire meglio l'origine e la natura ambivalente di tutte le emozioni di grande intensità. Poiché di norma è il genitore che, allattandolo o cambiandogli il pannolino quando ha fame o è sporco, modifica la sua condizione di infelicità trasformandola in uno stato di benessere, il lattante vive il genitore come un essere onnipotente, come la fonte di tutta la felicità e infelicità, come colui che può dare tutto o tutto negare. In tal modo l'ambivalenza viene per così dire incorporata nell'inconscio, specialmente in relazione ai genitori. Anche in seguito, essi e i loro surrogati, i maestri e gli educatori più importanti, continueranno a dispensare piacere e dolore, per esempio lodandoci oppure biasimandoci o causandoci delle frustrazioni. In tal modo, gli originari sentimenti di ambivalenza, così profondamente radicati nel nostro inconscio, continuano a essere alimentati dalle innumerevoli esperienze della nostra vita quotidiana.

Comprendere l'origine infantile della nostra ambivalenza, soprattutto nei confronti dei genitori, ci può aiutare a capire meglio i nostri figli quando ci troviamo di fronte alle loro manifestazioni di ambivalenza nei nostri confronti. Quanto più noi riusciremo ad accettare i loro sentimenti ambivalenti verso di noi, meno difficile sarà per loro, crescendo, neutralizzare e mantenere sotto controllo la propria ambivalenza, anziché essere trascinati da un polo all'altro. Accettando il fatto che anche l'aspetto negativo dell'ambivalenza deve di tanto in tanto trovare il modo di esprimersi, riduciamo infatti nei nostri figli il bisogno di rimuovere tali sentimenti; e meno questi vengono rimossi, più rimangono accessibili all'esame della ragione e pertanto diventano suscettibili di essere modificati.

Anche noi, da bambini, eravamo lacerati da emozioni ambivalenti. E quando ne manifestavamo gli aspetti negativi, la disapprovazione dei nostri genitori era così forte che eravamo costretti a rimuoverli; ma nell'inconscio i sentimenti rimossi mantengono tutta la loro carica. E ora, quando nel nostro ruolo di genitori ci troviamo di fronte a sentimenti analoghi dei nostri figli, questa esperienza tende a riattivare parte del materiale rimosso. Finché il comportamento dei nostri figli non risveglia in noi sentimenti che vorremmo mantenere rimossi, riusciamo abbastanza facilmente ad accettare che dei bambini posseggano scarse capacità di autocontrollo; ma quando vengono mobilitate le nostre rimozioni, ecco che non riusciamo più a trattare con equanimità e realismo il comportamento negativo dei nostri figli.

Che si rimuovano gli aspetti negativi dei sentimenti verso i genitori è facilmente comprensibile; dopo tutto, abbiamo bisogno di loro e non vogliamo offenderli o alienarceli mostrando apertamente la nostra ostilità. Più difficile da capire è perché si sia dovuto rimuovere anche l'identificazione con quegli aspetti dei nostri genitori che, ai nostri occhi di bambini, apparivano negativi. Quasi tutti noi ci rendiamo conto di avere fatto nostre molte delle qualità che ci piacciono dei nostri genitori, mentre *non* siamo consapevoli di avere interiorizzato anche gli aspetti negativi del loro atteggiamento verso di noi, di esserci cioè identificati anche con quegli aspetti. Ce ne accorgiamo, di solito con un senso di sconfortato stupore, quando ci sorprendiamo a sgridare i nostri figli esattamente con lo stesso tono di voce, le stesse parole persino, che avevano usato con noi i nostri genitori. E questo nonostante avessimo giurato a noi stessi di non comportarci mai in quel modo con i nostri figli.

La cosa curiosa è che, invece, quando parliamo loro amorevolmente, non ci sentiamo affatto indotti a usare le stesse espressioni impiegate dai nostri genitori. Cioè, nelle nostre manifestazioni positive siamo pienamente noi stessi, parliamo con la nostra voce. La spiegazione di questo fenomeno è che, non essendovi ragione di rimuovere le identificazioni positive con i nostri genitori, esse non sono state incapsulate nell'inconscio, ma sono rimaste suscettibili di modificazioni, si sono modificate con noi via via che la nostra personalità si sviluppava. Le identificazioni negative, invece, sono state rimosse, e perciò sono rimaste immutate.

Molto spesso le relazioni tra genitori e figli del medesimo sesso sono caratterizzate dall'ambivalenza in misura maggiore di quelle tra genitori e figli di sesso diverso. Questo perché, nel porci in relazione con il figlio del nostro stesso sesso, tendiamo a rivivere alcuni degli aspetti problematici del nostro rapporto infantile con il genitore del nostro sesso. È più facile, cioè, che una donna si sorprenda a parlare come faceva sua madre quando sta sgridando la figlia, mentre un padre si scoprirà a riprodurre con il figlio maschio le interazioni negative da lui stesso avute con il proprio padre.

Questo è solo un esempio della tendenza a proiettare sui figli i conflitti irrisolti. Ma se approfittiamo dell'occasione che queste situazioni ci offrono per analizzare che cosa ci induce a comportarci in questo modo, forse avremo la possibilità di risolvere ora quei conflitti infantili che non abbiamo risolto in passato. Un tale atteggiamento di disponibilità ci permetterà inoltre di capire come, paradossalmente, siano l'enorme importanza che rivestiamo per i nostri figli e il loro amore per noi a provocare la loro occasionale ostilità. Ci apparirà chiaro che, quando l'ostilità si manifesta, siamo soltanto di fronte al rovescio della medaglia dell'amore. Questa scoperta trasformerà la nostra irritazione o peggio, in un atteggiamento di comprensiva accettazione delle forze emotive sottostanti, anche se in pratica dovremo reprimere comunque il comportamento aggressivo. E forse potrebbe anche farci capire come, reprimendolo, non facciamo che riprodurre la condotta dei nostri genitori in circostanze analoghe. Alla luce di queste considerazioni, ogni cosa ritrova il posto che le spetta, e la nostra irritazione verso nostro figlio non verrà alimentata ed esasperata dal fatto di essere collegata con tutti i sentimenti di ostilità che da bambini abbiamo rimosso nel nostro inconscio. E soprattutto, ci renderemo conto che, nonostante tutte le tendenze aggressive che avevamo da bambini, siamo pur diventati adulti non violenti e rispettosi della legge, e questo ci eviterà di preoccuparci troppo per le manifestazioni di aggressività di nostro figlio, per timore che da grande peggiori.

Uno dei rischi di una rimozione troppo rigida del lato negativo dell'ambivalenza infantile nei confronti dei genitori è che può interferire con l'espressione dei sentimenti positivi, che ne rappresentano l'altra faccia. Ho conosciuto molti bambini che sono riusciti a formare un legame affettivo positivo con i genitori solo dopo essersi liberati del bisogno ossessivo di rimuovere tutti i sentimenti negativi.

Se poi, grazie al nostro lavoro di introspezione, riuscissimo a riconoscere che neppure i nostri sentimenti verso i figli sono del tutto liberi dall'ambivalenza, non sentiremmo più il bisogno di rimuovere i sentimenti negativi che di tanto in tanto possono affiorare in noi. L'assurda convinzione che solo i nostri figli, per la loro immaturità e mancanza di autocontrollo, possano nutrire occasionalmente sentimenti negativi, mentre noi ne saremmo completamente esenti, è quanto di più nocivo possa esistere per i nostri rapporti reciproci.

I brutti sogni

Quanto si è detto a proposito dell'origine dell'ambivalenza nei confronti dei genitori vale per tutte le esperienze infantili. Le primissime esperienze sono perlopiù inconsce, e dunque inaccessibili alla memoria; tuttavia, in fasi successive dello sviluppo dei nostri figli possiamo vedere riprodotte alcune nostre esperienze che non furono necessariamente rimosse nell'inconscio, o comunque non così in profondità. È dunque possibile richiamarle alla memoria, sia pure con considerevole sforzo.

Non molti di noi riescono a ricordare con precisione gli incubi notturni, di cui, come tutti i bambini, hanno sofferto durante l'infanzia; e quelli che ne ricordano in qualche misura il contenuto e la paura provata, non hanno idea di quale possa essere stata la causa, al di là del fatto, ovvio, che il bambino piccolo si sente inerme e angosciato di fronte a tante cose che sfuggono alla sua comprensione. Poche persone, inoltre, sono a conoscenza del fatto che una delle cause principali degli incubi notturni dei bambini piccoli è l'azione del loro embrionale Super-io, che cerca in tal modo di punirli per le loro tendenze "inaccettabili", se non "peccaminose", quali, per esempio, gli impulsi sessuali, o il desiderio di ribellarsi all'autorità o di eliminare uno dei genitori o un fratellino. In quanto precursore, o fase primitiva, di quella che sarà una più integrata coscienza morale, l'incubo, il brutto sogno, svolge un ruolo importante nello sviluppo della personalità di ciascuno di noi; lo svolse nel nostro sviluppo e lo svolge ora in quello di nostro figlio.

Rendercene conto ci aiuta a trattare i brutti sogni dei nostri figli con l'attenzione e il rispetto dovuti a una coscienza in via di formazione. E nella misura in cui riusciremo a comprendere i nostri incubi infantili (e neppure da adulti ne siamo del tutto esenti), avremo in mano uno strumento per aiutare i nostri figli a padroneggiare i loro. Il fatto di averli in gran parte dimenticati fa supporre che abbiamo rimosso i desideri e le paure infantili che in essi avevano trovato espressione. Dietro questo estraniarsi da certe esperienze infantili sta il desiderio di non sapere quello che significavano, e forse anche l'oscuro riconoscimento che il terrore provato allora ha lasciato in noi qualche residuo di cui non siamo riusciti a liberarci del tutto. Ne è una prova l'irrealistico senso di angoscia che molte persone provano, per esempio, nei confronti di certi animali per nulla pericolosi, come le innocue bisce: tale paura trae spesso origine da incubi infantili dimenticati, in cui la persona in questione veniva assalita da qualche rettile.

Potremmo dunque trarre dai brutti sogni dei nostri figli lo spunto per esplorare, come suggerisce T.S. Eliot, quel che poteva nascondersi dietro i nostri, e le tracce che forse portiamo ancora in noi. Allora potremo dire di conoscere veramente, per la prima volta, i nostri fantasmi e i loro effetti sulla nostra vita. I vantaggi, per noi e per i nostri figli, sarebbero enormi, perché, conoscendo meglio noi stessi, saremo in grado di offrire loro l'apporto della nostra più profonda empatia, nel senso di capire sia la sofferenza provocata dall'incubo, sia la sua importanza per la formazione della personalità: un'esperienza molto rara e preziosa per entrambi.

A differenza degli incubi infantili, di cui serbiamo solo un vago ricordo, l'angoscia del primo giorno di scuola è ben presente a molti di noi; al punto che molte persone continuano per tutta la vita a dover dimostrare, a se stesse più che agli altri, quanto fossero infondate le loro paure infantili dell'insuccesso sociale e scolastico. Appunto per il fatto che tali ansie fanno parte dei nostri ricordi coscienti, tendiamo a essere molto comprensivi per le angosce di nostro figlio all'idea di affrontare per la prima volta la scuola. Purtroppo, nel caso di molti genitori, la compassione si esaurisce quando a soffrire di fobia della scuola, per ragioni analoghe, è un figlio un poco più grandicello. (Invece, è in questa occasione che riuscirebbe particolarmente utile una comprensione basata sull'esperienza personale.)

Quanto si è detto vale anche per molte altre situazioni che si presentano nel rapporto con i nostri figli: sempre, lo sforzo di capire il ruolo svolto nello sviluppo della nostra personalità da esperienze analoghe a quelle dei nostri figli, in quanto ci dà nuova chiarezza su di noi, produce dei cambiamenti positivi. Allora possiamo comprendere più a fondo che cosa hanno significato certe esperienze per la nostra vita e per il nostro rapporto con i genitori, e quindi anche come esse diano ora la loro impronta al nostro modo di atteggiarci di fronte ai sentimenti e alle manifestazioni di nostro figlio in circostanze analoghe. Tale comprensione di noi stessi ci consente di trattare con empatia le motivazioni di nostro figlio, il che aggiunge profondità e significato al nostro rapporto con lui, facendone un'esperienza più ricca di gioia per entrambi. Grazie all'empatia che scaturisce dall'aver compreso più a fondo il significato che hanno avuto per noi da bambini esperienze analoghe, ecco che non solo influiamo sugli atteggiamenti di nostro figlio, ma modifichiamo anche i nostri.

I bambini avvertono subito le ragioni per cui i genitori fanno qualcosa con loro per loro. Lo fanno per *dovere*, o gli piace veramente? Perché la mamma mi legge una storia? Perché vuole che mi addormenti tranquillo? Perché sa che mi piace, quando mi legge le storie? Perché prevede che questa storia mi piacerà? O perché pensa che sia suo dovere farlo? I bambini si pongono di queste domande, e naturalmente sono più felici se avvertono nel genitore il desiderio di dare loro piacere.

Quando leggiamo una storia a nostro figlio, pur svolgendo un'attività in comune, la sua esperienza e la nostra sono sostanzialmente diverse; tuttavia, se ci poniamo anche noi in relazione con la storia che leggiamo, e vi rispondiamo in maniera personale, allora possiamo dire di condividere realmente con nostro figlio quell'esperienza. E forse quella storia ci indurrà a ricordare episodi importanti della nostra infanzia. Mi è stato riferito che, leggendo il mio libro sulle fiabe, *Il mondo incantato*, alcune persone hanno improvvisamente capito come mai una certa fiaba era stata particolarmente importante per loro da bambini. Sapevano che li affascinava in modo particolare, che suscitava angoscia o piacere, o entrambe le cose;

ma solo allora avevano capito il perché, avevano capito a quali esperienze o problemi personali si riallacciasse, così da assumere un significato tanto particolare per loro.

Da bambini avrebbero voluto che i genitori gliela leggessero sempre di nuovo, nella speranza, inconscia allora ma ora chiara, che svelasse loro il suo importante messaggio. Per una delle mie lettrici si era trattato de *La famiglia Robinson*: tessendo fantasie sulle vicende narrate in quel libro, aveva trovato consolazione alla sua infelice situazione familiare. Anche per un'altra mia lettrice quel libro era stato importante; da bambina era molto infelice per le ripetute e prolungate assenze dei genitori, durante le quali veniva affidata a certi parenti che lei odiava, soprattutto perché usurpavano il posto dei suoi genitori, benché materialmente non le facessero mancare nulla. Diventata adulta, si rese conto di aver tanto importunato genitori e parenti perché le leggessero ad alta voce quel libro nella speranza che ne cogliessero il messaggio: che i bambini hanno bisogno della presenza dei genitori. Inconsciamente, cioè, aveva sperato che, leggendolo, capissero quanto avrebbe voluto che i suoi genitori smettessero di andarsene in giro per il mondo, oppure la portassero con sé nei loro viaggi.

Una volta compreso che per i bambini farsi raccontare sempre di nuovo la medesima storia può essere un modo per cercare di far capire ai genitori il messaggio che secondo loro essa comunica, per lei stessa come madre leggere le storie a suo figlio divenne un'esperienza molto più arricchente. Ricordando la grande delusione provata da bambina nel vedere che nessuno coglieva il messaggio che cercava di trasmettere attraverso *La famiglia Robinson*, la donna incominciò a prestare una diversa attenzione alle storie preferite di suo figlio.

Il fatto stesso di leggere libri al suo bambino acquistò nuovi e più profondi significati per lei. In precedenza l'aveva fatto perché, ricordando quanto era stato importante per lei, voleva procurargli il medesimo piacere. Ora, invece, le venne in mente che forse, nel richiedere una particolare storia, suo figlio volesse farle un dono: renderla partecipe di qualcosa di molto importante per lui. La donna fu felice di una simile dimostrazione di fiducia da parte del figlio, del suo bisogno di confidarle, attraverso le immagini di una storia, qualcosa di molto intimo.

Inoltre l'aver compreso l'importanza che *La famiglia Robinson* aveva rivestito per lei da bambina fornì a questa donna una nuova prospettiva da cui guardare la propria infanzia. Una predilezione che prima ricordava e considerava semplicemente come una fuga in fantasie di realizzazione dei desideri, ora le appariva come un atto intelligente e finalizzato: un tentativo concreto di risolvere una situazione che la rendeva infelice, l'assenza dei genitori. Mentre prima si ricordava incapace di modificare le circostanze che la opprimevano, ora riconosceva di aver fatto il possibile per convincere i familiari a cambiare. Da allora, quando leggeva delle storie al figlio, aveva sempre presente come quella fosse stata l'esperienza dalla quale aveva tratto un'immagine più positiva di se stessa bambina, e di conseguenza di se stessa come persona.

Quanto abbiamo detto a proposito del leggere le storie ai propri figli vale anche, con gli opportuni adattamenti, per molti altri aspetti del rapporto genitori-figli. Esplorare da adulti le proprie esperienze infantili può portare a scoperte e intuizioni molto importanti. Quando ciò accade, quello che genitore e figlio stanno facendo insieme diventa per entrambi di un'esperienza profondamente significativa; pur partecipandovi da due mondi diversi, le differenze contano meno del fatto che ciascuno è grato all'altro per la nuova consapevolezza raggiunta, per essere stato il tramite di una nuova crescita. L'elemento di parità insito in tale esperienza realmente in comune è particolarmente importante per il bambino, che si trova in questo caso a dare oltre che a ricevere.

Nel processo di sviluppo della personalità molte esperienze infantili sono dovute di necessità affondare nell'inconscio. Quando la personalità adulta è pienamente e saldamente formata, non sarebbe più necessario prendere le distanze dall'infanzia, ma a quel punto ormai tale distacco è divenuto per molte persone parte integrante della loro personalità. La scissione dalla propria infanzia, benché momentaneamente necessaria, se diventa permanente ci depriva di esperienze interiori che potrebbero mantenerci giovani di spirito e inoltre consentirci una maggiore e più profonda intimità con i nostri figli.

12. Raccontare ai figli la storia della nostra vita

Tristi vicende di un passato lontano
E battaglie di tanto tempo fa.
WORDSWORTH, *La mietitrice solitaria*

È naturale che i nostri figli siano curiosi su come eravamo prima della loro nascita, e vogliano sapere di quando eravamo bambini. E di solito a noi piace raccontare di noi ai nostri figli, perché si sentano più vicini a noi e, conoscendo le esperienze che ci hanno reso quello che siamo oggi, ci possano capire meglio. A livello di coscienza le nostre motivazioni sono complementari: noi vogliamo farci conoscere meglio, e loro vogliono conoscerci meglio. Se si tratta solo di questo, tutto bene: ma sovente entrano in gioco sentimenti più complessi, e allora i risultati possono divergere parecchio dagli intenti e dai desideri di entrambi.

Per chiarire meglio quello che intendo dire, supponiamo che l'infanzia del genitore fosse, come spesso succede, molto diversa da quella del figlio. Questo accentua il desiderio da parte del genitore di far comprendere al figlio le esperienze che l'hanno formato e rende il suo passato più interessante agli occhi del figlio, ma anche molto più difficile da capire, perché il bambino, al pari di tutti noi, basa la sua comprensione sulla propria esperienza. Supponiamo, inoltre, che il genitore abbia sofferto una vita di gravi privazioni, ma sia riuscito a crescere il figlio in condizioni di relativa agiatezza e comfort materiale. In tal caso il racconto della sua vita potrebbe avere effetti imprevisti. Per dare maggior rilievo a tali effetti, ricorrerò a un esempio dichiaratamente estremo: l'olocausto degli ebrei. Quello che mi preme sottolineare, tuttavia, è che tale esempio non fa che rendere molto più evidente ciò che non può non accadere ogni qualvolta la vita del genitore sia stata molto più dura di quella del figlio, almeno per ciò che concerne le condizioni di vita esterne.

Per il sopravvissuto, l'olocausto ha rappresentato certamente l'evento più tragico e più traumatico di tutta la sua esistenza, con conseguenze su di lui di portata inesauribile. Suo figlio avvertirà tutto questo a un'età molto precoce, molto prima di avere il senso della storia, appunto per l'influenza così forte che quell'esperienza ha avuto sul genitore. Nonostante la sua curiosità, esita quindi a porre domande, tanto più che avverte l'intensità e la problematicità delle emozioni che circondano l'argomento.

Il genitore, per parte sua, sarà riluttante a parlare della sua esperienza, un po' perché si tratta di ricordi dolorosi, che preferisce tenere lontani, un po' perché sa che suo figlio non può realmente capire che cosa è stato l'olocausto; ma soprattutto perché non vuole fare carico al figlio del pensiero delle sue terribili sofferenze e dell'idea che la vita possa avere risvolti così orribili. Se dunque, per il desiderio di proteggere il figlio, il genitore *non* gli parla dell'olocausto, della cui importanza nessun figlio di sopravvissuti è del tutto inconsapevole, il suo silenzio viene interpretato dal figlio come una voluta esclusione dal periodo più importante della sua vita, cosa che accentuerà la sua preoccupata curiosità. Il figlio potrebbe pensare, inoltre, che la reticenza del genitore sia dovuta alla certezza che lui non sia in grado di comprendere, il che, benché abbia un certo fondo di verità, gli dà la sensazione di essere considerato incompetente, se non addirittura indegno di ricevere simili confidenze.

Ecco che, benché il silenzio del genitore su una parte significativa del suo passato si fondi sul desiderio di proteggere il figlio, questi tenderà a interpretarlo come un giudizio di inadeguatezza. Allora, per rimettere le cose in pari, cercherà a sua volta di tenere nascosti al genitore aspetti importanti della propria vita. Anche nel caso che il figlio percepisca vagamente il desiderio del genitore di proteggerlo da un peso eccessivo, la qualità positiva di tale intento protettivo non sarà sufficiente a controbilanciare il senso di esclusione, di estraniazione e di inferiorità.

Le cose sono altrettanto se non più complicate quando il sopravvissuto decide di *parlare* al figlio dell'olocausto. Le sofferenze indicibili patite dal genitore non potranno che lasciare nel figlio una profonda impressione, facendogli apparire tanto più facile la sua vita. Potrebbe quindi concludere che mai, per nessuna ragione, dovrà dare motivo di dispiacersi a una persona che ha già sofferto tanto. Potrebbe addirittura pensare che sia suo preciso dovere compensarlo per il suo passato dandogli soltanto delle gioie, un proposito ovviamente irrealizzabile. Perciò, ogni volta che, nel processo di crescita, il figlio procurerà al genitore preoccupazioni o delusioni, come è inevitabile che faccia, si sentirà immediatamente in colpa. E questo finirà per inquinare il loro rapporto, perché il bambino non può fare a meno di provare risentimento per chi, anche se indirettamente, gli provoca sensi di colpa. Ecco dunque che, ancora una volta, lo sforzo di fare la cosa giusta da parte del genitore, in questo caso cercando di rafforzare il reciproco legame emotivo col dare fiducia al figlio facendosi conoscere da lui, finisce con l'interferire nel loro rapporto!

L'istintivo senso di colpa del figlio nei confronti del genitore crea già abbastanza problemi; in più c'è il rischio che il genitore faccia riferimento all'esperienza dell'olocausto in momenti in cui il figlio si sente intimamente a disagio o in dubbio circa una sua azione. Gli verrà allora fatto di pensare che il genitore abbia nominato apposta le sue sofferenze passate per farlo sentire in colpa, o per insegnargli a mostrare maggiore riguardo alla sua generazione. A lungo andare il figlio finirà per considerarlo una sorta di "ricatto emotivo" e per credere che il genitore gli abbia parlato delle sue esperienze per indurlo a comportarsi bene, e non per il desiderio di farlo partecipe di un aspetto importante del suo passato. Quell'idea finirà per fargli detestare il fatto di esserne stato messo a parte e provare risentimento per il genitore stesso.

E non è detto che idee del genere siano solo distorsioni senza fondamento. Senza rendersi conto coscientemente di farlo anche per questo motivo, può darsi che il genitore a volte alluda effettivamente al proprio passato per indurre il figlio a comportarsi con maggiore riguardo verso di lui e a essergli più grato per i sacrifici compiuti. Può anche succedere che il genitore (sempre senza esserne consapevole) provi una certa invidia per il figlio, che ha un'infanzia o una giovinezza tanto più felici della sua, e trovi in un certo senso ingiuste le privazioni patite. Emozioni del genere gli riportano ancor più vividamente alla memoria il passato, inducendolo a parlarne.

Mentre il genitore è del tutto inconsapevole di questi sentimenti, e rimarrebbe sconvolto nell'apprenderne la sotterranea esistenza, il figlio tende istintivamente a rispondere alle emozioni che avverte nell'inconscio del genitore, e prova quindi risentimento anziché piacere nel sentirsi raccontare del suo passato. Può addirittura pensare che solo una qualche sua orribile colpa potrebbe avere indotto il genitore a parlargli di esperienze tanto atroci.

I bambini e i ragazzi essendo molto più egocentrici degli adulti maturi, tendono per natura a credere di essere la causa di qualunque azione dei genitori. Perché, si chiedono, avrà scelto proprio questo momento per raccontarmi queste cose?

A quale scopo? E possono giungere alla conclusione, forse sbagliata, che la rivelazione sia stata provocata da qualcosa che hanno fatto, e non semplicemente dalla loro partecipe curiosità.

Le sofferenze, anche se meno drammatiche di questa, lasciano sempre un segno, e se non siamo liberi dal risentimento (ma pochi adulti che abbiano sofferto gravi privazioni lo sono) esso si insinuerà a nostra insaputa nei nostri racconti, dando un particolare colore alle nostre parole. Nostro figlio, essendo più influenzato dai processi inconsci e meno concentrato sui contenuti oggettivi, avvertirà il nostro risentimento, e ad esso risponderà con forza, giacché quello è un sentimento che gli è noto, mentre il passato gli è estraneo. Dato il suo egocentrismo, penserà che lo invidiamo perché la sua vita è migliore della nostra. Cioè, avvertendo il nostro risentimento, gli sembrerà che sia rivolto a lui: e a poco a poco arriverà a detestare quella che gli sembra la causa di tutto: il fatto di parlargli del nostro passato.

Se poi il genitore, più o meno inconsciamente, è davvero amareggiato perché gli sembra che suo figlio non apprezzi abbastanza i vantaggi di cui gode e che a lui furono negati da bambino, il figlio si risentirà del fatto che lo si voglia far sentire in colpa perché gode di vantaggi che in fondo non ha chiesto lui. Gli sembrerà che forse sarebbe meglio non averli, almeno non sarebbe tenuto a mostrarsene grato. È molto difficile per un genitore non provare intense emozioni, a livello di coscienza o inconsciamente, all'idea che il figlio abbia una vita più facile della sua. E ancora più difficile è riconoscere come sia praticamente impossibile per un bambino apprezzare "privilegi" che in realtà non ha scelto.

Inoltre, il bambino che si sente raccontare come i suoi genitori abbiano sopportato e superato gravi disagi e difficoltà, tende a dubitare di essere capace a sua volta di sopportarne di simili, e questo lo fa sentire inferiore, se non inadeguato. Ripensando a come erano stati bravi i suoi genitori in situazioni tanto difficili, potrebbe sentirsi sconfitto prima ancora di essersi messo alla prova, prima di avere trovato la sua strada, di avere capito come mostrarsi, nella sua vita, all'altezza dei genitori. Per un bambino conta molto di più quello che prova nei confronti di se stesso nel momento presente, che non la storia della vita dei suoi genitori, fatta di eventi di un vago e lontano passato, che gli appare irreale e difficile da visualizzare.

Ho potuto osservare atteggiamenti del genere in Israele, tra i primi immigrati e i loro figli, soprattutto ma non esclusivamente tra i fondatori dei kibbutzim e la generazione successiva. I giovani della nuova generazione ammettevano apertamente di essere amareggiati dal fatto che tutti gli atti di eroismo che avevano portato alla conquista di una patria e alla fondazione dello stato di Israele fossero già stati compiuti dai loro genitori: avevano la sensazione che a loro non fosse rimasto più nulla di importante da realizzare. Ma sotto la superficie si avvertiva in loro anche la preoccupazione di non essere bravi come i loro genitori, quand'anche si fosse presentata l'occasione di compiere analoghe eroiche imprese. Mentre apparentemente ammiravano le conquiste della generazione dei loro padri, nell'intimo provavano rancore per il senso di inferiorità che i racconti dei genitori suscitavano in loro, e ascoltavano quelle storie con uno stato d'animo di notevole ambivalenza. I più piccoli potevano alleviare il senso di inferiorità con fantasie compensatorie sulle grandi imprese che avrebbero compiuto da grandi, ma neppure loro, una volta cresciuti e imparato a vedere le cose con maggiore realismo, riuscivano a mantenere vive tali grandiose illusioni. Del resto, considerata l'effettiva inadeguatezza del giovane rispetto all'adulto, e le incredibili difficoltà che quei pionieri si erano trovati ad affrontare, come avrebbero potuto i loro figli non provare quei sentimenti?

Una delle frasi in cui i giovani di Israele uscivano sovente era: "Oh, i nostri genitori e i loro ideali!", espressione al tempo stesso della loro riluttante ammirazione e di un intimo rifiuto. I genitori, per parte loro, erano profondamente delusi nel constatare che i loro racconti sulle lotte sostenute non venivano accolti con il dovuto apprezzamento. Si erano aspettati un vivo interesse, se non anche ammirazione, e incontravano un atteggiamento quasi di noia. E, poiché non si rendevano conto che quella noia non era dovuta a mancanza di interesse, ma costituiva una difesa contro l'angoscia e il senso di inferiorità, rimanevano a loro volta feriti e delusi all'idea che i loro figli non li potessero capire.

Ma l'ostacolo, in questi casi, non è dato solo dal senso di inferiorità dei nostri figli. Nel ricordare il passato, è facile lasciarsi trasportare dalle emozioni evocate da ricordi dolorosi. Presi come siamo dalle emozioni suscitate dai nostri ricordi, non ci troviamo nella posizione migliore per valutare gli effetti che essi possono avere su nostro figlio. Ci aspettiamo vagamente che egli non solo provi simpatia per le nostre disgrazie, ma anche che si renda conto di quanto sia più fortunato di noi. E forse dovrebbe rendersene conto... ma, dal suo punto di vista, la sua vita è assolutamente normale, è come ha imparato ad aspettarsi e a dare per scontato che sia. Le cose che conosciamo da sempre non possono che apparirci normali. Perciò, in superficie nostro figlio potrà anche pensare di essere più fortunato di noi, ma è come se ripetesse qualcosa per sentito dire, senza una reale convinzione. Nel profondo dell'animo, non pensa affatto che la sua vita sia particolarmente fortunata, anche se questo è ciò che noi vogliamo fargli capire.

Aspettarsi che un bambino o un ragazzo si rendano conto di quanto sono fortunati, presuppone che essi siano in grado di guardare la propria vita e quella del genitore con obiettività, nonostante il fatto che della vita del genitore non abbiano alcuna esperienza diretta. Una simile obiettività esula completamente dalle capacità di comprensione di un bambino, a parte il fatto che anche il giudizio dell'adulto pecca di analoga soggettività, perché quella che egli considera una vita di privilegi può non essere vissuta affatto come tale dal bambino. Il bambino ha criteri suoi per definire le privazioni e le pene, e tra queste possono benissimo rientrare certi doveri imposti dal livello di vita della famiglia, nei confronti dei quali egli non ha avuto né ha possibilità di scelta. Per esempio, doversi mettere le soprascarpe quando piove non appare un privilegio al bambino, che fa fatica a infilarsele e a sfilarsele e deve pulirle prima di entrare in casa. Essere obbligato a lavarsi le mani prima di andare a tavola, a pulirsi di denti, a tenere in ordine la sua stanza e a rispettare le infinite regole che la vita in una famiglia borghese comporta: queste sono le "difficoltà" che il bambino conosce; non riesce neppure a immaginarsi come sarebbe la sua vita se non dovesse farvi quotidianamente fronte. Anzi, per un bambino, la prospettiva di non possedere soprascarpe, o di abitare in una catapecchia dove non occorra rimettere in ordine e stare attenti a non sciupare nulla, può addirittura parere romantico e affascinante, invece che rappresentare una vita di stenti e privazioni!

C'è un episodio della vita di Freud che può servire da esempio. Scrive Freud che suo padre gli raccontò una volta di essere stato malmenato da un teppista antisemita, senza essersi potuto difendere. Ma il giovane Sigmund, invece di provare simpatia per la persecuzione di cui il padre era stato fatto oggetto, provò disprezzo per lui, perché non si era ribellato: dalla posizione privilegiata in cui il padre stesso l'aveva posto, Freud si sentiva superiore a lui. Se questa fu la reazione del giovane Freud al racconto delle sofferenze paterne, che cosa possiamo pretendere dai nostri figli?

Come accadde al padre di Freud, raccontare il nostro passato ai nostri figli con la tacita speranza di rinsaldare così il nostro rapporto con loro, può invece aprire tra noi una frattura. Si tratta dunque di un'altra situazione senza via d'uscita? Sto forse dicendo che raccontare ai figli la storia della nostra vita sortirà sempre l'effetto opposto a quello desiderato? Fortunatamente non è così. Raccontare ai figli la nostra storia, se viene fatto con i sentimenti giusti, al momento giusto, nel contesto giusto, può davvero avvicinarci di più. Mi sono dilungato sui problemi che possono sorgere soprattuto per illustrare un concetto della massima importanza, e cioè che quanto più una situazione è emotivamente delicata e ricca di risonanze, tanto più è necessario gestirla con oculatezza, analizzando i nostri sentimenti e riflettendo su quali potrebbero essere i sentimenti di nostro figlio. Tutte le situazioni dotate di una forte carica emotiva sono come le medicine molto potenti: possono fare molto bene ma anche molto male. Se vengono somministrate correttamente, nelle circostanze appropriate, si manifestano le loro proprietà benefiche, mentre un uso scorretto può fare più male che bene.

"Fragile: maneggiare con cura" è l'avvertimento che dovremmo sempre tenere presente: significa che dobbiamo considerare attentamente i possibili effetti di quello che raccontiamo a nostro figlio, tenuto conto del limitato schema di riferimento che egli possiede. Se il racconto ha lo scopo di ispirare ammirazione, c'è il rischio che l'ammirazione venga offuscata dall'invidia e da sensi di inferiorità: e se ci rendiamo conto che quello che raccontiamo a nostro figlio potrebbe farlo sentire inferiore, allora, per amor suo, ne smorzeremo i toni per evitare che questo succeda. Quanto a dimostrargli quanto è più fortunato di noi, il renderci conto che di fatto cerchiamo di farlo sentire in obbligo verso di noi dovrebbe bastare a frenare un simile impulso. Sappiamo per esperienza che, mentre siamo felici di offrire spontaneamente la nostra gratitudine a quanti ci hanno fatto del bene, la pretesa che ci dimostriamo grati ci offende profondamente, perché implica una condizione di inferiorità. Cerchiamo dunque di non suscitare in nostro figlio sentimenti del genere; la cosa ci verrà più facile se teniamo conto che, dal suo punto di vista, molti dei suoi "privilegi" sono imposti, non scelti, e possono anche non sembrargli affatto tali.

L'esempio di quando si raccontano ai figli esperienze importanti e dolorose della nostra vita mi è servito per chiarire come qualunque situazione possa avere risvolti imprevisti, anche quando non c'è conflitto tra genitore e figlio, bensì, al contrario, l'intento cosciente di aumentare la comprensione reciproca. È così facile che genitori e figli vedano le rispettive esperienze, quando non anche l'altro, "attraverso uno specchio oscuro", perché entrambi si basano esclusivamente sul proprio personale schema di riferimento. Tuttavia visto che i bambini non possono fare altrimenti, sta al genitore sforzarsi di guardare la situazione da entrambe le prospettive. Questo richiede, tra le altre cose, di essere sinceri con noi stessi riguardo ai sentimenti che proviamo per nostro figlio, e di essere sinceri con lui e con noi circa le ragioni che ci muovono: dobbiamo analizzare a fondo e con obiettività le nostre motivazioni, per essere sicuro di agire realmente nel suo interesse.

L'esempio serve inoltre a far capire come, in tutte le interazioni tra genitori e figli, il nodo centrale sia il contesto di base entro il quale ha luogo l'interazione, ovvero la natura del rapporto: i sentimenti più profondi che l'uno prova per l'altro, l'intima sicurezza che ciascuno ha circa se stesso e circa le intenzioni dell'altro nei suoi confronti, la naturalezza con la quale viene vissuto il rapporto, l'atteggiamento nei confronti del problema in atto. In verità, se il rapporto tra il giovane Freud e suo padre fosse stato migliore, sentirsi raccontare dell'umiliazione subita dal padre avrebbe suscitato nel figlio simpatia, e non disprezzo.

Perciò è importante avere sempre presente che i bambini e i ragazzi possono vedere le cose soltanto da loro punto di vista, che è molto diverso dal nostro. Se ci ricordiamo di questo semplicissimo dato di fatto (semplice, anche se i processi coinvolti nel rapporto possono essere molto complessi), allora tutto andrà per il meglio. Allora vedremo nostro figlio e i suoi problemi con chiarezza, e non attraverso uno specchio oscuro, o deformato dal coinvolgimento con noi stessi e con il nostro passato, o dalle nostre ansie circa il futuro.

Parte seconda

Lo sviluppo della personalità individuale

13. La conquista dell'identità

> Richiesto di dire quale fosse la cosa più difficile per l'uomo, il filosofo greco Talete rispose: "Conoscere se stesso."

In tutti i bambini sono presenti già al momento della nascita, in forma embrionale ma chiaramente riconoscibili, le impronte di quella che sarà la loro futura personalità. Occorreranno anni di vita e di esperienze perché questi primi accenni del carattere futuro incomincino a emergere come contorni di una personalità, e altri ancora ne dovranno trascorrere perché essa possa dirsi pienamente e saldamente formata: una personalità capace di resistere ai rigori della vita e di rendere il dovuto servizio al suo possessore, divenuto ora, dopo essere passato attraverso infinite prove e tribolazioni, "signore e padrone del suo volto".

La strada che conduce alla conquista della propria identità è irta di tranelli e di deviazioni, e comporta spesso false partenze ed errori di orientamento; allora bisogna tornare sui propri passi, ma a volte nasce l'incertezza sulla direzione da seguire. Molto spesso, nel nostro cammino, precipitiamo nei dubbi più profondi circa noi stessi, dubbi che, soprattutto quando siamo giovani e insicuri, cerchiamo di nascondere e di negare fingendo grande sicurezza. Se è difficile diventare se stessi, ancora più difficile è scoprire in che cosa consista essere se stessi, riconoscere quali siano le componenti essenziali della propria personalità e quali quelle accessorie. Tuttavia, solo se sappiamo discriminare tra di esse possiamo dire di avere conquistato la nostra identità.

Conoscere se stessi è un'impresa tanto difficile appunto perché tutti possediamo tratti che non ci piacciono, che non approviamo o che non ci convincono del tutto. A volte la nostra ricerca dell'identità ci porta a compiere deviazioni che possono essere dolorose o pericolose; lo facciamo per metterci alla prova, spesso senza sapere che questo è il senso delle nostre azioni e che poi dobbiamo riflettere su quello che i nostri esperimenti ci hanno rivelato di noi stessi.

Quali che siano la situazione concreta, l'età o il sesso dei nostri figli, la nostra empatia e simpatia per la loro dura lotta alla conquista di una personalità individuale, per i loro tentativi di scoprirsi, affermarsi e infine definirsi, mettersi alla prova rivestono per loro un'importanza decisiva. Nostro figlio ha bisogno dell'atmosfera creata dalla nostra affettuosa partecipazione, per riuscire a conquistarsi un'identità vitale, coerente, che gli consenta di far fronte alla vita con autenticità. Per quanto preoccupanti o irritanti siano di volta in volta le sue azioni, l'atteggiamento interiore del genitore verso il cammino del figlio alla conquista della sua personalità dovrebbe sempre rimanere di rispettosa e gioiosa accoglienza; muterà invece il modo in cui tale atteggiamento si manifesta, a seconda delle diverse forme che la ricerca dell'identità assume via via che il bambino cresce.

Più il bambino è piccolo, più questo atteggiamento di fondo del genitore deve tradursi in gesti che mostrino inequivocabilmente il suo desiderio che il figlio arrivi a formarsi un'identità sua, per esempio in espressioni di manifesta approvazione e piacere quando il bambino afferma se stesso in modo positivo. La partecipazione attiva dei genitori è necessaria perché, all'inizio, l'identità del bambino si forma esclusivamente in relazione a essi; la sua identità potrà essere positiva soltanto se è in armonia con l'atteggiamento dei genitori verso di lui. Se il loro atteggiamento è in parte negativo, la sua identità risulterà frammentata.

Quando il bambino sente che quello che è e che fa dà gioia ai suoi genitori, questa esperienza lo fa sentire felice e importante, perché è come se i genitori riconoscessero che *la sua persona* è la fonte della loro gioia. L'approvazione dei genitori lo porta a viversi come un individuo riconoscibile, diverso da tutti gli altri, e diventa così l'incentivo a formarsi la sua personalità individuale. Nella mente del bambino, il passaggio dal sentire che *quello che fa* dà piacere al pensare che è *lui, la sua persona,* a dare piacere avviene appunto nei primi anni di vita. Nel nostro linguaggio tecnico, il piacere con il quale i genitori accolgono quello che il figlio è e fa fornisce al bambino le esperienze necessarie allo sviluppo del narcisismo, cioè di quell'amore di sé che rimane la fonte inesauribile del desiderio di costruirsi una personalità individuale, unica e irripetibile, il più possibile aderente alla propria natura.

Paradossalmente tale unicità di individuo irripetibile incomincia a prendere forma quando il bambino ripete qualche azione che aveva fatto piacere ai genitori e, attraverso di essi, a lui stesso. Quel comportamento può allora diventare un tratto permanente della sua condotta, così da continuare a meritarsi l'approvazione dei genitori. Una della cause del comportamento ripetitivo dei bambini piccoli è appunto la gioia che ricavano dall'approvazione dei genitori. È dunque della massima importanza che questi facciano capire chiaramente al bambino quali dei suoi comportamenti fanno loro piacere, dandogli la possibilità di vivere questa esperienza più e più volte. Per ripetere certi tipi di comportamento abbastanza spesso da assumerli come abitudini, il bambino ha bisogno di segnali chiari e costanti; l'approvazione dei genitori gli fornisce poi un motivo per incorporarli permanentemente nella sua nascente personalità.

Purtroppo, il processo che è stato qui descritto in forma positiva può avvenire anche al negativo. Il bambino che ha l'impressione di ricevere dai genitori soprattutto o, peggio, esclusivamente reazioni di scontentezza, tenderà, per autodifesa o per rappresaglia, a reagire negativamente non solo verso di loro ma anche verso di sé. E anche questo può divenire un comportamento ripetitivo e abituale, una forza motivazionale della personalità in via di sviluppo: è come se il bambino avesse bisogno di procurare dispiacere alle persone significative che creano in lui un così profondo senso di insoddisfazione; e questo, contemporaneamente, accentua ancora di più il profondo senso di delusione nei propri confronti. Lo schema insoddisfazione-dispiacere può allora entrare a far parte del carattere del bambino in maniera altrettanto definitiva del desiderio di provare piacere e di fare ciò che lo procura.

Se tuttavia i genitori gli segnalano ripetutamente la loro gioia per quello che è e che fa e tutto va bene, il bambino è pronto a compiere il passo successivo, in cui incomincia a dare un contenuto più specifico alla propria individualità attraverso un'identificazione parziale con i genitori, scegliendo cioè alcune caratteristiche della personalità di ciascuno di essi da inserire nella propria. Altre caratteristiche verranno tratte da eventuali fratelli maggiori o da altre persone significative. Tale incorporazione incomincia copiando, per quanto l'età lo consente, certi comportamenti, che diventeranno abitudini e infine forze motivanti interiori.

Con grande costernazione di molti genitori, il bambino incorpora nella propria personalità quegli aspetti della loro che lasciano in lui l'impressione più profonda, e non già quelli che loro vorrebbero che interiorizzasse. Si tratta sovente di aspetti che ai genitori stessi non piacciono, ma che si dà il caso rispondano ai bisogni o ai desideri del bambino in quel momento. E questo succede perché il bambino è più impressionato, e quindi influenzato, dalle emozioni che avverte nel genitore, che non dalle sue intenzioni coscienti. Per esempio, supponiamo che il genitore sia in preda a una forte collera, ma che, convinto che si tratti di un sentimento sbagliato o irrazionale, la controlli o la rimuova, cercando di non dare importanza alla situazione che l'ha provocata. Il figlio, tuttavia, poiché risponde ai sentimenti rimossi del genitore più che ai motivi che l'hanno indotto a rimuoverli, assorbirà nella sua personalità la collera, e non già il controllo della collera. Anche la depressione del genitore, benché la depressione non possa essere considerata propriamente una forza attiva, plasma potentemente la personalità del bambino piccolo. Per il bambino, infatti, essa è una forza attiva, che imprime alla sua vita una direzione negativa per l'assenza di risposte positive alla sua persona e alle sue azioni. Il bambino insomma continuerà a essere convinto della grande importanza di ciò che può aver causato i sentimenti del genitore e non sarà per nulla toccato dai vantaggi della rimozione, benché sia proprio il controllo delle emozioni ciò che il genitore vorrebbe che il figlio inserisse nella sua personalità. Ma, come si è detto, non è questo quello che succede, perché a questa età sul bambino fanno un'impressione molto più profonda le emozioni che il genitore vuole rimuovere, che non la rimozione in sé, che è un processo intellettuale, o le ragioni che la determinano. Può anche darsi che il bambino, per motivi suoi, abbia in quel momento bisogno di rispondere positivamente alla collera e negativamente al controllo della collera. Inoltre, per i bambini in particolare, ma lo stesso vale per tutti noi, è più facile scoprire le manovre difensive degli altri piuttosto che le proprie.

Il precursore di ciò che in seguito sarà la personalità individuale, il sé, di ciò che costituirà l'identità è quello che è stato a ragione chiamato sé corporeo. Il sé corporeo costituisce la base sulla quale verranno costruiti tutti gli aspetti più complessi e specifici della personalità, che ne determinerà in gran parte il contenuto e la struttura successivi, nonché il suo grado di solidità o di fragilità. Il sé del neonato è tutto nel suo corpo; perciò gli atteggiamenti che egli sviluppa nei confronti del proprio corpo rivestono un'importanza determinante. E che lo percepisca principalmente come fonte di godimento o di disgusto dipende di riflesso dall'atteggiamento che hanno verso di esso i suoi genitori, soprattutto il genitore che lo accudisce regolarmente.

A determinare l'atteggiamento del lattante verso il proprio corpo, e dunque a gettare le basi del suo sé, contribuiscono molte esperienze vissute con particolare intensità. Perciò è così importante, per esempio, il modo in cui viene vissuto dal genitore che dà da mangiare al bambino il momento della poppata: se, cioè, rappresenti per lui un'esperienza talmente piacevole da dedicarvi tutto il tempo e la calma necessari, o se invece il bambino viene spinto a fare in fretta, perché il genitore non vede l'ora che sia finita. Le esperienze che contribuiscono a far costruire al lattante una certa immagine di sé possono essere le più diverse, ma si tratta sempre di esperienze che hanno luogo nell'ambito delle interazioni con i genitori.

Nella situazione dell'allattamento, che è così centrale nella vita del bambino, moltissimo dipende da come viene tenuto in braccio, da come viene stimolato a fare il ruttino, da come reagisce il genitore quando rigurgita il latte, e così via. Se l'atteggiamento del genitore è positivo, il lattante finirà per avere la sensazione che il suo corpo è buono, funziona bene e ha reazioni che vengono accettate senza riserve. Se, al contrario, le sue reazioni vengono accolte con un atteggiamento negativo, il piccolo finirà per percepire il proprio corpo come qualcosa di inadeguato. Nel primo caso il sé corporeo verrà investito di connotazioni positive, nel secondo di connotazioni negative.

Le percezioni derivate dall'esperienza della poppata vengono rinforzate da molte altre esperienze quotidiane: quella di fare il bagno, del cambio dei pannolini, di essere vestito e svestito, di essere messo a letto e cullato. In tutte queste situazioni molto dipenderà dal fatto che al genitore piaccia davvero toccare e maneggiare il corpo del suo bambino, o invece trovi fastidiosi se non decisamente disgustosi certi aspetti delle cure materne. In quest'ultimo caso, il bambino non sarà in grado di costruire un buon rapporto con il proprio corpo e con le sue funzioni, e quindi con se stesso.

In queste come in molte altre interazioni tra genitore e figlio, quello che conta non sono soltanto i sentimenti coscienti del genitore, ma soprattutto quelli di cui non è consapevole, e a maggior ragione quelli che vuole rimuovere perché si sente in dovere di dare al figlio tutte le cure necessarie. È soprattutto questa idea che impedisce al genitore di scoprire quali sarebbero i suoi veri sentimenti, se consentisse a se stesso di prenderne coscienza. Potrebbe scoprire, per esempio, che le feci gli fanno schifo per qualche ragione che si ricollega al modo in cui lui, da bambino, fu educato al controllo delle funzioni fisiologiche. In tal caso, per quanti sforzi faccia per assumere un atteggiamento positivo quando pulisce suo figlio, l'intima repulsione che prova (di cui può essere assolutamente inconsapevole, avendola rimossa in profondità quando era molto piccolo) verrà inconsciamente trasmessa al figlio. S'intende che il lattante riceve questi messaggi solo al livello inconscio, se non altro perché alla sua età conscio, preconscio e inconscio non sono ancora nettamente distinti, non operano separatamente, ma costituiscono un'esperienza globale, unitaria. Ciò nonostante, il lattante risponde con intensità alle reazioni interiori dell'adulto, anche se queste si manifestano in modo a mala pena percettibile, attraverso minimi cambiamenti dell'espressione del viso, di cui l'adulto stesso non si rende conto, o attraverso l'impercettibile irrigidirsi del corpo, o con la fretta con cui viene condotta l'operazione; oppure non tanto con le parole che accompagnano i gesti quanto con il tono di voce; con le sensazioni trasmesse dal tocco delle mani, e attraverso innumerevoli altri segnali.

Dunque lo sviluppo della personalità individuale ha realmente inizio nella prima infanzia, quando il comportamento dei genitori esprime (o manca di esprimere) il loro interessamento per il corpo del figlio e per le sue funzioni, la loro convinzione che il suo corpo sia qualcosa di prezioso, di degno del loro amore e delle loro cure. Questi messaggi vengono trasmessi al bambino, e da lui richiesti, quotidianamente. Per esempio, il bambino di pochi mesi, quando scaglia fuori del lettino un oggetto e aspetta che glielo raccogliamo per poi gettarlo nuovamente per terra, non fa che verificare se, nonostante i suoi dubbi, davvero egli sia in grado di agire nel mondo. E noi di solito siamo pronti a dargli la conferma che chiede.

Ci riesce molto più difficile, invece, provare empatia per nostro figlio quando, di lì a un paio d'anni, "pianta" dei capricci terribili e urla come un pazzo, invece di emettere felici gorgoglii come faceva quando gli raccoglievamo il sonaglio che aveva scagliato fuori della culla. Ora l'irragionevolezza del suo capriccio, la sua mancanza di autocontrollo e la sua disperazione ci sconvolgono, al punto che non ci accorgiamo che il suo scopo è sostanzialmente lo stesso di quando giocava nella culla: scoprire quello che è in grado di fare e quali possono essere le conseguenze delle sue azioni.

Le crisi di collera dei bambini intorno ai due anni sono espressione della loro profonda disperazione per il fatto di non possedere un sé al loro servizio. Il guaio è che, una volta che la disperazione l'ha sopraffatto al punto da fargli fare il capriccio, il bambino ne è talmente preda che ogni altra cosa scompare, compreso il ricordo di quello che voleva e non è riuscito a ottenere. Il capriccio è quindi, contemporaneamente, una reazione all'incapacità di ottenere quello che desidera e un'ulteriore conferma, ai suoi occhi, dell'inadeguatezza del suo sé. Il bambino lo vive come un crollo totale, e, reso impotente com'è dalla sua stessa furia, ha più che mai bisogno di aiuto. Sentirsi dire che *quando sarà più grande* sarà in grado di fare quella certa cosa non gli è di aiuto, perché lui vive solo nel presente: quello che non può fare ora, è convinto che non saprà farlo *mai*; ed è questa la ragione della sua abissale e autodistruttiva disperazione. Essa è autodistruttiva non tanto perché, rotolandosi per terra come un ossesso, potrebbe farsi male, bensì perché, quando è a tal punto preda delle emozioni, non solo non riesce a raggiungere i suoi scopi, ma ha perduto il controllo del proprio corpo.

Data la costellazione di emozioni che sta dietro queste scenate, offrire al bambino l'oggetto desiderato può servire solo all'inizio, prima che la disperazione abbia cancellato dalla sua mente l'oggetto che ha scatenato la frustrazione. Quando è ormai nel pieno della crisi tanto da non saperne più la causa, risulta più efficace cercare di distrarlo, per esempio mostrandogli un oggetto che di solito ambisce e invitandolo a venire a prenderlo. Una volta in grado di compiere il primo passo in quella direzione la crisi è passata, anche se l'infelicità per avere perduto il controllo potrà perdurare ancora per un poco. Il sistema funziona perché non c'è modo migliore per dimostrargli che il suo sé (che a questa età è ancora in larga misura un sé corporeo, fondato sulla capacità di compiere movimenti finalizzati) non ha cessato di esistere se non fornendogli l'occasione di sperimentare direttamente come egli sia effettivamente in grado di muovere il suo corpo come vuole e di andarsi a prendere le cose che desidera.

Il cammino che il bambino deve percorrere per arrivare a sviluppare la sua personalità individuale è lunghissimo. Inizia dai primi tentativi di essere un soggetto agente scagliando il sonaglio fuori della culla, per dimostrare a se stesso di essere capace di far succedere delle cose; e passa per la fase delle crisi di collera e dei capricci, che sono provocati dal fallimento dei suoi tentativi di dimostrare a se stesso di essere capace di conseguire i propri scopi. All'inizio il bambino non ha ancora un sé, sta solo cercando di formarselo, mettendo alla prova la propria capacità di compiere delle azioni: è la prima tappa del suo lungo cammino. Qualche anno dopo, le sue crisi di collera dimostrano come non stia più cercando di *essere* un sé, bensì di verificare che cosa quel *sé sappia fare per lui*. Collera e disperazione sono la conseguenza dell'essersi dovuto rendere conto che, contrariamente alle sue speranze, il suo sé non è in grado di fare quello che egli vorrebbe.

Quando parlo di essere o possedere un sé mi riferisco alle percezioni, ai sentimenti, del bambino, giacché il bambino non è ancora in grado di comprendere concettualmente che cosa comporti essere un individuo, un'entità unica e irripetibile, o possedere un'identità personale. In questa fase il bambino si riconosce come "individuo" quando si sente separato dagli altri, quando si vede, per esempio, riflesso nello specchio, o percepisce che è lui a "far muovere" le proprie gambe o braccia. Ora la sua autoconsapevolezza comporta la percezione di essere lui a decidere di fare una cosa e quindi a farla, senza peraltro il riconoscimento di come tutti i suoi desideri, azioni, pensieri e sentimenti formino qualcosa di unitario, andando a costituire un'identità personale e ben definita.

Raccogliere i cocci

I problemi che la conquista dell'identità comporta sono stati più volte analizzati e sono noti a tutti. Ma non è sempre facile applicare ai nostri figli queste nozioni quando, per esempio, da adolescenti sembrano convinti che l'essenza stessa della vita consista nel seguire le stupide mode dei loro coetanei; o quando mettono in discussione, o addirittura rifiutano, il nostro modo di vivere, aspettandosi nello stesso tempo che noi continuiamo a garantirgli una vita comoda e agiata; o quando disprezzano i nostri valori, laddove sono proprio quei valori che gli consentono di criticarli impunemente, in quanto ci impediscono, per esempio, di imporre loro la nostra volontà con la forza. Se il comportamento dei nostri figli, mentre cercano di trovare se stessi, non assumesse a ogni fase del loro sviluppo tante forme diverse e talvolta non cambiasse da un momento all'altro, allora sarebbe più facile cogliere la continuità di questo processo. Ma di fronte a simili improvvisi, camaleontici cambiamenti è molto difficile rendersi conto che la loro condotta riflette pur sempre la ricerca della propria personalità, del proprio sé, della propria identità.

Quante volte, per esempio, i nostri ragazzi si danno l'aria di essere molto più autosufficienti e maturi del vero, vantandosi con arroganza che non gli importa nulla se disapproviamo le loro azioni, e poi, pochi minuti dopo, se non nello stesso istante, aspettandosi che noi li serviamo e accudiamo come se fossero ancora dei bebè. Sì, è davvero difficile ricordarci che nostro figlio, che ormai è più alto e più forte di noi, sta cercando se stesso, quando di fatto si comporta come un bimbo di tre anni, che grida "Io, io! Lo faccio da solo!", e intanto si aspetta che lo facciamo noi per lui: esattamente come quando stava imparando ad allacciarsi le scarpe o a infilarsi il cappotto. Il fatto è che i nostri figli hanno bisogno di affermare a gran voce la propria indipendenza e autosufficienza a tutte le età, in modo da poter godere del nostro aiuto e delle nostre cure senza perdere il rispetto di sé.

Per diventare se stessi, tutti hanno bisogno di esperienze sia di solitudine, sia di vita attiva e coinvolgente. Purtroppo, nella convivenza con i figli, succede che non sempre si sia d'accordo circa i tempi, le condizioni e la quantità di solitudine e di rapporti sociali necessari. Sovente, quando a noi sembra che farebbe loro bene passare il tempo in tranquilla concentrazione, i nostri figli sentono il bisogno di un turbine di attività frenetiche, mentre quando secondo noi non fa loro bene isolarsi così tanto, essi per motivi loro, provano il bisogno impellente di rinchiudersi in se stessi.

Eppure, persino simili fluttuazioni dell'umore sono più facili da accettare che non l'imprevedibile oscillare della loro condotta tra progressione e regressione, per cui tutte le acquisizioni raggiunte crescendo sembrano improvvisamente perdute e vengono sostituite dalla condotta più puerile. È difficile accettare senza apprensione che il proprio figlio, perfettamente educato e ammodo, diventi da un giorno all'altro uno sciattone sbrindellato; che un ragazzo, che era sempre stato bravissimo a scuola, perda ogni interesse per lo studio e passi le giornate a fantasticare. Ma questi improvvisi cambiamenti indicano di solito che sotto sotto si stanno verificando senza che il ragazzo lo sappia, alcuni degli sviluppi più importanti dell'adolescenza, che assorbono tutte le energie in suo possesso.

Tradotto in linguaggio psicoanalitico, questo significa che, perché sia possibile la transizione alla fase di sviluppo successiva, è necessario che vengano rielaborati, al nuovo livello, i problemi delle fasi precedenti. Per esempio, con l'ingresso nell'adolescenza, il ragazzo, che pure aveva già raggiunto una notevole sicurezza riguardo al proprio corpo, rivive in gran parte le insicurezze di un tempo, oltre ad affrontarne delle nuove. La rapida crescita fisica che ha luogo nella pubertà lo mette a disagio nei confronti del proprio corpo, e questo rende difficile, ma nello stesso tempo più pressante, la rielaborazione di precedenti problemi riguardanti la corporeità.

Ricompaiono sovente in forma acuta, anni dopo che avevano cessato di costituire un problema di qualunque genere, fissazioni orali risolte nella prima infanzia, o difficoltà emotive vissute durante l'addestramento al controllo degli sfinteri e al rispetto delle norme dell'igiene e della pulizia, che pure già erano state superate all'epoca della scuola materna, se non prima. L'adolescente sciattone ora è forte abbastanza da mettere in atto le resistenze contro l'ordine e la pulizia che da piccolo era stato costretto a reprimere. Quei sentimenti infantili vengono ora riattivati perché il ragazzo deve liberarsi dell'antica repressione, che altrimenti interferirebbe nel processo che lo porterà a diventare un individuo capace di autodeterminarsi. Perciò i vecchi problemi devono ora essere rielaborati a un livello superiore: perché possano assumere nuovi significati nella formazione del carattere. Se tale nuova e più elevata integrazione viene raggiunta, essi arricchiranno il nostro carattere, se invece i vecchi problemi non vengono toccati dalla personalità in sviluppo, finiranno per inchiodarla all'immaturità del precedente livello. Se cioè quei problemi e sentimenti non vengono rivissuti e rielaborati, diventano blocchi arcaici inseriti in una matrice più progredita, elementi estranei ed estranianti della nuova personalità, che creano in essa delle crepe, la rendono fragile, facile a spezzarsi nei momenti di crisi.

Durante tutta la vita, dunque, ma specialmente nei periodi di accentuata crescita della personalità è giusto e necessario che le antiche esperienze vengano rivissute e rielaborate. So che è difficile ricordarsene quando nostro figlio adolescente, all'improvviso e senza un motivo apparente, si mette a "fare i capricci" come quando era piccolo, ritorna a essere sporco e disordinato come tanti anni fa, si ingozza di cibo o si rifiuta di mangiare, come se il ritorno a simili comportamenti infantili fosse l'unico modo che conosce per ottenere quello che vuole da noi, o per esprimere il suo dissenso. Tuttavia, l'adolescente ha bisogno di risolvere oggi su basi diverse quegli antichi conflitti e di dare loro un senso completamente nuovo nel repertorio della sua personalità. Si tratta di un'impresa che richiede tempo e moltissima energia, che quindi non è più disponibile per i fini o i tipi di comportamento che al genitore possono sembrare più adeguati all'età del figlio. A ben guardare, peraltro non esiste occupazione più importante del superamento di antichi traumi, fissazioni e problemi, che riguardano l'atteggiamento verso il proprio corpo e le sue funzioni, il rapporto con i genitori, l'immagine di sé, la prefigurazione delle mete future.

La difficoltà maggiore, rispetto a questo processo di scoperta di sé attraverso un'alternanza di regressioni e progressi, è che esso richiede da parte dei genitori un costante atteggiamento di intima accettazione, ma anche, a seconda dell'età del figlio e della situazione, tutta una serie di risposte manifeste diverse.

Capire e accettare il fatto che il lattante, quando scaglia con gridolini di gioia il poppatoio o il sonaglio fuori dalla culla, stia cercando di acquisire un senso di sé non è molto difficile, e infatti di solito sappiamo reagire nel modo giusto. Molto più arduo è però rispondere nel modo giusto quando un adolescente scaglia fuori della finestra, per così dire, i nostri valori, sperando, inconsciamente, che noi si sia altrettanto disposti di allora e, quel che *più conta*, altrettanto felici di raccogliere i cocci e di restituirglieli. In altre parole, mentre, perché il bambino abbia un sano sviluppo, i suoi genitori devono, a qualunque età, "raccogliere i cocci", il significato e il contenuto specifico di questo gesto varieranno a seconda dell'età e della relativa maturità del bambino, nonché dello stato delle sue relazioni con i genitori.

Il rispetto di sé nasce con il sé corporeo

Poiché, come si è detto, tutte le successive fasi di sviluppo della personalità individuale hanno le loro radici nel sé corporeo, il contributo più importante che i genitori possono dare al proprio figlio consiste nell'aiutarlo a sviluppare un atteggiamento sano e positivo nei confronti del proprio corpo; nel fargli sentire che le sue reazioni sono accettabili, comunicandogli nel contempo quanto essi stessi lo amino e lo apprezzino, in modo che anche il bambino lo ami e lo apprezzi. Se il genitore riesce a istillare questi atteggiamenti nel figlio quando è ancora piccolo, questo costituirà una valida salvaguardia, nell'adolescenza, contro l'impulso a compiere azioni fisicamente, piscologicamente, e socialmente rischiose. Se il suo corpo (ma non solo quello, naturalmente) è stato trattato con amore e tenerezza, il bambino, via via che cresce, che scopre e quindi afferma la sua individualità, interiorizzerà l'amore e la tenerezza che il suo corpo ha ricevuto, trasformandoli in rispetto, per il proprio corpo e per se stesso come persona. L'apprezzamento mostrato dai genitori per il corpo del figlio e per le sue funzioni e reazioni finirà per tradursi in apprezzamento e rispetto per il proprio corpo da parte del figlio, nel desiderio di mantenerlo inviolato, protetto dai pericoli insiti nell'affermare il dominio sul mondo esterno attraverso imprese fisiche rischiose, o nel far fronte alle pressioni interiori attraverso gesti autodistruttivi, per esempio rifiutando di nutrirsi, come nell'anoressia, o mangiando a dismisura, come nella bulimia, o ricorrendo alla droga o a eccessi sessuali.

Un tempo era più facile per i genitori comunicare ai figli in modo convincente e concreto l'interesse e la cura per il loro corpo: i bambini, anche gravemente ammalati, venivano sempre curati in casa dai genitori; e in una società caratterizzata da scarsa disponibilità di beni materiali, il fatto stesso di procurare cibo sufficiente era di per sé una dimostrazione dell'interesse dei genitori per il benessere fisico dei figli. Anche in questo caso, certi atteggiamenti, che in passato si potevano comunicare in maniera tangibile e diretta, oggi bisogna trasmetterli in forme più sottili, a livello psicologico. Ma il rispetto dei nostri figli per il proprio corpo e se stessi si basa sempre sulla percezione che hanno avuto del nostro modo di trattarli da bambini.

Nel lunghissimo processo di acquisizione di un'identità personale, che incomincia a delinearsi in forma interiorizzata solo con l'adolescenza, gli atteggiamenti e le azioni dei genitori possono dunque assumere importanza decisiva in senso sia positivo sia negativo. Perché ciascuna tappa conduca in modo fattivo alla meta, cioè allo sviluppo dapprima di un sé e in seguito di una solida e ricca identità personale, il genitore deve innanzitutto comunicare in modo inequivocabile di approvare senza riserve la conquista dell'autonomia da parte del figlio: senza la sua approvazione, ogni gradino raggiunto rimarrà vacillante, e costituirà una base troppo precaria per costruirvi sopra i successivi.

Quando il bambino, nella misura in cui incomincia a padroneggiare il suo ambiente, fa i suoi esperimenti per provare che cosa sa e può fare da solo, sorgono, com'è naturale, molti problemi. I bambini di due o tre anni, che vogliono esplorare e comprendere il mondo, si cacciano in tutta una serie di guai. E, come sempre nell'educazione dei bambini, è praticamente impossibile approvare tutto quello che fanno, esserne contenti e incoraggiarli, senza mai dover imporre delle proibizioni. Le risposte del genitore *non* possono essere *sempre* positive: i "no" sono *necessari* tanto quanto i "sì", e del resto certi "sì" non sono né meglio accetti né meno nocivi dei "no", per il bambino.

Quello che veramente è essenziale, se vogliamo che nostro figlio sia contento di quello che è (e sviluppi il suo sé), è in primo luogo che le esperienze dell'approvazione materna e paterna superino di gran lunga quelle della disapprovazione; e inoltre che l'approvazione sia accompagnata da lodi esplicite e da un reale intimo piacere da parte nostra (e, più avanti, di altri adulti per lui importanti), e sottolineata, se è il caso, da ricompense idonee; mentre la disapprovazione andrebbe espressa con la massima dolcezza possibile, per non creargli troppa ansia e per non scoraggiarlo troppo.

In pratica, questo comporta che il genitore superi l'ansia o l'irritazione per quello che il figlio sta facendo; oppure, se questo non è possibile, che ansia e irritazione siano proporzionate e circoscritte alla situazione del momento. In realtà, molto spesso le reazioni dei genitori trascendono i limiti oggettivi della situazione in atto e sono influenzate da preoccupazioni riguardanti il futuro, ed è proprio questo tipo di ansia che provoca a volte un'indebita severità o una repressione eccessiva.

E l'inconveniente è duplice, perché, innanzitutto, il bambino si relaziona esclusivamente con la situazione presente, ed è convinto che lo stesso facciano i genitori. In secondo luogo, quando la preoccupazione del genitore è circoscritta al problema in atto, invece di essere accentuata da considerazioni sulle possibili conseguenze negative per il futuro, gli riesce più facile pensare a modi di agire da proporre al figlio in alternativa a quello che sta seguendo. E voglio credere che non ci sia bisogno di sottolineare come la nostra eventuale disapprovazione per la condotta o per i progetti di nostro figlio non debba in nessun caso estendersi alla sua persona né al suo desiderio di esplorare attivamente il mondo attorno a lui: solo esplorando e sperimentandosi, infatti, egli potrà sviluppare il suo sé, la sua intelligenza, la capacità di formarsi dei giudizi.

Restrizioni alla crescita

Se per qualunque motivo i genitori, anziché incoraggiarlo, soffocano lo sviluppo del sé da parte del figlio, questi potrebbe finire per rinunciare all'impresa in cambio di una falsa sicurezza, ottenuta attraverso la fusione con la madre (o con la persona, qualunque essa sia, che, nella realtà o nella sua immaginazione, ne ha preso il posto). Oppure il bambino, trovando troppo pericoloso il compito di sviluppare il suo sé, potrebbe accontentarsi di un sé falso, un'evoluzione che di norma porta, nell'adolescenza o nella giovinezza, a un'esistenza psicotica segnata dalla spersonalizzazione. In rari casi può aversi questo esito per una serie di circostanze sfortunate che si sommano nel momento meno adatto, senza che i genitori ne siano direttamente responsabili.

Vorrei portare un esempio, estremo ma illuminante, del legame esistente tra sviluppo del sé corporeo e sviluppo della personalità. Un bambino, che aveva appena imparato ad andare gattoni, cadde dal tavolo sul pavimento di pietra, procurandosi gravi fratture multiple che lo obbligarono a rimanere ingessato per un lungo periodo senza poter muovere le braccia e le gambe. Quando gli fu tolto il gesso, a poco a poco il bambino imparò a camminare, sia pure con molta ansia e incertezza. Si era però arrestato il suo sviluppo intellettuale: benché durante la lunga convalescenza avesse imparato a parlare, era incapace di esprimere pensieri suoi, e il ritardo intellettivo era così grave che all'età di sette anni venne classificato come insufficiente mentale lieve. Pur senza esserlo veramente, presentava molti sintomi di autismo infantile, per esempio l'assenza del pronome "io" nel suo vocabolario. Occorsero anni di psicoterapia per recuperare questo bambino; alla fine apparve chiaro che il fatto di essere stato immobilizzato nell'ingessatura era stato vissuto da lui come una punizione per avere acquisito la capacità di locomozione, come un avvertimento a non conquistare alcuna autonomia, vale a dire a non sviluppare un sé.

Come sempre accade, a determinare un arresto così totale dello sviluppo del sé, fu una combinazione di esperienze esterne e interne. L'essere immobilizzato in una dolorosa ingessatura aveva posto le premesse di base, ma a causare i tragici risvolti della vicenda fu l'atteggiamento della madre. Quando il figlio incominciò a tentare di muoversi, dopo che gli fu tolto il gesso, la donna, angosciata all'idea che potesse ripetersi il dramma, del quale incolpava se stessa (per non essere stata attenta a che il bambino non cadesse), non riusciva ad accogliere con gioia i suoi tentativi di riacquistare la mobilità. Rispondeva anzi con visibile angoscia, sgridando il bambino o, peggio ancora, osservandolo in allarmato silenzio. Il bambino ne trasse l'impressione che ovunque si celassero ignoti pericoli, così spaventosi da non poter essere nominati. L'unica possibilità di salvezza stava, dunque, nel rinunciare a ogni iniziativa, nel rimanere immobile, non tanto fisicamente, quanto intellettualmente, perché, così gli sembrava, solo sottomettendo totalmente il suo sé a quello della madre potevano entrambi sentirsi al sicuro e lui essere accettato da lei. L'intima soddisfazione per la riconquistata capacità di movimento era talmente in contrasto con l'angoscia panica che tale mobilità evocava nella madre, che il bambino, paralizzato da segnali a tal punto contraddittori, non osava diventare un individuo.

Non era in grado, cioè, di venire a capo del conflitto tra la propria esperienza, che riuscire a muoversi è bello e vantaggioso, e la percezione che quella stessa mobilità gettasse nell'angoscia più profonda sua madre, dalla quale aveva dovuto dipendere totalmente ed esclusivamente per tutto il periodo in cui era rimasto ingessato. Unito al ricordo, peraltro assai vago, dell'evento che l'aveva portato a rimanere immobilizzato, e che lui aveva vissuto come punizione per aver voluto affermare se stesso (attraverso la padronanza dei movimenti), questo paradosso aveva fatto nascere in lui un dubbio insostenibile sulla liceità di sviluppare la propria individualità. Decise allora di muoversi solo quando e come gli veniva ordinato, o quando si sentiva assolutamente certo che la madre approvasse i suoi movimenti. Tuttavia, data l'ambivalenza e l'angoscia della donna nei confronti della mobilità del figlio, l'approvazione materna era un messaggio che raramente gli arrivava in modo chiaro. Perciò il bambino muoveva, sì, le gambe e le braccia, ma rigidamente, come se fosse un automa i cui movimenti fossero comandati dall'esterno; i suoi gesti non erano mai spontanei e non davano mai l'impressione di nascere da un atto della sua volontà.

Imparò a camminare, ma senza mai essere certo che fosse una cosa accettabile. Essendo impossibilitato a muoversi in modo spontaneo, quel bambino non poté sviluppare un sé corporeo fondato sulla capacità di decidere quando e come muoversi, sulla quale si regge l'individualità futura. L'angoscia che accompagnava da parte della madre ogni suo gesto, anche quelli che a livello di coscienza essa approvava, nonché il senso di colpa che la donna provava per la goffaggine del figlio, di cui pure si sentiva responsabile, toglievano ogni piacere all'esperienza del muoversi, impedendo al bambino di sperimentare la spontaneità nelle azioni del suo sé corporeo. Ma se è possibile muoversi senza spontaneità, senza di essa non si possono avere pensieri originali: quando manca la spontaneità, i pensieri rimangono stereotipati, copiati dall'esterno, incapaci di esprimere alcun contenuto interiore, individuale.

Come ho detto, si tratta di un esempio estremo; non si arriva quasi mai a deviare così drasticamente dalla direzione normale dello sviluppo, neppure quando, in un momento cruciale, una malattia o qualche altro trauma interrompono l'evolversi del sé corporeo. Persino nel caso citato, se l'angoscia e il senso di colpa della madre fossero stati meno intensi, se il suo piacere per la riacquistata mobilità del figlio fosse stato più forte e più chiaramente comunicato, le conseguenze del trauma iniziale (l'essere ingessato) sarebbero state meno gravi.

Analogamente, si sarebbe potuto avere un esito diverso se l'atteggiamento di paura della madre fosse stato controbilanciato dalla reazione di altre persone significative, in primo luogo del padre del bambino, il quale, non essendo presente al momento dell'incidente, non si sentiva in colpa e quindi avrebbe potuto esprimere senza ambivalenza il suo piacere per la riacquistata mobilità fisica del figlio. Inoltre, i bambini di quell'età tendono naturalmente a identificarsi con il padre, e i padri tendono ad apprezzare le dimostrazioni di indipendenza dei figli maschi; perciò le risposte del padre sarebbero potute essere in armonia con le nascenti tendenze di quel bambino verso l'acquisizione di un sé autonomo. Purtroppo, invece, il padre non era quasi mai a casa durante il giorno, e inoltre, deluso per lo stato di debolezza del figlio, aveva finito per disinteressarsene completamente.

Questo dimostra ancora una volta come sia importante per il bambino avere vicino i due genitori, in modo che, quando i rapporti con l'uno sono turbati, egli possa trovare conforto nelle reazioni, fondamentalmente diverse, dell'altro, così da controbilanciare la negatività del primo genitore. Nel caso del bambino del nostro esempio, la madre non poteva nutrire sentimenti nettamente positivi nei confronti del figlio, per l'interferenza sia dei propri schiaccianti sensi di colpa, sia dell'inconscio risentimento verso il bambino stesso, che, con la sua voglia di muoversi, aveva provocato l'incidente. A peggiorare la situazione, il padre, anziché essere d'appoggio alla moglie e cercare di alleviare il suo senso di colpa lo aggravava accusandola di essere stata negligente.

Quando ci sono due genitori a partecipare emotivamente ai piccoli e ai grandi eventi della vita del figlio, trattandosi di persone diverse, con reazioni diverse a una stessa situazione, la loro partecipazione sarà necessariamente diversa. Di conseguenza, nessun evento finisce per essere così inesorabilmente distruttivo come può succedere quando le reazioni di un genitore non sono temperate o controbilanciate da quelle dell'altro. E se il genitore profondamente ansioso o deluso dal figlio può trovare sollievo alla sua angoscia o alla sua delusione nella vicinanza e nel sostengo del compagno, anche il bambino soffre di meno.

La vicenda che ho raccontato è certamente fuori del comune, anche se so di altri casi in cui l'inibizione motoria nella prima infanzia ha interferito in maniera grave nell'acquisizione del senso di sé. La storia di questo bambino ci insegna comunque quali effetti distruttivi possa avere l'ansia dei genitori, benché in molti casi comprensibile, quando li induce a soffocare nel figlio che incomincia a muovere i primi passi la spinta a entrare in prima persona nelle cose, nel tentativo di scoprire che cosa sa fare da solo; oppure quando impedisce loro di confermare al figlio la validità di tali tentativi con l'espressione del loro profondo piacere per le sue esplorazioni. Perché solo esplorando il mondo con il suo corpo il bambino può incominciare a gettare le basi della sua individualità.

La "ribellione adolescenziale"

Gli adolescenti hanno bisogno che i genitori si mostrino fedeli ai propri valori, senza però difenderli troppo attivamente. La spiegazione di questa apparente contraddizione risiede nel fatto che il ragazzo, nell'adolescenza, ha bisogno di definire se stesso non solo in riferimento ai genitori e in base alla loro approvazione, ma anche *contro* i genitori, per timore che siano loro, e non lui da solo, a determinare la sua personalità. Per avere la certezza di essere quello che *lui* vuole essere, l'adolescente cerca in qualche misura di essere anche quello che i suoi genitori *non vorrebbero* che fosse, con l'idea che solo così potrà avere la certezza della propria indipendenza. È questo bisogno ambivalente e spesso conflittuale che rende così disarmonica e difficile la vita degli adolescenti, e così problematica per i genitori la convivenza con un figlio adolescente.

E, come se questo non bastasse a provocare nel ragazzo, in aggiunta ai conflitti con i genitori, un conflitto interiore lacerante, egli sente anche il bisogno di definire se stesso, in positivo e in negativo, in relazione al mondo sempre più vasto in cui ora si muove. Ma se i genitori lo incoraggiano troppo attivamente a confrontarsi con il mondo, ecco che l'adolescente non percepisce le loro iniziative come un aiuto o un sostegno, bensì come il tentativo di cacciarlo dal nido.

Per avere il coraggio di avventurarsi nel mondo, l'adolescente ha bisogno di sentire che la casa della sua infanzia è ancora lì, tutta per lui, così come il bambino ai primi passi, per avventurarsi oltre i confini del suo lettino, ha bisogno di tenersi stretto alle gonne della mamma o, più avanti, alla "coperta di Linus", all'orsacchiotto o a qualche altro oggetto transizionale che gli dia sicurezza.

Laddove il bambino piccolo ha bisogno di un oggetto fisico a cui tenersi aggrappato, l'adolescente ha bisogno della immediata e continuativa accessibilità del focolare, si potrebbe dire. Esso infatti rappresenta il luogo in cui il ragazzo può essere infantile quanto vuole, mentre si sforza di fare il grande nel vasto mondo. Se in questi momenti i genitori lo stimolano ad avventurarsi nel mondo, il ragazzo può pensare che vogliano liberarsi di lui e che a lui non rimanga più alcun porto sicuro nel quale rifugiarsi quando si sente in balia della tempesta.

In effetti, non si può imporre a un ragazzo l'indipendenza; non si farebbe che interferire nel processo che conduce alla sua conquista. Tentare di dirigere con i nostri interventi la formazione dell'identità da parte dei nostri figli è malaccorto e controproducente. Ogni passo verso una personalità individuale più definita, e dunque verso la conquista dell'identità, va compiuto in prima persona; se le condizioni in cui viene compiuto lasciano adito al dubbio che non siamo stati noi, da soli, a compierlo, allora lo viviamo come un movimento non verso l'affermazione della propria personalità bensì verso una maggiore dipendenza.

Ecco perché, nel periodo della ribellione adolescenziale, la cosa migliore è che i genitori siano capaci di *accettare* la condotta stravagante, antagonistica o comunque sgradevole dei loro figli, pur *senza approvarla*. Dovrebbero lasciare al figlio adolescente lo spazio per fare i suoi esperimenti, senza dare troppa importanza ai particolari di quello che fa o non fa, senza lasciarsi turbare o coinvolgere eccessivamente e senza entrare troppo nel merito delle sue azioni. In tal modo, quando il ragazzo si accorgerà da solo che quel tipo di condotta non soddisfa realmente i suoi bisogni, non ha in realtà niente a che fare con la sua personalità, avrà l'impressione che l'aver rinunciato a quegli atteggiamenti antagonistici non sia dovuto alle pressioni esercitate dai genitori, bensì alla propria autonoma decisione. Solo se avrà avuto questa sensazione abbandonerà in modo definitivo il comportamento indesiderabile. Perciò, a parte il cercare di salvaguardare il suo benessere fisico, è molto meglio che i genitori si intromettano il meno possibile nelle faccende del figlio, pur offrendogli sempre di buon grado e senza condizioni la possibilità di tornare a essere il benvenuto in casa sua, a essere il bambino dei suoi genitori, come lo era prima di sperimentarsi, spesso avventatamente, data la sua immaturità, nel vasto mondo.

In questo periodo di sperimentazione adolescenziale, i genitori faranno bene a evitare sia di affermare o difendere a spada tratta se stessi e il proprio modo di vivere, sia di cedere all'impeto degli attacchi filiali. La cosa migliore è che si limitino a rimanere fedeli ai propri valori, continuando a vivere secondo i propri principi, ma senza sottolinearne la superiorità e senza criticare apertamente quelli in base ai quali il figlio vuole vivere in quel momento. Alla base del loro atteggiamento verso il figlio vi devono essere l'intima convinzione che il ragazzo è intrinsecamente buono, anche se forse al momento non lo sembra, nonché la ragionevole speranza (che, per potersi realizzare, non deve però essere espressa esplicitamente) che, grazie appunto alla loro coerenza, anche il figlio finirà per apprezzare il loro modo di vivere.

La tranquilla certezza da parte dei genitori che la loro vita è giusta per loro, e la rinuncia a pretendere che per ciò stesso debba andare bene anche per lui, sono precisamente ciò di cui l'adolescente ha bisogno per non correre il rischio di essere travolto dalle sue spesso contraddittorie emozioni e per potersi misurare con altri stili di vita senza subire danni irreparabili. Se l'esempio dei genitori non gli viene meno (o se, peggio ancora, il loro stesso antagonismo non glielo fa rifiutare), allora è più probabile che il ragazzo lo adatti alla propria personalità e alla propria vita; ma lo potrà fare solo quando non dovrà più temere che seguire l'esempio dei genitori faccia di lui una semplice copia di quello che sono loro.

Un ragazzo, che si trovava in un momento di profondo disorientamento, ebbe a dire una volta, preso dalla disperazione per l'indifferenza che, secondo lui, i suoi genitori mostravano verso i suoi sforzi per trovare se stesso: "Bisogna pur avere qualcosa contro cui opporsi, per sentirsi qualcuno!" Questa frase esprime esattamente la sostanza del problema di fondo dell'adolescenza: quando ancora non si è in grado di sentirsi "qualcuno" grazie alla propria forza interiore e alla coerenza della propria personalità, per sviluppare tale senso di sé si ha bisogno di opporsi alla forza di qualcosa di solido, che non recede. Insistere perché i nostri figli accettino i nostri valori significherebbe che non desideriamo lo sviluppo autonomo della loro personalità; significa anche che non ci fidiamo che i nostri figli arrivino a formarsi dei valori che noi possiamo approvare. Il muro, che metaforicamente rappresenta i nostri valori, non deve cedere, come se fosse di gomma, alle pressioni di nostro figlio, perché allora all'adolescente non rimarrebbe nulla che gli dia il senso di essere un individuo a sé stante, diverso da tutti gli altri; ma neppure deve crollare sotto i suoi attacchi. Se i valori dei genitori crollano, le macerie sotterrano il ragazzo, frantumando la sua nascente personalità.

Rischi da correre

Nessuno può scoprire chi è senza misurare quello che sa fare e fino a che punto può spingersi, e non nei tempi e nei modi imposti da altri, ma per scelta autonoma. I bambini hanno bisogno fin da molto piccoli di scoprire quello che il loro corpo sa fare in generale e specificamente per loro. E anche in noi adulti, il desiderio e il bisogno di dimostrare a noi stessi che il nostro corpo ci risponde bene e sta alla pari con quello degli altri sono alla base dell'interesse per le attività sportive e atletiche e della cura per il nostro aspetto.

Nell'adolescenza, in cui il principale problema evolutivo è la scoperta e l'affermazione dell'identità, i ragazzi provano un bisogno particolare di mettere alla prova il proprio corpo, perché nelle cose fisiche i risultati sono immediati, misurabili e chiaramente visibili. Meno semplice e assai meno diretto è valutare i meriti in altri tipi di acquisizioni. Perciò sarebbe molto più difficile per un adolescente basare la sua stima di sé su qualità non fisiche, dove i risultati sono molto più labili e aperti al dubbio; e se un ragazzo ha bisogno di credersi, poniamo, molto migliore dei suoi compagni di scuola o addirittura dei suoi genitori, non gli sarebbe facile dimostrarcelo.

I genitori e gli educatori tendono invece a pensare che i ragazzi possano e debbano trarre il senso del proprio valore, del proprio merito e la stima di sé dal rendimento scolastico. Se questo vale in buona misura per il bambino più piccolo e varrà forse per l'uomo maturo, raramente è vero per l'adolescente. E questo perché, nel tentativo di divenire e affermare se stesso, il ragazzo deve liberarsi della supremazia degli adulti, compresa quella che si esprime attraverso l'imposizione dei loro valori, supremazia che, mentre risulta abbastanza accettabile al bambino piccolo, la cui sicurezza dipende da quella, è invece nociva per l'adolescente. Quanto più deve far dipendere la sua stima di sé dalla valutazione degli adulti, infatti, tanto meno si sente un persona autonoma. Perciò in realtà sarebbe controproducente per lui basare il senso del proprio valore sulle valutazioni degli adulti: lo ricaccerebbe in quegli atteggiamenti infantili dai quali sta disperatamente cercando di liberarsi.

Nel tentativo di rassicurarsi circa la superiorità del proprio corpo e, per estensione, del loro sé, gli adolescenti insicuri del proprio valore in altri campi possono essere tentati di buttarsi in imprese potenzialmente pericolose, come certi sport duri o rischiosi; a volte, se non riescono a trovare modi più positivi per affermare il proprio valore, possono compiere azioni illegali o addirittura criminose. È un modo per dichiarare la loro superiorità nei confronti di una società, i cui principi essi disprezzano perché sono convinti di esserne a loro volta disprezzati (il che sotto certi aspetti può essere vero). Nel loro caso, il desiderio di vendicarsi, unito al bisogno di eccellere, non importa come, li spinge a forme ancora più estreme di audacia. Ho udito più di un delinquente minorile dichiarare: "Se non posso dimostrare di essere il migliore, posso almeno essere il peggiore." E i capi delle bande di teppisti ammettono di doversi dimostrare più violenti e aggressivi dei compagni, se vogliono conquistare o mantenere il potere sul gruppo.

Il bisogno di sfidare i genitori o la società costituisce un fattore importante nella formazione della personalità delinquenziale, ma in ultima analisi è la mancanza di rispetto per se stessi la causa del comportamento delinquenziale. La delinquenza e/o il ricorso alla droga per sfuggire al senso di indegnità personale rappresentano tentativi disperati di mettere a tacere la voce interiore che dice all'adolescente che non vale niente, che è una nullità; e queste idee traggono sovente origine da esperienze infantili che avevano fatto sentire al bambino come il suo corpo, e con il corpo la sua persona, non avesse valore.

14. Il gioco: un ponte verso la realtà

L'uomo è veramente tale soltanto quando gioca.
FRIEDRICH SCHILLER

"Il gioco dovrebbe essere considerato l'attività più seria dell'infanzia," scrisse Montaigne. Se vogliamo comprendere nostro figlio, dobbiamo comprendere i giochi che fa. Perciò, nel presente capitolo e nei successivi, dedicheremo molto spazio all'esame del gioco dei bambini. Molti genitori, del resto, si rendono conto della sua importanza, e sono ben felici di fornire ai figli giocattoli e materiali, di insegnare loro a usarli, di fare in modo che possano giocare con altri bambini. Le attività ludiche a cui i bambini si dedicano si modificano via via, di pari passo con il loro sviluppo intellettivo e psicologico. È attraverso il gioco che il bambino incomincia a comprendere come funzionano le cose: che cosa si può o non si può fare con determinati oggetti e grosso modo perché; mentre giocando con altri bambini, si rende conto dell'esistenza delle leggi del caso e della probabilità, e di regole di comportamento che vanno rispettate.

Ma la lezione forse più importante che viene appresa dal gioco è che, anche se si perde, il mondo non crolla. Se si perde una partita, si può vincere la successiva, o l'altra ancora. Attraverso la sconfitta in un gioco o in una gara che possono essere ripetuti e in cui potrà eventualmente vincere, il bambino arriva a convincersi di potercela fare, nella vita, nonostante i fallimenti temporanei, persino in situazioni identiche a quella che l'aveva visto sconfitto. S'intende che, perché il bambino impari questa lezione così fondamentale, occorre che i genitori non attribuiscano importanza al fatto di vincere, bensì al piacere di giocare. Devono anzi fargli capire che perdere non è affatto una dimostrazione di inferiorità personale, così come vincere non è una dimostrazione di superiorità. Gli inglesi, che sono tradizionalmente noti come un popolo sportivo nel senso migliore del termine, nutrono grande ammirazione per chi sa perdere sportivamente. Sanno che impersonare il ruolo del vincitore, baciato in fronte dalla fortuna e accolto dal plauso del pubblico, non richiede doti particolari; mentre accettare la sconfitta con buona grazia, ammettere che la vittoria dell'avversario era meritata, è più difficile, e dunque più ammirevole: non solo, ci protegge anche dalla perdita della nostra autostima. Se noi genitori avessimo questo atteggiamento nei confronti delle sconfitte, i nostri figli si troverebbero a miglior partito, nella vita.

Freud considerò il gioco come lo strumento attraverso il quale il bambino raggiunge le sue prime grandi acquisizioni culturali e psicologiche e attraverso il quale si esprime; e questo vale anche per il lattante, il cui gioco non consiste in altro che nel sorridere alla madre quando questa gli sorride. Freud sottolineò inoltre in quale grande misura e con quanta precisione i bambini esprimano i loro pensieri e i loro sentimenti attraverso il gioco: ci sono emozioni di cui essi stessi non avrebbero sentore o dalle quali rimarrebbero sopraffatti, se non avessero la possibilità di elaborarle e affrontarle agendole nei giochi di fantasia.

Gli psicoanalisti infantili hanno sviluppato le intuizioni di Freud, che già aveva intravisto i molteplici problemi e sentimenti che i bambini esprimono nei loro giochi, mostrando come essi usino il gioco per elaborare e padroneggiare complesse difficoltà psicologiche del passato e del presente. Talmente prezioso è il gioco a questo riguardo che la "terapia del gioco" è divenuto lo strumento principale per aiutare i bambini a superare le loro difficoltà emotive. Freud aveva affermato che il sogno è "la strada maestra" per arrivare all'inconscio, e questo vale per i bambini come per gli adulti. Ma il gioco è indubbiamente la "strada maestra" per arrivare al mondo interiore del bambino, al suo mondo conscio e inconscio. Se vogliamo comprendere il mondo interiore di nostro figlio e aiutarlo a gestirlo, dobbiamo imparare a percorrere questa strada.

Dai giochi che un bambino fa possiamo farci un'idea di come vede e interpreta il mondo: come vorrebbe che fosse, che cosa gli interessa, quali problemi lo affliggono. Attraverso il gioco esprime cose che non riuscirebbe a tradurre in parole. Nessun bambino si mette a giocare tanto per passare il tempo, anche se lui stesso potrebbe credere che sia così, o potrebbero crederlo gli adulti che lo osservano. Anche quando apparentemente incomincia un gioco per riempire dei momenti vuoti, la scelta di un gioco piuttosto di un altro è motivata da processi, bisogni, problemi, angosce interiori. I processi in atto nella psiche del bambino determinano l'attività di gioco: il gioco è il suo linguaggio segreto, che noi dobbiamo rispettare, anche se non lo comprendiamo.

Tutti i bambini, anche i più normali e abili, incontrano quotidianamente difficoltà che ai loro occhi si presentano come insormontabili problemi di vita. Agendoli nel gioco, un aspetto per volta, a modo suo, secondo i suoi ritmi, il bambino può riuscire a far fronte passo per passo a problemi di grande complessità. Di solito li agisce in forma simbolica, il più delle volte difficile anche per lui da decifrare, in risposta a processi interiori di cui lui stesso è inconsapevole e le cui origini possono essere sepolte nelle profondità del suo inconscio. Può darsi che il gioco che ne viene fuori a noi appaia privo di senso, o addirittura sconsigliabile, dato che noi non sappiamo a quali scopi serve né come andrà a finire. Per questa ragione, se non si prevedono pericoli immediati, è sempre meglio lasciare che i nostri figli giochino come vogliono, senza interferire quando li vediamo così assorti. Il tentativo di aiutarli quando non riescono, pur se dettato dalle migliori intenzioni, potrebbe distrarli dal cercare, e infine trovare, la soluzione che più risulta loro utile. Facilmente il nostro intervento tenderà a sviare nostro figlio dalla sua strada, perché i nostri suggerimenti risulteranno probabilmente sensati a livello di coscienza, e quindi convincenti per un bambino, che è facilmente influenzabile e non è consapevole lui stesso delle pressioni inconsce alle quali sta cercando di far fronte. Ma con i nostri ragionevoli consigli potremmo impedirgli di padroneggiare le difficoltà psicologiche che lo affliggono.

Vorrei citare il caso di una bambina di quattro anni che reagì con la regressione alla gravidanza della madre. Benché da tempo non si facesse più la pipì addosso, ora riprese a bagnare il letto; ricominciò inoltre ad andare gattoni e pretese persino di nutrirsi con il poppatoio. Queste reazioni preoccupavano molto la madre, che, in previsione dell'impegno che il neonato avrebbe comportato, contava sulla relativa maturità della figlia. Fortunatamente, però, non cercò di impedire la regressione della bambina, cosa che comunque sarebbe stata difficile, dato che la piccola non si limitava a giocare a essere un bebè, ma si comportava come se lo fosse veramente.

Dopo alcuni mesi, la bambina sostituì il comportamento regressivo con uno molto più maturo: ora giocava a fare "la brava mamma". Divenne piena di premure per la sua bambola, che accudiva in tutti i modi e con una serietà che non aveva mai mostrato prima. Mentre nella fase della regressione si era identificata con il fratellino che doveva nascere, ora, in quello che costituiva chiaramente un gioco, si identificava con la madre. Quando nacque il fratellino, la bambina aveva portato a termine gran parte dei processi che le erano necessari per far fronte al cambiamento della struttura familiare e alla sua nuova posizione in seno alla famiglia, e l'adattamento nei confronti del nuovo nato si rivelò molto più facile di quanto la madre avesse previsto e temuto.

Possiamo dedurre a posteriori che la bambina, nell'apprendere della gravidanza della madre e del prossimo arrivo in famiglia di un nuovo bambino, probabilmente aveva temuto che il nuovo arrivato l'avrebbe privata delle sue gratificazioni infantili; perciò aveva cercato di accaparrarsele. O forse aveva pensato che la madre avesse voglia di avere di nuovo un bimbo piccolo, cosa che lei ormai non era più; e aveva deciso (se si può chiamare decisione una reazione inconscia) di tornare a essere un bebè: così la madre non avrebbe più avuto bisogno di andare a prenderne uno, e forse avrebbe rinunciato al progetto.

Poiché le fu permesso di mettere in atto idee del genere, dopo un po' la bambina deve essersi resa conto che bagnare il letto non era così piacevole come si era immaginata, che avere la possibilità di mangiare cibi più variati presentava notevoli vantaggi rispetto a essere costretta a bere solo pappe con il poppatoio, e che camminare e correre consentiva molte maggiori soddisfazioni che non muoversi gattoni. Queste esperienze la convinsero che essere una bambina grande è preferibile alla condizione di bebè. Perciò smise di fingere di essere una neonata e decise invece di essere come sua madre: di essere come lei subito, nel gioco, e di diventare un giorno una vera madre, nella fantasia. Il gioco offrì dunque a madre e figlia la possibilità di una conclusione felice a una vicenda che sarebbe potuta sfociare in un conflitto senza via d'uscita.

A quattro anni quella bambina era in grado di impersonare, credendoci, sia la neonata sia la madre. I bambini più grandicelli non possono regredire altrettanto facilmente e apertamente, né riescono a credere veramente, neppure nel gioco, di essere un babbo o una mamma. Una buona soluzione per quei bambini che non possono più permettersi di fingere di essere quello che non sono consiste nel rappresentare questi ruoli in una recita, come attori o manovrando dei burattini. Come attori e burattinai possono agire i loro conflitti senza scalfire la maturità conquistata a prezzo di tante fatiche e nello stesso tempo comportarsi da bambini più piccoli di quello che sono, o da più grandi, a seconda delle loro necessità. I bambini, insomma, se lasciati a se stessi, il più delle volte sanno trovare la soluzione giusta per i loro problemi. Non hanno invece la possibilità di farlo, se noi, convinti di saperla più lunga sui giochi adatti a loro, interferiamo, per ragioni nostre, in quello che essi, per ragioni loro, cercano di fare.

Il gioco non serve ai bambini soltanto per padroneggiare i loro problemi di vita; spesso è semplicemente un mezzo per comprendere il mondo. La bimbetta che accudisce alla bambola come fa la mamma con lei, o il bambino che gioca ad "andare a lavorare" come fa il babbo, stanno cercando di capire, imitandone i gesti, i loro genitori come persone e anche attraverso la loro occupazione; e il bambino che per gioco copia i fratelli maggiori cerca in tal modo di capire i fratelli e nello stesso tempo di rendersi conto di che cosa significhi diventare grandi.

I giochi che i bambini fanno spontaneamente possono davvero essere terapeutici, come quando, per esempio, si prendono cura della bambola o dell'orsacchiotto di pezza o di un animale domestico come vorrebbero che i loro genitori si curassero di loro, compensando così, per interposta persona, le carenze che avvertono. Purtroppo, troppe volte gli adulti, non riconoscendo i significati del gioco infantile, si sentono liberi di interferirvi. Insensibili al profondo significato che giochi apparentemente privi di senso e ripetitivi possono avere, i genitori a volte privano i figli della possibilità di dedicare tutto il tempo che vogliono a ripetere sempre di nuovo, così parrebbe, gli stessi gesti. Ma in realtà è assai raro che i bambini riproducano lo stesso gioco esattamente con gli stessi particolari. A osservarli attentamente, si scoprono nella sua struttura cambiamenti minimi, che riflettono le molteplici possibilità del gioco spontaneo. E se non vi sono variazioni, se il gioco si ripete completamente identico da un giorno all'altro o da un'ora all'altra, questo stesso fatto ci comunica un messaggio importante. Una reale ripetitività della forma del gioco segnala che il bambino sta lottando con problemi di enorme importanza per lui e che, pur non essendo ancora riuscito a trovare una soluzione, continua a esplorare e a cercarla.

Il valore del gioco

Innanzitutto, i bambini giocano perché giocare è un'attività godibile in se stessa. Sembrerebbe una cosa così ovvia da non valere neppure la pena di accennarvi; eppure il piacere derivato dalla sensazione di mettere in atto le nostre funzioni è tra i più puri e i più importanti che esistano. Ci dà gioia sentire che il nostro corpo funziona bene. Pavlov parla a questo proposito di una "contentezza muscolare", e prima di lui Harvey aveva osservato che esiste una "musica silenziosa del corpo". Quando usano il corpo i bambini sono pervasi da un tale senso di esuberanza che non riescono a rimanere in silenzio, devono esprimere a gran voce la gioia per le cose che il loro corpo sa fare, senza sapere che questa è la causa del piacere che provano. I piccoli, in particolare, hanno bisogno della loro dose di movimento fisico. Anche i cuccioli degli animali, soprattutto dei mammiferi, esercitano nel gioco il loro corpo e, mentre non possiamo dire con sicurezza se e in quale misura quando giocano esercitino anche la mente, non vi è dubbio che, nel caso degli esseri umani di qualunque età, mente e corpo siano entrambi coinvolti. Gli psicologi parlano del "piacere della funzione" (*Funktionslust*): il piacere che deriviamo dal sentire che il nostro corpo e la nostra mente sono in funzione e ci rendono i servizi richiesti costituisce la base di ogni sensazione di benessere. Il gioco solitario ci fornisce l'occasione di provare il piacere della funzione, mentre il gioco condiviso costituisce la fonte dell'altra grande soddisfazione della vita: quella di funzionare bene in relazione ad altri. Le basi di questa esperienza vengono poste, attraverso il gioco, nei primissimi mesi di vita, quando il lattante gioca con i genitori e ne trae una sensazione di grande gioia; ma alla lunga il bambino potrà provare piacere solo se la sua gioia gli viene confermata da quella dei genitori.

L'importanza del gioco risiede innanzitutto, dunque, nel godimento immediato e diretto che il bambino ne trae, e che si estende traducendosi in godimento per il fatto di essere vivo. Ma il gioco ha, per così dire, due altre facce, rivolte l'una verso il passato, l'altra verso il presente e il futuro, come l'effigie del dio romano Giano. Il gioco, infatti, consente al bambino di risolvere in forma simbolica problemi irrisolti del passato e di far fronte simbolicamente o direttamente a problemi attuali, e costituisce inoltre lo strumento più importante in suo possesso per prepararsi ai suoi compiti futuri. Molto prima che venissero concettualizzati i significati psicologici e gli aspetti inconsci del gioco, era opinione comune che esso rappresentasse il modo in cui i bambini si preparano per i loro compiti futuri. Si può osservare tale funzione preparatoria anche nel comportamento ludico di tutti i cuccioli, che giocando affinano la capacità di usare il corpo per scopi specifici, come la caccia e la fuga. Il ruolo del gioco nello sviluppo delle capacità cognitive e motorie è stato analizzato da Groos (il primo ricercatore a studiare sistematicamente il comportamento ludico), da Piaget (al quale dobbiamo i dati più significativi sull'apprendimento intellettuale derivato dal gioco), e da molti altri studiosi.

I bambini che hanno scarse occasioni di giocare tendono a

presentare gravi carenze o addirittura un arresto dello sviluppo intellettivo, perché nel gioco e attraverso il gioco il bambino esercita i processi di pensiero, e senza una tale pratica il pensiero si appiattisce e si atrofizza. Anche lo sviluppo del linguaggio viene stimolato, se l'adulto, giocando con il bambino all'età in cui questi è più ricettivo, gli parla frequentemente e a lungo. I bambini piccoli giocano anche con il linguaggio, quasi a sperimentarne tutte le possibilità; perciò, se i genitori pretendono troppo presto che il figlio si esprima correttamente, questo diminuisce il suo piacere nell'uso creativo della lingua. (Gli insegnanti di bambini culturalmente svantaggiati hanno scoperto che incoraggiarli a comporre poesie aveva l'effetto di stimolarne lo sviluppo intellettivo: inventando poesie, quei bambini avevano la possibilità di giocare con la lingua, di usarla in modo nuovo, creativo. E questa esperienza tendeva a renderli più ottimisti, non solo nel rapporto con le parole, ma anche, indirettamente, nel rapporto con il mondo.)

Il gioco assume un'importanza così decisiva perché, mentre ne stimola lo sviluppo intellettivo, insegna anche al bambino, senza che egli se ne renda conto, gli atteggiamenti psicologici indispensabili per l'apprendimento, come ad esempio la perseveranza. È facile acquisire l'abitudine a non darsi per vinti nel corso di un'attività piacevole, liberamente scelta, quale è appunto il gioco. Se già non è diventata un'abitudine acquisita attraverso attività piacevoli, sarà difficile acquisirla mediante compiti più impegnativi, come lo studio. Che le cose non si ottengono subito e facilmente come vorremmo è una lezione che conviene apprendere a un'età precoce, quando si formano le abitudini e le cose si assimilano in modo relativamente indolore. Ed è appunto attraverso il gioco che il bambino lo impara, per esempio quando incomincia a rendersi conto che non c'è bisogno di lasciarsi prendere dalla disperazione se il cubo non rimane in equilibrio su quello precedente al primo tentativo: affascinato dall'idea di riuscire a costruire una torre, il bambino impara a poco a poco che, perseverando nell'impresa, alla fine il successo gli arriderà. Impara cioè a non darsi per vinto al primo segno di fallimento, e neppure al quinto o al decimo, e a non accontentarsi, per lo scoraggiamento, di qualcosa di più facile, ma a insistere, a riprovarci di nuovo. Non potrà tuttavia imparare questa lezione così importante, se ai suoi genitori interessa solo il successo, se lo lodano solo per la buona riuscita e non per gli sforzi compiuti e la tenacia dimostrata.

I bambini sono molto sensibili ai nostri sentimenti più intimi e non si lasciano ingannare dalle parole. Perciò le nostre lodi non avranno effetto se, dentro di noi, ci sentiamo delusi per il tempo che impiegano a ottenere i risultati prefissi o per la goffaggine dei loro tentativi. Né dobbiamo imporre ai nostri figli, col pensiero o con l'azione, le mete che interessano *a noi*. Bateson e altri hanno dimostrato quanto sia distruttivo per un bambino ricevere messaggi contraddittori dai genitori. Ricevendo un tipo di messaggio a livello verbale e uno contrario a livello di segnali subliminali (che di solito chi parla non sa neppure di trasmettere), il bambino rimane completamente confuso, perché quello che gli viene detto contraddice quello che avverte essere la verità, e il risultato è una sorta di paralisi di fronte alle difficoltà. Anche le critiche per gli insuccessi, o le lodi solo se riesce a fare una cosa, ottengono il medesimo effetto di impedire al bambino di perseverare di fronte alle difficoltà. La pur comprensibile ambizione del genitore, e il suo desiderio che il figlio riesca bene, possono essere, cioè, d'impedimento allo sviluppo della capacità di perseverare di fronte a compiti difficili.

In questa, come in altre situazioni educative, il miglior antidoto contro il bisogno di fare pressioni sui figli perché "rendano", o contro la tendenza a sentirsi delusi quando falliscono o a elargire lodi false, che non ritenevano veramente meritate, è la profonda, intima convinzione che nostro figlio alla fine ce la farà, per quanto tempo possa occorrergli. Il bambino, del resto, sa benissimo se i suoi sforzi, indipendentemente dai risultati, sono degni di lode oppure no; e se lo lodiamo immeritatamente, ne deduce che, secondo noi, non sa fare di meglio. L'intima fiducia del genitore nei confronti del figlio e delle sue capacità può smuovere le montagne, comprese quelle rappresentate dai suoi dubbi circa se stesso. Il fatto di potersi dimenticare di questi dubbi tormentosi dà al bambino la forza di riprovare di nuovo, evitando l'esperienza distruttiva della sconfitta.

Ci sono molti adolescenti e giovani (e anche adulti) che si rifiutano di condurre a termine compiti che non gli vengono facili; e si sentono dei falliti perché il successo non gli arride, come peraltro non arride a nessuno che non abbia un po' di costanza. In realtà non hanno scelta, sono davvero incapaci di perseverare in compiti che presentano difficoltà iniziali, perché le loro esperienze di gioco infantili sono state carenti. Non hanno avuto sufficienti occasioni, da piccoli, per imparare normalmente che per riuscire bisogna insistere. Probabilmente i loro genitori, nel loro intimo, erano convinti che quello che importa sono i risultati, e non apprezzavano i loro sforzi ripetuti e spesso maldestri per arrivarvi; o forse non attribuivano sufficiente importanza alle mete che i figli si prefiggevano, nutrendo ben altre ambizioni nei loro confronti. Tutte queste riserve mentali del genitore vengono inevitabilmente trasmesse al bambino, che gliele si renda esplicite o meno.

Si dice che Einstein a tre anni ancora non sapesse parlare: preferiva comunicare con i cubi per le costruzioni o con i "puzzle". Si potrebbe presumere che già a quell'età i suoi pensieri fossero di natura tale da non poter essere comunicati o resi comprensibili con il linguaggio di un bambino di tre anni. Due osservazioni che Einstein ebbe a fare in seguito ci chiariscono la sua opinione sul valore del gioco combinatorio (che è alla base, per esempio, dei "puzzle") per lo sviluppo dell'intelligenza. "L'uomo," scrisse Einstein, "tende a formarsi, nel modo che più gli è congeniale, un'immagine semplificata e trasparente del mondo, per sottomettere così il mondo dell'esperienza, cercando di sovrapporvi quell'immagine." Vale a dire, i bambini cercano di superare l'esperienza frustrante di vivere in un mondo che essi non sono in grado di padroneggiare creandosene uno che *possono* comprendere; e se lo costruiscono nel modo più *congeniale per loro* e solo per loro; ed essi soltanto possono sapere quale sia questo modo.

In un altro passo si legge: "Dal punto di vista dello sviluppo psicologico, il gioco combinatorio sembra essere la caratteristica essenziale del pensiero produttivo, prima che si sia formata alcuna connessione con i costrutti logici del linguaggio verbale o di altro tipo di linguaggio comunicabile ad altri." Attraverso giochi come il Meccano, le costruzioni e molti altri (meglio se scelti dal bambino stesso), o come i "puzzle", i bambini acquisiscono l'abitudine al "pensiero produttivo" e sperimentano il piacere che esso procura. Imparano cioè a comporre costrutti logici a un'età in cui gli sarebbe impossibile farlo con le parole. I "puzzle", in particolare, costituiscono un ottimo strumento per imparare, molto prima che un'idea del genere possa essere espressa in parole, come, sistemando nel giusto ordine dei pezzi apparentemente senza relazione reciproca, si possa arrivare a comporre un intero che è molto di più della somma delle sue parti. Il fatto di ripetere tutte le volte necessarie il tentativo, fino al successo, non solo dimostra ai bambini la necessità di perseverare, insegna loro anche ad avere fiducia nelle proprie capacità. È questa fiducia che, una volta acquisita, ci rende possibile persistere finché si è padroneggiato il compito, e ci convince di poter conseguire, con la costanza, anche mete che ci erano parse al di sopra delle nostre possibilità. Oltre all'abitudine alla perseveranza, alla pazienza e all'impegno, con questi giochi il bambino acquisisce e affina capacità di pensiero e di manipolazione, che preparano la strada a forme più complesse di apprendimento. Non esiste programma televisivo capace di sviluppare l'abitudine alla tenacia di fronte agli ostacoli o di dimostrare ai bambini come essi stessi possano sempre ricreare l'unità da una serie apparentemente sconnessa di frammenti. Se certi programmi televisivi, come per esempio *Sesame Street*, incatenando l'interesse dei bambini, insegnano loro cose utili (ma che non richiedono particolare impegno per imparare), la televisione in generale non dà niente su cui si possa costruire in seguito, quando, per far fronte a sfide più complesse, sarà richiesto un forte impegno personale.

Un genio come Einstein poté creare con le sue sole forze "un'immagine trasparente del mondo" e comporre "costrutti logici"; ma anche qualunque bambino normale può fare la stessa cosa, se opportunamente guidato nel gioco; se, cioè, gli viene data la possibilità di imparare a ricostruire semplici oggetti o le figure di un "puzzle". E se al gioco partecipa con il medesimo genuino piacere anche l'adulto, ben presto il bambino creerà da solo strutture e scenari, che costituiranno per lui una "trasparente immagine del mondo". Ma dovranno essere immagini veramente sue, inventate da lui; il nostro ruolo può essere solo quello di suggerirgli un metodo. Perciò è opportuno limitare la nostra partecipazione al ruolo di assistente, che passa i pezzi richiesti e lo aiuta dove lui ce lo chiede. E il motivo è che di solito a noi adulti manca la pazienza necessaria per attendere finché il bambino sia riuscito da solo: perché a noi adulti interessano troppo i risultati, e troppo poco i tortuosi percorsi di un bambino per giungere alla meta.

Di regola i bambini hanno bisogno di tempo e agio per concentrarsi sul gioco, e della possibilità di gestirlo a modo loro. Se siamo impazienti che nostro figlio consegua lo scopo prefisso, egli rimarrà scoraggiato vedendo di non riuscire a fare più in fretta e da solo. Se ci mettiamo a dirigere i lavori, ne uscirà, nella migliore delle ipotesi, un compromesso tra la sua "immagine semplificata e trasparente del mondo" e la nostra, che, per quanto ci sforziamo di semplificargliela, sarà sempre troppo complessa per la capacità di comprensione di un bambino. Perciò hanno tanta importanza, quando giochiamo con i nostri figli, la pazienza, la tempestività e la disponibilità a lasciar loro fare le cose da soli. Mentre sono decisive e di sprone la nostra approvazione e la nostra gioia nel vederli impegnati nei loro giochi, anche se ce ne sfugge il senso e lo scopo.

Ci sono genitori che (di solito per motivi dei quali essi stessi sono del tutto inconsapevoli) sono insoddisfatti dei giochi che fanno i loro figli. Allora incominciano con l'"insegnare" al bambino come va usato un certo giocattolo e, se quello continua a usarlo secondo la sua fantasia, lo "correggono". Di solito l'effetto che ottengono è che l'interesse del bambino per quel giocattolo (e anche in qualche misura per il gioco in generale) svanisce: e giustamente, perché ora il progetto non è più suo, è diventato dei suoi genitori.

Già questo è abbastanza triste, ma possono esserci anche gravi conseguenze in futuro. I genitori che si comportano così, con ogni probabilità continueranno anche in seguito a voler dirigere e determinare le attività del figlio, mossi dalle medesime tendenze inconsce che, quando era piccolo, impedivano loro di godersi il *suo* modo di giocare. Solo che ora tutto avviene a un livello intellettuale più complesso. Per esempio, i genitori cercheranno di migliorare la qualità dei compiti scolastici del figlio suggerendogli idee molto più articolate e che comunque non sono le sue. Di conseguenza il bambino finirà per non avere più voglia di sviluppare le proprie idee, che non possono reggere il confronto con quelle dei genitori. Quando aveva sottoposto il suo elaborato ai genitori, quello che voleva da loro era un apprezzamento per i suoi sforzi, un incoraggiamento per la bontà delle sue idee, e non già una dimostrazione che esse non valgono molto. Se qualcuno dicesse loro che la causa della pigrizia del figlio nel fare i compiti, o addirittura del suo rifiuto, sta appunto nei loro tentativi di aiutarlo, quei genitori rimarrebbero esterrefatti. Eppure è proprio questo l'esito delle continue frustrazioni che in casi del genere un bambino subisce.

Nel sottolineare l'importanza del gioco per sviluppare la capacità di formare costrutti logici e di crearsi un'immagine personale del mondo, forse Einstein aveva in mente anche le condizioni perché questo avvenga: il fatto cioè che il bambino, al pari dell'adulto, ha bisogno di ciò che in tedesco si chiama *Spielraum*. *Spielraum*, letteralmente spazio, stanza da gioco, non è solo questo; il suo primo significato è spazio libero, libertà d'azione: un ambiente in cui si può spaziare non solo con il corpo, ma anche con la mente; dove si possono fare liberamente esperimenti con le cose e con le idee; dove si può, come usa dire, "giocare" con le idee. Questa espressione colloquiale, anzi, lascia intendere, giustamente, che la mente creativa gioca con le idee come il bambino gioca con i giocattoli. Ma è vero anche il reciproco, anche se normalmente non si presta la dovuta attenzione a questo fatto, e cioè che il bambino, quando gioca, esplora e si forma le idee, benché non sia in grado di formularle a parole. E come l'adulto creativo ha bisogno di poter giocare con le idee, così il bambino, per potersi formare le idee, ha bisogno di giocattoli, e di tempo, e spazio, e libertà per giocarci a suo piacimento, e non solo nel modo che l'adulto ritiene corretto.

I giocattoli e il mondo "dei grandi"

I giocattoli hanno sempre rispecchiato i simboli del progresso tecnologico della società. Le odierne automobili in miniatura, i "camion", gli aerei e le navi spaziali svolgono nei giochi infantili la medesima funzione che svolgevano nell'antica India o nella Grecia classica le aurighe giocattolo. La grande popolarità delle scatole da costruzione, dei modellini di aerei, dei walkie-talkie, e via dicendo, testimonia dell'interesse infantile per i manufatti della vita adulta. Ed è molto importante per i bambini che i genitori condividano il piacere che essi provano nel giocare con questi giocattoli. Il piacere, per il bambino, deriva principalmente dalle sue fantasie di essere, seduta stante, un grande pilota, un famoso musicista o pittore, un audace esploratore, un geniale inventore, una famosa ballerina, un capostazione o un camionista; mentre il piacere dei genitori si fonda piuttosto sulle loro proiezioni circa il futuro del figlio.

Purtroppo, a turbare il profondo valore di queste fantasie in comune c'è il fatto che molti genitori non riescono a godere spontaneamente delle fantasie professionali dei loro bambini perché hanno già deciso, in cuor loro, quale debba essere l'occupazione futura più conveniente per i figli. In questo caso, poiché limita la sua libertà di scelta, l'identificazione con il figlio può dimostrarsi nociva. Di solito essa nasce in parte dal bisogno del genitore di compensare per interposta persona, attraverso il figlio, i propri desideri irrealizzati, e in parte dall'incapacità di concepire che il figlio possa desiderare qualcosa di diverso da quello che egli stesso ritiene desiderabile per lui.

Sotto questo profilo, i figli di genitori di classe media, di ceto impiegatizio, sono più sfortunati rispetto ai figli, per esempio, di genitori di classe operaia o di artigiani. Quando un vigile del fuoco vede il figlio giocare con il carro dei pompieri, o un falegname osserva il figlio inchiodare quattro assi insieme, questi genitori possono godere direttamente dell'attività dei rispettivi figli, perché vedersi emulare è gratificante in ogni caso, anche se forse desiderano che il figlio si elevi socialmente rispetto a loro. Ma la speranza in un avvenire migliore per il figlio non interferisce nel piacere di constatare che il loro mestiere è da lui apprezzato. La gioia che il bambino prova all'idea di stare svolgendo il lavoro del padre, e quella del genitore all'idea che il figlio dia tanto valore al suo lavoro possono creare tra i due un legame affettivo molto speciale. Lo stesso vale per il figlio del medico che gioca al dottore o per il figlio dello scienziato che fa esperimenti con la scatola del "Piccolo chimico".

In generale, le cose erano più semplici quando i figli seguivano automaticamente il mestiere del padre (per le femmine, naturalmente, questo voleva dire sposarsi e badare alla casa e alla famiglia). I giochi dei bambini riproducevano il lavoro paterno tante volte osservato, in preparazione per il giorno in cui l'avrebbero svolto davvero. Quando in seguito incominciavano ad aiutare il padre in bottega, era più facile per loro diventare bravi in un mestiere svolto tante volte per gioco. Il fenomeno si riscontrava dovunque in forme talmente simili, che molti studiosi del gioco ne conclusero che il suo scopo principale è l'apprendimento dei ruoli futuri. Un'interpretazione del genere è però troppo restrittiva, perché pur indicandone una dimensione importante, trascura di considerare altri significati dell'attività ludica.

Oggi, più che di preparazione per ruoli adulti specifici, si dovrebbe parlare di una più generica anticipazione della condizione di adulto. Come per il passato, attraverso il gioco vengono sviluppate abilità cognitive, sociali e fisiche (come la coordinazione dei movimenti corporei necessaria per la manipolazione di attrezzi): il gioco, dunque, continua a costituire una preparazione per occupazioni future, ma non isola né definisce più il mestiere *specifico* che il bambino svolgerà nella vita adulta. Piuttosto, il gioco oggi preannuncia l'ampia gamma di possibilità aperte al bambino. Quando giocano con animaletti o bambole, con automobiline e aerei, con le costruzioni, o "all'ospedale", i bambini fanno fantasie su queste attività, provano come ci si sente a fare il postino, il dottore, l'inventore o l'astronauta, sperimentano con l'immaginazione possibili ruoli adulti. Questo, anzi, riveste particolare importanza oggi, quando sono così numerose le possibilità di carriera che si presentano a un giovane, ed è difficile compiere la scelta più saggia. Se da bambino ha potuto provarsi, per così dire addosso, queste possibilità, il giovane si troverà nella condizione migliore per operare le sue scelte.

Questo vale soltanto, però, se noi genitori ci asteniamo dall'interferire troppo. Forse saremo tentati di sminuire alcune delle scelte con le quali nostro figlio vuole misurarsi nei suoi giochi, perché a noi quel mestiere o professione non piace; ma anche fare l'inverso è nocivo, dare particolare valore a certe scelte perché piacciono a noi. In entrambi i casi si commette l'errore di reagire a quella che è, si potrebbe dire, un'indagine conoscitiva da parte del bambino come se si trattasse di una scelta professionale definitiva. La madre, che decide che la figlia da grande aprirà un allevamento di animali o farà il veterinario, perché ama tanto gli animali, non le rende un buon servizio. Né le è di aiuto se si convince che il destino di sua figlia debba *necessariamente* essere quello di crearsi una famiglia, o di diventare una ballerina, o un avvocato. Il genitore deve incoraggiare i figli a pensare che quello che fanno li prepara comunque a una vita degna di essere vissuta, sia che si dedichino anima e corpo alla cura del loro criceto, sia che, una volta stanchi di questo piccolo roditore, dedichino tutte le loro energie alla danza o agli sport. Perché di questa certezza hanno bisogno i bambini.

Gioco e vita fantastica

Attraverso le sue fantasticherie e i giochi basati su di esse, il bambino ha modo di compensare in qualche misura le tensioni della vita quotidiana e quelle provenienti dal suo inconscio. Attraverso le fantasticherie acquista una migliore conoscenza dei contenuti dei suoi processi di pensiero condizionati dal desiderio, nonché di alcuni dei suoi desideri asociali. Quando, giocando alla guerra, agisce le sue fantasie aggressive e ostili, o quando, immaginandosi di essere Superman, o Mazinga o un Re, realizza i suoi sogni di grandezza, il bambino non persegue soltanto la gratificazione vicariante di desideri irrealistici; cerca anche di vivere l'esperienza del dominio sugli altri, a compensazione di tutti quei sentimenti provocati in lui dal fatto di essere in così grande misura sotto il dominio degli adulti, specialmente dei suoi genitori.

Viene in luce qui una differenza molto significativa tra fantasticheria e gioco. Nella fantasia il bambino può essere il tiranno assoluto, senza limiti al suo dominio. Quando però incomincia a tradurre in atto le sue fantasticherie nel gioco, ecco che deve imparare come anche i sovrani assoluti siano sottoposti alle limitazioni della realtà. Per esempio, una volta promulgata una legge, dovrà attenervisi: i compagni di gioco non accetteranno che non lo faccia. Se Sua Maestà si dimostra troppo capriccioso, il gioco non potrà continuare, e il nostro Re si ritroverà senza regno. Imparerà ben presto che neppure il più potente imperatore che si possa immaginare può conservare il trono senza il consenso dei sudditi, e cioè che può giocare al re con i suoi compagni solo se saprà rendere gradevole il gioco. Restrizioni del genere non hanno luogo nel mondo della pura fantasia.

Quando parlo di vita fantastica, non mi riferisco soltanto al bambino molto piccolo, ma anche ai ragazzi e agli adolescenti. Le biografie dei grandi uomini del passato sono piene di riferimenti alle lunghe ore trascorse da giovinetti in riva al fiume immersi nei propri pensieri, o a vagare per i boschi in compagnia del cane fedele a sognare i propri sogni. Chi, oggi, ha l'agio e l'occasione di fare altrettanto? Se un adolescente fa tanto di provarci, ecco che i suoi genitori incominciano a preoccuparsi perché non usa il suo tempo in modo costruttivo, perché lo spreca in sogni a occhi aperti invece di dedicarsi alle cose serie. Eppure, dovrebbe essere evidente che lo sviluppo della vita interiore, di cui fanno parte le fantasticherie e i sogni a occhi aperti, è tra le cose più serie e più costruttive che un individuo che sta crescendo possa fare.

Nelle classi borghesi, la giornata di ogni bambino è densa di attività organizzate: riunioni dei boy scout o delle guide, lezioni di musica o di danza, attività sportive; questi bambini quasi non hanno il tempo per essere semplicemente se stessi. Anzi, vengono continuamente distolti dal compito di scoprire chi sono, vengono obbligati a sviluppare il loro talento e la loro personalità nella direzione decisa dagli adulti che presiedono alle loro molteplici attività. Persino la scuola incomincia oggi a un'età che un tempo si riteneva troppo precoce per un insegnamento formalizzato. La televisione fornisce inoltre ai bambini di oggi fantasie preconfezionate; ma quello che la rende soprattutto nociva è la dipendenza che i bambini sviluppano nei confronti del mezzo televisivo, dipendenza dovuta al fatto che questi bambini non hanno avuto agio di sviluppare una ricca e articolata vita fantastica (che richiede tempi lunghi per emergere e crescere), perché sono state loro negate le occasioni di esplorare liberamente i propri impulsi, costruendosi un proprio mondo di sogni. I condizionamenti della vita moderna e l'atteggiamento dei genitori derubano i nostri figli di quel bene prezioso costituito di lunghe ore, di giornate intere in cui pensare i propri pensieri, che è un ingrediente essenziale per lo sviluppo della creatività. Alla creatività non si può attingere in spezzoni di ore rubate ad attività considerate più importanti da coloro che dirigono la nostra vita.

L'aveva ben compreso Goethe, quando, parlando di un altro grande poeta, Torquato Tasso, ma in fondo riferendosi anche a se stesso, affermò che il genio si nutre nella solitudine. Con questa frase Goethe voleva farci capire che l'immaginazione poetica, al pari di ogni altra espressione di una ricca e significativa vita fantastica, può emergere solo dopo ore di ininterrotta, quasi giocosa concentrazione sulla propria vita interiore.

Oggi, quando un bambino appare perduto nei suoi sogni a occhi aperti, i genitori sono pronti a suggerirgli (o anche a imporgli) di impiegare più utilmente il suo tempo, e gli mostrano come. È un atteggiamento che vorrei sconsigliare caldamente, perché non solo non tiene conto di quanto sia importante per il bambino dare forma alla sua vita interiore al fine di diventare un individuo nel senso più autentico del termine (il che richiede un dispendio enorme di energia, benché sia un lavoro invisibile); trasmette anche al bambino la sensazione che si tratti di qualcosa di sbagliato. Probabilmente a parole i genitori professano di desiderare che il figlio diventi "una persona vera"; tuttavia, se non gli permettono di concentrare in questa difficile impresa tutte le sue energie (che perciò non saranno più disponibili per nessun'altra cosa), il bambino non potrà riuscirci.

È in larga misura il fatto di non aver avuto l'agio di sviluppare una ricca vita interiore che induce il bambino a pretendere di essere intrattenuto dai genitori, o a ricorrere alla TV. Vale a dire, non è che l'esistenza di tale passatempo di massa abbia messo fuori corso la ricchezza interiore, come la moneta cattiva caccia la moneta buona; in realtà, al bambino non è stata data la possibilità di coniarsi la sua moneta buona. Si è creato così un circolo vizioso, per cui la mancanza di occasioni e di tempo sufficiente per dedicare le proprie energie allo sviluppo della vita interiore induce il bambino a ricorrere a stimoli preconfezionati atti a riempire un vuoto interiore, e quelli a loro volta gli impediscono di sviluppare una propria autonoma interiorità. Non avendo avuto modo di affinare le qualità che gli consentirebbero di dar forma nei sogni al suo esclusivo "giardino segreto", ecco che il bambino ricade nel vuoto attivismo proposto o imposto dai genitori, o in passatempi ancora più futili, che gli impediscono, sempre di più, non solo di crearsi il suo "giardino segreto", ma anche di colmarlo dei bellissimi fiori della sua immaginazione, che, da adulto, potrebbero trasformarsi in immagini più mature, capaci di conferire un più profondo senso alla sua vita.

S'intende che è molto meno impegnativo farsi organizzare il tempo dagli altri (con l'accettazione o il risentimento del caso), che non imparare, attraverso un estenuante processo di prove ed errori, ad assumersi l'iniziativa di organizzare la propria vita. Lo spirito d'iniziativa è sempre scarsamente sviluppato nei bambini costretti a dipendere da altri.

Quando, nell'organizzarsi la vita, il bambino fa molte false partenze e commette molti errori, le paure dei genitori tendono a prendere il sopravvento. A questo punto, il genitore depriva il figlio non soltanto dell'occasione di svilupparsi autonomamente, ma anche, cosa assai più grave, della necessità di farlo. Se vengono a mancare l'occasione e la necessità, è difficile che un bambino sviluppi un realistico spirito d'iniziativa: ecco dunque che la tacita convinzione del genitore, che il figlio sia incapace di prendere iniziative e di organizzare la propria vita, diventa facilmente una "profezia che si realizza da sé". Va tenuto presente, inoltre, che, per sviluppare e mettere alla prova lo spirito d'iniziativa, non bastano poche occasioni isolate in cui, per caso e per un periodo limitato di tempo, il bambino abbia la possibilità di essere veramente se stesso, soprattutto se sullo sfondo continua a profilarsi qualche attività organizzata e imposta. Lo spirito d'iniziativa non cresce sui terreni aridi, benché esistano individui eccezionali che ne sono quasi miracolosamente dotati e riescono a vivere la propria vita a dispetto di qualunque interferenza. Imparare a vivere in modo autonomo costa molta fatica e richiede un coraggio e uno sforzo di volontà che i bambini normali riescono a tirare fuori solo se vi sono costretti dalla necessità. In caso contrario, lasceranno che siano gli altri a pensarci, salvo poi risentirsene, e finire per essere profondamente insoddisfatti di sé, dei genitori, della vita in genere.

Non voglio negare che si corrano certi rischi, a lasciar fare a un bambino di sua iniziativa. D'altra parte non va bene neppure incoraggiare troppo attivamente i figli a organizzarsi da soli, come tendono a fare certi genitori. In tal caso, benché apparentemente le sue azioni siano frutto della sua iniziativa, il bambino sa che non è vero, sa che sta facendo quello che i suoi genitori si aspettano o pretendono che faccia. Insomma, il genitore deve limitarsi a riconoscere i pericoli che possono presentarsi quando il figlio incomincia a gestire da solo aspetti importanti della propria vita, e a vigilare per ridurre al minimo le eventuali conseguenze negative. I rischi peraltro sono minori e le conseguenze negative più facili da prevenire, se il bambino ha incominciato da piccolo a sviluppare il suo spirito d'iniziativa. Succede spesso, invece, che un adolescente voglia prendere in mano la propria vita da un giorno all'altro, con gesti che sono pieni di risentimento, di aggressività o autodifensivi. Di solito, questo indica però che al ragazzo non è stato dato modo di sviluppare un reale spirito d'iniziativa al momento opportuno; e allora le probabilità che commetta errori veramente gravi, che si vada a cacciare in situazioni realmente pericolose, sono effettivamente maggiori.

Se si dà loro la possibilità di seguire liberamente il filo dei propri pensieri, quasi tutti i bambini tenderanno ben presto a ricorrere ai giochi di immaginazione per imporre ordine al caos del loro mondo interiore, o per liberarsi dei materiali indesiderabili che ne possono affiorare. Così facendo, affinano la capacità di far fronte alla realtà. Tutti i bambini tendono a rifugiarsi in un mondo fantastico quando la realtà diventa troppo difficile da padroneggiare, ma solo quelli affetti da gravi disturbi emotivi cercheranno di rimanervi per sempre.

Al bambino normale, i giochi d'immaginazione servono anzi per meglio distinguere la vita interiore, della fantasia, da quella esterna, della realtà, e per meglio padroneggiare entrambi i mondi.

Soprattutto, il gioco d'immaginazione (a differenza del puro fantasticare) getta un ponte tra il mondo dell'inconscio e la realtà esterna. Traducendosi in gioco, la fantasia si modifica via via che i gesti del gioco mettono in luce i limiti imposti dalla realtà. Al tempo stesso, la realtà ne viene arricchita, umanizzata, personalizzata, grazie al soffio di vita immessovi dalle componenti inconsce provenienti dalle profondità del mondo interiore. Nella fantasia, nei sogni, nell'inconscio, tutto è possibile; nulla deve seguire una sequenza ordinata; non si danno contraddizioni. Se, tuttavia, l'inconscio non viene influenzato dalla realtà, esso rimane caotico, asociale. Dal canto suo, la realtà, se non è arricchita da elementi fantastici, rimane arida, fredda, emotivamente insoddisfacente anche quando sembra provvedere ai nostri bisogni. È evidente che mondo interiore e mondo esterno vanno armonicamente integrati, se vogliamo che la nostra vita ci appaghi.

Oggi sono molte le persone che soffrono perché nella loro vita il mondo della fantasia e il mondo della realtà, che dovrebbero compenetrarsi, rimangono invece separati. In tempi passati, quando i miti, la religione, le credenze magiche rappresentavano una parte importante della vita di tutti (come del resto tuttora avviene in molte parti del mondo), questa dicotomia non si faceva sentire in maniera così debilitante.

I nostri figli posseggono capacità fantastiche non inferiori a quelle degli uomini di un tempo. Il problema per loro è che, oggi, all'immaginario individuale non è concesso spazio sufficiente, viene continuamente invaso dai prodotti impersonali, massificati dell'immaginario dei media. Perciò, le fantasie e le speculazioni squisitamente individuali dei nostri figli non riescono a vivificare la loro vita "reale". Inoltre, l'atteggiamento utilitaristico e positivistico prevalente limita, a casa come a scuola, le occasioni di dedicarsi a giochi d'immaginazione liberamente inventati. Persino quando queste attività vengono incoraggiate, subito viene chiesto al bambino di darne un resoconto orale o scritto, o di comunicarle con un disegno o in altre forme, prima ancora che l'esperienza sia maturata abbastanza da poter essere espressa. E quando il bambino svela i contenuti della sua fantasia, gli adulti cercano subito di influenzarlo, chiedendogli chiarimenti, esprimendo la loro approvazione o il loro compiacimento; così viene eliminata la necessità che il bambino avvertiva, di arrivare da solo a chiarirsi la sua esperienza. Comunque sia, la fantasia abortisce prima ancora di sbocciare. Se questo avviene con una certa frequenza, al bambino rimane una sorta di delusione nei confronti della propria vita fantastica, e questa volta non per mancanza di interesse da parte degli adulti, ma anzi a causa dell'interesse eccessivo e prematuro che gli dimostrano. È come se volessero aiutarlo a migliorare la qualità delle sue fantasie, e il bambino non le sente più sue.

È invalso il vezzo, in certi ambienti, di definire "creativa" praticamente qualunque attività infantile non strutturata. Questa acritica accettazione dell'immaginario come se fosse la realtà, impedisce la costruzione di quel ponte, di cui parlavamo prima, tra il mondo della fantasia e il mondo della realtà. I bambini, agendo nel gioco le loro fantasie, verificano di fatto i limiti imposti dalla realtà. Per esempio, quando un bambino è irritato con una certa persona, può immaginarsi di tagliarle la testa. Nel mondo della fantasia la cosa non è grave, perché in qualunque momento il bambino può rimettere la testa al suo posto, e tutto torna come prima. Ma nella realtà le cose, ovviamente, sono ben diverse.

C'è una fiaba popolare, che parla di una coppia, a cui è concesso di esprimere tre desideri. La moglie ne usa uno per chiedere delle salsicce; e il marito, infuriato all'idea che sia stato sprecato così scioccamente un desiderio, senza pensarci, le augura che le salsicce le rimangano attaccate al naso. Subito il suo desiderio si realizza, e l'uomo capisce come si debba andar cauti nell'esprimere le proprie fantasie. Ormai non gli rimane altra scelta che sprecare l'ultimo desiderio per chiedere che dal naso della moglie scompaiano le salsicce; in questo modo i due imparano quello che accade quando la fantasia viene sottoposta alla verifica e alle limitazioni della realtà.

La stessa importante lezione impara il bambino quando, andando oltre la fantasia di tagliare la testa a qualcuno, decapita veramente il suo orsacchiotto di pezza. In questo modo sottopone la sua fantasia alle leggi della realtà, visualizzando concretamente in che cosa consista quel suo desiderio, cosa che non potrebbe fare finché rimane puramente fantastico. Impara immediatamente, per esempio, che una volta tagliata, non è facile riattaccare la testa al corpo. Questo tipo di esperienza modifica gradualmente le sue fantasie di vendetta ("Gli stacco la testa!"). È come se si dicesse: In questo momento ho voglia di compiere un gesto drastico, ma so che non lo farò, perché ho visto che provocherebbe conseguenze irreversibili. Scontrandosi con le leggi della realtà sperimentale nel gioco, i desideri dell'inconscio si attutiscono e si modificano. Le idee estremistiche professate da tanti giovani, nella convinzione che esse possano realizzarsi dall'oggi al domani, dimostrano quante poche occasioni abbiano avuto da bambini per imparare attraverso il gioco a rispettare i limiti che la realtà impone alla realizzazione delle fantasie.

Integrazione tra mondo interiore e mondo esterno

Per molte delle esperienze umane esiste un momento ottimale, in cui la loro efficacia nel favorire lo sviluppo è massima; se non vengono vissute al momento giusto, i loro effetti sulla formazione della personalità non potranno più essere altrettanto positivi. L'età dei giochi costituisce il momento giusto per gettare il ponte tra il mondo dell'inconscio e il mondo della realtà. Questo, anzi, rappresenta il compito evolutivo più importante di quella fase. Più avanti, quando i due mondi sono rimasti troppo a lungo separati, può darsi che non sia più possibile integrarli, o comunque integrarli armonicamente. È per questo che, tra le persone alle quali tale integrazione non è riuscita, alcune cercano l'evasione nel mondo fantastico indotto dalla droga, altre si sforzano di realizzarla attraverso un faticoso lavoro della coscienza, per esempio attraverso la psicoanalisi. Sono dei rimedi disperati e di efficacia limitata, che dimostrano come, quando non sia stata vissuta questa importante tappa evolutiva, la vita stessa possa apparire profondamente insoddisfacente.

Il gioco d'immaginazione assume tanta importanza perché costituisce lo strumento principale per integrare il mondo interiore con il mondo esterno. Rappresenta inoltre il tramite attraverso il quale il bambino può operare il passaggio dal significato simbolico degli oggetti all'indagine in prima persona delle loro reali proprietà e funzioni. Chiariamo con un esempio: quando un bambino, dopo avere costruito una torre di cubi, la fa crollare, quello che succede non è semplicemente che, dopo aver agito "in modo costruttivo" per un certo periodo di tempo, hanno preso il sopravvento e trovato espressione le sue pulsioni distruttive. La sua attività nasconde un significato assai più profondo: nella fase costruttiva del gioco, il bambino ha lavorato sottoponendo l'immaginazione (la sua realtà interiore) alle leggi della realtà esterna. Nel momento stesso in cui affermava il suo dominio sui cubi disponendoli secondo il *suo* progetto, aveva dovuto pur sempre tener conto della sua natura, del suo materiale da costruzione, della forza di gravità, delle leggi dell'equilibrio e della stabilità. Ed ecco che, in segno di ribellione contro tali limitazioni, distrugge la sua torre: vale a dire che non lo fa tanto per dare sfogo alle sue tendenze distruttive, quanto per riaffermare il suo dominio sopra un mezzo che gli oppone resistenza. Quello che passa dentro di lui, dunque, è molto più significativo della semplice alternanza di atti costruttivi e atti distruttivi. Ciò che il suo gioco realmente rispecchia è una fondamentale esperienza di apprendimento circa la realtà interna ed esterna e di controllo dell'una e dell'altra.

Dalle sue esperienze di gioco il bambino impara che egli può, sì, essere padrone assoluto, ma solo di un mondo caotico; se vuole conservare una sia pur minima padronanza di un mondo strutturato e organizzato, deve rinunciare al desiderio "infantile" di dominio totale e arrivare a un compromesso tra tale desiderio e la dura realtà: deve accettare le leggi che permettono di costruire una torre con i cubi. Impara che il desiderio di esercitare un controllo assoluto conduce al caos (il crollo della torre).

Dopo ripetute esperienze di gioco, i vantaggi di un compromesso, nel quale la realtà interiore riconosca per così dire i diritti della realtà esterna, diventano così evidenti che il compromesso viene accettato come parte dell'ordine naturale delle cose, dapprima con riluttanza ma infine di buon grado. E solo attraverso esperienze di questo tipo il bambino può imparare a mitigare le esigenze interiori alla luce di quel che è attuabile nel mondo in cui vive. Il gioco, dunque, è il processo attraverso il quale egli fa la conoscenza di entrambe le realtà, interna ed esterna, e incomincia non solo ad accettare le legittime esigenze di ciascuna, ma impara anche come soddisfarle con vantaggio proprio e degli altri.

15. L'importanza del gioco

> Dobbiamo provare a cercare le prime tracce dell'attività poetica già nel bambino? L'occupazione preferita e più intensa del bambino è il gioco. Forse si può dire che il bambino impegnato nel gioco si comporta come un poeta: in quanto si costruisce un suo proprio mondo o, meglio, dà a suo piacere un nuovo assetto alle cose del suo mondo.
>
> Freud, *Il poeta e la fantasia**

Quasi tutti i genitori vorrebbero allevare i figli il meglio possibile e fanno di tutto per incoraggiare in loro quelle capacità e quegli atteggiamenti che a loro modo di vedere contribuiscono alla buona riuscita e alla soddisfazione personali. In certi campi, l'incoraggiamento dei genitori viene naturalmente, senza particolari sforzi. Per esempio, molti riescono a istillare nei figli l'interesse per la lettura, per gli sport, o per la musica senza alcuna fatica, semplicemente vivendo la propria vita e facendo quello che più gli interessa. Quando invece si tratta di rafforzare la capacità, che è primaria e fondamentale rispetto alle acquisizioni successive, di non darsi per vinti anche quando il compito diventa difficile o frustrante, pochi si rendono conto che per sviluppare questo tratto della personalità giocare con i propri figli è un fattore decisivo. Le ragioni non sono difficili da capire: noi adulti leggiamo perché ci piace leggere, e lo stesso vale per gli sport e per la musica. Perciò, quando leggiamo un libro ai nostri figli, quando ascoltiamo la musica o suoniamo insieme con loro, o giochiamo insieme a palla, favoriamo il loro interesse per la lettura, la musica o lo sport mediante atteggiamenti che ci vengono spontanei e sono in larga misura inconsci. Ma, essendo adulti, non proviamo il medesimo piacere personale nel giocare con i giocattoli, sicché nei riguardi di gran parte delle attività di gioco dei bambini non si dà quel sostegno automatico che deriva dalle normali preferenze dei genitori.

Gli atteggiamenti interiori dei genitori esercitano sempre una grande influenza sui figli; perciò il loro atteggiamento nei

* Trad. it. in *Saggi sull'arte, la letteratura e il linguaggio*, vol. I, Torino 1977[3].

confronti del gioco, l'importanza che vi attribuiscono, non mancano di passare al bambino. Solo se i genitori considerano il gioco infantile non semplicemente con rispetto e tolleranza, bensì con autentico interesse personale, l'esperienza del gioco fornirà al bambino una solida base sulla quale costruire il rapporto dapprima con loro e poi con il mondo. È un concetto che tutti i genitori capiscono e che sono pronti a sottoscrivere, eppure non tutti riescono a provare un autentico coinvolgimento verso le attività di gioco dei figli, nonostante le dichiarazioni in contrario e la quantità di giocattoli acquistati.

Per esempio, parlando di un compito in cui non vale la pena impegnarsi si usa dire che è "un gioco da bambini". Questo modo di dire è indicativo dell'abisso che separa il mondo adulto da quello infantile e di un certo qual involontario disprezzo per il gioco. Si è troppo facilmente portati a considerare il gioco un passatempo "puerile", anche se intellettualmente ci rendiamo conto della sua importanza nella vita del bambino.

Eppure, non è sempre stato così. La separazione tra mondo infantile e mondo adulto rappresenta uno sviluppo relativamente recente nella storia dell'umanità, e si è affermato solo gradualmente. Fino al diciottesimo secolo (più tardi in altre parti del mondo) bambini e adulti giocavano agli stessi giochi, molte volte insieme. Tra adulto e bambino si creava così direttamente una corrente di comprensione reciproca, sia giocando insieme sia osservandosi a vicenda svolgere attività che possedevano un senso per ciascuno dei due personalmente.

Gioco e competizione

Di solito all'adulto viene più facile sentirsi personalmente coinvolto in tipi di giochi più maturi e più complessi, come gli scacchi o il calcio, che non in giochi di livello più semplice, come costruire torri con i cubi, cavalcare un manico di scopa, giocare con le automobiline. In realtà, benché si dica "gioco degli scacchi", "gioco del calcio" ecc., il termine "gioco" copre due ampie ma distinte forme di attività, corrispondenti a due diversi stadi di sviluppo. La lingua inglese mantiene, anche se non rigorosamente, la distinzione, usando due vocaboli diversi: *play*, per indicare il gioco proprio dell'infanzia; *game* per indicare quello di una fase evolutiva più matura. Potremmo descrivere il gioco infantile (*play*) come quel tipo di attività del bambino piccolo che è caratterizzato dalla libertà da ogni regola, salvo quelle imposte dal bambino stesso (che peraltro, a meno che il bambino non abbia una personalità ossessiva, possono essere modificate in ogni momento); dall'impiego a ruota libera della fantasia; e dall'assenza di qualunque finalità al di fuori dell'attività stessa. Il gioco del bambino più grande e dell'adulto (*game*, cioè gara, partita) è invece di solito competitivo, e caratterizzato da regole consensualmente accettate e spesso imposte dall'esterno; dall'esigenza di usare gli attrezzi o il materiale da gioco nel modo previsto e non secondo i suggerimenti della fantasia; e, il più delle volte, da una finalità esterna all'attività stessa, per esempio vincere la partita. Da piccolo il bambino si rende conto che mentre "giocare" offre molte maggiori possibilità di divertimento puro, "gareggiare" comporta spesso notevole tensione. Un bambino di quattro anni, di fronte a una forma di gioco che gli era poco nota, ebbe a domandare: "È un gioco per giocare o un gioco per vincere?" L'atteggiamento con cui avvicinarsi a quell'attività dipendeva dalla risposta che avrebbe ricevuto.

La differenza tra i due tipi di gioco risulta evidente dai seguenti esempi classici: il gioco delle automobiline e il "Monopoli". Nel primo caso, l'automobilina, nella sua corsa, può volare in aria, abbattere grattacieli e infine ricevere parole di conforto e confidenze da parte del bambino. Nel gioco del Monopoli, il contrassegno è una pedina, ogni mossa della quale è dettata da un insieme di regole molto elaborate, che coprono qualunque eventualità e mirano a uno scopo preciso: la vittoria sull'avversario. Si parla di "regole del gioco", ma il gioco infantile non ha regole, se non quelle che il bambino decide di darsi, e che egli stesso può cambiare a suo piacimento da un momento all'altro. In realtà, è la fantasia spontanea del bambino che determina quello che succederà di momento in momento. Il gioco procede non secondo la realtà obiettiva o una sequenza logica di eventi, ma seguendo l'andamento delle libere associazioni. S'intende, però, che esiste una certa continuità tra il gioco spontaneo e quello strutturato, e talune attività partecipano di entrambi gli aspetti.

Molte lingue, come si è notato all'inizio, posseggono una sola parola per designare le attività che la lingua inglese indica con due termini distinti, *play* e *game*; persino l'inglese, però, usa un unico verbo, *to play*, per entrambi i tipi di attività, per giocare in senso proprio e per gareggiare. Gareggiare, appunto perché comporta una struttura precisa e aspetti competitivi, è più affine alla nostra idea adulta di passatempo ed evoca più immediatamente in noi un senso di empatia: ci viene più facile e più spontaneo penetrare il senso e l'importanza di questo tipo di gioco. Se riuscissimo a sentirci emotivamente coinvolti nei giochi dei bambini piccoli allo stesso modo che in quelli che pratichiamo noi, allora ritroveremmo in noi quell'apprezzamento spontaneo dell'importanza del gioco che, solo, può colmare veramente la distanza tra mondo infantile e mondo adulto.

Infatti, i rapporti tra le generazioni erano probabilmente più facili, sotto molti aspetti, e più ricchi di significato e di intimo piacere ai tempi in cui adulti e bambini giocavano agli stessi giochi, anche se il loro significato non era esattamente lo stesso per entrambi. Un medesimo gioco poteva significare, poniamo, per il bambino l'esplorazione o la ricostruzione del suo mondo, per l'adulto un modo di ricreare lo spirito. Ma la cosa che conta è che, pur assumendo il gioco un diverso significato personale, adulto e bambino vi attribuivano la medesima importanza, erano entrambi ugualmente convinti del fatto che costituisse un reale arricchimento della propria vita. Il fatto che adulti e bambini si avvicinassero al gioco con il medesimo atteggiamento psicologico creava tra gli uni e gli altri un legame speciale, rendendo per i bambini più significativi i loro giochi, e consentendo ai genitori una reale intima partecipazione alle attività ludiche dei figli.

Oggi, sono relativamente pochi i giochi che divertono allo stesso modo adulti e bambini. La presenza di un bambino è considerata il più delle volte un'intrusione dall'adulto, che si sente, nella migliore delle ipotesi, in dovere di tenerne conto e forse di farlo partecipare ai "suoi" giochi. Quando ero piccolo io, a Vienna, le cose erano diverse. Uno dei passatempi più diffusi tra gli adulti era giocare a carte. Mio padre, per esempio, passava gran parte delle sue poche ore libere giocando a carte con i familiari e gli amici (anche per Freud il gioco delle carte costituiva il passatempo preferito dopo una giornata di lavoro). Io stavo per ore a osservarli, senza disturbare, perché capivo che era qualcosa di importante. La mia presenza non li induceva a modificare né il modo di giocare né i loro rapporti. Puntavano somme insignificanti, e quando mio padre vinceva, mi regalava una parte della vincita, e questo, benché fossi molto piccolo, acuiva il mio interesse e la mia attenzione. Anch'io giocavo a carte con i miei amici, e vedere che mio padre e gli altri adulti dimostravano la stessa serietà e ne ricavavano lo stesso piacere che provavo io, per me era molto importante. Naturalmente, io e i miei amici copiavamo deliberatamente, e forse il più delle volte senza accorgercene, i modi di fare dei grandi, le loro battute, i loro gesti. Comunque, era dal fatto di giocare anch'io a carte che mi veniva spontaneo capire l'importanza che rivestivano per mio padre le sue partite; reciprocamente, mio padre poteva capire fino in fondo e con empatia il significato che giocare a carte aveva per me.

Dopo il comune interesse e piacere per questo tipo di gioco, era del tutto naturale che all'occasione, per esempio nei piovosi pomeriggi di festa, mio padre si mettesse a giocare a carte con noi bambini. Tuttavia, era tutt'altra cosa da quando lo osservavo giocare con i suoi amici. Quando giocava con noi, il suo atteggiamento era quello del genitore che si diverte perché quello che fa dà piacere ai suoi figli. Invece, quando giocava con i suoi amici, ci metteva la stessa serietà che mettevo io nel giocare con i *miei* amici.

È grazie a questo tipo di esperienze che so riconoscere il valore molto diverso che posseggono, per il rapporto genitore-figlio, due situazioni apparentemente simili: quando il genitore gioca con i figli (cosa certamente importante e gradita, se tutto va bene), e quando genitore e figlio, ciascuno per proprio conto e con il medesimo impegno, giocano allo stesso gioco con dei coetanei. In questo secondo caso, il legame che si crea tra loro è di tipo veramente molto speciale.

Allentare la consapevolezza

Non è trascorso molto tempo da quando gli adulti comprendevano istintivamente i giochi dei bambini, e si divertivano a giocare essi stessi. Non più di un secolo or sono, giochi come Mosca cieca erano tra i passatempi preferiti di tutte le età. Una delle prime menzioni del gioco di Mosca cieca come passatempo amato da grandi e piccini risale a un romanzo cavalleresco di oltre 600 anni fa, il *Romanzo di Alessandro*. Shakespeare parla di questo gioco nell'*Amleto*, Goldsmith nel *Vicario di Wakefield*, e Dickens nel *Circolo Pickwick*. Da Rabelais e dal *Pentamerone* apprendiamo che veniva giocato dalla famiglia reale. Molti sono gli artisti che hanno rappresentato questo gioco, per esempio Goya. Nei suoi *Diari*, Pepys ci racconta che la notte del 26 dicembre 1664 sua moglie e gli altri familiari rimasero alzati fino alle quattro del mattino a giocare a Mosca cieca; e la moglie di Tennyson, il Poeta Laureato, riferisce in una lettera che il marito si divertì a giocare a questo gioco con Jowett, il poeta Palgrave e altri durante le feste di Natale del 1855.

In Mosca cieca e in altri giochi analoghi, il divertimento deriva in parte dal fatto che si tratta di un esercizio, emozionante ma privo di pericoli, di perdita dell'orientamento, di un'escursione nel mondo dell'oscurità, se non propriamente della cecità. Ne esistevano svariate versioni, dalle più semplici alle più elaborate, il che lo rendeva gradito a grandi e piccini. In alcune varianti, i giocatori dovevano rimanere fermi al loro posto nel più assoluto silenzio, e la persona bendata doveva individuarli al tatto. In altre, i partecipanti si muovono liberamente, lanciando però richiami al giocatore bendato. In altre ancora, persone e oggetti rimangono al loro posto, ma il giocatore bendato viene fatto girare su se stesso, in modo da perdere l'orientamento, e deve poi individuare un bersaglio prestabilito (è il caso del gioco della Coda dell'asino). La maggior parte degli adulti, oggigiorno, considererebbe poco dignitoso giocare a questi giochi, che pure divertivano tanto i nostri nonni, perché sembrano assurdi e dunque "puerili".

Ma lo sono davvero, assurdi? Forse ci appaiono tali perché, non praticandoli, abbiamo perduto l'intuizione del loro profondo significato. Solo con l'immedesimazione possiamo comprendere certe attività: se non conoscessimo per esperienza diretta di giocatori o di spettatori giochi come il calcio o il baseball, prendere a calci o a bastonate una palla su un prato ci apparirebbe un'attività altrettanto assurda e insensata. Lo stesso potremmo dire dell'atto di spostare una pedina da un riquadro all'altro o di gettare dei dadi sul tavolo (e si tratta di due dei giochi più antichi, diffusi in tutto il mondo). Questi giochi incominciano ad avere un senso per noi solo dopo che abbiamo provato a praticarli.

Lo stesso vale per gran parte dei giochi dei bambini. Se riuscissimo a penetrarvi con tutto noi stessi, la nostra partecipazione ci svelerebbe ben presto il senso che hanno per chi li prende sul serio; ma finché ne rimaniamo ai margini, non possono che apparirci come una serie di gesti sciocchi e casuali. Eppure, in realtà, giochi come Mosca cieca affrontano esperienze molto importanti, ed è per questo che adulti e bambini ci hanno giocato con grande piacere per tanti secoli.

Al livello più semplice, Mosca cieca, la Coda dell'asino e altri giochi analoghi, rappresentano dei tentativi di cavarsela senza il senso della vista, in cui si misura fino a che punto ci assiste il nostro senso di orientamento. Il giocatore con gli occhi bendati deve farsi strada tastando via via gli oggetti in cui si imbatte, e lo spazio vuoto tra un ostacolo e l'altro gli provoca un'intensa sensazione di smarrimento. È la stessa esperienza che viviamo quando di notte dobbiamo muoverci in una stanza al buio. La paura del buio è una delle più antiche e più paralizzanti paure dell'uomo, e sicuramente era vissuta con molta maggiore intensità, anche dagli adulti, nei secoli passati, quando non esisteva luce elettrica. Anche oggi, tuttavia, i bambini hanno paura del buio, hanno paura di perdersi, di non ritrovare la strada se manca la luce. Giochi come Mosca cieca riproducono questa esperienza in maniera giocosa, dando modo al bambino di sentirsi capace di padroneggiare la sua paura del buio. Le risate che scoppiano quando il giocatore con gli occhi bendati tocca un compagno, riecheggiano il sollievo che prova il bambino angosciato quando, nel buio della notte, raggiunge finalmente i genitori. Il gioco lo rassicura, perché gli dimostra che così succederà, che ci può contare.

Noi adulti, a quanto pare, abbiamo vinto la paura del buio; di solito, per sfuggire all'oscurità, ci basta premere un interruttore. Forse è per questo motivo che giocare a Mosca cieca non ci interessa più, e non proviamo più empatia per il bambino, che ancora è preda del terrore del buio, e a cui questo tipo di giochi ha ancora molto da offrire.

Lasciandoci bendare gli occhi, inoltre, verifichiamo le buone intenzioni degli altri; abbiamo bisogno di essere sicuri che i nostri compagni non approfittino di noi mentre non siamo in grado di vedere quello che fanno. Il gioco della Mosca cieca, dunque, ci rassicura circa la bontà del nostro ambiente: circa la buona fede del nostro prossimo e la costanza degli oggetti. Dà una formulazione e una risposta all'interrogativo sul quale basiamo il nostro senso di sicurezza nel mondo in cui viviamo: devo stare in guardia, all'erta tutto il tempo, o posso fidarmi che le cose rimangano sostanzialmente le stesse e siano prevedibili?

Una regola fondamentale di questo tipo di giochi a occhi bendati è che, mentre le persone possono spostarsi, gli oggetti devono rimanere al loro posto. Questa regola si fonda su un motivo molto valido, e ci insegna una lezione molto importante per vivere: in buona misura la nostra sicurezza nel mondo fisico dipende infatti dalla costanza degli oggetti. Riusciamo a orientarci nel mondo perché gli oggetti fisici (le porte, le scale, i tavoli e le sedie per il bambino piccolo; le strade, le case, le montagne, gli alberi per gli adulti) rappresentano punti di riferimento attendibili. Le persone, invece, non hanno una collocazione fissa; nei confronti delle persone non è così semplice sentirsi sicuri. Quale altra esperienza riuscirebbe a insegnarci questa verità in modo altrettanto diretto, semplice e convincente?

In un gioco come Mosca cieca è contenuto un insegnamento di cui tutti i bambini hanno bisogno per superare la loro angoscia primaria: la paura dell'abbandono e del buio. Per un lungo periodo il lattante ha bisogno della presenza fisica costante della madre: solo la sua presenza fisica, quasi si trattasse di un oggetto, lo rassicura. A poco a poco il senso di sicurezza derivato dall'attendibilità delle cure materne prolungherà i suoi effetti nel tempo e al piccolo basterà la sensazione che la madre ritornerà sempre nel momento del bisogno. Questo gli consente di sentirsi al sicuro anche quando la mamma non è fisicamente presente.

Un'altra fondamentale fonte di angoscia per il bambino

piccolo è la paura di smarrirsi, di perdere l'orientamento. Giocando a Mosca cieca perdiamo effettivamente l'orientamento, ma l'esperienza non risulta distruttiva, perché è subito seguita dal piacere di vedere ripristinato l'ordine delle cose, non appena ci viene tolta la benda. E l'allegria generale allevia la nostra momentanea angoscia nel constatare che ci eravamo sbagliati circa la posizione dei vari compagni di gioco.

I giochi a occhi bendati aiutano dunque il bambino ad affrontare problemi che rivestono importanza determinante nel processo di conoscenza del mondo che lo circonda. Prima di incontrare di nuovo tali problemi nel contesto relativamente complicato di attività ludiche più strutturate, il bambino ha già avuto modo di esplorarli infinite volte in situazioni più elementari. Per esempio, tutti i bambini prima o poi provano a girare per la stanza a occhi chiusi, per verificare se gli oggetti rimangono al loro posto anche se non gli si fa la guardia, e anche per scoprire quali tipi di cose hanno qualità costanti e quali no. Esiste un numero praticamente infinito di varianti di questo esperimento. Per esempio, il bambino chiude gli occhi e si fa condurre per mano dall'adulto. La domanda alla quale l'esperimento deve dare una risposta è: "Posso fidarmi che baderai tu a dove metto i piedi, o devo stare all'erta tutto il tempo?" A volte, mentre viene condotto a occhi chiusi, il bambino li apre un attimo e spia; ora la sua domanda è: "Devo stare sempre all'erta, o posso distrarmi per un certo periodo, fidandomi del mio istinto quando mi dice che devo aprire gli occhi?"

In un'altra versione dello stesso esperimento, il bambino cammina a occhi chiusi e l'adulto deve avvertirlo a voce alta quando incontra un ostacolo. La domanda in questo caso è: "Sei capace di proteggermi, così che io possa arrischiarmi a esplorare l'ignoto, rappresentato da ciò che non posso vedere?" La gioia che prova quando lo avvertiamo in tempo di un ostacolo dimostra quanto sia importante per lui ottenere una tale rassicurazione. È come se pensasse: anche quando io non vedo i pericoli, i miei genitori, come angeli custodi, mi proteggono e guidano i miei passi. Un bambino, che si svegliava continuamente la notte in preda a terribili paure, riuscì a vincere la sua angoscia ripetendo continuamente questo gioco. Durante il giorno, cioè, verificava ripetutamente se i suoi genitori erano capaci di vigilare sulla sua incolumità quando lui non era in condizione di vedere i pericoli. Avendo constatato che essi lo sapevano fare, poté cessare di svegliarsi la notte e abbandonarsi al sonno più profondo.

Quando i genitori provano autentica empatia per lo specialissimo significato che il gioco riveste per il figlio, già questo ha un effetto estremamente positivo sul bambino e sul loro rapporto reciproco, anche se non giocano molto con lui. Quello di cui il bambino ha soprattutto bisogno, infatti, è l'autentico riconoscimento emotivo dell'importanza delle sue attività, così che esse assumano un significato ancora più profondo. Le continue richieste di giocare con lui rappresentano un tentativo di convincersi, grazie alla nostra attiva partecipazione, che quello che fa è importante anche per noi. Se riceve ugualmente questo messaggio, se il nostro interesse, a livello di coscienza ma anche a livello inconscio, è tale da placare i dubbi inconsci di nostro figlio sulla validità delle sue attività, allora avrà meno bisogno della nostra partecipazione fisica ai suoi giochi.

Un esempio famoso, tratto dalla letteratura della metà del diciottesimo secolo, ci conferma come non sia necessario che gli adulti partecipino direttamente ai giochi dei bambini per rafforzarne l'importanza, purché li guardino con piacere, con approvazione e con rispetto. Il più lontano ricordo di Goethe, un ricordo che considerava così importante da metterlo come introduzione alla sua famosa autobiografia, *Aus meinem Leben: Dichtung und Wahrheit* (*Autobiografia: poesia e verità*), riguarda un episodio in cui egli si era messo a gettare dalla finestra prima alcuni suoi vasetti di terracotta, quindi i piatti di casa. "Un bel dopopranzo, mentre in casa tutto era tranquillo, mi baloccavo con le mie scodelle e pentolini e poiché non c'era modo di cavarne altro, gettai un padellino sulla strada godendomela a vederlo andare in pezzi in modo così buffo. I von Ochsenstein, accorgendosi che ci prendevo gusto, e anzi battevo le manine contento, mi gridarono: 'Ancora!'"* E Goethe continuò: prima gettò fuori della finestra tutti i suoi vasetti, poi, quando questi furono finiti, fece lo stesso con le stoviglie di casa.

Freud, nel suo scritto "Un ricordo d'infanzia tratto da *Poesia e verità* di Goethe", ipotizza che Goethe stesse simbolicamente agendo la sua collera nei confronti della sorellina e il desiderio di estromettere di casa l'odiata usurpatrice. Questo è certamente vero, ma a mio avviso c'è dell'altro: questo episodio della vita di uno dei più alti geni dell'umanità ci insegna molte altre cose sul gioco in generale.

In primo luogo, Goethe sottolinea come, all'inizio, il gioco

* Cit. in Freud: "Un ricordo d'infanzia tratto da 'Poesia e verità di Goethe'", trad. it. in *Saggi sull'arte, la letteratura, il linguaggio*, vol. I, Torino 1977[3].

non avesse sviluppi, lasciando intendere che la sua attività iniziale non riuscì ad alleviare le tensioni interiori con le quali aveva bisogno di porsi in relazione in quel momento. Solo quando gli venne l'idea di buttare un piatto fuori della finestra il gioco acquistò significato. È un tipico esempio di come si comportano i bambini, che spesso incominciano a giocherellare oziosamente, senza sapere bene che cosa li spinga a scegliere quel particolare giocattolo. L'esempio ci mostra anche come qualunque oggetto, anche il più comune, possa aiutare i bambini a esprimere simbolicamente, e nei casi felici a risolvere, i loro più profondi e difficili problemi, purché gli si dia piena libertà di usare tali oggetti a loro piacimento, senza preoccuparsi dell'uso a cui *sarebbero destinati*. E inoltre ci dimostra come i bambini, se lasciati a se stessi, sappiano trasformare in un'attività densa di significato quella che all'inizio sembrava un'attività senza senso. Come Goethe in quel caso, ogni qualvolta sono implicati problemi realmente importanti, il bambino non sa in anticipo a che cosa giocherà, né perché; non ha un progetto consapevole. Se lo avesse, allora il gioco servirebbe ai suoi bisogni consci, e non a quelli inconsci; e, essendo i bisogni inconsci per definizione ignoti al bambino, a maggior ragione di solito lo sono ai suoi genitori. Di conseguenza, i genitori non possono *predisporre* per i figli dei giochi che soddisfino i loro bisogni più pressanti.

Solo nell'istante in cui il primo piatto si fracassò sulla strada sarà potuta balenare nella mente del piccolo Goethe l'idea, "Ecco a che cosa volevo giocare!"; ed egli infatti batté le mani *dalla gioia* per l'improvviso riconoscimento che quello era ciò che cercava, che corrispondeva ai suoi bisogni, dava sfogo e sollievo alla tensione di sentimenti che minacciavano di soffocare la sua vita emotiva, liberandolo dal suo stato di collerica depressione. Se qualcuno avesse cercato di spiegare queste cose al piccolo Johann Wolfgang, questi, benché da grande dovesse diventare una delle intelligenze più limpide della storia dell'umanità, non ne avrebbe capito nulla. Forse in un altro momento e in un altro contesto, si sarebbe reso conto di essere in collera con la sorellina, che, a suo avviso, lo aveva spodestato, e di desiderare di liberarsi di quell'intrusa (molti bambini raccomandano apertamente ai genitori di "rimandare indietro" il fratellino appena nato). Ma, benché attraverso quel gioco avesse agito appunto questi desideri inconsci, se avessero richiamato la sua attenzione cosciente sulle sue sorgenti inconsce, egli ne sarebbe rimasto sbalordito. E, quel che è peggio, tutto quello che aveva cercato di conseguire con quel gioco sarebbe andato immediatamente distrutto. Probabilmente sarebbe scoppiato in lacrime, negando disperatamente tutto, col risultato di dover rimuovere ancora più a fondo i suoi sentimenti inconsci, che a quel punto non sarebbero più stati accessibili ad alcuna espressione e sfogo simbolici, con probabile grave danno del suo futuro sviluppo emotivo.

Si potrebbe, come fa Freud, ipotizzare che la motivazione prima del gioco di Goethe fosse l'espulsione simbolica della sorellina rappresentata scaraventando i piatti fuori della finestra giù in strada. Tuttavia, siccome di solito i processi psichici più importanti sono sovradeterminati, potremmo supporre che il gesto di scagliare fuori della finestra i piatti della bambola (che, essendo di sua proprietà, rappresentavano simbolicamente la sua persona) fosse anche un modo di esprimere la sensazione di essere stato scacciato di casa dalla sorellina, di vedere andare in frantumi, come i piatti sul selciato, il suo senso di sicurezza.

Fu probabilmente l'approvazione dei fratelli von Ochsenstein, personaggi in vista nella città natale di Goethe e buoni amici di famiglia, a consentire al piccolo Wolfgang di ampliare la portata del suo gesto passando a scaraventare fuori della finestra anche le stoviglie di casa, i piatti della madre. In tal modo la puniva simbolicamente per essere stata la causa della sua sofferenza, liberandosi così dalla collera che provava verso di lei. L'approvazione di quegli adulti autorevoli e il divertimento con cui guardavano alla sua azione gli ridiedero la fiducia di essere pur sempre ritenuto degno di stima, convincendolo che l'angoscioso timore di essere stato ripudiato era forse ingiustificato. Aveva trovato un pubblico diverso dai suoi genitori, che gli confermava come il suo modo di far fronte alla sua sofferenza fosse effettivamente giusto e accettabile. Finalmente libero dalle tensioni e dai dubbi che lo turbavano e lo opprimevano, poté quindi condividere con animo sgombro il divertimento dei due vicini. In altre parole, essendosi in buona misura liberato attraverso il gioco dai conflitti che lo affliggevano, grazie a questo incoraggiamento esterno si sentì in grado di continuare con rinnovato ottimismo la sua vita. Quella fu la prima delle molte esperienze che indicarono a Goethe come egli possedesse dentro di sé la capacità di far fronte alle vicissitudini della vita, anche alle più dolorose: una fiducia certamente giustificata, che era parte integrante della sua grandezza. Le cose sarebbero probabilmente state diverse, se quegli adulti non l'avessero sostenuto nel momento in cui più aveva bisogno di aiuto.

"I miei vicini continuarono a significarmi la loro approvazione," prosegue Goethe, "e io ero felice di averli fatti divertire." Quegli adulti, come era normale a quei tempi, erano molto più indulgenti di quanto siamo noi oggi nei confronti delle birichinate dei bambini. Furono la loro comprensione e il loro apprezzamento, non una loro partecipazione fisica al gioco, a consentire al piccolo Goethe di padroneggiare a livello simbolico un'esperienza troppo opprimente per poterla affrontare direttamente. La loro approvazione fece sì che il gioco potesse evolvere da denuncia impulsiva di uno stato di sofferenza ("Mi hanno scacciato dalla mia casa!") ad atto rassicurante ("Quello che sto facendo viene apprezzato"). Via via che i piatti di sua madre si fracassavano al suolo, l'aperto incitamento e il divertimento dei suoi vicini rassicuravano il piccolo Goethe; era come se pensasse: "Ho la facoltà di punire mia madre per avermi dato una rivale; rompendo i suoi piatti, le impedisco di darle da mangiare; e c'è chi lo sa comprendere! Nonostante il mio gesto, o forse grazie ad esso, degli adulti importanti mi approvano." E questo era esattamente il tipo di rassicurazione di cui Goethe più aveva bisogno in quel momento di crisi.

Come tutti i giochi simbolici inventati dai bambini stessi, il gioco di Goethe presentava più livelli di significato, tutti molto importanti e pressanti, laddove i giochi predisposti da altri raramente si adattano così puntualmente alle esigenze del momento. Il gioco inventato da Goethe serviva a esprimere contemporaneamente la sensazione di essere stato estromesso, il desiderio di estromettere a sua volta la sorellina e l'impulso di punire la madre distruggendo i suoi piatti. A un altro livello ancora, il piccolo Goethe probabilmente voleva eliminare tutti i piatti esistenti, in modo che non potessero più servire a dargli da mangiare: la sorellina veniva allattata, e con quel gioco Goethe esprimeva anche il desiderio di regredire alla fase che stava vivendo, con sua grande invidia, la sua rivale.

Molti genitori, oggi, rimarrebbero scandalizzati da un comportamento così "distruttivo" e temerebbero che, permettendogli di agire così, il loro bambino, crescendo, possa diventare una persona incapace di controllarsi, e forse anche aggressiva e violenta. Come ben sappiamo, nel caso di Goethe fu vero il contrario. Per sua fortuna, i suoi genitori erano talmente sicuri che il loro figlio sarebbe riuscito una persona degna, che l'idea non li sfiorò neppure. Neppure ai vicini venne in mente un'idea del genere, altrimenti non l'avrebbero incoraggiato a continuare, senza di che il gioco non avrebbe raggiunto così ammirevolmente i suoi scopi. In realtà, Goethe, avendo avuto la possibilità di agire con tale evidenza drammatica, a modo suo, e con l'approvazione di persone autorevoli, il suo malanimo, proprio grazie a questo si poté in parte liberare della rabbia che gli covava dentro. Superato questo ostacolo, poté in seguito istituire un ottimo rapporto con la sorella e condurre una vita in tutto degna di ammirazione.

I vicini e i familiari di Goethe poterono incoraggiare il suo comportamento "distruttivo" perché probabilmente, a un qualche livello, ne intuivano l'importanza e il significato. Anzi, anche in seguito ricordarono l'episodio con simpatia. A conclusione del suo racconto, Goethe scrive: "A ripagarci di tutti quei cocci, avevamo se non altro una storia divertente da raccontare, che infatti divertì sino alla fine dei loro giorni i due vicini che mi erano stati d'incitamento."

Quasi a sottolineare quanto sia importante l'intima simpatia degli adulti, che, sola, fa emergere la ricchezza di significati dei giochi dei bambini, Goethe fa seguire al racconto di quell'episodio la descrizione di come lui e la sorellina fossero soliti giocare ai piedi della nonna, o, se era malata, sul suo letto, precisando quanto fosse importante per loro il fatto che la nonna ne provasse un genuino piacere e li incitasse con tanta gentilezza e benevolenza a giocare.

Quante probabilità esistono che un'esperienza del genere possa ripetersi oggi? Con tutto il nostro parlare di problemi psicologici dell'età evolutiva e della nostra volontà di aiutare i nostri figli a superarli, all'atto pratico noi ci saremmo preoccupati un pochino di più dei piatti e un pochino di meno del bambino, e avremmo pensato che, se si lascia correre di fronte a un comportamento così distruttivo, chissà a quali terribili conseguenze si andrà incontro.

Dalla storia di Goethe sembra di capire come una volta la gente sapesse che i bambini hanno bisogno di "buttar fuori" le cose, e che il gioco spontaneo è il modo migliore per farlo, anche se nessuno si sarebbe mai sognato di parlarne in questi termini. Oggi, mentre forse si accetta l'idea che l'adulto abbia bisogno di "buttar fuori" le emozioni, se a cercare di farlo, se ad avere manifestazioni di collera sono i bambini (e sovente la loro collera è dovuta appunto al fatto di vedere così spesso frustrati i loro tentativi di fare a modo loro, o anche solo di "fare"), subito gli adulti intervengono a reprimerli. Sfoghi distruttivi come quello di Goethe bambino oggi non verrebbero accolti con un atteggiamento di divertita simpatia, bensì, al contrario, con un giudizio a volte esplicito di disapprovazione.

E il risultato è che episodi del genere, invece di diventare ricordi lieti, custoditi con piacere da grandi e bambini per tutta la vita a formare tra loro un tenace legame di intimità per il fatto che l'approvazione dell'adulto aveva rafforzato la stima di sé e il senso di benessere del bambino, tendono oggi a trasformarsi in ricordi colpevolizzanti e carichi di rancore, che allontanano genitori e figli. Oggi, se un bambino si provasse a scaraventare deliberatamente e sistematicamente i piatti di casa dalla finestra, il suo gesto provocherebbe probabilmente rifiuto da parte del genitore, aspre critiche e sanzioni punitive. Di sicuro un atto del genere verrebbe bloccato sul nascere, il più delle volte senza che l'adulto abbia cercato di comprendere le motivazioni del bambino. Frustrati per quel che riguarda le loro intenzioni inconsce e biasimati per le loro azioni, i nostri figli imparano ben presto a rimuovere qualunque sentimento possa provocare in loro impulsi distruttivi e a cancellare del tutto l'accaduto. Ma i sentimenti di collera non scompaiono; o trovano sfogo in qualche altro comportamento, meno diretto, dove il significato non sarà altrettanto trasparente e l'atto risulterà così poco omogeneo rispetto alla sua causa da non costituire un reale sollievo; oppure la collera verrà rimossa, continuando però a covare nell'inconscio. Nel caso della rivalità fraterna, che Goethe aveva scaricato rompendo i piatti, la rimozione può dar luogo a un'animosità che dura tutta la vita, dato che l'odio infantile non si era potuto risolvere in una reazione aggressiva. Non fu così per Goethe, il quale, essendosi purgato dell'odio per la sorellina in un unico grandioso gesto, fatto oggetto di ripetuti racconti, si sentì libero di instaurare con lei un ottimo rapporto, favorito anche dal fatto che la sua reazione violenta era stata giudicata tanto positivamente. Riesce più facile superare la collera, se esprimerla comporta conseguenze favorevoli; ma è impossibile superarla, quando la si è dovuta rimuovere.

Il fatto di avere trovato comprensione in un momento molto difficile della sua vita, confermò in Goethe l'idea che la vita ci offre sempre delle compensazioni, anche nelle situazioni più disperate. Quell'episodio, inoltre, divenne per tutti qualcosa da ricordare insieme, un patrimonio comune che rafforzava il legame tra adulto e bambino. Se accadesse oggi, esso verrebbe dimenticato o rimosso, e riparlarne servirebbe soltanto a rivangare ricordi spiacevoli. Oppure verrebbe rinfacciato in occasione di altri comportamenti sciocchi o distruttivi da parte del bambino, con grave danno alla sua stima di sé. Se poi il sentirselo rammentare richiama alla mente del bambino l'atteggiamento negativo tenuto dai genitori, gli si riattiveranno il risentimento e il rifiuto vissuti allora. E questo non contribuirà certamente a rinsaldare il loro rapporto.

So di molte persone per le quali il fatto che i genitori considerassero stupidi i loro giochi o altre loro azioni costituì una sofferenza intollerabile. Non avendo altri riferimenti, esse avevano accettato come valida, ma sempre con notevole risentimento, la valutazione dei genitori. Di conseguenza, finirono per considerarsi essi stessi degli stupidi; anche in questo caso, però, il fatto che i genitori avessero lasciato loro capire la scarsa considerazione in cui li tenevano era qualcosa che li riempiva di rancore. Da adulti, molti si vergognavano ricordando le sciocchezze compiute da bambini; altri, invece, ripensavano alla propria infanzia con un atteggiamento di superiorità: come a dire, che sciocchi eravamo allora! Ma un simile atteggiamento tradiva il bisogno di compensare attraverso l'attuale aria di superiorità il bruciante senso d'inferiorità che l'opinione dei genitori aveva istillato in loro.

Tuttavia, se veniva analizzato più in profondità il comportamento che aveva suscitato il disprezzo dei genitori, si scopriva che esso aveva avuto importanti significati. Allora queste persone riconoscevano con indicibile sollievo che quello che avevano fatto era tutt'altro che stupido. Questo, tuttavia, non bastava ancora a liberarli dal senso di inferiorità causato dal disprezzo dei genitori. Dovevano prima richiamare alla memoria anche la collera e il dolore provati non tanto per l'incomprensione dei genitori, quanto per la cattiva opinione che essa rispecchiava.

Dovremmo sempre partire dal presupposto che, qualunque cosa faccia un bambino, per quanto stravagante o stupida possa apparire la sua condotta a un'osservazione superficiale, egli ha sempre ottimi motivi per comportarsi come si comporta. Se partiamo da questo presupposto, ci verrà naturale indagarne il significato, e con tanto maggiore impegno quanto più quell'azione ci sembra incomprensibile. E anche se non riusciremo a comprenderla subito o del tutto, la nostra buona volontà ci aiuterà a essere più equanimi. E questo farà bene a nostro figlio, e ci aiuterà a capirlo meglio, rendendo più positivi i nostri rapporti. Se invece il nostro atteggiamento verso certe attività dei nostri figli è di giudicarle stupide o di impedirle o punirle, allora non meravigliamoci se tanti adolescenti considerano stupido e poco affidabile chiunque abbia superato i trent'anni.

Che differenza, nell'atteggiamento verso il gioco, tra i tempi di Goethe e il nostro! E quanto ci abbiamo perduto, nel cambio, tutti quanti, adulti e bambini.

16. Il gioco come strategia di soluzione dei problemi

> Eppure, questo o quell'impulso dappoco,
> Avuto, una volta, pieno e libero gioco,
> Sembran l'unica opera di tutta un'esistenza.
> Che il resto fa apparire senza consistenza.
>
> ROBERT BROWNING

Ai tempi in cui genitori e figli giocavano agli stessi giochi, era chiaro a entrambi, intuitivamente, quali fossero le finalità del gioco: suscitare profonde risonanze personali e, contemporaneamente, procurare piacere. Questo vale tuttora per la forma più elementare, più precoce e dunque più importante di gioco: quello del bambino di pochi mesi; e guai se così non fosse.

Quando il lattante butta il sonaglio fuori della culla, e la madre lo raccoglie e glielo restituisce, in quegli istanti di reciproco piacere la madre non si rende certamente conto che, con questa nuova attività, il suo bambino sta verificando alcuni quesiti della massima importanza: "Sono in grado di influenzare senza danno per me il mio ambiente oggettivo? Posso affermare la mia volontà e manipolare gli oggetti senza pericolo? Posso allontanare da me le cose che mi danno fastidio? Posso allentare la presa sulle cose che mi appartengono, senza rischio di perderle definitivamente?"

È la madre a rispondere per il bambino a questi interrogativi: la sua risposta sarà affermativa, se la gioia per le nuove abilità del figlio la induce a lodare il suo gesto e a restituirgli il sonaglio, consentendo la ripetizione del gioco. Sarà invece negativa, se la madre si spazientisce o si annoia, dando così al bambino la sensazione che manipolare gli oggetti sia un'azione riprovevole; analogamente, se non gli restituisce il giocattolo, gli comunica che la manipolazione degli oggetti provoca una perdita definitiva, sia sul piano oggettivo (il sonaglio non c'è più), sia su quello soggettivo (un rapporto interpersonale frustrante anziché gratificante).

Le conoscenze che il bambino cerca di ottenere attraverso

questo tipo di gioco hanno una tale portata che egli ha bisogno di ripetere più e più volte la medesima azione-domanda per essere sicuro della risposta; di qui l'instancabile ripetizione del gioco. Così facendo, il bambino cerca senza saperlo di rispondere agli interrogativi filosofici fondamentali dell'umanità: "Esiste un oggetto io? Come posso essere sicuro della mia esistenza? Sono un soggetto agente? Posso essere sicuro della regolarità, della costanza, della prevedibilità del mio mondo e della mia persona? Quali sono le intenzioni del mondo nei miei confronti?" Questi sono i problemi sui quali il lattante, in armonia con il suo crescente livello di comprensione del mondo, indaga e ai quali trova una prima risposta attraverso i suoi giochi e attraverso le reazioni degli altri verso di essi e verso di lui.

Alcuni di questi problemi aveva incominciato ad affrontarli da più piccolo ancora, quando aveva scoperto che, chiudendo gli occhi o voltando la testa dall'altra parte, poteva rendere invisibili le cose. Erano state probabilmente queste azioni a dargli una prima indicazione della differenza esistente tra io e non-io: quando chiudeva gli occhi o girava la testa, lui rimaneva uguale a prima, mentre le cose nel suo campo visivo scomparivano: dunque non erano permanenti, mentre lui sì. Chiudere gli occhi e volgere il capo rappresentano tappe fondamentali nella distinzione tra io e non-io e, a livello psichico, nella formazione del sé.

Poiché, volgendo la testa dall'altra parte, si possono far scomparire le cose, il lattante impara a volgere il capo quando vede qualcosa di spiacevole e desidera negarne l'esistenza. Più avanti, quando si svilupperà il linguaggio, da questa reazione si formerà il concetto di no. Tant'è vero che, almeno nella nostra cultura, il gesto per dire no consiste nello scuotere la testa da una parte all'altra.

Un altro gioco fondamentale per i bambini molto piccoli è quello del Cucù, che nella forma più elementare prevede che uno dei due giocatori entri ed esca in rapida successione dal campo visivo dell'altro nascondendosi dietro qualcosa; oppure è l'altro giocatore che si copre e si scopre rapidamente gli occhi. Il piacere del lattante deriva dalla ripetuta e sempre esilarante scoperta che l'altro giocatore, benché temporaneamente invisibile, non è scomparso definitivamente. Molto più avanti viene aggiunta la sequenza avvicinamento-elusione: si ha così il gioco di Nascondino o Rimpiattino. Con tali giochi si chiarisce al bambino la natura delle relazioni umane: molto prima di poter concettualizzare o esprimere a parole questa idea, il bambino comprende che, pur rimanendo le persone costanti e uguali a se stesse, noi ci possiamo avvicinare a esse o allontanarcene. La scoperta parallela che, come noi possiamo far scomparire l'altro volgendo la testa o chiudendo gli occhi, anche l'altro può spostarsi a suo piacimento, costituisce una delle disillusioni più cocenti dell'infanzia, che perciò il bambino cerca di assimilare attraverso tutta una serie di esperienze ludiche.

Freud descrisse il gioco di un bambino, che consisteva nello spingere sotto il letto un rocchetto legato a una cordicella e nel tirarlo fuori nuovamente, sempre di seguito, senza mai smettere; e lo interpretò come un tentativo di rassicurarsi che le cose che scompaiono alla vista non sono necessariamente scomparse per sempre: ritornano e possono addirittura essere recuperate per iniziativa del bambino stesso. Nel caso di quel bambino, l'angoscia era determinata dall'assenza della madre, e quel gioco serviva a rassicurarlo del fatto che, come il suo giocattolo poteva scomparire e poi ricomparire di nuovo, così la madre poteva allontanarsi per un certo periodo e poi tornare di nuovo da lui. Il senso del gioco stava nel tentativo da parte del bambino di convincersi che, primo, la madre, anche se non poteva vederla, non se n'era andata per sempre, e, secondo, che, pur non avendo alcun controllo sugli eventi determinati da altri, tali eventi non erano necessariamente così distruttivi come inizialmente aveva temuto. Imparò inoltre che su altri eventi, quelli che lui stesso determinava, poteva avere padronanza piena, e anche che esisteva un'importante differenza tra gli eventi che poteva lui stesso provocare e quelli che esulavano dalla sfera della sua influenza diretta. E fare esperienza dei primi rendeva più tollerabili i secondi. Molti giochi improvvisati spontaneamente dai bambini servono a scopi analoghi, di ricognizione e di rassicurazione.

Un altro significato hanno i giochi che fanno le madri con i loro figli di pochi mesi; essi costituiscono per il lattante la prima presa di contatto con la sua cultura e con il processo di comunicazione. Giocando al Cucù o a "Dov'è il mio bambino?", viene il momento in cui il piccolo incomincia a cogliere la natura interpersonale del gioco e vi partecipa spontaneamente. La percezione che la mamma gioca *con* lui perché *lui* è la fonte della sua gioia, e che vorrebbe che lui partecipasse lo rende così felice che anch'egli desidera prendervi parte. È l'inizio del processo di comunicazione, in cui il bambino scopre l'altro, la madre, e, contemporaneamente, se stesso. Tale scoperta costituisce il punto d'avvio delle nostre interazioni coscienti, sia pure in forma rudimentale, e la base di tutti i successivi processi di comunicazione, in quanto presuppone l'idea che tra due persone possono darsi interazioni significative. Benché l'esperienza della reciprocità abbia origine nella situazione dell'allattamento, là tutto avviene a livello essenzialmente inconscio, mentre con giochi come il Cucù, la reciprocità diviene un'esperienza della coscienza. Le smorfie e i gorgoglii di felicità del bambino acuiscono il piacere della madre, che ne viene motivata a continuare il gioco con accresciuto entusiasmo. A sua volta il bambino si rende conto che la causa delle reazioni della madre sono appunto le cose che lui sta facendo: capisce, cioè, di averle comunicato qualcosa, qualcosa a cui lei ha risposto, e nel modo da lui desiderato.

Quanto sia importante questo tipo di giochi per la formazione della personalità individuale mi fu dimostrato da una bambina autistica di otto anni. Come spesso avviene, la grave patologia del suo caso permise l'osservazione di un fenomeno che si registra anche nel comportamento normale, ma che in questi casi assume un'evidenza più netta, come se lo osservassimo attraverso una lente d'ingrandimento, o sotto la luce di un riflettore. Quella bambina era praticamente muta dalla nascita; respingeva qualunque tentativo di entrare in contatto con lei verbalmente o fisicamente, era inaccessibile a qualunque stimolo dell'ambiente; se si cercava di entrare in contatto con lei, reagiva ritirandosi in se stessa, piena di collera e di paura.

Per più di un anno, pur cercando di darle tutte le nostre cure più affettuose, rispettammo il suo desiderio di essere lasciata in pace; solo allora incominciò ad attenuare il suo isolamento e a consentire un minimo di contatti, pur continuando a non dar segni visibili di reazione. L'unica forma di avvicinamento alla quale finalmente rispose fu un gioco, un gioco molto semplice, una combinazione tra quello del Cucù e "Dov'è il mio bambino?". Io fingevo di cercarla e, quando finalmente la vedevo, davo in esclamazioni di gioia: la bambina era rimasta sotto i miei occhi tutto il tempo, ma io fingevo di non vederla, per poter esprimere tutta la mia lieta sorpresa quando la "scoprivo". A poco a poco la bambina incominciò a nascondersi veramente, dietro una tenda, e arrivò persino a spiare da uno spiraglio, imitando i gesti che avevo fatto io innumerevoli volte. Finché, un giorno, dopo un po' che giocavamo, mi permise di abbracciarla. Io proclamai in modo ancora più espansivo la mia gioia, gioia che era invero grande e autentica. Continuammo il nostro gioco; di nuovo la bambina si lasciò abbracciare senza ritirarsi; poi, mentre la tenevo delicatamente tra le braccia, improvvisamente pronunciò la sua prima frase intelligibile, chiarendomi quello che voleva da me.

La bambina, che era americana ed era stata portata a Vienna per essere sottoposta a trattamento psicoanalitico, viveva con noi da un anno e mezzo. Siccome non parlava, ci era sembrato inutile rivolgerci a lei, o parlare in sua presenza in inglese; sicché, da quando era a Vienna, aveva sentito parlare esclusivamente in tedesco. Eppure, la sua prima frase completa venne pronunciata in perfetto inglese, e fu: "Dammi lo scheletro di George Washington." Il dramma della sua vita era dato dal fatto che il padre era ignoto, non solo a lei, ma anche, per una serie di circostanze straordinarie, a sua madre. Per questo motivo la donna, che aveva capito di essere incinta soltanto al quarto mese di gravidanza, aveva tentato di abortire, e quando, nonostante tutto, la bambina nacque, avrebbe voluto che non fosse mai nata, a rovinarle, così pensava, la vita. Solo quando la piccola, a cinque anni, era diventata chiaramente autistica, la donna fu presa da sensi di colpa e cercò disperatamente di rimediare al danno. La fece seguire dai migliori specialisti degli Stati Uniti, ma senza giovamento: la bimba fu unanimemente dichiarata un caso senza speranza. Fu allora che venne a Vienna e si rivolse ad Anna Freud, che le disse che solo facendola vivere in un ambiente organizzato secondo i principi della psicoanalisi, come il nostro, ci sarebbe potuta essere qualche speranza. Non scoprimmo mai come la bambina fosse venuta a conoscenza di sufficienti particolari circa la propria storia da rendersi conto che il suo problema era dovuto al fatto di non sapere chi fosse suo padre. In ogni modo, con quella sua prima frase, ci comunicò che quello di cui aveva bisogno era un padre; ed essendo una bambina americana di padre ignoto, l'unica possibilità per risolvere il suo problema le parve essere George Washington, il padre della sua patria. Poiché quel padre ignoto costituiva per lei lo "scheletro nell'armadio", mi chiese di darle "lo scheletro di George Washington". Da quella volta, continuò a comunicare verbalmente, anche se in modo laconico.

È degno di nota che nel comunicarmi che cosa voleva che le procurassi, pronunciando le prime parole della sua vita, la bambina non solo formulò una frase comprensibile, ma si riferì a se stessa usando il pronome personale "me" e chiamando me per nome. Sono particolari degni di nota, perché i bambini autistici, anche quando incominciano a parlare, non usano i pronomi personali.

Quella bambina, dunque, che fino a quel momento aveva rifiutato qualunque contatto con il mondo, incominciò a costruirsi i primi rudimenti di un sé grazie al gioco del Cucù: attraverso di esso, infatti, poté riconoscere l'altro da sé, e comunicargli qualcosa della massima importanza per lei. Fu attraverso quel gioco, e altri in cui io dovevo "cercarla", che la bambina si rese conto di essere *lei* a nascondersi, e a essere cercata e poi trovata. Giocando, poté trovare se stessa e, contempo raneamente, il mondo degli altri: partecipando a un gioco, era divenuta parte del mondo. Ora poteva sperare che ciò di cui aveva un disperato bisogno potesse esserle dato.

Giochi semplici ed elementari come questi permettono di acquisire il senso del sé e l'esperienza del comunicare. Essi insegnano anche al bambino, che per la prima volta fa questi giochi con la madre, che perdersi di vista non comporta necessariamente una rottura del contatto emotivo. Le ansiose invocazioni della madre, "Dov'è il mio bambino?", e la sua gioia quando finalmente lo "ritrova", gli dimostrano efficacemente come lontano dagli occhi non significhi affatto lontano dal cuore: al contrario, per una mamma, perdere di vista il suo bambino non fa che acuire il desiderio della sua presenza. Forte di questa esperienza, il bambino impara che non c'è bisogno di starle attaccato tutto il tempo; che può senza pericolo perderla di vista per un poco. E il piacere della madre nel ritrovarlo, e il suo nell'essere ritrovato, arricchiscono di una qualità positiva la sua audacia nell'allontanarsi dalla mamma o nel lasciare che lei si allontani per un attimo.

Altre angosce infantili vengono alleviate da altri giochi, che rappresentano e dimostrano l'integrità e l'importanza delle parti del corpo; ne sono un esempio "Piazza, bella piazza", "Questo è l'occhietto bello", "Il pollice è andato giù" e altre filastrocche che comportano di toccare via via le dita della mano o del piede o le parti del viso. Questi giochi comunicano al bambino l'informazione che il suo corpo è come dev'essere, che nulla vi manca o verrà trascurato. Ma, soprattutto, gli comunicano che le varie parti del suo corpo sono emotivamente significative per i suoi genitori.

Oltre a placare l'angoscia dell'abbandono, i giochi in cui il bambino svolge un ruolo più attivo, come Nascondino, servono anche ad accrescere la sua padronanza di se stesso e della realtà esterna. Nascondino è uno dei giochi più antichi e più diffusi del mondo. In esso viene posto ogni impegno per trovare i giocatori che si sono nascosti, e questo convince i bambini che, per quanto siano invisibili, non sono stati dimenticati e che è importante per tutti che ciascuno venga ritrovato, perché il gioco (e, in senso traslato, la vita) non può continuare senza di loro. Tale è la dignità e la sicurezza che un semplice "gioco da bambini" può conferire ai partecipanti.

Nelle versioni più elementari, come "Dov'è il mio bambino?", il piccolo aspetta di essere ritrovato, anche se può collaborare gridando "Sono qui!". In Nascondino, o Rimpiattino, la riuscita dipende dalla personale capacità di mettersi in salvo (arrivando alla "toppa" o "casa") grazie alle proprie risorse. Ciò che il bambino impara attraverso questo gioco più evoluto è che può permettersi di avventurarsi da solo nel mondo, rischiando di esporsi ai suoi pericoli (rappresentati dall'inseguitore e dagli strani nascondigli), per poi tornare sano e salvo al rifugio sicuro della "casa". Certo di poter comunque mettersi in salvo, è libero di mettere alla prova, allo scoperto, la sua bravura, la sua fortuna, la sua audacia. Il gioco offre anche, automaticamente, un premio di consolazione: chi viene preso, non deve necessariamente abbandonare la partita, ma "starà sotto" al prossimo giro, diventando il potente e attivo inseguitore.

La padronanza del mondo esterno

Attraverso il gioco, più che con qualunque altra attività, il bambino acquista la padronanza del mondo esterno. Impara a manipolarne e a dominarne gli oggetti mentre costruisce una torre di cubi. Affina la padronanza del proprio corpo mentre salta alla corda, gioca alla "cavallina" o a far salti dai gradini o da un muretto. Affronta problemi psicologici rappresentando per gioco le difficoltà incontrate nella realtà, per esempio quando infligge all'orsacchiotto un'esperienza penosa che lui stesso ha subito. E, via via che capisce come debba adattarsi agli altri se vuole che il gioco continui, impara molte cose sui rapporti sociali.

Molte esperienze di vita, che per un adulto sarebbero normali, per il bambino risultano schiaccianti. Noi adulti abbiamo imparato a conoscere, accettare, addirittura a prevedere certe esperienze. Ma il bambino no; per lui moltissime esperienze sono assolutamente nuove e impreviste. Basta una minima differenza d'età, per cambiare radicalmente la situazione: noi vediamo come eventi ormai ben noti al bambino di pochi anni più grande siano emozionanti e a volte sconvolgenti per quello di poco più piccolo, a causa della sua inesperienza. Succede solo raramente che l'adulto incontri un evento veramente insolito, molto emozionante, minaccioso e imprevisto. Per il bambino invece tali eventi sono la regola più che l'eccezione, per quanto all'osservatore adulto l'evento in sé possa apparire normale, innocuo, persino piacevole.

Crescendo, le esperienze difficili del passato servono da preparazione per quelle del presente; questo rende il presente più prevedibile e tollerabile, e anche meno emozionante. Rivivendo ripetutamente esperienze del medesimo tipo, impariamo a padroneggiarle, anche se all'inizio ci sopraffacevano. È questa la ragione per cui i bambini ripetono continuamente nei giochi le esperienze che hanno lasciato su di loro una forte impressione. Attraverso la ripetizione cercano di rendersele familiari e di sviluppare quella capacità di tolleranza, che deriva automaticamente dalla ripetizione, e quella padronanza, che consegue all'essere soggetti attivi anziché oggetti passivi del potere altrui.

Il bambino dunque, può rimanere impressionato non solo da eventi intrinsecamente emozionanti o minacciosi, ma anche da esperienze che all'adulto sembrano neutre o positive, come visitare lo zoo. Osservare gli animali è interessante e piacevole sia per gli adulti sia per i bambini, ma nei bambini questa esperienza fa sorgere tutta una serie di interrogativi: "Quali sono le analogie e quali le differenze tra l'uomo e l'animale?" "Che cosa in noi è animalesco e che cosa specificamente umano?" Si tratta di questioni avvincenti, che assorbono completamente l'inconscio del bambino, il quale si sente tanto più vicino agli animali che agli adulti della sua specie. Se poi il bambino ha la possibilità di giocare con dei cuccioli, gli si presenterà il fondamentale problema delle differenze tra adulti e bambini: in che cosa sono simili e in che cosa diversi? Non che sappia formulare tali domande in modo consapevole, deliberato o sistematico. Se ne fosse capace, arriverebbe ben presto a una risposta, e non avrebbe bisogno di ripetere continuamente le esperienze relative. Conformemente alla sua età e al suo tipo di processi mentali, il bambino riflette su queste cose un pezzetto per volta, a caso, via via che l'osservazione stimola i suoi pensieri. Tuttavia, pur non potendo concettualizzarli e comunicarli, sono questi i problemi che occupano la sua mente e lo stimolano a sempre nuove osservazioni, benché non abbia idea delle conclusioni alle quali esse lo porteranno. Non arriverà a conclusioni precise, ma l'incapacità di risolvere un problema non costituisce motivo sufficiente per astenersi dal porselo. È anzi una delle caratteristiche dell'infanzia che il bambino non possa evitare di affrontare certi problemi, a dispetto del fatto che solo raramente sia in grado di giungere a una soluzione.

Spesso non è tanto la complessità dell'evento che confonde il bambino, quanto le sue implicazioni. Se l'esperienza in sé può essere sconcertante, molto di più lo sono le sue ramificazioni, e sono queste che egli cerca di padroneggiare ripetendo continuamente l'esperienza, nella realtà (per esempio tornando allo zoo), e nel gioco, rivivendola con gli animali giocattolo. Il fascino degli animali di pezza deriva in gran parte dall'occasione che essi offrono di riflettere con agio e sicurezza su tali problemi, oltre che dal piacere di tenerli sotto il proprio dominio, laddove nella realtà il bambino ne avrebbe paura. Il valore dell'attività, in questo come in altri tipi di gioco, risiede nel fatto che permette al bambino di assicurarsi il controllo di una cosa che nella realtà lo riempie di paura. Un vero orso costituisce una minaccia, ma con il suo orsacchiotto può fare quello che vuole: la potenza dell'orso è dunque sotto il suo controllo. L'orsacchiotto di pezza protegge il bambino costituendo una minaccia per i suoi nemici, così come l'orso vero costituiva una minaccia per lui. Le frequenti visite allo zoo servono inoltre a convincerlo della potenza dell'animale rappresentato dal suo giocattolo, e questo ne rafforza l'importanza e il significato. Gli orsacchiotti di pezza sono un'invenzione del nostro secolo; viene da chiedersi se questo e gli altri animali giocattolo avrebbero assunto la medesima importanza per i bambini in passato, prima che l'istituzione dei giardini zoologici consentisse loro di conoscere dal vero gli animali la cui effigie riproducono.

Dunque, attraverso il gioco, che non deve conformarsi alla realtà in ogni particolare, un'esperienza complessa può essere suddivisa in segmenti affrontabili, ciascuno dei quali può essere rivissuto e pertanto compreso e padroneggiato senza indebita angoscia. In tal modo, un pezzetto per volta, il bambino riesce ad assimilare un'esperienza che non potrebbe abbracciare tutta insieme. E se si tratta di un'esperienza negativa, nel gioco la può neutralizzare; se l'aveva fatto sentire spiacevolmente dominato dagli altri, la può trasformare in un'esperienza in cui ad avere il controllo della situazione è lui stesso.

Per esempio, un gioco che i bambini piccoli fanno spesso consiste nel caricare cubi, animaletti o altri piccoli oggetti in un carrettino o in un camion, per poi rovesciarli, rimetterceli dentro e rovesciarli per terra nuovamente. Uno dei problemi con i quali il bambino sta probabilmente lottando in forma simbolica mentre fa questo gioco potrebbe essere quello relativo alla defecazione: "Come succede che quello che immetto nel mio corpo, il cibo per esempio, ne viene fuori a pezzi? Significa forse perdere definitivamente una parte del mio corpo?" Mettere i suoi cubi nel carretto per poi rovesciarli per terra gli dimostra come, contrariamente alle sue paure, nulla vada in tal modo perduto. Il carretto è molto adatto a questo gioco perché può muoversi, come fa il bambino; e perché contiene nella sua cavità i piccoli oggetti che vengono poi rovesciati fuori, così come il bambino contiene nella sua pancia il cibo, che verrà poi espulso nel vasino.

Questo gioco è importante anche perché, nel periodo in cui gli viene insegnato a fare i suoi bisogni al gabinetto, il bambino si sente un oggetto passivo, obbligato a comportarsi come vogliono i genitori. Al contrario, mentre gioca, il controllo è tutto in mano sua: è *lui* a decidere quando mettere i cubi nel carretto e quando e dove rovesciarli. Questo non è che un esempio delle attività di gioco attraverso le quali il bambino cerca di compensare le innumerevoli frustrazioni, che indeboliscono il suo senso di autonomia, le situazioni in cui si sente controllato e manipolato dai genitori. Ma la compensazione di cui ha bisogno può venirgli solo da attività inventate e scelte da lui, non da giochi proposti o diretti dagli adulti, che, di nuovo, lo farebbero sentire manipolato da loro.

Possono rendersi necessarie numerose ripetizioni della sequenza riempire-svuotare, prima che il bambino sia in grado di far fronte a livello simbolico al problema che l'ha turbato, e che in certi casi può occupargli la mente a esclusione di ogni altra cosa; il problema, cioè, se con la defecazione vadano perduti contenuti corporei preziosi. Dietro la costanza con cui i bambini ripetono questo gioco sta appunto un tale processo di soluzione dei problemi. S'intende che il bambino non sa di stare cercando di risolvere un problema; sa soltanto che, per lui, quel gioco è molto importante e ricco di significati. Tuttavia, se tentassimo di spiegargli quale problema stia cercando di mettere in atto simbolicamente per trovarvi una soluzione, ovviamente non capirebbe neppure di che cosa stiamo parlando. Per la maggior parte dei bambini, l'idea di stare agendo i loro sentimenti circa l'evacuazione degli intestini è così inaccettabile da apparire incredibile; ciò nonostante, smetterebbero di giocare con il carrettino, pieni di disgusto. Altri, che non hanno rimosso altrettanto profondamente l'interesse per le feci e il processo di evacuazione, sarebbero, sì, in grado di comprendere la nostra spiegazione, tuttavia, essi pure, smetterebbero di usare quel gioco per risolvere il problema che tanto li coinvolge. E per il medesimo motivo: l'ingiunzione dei genitori a non giocare con le feci è stata interiorizzata dal bambino, che pertanto può risolvere i problemi riguardanti la defecazione soltanto in forma metaforica. La spiegazione annullerebbe la qualità simbolica del gioco, e il bambino non riuscirebbe più a portare avanti l'elaborazione del problema che lo turba.

A quel punto, può accadere che i due problemi tra loro connessi, che stava affrontando in forma simbolica attraverso quel gioco ("Perdo qualcosa di valore quando vado di corpo?" e "Sono io che controllo le mie evacuazioni?"), rimangano irrisolti e continuino a tormentare il bambino nel suo inconscio, non essendo stato possibile trovarvi, a livello inconscio, alcuna soluzione. S'intende che un bambino potrebbe tornare a occuparsi di quei problemi attraverso qualche altro gioco, ma di solito il gioco sostitutivo non riesce altrettanto efficace di quello originale.

Riassumendo, il gioco è un'attività a contenuto simbolico

che i bambini usano per risolvere a livello inconscio problemi che non sono in grado di risolvere sul piano della realtà, e che consente loro di provare un senso di dominio della situazione che sono ben lungi dal possedere nella realtà. Il bambino tuttavia sa soltanto che gioca perché gli piace giocare: non è consapevole del suo *bisogno* di giocare, bisogno che trae origine dalla pressione esercitata da problemi irrisolti. Né è consapevole del fatto che il piacere di giocare gli viene da un profondo senso di benessere, che è l'effetto immediato della sensazione di avere il controllo della situazione, a differenza di quanto succede in tutto il resto della sua vita, che è gestita dai genitori o da altri adulti. Il piacere è particolarmente sentito quando il gioco permette al bambino di avere il controllo di atti che rappresentano a livello simbolico attività in cui essere diretto da altri gli provocava forte risentimento.

Il superamento di esperienze difficili

Se è importante che il bambino abbia la possibilità di conquistare la realtà attraverso il gioco, ancora più importante per il suo sviluppo è la libertà di trasformare gli eventi in cui era stato un oggetto passivo in accadimenti di cui egli stesso detiene l'iniziativa e il controllo. Tutti, per sentirci a posto con noi stessi e poterci rispettare, abbiamo bisogno di credere di essere in qualche misura padroni del nostro destino; questo vale a maggior ragione per i bambini, per il semplice motivo che nella loro vita le scelte il più delle volte le fanno altri per loro. Tale convinzione costituisce la condizione preliminare perché l'individuo possa formarsi l'idea di avere un ruolo importante da svolgere nel mondo e di potere in qualche misura plasmarsi la propria vita. La capacità di autodeterminazione non è certamente alla portata di un bambino, nella realtà; tuttavia, nel gioco, egli può attribuirsi un tale potere. E, poiché per lui il confine tra fantasia e realtà non è ancora chiaramente e definitivamente tracciato, il gioco fa sentire i suoi effetti sulla realtà rafforzando e affinando le capacità tecniche e intellettive del bambino. Quella che in un adulto costituirebbe una fuga nella fantasia, che lo lascia più debole e disadattato, per il bambino dell'età appropriata diventa un'esperienza che gli dà forza.

Poiché il bambino il più delle volte non può prefigurarsi quello che gli succederà, molti eventi, che in realtà non sono dolorosi, lo spaventano. Allora cercherà di rivivere successivamente quell'esperienza (a livello di fantasia) nel gioco. Per esempio, vediamo che, dopo essere stato sottoposto a una visita dentistica nostro figlio giocherà al dentista con un amico, dicendogli di tenere la bocca ben aperta, come era stato detto a lui, e inserendovi dei cartoncini per fare la radiografia. Se non c'è a disposizione un "paziente" in carne e ossa, serviranno allo scopo una bambola o un animale di pezza. Le lunghe ore che il bambino trascorre giocando al dentista ci danno l'esatta misura del tempo di cui avrebbe effettivamente avuto bisogno nello studio dentistico per comprendere davvero quello che gli veniva fatto e per far fronte in modo appropriato a tutte le emozioni suscitate da quell'esperienza. Nello stesso modo in cui noi adulti riusciamo a comprendere e ad analizzare un evento, che si svolge troppo velocemente per potervi fissare la mente, rivedendolo al rallentatore, alla stessa stregua il bambino impara a comprendere e ad analizzare eventi che superano le sue capacità di comprensione, ripassandoli per ore alla moviola, per dir così, dei suoi giochi.

I bambini più grandicelli, avendo accumulato un repertorio di esperienze dirette o indirette molto più ampio, sono in grado, in qualche misura, di padroneggiare in anticipo certi eventi. Un ragazzino di dieci anni, per esempio, possiede sufficiente esperienza di prima o di seconda mano per capire la spiegazione di quello che succederà quando il dentista gli toglie un dente, e potrà incominciare a elaborare e ad assimilare l'evento prima che abbia luogo. Una cosa del genere esula invece dalle possibilità del bambino molto piccolo, il quale impara a conoscere e a padroneggiare le cose esclusivamente dopo che sono accadute, attraverso il gioco. È impossibile, per esempio, preparare un bambino piccolo al ricovero in ospedale. Anche se capisce le parole delle spiegazioni che gli vengono date, esse non rivestono alcuna concreta realtà per lui, perché non possiede alcuna esperienza di ospedali a cui riferirle. E quando l'evento ha luogo, si ritrova del tutto inerme; per padroneggiarlo, gli occorreranno numerose ripetizioni, nel gioco, dapprima dei particolari, quindi dell'esperienza nella sua interezza.

Di solito i genitori cercano invece di preparare i figli alle esperienze traumatiche, come il ricovero all'ospedale, raccontandogli quello che succederà; di solito, però, tale preparazione verbale serve solo ad alleviare le angosce del genitore. Diverso, e molto più utile, sarebbe *giocare* all'ospedale con il figlio: anche se neppure questo può consentirgli una reale padronanza dell'esperienza, se non altro servirebbe a rendergli meno inaspettati e paurosi certi suoi aspetti.

Al ritorno a casa, il bambino avrà bisogno di rimettere in scena per gioco, uno alla volta, singoli momenti della sua esperienza in ospedale; quindi, a poco a poco, sarà in grado, sempre nel gioco, di padroneggiarla per intero. All'inizio si metterà magari a infliggere alla bambola o all'orsacchiotto una serie interminabile di iniezioni, concentrandosi talmente su questo solo particolare da indurre i genitori a credere, erroneamente, che quella sia l'unica cosa che ricorda. Ma a poco a poco, padroneggiato questo aspetto, si sentirà abbastanza sicuro da procedere oltre. Allora sceglierà forse il comportamento delle infermiere, riproducendolo, un aspetto per volta, un numero di volte sufficiente perché anche questo lato dell'esperienza incominci a perdere le sue connotazioni angosciose. Il fatto di rappresentarne un aspetto per volta, di capirne un segmento alla volta, lo porterà alla fine a cogliere il quadro nel suo insieme, benché all'inizio risultasse troppo complesso per poterlo abbracciare tutto. E, mentre sottopone i suoi giocattoli al trattamento che lui stesso aveva subito da oggetto passivo, incomincerà a rendersi conto di non dover essere sempre necessariamente una vittima inerme, ma di poter fare agli altri quello che è stato fatto a lui. In tal modo, attraverso il gioco, un'esperienza passivamente subita viene trasformata in una di padronanza attiva.

Soprattutto gli eventi traumatici si prestano a essere padroneggiati attraverso il gioco. Un bambino piccolo non riesce a concepire come possano rendersi necessari un intervento chirurgico per salvargli la vita, o l'immobilizzazione nell'ingessatura per riacquistare l'uso delle gambe. Un bambino non può neppure prendere in considerazione l'idea che la sua vita sia realmente in pericolo: sarebbe troppo terrorizzante. Il fatto di sopportare un'esperienza del genere senza ribellarsi non significa che egli l'abbia accettata, né tanto meno che l'abbia accettata come qualcosa di necessario al suo benessere. Non può permettersi di accettarla, perché questo implicherebbe accettare che l'esperienza si possa ripetere, un'idea troppo spaventosa per essere accolta. Molto più facile è accettare che simili eventi siano necessari per gli altri, o per dei giocattoli, perché allora non esiste un riferimento personale così immediato e diretto. Per esempio, il bambino può fingere che al suo cagnolino di pezza si sia rotta una zampa e gli si debba mettere una stecca bendata stretta, altrimenti, poverino, non potrà più correre come prima. Oppure potrà giocare a otturare i denti del suo scimmiotto, che altrimenti non potrà più mordere le mele ma mangiare solo pappine o banane molli. Agire nel gioco, su una bambola o un pupazzo, i suoi traumi, serve al bambino per dissipare a poco a poco l'angoscia schiacciante che interferisce nella comprensione dell'esperienza. Una volta compresa la necessità di tali interventi per il bene del cagnolino o dello scimmiotto, l'applicazione alla propria persona viene da sé.

Il bambino, dunque, rimetterà in scena centinaia di volte il trauma subito con il suo giocattolo, rassicurandolo ogni volta che la terapia lo farà guarire. E, ascoltando le proprie rassicurazioni, alla fine se nc convincerà a sua volta. Prima però, è indispensabile che le rassicurazioni le dia a lui il genitore, giacché solo se ha in mente quelle del genitore, potrà darne a sua volta al suo pupazzo. Come sempre, tocca al genitore dare l'avvio nel bambino al processo di accettazione della realtà.

Il primato del gioco

Quanto più il bambino avrà avuto modo di godersi la ricchezza e la libertà del gioco di immaginazione in tutte le sue forme, tanto più solide saranno le basi del suo sviluppo. L'incontro, che avverrà successivamente, con la scuola, con i giochi formalizzati e gli sport rafforzeranno e affineranno la sua conoscenza e padronanza del mondo. Ma perché queste nuove esperienze abbiano un reale significato, occorre che l'esperienza del gioco libero ne abbia già posto le basi. I bambini culturalmente svantaggiati incontrano tanti problemi a scuola soprattutto perché hanno giocato troppo poco, perché i loro genitori hanno giocato poco con loro: non avendo vissuto l'esperienza del successo attraverso il gioco, non hanno fiducia di poter avere successo a scuola. Non basta dunque, da parte del genitore, aspettare che il gioco dei figli abbia raggiunto una fase di maggiore formalizzazione per partecipare alle loro attività. I giochi dei bambini più grandicelli presentano un maggiore interesse intrinseco per il genitore, ma a quel punto potrebbe già essere troppo tardi. Per crescere bene sono necessari entrambi i tipi di attività, il gioco e la competizione. E il tempo passato a guardare la televisione (e persino a studiare!) è tempo sottratto a quell'esperienza importantissima che è il gioco, nelle sue due forme. La capacità di godere della competizione si costituisce sull'esperienza di gioco della prima infanzia.

Sono oggi in commercio molti giochi educativi, alcuni anche divertenti, miranti a riproporre in modo formalizzato l'esperienza scolastica. Questi giochi vanno benissimo, ma non aiutano il bambino a padroneggiare a livello psicologico l'esperienza della scuola. Ciò si ottiene piuttosto attraverso i canali più fantasiosi del gioco libero. Come quando il bambino, che ha appena incominciato a frequentare l'asilo, mette in fila le sue bambole o i suoi pupazzi e fa loro "scuola"; o come quando quello di prima elementare gioca "alla maestra" con i fratellini più piccoli. Così, infatti, egli impara in modo attivo a gestire un'esperienza alla quale è stato passivamente sottoposto durante le ore di scuola. Impersonando il ruolo della maestra, riuscirà a rendersela più accettabile e comprensibile come persona, come insegnante, come autorità che impone la disciplina; avendo provato a viverlo dall'altro versante, gli riuscirà più facile tollerare, a scuola, il rapporto insegnante-allievo: ecco dunque che l'esperienza del gioco si trasferisce positivamente sulla sua vita in classe.

L'importanza che assume, per poterle superare, il fatto di riprodurre con la fantasia le esperienze difficili della vita reale trova la sua più convincente dimostrazione nel gioco della maestra; e qui la partecipazione del genitore, nel ruolo dello scolaro, può rivelarsi decisiva. I genitori sono gli "allievi" ideali, perché possono mostrare al bambino come anche un adulto possa accettare di imparare da un altro senza sentirsi umiliato. Se il genitore non è disponibile, è preferibile che il bambino usi come scolari le sue bambole o i suoi pupazzi, piuttosto che i fratellini più piccoli. Infatti, se questi non imparano, c'è il rischio che il maestro in erba si senta frustrato; mentre, se si ribellano alla sua autorità, egli non riuscirà a superare nel gioco l'esperienza vissuta dall'altro versante nella realtà. Molti bambini hanno dei problemi a imparare le tabelline, e può darsi che il genitore voglia aiutare il figlio a superare questa difficoltà. Ma quello che, anche in questo caso, egli dovrà evitare è di proporsi un fine dichiaratamente didascalico. "Quanto fa sette per sei?" Se il figlio non dà la risposta giusta, di solito il genitore lo corregge, facendolo sentire sconfitto e incapace. La sua esperienza sarebbe completamente diversa, invece, se il genitore proponesse di invertire i ruoli, in modo che sia il bambino a fare le domande: in tal modo la possibilità di insuccesso è eliminata. Il genitore dunque risponderà alle domande del figlio; e, dopo aver risposto correttamente un numero sufficiente di volte, in modo da essere sicuro che la risposta corretta si sia ben impressa nella mente del figlio, ecco giunto il momento di commettere qualche "errore". Più l'errore è vistoso, più farà ridere il bambino, che, beninteso, non crederà neppure per un attimo che sei per sette possa fare 6.742 (anche se forse scoprirà che in quella cifra si nascondono sia la domanda sia la risposta).

Un gioco del genere mette il bambino al posto di comando; grazie a esso, l'apprendimento diventa un'esperienza attiva, il che è quello che dovrebbe essere. Il bambino, cioè, non è più il riproduttore passivo di risposte esatte; e porre domande è più divertente. Si potrà poi variare il gioco facendo a turno a porre le domande e a dare le risposte, badando sempre, però, a chiedere al bambino solo le cose che ha già imparato bene, per evitargli l'esperienza della sconfitta.

Se il bambino deve pensare a un problema da porre al genitore, si concentrerà molto di più sul suo compito (che comporta anche di giudicare se la risposta è corretta), che non se venisse sottoposto a un'interrogazione, per quanto camuffata da aiuto per imparare le tabelline. Di qualunque argomento si tratti, aiutando nostro figlio a rivivere nel gioco esperienze scolastiche reali o immaginarie, senza la pretesa di insegnargli nulla, contribuiremo molto più positivamente anche ai suoi progressi scolastici.

Usi e abusi dei rituali

Praticamente qualunque attività umana si presta a essere usata male, a essere impiegata al servizio di una patologia difensiva o ossessiva. Ma il fatto che così *possa* accadere non ne intacca la reale natura. Sappiamo tutti come bambini gravemente nevrotici sviluppino giochi ritualistici per sentirsi protetti dai terribili pericoli che altrimenti li annienterebbero. Ma sarebbe sbagliato concluderne che questo sia lo scopo che universalmente sottende a tali giochi.

Tutti, per esempio, ricorderemo i rituali a cui ci attenevamo da bambini nel camminare. Bisognava procedere lungo il cordone del marciapiede, mettere il piede solo su certe quadrelle del selciato, o mantenerci il più possibile rasente i muri. Oppure bisognava calpestare tutte le crepe del marciapiede, o evitarle tutte; o mettere i piedi esattamente uno davanti all'altro, o fare una giravolta dopo un certo numero di passi, ripetendo qualche formula magica. Rituali come questi sono così antichi e universali, da essere sopravvissuti all'avvicendarsi di imperi e sistemi sociali o religiosi. Ciò nonostante, sono piuttosto scarse le ricerche e gli studi sui rituali spontanei dell'infanzia.

Anzi, circa il vero significato dei rituali seguiti nel camminare si direbbe sussistano notevoli equivoci. Gli psicoanalisti tendono a interpretarli come tentativi ossessivi di tenere a bada l'angoscia, ma una simile interpretazione, benché pertinente in taluni casi, non rende conto dell'importanza che rivestono questi giochi per tutti i bambini. In realtà, nonostante la possibilità di elaborazioni nevrotiche, sembrerebbero un fenomeno normale e universale, che presenta, nell'apparente semplicità, alcuni aspetti degni di nota. Uno di questi è il loro apparire e diffondersi a un certo livello d'età, senza che vi siano pressioni sociali o incoraggiamento da parte degli adulti.

Altrettanto interesse desta il fatto che quasi tutti i bambini, raggiunta una certa età, smettono spontaneamente di fare questi giochi, a eccezione dei bambini patologicamente ossessivi, che tendono a prolungare questo comportamento anche nell'età adulta.

Si dovrebbe dire, piuttosto, che i rituali seguiti nel camminare rappresentano una sorta di esperimento di autodominio, una dimostrazione della capacità di dominare le proprie azioni. Il bambino si convince così di avere un certo controllo, se non del mondo, per il momento, almeno delle proprie azioni nel mondo. Questi rituali, infatti, sono opera esclusiva del bambino, una sua invenzione spontanea; anzi, la loro essenza è appunto di comportare regole liberamente scelte e liberamente rispettate. I particolari possono essere copiati da altri bambini, e possono essere modificati di volta in volta, a seconda dell'ispirazione, ma a decidere la regola deve essere il bambino stesso. Un'altra condizione è che l'inventore del rituale sia convinto che a seguirlo si ottengano risultati "magici". Le opinioni altrui al riguardo vengono rifiutate categoricamente: se la sua regola dice che non bisogna calpestare le crepe, qualunque suggerimento di fare il contrario verrà accolto dal bambino con uno sguardo di allibita incredulità.

La dimensione "magica" del gioco deriva dalla sensazione, che il bambino ne ricava, di essere in quella sfera padrone assoluto di se stesso, benché non sia che un bambino, soggetto a tutte le restrizioni del mondo degli adulti. È lui che si è proposto quel compito, ed è lui che lo esegue, senza l'aiuto di nessuno. Che cosa potrebbe esserci di più magico dell'usare un sistema tanto semplice, che nessun altro può capire, e passare all'improvviso, grazie a quel sistema, da una vita da schiavo a una di libertà assoluta? È un segreto meraviglioso, tanto più esaltante in quanto nessuno lo può indovinare, men che meno i "grandi".

Entro la realtà di un bambino, attività del genere non sono affatto puerili, sono quanto di più maturo si possa immaginare, per il semplice motivo che gli consentono di essere padrone del proprio destino. Il senso di potenza che il bambino trae da questa esperienza di dominio delle proprie azioni, infatti, lo convince di essere, in un certo senso, padrone dei suoi padroni: di quegli adulti, che neppure s'immaginano che cosa lui stia facendo in realtà. Di qui la filastrocca, "Metti il piede sulla crepa, a mia madre rompi la groppa". Ciò che magicamente dà al bambino il potere su se stesso, gli conferisce anche, contemporaneamente, il potere sui suoi genitori.

17. Gioco e realtà: un equilibrio delicato

> Di tutti gli esseri umani i bambini sono i più fantasiosi. Sanno abbandonarsi senza riserve a ogni illusione.
>
> J. B. Macaulay, *Milton*

Il gioco, come abbiamo visto, riveste per il bambino un'enorme importanza; ma il genitore saggio non cercherà di pianificare le attività ludiche del figlio, quasi si trattasse di prescrivergli una dieta ben equilibrata. Nel gioco, la spontaneità e l'autodirezione costituiscono le qualità essenziali, senza le quali il suo valore va in gran parte distrutto. Insisto su questo punto, perché ho notato come un'erronea interpretazione del significato inconscio del gioco e l'applicazione fuori luogo di talune intuizioni emerse dall'uso del gioco nella psicoterapia infantile abbiano di fatto reso più difficile agli adulti accettare e cercare di capire questa attività dal punto di vista del bambino, come invece si dovrebbe.

Per esempio, in psicoterapia, si può incoraggiare il piccolo paziente a sparare contro una sagoma umana con una pistola giocattolo; questo ha lo scopo di aiutarlo a esprimere i suoi impulsi aggressivi, o di scoprire le cause e l'oggetto. Ma tutto questo ha luogo alla presenza di un adulto che ha un ruolo terapeutico, in una situazione "simulata" a fini terapeutici. Se il genitore incoraggia il figlio a sparare contro qualcuno, o contro lui stesso, in una normale situazione di gioco, commette invece un errore; significa che non prende il gioco del figlio con la dovuta serietà. Se si preoccupasse veramente di capirne il senso, invece di fingere, non gli verrebbe neppure in mente di ingaggiare una tale equivoca manifestazione di aggressività contro il prossimo, e men che meno contro la propria persona.

Un altro errore che comunemente gli adulti commettono nel reagire al gioco infantile è di non prenderlo "per vero". Invece, e in più di un senso, il gioco per il bambino è "vero", è la realtà, e noi dobbiamo rispettarlo come tale. Ecco perché dobbiamo guardarci dall'incoraggiare nostro figlio a sparare contro chicchessia. Il divieto riguarda soltanto, però, l'*incoraggiamento* da parte nostra; possiamo benissino regalargli pistole e fucili giocattolo da usare come vuole *lui* nei suoi giochi, per difendersi o per aggredire: quando e come usarli dovrà deciderlo autonomamente nostro figlio. Nel fatto di regalargli una pistola è implicito il permesso di usarla a suo piacimento, quando e come ne sente il bisogno, ma nulla più. E, ancora più importante, è implicita la nostra fiducia che la userà nel modo più appropriato, più appropriato, cioè, dal suo punto di vista.

Tra parentesi, questo vale per tutti i giocattoli che regaliamo ai nostri figli. Il fatto di procurargli i materiali con cui giocare non dovrebbe avere altro significato che quello di dichiarare al bambino che per noi va bene se sceglie di giocarci; non dovrebbe mai essere espressione di desiderio da parte nostra che giochi con quel particolare giocattolo o che ci giochi nel modo previsto dal fabbricante. Un atteggiamento del genere non solo toglierebbe spontaneità al gioco, una cosa già di per sé negativa, ma sottoporrebbe al nostro controllo proprio lo strumento che al bambino dovrebbe servire ad affermare la sua libertà, il suo dominio e la sua iniziativa, diversamente dal resto della sua vita, che è sotto il controllo degli adulti.

I bambini hanno certamente bisogno di scaricare la propria aggressività, ma per far questo è sufficiente dargliene il permesso regalando loro giocattoli adatti allo scopo. Se incoraggiamo un bambino a fare giochi aggressivi, di fatto, in modo molto sottile, esercitiamo un controllo su quell'attività, cosa che tenderà ad accrescere la sua frustrazione e la sua aggressività, e con esse il bisogno di scaricarle, anziché liberarlo dal bisogno stesso. Se d'altro canto il gioco aggressivo è diretto contro di noi (cosa possibilissima non tanto perché nostro figlio voglia farci del male, sia pure solo per gioco, ma piuttosto perché vuole scoprire che reazioni avremo), e se noi non sappiamo reagire nel modo giusto, ecco che gli avremo dimostrato concretamente di non prendere sul serio né lui né i suoi impulsi aggressivi. È facile infatti in questi casi assumere un atteggiamento contraddittorio, dapprima intellettualizzando il problema ("Lasciamo che sfoghi la sua aggressività") e successivamente negando il significato del gesto ("Anche se mi hai 'sparato' non significa niente"); e un simile atteggiamento annulla le connotazioni di "cosa seria" che il gioco ha per il bambino.

Ma allora, quando nostro figlio "spara" contro di noi, dobbiamo spararGli anche noi? No, assolutamente; l'aggressività reattiva dell'adulto, per gioco o per davvero, non ha mai sortito effetti positivi per il bambino. D'altro canto non gli è d'aiuto neppure lasciare che ci spari contro con la sua pistola giocattolo, senza manifestare una reazione appropriata. La reazione, naturalmente, deve riguardare non il gesto in sé, ma le intenzioni del bambino. E solo il nostro giudizio immediato sulle sue motivazioni può dirci se la risposta migliore dovrà essere l'ammirazione per la sua capacità di autoaffermazione ("Che soldato coraggioso sei!"), oppure un teatrale accasciarci al suolo, oppure una dimostrazione di paura, piuttosto che il domandargli come farà a cavarsela dopo che ci ha eliminati. Tra parentesi, una domanda del genere, fatta al momento giusto, sarà molto più efficace di qualunque discorso teorico sui mali della violenza o della guerra, per convincere un bambino che il ricorso alla violenza si ritorce contro chi la usa.

E questo perché il bambino vive nel presente immediato e dentro gli angusti confini della sua esperienza diretta. Le guerre, anche quelle viste sullo schermo della televisione, hanno sempre luogo in qualche posto lontano e non hanno con la sua persona un'attinenza diretta che egli possa capire. E se anche riuscissimo a imprimergli nella mente le tragiche conseguenze della guerra, l'effetto principale sarebbe di infondergli uno schiacciante senso di impotenza. I bambini sono abbastanza intelligenti da rendersi conto di non poter influire su quello che succede all'altro capo del mondo. Invece, sparare contro il genitore è qualcosa su cui *sono in grado* di influire. Qualunque bambino si rende conto che, per quanto possa essere in collera con suo padre o sua madre in quel momento, per quanto possa desiderare di eliminarli, non vuole veramente perderli per sempre. I bambini sono acutamente consapevoli di aver bisogno delle cure e della protezione dei genitori, e sanno quanto soffrirebbero se essi per rappresaglia diventassero nemici o scomparissero per sempre.

La carità incomincia in famiglia, e così pure la riflessione sulla violenza. Un bambino capirà subito che uccidere è male, se il genitore contro il quale ha puntato il fucile per gioco gli domanda chi gli preparerà la colazione, se lui non c'è più, o chi gli comprerà il gelato. Domande del genere convincono il bambino della necessità, per il suo interesse, di mantenere sotto controllo la sua aggressività, molto meglio di qualunque descrizione astratta degli orrori della guerra. Sentirci dire che quello che vorremmo fare è male, ci irrita, ci frustra e ci fa mettere sulle difensive. Mentre rendercene conto a partire dalla nostra esperienza e dalla considerazione del nostro interesse, conferisce efficacia e positività alla lezione appresa.

Il genitore, comunque, non dovrà mai rispondere all'aggressione "a mano armata" del figlio con le prediche o con gesti aggressivi: è questo che intendo per prendere sul serio i giochi dei bambini.

Quando invece i bambini giocano "alla guerra" tra loro, il contrattacco rappresenta una reazione adatta all'età, che non può nuocere, anzi può essere utile. Sparando contro i compagni di gioco, il bambino scarica in parte la sua aggressività, ma quando i compagni sparano contro di lui, si creano in lui nuove occasioni di angoscia. L'accumulo dell'angoscia suscitata giocando alla guerra finirà probabilmente per convincerlo che, senza autocontrollo, tutti ci perdono, giacché chi spara diviene a sua volta bersaglio. Tuttavia, questo importante insegnamento va sprecato, se gli adulti, per fare i comprensivi, si lasciano tempestare di colpi per finta senza reagire in modo appropriato.

Ci sono poi genitori che mostrano reazioni eccessive ai giochi con le armi. Di solito si tratta di persone molto più preoccupate delle proprie emozioni circa l'aggressività, che non della necessità di aiutare il figlio a controllare la propria, che è ben diverso dal rimuoverla. Lo stesso vale per le angosce circa la sessualità o altre pulsioni, alle quali i bambini cercano di far fronte con questo tipo di giochi. Proibendoli, i genitori non fanno che impedire uno sfogo innocuo e necessario, negando nello stesso tempo ai loro figli la possibilità di imparare che, se attacchiamo gli altri, questi contrattaccheranno, e sarà peggio per tutti.

Proibirgli di giocare con le pistole, i soldatini, i carri armati o altri giocattoli che riproducono l'armamentario bellico, perché si ha in odio la violenza e la guerra, è negativo per il bambino e riflette esclusivamente preoccupazioni e paure nostre. C'è chi teme che la passione per le armi, da bambini, sia la causa della violenza degli adulti, o addirittura che, giocando a questi giochi, il loro figlio possa diventare da grande un assassino. Ma questi sono ragionamenti sbagliati e pericolosi.

Innanzitutto, il fatto che un bambino giochi con le armi è indicativo delle sue scelte future tanto poco quanto costruire torri con i cubi lo è di un eventuale futuro di architetto o muratore, o la passione per le automobiline o i camion del fatto che il bambino farà il meccanico o il camionista. In secondo luogo, è ragionevole aspettarsi che, se un bambino, giocando alla guerra, si sente più forte e più sicuro e riesce a scaricare le sue tendenze aggressive, meno ne rimarranno accumulate in lui quando sarà adulto a premere per trovare sfoghi, assai più pericolosi. Giocare alla guerra e con le armi consente di scaricare le frustrazioni accumulate, e quindi tende a ridurne il livello. Di conseguenza il bambino riuscirà a controllare i sentimenti aggressivi e ostili, più facilmente che non se gliene fosse impedita la scarica a livello simbolico. La proibizione di questo tipo di giochi da parte dei genitori aumenta anzi il senso di frustrazione e il risentimento del bambino che si sente negato un canale di sfogo che per altro vede usare liberamente dagli altri bambini e gli viene continuamente proposto dai mezzi di comunicazione di massa.

Siccome, per quel che riguarda la violenza, il problema sta nell'essere in grado di controllare l'aggressività invece di esprimerla, la soluzione migliore è che i genitori facciano il possibile per evitare al figlio l'esperienza della frustrazione e l'accumularsi dei sentimenti ostili. Poiché è impossibile proteggere sempre e comunque i nostri figli (perché la vita, e in particolare la vita dei bambini, è piena di frustrazioni), si può almeno cercare di non aggiungerne altre proibendo loro di giocare ai giochi che vogliono.

La terza obiezione riguarda la paura che i nostri figli possano diventare persone violente, o addirittura uccidere: questo è l'atteggiamento che ha le conseguenze più negative. Un'idea del genere è più dannosa per la salute emotiva del bambino e per il suo rispetto di sé di qualunque gioco violento e aggressivo, proprio perché quello che i genitori pensano di lui riveste per il bambino un'importanza enorme: è infatti dall'opinione dei genitori che egli ricava la sua immagine di sé. Sentire che essi hanno un'idea così negativa di lui lo riempie di rancore, e questo accentua il bisogno di buttar fuori la sua collera, e non più a livello simbolico, nel gioco, ma, una volta emancipatosi dal controllo dei genitori, nella realtà. Il bambino sa che gli piace giocare con le armi, ma, se nella mente dei suoi genitori questo fa presagire che diventerà una persona violenta, la sua immagine di sé, di quello che potrà diventare, rischia di subire una grave distorsione. Come ci insegna l'esempio di Goethe, il bisogno infantile di scaricare l'aggressività ha ben poco a che fare con la guerra e la violenza; riguarda piuttosto avvenimenti che hanno luogo in famiglia, come la nascita di un fratellino o i conflitti con i genitori. Di conseguenza, dargli l'opportunità di scaricare la sua collera a livello simbolico e contro terzi, altri bambini, per esempio, giocando a guardie e ladri, è di gran lunga preferibile che obbligarlo a rimuoverla. Perché in tal caso, se non trova vie d'uscita lecite, la collera continuerà a covare dentro di lui.

Anche alle bambine farebbe bene poter scacciare la collera a livello simbolico, giocando con le armi, perché anch'esse subiscono frustrazioni di ogni genere, sono gelose dei fratellini e si trovano in conflitto con i genitori. E inoltre, in tal modo, non avrebbero la frustrazione di vedersi negato un tipo di gioco di grande importanza simbolica, che invece è concesso ai maschi. Giocando con fucili e pistole, si libererebbero dell'aggressività e non si sentirebbero inferiorizzate, sotto questo profilo, rispetto ai maschi.

Sovente, inoltre, nel bambino la voglia di giocare con fucili e pistole è motivata principalmente dal bisogno di sentirsi capace di difendersi da solo. Se i genitori gli impediscono di realizzare questo desiderio a livello simbolico, è come se quelli che dovrebbero essere i suoi difensori naturali lo privassero di una possibilità di difesa. Se poi temono davvero che possa diventare una persona violenta solo perché prova il desiderio di autoproteggersi, di buttar fuori l'ostilità, di agire nel gioco l'aggressività, in modo da non doverlo fare nella realtà (tutti desideri assolutamente normali), allora il fatto di mettere fuori legge non solo certi giochi, ma persino la sua voglia di giocare a quei giochi, diventa, in virtù della loro convinzione, un attacco distruttivo contro la sua stessa persona, un atto d'accusa contro la sua esistenza, presente e futura.

Dopo aver speso tante parole per spiegare perché non si dovrebbe mai proibire ai bambini di giocare a giochi che hanno un forte contenuto simbolico e che perciò sono tanto importanti per poter fare fronte alla tensioni interiori, non sarà forse inutile sottolineare ancora una volta come non si debba neppure imporre ai bambini i giochi a cui giocare: vale a dire, è altrettanto sbagliato insistere perché giochino con pistole e fucili. Saranno loro a decidere se e quando farlo; e questo vale per i maschi come per le bambine. Ma quando desiderano fare questi giochi, noi dovremmo rispettare il loro desiderio, accettando quei giochi per quello che sono: attività che in quel momento rivestono importanza per loro, ma che non fanno presagire niente di particolare per il loro avvenire. Come sempre, la cosa più importante per il benessere presente e futuro del bambino, è ciò che i suoi genitori pensano di lui, l'intima convinzione, nella fattispecie, che, quali che siano i suoi giochi preferiti, il loro figlio è una bella persona ora, e continuerà a esserlo da grande. Questo, più di qualunque altra cosa, gli darà quella sicurezza interiore che è necessaria per non avere bisogno di essere aggressivi con gli altri.

Il legame tra gioco e futuro

Quante più occasioni il bambino ha di esplorare *tutte* le possibilità che lo attraggono, e quanto più i genitori danno il loro sostegno a *tutti* gli esperimenti del figlio, più capace questi sarà, in seguito, di capire che cosa va bene per lui. Molti bambini, spontaneamente e per periodi anche lunghi, limitano le loro esperienze di gioco a un unico campo. In tal caso, può darsi che dai loro giochi emerga una scelta professionale definitiva, alla quale il ricordo delle felici esperienze infantili non potrà che aggiungere piacere ed entusiasmo. Più spesso, però, l'unilateralità del bambino è dovuta al bisogno di elaborare un particolare problema; infatti, una volta risoltolo, la predilezione esclusiva scompare: ha assolto al suo compito. È come se il bambino, essendosi concentrato con tanto impegno su quell'attività, se ne fosse tolta la voglia per sempre; in seguito, dopo aver scelto una carriera professionale completamente diversa da quella che i suoi giochi infantili potevano far prevedere, non avrà rimpianti.

È spesso difficile immaginare e impossibile prevedere come la concentrazione prolungata di un bambino su un certo tipo di giochi possa prepararlo a una vocazione o a una scelta professionale, che sembrerebbero completamente estranee ai suoi interessi infantili. Solo retrospettivamente ci si può rendere conto di quanto fossero in realtà finalizzate le sue attività infantili. Posso citare il caso di una bambina che fin da piccolissima amava circondarsi di animali di pezza di ogni tipo, che erano diventati i suoi compagni inseparabili. Passava le giornate a giocare esclusivamente con questi animali, al punto che, a scuola, non riusciva a interessarsi a nulla, neppure alla zoologia. Da adolescente, pur conservando ancora con cura i suoi giocattoli, passò a interessarsi di animali veri; trascorreva tutto il tempo libero, e anche quello che avrebbe dovuto dedicare allo studio, in una clinica per animali, dove ben presto si rese utile pulendo le gabbie, svolgendo altre mansioni umili che mai si sarebbe sognata di svolgere in casa sua, facendo giocare e curando gli animali ricoverati. Sia la ragazza sia i suoi genitori si convinsero perciò che avrebbe fatto il veterinario. I genitori incoraggiarono il progetto, ben felici di vedere che la figlia occupava finalmente il suo tempo in modo costruttivo, preparandosi a una professione che anch'essi, pur con qualche riserva, approvavano. La ragazza si iscrisse dunque alla facoltà di veterinaria. Sennonché, improvvisamente, quando aveva quasi terminato il corso, interruppe gli studi e riprese come prima a occuparsi di animali in modo poco sistematico, sempre però curandoli e accudendoli. Verso i trent'anni, la giovane donna improvvisamente perse l'interesse e la devozione che per tutta la vita aveva rivolto agli animali; era come se, come si dice, ne avesse "fatto il pieno". Si iscrisse a una scuola di servizio sociale, dedicandosi ora all'assistenza a persone gravemente ammalate. Solo a quel punto si rese conto che la sua grande dedizione verso gli animali era dovuta a un meccanismo di spostamento, perché fino a quel momento non si era sentita sicura di essere in grado di curare, invece, degli esseri umani. Dedicandosi agli animali aveva potuto elaborare l'ansia di non essere capace di accudire alle persone.

Ora, il legame tra la passione per gli animali di pezza e quella per gli animali veri e infine per il lavoro con le persone bisognose di cure, era chiaro a lei e a quanti avevano seguito il suo sviluppo. Ma quello che ora appariva tanto evidente, prima lo non lo era affatto. Nel suo subconscio aveva usato gli animali per prepararsi e per verificare le sue capacità, prima di poter realizzare il desiderio che fin dall'inizio aveva dominato la sua vita inconscia: prendersi cura degli altri.

Non sempre risulta altrettanto evidente come i giochi dell'infanzia e le passioni dell'adolescenza costituiscano una preparazione all'occupazione dell'età adulta. Tuttavia, sono molte le persone che hanno avuto la possibilità di organizzare liberamente la propria esistenza, per le quali i giochi infantili hanno avuto in un modo o nell'altro un profondo significato nel porre le basi di quello che sarebbe poi diventato per loro un interesse di vitale importanza.

Finché il bambino è piccolo, il problema della professione da scegliere rimane qualcosa di remoto. Ciò che conta è che possa godere fino in fondo dei giochi che fa, non in preparazione a ruoli futuri, ma per il significato che assumono in quel momento. Per un bambino trarre soddisfazione piena dall'attività che sta svolgendo e che è conforme alla sua età e al suo sviluppo psicologico costituisce la miglior garanzia che anche da grande amerà le attività che intraprende. Perché il gioco gli dia un tale senso di piacere e di autostima, il bambino ha bisogno però della conferma costante dei suoi genitori circa l'importanza di quello che fa.

È dunque decisivo per il suo sviluppo che non lo indeboliamo con la nostra indifferenza o incomprensione, e che non lo scoraggiamo con giudizi negativi, che il più delle volte riguardano più le nostre personali preoccupazioni di adulti per il futuro, che non l'attività in cui nostro figlio è impegnato in quel momento. Tutti i genitori che hanno a cuore i figli si preoccupano del loro avvenire, fanno progetti per loro, vorrebbero poterli aiutare a realizzare i loro scopi. Oggi, tuttavia, molti genitori vanno oltre i limiti di una normale sollecitudine per i figli, e si lasciano prendere dall'ansia, circa il loro futuro. Se sono ansiosi, per quanti sforzi facciano per non farlo capire ai figli, questi lo avvertiranno comunque, e molto intensamente. Che sia espressa o mantenuta segreta, l'ansia dei genitori crea sempre nell'animo dei figli gravi dubbi su di sé; a volte tali dubbi possono divenire così radicati che neppure i più vistosi successi ottenuti nella vita adulta potranno estirparli. La sicurezza interiore nasce nel bambino dalla percezione che i genitori approvano le sue azioni, e questo viene tradotto a livello inconscio nella certezza di essere una persona degna e capace. Perciò, quando un genitore dimostra la sua gioia nel vedere giocare il figlio, nel vedere che i suoi giochi sono importanti e ricchi di significato, il senso di dignità personale del bambino si rinsalda, e con esso la sua sicurezza nei confronti di se stesso e del proprio futuro. Perciò nulla è più vitale per i nostri figli della nostra autentica convinzione, che gli dobbiamo comunicare, che i loro giochi sono importanti per loro e quindi per noi.

Poiché non siamo più capaci di provare per i giochi dei bambini piccoli quella partecipazione spontanea e diretta, di cui erano capaci le generazioni passate, dobbiamo usare altri strumenti per compensare tale mancanza; oggi la consapevolezza deve compensare quello che si è perduto in immediatezza e spontaneità. Una più profonda consapevolezza della natura e della portata dei giochi dei nostri figli, potrà trasformare la nostra comprensione intellettuale in quella adesione emotiva alle loro attività, di cui tutti i bambini hanno bisogno.

I giocattoli come simboli

Certi contributi al gioco dei nostri figli possono venire soltanto da noi genitori. Nessun insegnante, per esempio, e certamente nessun coetaneo, può sentirsi coinvolto altrettanto profondamente e personalmente nei giochi di nostro figlio che sembrano avere qualche relazione con il suo futuro. Il gioco è ancorato al presente, riassume e cerca di risolvere i problemi del passato, ma si prolunga anche in direzione del futuro. Il gioco delle bambole, per esempio, costituisce per la bambina un'anticipazione della sua futura condizione di madre e, insieme, l'aiuta a far fronte alle tensioni emotive del momento.

Se la bambina è gelosa delle attenzioni che il fratellino riceve dalla madre, giocare con la bambola le consente di agire e padroneggiare i suoi sentimenti ambivalenti. Maltrattando la bambola, che rappresenta il fratellino, può gestirne gli aspetti negativi; può cioè punire a livello simbolico il fratellino che la sua gelosia le addita come responsabile delle sue sofferenze, anche se ne è la causa innocente. Può poi fare ammenda dei suoi sentimenti negativi e dare soddisfazione agli aspetti positivi dell'ambivalenza quando accudisce amorevolmente la sua bambola, come fa la mamma con il fratellino, liberandosi così del senso di colpa e identificandosi con la madre. Può anche identificarsi con la bambola, ricevendo così per interposta persona le attenzioni che la mamma riversa sul fratellino. In mille modi, dunque, il gioco della bambola si riconnette intimamente al rapporto delle bambine con la madre.

È un peccato per i maschietti avere scarse possibilità di giocare alle bambole. A molti genitori, infatti, sembra che questo non sia un gioco da maschi, e ad essi viene quindi preclusa la possibilità di affrontare a livello simbolico e nel modo più consono, i problemi relativi, per esempio, alla rivalità fraterna e alla costellazione familiare. Forse, se i genitori potessero vedere con quanto entusiasmo (certamente non inferiore a quello delle bambine) nel trattamento psicoanalitico i maschietti usano le bambole e la casa delle bambole, sarebbero più disposti a riconoscere il valore di questi giochi per entrambi i sessi. Giocando con la casa delle bambole, per esempio, dispongono subito, con la stessa soddisfazione delle bambine, la bambola rappresentante il fratellino fuori di casa, e quella che rappresenta un genitore sul tetto oppure chiusa in cantina; oppure mettono entrambi i genitori a letto insieme; e fanno sedere al gabinetto la bambola che simboleggia loro stessi, oppure le fanno mettere sottosopra la casa, rappresentando a se stessi in mille modi certi problemi familiari pressanti, che finalmente agiti, possono così essere gestiti meglio.

Se si dà loro la libertà di farlo, maschietti e bambine senza distinzione usano con grande vantaggio le bambole per elaborare problemi irrisolti, per rimettere in scena esperienze del loro passato recente o lontano, per vivere esperienze immaginarie di cui hanno bisogno per far fronte a residui del passato che devono padroneggiare. Tuttavia taluni genitori, i padri specialmente, credono che giocare alle bambole sia poco virile. Ma è un errore. Molti momenti dell'esperienza passata dei maschi come delle bambine, come essere allattati, cullati, lavati, abituati a usare il gabinetto, possono essere padroneggiati meglio giocando alle bambole e alla casetta. E anche ai maschi si presentano problemi pressanti che si risolvono più facilmente in quell'ambito, come la rivalità fraterna. E se è vero che accudire i bambini non assumerà nel loro futuro un ruolo centrale come per le femmine, esso potrà nondimeno rappresentare un momento importante della loro esperienza di padri.

Chi teme che giocare alle bambole possa rendere il figlio effeminato, per rassicurarsi non ha che da osservare il modo in cui i maschietti ci giocano, che è molto diverso da come ci giocano le bambine. A meno che un bambino non abbia già tendenze femminili per motivi nevrotici, il suo modo di trattare le bambole è chiaramente maschile, di norma molto più aggressivo e manipolatorio di quello delle bambine.

È vero che nei maschi il bisogno di giocare alle bambole si estingue prima che nelle bambine, e che questo gioco non diventa mai per loro un'esperienza altrettanto significativa; ma questo non è un motivo sufficiente perché non debbano godere per nulla dei vantaggi che esso può offrire. In realtà, i giocattoli generalmente considerati adatti ai maschi, pur offrendo la possibilità di elaborare i problemi del presente e di anticipare il futuro, sono molto meno adatti delle bambole per superare le difficoltà del passato. Se i genitori riescono ad accettare che il figlio giochi con le bambole, gli offriranno uno strumento prezioso, che arricchirà la sua esperienza. Non basta, però, che si astengano dal disprezzare questo tipo di gioco; dato il pregiudizio ancora diffuso che le bambole siano "buone per le bambine", occorre che l'atteggiamento dei genitori, di entrambi, sia decisamente positivo.

Persino oggi, quando è abbastanza raro che un genitore si lasci coinvolgere veramente dai giochi che il figlio fa, esistono ancora giocattoli capaci di evocare in lui gli stessi profondi sentimenti che prova il bambino; e uno di questi è sicuramente la bambola.

Sia che si limiti a guardare la figlia giocare con le bambole, sia che partecipi con lei al gioco, una madre si sente sempre coinvolta nell'esperienza della figlia a più livelli. Rivive certi aspetti dei suoi giochi infantili con le bambole, rivive la sensazione della vicinanza di sua madre allora e, contemporaneamente, intuisce che cosa significhi ora per lei essere la madre di una bambina che gioca con le bambole. Per parte sua, la bambina avverte in qualche modo le intense emozioni che dominano l'inconscio e la coscienza della madre, si sente legata a lei da una profonda intimità, basata sull'intenso coinvolgimento emotivo di *entrambe* in quel gioco. Quell'intimità conferisce al gioco un'importanza speciale, una profondità di significati, che non avrebbe mai avuto senza il coinvolgimento della madre. Non è necessario che questa sia sempre fisicamente presente, né, quando lo è, che sia sempre così coinvolta psicologicamente; basta che la bambina porti dentro di sé l'immagine mentale della partecipazione della madre. Basta un'unica esperienza del genere perché l'immagine rimanga nella bambina e si riattivi ogni volta che gioca con le bambole, tanta è la sua intensità e la sua pregnanza. La bambina continuerà a rispondere ai segnali emotivi ricevuti in tal modo dalla madre, combinandoli nel gioco con altri sentimenti, scaturiti dalle sue personali esperienze passate e presenti di figlia e di madre per gioco. Ma, per quanto siano importanti nel rendere significativo il gioco delle bambole i sentimenti della bambina nei confronti delle cure materne che riceve ora e che darà un giorno, esso non potrebbe attingere alle stesse fonti profonde, se la madre non vi si fosse sentita almeno una volta intimamente coinvolta per i ricordi che esso evoca in lei.

L'identificazione del genitore

Pochi altri tipi di gioco possono reggere il confronto con quello delle bambole quanto a capacità di suscitare nel genitore un coinvolgimento particolarmente profondo. Anche in altri giochi dei bambini, tuttavia, esistono spesso aspetti che hanno il potere di toccare nell'intimo il genitore, per i ricordi e le emozioni che attivano, soprattutto quando ricorda di avere giocato da bambino allo stesso gioco e con lo stesso giocattolo. Inoltre, più il figlio diventa grande, più facilmente le sue attività richiamano attività analoghe del genitore da bambino o da ragazzo o i suoi passatempi attuali. Per esempio, l'adolescente che gioca con impegno a scacchi fa un'esperienza molto simile a quella del padre quando a sua volta gioca agli scacchi. Succede spesso a chi ha dei figli di partecipare emotivamente alle loro gioie e ai loro dolori a scuola o sul campo sportivo, e, pochi brevi anni più tardi, alle ambasce e all'estasi del primo amore. A quel punto, però, la personalità di nostro figlio si è già in gran parte formata; l'adolescente, anzi, lotta per liberarsi della nostra influenza. Negli anni dell'adolescenza nostro figlio è, o dovrebbe essere, un individuo a sé stante dai contorni troppo netti perché noi si possa facilmente riconoscere, o proiettare, parti di noi e del nostro passato nelle sue attività. Le esperienze dell'adolescente possono evocare in noi esperienze analoghe, ma noi non possiamo più identificarci con lui come facevamo solo pochi anni prima.

Solo nelle prime fasi di formazione della personalità, che coincidono tipicamente con gli anni in cui è più intenso il bisogno di giocare alle bambole, può una madre fantasticare che sua figlia sia come lei da bambina, che diventerà una donna come lei desidera che sia, evitandole errori e i rischi che lei stessa forse non ha potuto evitare. Un genitore sa bene, in fondo, che suo figlio vivrà una vita diversa dalla sua, che solo finché è piccolo può davvero identificarsi con lui, e rivivere attraverso di lui le esperienze vissute nei giochi della sua infanzia.

Quando tuttavia riusciamo a identificarci, sul filo dei nostri ricordi, con nostro figlio che gioca, ecco che quel gioco assume per entrambi un senso e una portata veramente unici; e, finché il bambino è molto piccolo, possiamo immaginarci che seguirà nel crescere i nostri stessi percorsi.

Identificarsi in modo così positivo nei giochi dei figli era molto più efficace quando era normale che i figli da grandi facessero più o meno quello che facevano i genitori. Per esempio, giocare con un cavalluccio di legno (al pari della bambola, un giocattolo molto antico) assumeva tutt'un altro significato in tempi in cui i cavalli costituivano il principale mezzo di trasporto, per non parlare del loro ruolo nelle guerre. Il bambino che cavalcava il suo cavallo di legno riproduceva in scala ridotta importanti attività della vita adulta, e il genitore che lo osservava sapeva che si stava preparando per qualcosa di importante. Questa certezza poteva facilmente suscitare nel genitore tutta una serie di fantasie sull'avvenire del figlio, nonché il ricordo delle fantasie che lui stesso aveva fatto da bambino cavalcando il suo cavallo giocattolo, per passare poi a riflettere sulla differenza tra quelle fantasie e la sua realtà attuale.

Oggi il cavallo non occupa più un posto di rilievo nella vita degli adulti; cavalcare è un passatempo, il che ne diminuisce l'importanza. Fatta eccezione per le ristrette categorie dei fantini e dei cowboy, è raro che un genitore, osservando il figlio correre a cavallo di un bastone, pensi compiaciuto che si sta preparando per la vita adulta, o che quella vita sarà simile alla sua. Oggi, anzi, i genitori accettano come un dato di fatto che sarà molto improbabile che i loro figli seguano le loro orme.

Se il figlio è già grandicello, le cose possono essere un po' diverse. Vedere un ragazzo alle prese con il computer o intento a suonare uno strumento musicale consente al genitore di fare fantasie positive sul suo avvenire. Di solito, però, è alla riuscita a scuola che i genitori affidano le loro speranze di riuscita nella vita per i figli. Per questo motivo, oggi molti genitori (senza rendersi conto delle loro motivazioni) impongono ai figli un'intellettualizzazione precoce, sottoponendoli a un apprendimento di tipo scolastico quando ancora sono all'asilo, se non prima, nella convinzione che questo ne faciliterà la riuscita quando andranno a scuola. Ma nella vita c'è una stagione per ogni cosa: se spingiamo un bambino a dare prestazioni che non è pronto a dare, il più delle volte otterremo l'effetto opposto. Nella maggior parte, i bambini non sono pronti a imparare a leggere e a far di conto prima di sei, sette anni. È vero che l'intelligenza può essere stimolata anche prima, ma, perché si abbiano effetti positivi bisogna farlo nel modo appropriato all'età del bambino.

Inconsciamente, esponendo precocemente il figlio a esperienze di tipo scolastico, i genitori si prefigurano i suoi successi futuri; queste fantasie sono gratificanti, e servono a dissipare i timori che possono nutrire al riguardo. Il guaio è che tentativi del genere sono prematuri e perciò stesso controproducenti. Quasi tutti i bambini sono in grado di impadronirsi dei meccanismi del leggere, scrivere, contare ed eseguire semplici calcoli a un'età relativamente precoce, ma emotivamente queste attività non possiedono per loro alcun significato intrinseco, a parte il fatto che fanno piacere ai loro genitori. Non possedendo un valore intrinseco per il bambino, se è troppo piccolo quando le incontra per la prima volta, c'è il rischio che continuino a rimanere vuote di senso per lui anche in seguito. Ma è solo il fatto di trovarvi un senso, un valore intrinseco, che potrà motivarlo a impegnarsi nel tipo di apprendimento richiesto a scuola. Un bambino piccolo, se viene spinto troppo precocemente a impegnarsi in attività di tipo scolastico, impara solo per far piacere ai genitori; ma più avanti, quando si troverà in conflitto con loro, potrebbe essere tentato di usare l'insuccesso a scuola come arma per ferirli. Insomma, quanto più il bambino trova privo di significato intrinseco l'apprendimento scolastico al suo primo incontro con esso, tanto più probabile sarà che in seguito rifugga dallo studio. È dunque di gran lunga preferibile ritardare il momento dell'apprendimento intellettuale di tipo scolastico finché il bambino non ha raggiunto la maturità intellettuale sufficiente a fargli trovare significative in se stesse le materie che deve apprendere.

È vero che, quando il bambino è in età prescolare, si cerca di insegnargli le materie scolastiche attraverso il gioco, ma per il bambino in realtà non si tratta di un gioco, anche se può fargli piacere essere fatto oggetto dell'attenzione del genitore. Troppo spesso i genitori considerano i figli parte integrante di loro stessi, al punto di non riuscire a concepire che quello che dà piacere a loro possa non avere il medesimo effetto anche sul figlio; perciò pretendono da lui un impegno che per un bambino è eccessivo. Questo vale non solo per lo studio, ma anche per le attività sportive. Poiché per loro costituiscono un autentico piacere, non riescono a capire che per il figlio, che pure è felice di renderli contenti, possono comportare uno sforzo eccessivo, essere fonte di tensioni, di ansie e di paura dell'insuccesso. Il bambino viene allora posto di fronte a un grave conflitto: da un lato, prova risentimento per il fatto di essere messo sotto pressione, dall'altro, poiché è molto importante per lui compiacere i genitori, non può permettersi di rivelare loro i suoi veri sentimenti al riguardo.

Se non si tiene conto del fatto che il piacere di un bambino può non coincidere con il nostro, si possono creare notevoli problemi. Lo si può notare in certi giochi un po' violenti che si fanno a volte tra genitori e figli, e che ai bambini di solito piacciono molto, purché non si esageri. I lattanti e i bambini di pochi anni, per esempio, ridono di piacere quando li lanciamo in aria per poi riprenderli al volo, ma solo se tutto viene fatto con delicatezza, moderazione e non troppo a lungo. Allora il gioco serve a rassicurarli che non è pericoloso perdere momentaneamente il contatto con il genitore, anzi rafforza la fiducia che la mamma o il babbo sono capaci di proteggerli da situazioni potenzialmente pericolose. Ma certi genitori, trascinati dal piacere che il gioco dà *a loro* e incapaci di concepire che una cosa che per loro è così piacevole possa diventare paurosa per il figlio, finiscono per esagerare. Il bambino allora si eccita troppo, e l'eccitazione può sopraffarlo e lasciare il posto alla paura.

Oppure, genitore e figlio fanno la lotta per gioco, e all'inizio si divertono tutti e due. Il genitore è gratificato per la superiorità della propria forza e delle proprie capacità atletiche ed è fermamente convinto che, se lui si sta divertendo tanto, lo stesso deve essere per suo figlio. Ma nel bambino, al piacere si mescola, ben presto, la percezione della propria inadeguatezza nei confronti del genitore, l'angoscia per la sua minore forza e totale dipendenza e il timore che il genitore si lasci pericolosamente trascinare dalla sua forza schiacciante. Ecco dunque che quella che all'inizio era stata un'esperienza piacevole, finisce per sopraffare il bambino per l'angoscia e il senso di sconfitta che evoca in lui. Naturalmente il genitore sa che non approfitterà mai della propria superiorità, ed è convinto che quello che sa lui lo sappia anche il figlio. Ma non è così: il bambino sa soltanto che tutto questo è troppo per lui.

Ecco perché è molto più sicuro e più soddisfacente per entrambi che il genitore, anziché prendere l'iniziativa di giochi del genere, partecipi invece ai giochi che il figlio ha scelto da solo e per se stesso. Se poi si tratta di un gioco che sollecita nel genitore il ricordo di analoghe attività infantili e gli permette di intessere fantasie positive circa l'avvenire del figlio, l'esperienza sarà particolarmente costruttiva e felice per entrambi. Una madre che gioca alle bambole con la figlia ci fornisce l'esempio più tipico di una tale esperienza profondamente arricchente. L'amore che la bambina mette nel trattare la sua bambola, infatti, contiene per la madre la promessa che sua figlia saprà essere a sua volta una brava madre e ne trarrà soddisfazione e intimo piacere.

I genitori che investono emozioni positive nei giochi dei loro figli infondono in loro la sicurezza che da grandi saranno in grado di far fronte ai compiti della vita adulta. Tale sicurezza scaturisce nel bambino dalla soddisfazione di stare facendo un gioco bello, importante, ricco di senso, ed è alimentata dalla conferma che al riguardo riceve dalla parallela soddisfazione dei genitori. La comprensione a livello emotivo dell'importante significato che il gioco riveste nel presente per i figli, dà corpo e concretezza al suo ruolo nel prepararli per il futuro.

Fino a non molto tempo fa, giocando alle bambole, alla casetta o alla famiglia, le bambine sperimentavano da vicino le attività che riempivano gran parte della vita della madre e avrebbero riempito, nelle aspettative di entrambi i genitori, la loro stessa vita adulta. Oggi, data l'importanza preminente che per tante donne ha assunto il lavoro fuori casa, non è più così; e lo è ancor meno per i maschietti che giocano con i soldatini, i camion o il trenino.

Nei loro giochi più tipici, i maschi tendono a manipolare oggetti (automobiline, aeroplani) e a farlo con atteggiamento aggressivo, mentre i giochi delle bambine comportano di norma l'accudimento di oggetti (bambole) che rappresentano degli esseri umani. È più facile perciò che il maschietto tenda a perdersi nelle astrazioni e a porsi in relazione con il mondo in modo aggressivo anziché tenero e protettivo.

Questo, però, non è un esito inevitabile. Se i genitori di un figlio maschio hanno un atteggiamento tenero e protettivo, anziché giudicante, nei confronti dei suoi giochi, anche dei più aggressivi, trasmetteranno quell'atteggiamento anche al figlio. Molti maschietti, del resto, da piccoli non sono meno delicati e amorevoli delle sorelline, quando vestono e svestono l'orsacchiotto, gli fanno il bagno o lo mettono a letto.

Sono convinto, pertanto, che caratteristiche come l'aggressività e la tenerezza non siano determinate principalmente dal sesso di appartenenza, ma siano fondamentalmente una questione di condizionamenti culturali. Il gioco delle bambine è più finalizzato all'accudimento e ai rapporti interpersonali perché le bambine imitano la madre e perché la realtà quotidiana ruota in gran parte attorno ai rapporti interpersonali. Inoltre, oggigiorno, la bambina ha molte più occasioni di osservare la madre e di aiutarla mentre accudisce ai figli e alla casa (anche se lo fa solo al ritorno dal lavoro), di quante non ne abbia il maschietto di osservare il padre e di aiutarlo nelle attività che definiscono la sua vita di uomo adulto. Dare una mano al padre mentre fa qualche lavoretto in casa, durante il weekend, o accompagnarlo qualche volta a pescare non è un'esperienza altrettanto intensa e importante come osservare la propria madre tutti i giorni, o comunque tutte le sere, e aiutarla nelle sue faccende.

Anche se la madre sta fuori casa gran parte della giornata, la bambina ha modo ugualmente di osservare chi si prende cura di lei e della casa in sua assenza, e di solito si tratta di una donna. Il fatto poi di poter ricreare nel gioco quello che la madre fa e di aiutarla nelle faccende domestiche fornisce alla bambina un ulteriore insieme di esperienze atte ad ancorarla fermamente alla realtà quotidiana e a prepararla a far fronte alle sue esigenze.

Quanto più l'occupazione dei suoi genitori ha senso per il bambino a un livello che gli riesce comprensibile, possibilmente per averne fatto in qualche modo esperienza, tanto più sarà portato a emulare nei suoi giochi gli aspetti della vita dei genitori che gli appaiono importanti. I bambini si rendono conto, a partire dalla propria esperienza, di quanto siano importanti certi lavori, come quello dell'insegnante, del sacerdote, del medico o dell'infermiere; tant'è vero che tutti i bambini, anche se i loro genitori non svolgono queste professioni, giocano al dottore e all'infermiera, e lo fanno in parte perché in tal modo possono soddisfare le loro curiosità circa il loro corpo, e in parte perché hanno sperimentato l'importanza di questa attività quando sono malati. Tuttavia, benché tutti i bambini giochino al dottore, se questa è la professione di uno o di entrambi i genitori, il gioco assume un significato molto più profondo sia per il bambino sia per il genitore, perché facilita l'identificazione reciproca. Alla stessa stregua, il figlio di un pittore ha modo di osservare quello che fa il genitore, e, quando dipinge a sua volta, ha la sensazione di riuscire veramente a comprenderlo. E suo padre, o sua madre, si sentiranno molto più coinvolti di altri genitori negli esperimenti del figlio con colori e pennelli.

Con il diffondersi dell'uso dei computer, che permette a un numero sempre maggiore di genitori di svolgere il lavoro in casa propria, è da sperare che si possa cancellare in parte l'estraneamento tra genitori e figli causato dall'industrializzazione. Anche se quello che suo padre e sua madre fanno con il computer rimarrà un libro chiuso per il bambino finché è piccolo, crescendo potrà capire meglio questa sfera della vita dei genitori. Se il lavoro dei genitori potesse svolgersi tra le pareti domestiche (come è da sperare che lo sviluppo sociale e tecnologico consentano di fare in misura sempre maggiore in futuro), la loro attività, che la maggior parte dei bambini conosce solo per sentito dire, acquisterebbe maggiore realtà. E, quel che più conta, acquisterebbe realtà la vita del genitore nella sua interezza, mentre oggi è reale per i figli solo il genitore quale è a casa o in vacanza. Genitori e figli si conoscerebbero allora sotto tutti gli aspetti importanti della loro vita.

Forse allora i genitori comprenderebbero meglio come il mondo del gioco sia reale e importante per il bambino, tanto quanto quello del lavoro lo è per l'adulto, come gli vada accordata pertanto pari dignità.

18. I genitori e il gioco: la doppia morale

> I bambini all'inizio amano i loro genitori; dopo un po' di tempo li giudicano; raramente, forse mai, li perdonano.
>
> OSCAR WILDE, *Una donna senza importanza*

Certamente i genitori sono felici quando vedono i loro figli intenti a giocare; ma lo sono altrettanto quando si mettono a giocare con loro? Non ci vuole molto a un bambino per capire che il suo gioco è gradito al genitore perché lo lascia libero di sbrigare le sue faccende senza sentirsi in colpa se non si occupa del figlio. Il bambino impara così che quello che conta per i suoi genitori non è il gioco che fa, quanto il fatto di non essere loro d'impiccio; questa amara lezione sminuisce a un tempo il bambino e il suo gusto di giocare, mentre compromette la funzione del gioco nello sviluppo dell'intelligenza e della personalità.

Il vero test dell'atteggiamento del genitore nei confronti del gioco infantile è dato non da quello che dice, bensì da quello che fa. Il più delle volte, però, i genitori si comportano in maniera incoerente. A volte va tutto bene: il genitore non sta facendo niente di particolarmente importante, e quando il figlio gli chiede di giocare con lui, cortesemente acconsente. Il bambino vuole fargli ammirare la sua costruzione, e di nuovo il genitore fa quanto richiesto. Se però sta facendo qualcosa che esige concentrazione, di solito la risposta alla richiesta del figlio sarà: "Dopo. Ora ho da fare." E se è di buon umore, premetterà al suo rifiuto un "Mi dispiace", o lo accompagnerà con la promessa di compensare più tardi la delusione del figlio, promessa che non sempre sarà mantenuta. Inoltre, i genitori tendono a dare per scontato che, se il bambino non ripete la sua richiesta, vuol dire che ha risolto il suo problema oppure se ne è dimenticato. Il più delle volte, invece, il "dopo" del genitore alle orecchie del figlio suona come un rifiuto definitivo, e il bambino non ha nessuna voglia di sentirsi liquidare una seconda volta ripetendo la richiesta.

Un comportamento del genere fa pensare ai bambini che raramente le loro attività ci appaiano *altrettanto* importanti delle nostre e quasi mai più importanti. Ma, comunque, poco male: se entrambi sono intenti alle loro faccende, perché il genitore dovrebbe interrompere quello che sta facendo per andare a unirsi al figlio?

Le cose sono diverse, naturalmente, quando si presenta una situazione di emergenza: ma allora è quasi automatico trasferire la nostra attenzione sulla richiesta di nostro figlio. Siccome questo è molto importante per il senso di sicurezza del bambino, ci sono bambini piuttosto svegli che, per verificare fino a che punto possono fare conto su di noi, dichiarano di trovarsi in una situazione di emergenza. Altri, senza necessariamente voler verificare l'attendibilità dei genitori in caso di crisi, fingono un'urgenza pressante per far accorrere il genitore quando sentono un grande bisogno di dirgli o di mostrargli qualcosa di importante. Il trucco però funziona solo le prime volte; poi il genitore smette di rispondere, e non si fa scrupoli a rendere evidente la sua irritazione nel vedere che il figlio si approfitta di lui, come nella storia del bambino che grida "Al lupo!" una volta di troppo. E lo si può anche capire. Ma è proprio vero che nostro figlio si approfitta di noi, quando fa di tutto per segnalarci quanto sia importante che accorriamo, emergenza o no? Ovvero, in altre parole, sono situazioni di emergenza solo quelle che *noi* consideriamo tali (un pericolo imminente, un incidente)? O lo è anche il bisogno di un bambino di rassicurarsi circa la sua importanza ai nostri occhi, e circa l'importanza di quello che sta facendo?

Basterebbe un po' più di tolleranza per gli appelli all'emergenza di nostro figlio, quando ha bisogno soltanto di convincersi che siamo pronti a lasciar perdere qualunque cosa per accorrere al suo fianco nel momento del bisogno (anche se non riteniamo giustificata tanta urgenza), e il bambino si sentirebbe più sicuro della propria importanza ai nostri occhi. Il rafforzamento della sua sicurezza si rifletterebbe in un miglioramento del suo rapporto con noi e quindi delle nostre relazioni reciproche: un risultato che vale bene il fastidio di rispondere agli appelli di nostro figlio, anche se quella che lui dichiara essere un'emergenza dal nostro punto di vista non è tale.

I bambini apprezzano la nostra pronta disponibilità nei casi di emergenza, ma sanno anche che il più delle volte è solo l'urgenza del caso che ci fa accorrere, non già l'interesse per i loro giochi. Certo preferirebbero di gran lunga che rinunciassimo sempre a tutto in nome loro, ma via via che crescono e diventano più maturi è bene che imparino ad accettare il fatto che non è ragionevole pretendere che, se due persone sono impegnate in qualcosa di importante, una debba sempre interrompersi per correre dall'altra.

Ma vediamo che cosa succede quando il bambino è tutto assorto nel suo gioco e i genitori si dispongono, per esempio, a uscire: lo chiamano e gli dicono di vestirsi. O magari vogliono che venga a salutare un ospite, o si presenti a tavola perché è pronto da mangiare. La risposta del bambino è identica a quella che sarebbe la nostra in una situazione analoga: "Dopo. Ora ho da fare." Ebbene, siamo disposti ad accettare la sua risposta come ci aspettiamo che lui accetti la nostra? O non insistiamo piuttosto, ribadendo, "Vieni *subito*, ho detto"? Se così è, saremo riusciti una volta di più a confermargli l'idea che noi non prendiamo le sue occupazioni altrettanto seriamente delle nostre. Peggio, gli avremo dimostrato che non prendiamo affatto sul serio le sue occupazioni, se entrano in conflitto con i nostri progetti.

Benché non si possa dire che sia un criterio molto giusto, molte persone giudicano gli altri, e loro stessi, non per quello che sono, ma per quello che fanno. Se le loro occupazioni sono considerate importanti dagli altri, allora si sentono importanti personalmente. È un giudizio poco valido e troppo parziale: una persona andrebbe giudicata per il tipo di essere umano che è, non per il lavoro che fa o il prestigio che ha. Eppure, visto che tanti adulti valutano se stessi e il prossimo in questo modo, come possiamo pretendere che un bambino faccia altrimenti? È segno di un giudizio immaturo, ma il bambino *è* un essere immaturo; non ha ancora sviluppato una chiara percezione della differenza tra "quello che sono" e "quello che faccio". Se le sue attività non sono considerate importanti, il bambino tende facilmente a pensare di essere ritenuto di poco conto come persona. Perciò l'atteggiamento del genitore nei confronti dei giochi del figlio avrà grande influenza sulla sua percezione del proprio valore.

Se davvero prendessimo il gioco dei nostri figli altrettanto seriamente delle nostre preoccupazioni, ci ripugnerebbe interromperlo, così come detestiamo essere interrotti mentre lavoriamo. Così imporrebbero la coerenza e un senso di equità; e una delle ricompense che otterremmo rispettando il gioco di nostro figlio è di vedere rinsaldata la sua percezione dell'importanza di questo tipo di attività nel contesto generale della vita familiare.

Con questo non si vuole affermare che i genitori prendano sempre con leggerezza il gioco dei figli. Dopo tutto, vogliamo che i nostri figli si divertano; gli comperiamo dei giocattoli, li portiamo al campo-giochi: siamo molto coscienziosi nell'offrire loro l'occasione di giocare. Purtroppo, però, di solito siamo piuttosto selettivi nel nostro impegno verso il gioco e ne prendiamo seriamente solo alcuni aspetti, e di norma tendiamo a privilegiare il tipo di attività a cui i bambini si dedicano quando sono già più grandicelli. Ma gli atteggiamenti di fondo si formano in gran parte molto prima, e quando il bambino è cresciuto può darsi che porti già le conseguenze della scarsa considerazione in cui erano tenuti i suoi giochi più infantili.

Quando padre e figlio sono nel bel mezzo di un'interessante partita a scacchi o a pallone, è difficile che rispondano sollecitamente all'invito a venire a tavola parché il pranzo è pronto. Il genitore che partecipa con coinvolgimento personale alle attività del figlio ne comprende fino in fondo l'importanza, e un tale atteggiamento di partecipazione diretta è ben diverso dall'essere coinvolto solo in quanto genitore. Nel primo caso, il padre si unirà alle proteste del figlio, dicendo che non è pensabile di interrompere la partita; nel secondo, insisterà perché il bambino smetta quello che sta facendo e ubbidisca immediatamente. I nostri figli notano la differenza, e si avviliscono nel constatare quante poche volte prendiamo davvero sul serio i loro giochi, e come lo si faccia soltanto se interessano a noi.

Investimento parallelo nel gioco

Oggi, le domande alle quali il bambino cerca una risposta con i giochi imperniati sulla perdita dell'orientamento, come Mosca cieca, non rivestono la medesima importanza per gli adulti, che da tempo hanno imparato a padroneggiare questo tipo di problemi. Non ci si può aspettare, perciò, di riprovare la medesima profonda soddisfazione che sa trarre nostro figlio da queste sue ricognizioni volte a rispondere a interrogativi fondamentali per la sua vita. Tuttavia, se riusciamo a comprendere appieno il significato che tali giochi hanno per lui, potremo almeno essere partecipi, per interposta persona, del sua piacere. Potremmo trarre piacere dalla sua capacità di procurarsi le esperienze di cui ha bisogno, e provare rispetto per i suoi sforzi di dare una risposta ai problemi esistenziali che lo assillano.

Effettivamente, quello della costanza degli oggetti e delle intenzioni degli altri sono tra gli enigmi più assillanti dell'età del gioco, e anche oltre.

Dopo aver tanto sottolineato l'importanza della partecipazione dei genitori ai giochi dei figli, vorrei precisare ora come non sia mai un bene che essi giochino con i figli per un senso del dovere. Giocare perché si "dovrebbe" farlo non è lo stesso che giocare *insieme* con nostro figlio, e neppure è lo stesso che apprezzare l'importanza dei suoi giochi. La confusione circa gli intenti dei genitori è appunto ciò che inquina il gioco del bambino. Molti adulti, genitori e insegnanti, tendono a giocare con i bambini per scopi che sono estranei al gioco stesso: per distrarli, intrattenerli, educarli, valutarli o guidarli. Ma non è questo di cui ha bisogno il bambino. Se non è giocare lo scopo, il gioco perde gran parte del suo senso, e la partecipazione dell'adulto diviene offensiva; il bambino indovina le intenzioni dell'adulto e si risente della sua finzione.

L'uso dei cosiddetti giocattoli educativi, tanto caro al cuore di molti genitori, può servire a chiarire questo punto. Non c'è nulla di male, beninteso, a regalare ai nostri figli dei giocattoli educativi, *purché* l'accento sia posto esclusivamente sul piacere di giocare e non sull'intento di educare. Diventano fonte di problemi, invece, se l'attenzione del genitore è diretta su quello che il figlio dovrebbe imparare usandoli, piuttosto che sulla libertà del bambino di usarli come vuole. I giocattoli educativi diventano addirittura nocivi quando il genitore si aspetta che il figlio impari le cose per cui sono stati progettati, invece delle cose che a lui preme imparare, usandoli come la fantasia di volta in volta gli suggerisce. I bambini devono avere la possibilità di usare qualunque giocattolo nel modo che vogliono e non come i genitori, gli insegnanti, i fabbricanti pensano che vada usato.

È incredibile quello che un lattante può imparare semplicemente giocando con l'anima di cartone di un rotolo di carta igienica, e come può essere costruttivo, fantasioso, ed educativo giocare con delle scatole vuote. Una volta, quando il filo da cucito veniva venduto in rocchetti di legno, i bambini li usavano per costruire torri e castelli, divertendosi e "imparando" tanto quanto i bambini di oggi con i cubi e gli elementi costruttivi appositamente progettati. Anzi, forse, ne ricavavano qualcosa di più, perché sapevano che quei rocchetti assolvevano a un'importante funzione nei lavori di cucito delle loro madri. Bambino e genitore, cioè, vedevano rappresentato nel rocchetto qualcosa di importante per ciascuno di loro, mentre i cubi per le costruzioni hanno un senso solo per il bambino.

Certi genitori avvertono istintivamente il grande valore che assume il loro investimento emotivo nei giocattoli dei figli, arricchendo così spontaneamente il piacere di questi con l'esperienza della reciprocità. Per esempio, possono trovare il tempo e la voglia di costruire, se ne sono capaci, semplici giocattoli per i loro figli, ripetendo per puro piacere quello che i loro genitori o i loro nonni facevano per necessità. Il coinvolgimento emotivo nel giocattolo costruito con le nostre mani è di particolare intensità; c'è il piacere di farlo e il piacere di immaginare come ci giocherà nostro figlio, e il significato che vi abbiamo investito continuerà ad agire quando guarderemo il bambino giocare o giocheremo con lui.

Altri genitori fanno della costruzione di giocattoli un'attività da condividere con il figlio. Insieme vanno alla ricerca di pezzi di legno per farne, per esempio, dei cubi per le costruzioni, immaginando la forma che potranno darvi; insieme, magari con l'aiuto anche di amichetti del bambino, cartavetrano i vari pezzi, li dipingono e li incollano. Il giocattolo che ne uscirà manterrà sempre, per genitore e figlio, un significato tutto speciale. Nessuna scatola per le costruzioni acquistata in un negozio può stare alla pari per importanza, con questi pezzi costruiti insieme da genitore e figlio, visibile e tangibile esempio del loro comune investimento emotivo.

L'elemento che conta, qui, è la reciprocità: genitore e figlio hanno entrambi investito se stessi in quel giocattolo, anche se mossi da motivazioni diverse. Il filo comune dell'investimento emotivo potrà supplire alla disparità del coinvolgimento quando, in seguito, sarà solo il bambino a giocare con il prodotto delle loro comuni fatiche.

Quando il genitore si pone coscientemente come educatore

L'investimento parallelo di genitore e figlio nel gioco può anche, però, avere esiti negativi, a causa delle motivazioni del genitore. La storia seguente, basata sui ricordi in parte felici, ma in parte assai maggiore penosi, di un uomo che, nonostante il suo successo nella vita, ne rimase segnato per sempre, illustra bene questo punto. Il padre di questa persona aveva la passione dei francobolli, sicché il figlioletto non ebbe bisogno di incoraggiamento per divenire a sua volta un appassionato collezionista. Il bimbo era affascinato dall'assorto interesse del padre per i suoi album di francobolli, e per un lungo felice periodo, mentre il padre sistemava la sua raccolta seduto alla scrivania, il figlio giocava beato sul pavimento con i suoi personali francobolli, intessendo meravigliose fantasie sulle immagini che vi erano riprodotte, convinto di fare un lavoro molto importante, proprio "come papà". E questa è la parte felice dei suoi ricordi: padre e figlio assorti nella stessa attività, ciascuno a un livello appropriato all'età.

Poi, però, il padre incominciò a pretendere che il figlio facesse le cose "sul serio", e imparasse tutto quello che c'era da sapere sull'arte e la scienza del collezionismo. Per il bambino, che fino a quel momento aveva creduto che la sua attività fosse già da prima una cosa molto seria, questa fu una delusione terribile. Non gli era più concesso di abbandonarsi alle sue fantasie mentre disponeva a suo piacimento i francobolli: ora gli veniva richiesto di fare le cose con ordine e sistematicità, al modo di suo padre. La collezione di francobolli, che in passato aveva costituito un forte legame tra padre e figlio, divenne ben presto fonte di irritazione reciproca. Il padre pretendeva che il figlio trattasse i francobolli nel modo giusto, una pretesa che non aveva senso per il bambino, perché presupponeva una pazienza e conoscenza che alla sua età non poteva possedere.

Finché il figlio era stato libero di seguire il filo delle sue fantasticherie e il padre quello dei suoi ragionamenti, ciascuno aveva avuto la possibilità di godere profondamente della propria attività. Ma non appena il padre si volle porre come educatore e cercò di ammaestrare il figlio, non già con l'esempio del proprio personale coinvolgimento (che era stato all'origine dell'interesse del figlio), bensì forzandolo ad assumere l'atteggiamento di un adulto, la loro comune attività divenne fonte di un profondo conflitto. Il ragazzo aveva l'impressione (fondata) di non essere in grado di soddisfare le pretese del padre, e il padre che il figlio non si accostasse con l'atteggiamento giusto all'attività del collezionista. Anni dopo il figlio, ormai un uomo maturo, ancora provava un profondo rimpianto all'idea che quella passione comune, che per un certo periodo aveva costituito un profondo legame tra lui e il padre, fosse divenuta invece fonte di una così grave delusione reciproca.

Molti genitori, al pari del padre della nostra storia, si lasciano trascinare dal desiderio di vedere il figlio fare le cose bene, e, tratti in inganno dalla richiesta: "Mi insegni come si fa?", che i bambini rivolgono comunemente, si perdono in una marea di particolari tecnici, pretendendo di insegnargli abilità di livello troppo raffinato, invece di aiutarlo a trovare il suo modo di comprendere e di fare le cose, più adatto alla sua età. I bambini vogliono, sì, acquistare competenze tecniche, ma possono farlo solo gradualmente, a modo loro e soprattutto secondo i loro ritmi. Imporre ai bambini una professionalità prematura può compromettere l'interesse che provavano inizialmente per l'attività in questione, in quanto li priva del piacere e del significato che aveva per loro.

L'aspetto più triste del caso citato (ed è un dramma che si ripete nella vita del bambino assai più spesso di quanto i genitori si immaginino) è che le intenzioni di quel padre erano ottime: voleva far sì che collezionare francobolli divenisse realmente un'attività da condividere col figlio. E anche il bambino era motivato dal desiderio di fare qualcosa che lo legasse più intimamente al padre. Ma quando questi gli diede l'impressione che il suo modo di procedere non soddisfacesse i suoi criteri, provò una grande delusione, non solo nei confronti dei francobolli e del collezionismo, ma anche nei confronti di se stesso, per il fatto di non essere all'altezza delle aspettative paterne.

Per poco tempo ancora continuarono a occuparsi di francobolli insieme. Ma poi il padre cominciò a sentirsi frustrato vedendo che i suoi sforzi per insegnare al figlio a procedere nel modo corretto non approdavano a nulla ed erano fonte di irritazione reciproca.

Il ragazzo dal canto suo si sentiva ancora più frustrato, perché gli era stato tolto uno dei piaceri più belli della sua vita. E ancora più penosa era la delusione nei confronti di se stesso: fino a quando suo padre non aveva deciso di farlo diventare un collezionista "serio", il ragazzo si era sentito bravissimo; ora invece era pervaso da un insopportabile senso d'inferiorità.

Divenuto adulto, benché avesse fatto una riuscita professionale superiore a quella del padre, continuò, anche dopo la morte di questi, a dover combattere contro un debilitante senso d'inferiorità, i germi del quale, ne era sicuro, andavano ricercati in quella sconvolgente esperienza. Dopo di allora, non era più riuscito a fidarsi del suo giudizio, nel fare le cose. I ricordi riguardanti suo padre erano una mescolanza di nostalgia struggente per il paradiso perduto, per l'epoca in cui giocava con i francobolli in apparente comunione con il padre, e di rancore per essere stato improvvisamente criticato e fatto sentire incapace. E il rancore era tanto più intenso e tenace proprio perché così grande era stata la felicità, prima che il padre gli facesse capire che non era all'altezza. Fu un dramma, un duplice dramma; per il padre, perché il tentativo di creare un legame ancora più intimo con il figlio era sfociato nell'estraniamento reciproco, per il figlio, perché il suo senso di felice comunione con il padre, aveva ricevuto una così brusca smentita, lasciandolo privo, da quel momento in poi, del sentimento che fino allora l'aveva sostenuto. Da allora, la sola idea di fare la collezione di francobolli lo faceva entrare in depressione.

A tutti noi piace pensare che i nostri figli, da grandi, ricorderanno con affetto che siamo stati noi a insegnargli a fare bene le cose; è spesso questa speranza la motivazione che spinge i genitori a porsi coscientemente, come il padre del nostro esempio, come educatori. Purtroppo, però, per l'insicurezza che tutti i bambini provano, è più probabile che a lasciare l'impressione più profonda e più durevole sia il dolore per le nostre critiche. Come si è già detto, i bambini, non avendo il vantaggio dell'obiettività dell'adulto, prendono sempre le nostre critiche come se fossero dirette non alle cose che fanno, ma alla loro persona.

Quello che abbiamo visto succedere a proposito della collezione di francobolli, accade anche in innumerevoli altre situazioni, per esempio quando un padre decide di mettersi ad allenare il figlio per farne un campione della lega Juniores di calcio. Nel corso di un allenamento serio, finalizzato, è inevitabile che qualcosa vada perduto, e di sicuro svanisce il gusto di giocare al calcio. Il dato paradossale è che proprio l'intenso interessamento del genitore quando è del tipo sbagliato possa gettare il seme di tanta infelicità futura. Il conflitto di motivazioni tra genitore e figlio che ha inizio nel gioco, quando la motivazione del genitore prevale su quella del figlio, può evolversi in seguito in quello che è stato definito il "gap generazionale". E un esito del genere si ha spesso proprio con genitori convinti che tra loro e i loro figli non ci sarà frattura, perché sono sempre stati disponibili a insegnare loro le cose che essi volevano imparare. Che i bambini vogliano imparare è vero: ma con i loro tempi e ritmi. Nelle loro fantasie si immaginano di fare esattamente le stesse cose che fanno la mamma o il babbo; solo che le loro fantasie su ciò che fanno i genitori sono ben lontane dalla realtà. Un bambino non è in grado di capirlo, ma il genitore sì, e deve tenerne conto. Credere che le fantasie suscitate da una certa attività, o persino l'attività stessa, possano essere uguali per il genitore come per il figlio significa negare una dimensione molto reale della differenza tra adulti e bambini.

Sono sempre esistite e sempre esisteranno situazioni ludiche in cui al genitore non è possibile condividere completamente il piacere che il bambino trae dal suo gioco. Non ci è possibile provare la medesima gioia che prova un bambino di due anni nel lasciar cadere centinaia di volte di seguito delle biglie nella bottiglia del latte, o nello spingere avanti e indietro un'automobilina o nel trascinarsi in giro per la casa, con tutta l'attenzione che simili imprese meritano ai suoi occhi, un giocattolo montato su ruote. Si tratta di situazioni in cui solo l'apprezzamento da parte nostra dell'importanza che questi giochi hanno per nostro figlio e il piacere che ci viene dal suo piacere possono colmare la distanza tra genitore e figlio e consentire la comunicazione.

A ben guardare, peraltro, non c'è poi molta differenza tra il comportamento ripetitivo del bambino nel gioco e la concentrazione dell'adulto quando, per esempio, butta una lenza in acqua per pescare, ripetendo sempre gli stessi gesti secondo una sequenza che (ai non iniziati) appare di un'incomprensibile monotonia, ma che per il pescatore è ricca di interesse e di significato. Questo passatempo adulto comporta, è vero, abilità piuttosto raffinate e una notevole conoscenza in campo ittico. Ma anche il bambino, al suo livello, porta nelle sue attività una competenza paragonabile, e trova degno del suo più assorto interesse ogni minima variante del gesto di spingere o trainare il suo camion, non diversamente dal pescatore con le varie tecniche di lancio della lenza.

Forse, quando osserviamo quello che a noi appare un gioco monotono, dovremmo tenere presente questa analogia: servirà a farci ricordare come anche noi adulti troviamo pieni di senso certi comportamenti ripetitivi, anche se noi li chiamiamo "sport" invece che "giochi". Quando osserviamo i nostri figli giocare possiamo se non altro godere del loro divertimento, della loro intelligenza, costanza, abilità e di come sono belli e simpatici mentre giocano. Purché ci dia piacere guardare nostro figlio che gioca, non importa per quale motivo, e purché ci venga naturale, il bambino interpreterà la nostra gioia come piacere per quello che sta facendo, perché è una cosa che fa piacere a lui, soprattutto se vede che l'approviamo. Per diversi che siano i nostri e i loro pensieri, emotivamente l'esperienza sarà la stessa, e creerà tra noi un legame che, se più volte rafforzato, durerà per tutta la vita.

Giocare insieme

È evidente che, nonostante tutto quello che siamo venuti dicendo, non è sempre possibile per il genitore provare una totale empatia per le esperienze ludiche del figlio. Il suo coinvolgimento, tuttavia, lo può aiutare a cogliere i diversi bisogni, aspettative e impulsi che il bambino immette nei suoi giochi, purché non dimentichi e accetti il fatto che tra la sua esperienza e quella del figlio esistono delle differenze. Quanto più intenso è il coinvolgimento emotivo del genitore nel gioco del figlio, tanto più importanti saranno i benefici per il bambino e per i loro rapporti reciproci.

Quasi ogni madre ricorderà con piacere le elaborate fantasie messe in atto da bambina con le sue bambole: con quanta tenerezza le accudiva, con quanta crudeltà a volte le maltrattava. E regalerà delle bambole a sua figlia e forse cucirà per loro dei bellissimi vestiti. Ma quante ore sarà disposta a passare giocando alle bambole con la figlia? Oggi le madri tendono a pensare di avere cose troppo importanti da fare per avere voglia di mettersi a giocare. Ma così facendo si privano di un'esperienza che, a lasciarla penetrare, potrebbe rilevarsi ben più significativa di quanto non immaginino. Se una madre si mettesse a giocare in modo rilassato con la figlia, rimarrebbe sicuramente affascinata dalle bellissime storie che la bambina inventa sulle sue bambole e dalle esperienze alle quali le sottopone. Potrebbero persino affiorarle alla memoria certe storie che lei stessa intesseva da bambina sulle sue bambole, riscoprendo così aspetti sconosciuti o sepolti della sua infanzia. E, sul filo di questi ricordi, notando le analogie e le differenze tra le sue fantasie e quelle della figlia, scoprirebbe cose nuove su sua figlia e avrebbe una percezione diretta di come la bambina si vive. È davvero un peccato che tante madri abbiano così completamente dimenticato quello che provavano *loro* quando chiedevano alla mamma di giocare, e la loro gioia e felicità quando la madre acconsentiva, e il senso di smarrimento se diceva di no.

Emerge qui un aspetto importante del gioco, che viene troppo spesso trascurato: quanto sia vitale per il bambino poter condividere le sue esperienze con un adulto capace di ricordare i propri vissuti infantili riguardo al medesimo gioco. Nella vita di ogni bambino c'è ampio spazio per giocare con altri bambini, sia in modo spontaneo sia in modo strutturato come all'asilo, e c'è lo spazio per il gioco solitario. O meglio, ci sarebbe, se la televisione non vi si sostituisse. Eppure i genitori, anche quelli che sono contrari alla televisione, non riflettono abbastanza sulle ragioni per cui i loro figli ne rimangono come ipnotizzati. Il motivo più comune di questa fascinazione è il desiderio di sfuggire alla solitudine e il bisogno di sentirsi in contatto se non altro con i personaggi fittizi che passano sullo schermo, visto che non ci sono vicino persone in carne e ossa. A meno che il rapporto con i genitori non sia gravemente compromesso o siano compromesse le sue capacità di entrare in rapporto con gli altri (indici entrambi di gravi disturbi emotivi), qualunque bambino preferirebbe di gran lunga interagire con persone vere in una situazione reale che non con le immagini dello schermo televisivo. Il gioco solitario, che sovente i genitori cercano di stimolare in sostituzione della televisione, non può soddisfare questo particolare bisogno, come la televisione non può soddisfare veramente il bisogno di contatto con le persone, sia pure immaginarie.

Quando gli adulti cresciuti prima che la televisione divenisse onnipresente nelle nostre case ripensano alla loro infanzia, ricordano di non essersi mai annoiati, perché riempivano i tempi morti giocando, e si meravigliano che i bambini di oggi sembrino incapaci di fare altrettanto e si attacchino al televisore. Dimenticano però di chiedersi che cosa avrebbero fatto, se ci fosse stata a disposizione la televisione. Con ogni probabilità, anche loro avranno spesso sentito il bisogno di uno scambio vitale con le persone, e quando non era attuabile ripiegavano sul gioco e le fantasticherie, giocando per esempio alle bambole, o ai soldatini; ma solo perché non avevano a disposizione interazioni immaginarie per così dire già pronte, come è con la televisione. Inoltre, prima che ci fosse la televisione a offrire una possibilità di scarica sia pure parziale a questo bisogno, forse i bambini insistevano più ostinatamente con genitori e fratelli perché giocassero con loro, e dunque il più delle volte riuscivano a soddisfare realmente il loro bisogno. Oggi, molti bambini, dopo il rifiuto dei genitori a giocare con loro, smettono di insistere e si rivolgono sconfortati all'apparecchio televisivo, che diventa un ripiego per avere, se non altro, uno scambio con personaggi fittizi. E così viene loro meno l'occasione per costruire con le persone più importanti della loro vita, con il padre e la madre, legami di intimità imperniati su un'attività come il gioco, che può riuscire altrettanto coinvolgente e significativo per entrambi.

Ci si potrebbe domandare come mai, visto che oggi i bambini vanno all'asilo fin da piccoli e hanno modo di soddisfare là il bisogno di giocare con altri questa esperienza non possa sostituire il gioco con i genitori. La risposta più ovvia a questa domanda è anche la più importante: perché i compagni di gioco dell'asilo non sono i genitori. Per un bambino niente di quello che può dire e fare chiunque altro sta alla pari per importanza e significato con quello che dicono o fanno i suoi genitori. Il bambino piccolo non può fare a meno di cercare l'approvazione dei genitori, e nulla rinsalda la sua autostima più dell'approvazione del padre e della madre. Non solo, nulla può farlo precipitare nella più profonda disperazione più del disinteresse o delle critiche del genitore. E più il bambino è piccolo, più succede così. Di conseguenza solo il coinvolgimento in qualche forma del genitore nei suoi giochi può farglieli apparire realmente importanti e degni. Senza di esso, il gioco è davvero "roba da bambini", un'attività che viene svolta dalle maestre all'asilo o dalla babysitter perché è il loro mestiere e serve a tener buoni i bambini.

Ma i bambini non vogliono essere "tenuti buoni"; hanno bisogno di fare, e vogliono fare cose importanti per loro. Per esempio, è sempre affascinante per un bambino esaminare il contenuto di una borsa, ma niente può superare il fascino di frugare nella borsetta della mamma. Per interessanti che siano in generale i segreti degli adulti nessuno è più affascinante di quelli dei genitori. Il bambino è pieno di curiosità per i cassetti e gli armadi degli altri, ma i cassetti dei genitori sono addirittura irresistibili! Quello che la gente fa, le cose che ha, come le dispone e le organizza: tutto questo assume sempre maggiore importanza via via che il bambino cresce e incomincia a osservare le differenze tra come ci si comporta nella sua famiglia e come fanno gli altri. Ma, per prima cosa, vuole sapere come si usa fare a casa sua.

Proviamo a pensare a come si comporta un bambino appunto con la borsa della madre: benché contenga probabilmente le solite cose banali, aprirla e rovistarci dentro costituiscono un gioco esaltante e di inesauribile interesse. La borsa della mamma, così ragiona il bambino, deve essere terribilmente importante, da come se la porta sempre con sé e la tiene stretta per non perderla. Se noi sappiamo apprezzare per quello che sono le esplorazioni di nostro figlio, ci riempirà di piacere l'avidità che ha di scoprire le cose e troveremo gratificante l'interesse che dimostra per noi e per tutto quello che ci riguarda. Ma possiamo anche andare oltre, e comprendere il profondo significato simbolico, inconscio, che le sue ricognizioni posseggono. I bambini stessi non ne sono minimamente coscienti, ma noi, possiamo provare a immaginare il significato recondito che si cela dietro a questo intenso e naturale bisogno del bambino di esplorare il contenuto della borsa della madre e dei cassetti dei genitori. L'indagine psicoanalitica ha mostrato come questo tipo di comportamento esplorativo si riconnetta alla curiosità sessuale. Riguarda cioè la sessualità, ma al livello proprio del bambino, non nel senso che potremo dare noi al sesso.

A questo proposito vale la pena segnalare come anche i giochi con le pistole, specialmente con le pistole ad acqua, abbiano spesso a che fare con il tentativo di comprendere la funzione dei genitali maschili. (Questo vale soprattutto per i maschietti, ma solo perché le bambine, con loro svantaggio, hanno minori occasioni di giocare a questi giochi.) Anche in questo caso, la curiosità del bambino non va intesa in senso adulto, bensì in riferimento alla conoscenza diretta che un bambino, maschio o femmina, può avere della funzione del pene, cioè come organo per orinare. Dal punto di vista dell'esperienza di un bambino piccolo, non c'è altro da sapere. Siccome si tratta di una curiosità naturale di tutti i bambini, i giocattoli che spruzzano acqua, come appunto le pistole, piacciono a tutti, maschi e femmine. Analogamente, maschietti e bambine sono affascinati dalla borsa della mamma; a livello inconscio tale attrazione si ricollega alla curiosità per ciò che può nascondersi all'interno della vagina, per i segreti che possono esservi custoditi. Di solito i bambini sanno oscuramente che *loro stessi* sono stati trovati là dentro: chi può sapere quali altri misteri vi potrebbero essere racchiusi? Anche in questo caso, l'organo sessuale non viene considerato dal punto di vista dell'adulto, bensì entro lo schema di riferimento infantile. Tutti i bambini sono curiosi di sapere a che cosa servono gli organi sessuali e come si spiega il fatto sconcertante che ne esistano di due tipi. Ed è questo che vogliono scoprire con le loro esplorazioni, non già che cosa facciano gli adulti quando compiono l'atto sessuale.

Accordando tacita approvazione alle esplorazioni di nostro figlio nei cassetti e nelle borse, nonché ai suoi giochi con giocattoli che spruzzano acqua, implicitamente lo rassicuriamo anche sulla liceità di una curiosità sessuale del tutto adatta alla sua età. È come se gli confermassimo che la sessualità costituisce un legittimo oggetto di interesse da parte sua. Disapprovare questi comportamenti, per esempio strappandogli di mano la borsa per impedire che ne rovesci il contenuto, o mostrando irritazione quando spruzza acqua dappertutto con la pistola, ha l'effetto di inibire la sessualità, e proprio nella fase in cui avrebbe più importanza godere della massima libertà di esplorare la realtà. Se è male frugare nella borsa e nei cassetti della mamma, come può essere lecito cercare di capire la funzione della sua vagina? Un tale atteggiamento inibitorio da parte dei genitori avrà comunque effetti negativi, per quanti sforzi essi facciano in seguito per convincere i figli, a parole, che il sesso è "una cosa normale" o "una bella cosa", o che altro, nella speranza di riuscire a evitare loro futuri problemi sessuali. Spiegare a un bambino che il suo futuro comportamento sessuale sarà godibile o lecito non serve a molto, se lo facciamo sentire in colpa rispetto alle sue attuali esplorazioni sessuali a livello simbolico. Ai suoi occhi, la nostra proibizione può solo significare che è male cercare di capire o padroneggiare nel gioco i problemi riguardanti il sesso. Ne consegue (nella mente del bambino) che qualunque forma di sessualità è male, qualunque cosa ne possano dire i genitori quando si apprestano, coscientemente, a fornire al figlio una "corretta" informazione sessuale. Solo le nozioni che gli vengono date nella forma adatta alla sua età risultano comprensibili al bambino; quelle che per un adulto sarebbero informazioni corrette, non lo sono se vengono date a un bambino piccolo.

Ma se riusciamo, attraverso il nostro atteggiamento nei confronti delle sue esplorazioni sessuali, a comunicargli che per noi "va bene" che le intraprenda egli ne trarrà la sensazione che il sesso è una dimensione della vita umana che "va bene". Se alimentiamo in lui un atteggiamento positivo durante la fase esplorativa, quando il bambino ha solo un'idea assai vaga di che cosa sia il sesso alla piena conoscenza e comprensione della sessualità, arriverà in modo graduale e commisurato alle sue forze; la sensazione che il sesso "va bene" acquistata di riflesso, grazie al nostro atteggiamento positivo verso le attività sessuali e le esplorazioni a livello simbolico di quando era piccolo, si estenderà rafforzandosi nel modo appropriato a ogni fase successiva di risveglio della sessualità.

19. Competere per mettersi alla prova

"Ora vedremo chi è il più forte, io o pur io."

Oloferne, in *Giuditta e Oloferne* di NESTROY

Il bambino familiarizza con gli oggetti e con le loro proprietà maneggiandoli nel gioco; in tal modo acquista padronanza su di essi ed essi gli divengono noti e accettabili. Ecco perché durante e dopo lo svezzamento è così importante per il bambino poter giocare con i cibi che gli vengono dati e perché vuole imboccare a sua volta la persona che gli dà da mangiare. Maneggiando il cibo, impara a conoscerlo, lo fa realmente *suo*. Più lo tocca, lo schiaccia, lo palpa, più si rassicura che non si tratta di qualcosa di pericoloso e più trova piacevole ingerirlo. E imboccando la madre, dimostra a se stesso di non essere soltanto il ricettacolo passivo del cibo, ma anche il suo attivo dispensatore; se sente di padroneggiare il processo della nutrizione, esso diviene un'esperienza tanto più piacevole.

Decidere chi dei due dà da mangiare all'altro è una delle prime forme di competizione in cui si impegna il bambino, una competizione basata sui sentimenti più teneri e felici. Il lattante che ha sentimenti negativi verso il cibo o verso la persona che lo nutre (anche se a quell'età riesce a stento a distinguere tra le due cose) si rifiuterà di mangiare e si opporrà a chi vuole imboccarlo; e non proverà il desiderio di dare da mangiare all'altro.

Attorno al primo rapporto del bambino, quello con la persona che gli fa da madre, e attorno alla sua prima esperienza interpersonale, quella della poppata, possono scatenarsi la competizione più positiva oppure la più negativa, che culmineranno nell'accettazione o nel rifiuto del cibo. L'una è desiderabile e benefica, l'altra è distruttiva, ma entrambe rappresentano un tentativo di autoaffermazione. Se non si concludono con una sconfitta per il bambino, sia l'una sia l'altra possono rinsaldare la sua stima di sé. L'esperienza della sconfitta in queste prime prove di forza, invece, avrà conseguenze estremamente negative per la sua stima di sé e per la sua capacità di porsi in rapporto con gli altri.

Se gli antagonisti hanno tra loro un rapporto positivo, allora nessuno dei due uscirà sconfitto dal confronto. Quando il bambino, poiché è un piacere per lui essere imboccato, vorrebbe procurare la stessa esperienza alla madre, allora entrambi sono vincitori. La loro competizione ha solo connotazioni felici, e pone le basi di un buon rapporto con gli altri. È più difficile, invece, rafforzare la stima di sé, se per affermare se stessi ci si è dovuti opporre a un'esperienza indesiderabile, anche quando si è usciti vittoriosi dallo scontro, come accade quando il bambino sputa il cibo che gli è stato posto in un modo che gli riesce inaccettabile o offensivo. L'autostima che può essere conquistata mediante un'affermazione di sé al negativo, manterrà, nella migliore delle ipotesi, connotazioni difensive, e verrà anche in seguito conservata e rafforzata nella solitudine, piuttosto che attraverso rapporti positivi con gli altri.

L'altra fonte dalla quale il bambino molto piccolo trae la sua autostima è l'esperienza di essere un soggetto agente: di essere in grado di maneggiare gli oggetti, di piegarli alla propria volontà, di farsi servire dal proprio corpo, come quando impara ad andare gattoni. Ora e per tutta l'infanzia, sono fondamentali l'approvazione, l'ammirazione e l'amore delle persone per lui più importanti. Più avanti, la conoscenza e la padronanza del proprio corpo e degli oggetti si rinsalderanno sempre più attraverso il gioco, finché il bambino sarà in grado di provare interesse e piacere anche per le forme più complesse di padronanza di sé e degli oggetti che si raggiungono attraverso giochi più propriamente competitivi. Di conseguenza, giochi solitari e giochi competitivi si alterneranno, a seconda dell'occasione, dei bisogni o delle preferenze del momento.

Più il bambino diventa grande, più il rafforzamento dell'autostima dipende dalla riuscita in situazioni di competizione, reali o di gioco, non ultime quelle in cui il fine è di superare le sue stesse prestazioni precedenti, o in cui un aspetto della sua personalità lotta per prevalere su altri. È in questa fase che i giochi competitivi assumono la massima importanza, come esperienze in sé e per lo sviluppo della personalità. Attraverso questi giochi il bambino può dimostrare a se stesso e agli altri come è bravo, quello che sa fare, intellettualmente e fisicamente. Vincendo, otterrà l'ammirazione degli altri (o così spera), e questo accrescerà la sua autostima.

Giocare è un'attività che si può svolgere da soli, mentre gareggiare comporta la presenza di compagni, come suggerisce chiaramente la parola inglese *game* ("gara, partita") che deriva dall'alto sassone e gotico *gaman*, "amicizia, compagnia". In inglese moderno, *game* può riferirsi a qualunque forma di gioco, ma il suo significato specifico, secondo il *Webster's Dictionary*, è "qualunque divertimento o sport regolato da norme specifiche, che comporta una competizione intellettuale o fisica", e, quali esempi di due tipi di competizione molto diversi tra loro, vengono citati tra parentesi "il gioco del calcio, il gioco degli scacchi". La medesima idea si trova espressa nella definizione che ne dà il *Shorter Oxford English Dictionary*: "Svago di natura competitiva, regolato da norme convenzionali, il cui esito dipende dall'abilità, dalla forza o dalla fortuna". La competizione costituisce dunque l'essenza di questo tipo di giochi, e la vittoria sull'avversario ne è il fine desiderato; su questo non sussistono dubbi. Che il bambino cerchi di acquistare e dimostrare competenza attraverso la competizione non può dunque sorprendere, tant'è vero che entrambe le parole (competenza e competizione) derivano dal latino *competere*, che significa, tra l'altro: "cercare di ottenere (qualcosa) insieme con qualcuno".

Meno ovvio è il fatto che sovente l'elemento più importante nei giochi competitivi è la competizione che avviene dentro di noi tra due o più aspetti diversi della nostra personalità. Quello che cerchiamo di ottenere giocando a questi giochi è la padronanza di noi stessi (con l'autostima che ne deriverà), e il fatto di competere con altri maschera il vero fine del gioco; la funzione principale dell'avversario è quindi di servire da pietra di paragone con la quale misurarci. Il senso di autostima che, se si è giocato bene e si è vinto, ce ne deriva è sovente più importante della sconfitta dell'avversario, anzi è di solito l'incentivo maggiore che ci ha spinti a giocare.

Proviamo ad analizzare i giochi che fanno i bambini ancora abbastanza piccoli, quando incominciano a provare interesse per i giochi competitivi. Uno dei giochi più comuni consiste nel fissarsi negli occhi, e chi ride per primo perde; oppure si fa a chi riesce a trattenere il respiro più a lungo; o ci si stringe forte la mano per vedere chi riesce a sopportare il dolore senza batter ciglio. A prima vista potrebbe sembrare che lo scopo di queste competizioni sia vincere il compagno, ma a ben guardare ciò che viene messo alla prova è la padronanza di se stessi: scoprire e dimostrare la propria forza di sopportazione, la capacità di controllare le proprie reazioni fisiche e le espressioni emotive involontarie. Molto più importante che non mostrare una superiorità sull'avversario è l'autostima che si acquista riuscendo a padroneggiarsi.

Ci sono bambini che tengono una sorta di classifica dei propri miglioramenti nell'esercitare questo tipo di autocontrollo; essi sanno bene, dunque, che il senso di questi giochi è verificare la capacità della propria mente o della propria volontà di dominare coscientemente le reazioni spontanee del corpo. Si tratta di giochi così diffusi che è lecito affermare che tutti i bambini, prima o poi, si dedicano ad attività il cui scopo principale è di mettere alla prova se stessi e le proprie prestazioni. Conoscevo un bambino di sei anni, per esempio, che segnava il punteggio su un foglietto diviso in due colonne, intitolate una "Io", l'altra "La mia mente"; è chiaro che per quel bambino la questione non era se avesse vinto lui o il suo avversario, bensì se fosse risultata vincitrice la sua mente oppure il suo corpo.

Definire il sé

C'è un abisso tra ubbidire agli ordini di qualcuno ed esercitare l'autocontrollo. Prendiamo, per illustrare meglio questo punto, il caso dell'educazione al controllo dell'evacuazione, che è un'esperienza fondamentale per la socializzazione del bambino. In apparenza potrebbe sembrare che il bambino si abitui a non sporcarsi perché i genitori lo vogliono; ma in realtà non è così che avviene. I genitori possono volere con tutte le loro forze che il figlio si abitui a non sporcare le mutandine, ma se lui stesso non lo vuole, l'apprendimento non avviene. Quando l'abitudine a mantenersi asciutto e pulito è l'esito di una sorta di patto stipulato con il genitore ("Io ubbidisco, e tu mi darai il tuo amore"), gli effetti possono essere di dubbia validità: alcuni bambini che imparano perché cedono alle pressioni dei genitori sviluppano in seguito tratti nevrotici.

L'apprendimento più sicuro e più valido sembra invece quello che deriva da un patto che il bambino stipula con se stesso: "Mi controllerò, in modo che i miei genitori mi vorranno più bene e io potrò essere orgoglioso di me stesso." Questo è l'unico atteggiamento veramente efficace. La richiesta "Fallo per la tua mamma", che pure è un necessario punto di partenza, porterà al fallimento dello sviluppo della personalità, se non sfocia nel patto che il bambino stringe con se stesso. Invece, il proposito "Voglio abituarmi", si trasforma poi nella constatazione "Ci sono riuscito da solo", che è la base dell'autostima. Ha ragione dunque Piaget quando afferma che il patto con noi stessi deriva dai desideri degli altri e dal nostro desiderio di compiacerli, ma a mio avviso questo costituisce solo il punto di partenza.

La psicoanalisi tende a interpretare lo sviluppo del sé come il portato del rapporto continuativo con la persona che svolge il ruolo materno, il che è certamente vero. Più discutibile è invece l'idea semplicistica che la socializzazione del bambino avvenga in primo luogo per il desiderio di questi di compiacere la madre. In realtà lo sviluppo umano normale presuppone l'integrazione di due tipi di esperienze: in primo luogo quella di compiacere se stessi *e poi* di compiacere anche gli altri. Lo si nota osservando il comportamento e l'esperienza di un lattante di pochi mesi. Quando emette gorgoglii, fa le bolle con la saliva, tira fuori la lingua, lo fa perché gli dà piacere e per raccogliere dati su quello che riesce a fare per lui la sua bocca. L'esperienza è cioè ricca di piacere funzionale e, al pari di qualunque gioco, è finalizzata a ottenere un controllo e una padronanza maggiori.

Il piacere che la madre trae dalla contemplazione del piacere del suo bambino, e il fatto che risponde a sua volta con versi e smorfie felici ai versi e alle smorfie del piccolo, trasformano il suo gioco solitario in un'attività a due, in cui ciascun partecipante fa scattare la reazione dell'altro. In questo senso, riproduce la dinamica di gran parte dei giochi di competizione. Ma in questo caso, come anche quando il bambino imbocca la madre, nessuno perde; anzi, sono entrambi vincitori. Nella misura in cui madre e figlio ripetono più e più volte questa esperienza, rinsaldando l'integrazione tra l'esperienza di compiacere se stessi e quella di compiacere l'altro, il bambino si riconferma nella convinzione che dare piacere e ricevere piacere sono due aspetti correlativi dell'esistenza e non due fenomeni discontinui.

Competere con il sé

Prima di pretendere che gli altri si attengano alle regole del gioco, tutti i bambini passano una fase in cui giocano da soli dandosi regole molto severe da seguire rigorosamente. Questi giochi assumono un'enorme importanza nel preparare il bambino a giocare insieme agli altri. Non tutti i giochi solitari rientrano in questa categoria, ma molti hanno precisamente questo scopo. Alcuni vengono svolti con un compagno, come quelli già citati in cui bisogna fissarsi senza ridere o senza sbattere le palpebre, o bisogna vincere un senso di repulsione, ma in realtà, come abbiamo visto, il bambino è in gara con se stesso. È sorprendente inoltre la somiglianza con i rituali che impongono di non calpestare le fessure del selciato o di saltare su un piede solo per una data distanza, anche se questi giochi sono imperniati più sull'esperienza del trionfo su un ostacolo che non sulla dimostrazione del proprio autocontrollo. La sostanza è però la stessa: la difficoltà è autoimposta e l'effetto dell'esperienza è l'esaltazione del sé.

Confrontando da un punto di vista psicologico i giochi in cui le regole o gli ostacoli sono autoimposti con quelli in cui le regole sono determinate dall'esterno, sembra di poter dedurre che lo sviluppo della personalità avvenga su due piani. Il sé individuale si sviluppa in relativo isolamento, mentre il carattere, o personalità sociale, si forma solo nell'interazione con gli altri. Ubbidire a una regola autoimposta, come nelle gare a chi resiste impassibile più a lungo, stimola lo sviluppo del rispetto di sé e del senso di padronanza su se stessi, mentre ubbidire alle regole precostituite di un gioco formale organizzato favorisce la trasformazione dell'individuo in un essere sociale. Goethe, in un suo detto, di cui ho già citato la prima parte, descrive con belle ed efficaci parole tale duplice evoluzione, necessaria per realizzare appieno la nostra umanità: "Il talento si nutre meglio nella solitudine; il carattere nelle tempeste del mondo" (*"Es bildet ein Talent sich in der Stille, und ein Charakter in dem Sturm der Welt"*).

In altri giochi di competizione, che comportano il contatto fisico, lo scopo sotterraneo è imparare a controllare e insieme a manifestare l'aggressività. Tutti gli sport che comportano contatto fisico richiedono che l'aggressività sia mantenuta entro i limiti stabiliti dalle regole del gioco, benché essa sia stimolata dal fine inerentemente competitivo dello sport stesso e dal fatto di doversi difendere dall'aggressività dell'avversario. Questi deve sottostare a sua volta ai limiti imposti dalle regole, e tuttavia i suoi gesti sono vissuti come minacce alla nostra integrità fisica e al nostro senso di competenza; perciò accentuano le nostre tendenze aggressive, il che rende più difficile e al tempo stesso più necessario l'autocontrollo.

Esistono poi giochi ai quali si può giocare sia da soli sia con altri; in ogni caso è sempre presente una componente di competizione con se stessi, ed è sempre in gioco la propria autostima. Giocare a palla contro il muro o esercitarsi al tiro al bersaglio, non importa se per divertimento o per allenarsi, può suscitare comunque, quando si fanno degli sbagli, collera e aggressività. Ma l'aggressività va tenuta sotto controllo, perché, come imparano ben presto i bambini, ci farebbe sbagliare ancor di più. È sicuramente così quando si gioca a golf, per esempio. Il golf è il tipico gioco in cui si deve dimostrare a se stessi la propria bravura, a se stessi in primo luogo e secondariamente a pochi spettatori, reali o immaginari. Lo stesso vale per i bambini quando giocano con giocattoli come lo yo-yo.

Anche saltare alla corda serve chiaramente a dimostrare a se stessi le proprie abilità, e a migliorarle, oltre che a gareggiare con altri. Persino gli sport più esplicitamente competitivi, in cui lo scopo è la vittoria sull'avversario, come il tennis, la pallacanestro, il calcio e la lotta libera, in cui si ha inoltre stretto contatto fisico, persino questi vengono sovente intrapresi soprattutto per gareggiare con se stessi, per dimostrare a se stessi la propria bravura, oltre che per fare impressione su altri (non importa se effettivamente presenti), la cui ammirazione e approvazione possono aumentare l'autostima.

Il significato della vittoria

Nella tradizione cortese, il cavaliere che partecipava a un torneo rendeva esplicito come il suo fine fosse conquistarsi il favore e l'ammirazione della sua dama, dimostrandole la propria virilità. Al tempo stesso il cavaliere voleva dimostrare la propria virilità a se stesso e agli altri, in modo da fugare ogni intimo dubbio al riguardo. Solo secondariamente il suo scopo era di sconfiggere l'avversario. Anche oggi, il valore dei trofei vinti nelle gare sta soprattutto nel piacere di metterli in mostra così da suscitare l'ammirazione degli altri, cosa che rinsalda ulteriormente l'autostima. Mentre nella foga della gara si può desiderare soprattutto di sconfiggere l'avversario, una volta conseguita la vittoria, questi diviene relativamente poco importante, a meno che non sia in gioco qualche questione di inimicizia personale. Ne sia cosciente o meno, si tratti di una competizione intellettuale o di una competizione sportiva, la vittoria viene vissuta dal bambino da un lato come un'affermazione di se stesso e dall'altro come un dono da offrire ai genitori e ad altri la cui stima ha a cuore. I giochi competitivi, pertanto, offrono ai bambini la possibilità di dimostrare il proprio valore attraverso la dimostrazione della propria superiorità sugli avversari.

L'indagine psicoanalitica ha mostrato inequivocabilmente come la competitività nel gioco sia una proiezione della rivalità del bambino nel competere per l'amore dei genitori, o di altri adulti che li rappresentano. La competitività a scuola, soprattutto nelle prime classi, non riguarda i voti in quanto tali, bensì l'approvazione dell'insegnante, per il rafforzamento dell'autostima che essa comporta. I compagni servono soltanto da contrappunto, da copertura per il vero oggetto della competizione. A quell'età, gli insegnanti vengono in gran parte vissuti inconsciamente come sostituti dei genitori; e riuscire meglio dei compagni è un fine ambito, perché viene vissuto come un mezzo per guadagnarsi l'approvazione e l'affetto dei genitori.

Nelle fiere e nelle feste popolari non mancano mai gare di abilità e di fortuna. Nelle gare di abilità si compete con se stessi rispetto a una data attitudine. Altri giochi combinano la dimostrazione dell'abilità personale con lo sfogo e il controllo dell'aggressività, come nel tiro al bersaglio in cui bisogna abbattere o distruggere, colpendoli con una palla, dei barattoli o delle figure di creta. Ma i giochi aleatori sono quelli che esercitano il fascino più potente, soprattutto sui bambini, che sono così insicuri circa la possibilità di essere i prediletti della fortuna o del destino, fortuna e destino essendo rappresentazioni simboliche dei genitori. Ecco perché è così importante per il bambino che la macchinetta che distribuisce le cicche lasci cadere anche una piccola sorpresa in cambio della monetina. Si tratta di solito di oggettini che all'adulto sembrano di nessun valore, ma per i bambini costituiscono la dimostrazione che la fortuna li ha favoriti.

I videogiochi, che oggi godono di tanta popolarità e hanno soppiantato quasi dovunque i flipper, devono il loro fascino al fatto di basarsi su una combinazione di abilità e di fortuna. Vincere o comunque ottenere un buon punteggio in questi giochi costituisce una dimostrazione di bravura e quindi, implicitamente, di valore, ed è anche indicativo della superiorità nei confronti degli avversari, reali o immaginari. Ma a livello inconscio, inoltre, la vittoria è considerata un segno del favore del destino, un'idea che immancabilmente rafforza il senso di sicurezza. Non deve stupire, quindi, se ai videogiochi si dedicano con tanto impegno e costanza proprio quelle persone e quei gruppi di età che più si sentono insicuri, come gli adolescenti e i giovani, che cercano in tal modo di compensare i loro sensi di inferiorità e di mettere a tacere i loro dubbi interiori con la dimostrazione a un tempo della loro bravura e della loro buona fortuna.

Gli scacchi, un gioco da re

Nel primo capitolo abbiamo usato il gioco degli scacchi come metafora dei rapporti umani. Ora vorrei mettere in rilievo come questo gioco, il più intellettuale, il più complesso e raffinato di tutti, dal quale il caso è eliminato totalmente, sia essenzialmente un gioco di strategia bellica. Negli scacchi, lo spirito combattivo, senza il quale non è possibile vincere, va sublimato al massimo grado, altrimenti interferisce nelle capacità di concentrazione, progettazione e previsione, che sono in ogni momento necessarie.

Se il padre o la madre giocano agli scacchi, il bambino cercherà di imitarli. La sua complessità pone questo gioco fuori della portata di un bambino piccolo, e tuttavia questi si divertirà a giocare con i vari pezzi molto prima di essere in grado di affrontare una partita vera e propria; li maneggerà, li disporrà e li farà muovere sulla scacchiera, come gli suggeriscono le sue fantasie sul re, la regina, l'alfiere. Quando sarà più grande, incomincerà a passare dal gioco dettato dall'immaginazione, espressione delle due fantasie, al gioco vero, da giocarsi secondo le regole. E si accorgerà che, se continua a lasciarsi trasportare dalle sue fantasie (riguardo, per esempio, i rapporti coniugali tra il re e la regina, o la posizione della pedina nel regno degli scacchi, tanto simile alla sua nel regno della famiglia), non riuscirà a concentrarsi a sufficienza e a giocare bene. Imparerà cioè che, se si vuole riuscire in un ambito strutturato, bisogna tener conto delle esigenze di quella particolare struttura.

Più avanti, via via che impara veramente a giocare, il bambino muoverà i pezzi secondo le regole e in base a un piano strategico, al proprio ma anche a quello dell'avversario. Si possono cogliere qui le modalità sia del gioco libero sia del gioco strutturato, delle due attività che la lingua inglese distingue come *play* e come *game*: nel primo il bambino cerca di stabilire l'armonia esclusivamente con se stesso; nel secondo, di entrare in armonia con le esigenze del gioco e con quelle derivanti dalla strategia dell'avversario. Nel primo caso istituisce un ordine interno; nel secondo, per raggiungere i suoi scopi accetta di operare entro un ordine esterno.

Gli scacchi rappresentano l'esempio più noto e più puro di gioco dell'intelletto. Il noto campione di scacchi Richard Reti è arrivato ad affermare che questo gioco simboleggia la vittoria della mente sulla materia, in quanto occorre spesso sacrificare dei pezzi (la materia) in vista della realizzazione di un disegno superiore. Si potrebbe dire, dunque, che, almeno nel caso di Reti, le associazioni suggerite dalle mosse di questo gioco abbiano portato l'uomo a una visione più evoluta del mondo.

Di più ampia applicazione sono gli effetti del gioco degli scacchi (e in genere dei giochi competitivi, distinti dal gioco libero) sullo sviluppo della personalità. Gli scacchi contengono una componente fortemente competitiva e dunque aggressiva, ma, in virtù della loro struttura e delle loro regole, obbligano il giocatore a resistere alle sue tendenze aggressive per sublimarle in alto grado mediandole attraverso l'impiego di doti come l'ingegnosità, la concentrazione e la pazienza. Vale a dire, insegnano non solo a controllare e a padroneggiare l'aggressività, ma anche a metterla al servizio di un'attività socialmente approvata.

Chiunque abbia personalmente sperimentato il piacere che procura una partita giocata bene, conosce l'intima soddisfazione che si prova quando si è riusciti a sublimare il desiderio di trionfare sull'avversario. La soddisfazione per aver giocato bene (cioè per avere sublimato i nostri impulsi) non viene intaccata neppure dal fatto di avere perduto, purché si sia trattato di una partita interessante. E le regole degli scacchi favoriscono concretamente lo svolgimento di partite interessanti per entrambi i giocatori, in quanto prevedono che al giocatore più debole sia concesso il vantaggio di riammettere nel gioco uno o più pezzi. In tal modo l'andamento della partita non è mai del tutto scontato, provocando la noia del giocatore più abile, perché a quello più debole è data la possibilità di vincere, grazie all'handicap, che compensa la disparità di bravura.

Le qualità che nel gioco degli scacchi trovano la loro espressione più elevata sono le stesse che tutti i giochi competitivi aiutano a sviluppare e che li rendono così importanti per lo sviluppo della personalità. Tutti i giochi insegnano a controllare l'impulsività, consentendo la scarica a livello simbolico e dunque innocuo di impulsi aggressivi o di emozioni negative e incoraggiandone e premiandone la sublimazione. Ma ciascun gioco possiede anche un suo specifico significato psicologico, cioè simbolico.

Gli scacchi fanno appello soprattutto alla razionalità dell'uomo, ma non eserciterebbero una tale attrattiva se non possedessero anche una ricchezza di significati simbolici che agiscono direttamente sull'inconscio del giocatore.

Sui significati psicologici che sottendono al gioco degli scacchi sono state fatte molte ipotesi. Una di queste è che consenta l'esplorazione a livello simbolico dei conflitti edipici e familiari. Vale la pena di accennare, a questo riguardo, a come il pezzo più umile, la pedina (che simboleggerebbe il bambino, entro la famiglia) possa non solo "mangiare" tutti gli altri (questo lo possono fare tutti i pezzi), ma, una volta giunto alla meta, possa essere scambiata con il pezzo più potente, e questa è una prerogativa che ha solo la pedina. Al pari di essa, che, giunta a destinazione, può diventare regina, o alfiere, anche il bambino attende il giorno in cui, raggiunta la meta, diventerà potente come adulto e genitore.

Il re e la regina potrebbero rappresentare simbolicamente i genitori. La regina, tuttavia, il pezzo più potente degli scacchi, fu chiamata così solo a partire dal quindicesimo secolo, per influsso del culto mariano diffusosi allora in Italia. Precedentemente il pezzo più potente era chiamato gran visir, come il ministro del re che in molti paesi orientali deteneva di fatto il potere. Le altre figure, come l'alfiere, il cavallo, la torre, possono essere paragonate ad altri adulti importanti, potenti nell'ambito della famiglia e in relazione al bambino, ma sempre subordinati al padre e alla madre.

Tutte queste connotazioni psicologiche, peraltro piuttosto ovvie, dei vari pezzi appaiono tuttavia insignificanti a paragone di quella che è la caratteristica essenziale del gioco: la necessità di conoscere a fondo le sue regole e tutte le infinite mosse e contromosse possibili. Ogni pezzo si muove in un certo modo, diverso da tutti gli altri; ogni mossa presenta vantaggi e svantaggi che occorre conoscere perfettamente. Il gioco insegna pertanto in modo simbolico come sia importante conoscere e mettere a frutto i nostri talenti e il nostro posto nella società al fine di volgere a nostro vantaggio le possibilità che ci sono date, nel rispetto della complessità e della processualità della vita. Per giocare bene agli scacchi bisogna sapere prevedere le probabili contromosse dell'avversario, così come nella vita occorre valutare le probabili reazioni degli altri alle nostre azioni.

Il gioco degli scacchi illustra nel modo più evidente come tutti i giochi competitivi, venendo incontro simultaneamente a bisogni consci e inconsci, insegnino le abilità necessarie per vivere. Indipendentemente dal loro livello di complessità e dalla loro natura specifica, tutti questi giochi fanno capire la necessità di conoscere e di seguire le regole loro proprie. E la capacità di vivere secondo un *qualche* sistema di regole (in via ideale, regole morali, ovvero scelte liberamente e liberamente seguite in armonia con le esigenze della società in cui si vive) è ciò che definisce l'uomo in quanto essere sociale, la condizione che lo eleva dall'isolamento solipsistico a un'esistenza di reale scambio con gli altri esseri umani.

20. Fonti inconsce e acquisizioni reali

> "Non può esservi ricreazione senza gioia, la quale dipende non sempre dalla ragione, ma più spesso dal capriccio; ai fanciulli bisogna permettere non solo di divertirsi, ma di divertirsi a modo loro."
>
> John Locke

Il gioco, libero o strutturato, soddisfa i più svariati bisogni. Quanto più il bambino è piccolo, meno è a conoscenza della sua vita interiore; molti dei suoi bisogni più complessi gli rimangono ignoti, anche quando li esprime apertamente nelle sue attività. Via via che impara a fare le cose da solo, diventano sempre meno i bisogni al cui soddisfacimento può provvedere solo l'aiuto, né gli basta più soddisfarli essenzialmente nella fantasia. Incomincia allora a gestire in misura sempre maggiore i suoi desideri sul piano della realtà. Questo presuppone che le modalità di soddisfazione dei bisogni si modifichino per tener conto della realtà, il che ne rende più visibili e tangibili tutte le implicazioni. Questo, a sua volta, fa sì che il bambino prenda almeno in qualche misura coscienza della natura di certi suoi bisogni e di ciò che comporta la loro soddisfazione.

Si innesca così un processo che in ultima analisi deciderà del successo o del fallimento della nostra vita: capire se e fino a che punto possiamo modificare e sublimare ciò che preme dall'interno, per alleviare la tensione e soddisfare così il nostro bisogno nella realtà; e questo non solo nel presente immediato, ma anche a lungo termine. Via via che riusciamo a garantirci dei vantaggi permanenti, siamo sempre più disposti a rinunciare al principio di piacere per vivere secondo il principio di realtà. E nella misura in cui ne siamo capaci, nella stessa misura riusciremo a gestire le energie che scaturiscono dall'inconscio e a porle al nostro servizio in modo costruttivo e realistico, migliorando così la nostra capacità di far fronte alla vita. I giochi competitivi, in quanto comportano una dimensione sociale, contribuiscono a sviluppare e ad arricchire questa abilità.

Il bambino piccolo cerca, giocando, di alleviare le tensioni interiori, di conseguire il piacere e di sfuggire al dispiacere; e, se questo non risulta possibile nella realtà, evade nella fantasia, cercando di ottenere nell'immaginazione ciò che la realtà gli ha negato. Via via che matura, le sue attività costituiranno in misura sempre maggiore un compromesso tra i suoi desideri e bisogni e i dati della realtà, ciò che la realtà consente e rende attuabile. E la realtà non è più solo fisica, ma in misura sempre maggiore sociale. In altre parole, crescere in questo mondo, riuscire nella vita, esige che si impari a far fronte alla realtà in tutti i suoi aspetti. I giochi competitivi consentono al bambino di acquisire questa capacità, un passo per volta, e di farlo in un modo piacevole che non solo favorisce tale apprendimento ma lo rende psicologicamente possibile, in quanto il piacere di giocare rende tollerabili le frustrazioni che pure il gioco comporta, per esempio quella di perdere. La sconfitta sarebbe infatti intollerabile, se il gioco e le interazioni sociali che hanno luogo durante e intorno ad esso non fornissero adeguate compensazioni.

Come abbiamo visto più sopra, nel gioco il bambino verifica la propria capacità di soddisfare nella realtà i suoi bisogni interiori; ma se la realtà non si presta a questo scopo, se pretende che il bambino le si conformi troppo, il gioco si interrompe ed egli si ritrae, rifugiandosi nel mondo della fantasia. Le soddisfazioni immaginarie rendono un poco più sopportabili le frustrazioni imposte dalla realtà, è vero; tuttavia è ben diverso per il bambino rimanere assorto in pure fantasticherie, dove non si dà apprendimento, e agire invece le sue fantasie nella realtà, giocando alla bambola, o alle costruzioni o alla casetta. Nel primo caso non vengono fatte concessioni alla realtà, nel secondo, il bambino impara a utilizzare certi aspetti della realtà ai fini della sua vita fantastica. Quanto più il suo gioco si fa complesso e strutturato, più appropriati diventano gli elementi di realtà che il bambino usa per i suoi scopi, come tutti dobbiamo imparare a fare nella vita, se vogliamo conseguire realisticamente i nostri fini. Nulla di tutto questo viene appreso, però, se il bambino si rifugia in fantasticherie solitarie senza agirle nel gioco. La fuga nella fantasia e la chiusura in se stessi (che è pericolosa perché ci isola) non sono possibili quando si partecipa a una gara o si gioca una partita, perché il contesto sociale entro il quale si svolgono queste attività si oppone attivamente a ogni forma di solipsismo. Vediamo ora, servendoci di un esempio, come questo avviene.

Ogni volta che le circostanze della vita, vale a dire la sua vita quotidiana in casa con i genitori, lo rendono infelice (e, date le condizioni in cui tutti viviamo, ciò succede spesso), il bambino cerca di trovare una compensazione in fantasie di realizzazione dei desideri che contemplano un'esistenza ben diversa, in cui non si pretende nulla da lui e si soddisfano tutti i suoi desideri. Tale esistenza immaginaria, però, deve svolgersi nell'ambito di una famiglia, perché il bambino non sa concepire in altro modo la vita, né riesce a visualizzare come i suoi bisogni e i suoi desideri possano essere soddisfatti altro che in un ambito familiare. Perciò fantastica di una famiglia diversa dalla sua, nella quale non solo i suoi bisogni vengono soddisfatti immediatamente, ma egli può anche manifestare liberamente la sua collera se così non avviene. In una fase successiva, però, fantasticare non gli basta più: il bambino vuole dare consistenza concreta a questo mondo nel quale egli domina su tutto. Pochi oggetti di uso comune, una scatola di cartone, qualche cubo, sono sufficienti a suggerire la casa dei suoi desideri. Con l'affinarsi delle sue capacità manipolatorie, i cubi vengono disposti secondo un piano più complesso e altri oggetti, bambole e mobiletti, vengono disposti dentro questa struttura, riproducendo in modo più preciso l'ambiente di una vera casa. In tale ambiente hanno luogo attività più complesse, come festicciole per bambole e pupazzi, con piatti e stoviglie in miniatura e cibi veri o finti. Il bambino impara così a utilizzare gli oggetti che la realtà gli offre in modo sempre più appropriato.

Finché si tratta di un gioco solitario, tuttavia, il bambino può modificare tutto in qualunque momento, fingendo che una bambola sia ora la mamma, poi il fratellino, subito dopo lui stesso, e così via. Le cose cambiano quando il desiderio di avere una famiglia ideale e una vita in cui tutto è sotto il suo controllo viene attuato nel gioco con altri bambini. Allora non è più lecito fingere che lo stesso pezzo di legno sia di volta in volta un letto, poi una stufa e infine un'automobile. Il bambino e i suoi amichetti preferiranno forse costruirsi una capanna con materiali di fortuna, nella quale ci si possa davvero sedere, dormire, eccetera. Oppure si creeranno un nascondiglio in qualche angolo riparato della casa, lontano dagli occhi dei genitori e dalla loro realtà. Nel costruire la loro casetta segreta, però, i bambini dovranno tenere conto non solo dei materiali a disposizione, ma anche delle preferenze di ciascuno. La considerazione per le idee e i desideri degli altri entra così a far parte del gioco già in sede di progettazione: giocando con gli altri, dunque, il bambino impara a collaborare, perché si rende conto che altrimenti il gioco non sarà possibile. Nella casetta verranno poi incorporati sempre più numerosi elementi di realtà. I bambini non si accontenteranno più di festicciole finte, con torte fatte di terra e tazze vuote dalle quali far finta di bere. Andranno a far man bassa di biscotti e panini e di bibite vere, che consumeranno con grande divertimento nel loro rifugio segreto, il quale avrà via via assunto caratteristiche sempre più simili a quelle di una casa vera. Finché, divenuti ormai più grandicelli, incominceranno a organizzare vere festicciole per gli amici, nella casa dei genitori. Nel corso di questo processo, il bambino avrà imparato a rispettare le regole del gioco sociale, verificando quali dei suoi amici vanno d'accordo tra loro, in quali circostanze e per quali ragioni. Avrà forse acquistato persino certe virtù sociali, per esempio avrà imparato a premurarsi di invitare per tempo gli ospiti, per telefono o con inviti scritti, a procurare le cose da mangiare e da bere, magari dopo aver risparmiato o guadagnato personalmente il denaro necessario, a preparare la tavola, a organizzare giochi per intrattenere gli invitati, insomma a seguire le regole dell'ospitalità, e forse persino a rimettere in ordine dopo la festa.

Il percorso evolutivo delineato a proposito del gioco della casetta vale anche per molti altri giochi infantili. Si incomincia con Regina, reginella o con il gioco dell'oca, giochi collettivi molto semplici ma che richiedono di saper contare, di saper aspettare il proprio turno e di muoversi solo entro i limiti stabiliti dalla "reginella" o dal tiro dei dadi; si passa poi al gioco della dama, alla dama cinese e quindi al Monopoli, che richiedono di scegliere tra varie tattiche possibili e di tener conto della strategia dell'avversario; per arrivare infine a giochi sempre più difficili e complessi, come gli scacchi, che richiedono in misura sempre maggiore intelligenza, e capacità tattiche e di previsione.

In verità tutto il processo di apprendimento avviene in maniera analoga, progredendo dalla fantasia al rispetto della realtà, dal semplice al complesso, dal gioco solitario ma sempre più realistico ai giochi che richiedono la partecipazione di altri. Nel corso di questo processo il bambino compie tappe importanti per la sua socializzazione e incorpora aspetti significativi della sua eredità culturale. Gli scacchi, per esempio, costituiscono una forma sublimata di campagna militare, e il Monopoli è una metafora non tanto sublimata dello spirito di iniziativa del capitalismo. Ci sono giochi, come indiani e cowboy, che ricopiano eventi storici, altri che riproducono viaggi, esplorazioni, scoperte, e così via.

Quando fa rotolare il cilindro di cartone della carta igienica, il bambino ripete l'invenzione della ruota; se già non ha scoperto la forza di gravità quando costruiva le prime torri con i cubi, ne individuerà gli effetti, imparando a controbilanciarli con forze contrarie adeguate, quando si accingerà a costruzioni più complesse; mentre quando gioca con le automobiline e i camion, ripropone importanti sviluppi dei mezzi di trasporto: giocando, insomma, il bambino riproduce le grandi acquisizioni culturali dell'umanità. Lo stesso vale per la più grande di tutte, la scrittura. Nella storia dell'umanità la scrittura non è nata da un impulso utilitaristico, né così dovrebbe essere nella vita del bambino.

I giochi "veri" di solito non sono educativi in modo sistematico e programmatico, e tuttavia lo sono di fatto, nel senso che richiedono di saper contare e anche di saper leggere, per esempio le istruzioni. Ci sono poi giochi che accompagnano l'apprendimento scolastico, come il Paroliere, dove la lettura e l'ortografia sono essenziali e vengono esercitate in modo tanto più piacevole che a scuola. Anzi, in realtà, anche se non ce ne si rende conto, l'apprendimento scolastico rispecchia e accompagna lo sviluppo psicologico e intellettuale caratteristico del gioco infantile.

La dimensione magica

L'apprendimento della lettura, che sta alla base di tutte le acquisizioni scolastiche, costituisce un buon esempio non solo dei parallelismi esistenti tra gioco e apprendimento, ma anche dell'importanza che essi rivestono se si vuole che le materie scolastiche di tipo astratto vengano assimilate e acquistino un profondo significato personale. Il,bambino che, giocando a giochi di complessità progressivamente crescente, ha padroneggiato la capacità di controllare in qualche misura le tendenze caotiche del suo inconscio e di incanalarne le energie in vista di scopi prevalentemente consci e orientati verso la realtà, troverà relativamente facile applicare quelle stesse abilità all'apprendimento della lettura. Se invece non ha avuto modo di esercitarle e sperimentarle a sufficienza nel gioco, imparare a leggere gli potrà sembrare un'impresa arida e insoddisfacente, da evitarsi il più possibile. Si tratti di giocare o di imparare le materie di scuola, una buona riuscita è possibile solo a condizione che l'inconscio sia pronto e disposto a investire le sue energie in quell'attività. Questo è importante soprattutto all'inizio, quando ancora l'impegno intellettuale non ha potuto dimostrare i suoi meriti intrinseci, ma vale anche durante tutto lo sviluppo intellettivo. Quali che siano i suoi meriti "reali", perché un'attività intellettuale possa essere goduta e apprezzata appieno occorre che essa offra anche soddisfazioni in qualche modo desiderabili, non ultime le soddisfazioni di carattere fantastico, o addirittura magico, che fanno appello all'inconscio e appagano alcuni dei bisogni che in esso hanno origine.

Gli adulti di solito non si rendono conto di come l'apprendimento della lettura, che essi considerano un'attività razionale, una tipica acquisizione dell'Io, possa essere padroneggiato veramente solo se il bambino all'inizio, e ancora per parecchio tempo, vive la lettura sia come un'attività soddisfacente a livello di fantasia, come lo è il gioco, sia come uno strumento magico molto potente. Il bambino, che ama sentirsi raccontare storie che soddisfano e stimolano le sue fantasie, avrà voglia di poter leggere anche da solo, quando non c'è nessuno disposto a farlo per lui, quei racconti così affascinanti. Ma se non ha provato il piacere di ascoltare le storie lette dal papà o dalla mamma, difficilmente proverà interesse per imparare a leggere da solo. Mancandogli tale esperienza, dubiterà che la lettura sia qualcosa che possa interessargli, e la fatica di imparare non gli sembrerà giustificata.

Da sola, tuttavia, l'esperienza del piacere provato nell'ascoltare le storie lette dai genitori non costituisce per la maggior parte dei bambini una motivazione sufficiente a indurli a impegnarsi liberamente e con entusiasmo nel difficile compito di imparare a leggere e a scrivere. È necessario, o comunque di grande aiuto, anche l'esempio dei genitori. Il fatto che ai genitori piaccia leggere costituirà per il figlio un forte incentivo a emularli; se per loro leggere è importante, lo sarà anche per i figli, a parte rare eccezioni, come quelle a cui si è accennato nei capitoli precedenti, dove lo studio e la cultura erano diventati il terreno sul quale dare battaglia ai genitori. Ma nella maggior parte dei casi i bambini desiderano comprendere quella che rappresenta una dimensione importante della vita dei loro genitori e vogliono essere in grado di prendervi parte. Mentre, senza l'immagine positiva della lettura comunicata dai genitori, potrebbe non nascere nel bambino l'interesse a imparare.

Al primo incontro, la capacità di leggere e scrivere appare qualcosa di magico, non qualcosa che abbia un'utilità pratica. È stato così per l'uomo agli albori civiltà, ed è così per il bambino piccolo. Alle origini, leggere e scrivere serviva a fini magici e religiosi. Sappiamo, per esempio, che Omero, che compose l'Iliade in un'epoca in cui la Grecia non conosceva la scrittura, aveva sentito parlare di popoli che la usavano, e tuttavia non gli venne neppure in mente che potesse servire a scopi utilitaristici. Omero ci descrive il processo di incidere su una tavoletta di cera o di argilla segni ricchi di significato e di decifrarli come una serie di gesti magici; la scrittura, per lui, trasmetteva un potere segreto, e non semplicemente informazioni. E questo non soltanto perché il fatto che in epoca omerica la tradizione fosse orale e affidata alla memoria rendesse praticamente inutile saper leggere e scrivere. Era un'idea comune a tutte le società prive di scrittura, attribuire alla parola scritta il potere magico di cui troviamo un riflesso nella frase biblica: "In principio era il Verbo, e il Verbo era con Dio, e il Verbo era Dio."

Per secoli, il potere della parola scritta rimase un segreto che conferiva speciali privilegi ai pochi eletti che lo conoscevano. Prova ne sia la lunga controversia sull'opportunità di permettere all'uomo comune di leggere direttamente le Scritture, nonché il fatto che, quando l'alfabetismo incominciò a essere più diffuso, la sua principale applicazione rimase per lungo tempo la lettura della Bibbia. Il primo sillabario stampato in America iniziava con queste parole: "Del peccato di Adamo / Tutti ci macchiamo. / Della tua vita a riscatto / Questo libro fu scritto." Il vero valore della lettura, per i nostri antenati, risiedeva nel suo potere esclusivo, magico quasi, di aiutare coloro che non possedevano la chiave a ottenere la salvezza eterna.

I primi libri che vengono letti ai bambini di oggi, anche se non trattano più del mistero più meraviglioso di tutti, la vita e la salvezza eterne, contengono ancora, per loro fortuna, abbastanza eventi magici da convincerli che, imparando a leggere, avranno accesso al soprannaturale. Le storie ricche di contenuti che stimolano la fantasia forniscono al bambino soddisfazioni immaginarie che gli dimostrano la desiderabilità e il valore di imparare a leggere.

Passato è però il tempo in cui saper leggere era direttamente connesso alla conoscenza del soprannaturale, dei pericoli del peccato e della promessa di salvezza. Perciò, oggi, tanti bambini, pur in possesso dell'intelligenza necessaria, stentano a imparare a leggere. E, anche se imparano, la lettura rimane per loro qualcosa di vuoto, di poco attraente, a cui non si rivolgono spontaneamente. Ha perduto il sostegno che le derivava dal suo potere di stimolare e soddisfare la fantasia sui temi che per il bambino costituiscono problemi urgenti e pressanti, non riesce più a parlare all'Es attraverso il suo significato magico. E, se non riveste un fascino negli anni formativi del bambino, può darsi che non ne rivestirà mai più, neppure quando ne verrà riconosciuto il valore pratico. Invece, una volta che l'apprendimento sia avvenuto sulla base di una potente fascinazione inconscia, la lettura potrà gradualmente svincolarsi dall'inconscio, via via che il bambino si convince, per esperienza personale, del grande valore che saper leggere e scrivere riveste nella realtà, indipendentemente dal suo potere di stimolare la fantasia e fornire attraverso di essa soddisfazioni compensatorie, anche se questi ne rimarranno sempre aspetti importanti. Ma se alla lettura viene sottratto troppo presto e troppo radicalmente il suo significato magico (o se non l'ha mai potuto possedere), non potrà essere fatta oggetto di forte investimento energetico.

Ma neppure l'alone magico della parola scritta basta a motivare certi bambini, se i loro genitori non tengono in grande conto i libri e il sapere che dai libri si trae. Il forte investimento emotivo dei genitori comunica alla lettura una forza di attrazione tutta speciale per il bambino, in quanto può rappresentare un ulteriore legame che lo unisce ai genitori. Sono sicuro che l'alto livello di alfabetizzazione degli ebrei sia in parte dovuto all'usanza secondo la quale, il primo giorno di frequenza di una delle "yeshivas" (o scuole talmudiche), il padre doveva portare in braccio il figlio oltre la soglia della scuola. Per il ragazzo il significato simbolico di questo gesto era che andare a scuola e studiare non comportava di dover rinunciare all'intimità con il genitore, né alle gratificazioni più infantili, come essere portato in braccio.

Sarebbe certamente un bene per tutti i bambini se scuola e genitori, con le loro azioni e i loro atteggiamenti, e anche con cerimonie e gesti simbolici, come quello dei padri ebrei ortodossi il primo giorno di scuola, riuscissero a far capire al bambino che fare cose "da grandi" a scuola e nella vita non significa dover improvvisamente rinunciare a tutti i comportamenti infantili e alle gratificazioni dell'infanzia; che studiare non gli impedirà di giocare quanto basta; e che il fatto di aver imparato a leggere non gli toglierà il piacere di sentirsi raccontare le storie dal babbo e dalla mamma. Spesso alla base di molti precoci fallimenti scolastici stanno appunto queste paure: il bambino crede che, non imparando quello che gli insegnano a scuola, ritarderà la perdita di questi piaceri infantili. Non è dunque una buona idea cercare di motivare i bambini dicendo loro che ora sono "troppo grandi" per fare una certa cosa. Tutti i bambini amano sentirsi dire che sono "grandi", ma non vogliono dover pagare un prezzo troppo alto: se il prezzo per essere grandi gli sembra eccessivo, potrebbero rinunciare del tutto a crescere. Al contrario, dovremmo dare ai nostri figli l'impressione di avere ora un duplice vantaggio: quello di poter fare cose più "da grandi", e quello di continuare a godersi tutte le gratificazioni dei piccoli.

S'intende che ripeterlo a parole, senza dimostrarlo con i fatti, non serve a nulla. Dobbiamo fare in modo che nostro figlio possa effettivamente continuare a godere di piaceri più primitivi, anche se ora è in grado di dare prestazioni a un livello più elevato. Vedremo allora che i comportamenti infantili a poco a poco diminuiranno, per ricomparire soltanto nei momenti di crisi, quando servono ad alleviare la tensione. Invece, se il bambino è in qualche modo costretto a rinunciarvi perché è "troppo grande per certe cose", allora le nuove conquiste di cui è ora in grado non gli piaceranno quanto potrebbero, e gli rimarrà sempre la nostalgia delle antiche gratificazioni a offuscargli il piacere di acquisizioni più elevate.

Imparare giocando

Dopo questa parentesi per mostrare come l'apprendimento che avviene attraverso il gioco sia paradigmatico di *qualunque tipo* di apprendimento, e come esso, per essere efficace, debba soddisfare entro i limiti della realtà bisogni e tensioni inconsce, vediamo più da vicino che cosa si può imparare, e si impara, giocando. È un argomento senza fine, come infiniti sono i giochi che i bambini si inventano o che vengono tramandati di generazione in generazione e rinnovati e arricchiti a ogni età. L'infinita saggezza psicologica contenuta persino nei più elementari giochi tradizionali può essere esemplificata da "Regina, reginella, quanti passi devo fare?", in cui la "reginella" dice ai sudditi fino a dove e a quale velocità possono avanzare, mentre i sudditi, non appena la regina volge le spalle, cercano di imbrogliarla. È praticamente impossibile valutare quanti episodi di disubbidienza vengono, grazie a questo gioco, risparmiati alle madri; l'ubbidienza diventa accettabile nella realtà appunto perché, nel gioco, il bambino può ribellarsi e viene persino premiato se lo fa.

Questo gioco esprime inoltre in modo simbolico e ritualistico il sospetto, che ogni bambino nutre, che la madre non voglia lasciarlo progredire quanto egli vorrebbe. Dall'altro versante, il bambino che impersona la reginella sperimenta, in forma simbolica, che effetto fa a una madre quando i figli "se ne approfittano" non appena lei volge le spalle. Eppure, nonostante il trionfo della "disubbidienza", mai in questo gioco viene negata la suprema importanza emotiva della madre agli occhi del bambino. Lo scopo del gioco è di arrivare per primi vicino alla madre-regina; è la madre il fine ultimo, il centro della vita del bambino. Tutti i giochi di gruppo che i bambini fanno spontaneamente rivelano, a saperli guardare, la medesima profondità di significati psicologici.

Trascinati dalla libera reciprocità inerente a questi giochi, i bambini imparano a entrare con agio nei ruoli che le varie situazioni esigono, facendo "il capo" in un certo momento e il gregario il momento successivo. Imparano ad aspettare il proprio turno quando così richiede il gioco, e a prendere l'iniziativa quando è il caso. E, soprattutto, imparano qualcosa di cui si sente la mancanza nella nostra società: a perdere con grazia, senza sentirsi dei falliti; perché capiscono che nel gioco (come poi nella vita) non si può essere sempre i primi. Perché si abbiano questi effetti, tuttavia, è necessario che il bambino partecipi al gioco liberamente, perché ne ha voglia, senza esservi obbligato.

Dire a un bambino che "quello che conta è giocare, non vincere" non serve a far passare questo messaggio in modo realmente efficace. Gli atteggiamenti non si acquisiscono solo perché ci viene *detto* che sono desiderabili. I bambini possono assimilare un atteggiamento e integrarlo nella loro vita solo partecipando a situazioni che per loro natura lo richiedono e che nello stesso tempo dimostrano che è vantaggioso per loro assumerlo.

È facile, per esempio, per un bambino imparare ad accettare di perdere, se nel gioco chi perde diventa automaticamente il giocatore più importante nel momento stesso della disfatta. Questa è la struttura di molti giochi tipo "a prendersi", in cui il bambino che viene "preso" diventa immediatamente il "mago", quello che ha il potere e il diritto di inseguire e acchiappare tutti gli altri. La paura di essere catturato si trasforma istantaneamente nel senso di potenza di chi può catturare gli altri ed è da tutti temuto. E chi non viene acchiappato ha comunque la soddisfazione di essere stato più bravo dell'inseguitore.

Quella di attendere pazientemente in fila è un'altra lezione che i bambini trovano difficile imparare. Quando però, come nel gioco la Coda del serpente, il bambino in attesa può constatare direttamente come gli spostamenti di ciascun compagno lo portino sempre più vicino a essere il capofila, allora l'attesa ha senso. Se le possibilità di mutare di ruolo sono incorporate nel gioco, si può imparare senza problemi ad aspettare il proprio turno e a rispettare le regole, perché proprio queste garantiscono di poter arrivare presto alla posizione più importante. Proviamo a confrontare questa modalità con l'idea di attendere in fila che il bambino dovrebbe imparare a scuola, in una situazione che inerentemente non offre prospettive di rovesciamento dei ruoli, e neppure la promessa che l'attesa sarà ricompensata.

Imparare facendo quello che la situazione richiede, per esempio stare in fila, perché altrimenti il gioco non si può fare, è molto più piacevole e al tempo stesso più efficace che non stare ad ascoltare una predica su come sia necessario mettersi in fila per recarsi al refettorio. Molti bambini arrivano a detestare, il più delle volte in silenzio, tutto il predicare e il discorrere di collaborazione e senso di responsabilità con cui vengono quotidianamente bombardati; detestano l'enfasi moralistica che genitori o insegnanti ci mettono. È inutile dire a un bambino che quelle virtù sono desiderabili, perché la sua sensazione è che starebbe molto meglio se seguisse le sue tendenze egoistiche. Ma se provasse a comportarsi anarchicamente durante un gioco o una partita, questi non potrebbero continuare; perciò il bambino impara a controllarsi.

La capacità di prestare attenzione a quello che succede intorno e la capacità di controllarsi sono gli atteggiamenti fondamentali che stanno alla base di ogni successivo apprendimento a scuola e nella vita. Senza di essi non è possibile collaborare con gli altri, portare a termine un compito, attendere di vedere i risultati, perseverare nonostante gli insuccessi. Si tratta di abilità diverse tra loro e tutte difficili da acquisire; giocando, tuttavia, le si possono imparare in modo divertente e persino entusiasmante. Praticamente in tutti i giochi collettivi di movimento, il bambino deve prestare attenzione alle mosse di chi "sta sotto" e di chi sta scappando. E in molti giochi deve imparare a controllarsi, a controllare la propria aggressività e la paura della prevista aggressività altrui. Così è nei giochi in cui si deve toccare, ma non troppo forte, un compagno e più direttamente in quelli che comportano qualche forma, limitata, di aggressione. In Battaglia reale, per esempio, bisogna far cadere dalla testa dei compagni un sacchetto di carta, ma si viene squalificati se nel farlo si urta la testa. In questi giochi i vantaggi dell'autocontrollo risultano evidenti al bambino, perché, se si controlla, vince, mentre, se non ci riesce, perde.

In molti giochi, a tavolino o all'aria aperta, inoltre, vincere per vincere è meno importante che vincere giocando lealmente; e le regole di questi giochi sono fatte apposta per favorire una tale sublimazione.

I giochi più diffusi parlano molto abilmente all'inconscio, proponendo soluzioni ai suoi dilemmi. Per esempio, nel Gioco delle carriere si vince preselezionando la giusta combinazione di punti da guadagnarsi in nome del denaro, della fama o dell'amore. Su quale di questi tre doni concentrarsi è un problema non da poco per i bambini dell'età in cui piace questo gioco. Realmente il bambino non sa quale vorrebbe ottenere più di tutto, se il plauso degli altri, la ricchezza, o l'amore; e questo gioco gli consente di esplorare le varie scelte. Per esempio, offre al bambino che si sente poco amato la possibilità di vincere facendo a meno dell'amore; in alternativa, a seconda dello stato d'animo, quel bambino potrà cercare di raggiungere il punteggio massimo nell'amore, controbilanciando nel gioco i timori che nutre nella realtà. "Supererò i miei rivali, se sarò più bravo nel combinare insieme quello che la vita mi offre?" "Ammassando molto denaro, riuscirò a comperare quello che la vita non mi ha concesso gratuitamente?" A questi e ad altri pressanti interrogativi il bambino cerca inconsciamente di rispondere quando gioca al Gioco delle carriere.

Le regole del gioco

Piaget sottolinea come sia importante, nel processo di socializzazione, che il bambino impari a giocare secondo le regole, perché ciò comporta imparare a controllarsi, a controllare, soprattutto, la tendenza a usare l'aggressività per raggiungere i propri scopi. Solo rispettando le regole del gioco potrà godere di quello scambio continuo con gli altri che avviene nei giochi competitivi, dove i compagni sono anche, contemporaneamente, avversari. Sotto molti punti di vista, dunque, la padronanza degli oggetti che il bambino aveva acquistato da piccolo maneggiandoli e manipolandoli liberamente nei suoi giochi si estende gradualmente alla sua persona attraverso i giochi di gruppo e competitivi, diventa cioè autocontrollo, e, quel che più conta, controllo dell'aggressività. Si ha una graduale transizione dal gioco libero (caratterizzato da spontaneità, fantasia, e passaggi improvvisi da contenuti realistici a contenuti fantastici) ai giochi competitivi, che richiedono autocontrollo molto maggiore, in quanto bisogna aspettare il proprio turno e conformarsi alle regole del gioco, anche quando seguirle comporta di perdere.

Rispettare le regole e controllare le proprie tendenze egoistiche e aggressive non è cosa che si possa imparare dalla sera alla mattina: è l'esito finale di un lungo processo evolutivo. Le prime volte che partecipa a giochi di gruppo, il bambino si comporta come gli era lecito fare nei suoi giochi precedenti: modifica le regole a suo piacimento; ma ecco che il gioco non può continuare. In una fase successiva, si forma allora l'idea che le regole siano immodificabili; le tratta alla stregua di leggi tramandate da tempi immemorabili, alle quali non si può e non si deve in nessun caso derogare; trasgredire alle regole viene considerato un reato molto grave. Solo più avanti, dopo che ha in tal modo imparato a rispettare le regole e a contenere le tendenze egoistiche e aggressive abbastanza da sapersi trattenere dal trasgredirle, sarà in grado di comprendere e di accettare il fatto che le regole vanno seguite non per ragioni astratte, bensì perché solo così il gioco può svolgersi ordinatamente. Solo allora (e il momento viene in una fase piuttosto avanzata del suo sviluppo, durante l'adolescenza, a volte anche più tardi) il ragazzo sarà in grado di capire che le regole sono norme volontariamente e consensualmente accettate al solo scopo di favorire lo svolgimento del gioco, e che possono pertanto essere liberamente modificate, purché tutti i giocatori siano d'accordo sui cambiamenti da apportare. La democrazia, che si basa su un consenso liberamente accordato, che diviene vincolante solo dopo che sia stato espresso, è una conquista molto tardiva nella storia dell'umanità, e anche nel gioco.

Per questo motivo Piaget insiste nel dire che imparare a giocare secondo le regole rappresenta una delle tappe più importanti del processo di socializzazione. Noi vediamo che, quando i bambini sono liberi di giocare senza la supervisione degli adulti, il più delle volte quasi tutto il tempo viene impiegato in accese discussioni per decidere a quale gioco giocare, e in che modo e secondo quali regole, tanto che alla fine non rimane quasi il tempo per giocare. A lasciarli fare, impiegherebbero ore di proposte e controproposte prima di raggiungere un accordo sulle regole e sulle questioni connesse, come a chi tocchi la prima mossa o il primo tiro, e quale debba essere il ruolo di ciascun giocatore. E così effettivamente dovrebbe essere, se si vuole che il gioco diventi realmente un fattore di socializzazione. Solo riflettendo con tutto l'agio necessario sui relativi vantaggi e svantaggi dei vari giochi possibili, sulla loro adeguatezza alle condizioni date, come il numero dei giocatori, il tipo di ambiente o di terreno da gioco, e così via, sulle regole da seguire e sulle ragioni che le rendono preferibili ad altre, solo così i ragazzi possono sviluppare la capacità di ragionare, di giudicare i pro e i contro, di soppesare le argomentazioni, e sperimentare come si raggiunge il consenso e come esso sia fondamentale per varare un'iniziativa. Imparare queste cose è infinitamente più importante per trasformare il bambino in un essere sociale di qualunque abilità tecnica il gioco stesso possa insegnare. Questo tirocinio sociale non ha luogo, invece, se intervengono gli adulti a decidere a quale gioco si debba giocare, o a impedire gli esperimenti con le regole (gli adulti temono che così si avrà il caos), o a insistere con impazienza perché si dia inizio al gioco senza tardare oltre.

Quando intervengono gli adulti a organizzare il gioco, ai ragazzi viene sottratta la possibilità di crescita personale che tutti questi appassionanti preliminari offrirebbero loro. Troppo spesso, infatti, l'adulto trascura di considerare l'enorme differenza esistente tra le due situazioni sociali, quella in cui il gioco viene progettato, e quella in cui viene giocato. Mentre discutono per decidere a quale gioco giocare, e perché e come giocare, i ragazzi partecipano alla pari a un processo decisionale, traendo soddisfazione dalla propria capacità di prendervi parte in un clima di libero scambio. E questa è collaborazione. Viene mantenuto per tutto il tempo un piacevole spirito di cameratismo; tutti si sentono accettati e sicuri l'uno dell'altro, perché sono amici che condividono un'esperienza importante.

La situazione cambia radicalmente nell'istante in cui inizia la partita. Allora gli amici e collaboratori diventano dei rivali, che sentono di doversi dimostrare superiori a coloro che solo un momento prima erano stati i loro pari. Questo li fa sentire insicuri e tesi, mentre prima erano sicuri e rilassati. Ora, non solo vorrebbero battere i compagni e amici di poco prima; anche con i propri compagni di squadra si mostrano molto critici, se non rispondono alle aspettative (che sono spesso irragionevolmente elevate, per il desiderio di veder vincere la propria squadra). Mentre le discussioni prima dell'inizio della partita erano amichevoli, quelle che sorgono durante e dopo sono il più delle volte accusatorie e astiose; da parte dei vincitori c'è persino una punta di gioia maligna. Lo stato d'animo, insomma, è esattamente l'opposto di quello che aveva caratterizzato il momento della preparazione.

I vincitori, anche se al momento della vittoria provano un senso di esaltazione, sanno anche che gli avversari sconfitti provano invece risentimento, e dunque la sicurezza acquistata vincendo sarà intaccata dal fatto di essersi alienati gli amici di poco prima. Il senso di benessere che si era creato nel corso della discussione precedente la partita svanisce in buona parte durante il suo svolgimento. I ragazzi lo sanno bene, ed è per questo che dedicano tanto tempo ai preliminari, che preferiscono prolungare il momento della collaborazione, a scapito di quello della competizione.

Finché la partita non ha avuto inizio, chiunque può immaginarsi di vincere; dopo, questo non è più possibile. Se gli adulti troncano questi piaceri anticipatori, con la pretesa che la partita sia giocata secondo le *loro* regole, otterranno soltanto di eccitare al massimo lo spirito competitivo dei ragazzi, salvo poi cambiare le carte in tavola e aspettarsi che questi (dopo essere stati incitati a vincere) accettino il fatto che "si tratta solo di un gioco" e che non dovrebbero sentirsi inferiorizzati se perdono né essere presuntuosi se vincono. Sovente, quegli adulti sono a loro volta incapaci, nonostante la maggiore esperienza, di accettare la sconfitta con equanimità e senza perdere l'autostima: eppure pretendono dai loro figli una maturità maggiore di quella che essi stessi posseggono. I bambini e i ragazzi non possono avere un simile maturo controllo delle proprie emozioni (né bisognerebbe pretenderlo), soprattutto se l'intervento degli adulti le ha eccitate oltre misura.

Il genitore deve decidere che cosa gli interessa di più: che suo figlio si metta subito a giocare secondo le regole degli adulti, o che compia il lavoro necessario per diventare un essere umano riflessivo, capace di autodeterminarsi, e dunque impieghi tutto il tempo che gli occorre nel difficile processo di programmare con i compagni i loro giochi, anche se poi ne rimarrà troppo poco per l'effettivo svolgimento. Quella di constatare più e più volte che siamo noi a decidere come usare il nostro tempo è un'esperienza di cui tutti abbiamo bisogno; e abbiamo bisogno anche di avere la sensazione che tali decisioni sono questioni della massima importanza, che richiedono lunga riflessione e ripetute prove. Il vero rispetto di sé nasce dall'insieme di tutti questi fattori: solo gli schiavi ubbidiscono a regole imposte da altri, senza avere la possibilità di metterle in discussione.

È più semplice, è vero, ricevere degli ordini ed eseguirli, senza dover fare lo sforzo di scegliere da soli; per ubbidire non occorre avere imparato a soppesare le alternative, a ottenere il libero consenso di altri esseri umani, a verificare nella pratica l'attuabilità delle nostre teorie. Il ragazzo che gioca nel modo che gli viene detto migliorerà forse le sue abilità tecniche in quel particolare gioco, ma non imparerà a collaborare veramente con i compagni, né capirà che cosa occorre per elaborare regole personali di condotta insieme con gli altri; imparerà a giocare bene una partita, ma non diventerà per questo un essere sociale.

La funzione civilizzatrice dei giochi di gruppo

Contrariamente a quanto temono gli adulti (è questo timore infatti la ragione più comune per cui i genitori vogliono organizzare e dirigere i giochi dei figli), persino i giochi violenti svolgono spesso una funzione civilizzatrice decisiva, durante l'infanzia. Ovvero, la svolgono se i bambini sono lasciati a cavarsela da soli, nel qual caso solo molto raramente si verificano incidenti. Scrivono Iona e Peter Opie, ai quali si deve l'analisi più acuta e più esauriente dei giochi a cui si dedicano, da soli e sotto la supervisione di adulti, i bambini inglesi di oggi:

> quando i bambini e i ragazzi stanno ammassati nel cortile della scuola, che è il luogo nel quale si radunano pedagogisti, psicologi e sociologi per fare le loro osservazioni, i loro giochi sono decisamente più aggressivi di quando giocano per la strada. [...] A scuola i ragazzi giocano a palla avvelenata, a guardie e ladri, fanno la lotta a corpo a corpo, giochi nei quali il divertimento, se non lo scopo, consiste nel "mettere sotto" l'avversario o nel fargli male. [...] Un simile comportamento non sarebbe tollerato giocando per la strada.

Alla domanda a che cosa giocassero nei campi gioco sotto la supervisione di un adulto, i ragazzi intervistati da Iona e Peter Opie rispondevano spesso: "A niente: andiamo in giro a dar fastidio alla gente."

Se ai ragazzi viene sottratta la possibilità di autoregolarsi, il loro modo di giocare diviene più scorretto e al tempo stesso meno soddisfacente. Quando da giochi come la lippa, ai quali i ragazzi giocavano spontaneamente per le strade e nelle aree urbane inutilizzate si passò al campionato juniores di baseball, con organizzatori e allenatori adulti, un'attività divertente e appassionante venne trasformata in un lavoro "serio", e vincere il campionato incominciò a essere più importante del piacere del gioco.

Casi come questo dovrebbero servire a rammentarci come la funzione più importante del gioco per il benessere dei bambini e dei ragazzi consiste nell'offrire loro la possibilità di elaborare problemi irrisolti del passato; di gestire le tensioni del momento; e di fare esperimenti con i vari ruoli e le varie forme di interazione sociale, per stabilire quali meglio si adattano alla loro persona. Tutte queste finalità vengono annullate quando l'adulto impone alle attività dei bambini i suoi criteri di "serietà". Abbiamo già potuto osservare gli effetti negativi di una tale imposizione a proposito del ragazzino che amava fare collezione di francobolli: il ragazzo prendeva seriamente la sua attività tanto quanto il padre, la differenza stava nei fini ai quali essa serviva per ognuna delle due parti.

Nel caso del campionato di baseball, dare importanza al fatto di giocare nel modo "giusto" e di vincere equivale a imporre a questo sport l'accanimento dell'adulto a scapito degli elementi che lo rendono importante per il bambino. La differenza salta subito agli occhi se pensiamo a quello che succede quando un gruppo di ragazzini si mette spontaneamente a fare una partita a pallone. L'andamento sarà molto irregolare, pieno di repentine modifiche dettate dal bisogno dei vari giocatori di mettere in atto le più stravaganti fantasie e di usare quel gioco per far fronte a qualche problema emotivo, passato o attuale.

Una partita a pallone improvvisata liberamente dai ragazzi dà l'impressione di una baraonda; anzi, *è* una baraonda. I giocatori se ne servono per i loro bisogni individuali e di gruppo, sicché ci sono interruzioni per le esplosioni di collera o per rimettere tutto in discussione, digressioni per seguire per un certo tempo una diversa linea di gioco, inattesi gesti di generosità ("Lui è piccolo, lasciamolo riprovare di nuovo!"): tutte trasgressioni al protocollo della gara secondo gli adulti. Ma se gli adulti hanno voglia di godersi una bella partita di baseball, pulita e ordinata, giocata secondo le regole, basta che accendano il televisore. Prima di imporre a una partita tra ragazzi il loro concetto di ordine, dovrebbero pensarci due volte, e meditare sulle conseguenze e su quello di cui derubano i loro figli.

Per questo i ragazzi in genere preferiscono giocare per la strada che nei campi-gioco sotto la supervisione degli adulti. Non è solo la mancanza di spazi, propria della vita urbana moderna, a spingere i bambini a giocare per la strada. Nel Libro di Zaccaria si legge che la città di Dio "sarà piena di fanciulli e fanciulle che si divertiranno nelle piazze". Il profeta dunque non seppe pensare a un'immagine più bella per dare un'idea della libertà e della felicità che avrebbero regnato nella città di Dio, benché di certo neppure ai suoi tempi i ragazzi giocassero sempre in modo ordinato e tranquillo. Se sul modo di giocare dei bambini per le strade e le piazze della Gerusalemme biblica non disponiamo di testimoni oculari, possediamo però numerose testimonianze riguardanti le città medioevali. Per citare nuovamente lo studio di Opie:

> Nel 1332 si rese necessario proibire ai ragazzi di giocare nelle vicinanze del Parlamento, a Westminster, quando le Camere erano riunite. Nel 1385 il vescovo di Londra dovette tuonare dal pulpito contro il gioco della palla intorno alla cattedrale di St Paul. ... Nel 1447, nel Devonshire, il vescovo di Exeter espresse le sue lagnanze per "quei giovani" che, persino durante il servizio divino, giocavano alla "trottola, e alla pallacorda, nel chiostro, per il che i muri di detto chiostro ne sono bruttati e le vetrate tutte in frantumi".

Come si vede, pur trovando necessario porre alcune limitazioni, non venne in mente alla gente di allora di impedire ai bambini di giocare per la strada nel modo che più preferivano.

Che cosa rende tanto più attraenti la strada o uno spiazzo incolto di un campo-giochi? La strada e i terreni abbandonati sono luoghi nei quali i bambini stessi possono crearsi il proprio ambiente, e questa è una considerazione molto importante, se si pensa che la giornata di un bambino trascorre tutta in ambienti creati dagli adulti. In questo senso, i bombardamenti di Londra furono una benedizione per un'intera generazione di bambini. Ancora nel 1955 un bambino scriveva: "I posti delle bombe di Hitler sono tanti e i più grandi, in cui sono rimaste delle macerie, sono ottimi per giocarci a nascondino e a gatto mio"; e un altro: "Il nostro è un bel parco, perché ci sono ancora degli angoli incolti."

Se ai bambini e ai ragazzi è data la possibilità di organizzarsi da soli, giocando imparano a esercitare l'autocontrollo, come ancora si sapeva nel 1834, quando su *The Boy's Week-Day Book* comparve questo commento: "È un gradito spettacolo vedere i piccoli giocare tra loro ... nei loro infantili trastulli possono esercitarsi nella generosità e nella tolleranza." E ancor prima, John Locke aveva osservato che "non può esservi ricreazione senza gioia, la quale dipende non sempre dalla ragione, ma più spesso dal capriccio; ai fanciulli bisogna permettere non solo di divertirsi, ma di divertirsi a modo loro". Che fortuna sarebbe per i nostri figli se noi tutti seguissimo il consiglio del grande filosofo inglese!

Motivazioni inconsce

L'impiegato che si esercita a correre intorno al parco cronometrando i propri tempi e cercando di aumentare sempre il percorso e la velocità, a livello di coscienza vuole fare del moto perché fa bene alla salute, nel subcosciente perché vuole mettersi alla prova, e inconsciamente perché vuole dimostrare il suo valore ai genitori o a chi ne ha preso il posto nel suo inconscio. Non è senza ragione che le prime grandi gare di atletica fossero intimamente connesse con le feste religiose. Nella Grecia classica, i Giochi olimpici non venivano organizzati per far fare del moto alla gente e neppure per verificare il coraggio degli atleti nel superare gli ostacoli della realtà. Al di sopra di ogni altra considerazione stava il fatto che i giochi erano una cerimonia religiosa in onore degli dei olimpici, dai quali traevano il nome. Gli atleti si sottoponevano alla punitiva durezza di quelle gare perché avvertivano che la loro partecipazione serviva a fini religiosi, trascendenti. Gli dei guardavano con particolare favore all'uomo che usciva vincitore da una gara condotta lealmente; ovvero, a seconda di come si interpretano le Odi olimpiche di Pindaro, additavano l'uomo che godeva del loro favore permettendogli di vincere. In entrambi i casi, la corona d'alloro del vincitore simboleggiava qualcosa di ben più alto della vittoria in una gara di atletica.

Neppure oggi, benché siano ormai secolarizzati, gli sport

hanno perduto del tutto la loro fondamentale dimensione "magica", che li pone al servizio di bisogni inconsci inespressi. Non a caso le moderne Olimpiadi sottolineano la continuità con i giochi religiosi dell'antica Grecia, nei quali la scelta del vincitore da parte degli dei serviva a segnalare il popolo e la città a essi più cari. Oggi, che le città-stato non esistono più, tale significato viene trasferito sulle nazioni: i nostri atleti partecipano alle gare non solo a titolo personale, ma come rappresentanti della loro nazione, e la vittoria del singolo viene celebrata issando la bandiera del suo paese, a sottolineare la superiorità di tutto un popolo. Si tratta ovviamente di una superiorità simbolica, che sta a indicare come in fondo non siamo poi tanto lontani dal sentire (e forse dal pensare) che la vittoria in questo tipo di gare possiede un significato trascendente e segnala la superiorità, la "predilezione divina", di una nazione, indipendentemente dalla realtà storica. Tutte le competizioni internazionali sembrano assumere un significato del genere, come si può vedere dal fatto che i campionati mondiali di scacchi, per esempio, vengono seguiti come eventi di rilievo politico.

Se dunque gli adulti tendono ad attribuire alla vittoria nelle competizioni un significato simbolico così ampio, come potrebbe essere altrimenti per i bambini, che sono ancora più pronti a vedere in quasi ogni cosa significati e connotazioni magiche? L'indagine psicoanalitica del significato delle competizioni sportive ha messo in luce come in molti casi la gente usi queste situazioni per esteriorizzare conflitti interiori. Proiettando i suoi conflitti sulla gara, l'individuo non ha più bisogno di rimuoverli né di sentirsene lacerato, e può invece agire i suoi sentimenti direttamente, come giocatore o indirettamente, come spettatore. Il pericolo che minaccia dall'interno, il conflitto, viene, attraverso l'agone, spostato sul mondo esterno, l'angoscia nevrotica viene convertita in ansia consapevole circa la possibilità di sconfitta, e diviene così più facile da accettare e da integrare.

Che si tratti di conflitti inconsci è dimostrato dal grado di tensione e di eccitazione che gli eventi sportivi producono nei giocatori come negli spettatori e dall'intenso coinvolgimento personale che viene messo in quello che, stando alle apparenze, dovrebbe essere solo un gioco. Prova ne siano, per esempio, l'eccitazione dalla quale vengono presi anche gli spettatori più lontani dal campo, che il più delle volte non riescono neppure a vedere chiaramente le azioni del gioco; nonché l'orgoglio e l'euforia che provano per la vittoria della squadra locale, o nazionale, anche persone che normalmente non si interessano di sport e la rabbia e l'abbattimento per le sue sconfitte, la violenza che a volte erompe al termine di una partita aspramente combattuta. Per non parlare dei milioni di persone che passano la domenica a guardare la partita alla televisione. Una dedizione così assoluta rappresenta un'ulteriore conferma che, inconsciamente, è in gioco una posta ben più alta della curiosità di vedere quale squadra è la migliore.

Ma torniamo ai giochi dei bambini e ai loro significati inconsci. Il bambino che gioca a nascondino affronta nel gioco questioni di vitale importanza, come: È pericoloso allontanarsi da casa? Riuscirò a fare ritorno al porto sicuro della mia casa, se ora me ne allontano? Il problema dell'adolescente è invece l'opposto; liberarsi dal dominio dei genitori, e mettere alla prova la sua tempra e le sue possibilità di riuscita rispetto ai coetanei nel vasto mondo. Nel tentativo di ottenere il primo scopo, deve spesso sferrare un duro attacco contro tutto ciò che la casa, la famiglia rappresentano, mentre per riuscire nel mondo ha ancora bisogno della sicurezza che la famiglia gli può dare; perciò i suoi sentimenti nei confronti della casa e dei genitori sono profondamente ambivalenti. E infatti l'adolescente non gioca più a Nascondino, mentre è appassionato di tutti i giochi con la palla. In molti di questi, per esempio nel gioco del calcio, si tratta di attaccare e invadere con il pallone la porta avversaria, e di difendere a qualunque prezzo dal medesimo pericolo la propria.

Attacco e difesa costituiscono dunque il senso del gioco del calcio; in particolare, si tratta di attaccare e difendere la "porta". Dentro la porta e nell'area antistante può stare un unico giocatore, il portiere, che segue regole di condotta diverse da quelle di tutti gli altri. È il personaggio che sta dentro la porta e che più direttamente la deve difendere: in questo senso, può simboleggiare il padre, o comunque i genitori. Tutti gli altri giocatori, difensori e attaccanti, devono invece rimanere nel campo, fuori dell'area della porta. Le due squadre sono cioè come due gruppi di fratelli (persino il numero dei giocatori equivale al numero di fratelli che uno può realisticamente avere) che non vivono più in famiglia, e, come gli adolescenti nella vita vera, attaccano la casa paterna (dell'altra squadra) e contemporaneamente la difendono, difendendo la propria. Nel gioco, dunque, si possono avere tutte e due le cose contemporaneamente, come tante volte l'adolescente vorrebbe che fosse nella realtà: si può attaccare e nello stesso tempo difendere la famiglia e un padre simbolici.

I giocatori vincenti si conquistano il plauso e l'approvazione del pubblico sia per aver attaccato sia per aver difeso il campo, il che li rassicura sulla liceità di scaricare entro limiti stabiliti parte della loro aggressività; e la vittoria accresce la stima di sé, una cosa di cui nell'adolescenza si ha bisogno più che a qualunque altra età. Se è opinabile che la battaglia di Waterloo sia stata vinta sui campi da gioco di Eton, come è stato paradossalmente detto, è ragionevole supporre che l'eterna battaglia dell'adolescenza, in ogni tempo e luogo, venga messa in scena simbolicamente sui campi sportivi di tutto il mondo.

Alla nostra squadra attribuiamo, non ha importanza se in veste di giocatori o di spettatori, tutta una serie di significati psicologici, ovvero simbolici, e sono questi all'origine di gran parte del nostro interesse per il gioco. Si danno, per esempio, diversi casi di atleti di riconosciuta bravura, che all'improvviso hanno perduto ogni interesse per vincere, mentre continua a piacergli giocare. L'indagine psicoanalitica di questi casi ha messo in luce un modello molto interessante. Risulta che l'atleta aveva nutrito la convinzione di tipo magico che il fatto di vincere avrebbe dimostrato qualcosa di particolare sulla sua persona o dato indicazioni sul suo futuro (non però intese come conseguenze realistiche della vittoria o della sconfitta). Come gli viene meno questa fede, l'atleta perde una forte motivazione a esporsi alle fatiche e ai rischi della competizione. Una tra le più comuni di queste credenze magiche riguarda l'indistruttibilità del corpo: il bisogno di crederci e di dimostrarla con ripetute verifiche può spiegare molte imprese sportive di particolare audacia. Una volta scomparse queste motivazioni irrazionali, né il plauso della folla né il rendiconto economico sono più sufficienti a stimolare lo spirito competitivo.

I giochi di fortuna

Ai giochi basati sulla fortuna attribuiamo il significato inconscio di strumento attraverso il quale la sorte indicherà chi è il suo favorito e gli dei (queste superlative rappresentazioni dei genitori) ci faranno sapere se ci sono propizi. Il vizio del gioco d'azzardo è di norma la conseguenza del bisogno di forzare la mano alla fortuna allo scopo di vedere continuamente confermato il proprio valore. In particolare, continuare a giocare nonostante le ripetute perdite può essere considerata una forma di autopunizione: inconsciamente, il giocatore "pensa" di non essere degno che la fortuna gli arrida e che il fatto di perdere sia il meritato castigo per qualche colpa commessa. Certi giocatori sono convinti che la vittoria così a lungo inseguita dimostrerà finalmente l'avvenuto perdono e la riammissione al favore divino, e per taluni il ricorso a questi sistemi magici per correggere il loro stato nella vita vera diviene un'ossessione divorante. Questi eccessi non alterano il fatto che nel gioco d'azzardo viene fatto appello alle forze dell'inconscio per soddisfare almeno ad alcune delle esigenze della realtà, come, nei giochi di carte, di dadi o nella roulette, la considerazione degli imprevisti.

Quando un bambino accetta di sottoporsi alle regole del gioco, non lo fa soltanto per vincere. Neppure l'adulto, a dire il vero, si accanirebbe tanto nel gioco se in palio ci fossero soltanto i vantaggi realistici di una vittoria. Sempre e in tutti i giochi è insita anche una componente inconscia. È per questo che possiamo batterci "come se fosse in gioco la vita": lo possiamo fare soltanto se, a qualche livello, ci crediamo davvero.

Per il bambino (e anche per il ragazzo, fino alla tarda adolescenza), vincere significa essere stato accolto tra gli eletti. I ragazzini amano molto, per esempio, fare i solitari con le carte e seguono rigorosamente le regole del gioco, ma non semplicemente perché gli fa piacere vincere la mano, o perché vogliono passare il tempo o esercitare le loro facoltà di attenzione. Giocano ai solitari perché credono che la riuscita del gioco farà succedere magicamente una certa cosa, come prendere la sufficienza in un'interrogazione o riuscire a fare amicizia con una certa persona, o realizzare qualche altro desiderio segreto. È appunto questa idea che impedisce loro di barare, perché in tal caso non potrebbero trarre previsioni dal gioco.

Attraverso esperienze di questo tipo il bambino impara a porre al servizio dei compiti imposti dalla realtà le possenti fonti di energia dell'inconscio e dell'irrazionale. E questa è una delle esperienze di apprendimento più importanti che il gioco offre al bambino: la facoltà di usare le tensioni e i desideri inconsci per trarne la forza di far fronte a compiti reali. E non basta. Giocando il bambino impara non solo a incanalare in attività realistiche le forze irrazionali dell'inconscio (come quando fa un solitario per far sì che si realizzi un desiderio), impara anche che per raggiungere il suo scopo deve saper controllare tali forze ("Se cedo alla tentazione di barare, il solitario non servirà a predire nulla"). Perciò questo tipo di giochi rappresenta una tappa importante, indispensabile quasi, nel processo di civilizzazione: perché la condizione di uomo civilizzato esige l'apporto delle forze inconsce a fini realistici e nello stesso tempo il loro controllo da parte della ragione. Una volta che il bambino abbia acquisito la capacità di porre l'inconscio al servizio delle esigenze della realtà, potrà applicare le energie inconsce ad altri compiti. Avendo imparato sia a mobilitare sia a padroneggiare tali forze, sarà veramente padrone di se stesso: e glielo avranno insegnato i suoi giochi.

21. Al di là di vittorie e sconfitte

L'uomo è un animale che gioca d'azzardo.

CHARLES LAMB, *Mrs Battle's Opinion on Whist*

Per quel che riguarda le richieste che i giochi a due e di gruppo gli impongono, il bambino continua per parecchi anni a oscillare tra progressi e regressioni. Abbiamo già accennato a come, le prime volte, cerchi di manipolare, a suo vantaggio, le regole del gioco, a come poi, si senta obbligato da un'autorità superiore a rispettarle, e infine si renda conto che l'accettarle liberamente va a tutto vantaggio di chi gioca.

Quando tutto va liscio, il bambino è perfettamente in grado di giocare come si conviene; quando invece le cose diventano troppo difficili psicologicamente o troppo frustranti, tende a ricadere nel modello del gioco spontaneo. Pur comprendendo le regole del gioco (e pretendendo magari che gli altri le rispettino), personalmente non riesce a indursi a seguirle, e addirittura protesta che nel suo caso non valgono. Poniamo che un bambino sappia benissimo *come si fa* a giocare a dama: tutto andrà liscio finché non si accorge che sta perdendo, o comunque così crede. Allora d'improvviso proporrà: "Ricominciamo dall'inizio." Se l'avversario accetta e la seconda partita si svolge in modo più favorevole al bambino, tutto ritorna ad andare liscio, e la partita sarà portata a termine. Se invece nuovamente le sue prospettive sono poco rosee, uscirà di nuovo con la proposta di ricominciare daccapo, e la cosa può ripetersi più e più volte, con grande fastidio dell'adulto che gioca con lui. Il quale può decidere che sia ora che il bambino impari ad accettare il gioco come viene e a finire comunque la partita iniziata. In realtà, se l'adulto riesce a portare pazienza e accetta di accontentare il bambino, questi alla fine imparerà a giocare in modo corretto.

Invece, insistere perché continui a giocare anche quando è

in procinto di perdere, è pretendere troppo dai meccanismi di controllo ancora labili di un bambino, il quale se sapesse formulare quello che prova direbbe pressappoco così: "Non ce la faccio a rispettare le regole quando sto perdendo. Se insisti perché continui la partita, lascerò perdere qualunque tipo di partita, per ritornare ai miei giochi di immaginazione, dove non vengo mai sconfitto." Ed ecco che la pedina, che già il bambino aveva accettato di muovere secondo le regole stabilite, incomincia a scorazzare sulla scacchiera secondo i capricci della sua fantasia e, se questo provoca dei rimproveri, può trasformarsi in proiettile da scagliare eventualmente contro l'avversario vincente.

Non è difficile comprendere le ragioni di un simile comportamento. Sentendosi momentaneamente sconfitto dalla complessa e dolorosa realtà del gioco (sta perdendo, e dunque il suo fragilissimo rispetto di sé sta per essere intaccato, cosa che va evitata ad ogni costo), il bambino regredisce a un livello in cui le regole non sono più pertinenti, in modo da mantenere intatto il suo pericolante senso di competenza. Se l'avversario è a sua volta un bambino, pur non approvandola, saprà intuitivamente comprendere la reazione del compagno. Per esempio, risponderà: "Via, stai comportandoti come un bambino dell'asilo," quasi riconoscesse (probabilmente grazie alla sua esperienza personale in occasioni analoghe) che si tratta di una regressione a una fase evolutiva precedente, visto che quella più avanzata si è dimostrata troppo dolorosa e quindi troppo faticosa da conservare. Oppure proporrà: "Facciamo un altro gioco," avendo capito che la dama è diventata troppo difficile.

Se l'avversario è un adulto, invece, può darsi che venga a mancare una simile intuitiva comprensione. Sfortunatamente, a volte i genitori sono troppo impazienti di vedere il figlio comportarsi in modo maturo, quando ancora maturo non è. E si angustiano se lo vedono regredire a forme di gioco più semplici e meno strutturate. Ma i rimproveri e la pretesa che si comporti in modo maturo proprio quando il bambino si sente più minacciato, non fanno che accentuare il suo senso di sconfitta. Dovremmo tenere presente che i bambini possono essere improvvisamente indotti a ignorare o addirittura stravolgere le regole del gioco da tensioni che ancora non sono in grado di controllare, e che, se si comportano così, è perché non possono farne a meno.

Non dobbiamo dimenticare che per un bambino una partita non è mai "soltanto un gioco", un puro divertimento, o un modo per distrarsi da preoccupazioni più gravi. Per un bambino giocare una partita può essere, e il più delle volte è, un'impresa molto seria dal cui esito dipende la sua autostima e il suo senso di competenza. Abbiamo già esaminato da diversi punti di vista quanto sia importante il gioco per il bambino, mettendo in rilievo come il mondo del gioco sia per molti versi il suo mondo reale. In altre parole, il gioco è la sua realtà; questo estende il significato di una partita ben oltre i limiti che può avere per l'adulto. Perdere la partita non fa dunque parte del gioco, come è, o dovrebbe essere, per l'adulto; è un'esperienza che mette in dubbio, e a volte mina, il senso di competenza personale del bambino. Ben lungi dall'essere parte del gioco, la sconfitta non solo è un insulto, è qualcosa che, mettendo in discussione la sua dignità e dunque la sua integrità personale, mette a repentaglio la sua stessa esistenza; e questo va impedito a qualunque costo. Poiché gli fa temere di perdere la sua dignità, una sconfitta può davvero disgregare tutta la sua padronanza di sé, al punto che improvvisamente il piccolo giocatore non riesce più a distinguere tra la realtà del gioco e la realtà della sua vita.

Ecco perché lo stesso bambino, che dimostra di conoscere le regole del gioco e bada a che anche l'avversario le rispetti, finché ha la speranza di vincere, a un certo punto, quando pensa di stare perdendo, si mette a bella posta a trasgredirle. È un comportamento che sovente lascia sconcertati gli adulti: se sa giocare così bene quando vince, come mai gioca scorrettamente quando perde? Per l'adulto si tratta dell'identica situazione, e comunque sempre di un gioco; per il bambino, di due realtà molto diverse. Quando vince, si esalta oltre ogni ragionevolezza, considerato che si tratta "solo di un gioco". Quando perde, si sente annientato, e reagisce di conseguenza: la sua maturità va a pezzi, esattamente come succede a molti adulti quando hanno la sensazione di essere annientati.

Ad aumentare la confusione c'è il fatto che a volte, invece, il bambino riesce a condurre a termine la partita anche se sta perdendo. Se in certe occasioni sa accettare la sconfitta, perché non lo fa sempre? Visto che ne è stato capace ieri, gli adulti si aspettano che possa comportarsi con altrettanta maturità anche oggi, anzi cercano di farlo restare a quel livello, e lo rimproverano se non ci riesce. Quello di cui non tengono conto è che loro stessi non si comportano poi tanto diversamente nella loro vita "vera". Quando si sentono sicuri sotto altri aspetti di rilievo, sono capaci di accettare le sconfitte con relativa equanimità; altre volte, invece, la sconfitta disgrega, temporaneamente, la loro organizzazione personale, li rende depressi, incapaci di funzionare adeguatamente. La loro reazione dipende dai particolari della situazione in cui si trovano al momento della sconfitta: dalla fiducia che hanno in se stessi e negli altri, dalla possibilità di controbilanciare lo scacco subito con altre risorse di cui dispongono in altri importanti settori. Questo vale per quasi tutti noi, nella vita "vera". Siccome per il bambino il gioco è un'esperienza di vita "vera", si comporta allo stesso modo: quando si sente relativamente forte e sicuro, riesce ad accettare di perdere senza andare in pezzi; ma quando è insicuro, non ci riesce. E visto che l'incapacità di accettare la sconfitta nel gioco è segno che in quel momento il bambino si sente insicuro, diventa ancora più importante non fargli aumentare l'insicurezza con le nostre critiche e i nostri rimproveri.

Ritirate strategiche: il bisogno di vincere

Alcuni bambini (o meglio tutti i bambini in una fase o nell'altra della loro vita) non possono assolutamente permettersi di perdere. E allora, per poter vincere, barano. Da un punto di vista adulto, barare è un comportamento altamente disdicevole e riprovevole; ma qui, come pure in molte altre circostanze, dobbiamo stare attenti a non valutare sentimenti e azioni del bambino con il nostro metro di giudizio di persone mature. I bambini che barano lo fanno a causa della enorme importanza, per loro, della posta in gioco, ed è quindi sbagliato esigere il rispetto delle regole, perché il bambino potrebbe smettere del tutto di giocare, per lo scoraggiamento e la delusione nei propri confronti. Se, invece di impedirglielo, accettiamo tacitamente che bari, concedendogli la soddisfazione di vincere, continuerà ad avere voglia di giocare a quel gioco. Continuando a giocare (e a barare), a poco a poco diventerà più esperto e avrà sempre meno bisogno di barare. Ecco perché è così importante che i genitori giochino con i figli: degli estranei, infatti, non saranno altrettanto disposti a lasciare che il bambino imbrogli senza fare quantomeno commenti. Invece può darsi che per il bambino sia necessario barare per aver voglia di giocare a quel gioco abbastanza spesso da impararlo tanto bene da poter vincere senza più bisogno di barare. Il fatto di vincere lo renderà sempre più sicuro di sapere il fatto suo, e ben presto smetterà di imbrogliare, anche se non vincerà tutte le volte. Basta il fatto di riuscire a vincere diverse volte anche senza barare per dagli la sicurezza sufficiente a non fargli vivere come devastanti le occasionali sconfitte. Occorrono però molto tempo e grande pazienza da parte del genitore perché il bambino diventi abbastanza bravo a giocare da non sentirsi distrutto se perde.

Se impariamo a osservarlo, il comportamento di nostro figlio quando cerca di imbrogliarci ci farà capire l'entità della sua paura di perdere e la profondità abissale della sua angoscia. A volte non gli basta interrompere la partita e neppure muovere i pezzi arbitrariamente sulla scacchiera: forse ha bisogno addirittura di immaginarsi che le sue pedine siano tutte "damoni", in grado di "mangiare" tutti i pezzi nemici. Se queste fantasie vengono accettate bonariamente, può darsi che il bambino riacquisti fiducia e cerchi nuovamente di stare alle regole; se invece gli si impedisce di rifugiarsi nel gioco di immaginazione per arginare il senso di incompetenza, può darsi che perda ogni interesse per qualunque gioco di livello più evoluto, perdendo così anche l'occasione di fruire della funzione socializzatrice di questo tipo di giochi.

Basta osservare l'espressione del viso del bambino mentre gioca, per capire il suo stato psicologico. Finché ha la speranza di vincere, rimane completamente assorto nel gioco e dimentico di quello che succede intorno a lui. È, si potrebbe dire, "tutto io", finalizzato al suo scopo, totalmente concentrato su quello che sta facendo, capace di rispondere con intelligenza al compito che ha davanti. Tutto cambia nel giro di un minuto, non appena incomincia a temere di perdere. Il viso si rannuvola, la voce perde il tono pacato, il bambino non riesce più a concentrarsi nel gioco, e pensa soltanto a come impedire la sconfitta a qualunque costo, anche nel modo più smaccato. L'attimo prima sembrava che il gioco e le sue regole fossero l'unica cosa al mondo, ora non contano più nulla. Di fronte alla collera e alla frustrazione delle quali è totalmente preda, la realtà retrocede. In altre parole, il suo io, che fino a poco prima dominava su tutto, perde la sua fragile integrità nella misura in cui un angoscioso smarrimento pervade tutto il suo essere.

Se in una situazione del genere si permette al bambino di indulgere momentaneamente alle sue emozioni, vale a dire gli si permette di sfogare la sua rabbia contro la partita che tanto lo frustra e minaccia di farlo andare a pezzi, allora l'ordine potrà essere ripristinato quasi altrettanto rapidamente, e l'io potrà riassumere il controllo. Se gli altri accettano con bonarietà il suo sfogo, dicendo, per esempio, "va bene, questa partita non vale, rifacciamo", può darsi che il bambino riesca a calmarsi e ad affrontare con serenità una nuova partita, imparando nel contempo a giocare meglio e persino a gestire piccole quantità di frustrazioni. Infatti, il ripetersi di esperienze del genere gli insegna una lezione tra le più importanti: che è pur sempre in grado di ricomporsi, dopo aver temporaneamente perduto il controllo ed essere stato sopraffatto da pressioni istintuali.

La paura di perdere non rappresenta però l'unica condizione che impedisce a un bambino di considerare con equanimità una partita e di rispettare le regole del gioco: qualunque situazione di gioco di gruppo può suscitare tensioni emotive così intense da rendere impossibile il controllo da parte dell'io.

Basta il fatto di essere colpito dalla palla durante la partita per far scattare la collera o l'angoscia, al punto che l'incidente viene preso come un insulto personale e un attacco deliberato, tale da giustificare un'immediata furibonda rappresaglia. Crolla allora la sua capacità di seguire le regole del gioco e, cosa più grave, il bambino può regredire a una fase evolutiva precedente, quando era convinto che gli oggetti inanimati possedessero un'intenzionalità, per esempio quella di distruggerlo. La palla allora cessa di essere un attrezzo per giocare e diviene un pericoloso proiettile. Se gli si domanda come mai ha reagito così violentemente a un errore accidentale, risponderà: "L'ha fatto apposta per caso" riprendendo, cioè, a parole la nostra interpretazione del fatto, ma ribadendo contemporaneamente la sua.

Noi possiamo accettare come parte del gioco il fatto di essere stati colpiti solo nella misura in cui sappiamo accettare che si tratta di una situazione "simulata", in cui valgono regole diverse da quelle che si applicano al resto della vita. Riuscire a distinguere le situazioni di simulazione da quelle della vita "vera" richiede un grado di maturità e una sottigliezza non indifferenti. Una maturità che il bambino non sa più mantenere, quando è sopraffatto dalle emozioni: e allora per lui non si tratta più di "simulazione"; allora essere colpito dalla palla diviene l'effetto di un'aggressione diretta contro di lui, dalla quale deve difendersi. E reagisce esattamente come reagiremmo noi se venissimo insultati e aggrediti a bella posta.

Se, anziché rimproverarlo per aver reagito come se si trattasse di un deliberato attacco, mostriamo di capire le sue difficoltà, convenendo che ai suoi occhi si è trattato di una grossa ingiustizia (perché lui voleva solo giocare e invece si è trovato a dover temere per la sua integrità fisica), allora la nostra comprensione e il nostro appoggio gli ridaranno fiducia e sicurezza, e il bambino sarà ben presto in grado di riprendere il gioco. Se invece lo disapproviamo, non faremo che accentuare la sua insicurezza, già fortemente attivata dall'attacco subito, e gli riuscirà molto più difficile, se non impossibile, riprendere a giocare.

Ammettendo la validità di quella che, dal nostro punto di vista, costituisce un'interpretazione distorta dell'accaduto, diamo al bambino l'impressione di avere trovato, nella sua disgrazia, un amico compassionevole capace di vedere le cose come le vede lui; e questa sensazione è ciò che più di ogni altra cosa lo aiuta a riacquistare la sicurezza perduta. Inoltre, prepara il terreno ai tentativi di indurlo a guardare le cose dal nostro punto di vista, dato che noi, a nostra volta, ci siamo mostrati disposti a vederle dal suo; allora forse ci starà ad ascoltare quando gli spiegheremo che si è trattato di un malaugurato incidente, e non di un attentato alla sua incolumità. Sentire accolta con simpatia e comprensione la sua interpretazione dei fatti spesso permette al bambino di rientrare nella situazione di simulazione del gioco. Più spesso si ripete l'esperienza, più si conferma la lezione che dicevamo sopra: la certezza di potersi sempre ricomporre dopo essersi lasciato sopraffare momentaneamente dalla collera o dall'angoscia. A poco a poco imparerà anche a gestire come tali le situazioni di simulazione; e l'acquisizione di questa capacità costituisce una tappa importante nello sviluppo intellettivo e psicologico.

Il fattore caso

Di qualunque tipo di gioco si tratti, ci sono bambini che non riescono ad accettare o a far fronte alle esigenze della realtà rappresentate dalle regole del gioco. Perciò, essendo incapaci di perdere senza subire una grave diminuzione dell'autostima, questi bambini imbrogliano o smettono di giocare. È come se potessero sentirsi contenti di sé solo mantenendo in vita una fantasia di onnipotenza. Di solito questo avviene perché riescono a visualizzare due sole alternative: o il potere e il controllo assoluti o l'impotenza assoluta.

Si osserva spesso il medesimo meccanismo psicologico nell'atteggiamento dei bambini verso l'apprendimento e lo studio, per cui o fanno come se possedessero un sapere che non hanno, o sono convinti che non impareranno mai. Per questi bambini, imbrogliare può costituire un compromesso tra il bisogno emotivo di sentirsi onnipotenti, e il nascente riconoscimento dei limiti imposti dalla realtà.

I giochi aleatori sono i primi giochi attraverso i quali il bambino impara a seguire le regole. Essi gli offrono un'occasione che per nulla al mondo vorrebbe lasciarsi sfuggire: quella di battere un avversario più grande di lui a dispetto della maggiore forza o abilità di questi. E tuttavia, anche se la vittoria è pura questione di fortuna, le regole vanno rispettate: per esempio, non si possono saltare più caselle di quelle indicate dai dadi, e, se la pedina capita su quella casella alla quale è legata una penalità, per esempio retrocedere un certo numero di caselle, bisogna pagarla. Naturalmente i bambini molto piccoli spesso protestano o cercano di imbrogliare, gettando i dadi fuori turno o sbagliando a contare quando gli conviene.

Rimane il fatto, comunque, che nei giochi basati sulla fortuna anche un bambino molto piccolo può vincere senza imbrogliare avversari maggiori di lui, e persino i suoi genitori. In tutte le altre situazioni della vita, invece, può vincere soltanto se i grandi glielo concedono, se chiudono un occhio, se trattengono la propria forza, se fanno finta. Perciò, dunque, il bambino si assoggetta volentieri alle regole, nei giochi aleatori, perché rispettandole ha la possibilità di essere il vincitore. E una volta imparato a giocare disciplinatamente, grazie all'occasione unica che questi giochi gli offrono, gli sarà più facile stare alle regole anche nei giochi di abilità, nei quali si trova svantaggiato.

Molti bambini rimangono per molto tempo restii a sottoporsi alla prova della realtà e vogliono giocare soltanto a giochi basati esclusivamente sulla fortuna. Affidarsi alla sorte è un atteggiamento indicativo di una visione molto primitiva del mondo, che riduce l'agire umano a pura casualità. A poco a poco, però, attraverso i giochi che combinano caso e abilità il bambino incomincia a constatare come la capacità e la conoscenza possano influire in qualche misura sull'esito del gioco, ed è di conseguenza incoraggiato ad apprendere nozioni più complesse e a sublimare le sue pulsioni primitive.

Oggi, nelle scienze sociali come in quelle fisiche, alcuni dei problemi più complessi vengono risolti ricorrendo all'analisi statistica, mettendo a confronto, cioè, le probabilità che si verifichi un evento con l'effettivo verificarsi di quell'evento nella realtà. Perciò quello che il bambino impara praticamente nei giochi aleatori sul concetto di probabilità statistica è di grande valore per la comprensione dei fenomeni. Anche in molti settori della vita, il successo o il fallimento dipendono dalla capacità di formarsi un'idea realistica delle leggi della probabilità, e i giochi aleatori possono insegnare molto al riguardo.

Nei giochi a struttura più complessa, in cui entrano il caso e la bravura insieme, può aversi aperta competizione entro una struttura rassicurante, in cui l'amicizia può coesistere con la competitività. Quanto più un gioco si basa sull'abilità, quanto più sono le regole, e non il caso, a determinare le condizioni della competizione, più è probabile che a vincere sia "il migliore"; tuttavia, il fattore caso, pure presente in grande misura, riduce la tensione della competitività cosciente e contribuisce a mantenere l'equilibrio.

Il vincitore, pur potendosi congratulare con se stesso per la propria bravura, può sempre mostrarsi modesto, esteriormente, e dire all'avversario: "Sono stato fortunato, ecco tutto."

In tal modo può permettersi di battere l'amico senza alienarselo. Dal canto suo, chi perde può consolarsi riflettendo sulla parte avuta nella sua sconfitta dalla "sfortuna", e quindi non ha bisogno di provare ostilità contro il vincitore. E il bambino, per il fatto di avere vinto o perduto in un gioco del genere, non dovrà sentirsi indebitamente in colpa né indebitamente inadeguato, sentimenti che tenderebbero entrambi a negare validità al gioco agli occhi del giocatore appassionato, il primo insinuando il dubbio che la partita fosse troppo facile, il secondo che non fosse realmente amichevole.

Il Monopoli, che riproduce le attività del mondo della finanza, può servire a illustrare le cose che un bambino può imparare giocando a questo tipo di giochi. Il giocatore alle prime armi tende a tenersi stretto ansiosamente il denaro che riceve, rifiutandosi di investirlo in case e alberghi; ben presto, però, impara che questo atteggiamento è negativo, che farsi prendere la mano dall'ansia conduce alla sconfitta. Neppure gli investimenti azzardati, del resto, sono fruttuosi, come impara ben presto il bambino che investe tutti i suoi soldi su un'unica proprietà molto costosa, nell'erronea convinzione che i suoi compagni debbano di necessità fermarcisi sopra: e scopre che anche questo porta alla bancarotta.

In questo senso i giochi da tavolo, rispetto al gioco libero, di immaginazione, obbligano il bambino a controllare, se vuole vincere, i processi di pensiero condizionati dal desiderio o dall'ansia, e a cercare compromessi attuabili tra i desideri, consci e inconsci, e le esigenze della realtà. Partecipare a questo tipo di giochi rispettandone le regole, è un po' come vivere nel mondo cercando di soddisfare i propri desideri e impulsi entro i limiti accettabili per la società. Non esiste una tattica che garantisca sempre il successo, perché la fortuna cambia e cambiano i nostri avversari, ma il bambino impara a così migliorare le probabilità di successo.

Che cosa può simboleggiare la vittoria

Sentirsi minacciati da quello che viene preso come un attacco personale e il timore dell'imminente sconfitta non costituiscono le uniche condizioni in cui l'integrazione raggiunta crolla e si ha una temporanea regressione. I bambini a volte si sentono costretti a rinunciare ad acquisizioni di livello superiore per ragioni molto personali. Vorrei citare il caso di una ragazzina molto brava a giocare a scacchi, che batteva regolarmente la madre e ne era felicissima. Poi s'ammalò, e un giorno, per distrarla, la madre le propose di fare una partita, come erano solite fare prima che si ammalasse. Questa volta, però, la figlia commise molti errori, che sembravano fatti apposta, ma, nonostante ciò, vinse ugualmente. Invece di essere contenta della vittoria, come in passato, la ragazza scoppiò in lacrime e si mise a rinfacciare alla madre di averla lasciata vincere a bella posta.

La povera madre, che in realtà aveva fatto del suo meglio, benché non fosse molto brava agli scacchi, rimase allibita: per quale ragione la figlia, alla quale era sempre piaciuto vincere, d'improvviso si era depressa e si arrabbiava con lei? Il fatto era che quella volta la ragazza era spaventata dalla malattia e aveva bisogno di usare il gioco degli scacchi per scopi diversi dal passare il tempo o dal verificare la propria bravura. In quel momento aveva bisogno che la loro partita dimostrasse non già la sua bensì *la competenza della madre*. Impaurita dalla malattia, voleva ricevere la rassicurazione che il suo destino fosse nelle mani di una persona più competente e più esperta di lei. Come tutti i bambini, aveva bisogno di poter riporre tutta la sua fiducia nella persona da cui dipendeva la sua vita. Sperava che la madre riuscisse vincitrice nella lotta contro la malattia, e tale capacità doveva essere dimostrata dalla vittoria nella partita a scacchi.

Ma la madre perdette, rivelandosi meno competente della figlia, sicché la vittoria di questa contrastava con il fine che inconsciamente si era proposta giocando. La ragazza sapeva bene che in circostanze normali poteva battere la madre negli scacchi, ma in quel momento aveva bisogno della conferma, a un livello che si può definire magico, del potere superiore della madre. Ma la conferma non venne, nonostante il suo sforzo di giocare male. Perciò la sua reazione di fronte alla vittoria fu di sentirsi tradita; era in collera con la madre perché questa non era riuscita a mostrarsi potente, capace di vincere quando lei si sentiva perdente nei confronti della malattia. Nella situazione eccezionale nella quale si trovava, la ragazza aveva cercato di usare una partita a scacchi per ottenere la rassicurazione puerile di essere protetta da una potenza superiore e benevola.

In certi casi, dunque, i bambini hanno bisogno di vincere, non possono permettersi di perdere, in altri, molto più rari, hanno bisogno di perdere. Perciò non si possono dare delle regole su quello che un genitore deve fare quando gioca con il figlio. La linea di condotta migliore in una situazione può rivelarsi sbagliata in un'altra, o persino nella stessa situazione il giorno dopo. Dobbiamo affidarci alla nostra intuizione e lasciarci guidare da quello che succede sul momento. Non sempre il genitore, neppure quello più in sintonia con il figlio, riuscirà a sapere in anticipo quale debba essere la linea da seguire; ma possiamo star certi che penserà il bambino stesso a manifestare quali sono i suoi bisogni, e più chiaramente lo farà, quanto meno lo obbligheremo a comportarsi nel modo che a noi sembra corretto. Lasciamo fare a nostro figlio, e la sua condotta ci comunicherà quello che ha da dire.

Nell'esempio citato ora, la ragazzina non poteva permettersi di vincere, e infatti il suo comportamento comunicava proprio questo. Una volta compreso il messaggio, possiamo partire di lì. D'altro canto è pur vero che il reale bisogno della ragazzina malata non era quello di perdere una partita a scacchi, era quello di essere rassicurata su ben altro: sulla capacità della madre di mostrarsi competente e forte e saggia nel momento in cui lei si sentiva tanto vulnerabile, e sulla sua disponibilità a trattarla come la bambina inerme che si sentiva in quel momento. Se la madre avesse compreso il messaggio insito nel comportamento della figlia, avrebbe potuto, sì, perdere la partita, ma nello stesso tempo affrontare direttamente l'angoscia della figlia e darle comunque la rassicurazione di cui aveva così disperatamente bisogno. E per fortuna la donna lo comprese, e poté alleviare le paure della figlia.

22. Diventare esseri civili

Lo scopo della civiltà è trasformare l'uomo, che è un animale predatore, in un animale domestico e civilizzato.

FRIEDRICH NIETZSCHE

Benché differiscano nello spiegare le cause e le modalità, tutte le teorie evolutive della personalità concordano nell'affermare che il bambino, attraverso il gioco, passa da livelli di sviluppo inferiori a livelli superiori. E se gli viene impedito di acquistare piena padronanza di *una qualunque* delle più importanti fasi evolutive, che nel loro insieme conducono alla piena maturità umana, prima o poi avrà dei problemi a vivere. Le fasi dello sviluppo infantile sembrano inoltre ripercorrere gli stadi che la specie umana stessa ha attraversato per giungere al suo stato attuale.

Gli psicologi che hanno studiato il ruolo del gioco nello sviluppo dell'uomo sono giunti a due diverse ipotesi sulle finalità e sul significato dell'attività ludica. Karl Groos, in linea con il razionalismo finalistico imperante agli inizi del secolo, vede nei giochi infantili un'attività preparatoria alle attività della vita adulta. Nello stesso filone culturale, Jean Piaget ritrova nel gioco i vari passaggi dello sviluppo cognitivo, che portano il bambino a livelli sempre più evoluti di comprensione e di prestazioni intellettuali. Freud, invece, pur non analizzando sistematicamente il gioco, era rimasto colpito dall'entità dell'eredità arcaica che l'uomo moderno continua a portarsi dentro, e sottolineò ripetutamente come lo sviluppo ontogenetico ripeta quello filogenetico, vale a dire come lo sviluppo dell'individuo ricapitoli sotto molti aspetti lo sviluppo della specie. Nel gioco, pertanto, anziché vedere una preparazione al futuro, vide la prova dello stretto legame che ancora ci unisce al nostro passato collettivo.

Gli scoppi di collera del bambino piccolo, quando per la rabbia e la frustrazione scaglia lontano da sé gli oggetti che trova a portata, non differiscono troppo da come ci immaginiamo debba essere il comportamento dell'uomo primitivo. Come ebbe a osservare Bertrand Russell: "È naturale dal punto di vista biologico che i bambini debbano rivivere nella fantasia la vita di lontani antenati selvaggi."

Le leggi dello sviluppo biologico, intellettivo, sociale ed emotivo non consentono mai che si salti del tutto alcuna fase importante. Ogni stadio del processo di maturazione deve aver luogo al momento giusto; se non avviene o se abortisce prima di essere stato condotto a termine, l'individuo ne sarà disadattato. Questo spiega come mai certi adolescenti sentano il bisogno di vivere per un certo periodo "la vita del sevaggio" (che oggi si traduce nel fare gli "hippy", gli estremisti, i contestatori o comunque gli emarginati): evidentemente non hanno avuto la possibilità di esaurire questa fase durante l'infanzia. Allora cercano nell'adolescenza di liberarsi dal gioco dell'educazione imposta loro da genitori che non si sono resi conto di come la "fase del selvaggio" sia necessaria per crescere, e vada attraversata per potersela lasciare alle spalle. Ma è ben diverso agire ed elaborare uno stadio evolutivo nell'infanzia o invece nell'adolescenza; l'adolescente infatti è calato nel mondo della realtà molto più del bambino e quindi usa la realtà che lo circonda come cornice esteriore della messa in atto delle sue pressioni interiori, schierandosi, per esempio, con ideologie estremistiche e contestatarie, al servizio, in molti casi, di cause degnissime, ma per motivazioni che con tali cause hanno ben poco a che fare. I problemi interiori che l'adolescente cerca così di elaborare si riconoscono dal modo "selvaggio" con il quale abbraccia una data ideologia, modo che sovente è del tutto in contrasto con l'essenza dell'ideologia stessa.

Una delle tappe fondamentali dell'evoluzione umana fu l'addomesticamento degli animali. Non deve sorprendere, dunque, se i bambini ripetono questa esperienza "addomesticando", prendendo per amico, un cane o un gatto, o da più grandicelli, accudendo ai cavalli del maneggio. Se fosse possibile, ai bambini piacerebbe avere per amici animali ancora più grossi: anzi più grosso e più feroce è l'animale, più il bambino desidererebbe addomesticarlo e renderselo amico. Gran parte della letturatura infantile (nonché un numero significativo di favole e di allegorie per adulti) si basa appunto sul riconoscimento (inconscio) di questo dato di fatto.

Un altro decisivo balzo in avanti sul cammino della civiltà è stato compiuto, come ci insegnano gli antropologi, quando l'uomo divenne stanziale, stabilendosi in territori che si era conquistato e di cui segnava i confini. Possiamo cogliere gli echi di questo processo nei nostri figli, quando esigono che un certo territorio (la loro camera, un angolo del cortile, un tratto di strada, una zona del quartiere o della città) sia solo per loro, sia un luogo dove nessun altro può entrare senza permesso. E, di fronte a una minaccia di invasione, si riuniscono in bande per difendere il loro territorio. Allo stesso modo gli uomini primitivi si riunirono in gruppi e impararono a comunicare e a collaborare per rendere più sicura e più confortevole la loro esistenza. Sono molti, inoltre, i giochi tradizionali, che godono di grande popolarità anche presso i bambini più piccoli, basati appunto sull'idea di territorio, come per esempio il "Mondo" o "Campana".

Secondo le teorie di taluni storici, le città-stato dell'antica Grecia e altre organizzazioni sociali e politiche superiori trassero origine dalla necessità di gestire le guerre. I poemi omerici ci mostrano come i greci scoprissero la loro identità di popolo attraverso l'impresa comune della guerra contro Troia, e il mito della guerra di Troia divenne la base della loro civiltà. Il periodo di massima fioritura delle città-stato coincise con quello delle guerre contro l'invasore persiano, quando si unirono a formare temporaneamente una sola nazione. Possiamo osservare un'analoga evoluzione quando due o più bande giovanili rivali stabiliscono una tregua temporanea per allearsi contro un comune nemico. L'analogia non riguarda però solo il mondo giovanile: varrebbe la pena di riflettere su quanta parte del progresso politico e tecnologico (per esempio la formazione degli stati nazionali sulla base dell'identità linguistica, come nel caso dell'Italia, e la scoperta e l'utilizzazione della scissione e della fusione nucleare) sia stata raggiunta con le guerre o abbia coinciso con necessità belliche.

Poiché sono profondamente convinto che sia ormai tempo di fare a meno della nostra arcaica eredità bellicosa, ritengo che non solo la razza umana nel suo insieme (e su quel fronte la cosa sembra invero piuttosto difficile), ma ciascuno di noi individualmente dovrebbe elaborare dentro di sé tutti questi residui primitivi, in modo da liberarsene per sempre. Appunto a questo serve giocare alla guerra da bambini. C'è una stagione per ogni cosa: è l'infanzia il tempo in cui dovremmo avere la possibilità di mettere in atto, per lasciarcelo alle spalle per sempre, questo antico retaggio e di agirlo a livello simbolico soltanto, come fanno i bambini quando giocano alla guerra, scaricando aggressività, insicurezze e angosce in un modo che non reca danno a nessuno.

Agendo nel gioco i suoi impulsi aggressivi, il bambino sviluppa un codice morale via via che da giochi, che comportano sparatorie indiscriminate per imporre a qualunque costo il proprio dominio, passa alla rappresentazione della lotta del bene contro il male condotta secondo regole precise. Questa progressione va a costituire un bagaglio di esperienze su come controllare, educare e sublimare le tendenze caotiche e distruttive, su come "addomesticarle" finché la loro carica energetica potrà essere messa al servizio di finalità sociali. Ed è un bagaglio di esperienze che i bambini, se gliene si offre la possibilità, cercano e inventano spontaneamente.

Giocare alla guerra

Giocare alla guerra è un po' diverso dal giocare con armi giocattolo a cui abbiamo accennato in precedenza, in quanto viene data espressione a un'intera gamma di sentimenti, dall'autoaffermazione dispotica alla scarica della frustrazione e dell'ostilità. Giocando alla guerra le tendenze all'autoaffermarsi vengono trasformate in attività costruttive adatte all'età del bambino. Nelle forme di gioco più primitive il bambino si vede come il guerriero invincibile che trionferà in tutte le battaglie e la realtà non ha quasi alcun peso in queste fantasie. Quando più avanti gioca a indiani e cowboy con i compagni, incomincia a immettere nel gioco alcuni elementi storici, rispettando certi aspetti di realtà del rapporto tra i due gruppi. Il gioco, tuttavia, può ancora regredire a scontro caotico.

Giocando con i soldatini, invece, il bambino prende le distanze della propria aggressività; non combatte più personalmente, bensì dà espressione simbolica ai suoi conflitti mettendo in scena eventi storici. Assumendosi il ruolo di generale supremo ha la possibilità di stabilire un'identificazione più specifica con qualche eroe della sua cultura, e nel riprodurre delle famose battaglie deve disporre dei suoi soldatini con un certo rispetto della realtà storica: non può più limitarsi a seguire le fantasie dettate dal desiderio. Dovrà anche tenere conto di molti altri fattori, per esempio delle condizioni geografiche. Inoltre, mentre schiera le forze in lotta, impara a valutare l'identica situazione dai diversi punti di vista dei due schieramenti, mettendo in conto le debolezze e i punti di forza di ciascuno. Considerazioni di natura razionale incominciano così a prevalere sugli impulsi aggressivi. Inoltre, predisporre una complessa formazione di battaglia con i soldatini richiede molta pazienza e perseveranza, due atteggiamenti difficili da padroneggiare per un bambino, ma indispensabili per fare una buona riuscita nella vita.

I visitatori del castello di Blenheim possono ammirare le complicate battaglie messe in scena con i suoi soldatini di piombo dal piccolo Winston Churchill: ci si rende conto allora di come, senza saperlo, il grande statista si stesse preparando ai suoi compiti futuri e come i suoi divertimenti infantili avessero dato alimento alle realizzazioni dell'adulto. Churchill incominciò a sviluppare nel gioco la perseveranza e l'attenzione ai particolari che dovevano poi contribuire alla salvezza sua e del popolo britannico nel momento della più grave avversità.

Giocando alla guerra, le tendenze aggressive e di autoaffermazione vengono imbrigliate e trasformate in atteggiamenti di seria e impegnata applicazione. Al tempo stesso, il desiderio di potenza incomincia a modificarsi grazie all'identificazione dell'io e del Super-io con grandi figure storiche: Washington, Napoleone, Grant, Lee e tanti altri. Può darsi che, per il desiderio di emularlo, il bambino si metta a studiare la vita del suo eroe preferito. La luce della storia pervade ora le guerre combattute per gioco; la battaglia non mira più soltanto ad affermare una superiorità, a scaricare l'aggressività o a negare le sconfitte subite nella vita. Ora acquista uno scopo: conquistare l'indipendenza, come nelle rivoluzioni, sconfiggere un'altra nazione per il bene della propria. Più i giochi bellici si fanno complessi, più diventa prevalente l'aspetto erudito: i dati storici dominano sempre più il gioco. Nei giochi di strategia, come Risiko, si stringono e si rompono alleanze a seconda dei vantaggi che offrono: ora l'esito dipende dall'abilità, dalle capacità tattiche e di previsione del giocatore, non più dal caso.

In certi giochi da tavolo, che riproducono battaglie realmente avvenute, l'identificazione del giocatore con il comandante supremo si estende ai particolari di specifici episodi di una guerra vera, rivissuti con la fantasia. La conoscenza della storia e della strategia impiegata aumenta e realisticamente rafforza il senso di competenza del ragazzo, mentre l'identificazione con i grandi personaggi storici soddisfa i bisogni dell'io e anche del Super-io. In tal modo il bambino dà avvio a quel processo che Freud considerava essenziale per diventare esseri sempre più umani: dove prima era l'Es, scrive Freud, dovrà esservi l'io. Dove si permette che giocare alla guerra evolva progressivamente dai suoi inizi caotici e aggressivi fino a diventare un'attività sempre più complessa, in cui i soldati vengono schierati in formazioni complicate e spostati in base a un piano accuratamente stabilito, l'Es continuerà a fornire l'energia motivante, ma le azioni saranno sempre più sotto il controllo dell'io.

I giochi di guerra contengono inoltre altre importanti dimensioni, al pari di tutti i giochi infantili. Servono al bambino per affrontare e risolvere i problemi emotivi ed evolutivi del presente; ma c'è dell'altro. Le guerre d'indipendenza, per esempio, si prestano all'esplorazione di aspetti cruciali del problema della libertà e dell'autonomia, mentre la messa in scena della Guerra civile americana può servire da veicolo a problemi d'altra natura, che il bambino ha bisogno di affrontare e di comprendere. Poiché la Guerra civile fu una guerra dei "fratelli contro i fratelli" si presta direttamente all'elaborazione di problemi di rivalità fraterna, ma può servire anche a rappresentare a livello di fantasia altri dissensi all'interno della famiglia, come il conflitto tra padre e madre o tra genitori e figli.

Come tutti sappiamo, la Guerra civile fu combattuta in nome dell'abolizione della schiavitù; il bambino si sente una specie di schiavo, dato che la sua vita è regolata dai genitori, sicché qualsiasi guerra di liberazione può rappresentare per lui la lotta dei figli per liberarsi dal dominio dei genitori. L'incerto andamento della guerra sembra rispecchiare quello della lotta del bambino per l'autodeterminazione, mentre l'esito finale, la liberazione degli schiavi, contiene una promessa di vittoria anche per lui. Considerato il tipo di idee e di identificazioni implicitamente connesse al giocare alla guerra, è dunque molto naturale che i bambini e i ragazzi ci si appassionino.

L'ambientazione della Guerra civile può inoltre essere usata a un livello più primitivo per gestire paure e impulsi aggressivi muovendo, facendo fuggire o cadere uccisi i soldatini. All'estremo opposto, il bambino che non avverte alcun problema familiare pressante può usare il gioco essenzialmente come un esercizio mentale sulla storia, o per mettere alla prova la sua agilità mentale e le sue capacità sociali nell'agire secondo le regole. Possono giocare insieme amichevolmente alla guerra bambini mossi dalle motivazioni più diverse, perché ciascuno può trarre dallo stesso gioco gli elementi che meglio si adattano ai suoi bisogni e ai suoi scopi personali. Inoltre, ci saranno bambini che cercano di vincere e altri che fanno in modo di perdere, a seconda che a motivarli sia il desiderio di aumentare l'autostima o di placare il senso di colpa, indipendentemente dagli altri significati fantastici o simbolici che attribuiscono alla rappresentazione della guerra.

C'è un aspetto particolare dei giochi che riproducono la Guerra civile, che può servire ad illustrare l'interrelazione esistente in questi giochi tra realtà e fantasia. Come si è osservato, la Guerra civile fu una guerra intestina, una guerra tra fratelli. Nella sua famiglia il bambino vive l'esperienza della rivalità fraterna e assiste a discussioni, se non a veri e propri litigi, che teme che possano minacciare la sua sopravvivenza, così come la Guerra civile mise a repentaglio l'esistenza della nazione. I conflitti familiari mettono in pericolo il senso di benessere del bambino più di qualunque altra cosa, giacché, se non vi è sicurezza in seno alla famiglia, dove potrebbe trovarla?

Ed ecco che la realtà entra in gioco nella sua forma più rassicurante: oggi, infatti, le ferite della Guerra civile sono completamente rimarginate e gli Usa appaiono più potenti che mai. Di fatto, nonostante la Guerra civile, che all'epoca costituì una vera e propria tragedia, il paese è sopravvissuto, diventando anzi sempre più forte. I dati storici, dunque, offrono la desiderata rassicurazione: nonostante le aspre lotte, nonostante il male che ci infliggiamo a vicenda, non siamo distrutti; alla fine torneremo a essere solidali e a prosperare più di prima.

Giochi bellici di questo tipo, per quanto possano essere strutturati nel modo più intellettualizzato, "educativo", come piace oggi, continuano a fare appello alle nostre più profonde emozioni, parlano alle nostre angosce più intense, e ci appassionano grazie all'inconscia rassicurazione che offrono. Come ebbe a dire Aristotele parlando della tragedia, che giustamente definì "gioco" teatrale, giocare alla guerra educa la mente mentre purifica con effetto catartico le nostre emozioni. Questo vale, in verità, per qualunque attività umana costruttiva.

Eppure molti genitori di idee pacifiste non vogliono che i loro figli giochino ai soldatini. Sarà dunque opportuno citare che cosa ne pensava George Orwell, un uomo senza possibilità di dubbio contrario a ogni forma di violenza. Scrive Orwell: "Il socialista che scopre il figlio intento a giocare ai soldatini di solito ne rimane turbato; eppure non riesce a pensare a nulla che possa sostituire i soldatini di latta; dei pacifisti di latta, chissa perché, non funzionerebbero." Vero: non funzionerebbero; i bambini, benché giochino spontaneamente al dottore e all'ospedale, a fare i pacifisti non giocano mai, per quanto possano desiderarlo i loro genitori. Il pacifismo è un concetto molto raffinato, da adulti. Quando pensiamo al gioco, dobbaiamo tenere presente che ciò che spinge i bambini a giocare sono conflitti interiori che premono per trovare espressione ed essere risolti. Dei giocattoli che rappresentassero i pacifisti, quand'anche esistessero, non si presterebbero a esprimere e a risolvere conflitti interiori; perciò, a citare Orwell, "non funzionerebbero", mentre i soldatini sono perfetti, allo scopo.

Dato che molti genitori coscienziosi, pur non essendo contrari ai giochi da tavolo che riproducono le battaglie di Waterloo o di Gettysburg, proibiscono però i giochi con le armi, può essere utile ritornare ancora sull'argomento. Coloro che condannano decisamente questi giochi direttamente combattivi, ritenendoli esercizi di violenza o di irrazionalità, non tengono conto della qualità della nostra natura, del fatto che la nostra natura è insieme umana e animale, e della distanza esistente tra i due poli. È certamente rimasto nell'uomo molto dell'animale (e dunque molta violenza); a volte tali forze irrazionali affiorano nei giochi dei bambini, ed è questo che mette a disagio molti genitori. Il più delle volte, tuttavia, è appunto il senso di umanità in via di sviluppo nel bambino a motivare quella che al genitore distaccato e poco informato appare come pura "brutalità". Da sempre si è giocato a giochi in cui "i nostri" combattono contro i "loro", i "loro" essendo il nemico di quel particolare momento storico. I grecisti ci insegnano che nella Grecia del V secolo i bambini studiavano l'Iliade di Omero. Ebbene io sono pronto a scommettere che nei loro giochi quei bambini mettevano in scena la guerra di Troia, come facevamo noi ragazzi a Vienna, mettendo così a frutto, nel modo adatto alla nostra età, l'educazione classica che in parte ci era imposta, in parte era accolta da noi con passione.

Ed era durante quelle barbariche battaglie con spade, scudi ed elmi di cartone o di legno che le nozioni che imparavamo a scuola acquistavano realtà per noi. Achille ed Ettore acquistavano vita, e così Ulisse, le cui avventure e tribolazioni pure mettevamo in scena. In tal modo i poemi omerici divenivano una parte reale della nostra vita. Grazie al fatto di avere inscenato la guerra dei Sette contro Tebe potevamo arrivare ad apprezzare, comprendere, amare addirittura, le tragedie greche e l'arte e la cultura della Grecia classica. A quell'età, nessuna di queste cose avrebbe avuto molta sostanza per noi, se non le avessimo vissute nei nostri giochi. Mettendo in atto i miti greci, l'eredità classica diveniva parte di noi, e poteva esercitare la sua influenza civilizzatrice.

I bambini del Medio Evo giocavano di sicuro a cavalieri cristiani e infedeli, così come i nostri figli giocano a guardie e ladri. Si dice che Elisabetta I avesse voluto sapere se i ragazzi inglesi giocavano alla guerra contro la Scozia. In Europa, agli inizi del secolo, nei giochi dei bambini compariva spesso la Legione straniera in lotta contro gli arabi, e non appena fu innalzato il muro di Berlino, i bambini tedeschi incominciarono a giocare a spararsi al di sopra di muri in miniatura. Il denominatore comune di tutte queste battaglie per gioco è la messa in scena del conflitto tra il bene e male, in una forma e con immagini che un bambino è in grado di afferrare con immediatezza.

I buoni contro i cattivi

Giocando a giochi come guardie e ladri il bambino esplora in modo attivo due tipi di identità morale. Può così visualizzare le sue fantasie, dare loro "corpo" impersonando la guardia oppure il ladro. Agire personalmente tali ruoli gli dà la possibilità di avvicinarsi alla realtà di quei personaggi, di sentirseli addosso, un'esperienza che né la lettura né la televisione gli possono fornire. Un atteggiamento passivo, ricettivo, non potrà mai sostituire l'incontro attivo con la realtà esperienziale.

È di cattivo auspicio per il suo adattamento sociale alla realtà e alla moralità se, per le condizioni in cui vive, il bambino non può, in questi giochi che mettono in scena il conflitto tra bene e male, percepire chiaramente le "guardie" come i buoni della situazione. Così avviene spesso nei ghetti, dove coloro che tengono in scacco i poliziotti sono considerati se non buoni comunque più bravi della polizia. Se tali sono le condizioni in cui cresce, il bambino avrà difficoltà a sviluppare una chiara identità morale. Persino in questo caso, tuttavia, avrà meno problemi nella vita se l'identità che alla fine sceglierà è quella di chi mantiene una qualche forma di ordine morale. Quali che siano "i buoni" nella sua esperienza, il ragazzo deve alla fine adottare in proprio la loro identità.

Da un punto di vista psicoanalitico, i conflitti tra "il bene e il male" rappresentano la lotta tra le tendenze sociali dell'Es e quelle contrarie del Super-io. Le battaglie, drammatizzate giocando alla guerra tra due gruppi di bambini o agite manovrando dei soldatini, consentono la scarica parziale dell'aggressività attraverso il conflitto, fisico o simbolico. Solo dopo la scarica della collera e della violenza le forze del Super-io possono riemergere per prevalere su quelle dell'Es; e con ciò l'io riacquista la capacità di svolgere le sue funzioni.

Osservando l'evolversi delle attività aggressive in nostro figlio, possiamo discernere una progressione dal gioco libero, che consente l'espressione e la soddisfazione diretta dell'Es (come nelle sparatorie fini a se stesse, non strutturate, nelle quali l'aggressività viene liberamente scaricata) a una situazione ludica più strutturata, in cui lo scopo non è più la semplice scarica dell'aggressività, bensì una sua più alta integrazione (la vittoria del bene sul male). Sicché "i nostri" sconfiggono i "loro", i greci vincono i vili troiani lavando l'onta subita, i cavalieri cristiani annientano le orde degli infedeli, le guardie catturano i ladri, i cowboy trionfano sugli indiani selvaggi.

Noi, in quanto adulti capaci di un giudizio obiettivo, sappiamo probabilmente che la cultura dell'Asia Minore fu forse superiore a quella dei greci dell'Età del bronzo, o che le ragioni degli indiani erano almeno altrettanto legittime di quelle dei cowboy. Ma una tale obiettività è il risultato finale di un prolungato sforzo intellettuale e morale, di un lungo processo di purificazione, moderazione e affinamento delle emozioni. Il bambino non può attingere facilmente e direttamente a un'obiettività siffatta, perché sono le emozioni, non l'intelletto, a prevalere negli anni dell'infanzia. I nostri figli *vogliono* credere che il bene trionfi, *hanno bisogno* di crederci per il loro stesso bene, per poter diventare a loro volta uomini buoni. È necessario alla loro nascente umanità poter riprodurre l'eterno conflitto tra il bene e il male in una forma elementare, che essi possano comprendere, per constatare che alla fine il bene trionfa.

Quando nella mente del bambino si è consolidata, attraverso questi giochi, l'idea della superiorità del bene, sicché non sussistono più dubbi sull'esito della lotta, egli può volgere le energie ad altri effetti umanizzanti dei giochi di guerra. Allora il problema si amplia: non è più soltanto questione di ordine contro il caos, di bene contro il male, ma della sublimazione delle emozioni violente.

A questo punto il problema non è più di vedere se il cavaliere cristiano avrà la meglio sull'infedele (questo è assodato), ma se saprà vincere con eleganza, secondo il protocollo del torneo o i dettami delle virtù cavalleresche. Il problema posto e risolto dal gioco è stabilire non semplicemente chi è più forte, se l'Es o il Super-io, se il mio io primitivo o il mio io socializzato, bensì se l'io è in grado di assicurare la vittoria del Super-io secondo modalità che aumentino il rispetto di sé. Non basta che il bene trionfi sul male, deve trionfare in un modo che dimostri il valore della nostra superiore umanità. Il cavaliere errante uccide il drago per liberare la principessa prigioniera: il bene ha prevalso, ma l'ha fatto per un fine nobile, guadagnandosi, in sovrappiù, una gratificazione di tipo erotico (vale a dire dell'Es). Io e Super-io, dunque, si uniscono nel promettere all'Es una ricompensa se ubbidirà ai loro ordini. L'aspirazione a servire il bene viene rinforzata dalla forza motivante di un fine più elevato.

Quando il bambino agisce nel gioco queste idee, incomincia a fare sua una lezione che non gli può essere insegnata in modo puramente didascalico: non basta combattere il male, bisogna combatterlo in nome di una causa più alta e con virtù cavalleresche, vale a dire secondo le regole del gioco, la più nobile delle quali è ora compiere azioni virtuose. Questo, a sua volta, serve a promuovere l'autostima, uno stimolo potente per voler integrare sempre più Es, io e Super-io: per divenire, cioè, più civili.

Parte terza

La famiglia, il bambino, la società

23. L'ideale e la realtà

> Nessuna famiglia può appendere il cartello "Qui non ci sono problemi".
>
> Proverbio cinese

Quali che possano essere gli aspetti istituzionali e giuridici della famiglia, l'accezione comune del termine concorda con la definizione che ne dà il *Webster's New World Dictionary*, secondo la quale la famiglia è "un nucleo sociale formato dai genitori e dalla loro prole". Marito e moglie senza figli sono una coppia sposata, più che una famiglia, tant'è vero che di una coppia che aspetta il primo figlio si usa dire, "Stanno mettendo su famiglia". Poiché ciascun individuo possiede una diversa dotazione genetica, e poiché il patrimonio genetico con il quale nasciamo è immutabile, poiché, infine, ognuno di noi ha anche una storia diversa, nonostante le molte esperienze comuni, il nucleo sociale costituito da ciascuna famiglia è composto di elementi molto diversi tra loro. È appunto tale eterogeneità che rende il funzionamento della famiglia come nucleo sociale così difficile. Molto dipende dalla sensibilità con la quale i genitori sanno adattarsi e adattare i loro interventi educativi alla particolare dotazione dei figli, alla loro personalità, alle loro diverse esperienze di vita. Per esempio, ha un'enorme influenza sul bambino il fatto che i genitori riescano o meno ad accettare che loro figlio sia fisicamente molto più forte, o molto più debole, di loro; o che un figlio sia intellettualmente precoce e un altro particolarmente tardo. Se i genitori riescono ad accettare le differenze individuali, anche il loro comportamento verso ciascun figlio sarà corrispondentemente diverso. Al contrario di quanto sosteneva Tolstoj, non è vero che tutte le famiglie felici siano uguali. La famiglia più felice è quella in cui ciascun membro, a seconda dell'età e del livello di maturità, dimostra considerazione e rispetto per ciò che di unico e di squisitamente individuale caratterizza ciascuno degli altri.

Dal punto di vista psicologico, la famiglia è costituita dalle interazioni di tutti i suoi membri, dai loro sentimenti reciproci, e dal modo in cui tali sentimenti e interazioni vengono integrati nella vita quotidiana. Siccome i libri sull'educazione dei bambini (come anche il presente) si rivolgono ai genitori e non ai figli, l'accento viene sempre posto sugli effetti che hanno i pensieri, i sentimenti, le reazioni dei primi, trascurando di considerare la grande influenza che i figli, soprattutto i primogeniti, esercitano sullo sviluppo dei loro genitori, sia come persone, sia nei loro ruoli di genitore e di marito o di moglie.

L'arrivo del primo figlio segna uno spartiacque nella vita dei suoi genitori, anche per coloro che hanno scelto consapevolmente la maternità e la paternità. Il cambiamento di vita è quasi sempre più drastico di quanto si fossero aspettati o avessero pensato all'inizio. Oggi non pochi genitori partono con l'idea di continuare a vivere come facevano prima, per accorgersi ben presto di quanto si siano comunque modificate le loro giornate. La nuova organizzazione esterna riflette cambiamenti interiori di portata ancora maggiore, profonde e permanenti modificazioni della loro immagine di sé, degli scopi della loro vita. Fin dalla nascita, dunque, un figlio esercita un'importante influenza formativa sui suoi genitori e di conseguenza sull'intera famiglia. All'inizio influisce sulla famiglia in modo automatico, passivo, per il semplice fatto di esistere, ma ben presto lo fa attivamente, con le sue azioni e le sue reazioni a ciò che i genitori fanno a lui e con lui.

Durante i primi anni di vita del bambino, sono i genitori a determinare quello che avviene nell'ambito della famiglia; sono loro a prendere tutte le decisioni, a volte coscientemente, a volte come espressione del loro inconscio. Quello che pensano, soprattutto riguardo alla vita familiare, è fortemente influenzato dai sentimenti che nutrono nei confronti del figlio e nei confronti di se stessi in quanto genitori di quel figlio. Le loro idee, e i sentimenti che vivevano prima dell'arrivo del bambino, si basano di solito su fantasie, fantasie felici ma anche fantasie angosciose. È ben raro però che un evento come la nascita del primo figlio si conformi alle fantasie intessute attorno a esso prima del suo arrivo. Quelle fantasie traggono origine dall'infanzia del genitore e hanno quindi scarsa relazione con la realtà del presente e molta invece con quello che il genitore avrebbe voluto da bambino che i suoi genitori facessero per lui. Avere un figlio, nutrirlo e accudirlo, fa rivivere in noi il ricordo di esperienze infantili e di emozioni da tempo sepolte nell'inconscio; ora dobbiamo giocoforza affrontarle nuovamente, ma in forma ben diversa, così come sono diverse le fantasie accolte acriticamente e la realtà. Quanti di noi, prima di avere dei figli, si sono abbandonati a fantasie su come saremmo stati bravi, su come noi e il nostro bambino avremmo avuto soltanto momenti meravigliosi insieme, nei quali nulla avrebbe mai potuto interferire. E anche se ci era venuto il ragionevole dubbio di non riuscire a realizzare tutto questo, il desiderio che così fosse non ci era venuto meno.

La realtà smentisce simili illusioni, senza peraltro eliminarle del tutto. Quando siamo costretti a renderci conto di non essere poi molto diversi né migliori dei nostri genitori, nonostante tutti i nostri voti e le buone intenzioni, di solito ne rimaniamo scioccati e depressi. Non è facile accettarlo. Rimaniamo lacerati tra il desiderio di mostrarci all'altezza delle nostre fantasie e idealizzazioni su come "dovremmo" comportarci e la realtà di come ci comportiamo effettivamente, due cose di solito molto diverse.

A complicare la situazione c'è il fatto che in queste fantasie possono coesistere tranquillamente fianco a fianco speranze o valori contraddittori. Così accadde a una donna molto intelligente, docente di psicologia dell'età evolutiva, la quale, da quando era in grado di ricordare, era sempre stata sicura di poter essere una madre talmente meravigliosa che il figlio l'avrebbe immediatamente capito e non avrebbe provato altro per lei che un amore felice e senza ombre. Al tempo stesso era anche certa, almeno dall'adolescenza, che suo figlio avrebbe avuto una personalità eccezionale, molto forte e volitiva.

Durante la prima gravidanza, tutte queste fantasie di assoluta felicità familiare si erano riattivate con grande intensità. Quando, dopo il parto, le misero tra le braccia la sua bambina appena nata, la donna se la pose amorevolmente al seno, aspettandosi che la piccola si mettesse a succhiare felice. Invece, con suo grande disappunto, la bambina la respinse, cercando di divincolarsi dal suo abbraccio, chiaramente a disagio. La reazione istintiva della madre, che era abituata a essere molto autentica con se stessa, fu di pensare: "Non è questo che avevamo pattuito!"

Per fortuna sua e della bambina, anziché rimuovere l'episodio, la donna prese a riflettere attentamente sul proprio atteggiamento: "Ho sempre desiderato un figlio che avesse una sua volontà, che facesse di testa sua e avesse una forte personalità; ed ecco che ora, quando la mia bambina mi dimostra fin dal momento della nascita di voler fare a modo suo, che non è necessariamente come piace a me, mi sento delusa." Avendo preso coscienza di questa contraddizione, le fu possibile accettare di buon grado che la figlia divenisse una persona autonoma, una persona che non sempre si sarebbe conformata ai desideri della madre, specialmente quando questi erano incompatibili con i suoi. Molto saggiamente quella donna lasciò che il desiderio di avere una figlia indipendente prevalesse sulla fantasia di un rapporto tra madre e figlia tutto solare, senza conflitti; e quando poi la figlia crebbe e divenne una persona molto diversa da lei, continuarono a star bene insieme, per come erano. La madre aveva trovato quella sua primissima esperienza della maternità così tipica, divertente e istruttiva, che in seguito la citò nelle sue lezioni.

In effetti non è per nulla raro che, pensando al figlio che nascerà, una madre nutra simili fantasie contraddittorie. Ancora più comune è che, nel guardare per la prima volta il figlio appena nato, soprattutto se è il primo figlio, la madre si stupisca di non trovarsi davanti una specie di copia di se stessa, bensì un individuo completamente diverso, quasi un estraneo. Di solito lo smarrimento passa presto, e la madre è felice di vedere come sia bello il suo bambino, e sano e ben formato; alcune donne, tuttavia, rimangono deluse che non sia conforme alla loro idea di perfezione infantile e quella delusione iniziale può gettare un'ombra sul loro rapporto successivo.

Ogni bambino viene accolto in questo mondo dai genitori con i più svariati sentimenti, alcuni molto complessi. Quelli della madre, in particolare, possono segnarlo in modo permanente. Nella fiaba della *Bella addormentata nel bosco*, le fate, felici di essere state invitate al battesimo della principessina, le dispensano i loro doni magici, la bellezza, la bontà, la felicità, tutto quello che di buono può offrire la vita. Ma al battesimo si presenta anche una fata cattiva, che non era stata invitata, i cui sentimenti negativi minacciano di distruggere la vita della piccola. In tutte le versioni della fiaba, le figure che decidono del destino della principessa sono figure femminili, personificazioni dei vari aspetti della figura materna; questo particolare esprime simbolicamente l'antica consapevolezza che il destino del bambino è determinato in gran parte dalla madre stessa.

Quello che la Bella addormentata insegna, alla maniera delle fiabe in forma simbolica, è anche troppo vero. Ogni bambino viene accolto nel mondo da tanti spiriti, buoni o cattivi. Purtroppo, alcuni bambini sono perseguitati dalla nascita da spiriti cattivi; ma il più delle volte prevalgono gli spiriti buoni: la felicità dei genitori nell'avere quel figlio, le loro tenere cure, il loro amore. I genitori sentono la presenza di questi spiriti buoni, anche se non saprebbero dire come siano entrati in loro; ma ci sono, e riescono a dispensare al neonato tutte le cose buone che la vita può offrire. Gli spiriti buoni come pure quelli cattivi provengono dal passato dei genitori. Purtroppo, però, noi tendiamo a reprimere qualunque consapevolezza dell'esistenza in noi di spiriti cattivi, il che rende impossibile affrontarli e neutralizzarli, in modo che il bambino non abbia a soffrire del loro influsso distruttivo.

Gli "spiriti" sono i residui della nostra infanzia, e per l'influenza che noi abbiamo sui nostri figli, condizioneranno la loro vita. Quegli spiriti (lo spirito con cui il bambino viene trattato dai genitori) traggono la loro qualità determinante non tanto dal fatto che il genitore abbia avuto un'infanzia felice o infelice, anche se è molto più facile che gli spiriti buoni scaturiscano da un'infanzia felice. La salvezza, la grazia potremmo dire, viene dal fatto che, anche se il genitore ha avuto un'infanzia infelice, purché ne prenda coscienza e sappia far fronte ai sentimenti che ciò ha provocato in lui, avrà l'impulso di proteggere il figlio da un analogo destino e farà di tutto per impedire che gli effetti delle proprie carenze infantili interferiscano nella sua felicità. Forse esagererà in certe cose, per compensare tardivamente attraverso il figlio le proprie sofferenze, ma non ci saranno altre conseguenze, né si tratta di una cosa necessariamente negativa. Trasmettere la felicità di vivere al figlio riuscirà forse un poco più difficile al genitore che ha avuto un'infanzia infelice, ma, facendo del suo meglio, riuscirà comunque a dargli una vita soddisfacente. A chi ha vissuto un'infanzia felice, ricca di ricordi piacevoli, verrà più naturale predisporre anche per i suoi figli un'analoga felicità, ma, in entrambi i casi, non sorgeranno particolari problemi.

Meno fausta è la prognosi per quei genitori che hanno poco presenti o addirittura ignorano completamente non tanto le loro tristi esperienze infantili (che il più delle volte ricordano benissimo, anche nei particolari), quanto i sentimenti e le reazioni che esse hanno suscitato in loro. Quello che non ricordano, quello che hanno rimosso così profondamente da esserne totalmente inconsapevoli, sono i sentimenti di collera e di depressione che le avevano accompagnate. Sono questi gli "spiriti cattivi", che divengono distruttivi perché inquinano il rapporto con i figli. Non avendone coscienza, avendole rese completamente estranee a sé, quelle emozioni rimangono compresse nell'inconscio, donde fanno sentire i loro effetti al modo di incubi maligni, inducendo i genitori a fare cose che mai farebbero, se solo prendessero coscienza dei loro sentimenti. Quando un genitore in queste condizioni vorrebbe fare un gesto di apertura verso il figlio, qualcosa glielo impedisce, trasformando il gesto che nelle intenzioni era positivo in uno negativo, ed egli non sa perché, né come. La collera, la desolazione della sua infanzia, tanto a lungo rimosse, interferiscono nella capacità di creare un rapporto positivo con il figlio, perché tra lui e il bambino, a sua insaputa e senza che egli possa farci nulla, si frappongono quelle antiche emozioni. Vorrebbe essere una buona madre o un bravo padre, ma non riesce, il che è frustrante oltre ogni dire. E la frustrazione viene sovente messa in conto al figlio, il che peggiora ancora le cose.

Quando tuttavia egli riesce a ricordare e a rivivere dentro di sé le sofferenze rimosse della sua infanzia, gli diventa possibile placare quei fantasmi malefici e incominciare a porsi positivamente in relazione con il figlio; e alla fine il buon rapporto instaurato con il figlio lo aiuterà a superare definitivamente i residui negativi delle sue tristi esperienze infantili, che non potranno più, allora, esercitare la loro influenza distruttiva. Avere dei figli può dunque compensare la negatività della nostra infanzia, ma solo se saremo riusciti a richiamare alla memoria non tanto ciò che di brutto c'è obiettivamente stato, quanto le nostre reazioni di collera e di disperazione, lasciandocele così definitivamente alle spalle.

La madre, per esempio, che ha vivo il ricordo della propria infelicità da bambina, per non aver avuto giocattoli né alcuno che la facesse giocare, e del risentimento provato contro i genitori che le negavano giocattoli e compagnia, tenderà forse più di altre a godere nel vedere il proprio piccolo giocare felice e nel giocare con lui. Indirettamente attraverso il piacere del figlio, e direttamente con il proprio piacere di partecipare ai suoi giochi, compenserà in notevole misura l'infelicità vissuta durante l'infanzia. In tal modo le deprivazioni e i sentimenti a esse collegati, recuperati alla memoria, si trasformano in "spiriti buoni", di buon auspicio per il nuovo bambino.

L'opposto avviene se la madre ricorda le carenze della propria infanzia, ma in modo distaccato, obiettivo, perché ha rimosso l'infelicità e la collera provate. Allora, inconsciamente, teme che lo spettacolo della gioia del figlio quando gioca possa riattivare le sue emozioni rimosse, al punto di farle esplodere alla luce del sole, con possibili conseguenze devastanti per lei. Perciò, per mantenere in atto la rimozione, essa farà in modo che il figlio non possa essere troppo felice risvegliando così la sua invidia; oppure si manterrà emotivamente distaccata, in modo che quello che il bambino fa non possa toccarla al punto da aprire una falla nelle sue rimozioni. In altre parole, sono i fantasmi *non ricordati* della nostra infanzia infelice che si trasformano negli spiriti cattivi dispensatori di infelicità presso la culla dei nostri figli. Avendo rimosso i nostri veri sentimenti infantili, dobbiamo evitare a ogni costo, per motivi completamente inconsci, il confronto con la felicità del nostro bambino, perché la sua gioia susciterebbe in noi emozioni alle quali siamo assolutamente incapaci di fare fronte.

Perciò la madre evita il contatto emotivo con il figlio. Quando una donna presenta problemi del genere, non è facile aiutarla a riprendere contatto con la collera e la depressione vissute da bambina; ma nei casi in cui questo è stato possibile, era come se si fosse spezzato un incantesimo, il maleficio dell'assenza di sentimenti, e la madre riusciva ad aprirsi alla gioia di vivere del figlio, e a lasciare che essa la compensasse in parte della sua desolazione, ricordata ora non più soltanto come un dato di fatto, ma anche nei suoi risvolti emotivi. Le era venuta meno la capacità di rispondere al figlio con il sentimento; doveva rimanere indifferente nei suoi confronti nella misura in cui doveva esserlo nei confronti dei sentimenti vissuti da bambina, dai quali si era completamente estraniata per non essere sopraffatta dalla loro tonalità depressiva. Beato il bambino, e il genitore, se questi, grazie al rapporto con il figlio, riesce a dissotterrare i fantasmi maligni del suo passato e a placarli per sempre, mentre fa dono al proprio figlio di quell'infanzia felice che egli stesso non ha potuto avere.

Nell'educare i figli, sono innumerevoli le esperienze che inaspettatamente riattivano in noi residui delle nostre personali esperienze infantili, da tempo dimenticate o rimosse. Quando viene il momento di educare il bambino a mantenersi pulito e asciutto, per esempio, sono poche le madri che si rendono conto di come, così facendo, riattiveranno i conflitti irrisolti e dimenticati da esse stesse vissuti in quella sfera da piccole. Ancora prima, l'operazione di pulire il lattante dopo che ha sporcato il pannolino riattiva inevitabilmente, che ce ne rendiamo conto o meno, certe nostre reazioni nei confronti del processo di evacuazione e della pulizia.

Tutti i bambini, anche se non lo dimostrano, si ribellano all'idea di imparare a controllare il processo di evacuazione. I genitori capaci di ricordare in qualche misura il proprio risentimento infantile al riguardo, proveranno simpatia per i loro figli in quelle circostanze, e sapranno accettare con tenerezza e buon umore le loro resistenze; l'apprendimento avverrà allora senza particolari problemi. Ma il genitore che ha rimosso il suo risentimento, reagirà con fastidio (se non con collera manifesta) alla ribellione del figlio, perché la violenta opposizione del bambino minaccia di intaccare la rimozione operata nei confronti della propria; la resistenza del figlio viene vissuta a livello inconscio come un pericolo, a livello di coscienza con irritazione o fastidio. Con tali premesse, l'intero processo si rivelerà difficile per entrambi.

Il fatto di avere dei figli, dunque, ci obbliga a rivivere, in parte coscientemente ma in misura molto maggiore inconsciamente, molte delle esperienze e dei problemi della nostra infanzia, inducendoci a cercare di risolverli comportandoci in un certo modo con nostro figlio. Questa, che è una delle benedizioni dell'avere dei figli, può anche diventare fonte di notevoli problemi. Meno abbiamo coscienza di quello che avviene dentro di noi mentre accudiamo il nostro bambino, più probabile sarà che nel rapporto con lui mettiamo in atto nostri antichi problemi irrisolti. Questo fatto, il non poter fare a meno di confrontarci a livello di coscienza e ancor più a livello inconscio con le esperienze della nostra infanzia, è una sfida insita nella condizione di genitori, ciò che rende la vita con i figli diversa da qualunque altra esperienza umana. L'esistenza stessa del bambino, e la necessità di prendersene cura, obbliga i genitori a confrontarsi con questi problemi. Avere un figlio, viverci insieme, comporta dunque molto di più della verifica delle nostre fantasie sulla nostra bravura, e su quella del nostro partner, come educatori o sulla bontà o meno di nostro figlio. Ci obbliga a mettere in discussione, alla luce della realtà quotidiana, le nostre fantasie su ciò che significa essere una famiglia.

Con la nascita del primo figlio, il coniuge non è più vissuto soltanto o principalmente come marito o moglie, ma anche, contemporaneamente, come il padre o la madre di nostro figlio. Sarebbe noioso mostrare nei particolari come lo stesso mutamento di prospettiva investa tutte le attività quotidiane della famiglia, e sarebbe anche inutile, tanto evidenti sono i cambiamenti. Ne è un esempio l'esperienza dell'uomo da poco divenuto padre, che ora vede la moglie dare il seno al figlio e abbandonare il letto coniugale per accorrere quando il piccolo piange; è inevitabile che questo faccia nascere in lui sentimenti nuovi e inaspettati. Le attenzioni piene di amore che la moglie riversa sul figlio possono suscitare nel marito una nuova e più intensa tenerezza, o invece provocare risentimento, o persino gelosia. In entrambi i casi, ha enorme importanza se tali sentimenti sono lasciati affiorare alla coscienza o se invece vengono rimossi; e, nel caso vengano messi in atto, se marito e moglie, o uno dei due, se ne rendono conto (cosa peraltro piuttosto rara). E conta moltissimo verso chi sono diretti quei sentimenti, se verso la moglie o verso il figlio.

Queste esperienze, unite al riattivarsi delle esperienze infantili, provocano importanti mutamenti nella personalità dei genitori, di solito senza che essi se ne rendano conto. Sia che oppongano resistenza ai cambiamenti che avvengono dentro di loro e nel coniuge, sia che li accolgano o, come è più naturale, ne accettino alcuni e resistano ad altri, nella loro personalità e nei rapporti reciproci prende avvio tutta una serie di nuovi adattamenti, che impiegano a volte anni per essere completati, riconosciuti, accettati. Molto dipende dal fatto che tali cambiamenti vengano vissuti dai genitori essenzialmente come un arricchimento della propria vita, tale da far passare in secondo piano i sacrifici richiesti, o se invece le rinunce richieste dalla nuova situazione vengano vissute come una perdita irreparabile, nonostante il piacere che pure deriva dall'avere un figlio.

Prima che il bambino incominci a domandarsi consapevolmente che cosa possa avere significato per suo padre e sua madre avere un figlio, passano parecchi anni; alcuni bambini non se lo domandano mai veramente: si tende a dare i genitori per scontati. Ma il senso di importanza e il benessere emotivo del bambino dipendono fin dall'istante della nascita dall'intima convinzione del padre e della madre che l'arricchimento derivante loro dall'aver avuto quel figlio compensi sostanzialmente tutte le rinunce a cui hanno dovuto sottoporsi. La prima infanzia è la fase del narcisismo, quando il lattante crede che il mondo esista in funzione sua. Si potrebbe obiettare che, allora, ciascun bambino è comunque convinto della propria importanza. Questo è vero, ma ciò non toglie che sia ugualmente decisivo se i sentimenti narcisistici del bambino ricevono una smentita dalla realtà dei suoi genitori, o se invece vengono rafforzati dalla loro intima e serena soddisfazione.

Se si eccettua la dotazione genetica innata, non c'è nulla che possa plasmare la personalità dell'individuo come l'esperienza della vita familiare, con i sentimenti a cui dà luogo e gli atteggiamenti che inculca. Ne vengono influenzati l'immagine che il bambino ha di se stesso, i suoi rapporti con gli altri, le sue aspettative nei confronti del mondo più ampio che lo circonda. Ciò che ha modo di osservare sui rapporti di convivenza dei familiari, in particolare del padre e della madre, e la sua interpretazione di ciò che osserva, determineranno se nella vita saprà cercare l'intimità con gli altri o se invece ne avrà paura. Se fondamentalmente i suoi genitori, nonostante gli occasionali dissapori e le difficoltà reali che fanno parte della vita di ognuno, sono soddisfatti del loro matrimonio, tale reciproca soddisfazione costituirà una solida base su cui innestare un rapporto profondamente gratificante con il figlio, che verrà vissuto come il simbolo vivente della loro unione. Sentendo che i genitori condividono insieme gioie e preoccupazioni per il suo benessere, il bambino si convince di avere grande importanza e valore per loro, e su questa base sviluppa la certezza del proprio valore come persona.

Se invece i genitori sono infelici insieme, per quanti sforzi facciano per tenere nascosta l'insoddisfazione reciproca, questa getterà la sua ombra anche sui loro rapporti con il figlio.

Anche se entrambi i genitori lo amano profondamente e cercano di proteggerlo e di non coinvolgerlo nei loro conflitti, il bambino soffrirà ugualmente della loro infelicità. Se poi cercano di trovare nel rapporto con il figlio una compensazione a ciò che manca nel loro matrimonio, sarà peggio per tutti. In questi casi, succede spesso che uno dei due pretenda dal figlio gratificazioni eccessive o gratificazioni del tipo sbagliato, imponendogli così un carico troppo gravoso, oppure impostando un rapporto malsano. Abbiamo tutti presente il caso del genitore che, essendo deluso di qualche aspetto della propria vita, per esempio le condizioni economiche o la posizione sociale, spinge il figlio a fare una riuscita migliore. Si tratta di desideri comprensibili, che tuttavia impongono al figlio un carico troppo pesante, costringendolo a realizzare gli scopi del genitore anziché lasciarlo libero di scoprire e perseguire i propri.

È uno dei crudeli paradossi della vita che la persona che non trova solidarietà e amore nel matrimonio e chiede al figlio di compensare ciò che le manca, riceva da questo rapporto meno gratificazioni di chi invece ha un matrimonio felice. Nessun figlio, a nessuna età, può dare al genitore amore e compagnia di tipo adulto, e se una tale illegittima richiesta gli viene fatta quando è piccolo, ne rimarrà confuso e non saprà più offrire neppure il suo amore di bambino. Non solo, ma, avvertendo, giustamente, che gli si chiede più di quanto non possa dare, proverà risentimento per il genitore che gli rivolge quell'illecita richiesta.

Ci sono genitori, oggi, che vorrebbero avere un rapporto di amicizia con i figli: ma un padre o una madre non possono essere contemporaneamente gli amici del proprio figlio. L'amicizia presuppone un rapporto paritario, mentre, quando un genitore pretende l'amicizia del figlio, il risultato è un rapporto immaturo e squilibrato, in cui l'uno cerca l'amicizia di una persona immatura rispetto a lui, e l'altro è indotto a chiederla a una persona parimenti inadatta a offrirgliela, a causa della costellazione di esperienze emotive da genitore a figlio che si è consolidata negli anni formativi dell'infanzia.

L'unico posto che un figlio può occupare con reale soddisfazione reciproca nella vita del genitore è, appunto, quello di figlio. Non può, in aggiunta, fungere da risarcimento per quello che manca nella vita del genitore, per quanto ardentemente questi lo desideri. E l'unica cosa che un genitore può essere per il figlio è precisamente questa: un genitore, amorevole e comprensivo; vale a dire una persona matura, che accetta con amore e comprensione le immaturità del figlio, che lo protegge dal sentirsene umiliato, e vigila inoltre perché non producano conseguenze dannose, mentre, al tempo stesso, gli fornisce quegli esempi di maturità che lo guideranno nel corso del suo autonomo sviluppo.

Realtà e miti

La famiglia umana si è sviluppata dalla necessità di garantire la sopravvivenza a tutti i suoi membri, mantenendoli e proteggendoli dapprima contro le avversità naturali e gli animali feroci, in seguito anche contro i pericoli provenienti dalla società. La sicurezza garantita dai genitori permise ai piccoli dell'uomo di godere di un'infanzia più lunga, nella quale non avevano bisogno di badare a se stessi, ma potevano imparare quanto occorreva sapere per divenire adulti maturi e autosufficienti, capaci di mantenersi e infine di mantenere a loro volta una famiglia. Quello che la famiglia offriva quanto ad amore e affetto fu, per così dire, un sottoprodotto della funzione primaria di questo nucleo sociale di base, che era di garantire, attraverso la collaborazione reciproca, la sopravvivenza dei suoi membri e di allevare la prole.

Oggi, benché i genitori debbano pur sempre provvedere al benessere fisico dei figli, tale funzione non è più determinante per la coesione familiare. A partire dalla seconda guerra mondiale, si è affermato, almeno in teoria, il principio che spetti alla società il dovere di assistere i bambini i cui genitori non assolvono al compito di mantenerli. Inoltre, con l'elevarsi del tenore di vita, almeno nelle classi medie, i genitori hanno meno da preoccuparsi di riuscire a fornire cibo e indumenti ai figli e, con il calo della mortalità infantile, hanno inoltre meno da temere per la loro vita. Questa angosce primarie sono state sostituite dalla preoccupazione per il benessere psicologico ed emotivo dei figli; oggi le ansie dei genitori riguardano la droga, la delinquenza, la devianza sessuale, l'insuccesso scolastico e sociale. Parallelamente a questo spostamento di interesse, si è venuta affermando la sensazione che il legame che tiene unita la famiglia non è più la cruda necessità, bensì la soddisfazione di bisogni emotivi. Quello che un tempo costituiva un mero sottoprodotto di un processo sociale teso a garantire la sopravvivenza, ha assunto ora importanza preminente nella mente dei genitori, che tendono a considerare come loro funzione principale quella di garantire il benessere psicologico della famiglia. E questo ha avuto conseguenze di portata incommensurabile per la vita familiare.

Una di queste è data dal fatto che, ora, quando all'interno della famiglia sorgono problemi emotivi, marito e moglie hanno la tendenza ad attribuirne la colpa a se stessi, oppure al coniuge, oppure ai figli, come se pensassero che i problemi non dovrebbero esistere. Invece, dovremmo renderci conto che molte difficoltà sono strutturalmente insite nelle condizioni di vita create dalla famiglia stessa quale è divenuta oggi, proprio per il fatto che si basa sempre meno sulla necessità di garantire la sopravvivenza e sempre più sulla necessità di fornire il sostegno emotivo. Dove oggi sbagliamo è nel credere che i problemi non dovrebbero esistere, e che, se esistono, deve essere colpa di qualcuno. Questo provoca inenarrabili sofferenze nel nucleo familiare, accentuando l'iniziale difficoltà e facendo a volte mettere in discussione la validità stessa del matrimonio e della famiglia.

"Il dolore ama la compagnia", insegna l'antica saggezza popolare, e tutti ci aspettiamo sollievo dal partecipare ad altri le nostre difficoltà. Ma la persona che secondo noi è la causa delle nostre sofferenze non può fungere anche da confidente e consolatore. La famiglia in cui ciascuno incolpa l'altro delle tribolazioni che deve patire non può fornire sostegno e consolazione, mentre la convinzione che i nostri familiari ci saranno solidali nel dolore è ciò che distingue una famiglia felice. Una famiglia felice è quella in cui ciascuno sente che, qualunque cosa accada, riceverà il sostegno emotivo di cui ha bisogno. Ma se si pensa che non dovrebbe mai sorgere alcuna difficoltà, e che, se ne sorgono, è colpa dell'uno o dell'altro dei familiari, ecco che un tale atteggiamento ipercritico distruggerà la strutturale funzione di sostegno della famiglia. Da un certo punto di vista, la vita era più facile quando la gente credeva che le tribolazioni fossero mandate da Dio, e andassero sopportate senza discutere; perciò nei momenti difficili la coesione della famiglia aumentava.

Un antico proverbio cinese avverte che nessuna famiglia può appendere fuori della porta il cartello "Qui non ci sono problemi". Vale a dire che la vita familiare crea inevitabilmente, per la sua stessa natura, dei problemi. Alcune difficoltà dipendono dalla personalità dei vari membri della famiglia e da come si comportano gli uni con gli altri; altre non sono che la conseguenza del vivere sotto lo stesso tetto. Molti problemi familiari, inoltre, sono inevitabili, per esempio i conflitti che sorgono per il fatto che i figli pretendono contemporaneamente gratificazioni illimitate e indipendenza; o per il fatto che i genitori vorrebbero sia avere degli spazi propri sia fare fronte ai loro innumerevoli obblighi familiari. Capire meglio quali di queste aspettative nel matrimonio e nella vita familiare sono ragionevoli e quali no serve già ad alleviare in buona misura il problema, perché ci impedisce di dare la colpa a chi colpa non ha, cioè a noi stessi o al coniuge o ai figli, e inoltre ci evita di sentirci delusi se noi o i nostri familiari non ci mostriamo all'altezza delle nostre irrealistiche fantasie su come dovrebbero andare le cose.

Il modello di tali esagerate aspettative di gratificazione illimitata e continuativa da parte della famiglia prende forma nella prima e nella seconda infanzia, quando nessuna idea realistica di ciò che è effettivamente possibile e di ciò che non lo è viene a interferire con la convinzione che qualunque desiderio possa essere soddisfatto. Più avanti, lo scontro con la dura realtà modifica alcune di queste puerili aspettative, ma è incredibile quante di esse continuino ad agire, quantomeno nel subcosciente; questo spiega il permanere di certe profonde insoddisfazioni, che a un'analisi realistica si rivelerebbero ingiustificate.

Il mito dei "bei tempi andati", di un'età dell'oro, del paradiso terrestre, che si ritrova in molte culture, sopravvive ancora nella nostra società e continua a esercitare la sua forza di persuasione, quando basterebbe un minimo di riflessione per capire che la vita di genitori e figli era semmai molto più dura nelle epoche passate che non oggi. L'ingenua credenza in una mitica età dell'oro ha segnato l'inizio dell'esistenza di ciascuno di noi, perché il lattante si aspetta che ogni suo bisogno venga soddisfatto senza richiedere sforzi e senza essere messo in discussione. E naturalmente è vero che, perché possa sopravvivere, al lattante bisogna dare tutto senza pretendere nulla in cambio. Poiché nella vita di ciascuno di noi sembra essere effettivamente esistita un'età dell'oro, è comprensibile che a qualche livello molto profondo noi si creda in questo mito e si continui a sperare che possa realizzarsi di nuovo. Inoltre, poiché quell'esistenza, che retrospettivamente ci sembra essere stata senza problemi, noi l'abbiamo sperimentata in seno alla famiglia, inconsciamente crediamo di poter riprodurre una simile utopia nella nostra famiglia attuale. È una nostalgia molto comune, che naturalmente di solito non viene riconosciuta, ma che persiste più o meno intensa nell'inconscio dei genitori; la medesima aspettativa esiste in misura più evidente nella coscienza e nell'inconscio dei bambini, interferendo nella loro capacità di trovare genuina soddisfazione nella realtà della vita familiare. L'attuale diffusa tendenza a cercare la soddisfazione personale nelle attività ricreative piuttosto che in attività adulte più serie e più responsabili è un'altra manifestazione della sensazione che solo i piaceri infantili ci possano rendere felici.

Un altro risvolto di questo mito è l'idea che in epoche passate la vita familiare fosse molto più soddisfacente di quanto non sia oggi. In tale immaginario quanto nebuloso passato, la famiglia avrebbe senza sforzo soddisfatto a tutti i bisogni emotivi e psicologici di tutti i suoi membri. E, visto che questa situazione sarebbe durata praticamente fino a ieri, ci sembra evidente che nelle famiglie di oggi, compresa la nostra, qualcosa deve essere andato storto.

Tutte le terribili privazioni di cui sono piene le testimonianze storiche sulla vita dei nostri antenati vengono convenientemente dimenticate perché smentirebbero il nostro mito. La durezza e gli stenti che caratterizzavano la vita quotidiana fino a non molto tempo fa vengono minimizzati perché noi non dobbiamo più subirli. Dimentichiamo anche che il più delle volte la massima soddisfazione psicologica che la famiglia sapeva dare derivava dal fatto che solo grazie alla collaborazione e alla solidarietà dei suoi membri ciascuno di essi poteva sperare di sopravvivere. Né teniamo conto della minore durata della vita (meno della metà della nostra) di quella minoranza dei nostri antenati che riuscivano a raggiungere l'età adulta. Anche nei paesi più civili, sulla vita di tutti incombeva lo spettro di onnipresenti pericoli: frequenti epidemie, contro le quali la medicina era impotente; ricorrenti carestie, che mietevano migliaia di vittime e lasciavano i sopravvissuti così indeboliti da non reggere alla successiva; e tutte le donne che morivano di parto, e l'elevata mortalità neonatale infantile.

E, infine, per la maggior parte della popolazione la totale mancanza di qualunque comodità e agio materiali; un lavoro massacrante era il destino dei più dall'infanzia alla vecchiaia. Non stupisce se in condizioni del genere, per noi assolutamente insopportabili, venisse apprezzato al massimo ogni minimo conforto che i membri della famiglia potessero arrecarsi a vicenda; sovente, questi scambi familiari erano le uniche cose positive che offrisse la vita per mitigare un poco un'esistenza che a noi apparirebbe di una durezza intollerabile e senza vie di uscita.

Nel corso delle ultime generazioni il progresso tecnologico, sociale e scientifico ha eliminato molte delle cause della miseria che il genere umano ha dovuto sopportare lungo tutta la sua storia, sicché questi antichi patimenti non ci riguardano più, tant'è vero che nemmeno ci accorgiamo di quanto sia divenuta facile la nostra vita al confronto. Oggi, tutta la nostra attenzione è concentrata sui problemi di ordine psicologico, che nella nostra mente hanno preso il posto delle privazioni materiali. E questi problemi, così elusivi e intangibili, ci sembrano altrettanto indomabili e di ostacolo alle nostre speranze di una vita degna di essere vissuta, quanto lo erano in passato le ben più tangibili avversità e privazioni materiali e sociali. E tuttavia una differenza c'è, e molto importante:

mentre in passato le difficoltà erano considerate parte ineliminabile della vita e *non* una colpa di questo o quel membro della famiglia, i nostri nuovi problemi ci sembrano a un tempo evitabili e attribuibili a qualcuno, sicché ne diamo la colpa o a noi stessi o ai nostri familiari. È come se ci fossimo rivoltati contro la famiglia che ci ha nutriti e protetti, e contro noi stessi, attraverso il senso di colpa.

Con questo non voglio dire che dovremmo semplicemente essere grati di non avere più i problemi che affliggevano i nostri progenitori e mettevano a repentaglio la loro stessa esistenza, e non lamentarci mai. Un simile ragionamento, benché contenga più di un granello di verità, non è mai servito a cambiare le idee di nessuno. Ma l'idea che la vita familiare fosse tanto più soddisfacente in passato e dovrebbe esserlo allo stesso modo oggi, è un mito, una fantasia in contrasto con l'evidenza dei fatti. Quel che è più grave, è un mito che ci rende irragionevolmente insoddisfatti del presente. Non intendo suggerire di prendere alla leggera i problemi psicologici che dominano la nostra esperienza della vita familiare, ma solo di sforzarci di vederli in una prospettiva più ragionevole.

Poiché l'unità della famiglia, se non addirittura la sua *raison d'être*, in America e in genere nel mondo occidentale, poggia oggi sui legami affettivi tra i suoi membri, le richieste emotive che vengono rivolte a ciascuno sono molto più grandi; sono molto più elevate inoltre le aspettative psicologiche circa le soddisfazioni che la vita familiare dovrebbe fornire. Sono appunto queste maggiori e al tempo stesso meno tangibili richieste e aspettative a rendere così precari i rapporti familiari e a causare così alcune delle difficoltà più gravi che affliggono oggi la famiglia. Se accettiamo questo dato di fatto e prendiamo coscienza delle sue origini e dei fattori coinvolti, avremo già fatto molto per avvicinarci alla soluzione di questi problemi, o, comunque, riusciremo a sopportarli meglio, rendendo meno disgreganti i loro effetti.

24. Legami che uniscono per sempre

L'argenteo anello, il serico nodo,
Che la mente alla mente, il cuore al cuore,
Possono nel corpo e nell'anima unire.

SIR WALTER SCOTT

Per rassicurarci che, tutto sommato, stiamo svolgendo il meglio possibile il nostro mestiere di genitori, può essere utile prendere brevemente in considerazione gli elementi su cui poggiava in passato la famiglia e vedere che cosa è cambiato oggi. Meno di due secoli or sono la durata media della vita nel mondo occidentale era di circa trent'anni, ancora meno nel resto del mondo; diciassette anni era la durata media del matrimonio, per il semplice motivo che, oltre questo lasso di tempo, uno dei due coniugi era deceduto. Oggi, pur con tutte le separazioni e i divorzi, i matrimoni durano in media più a lungo; sono maggiori di conseguenza le probabilità che nel corso della vita coniugale emergano problemi di una certa entità. Inoltre, in passato, le necessità economiche e i divieti religiosi facevano sì che i coniugi tentassero di far funzionare il matrimonio nonostante le incompatibilità reciproche, perché non era possibile fare altrimenti; e a volte ci riuscivano. Oggi, il divorzio offre una via d'uscita da queste situazioni, relativamente facile e accettata dalla società.

Ma questi sono, in fondo, fattori marginali. Per la maggior durata della vita, oggi, dopo che i figli sono cresciuti, la coppia si trova davanti ancora molti anni di vita in comune. Perciò, in molti casi, la necessità di provvedere ai figli e di non separarsi da loro non rappresenta più a quel punto una remora al divorzio, e di fatto, quando avviene la separazione, molte coppie hanno già convissuto lo stesso numero di anni che in passato rappresentava la durata media del matrimonio.

Senza voler dare con questo giudizi di valore, non si può negare che il divorzio renda problematici i rapporti tra genitori e figli. Quali che siano le disposizioni legali, il bambino soffre a essere costretto a dividere la sua lealtà tra i genitori, e non può fare a meno di chiedersi quali colpe o difetti abbiano loro impedito di convivere pacificamente, e inoltre si può sentire abbandonato da quello dei genitori che non ha scelto di vivere con lui. D'altro canto, la maggiore agiatezza e il fatto che oggi anche le donne possono raggiungere l'indipendenza economica e contribuire al mantenimento della famiglia, hanno reso la vita più facile per tutti. Possiamo, tra l'altro, offrire ai nostri figli molti più anni di scuola, aprendo loro nuove e più ampie possibilità di scelta, scelte che, peraltro, sono spesso molto difficili.

Un tempo gli eventi più importanti della vita di una persona avevano luogo nella casa paterna, dove venivano celebrati entro la cerchia familiare; quegli eventi legavano ancor più, simbolicamente ed emotivamente, l'individuo alla famiglia, al punto che, nel vissuto di ciascuno, casa e famiglia praticamente coincidevano. Molte persone della mia generazione hanno provato la sicurezza e il senso di stabilità che deriva dal vivere tutta la vita nella casa dove erano vissuti per generazioni i loro avi. Nonostante i problemi e le restrizioni che questo comportava per alcuni, l'intima sicurezza e la stabilità di un'infanzia vissuta senza cesure nella casa paterna permettevano di reggere il peso di una tale eredità. Oggi, solo una piccola minoranza fortunata trascorre l'intera infanzia e gli anni formativi nella medesima casa; i più sperimentano parecchi trasferimenti, ciascuno in qualche misura disgregante.

Nella mia famiglia, io fui l'ultimo bambino a nascere in casa; come già era avvenuto con mia sorella maggiore, mia madre era stata assistita e confortata nel travaglio del parto da una levatrice. Dopo di me, per quanto ne so, tutti i bambini nati nella nostra famiglia videro la luce in qualche ospedale. E i miei nonni paterni furono gli ultimi membri della mia famiglia a morire in casa, nel loro letto, circondati da tutti i loro figli. Gli altri miei parenti morirono all'ospedale, oppure in casa, ma non in presenza dei figli e dei nipoti; i familiari si ritrovarono insieme dopo la loro morte, per i funerali. Si era compiuta così la trasformazione dell'esperienza della morte da rito di passaggio, in cui si assiste personalmente alla morte delle persone care, a situazione in cui si dà conforto ai vivi rimasti.

Tradizionalmente, in Europa, i funerali erano cerimonie molto elaborate, anche presso le famiglie che a mala pena potevano permettersene i costi spesso elevati. La salma non veniva imbalsamata ed esposta nella camera ardente di un'agenzia di pompe funebri, bensì, lavata e vestita, nella stanza migliore della casa, opportunamente addobbata con paramenti neri, come anche l'ingresso. Lì sfilavano i visitatori a rendere omaggio all'estinto, dopo di che la salma veniva accompagnata da parenti e amici in corteo, secondo regole precise, al luogo di culto, dove si svolgeva una funzione religiosa, e quindi al cimitero, per la sepoltura. Iniziava allora il tradizionale periodo del lutto, durante il quale i parenti stretti vestivano per parecchi mesi di nero. Per giorni e giorni dopo il funerale, i parenti venivano a far visita ai familiari del defunto: in questo modo la famiglia estesa manifestava il suo sostegno nel momento del bisogno; e il luogo dove questo avveniva era sempre la casa. Presso i cattolici e gli ebrei c'era l'usanza della veglia funebre, tradizionale esempio di come parenti e amici aiutassero concretamente coloro che erano più direttamente colpiti dalla perdita di una persona cara a sopportare il loro dolore.

Nascite e morti non erano gli unici eventi che sottolineassero il posto centrale che casa e famiglia occupavano nella vita dell'individuo. Quand'ero bambino, per esempio, i compleanni della mia nonna paterna venivano sempre festeggiati a casa sua con una rappresentazione preparata con settimane di anticipo, alla quale partecipavano tutti i suoi numerosi nipoti davanti alla famiglia riunita; queste recite sono tra i miei primi ricordi infantili. Fino a non molto tempo fa, *tutti* i momenti più importanti della vita di ognuno, la nascita, il matrimonio, gli anniversari, la morte, avevano luogo entro le pareti domestiche, in seno alla famiglia. Ne derivava il sentimento che si veniva al mondo come appartenenti a un nucleo sociale, entro il quale venivano vissuti gli eventi più importanti della vita; anche la morte avveniva entro le pareti domestiche, circondati, assistiti e confortati da coloro che avrebbero proseguito il cammino, là dove noi avevamo dovuto interromperlo.

In parte erano le condizioni di vita a determinare questo stato di cose: nella maggioranza delle famiglie, per la mancanza di spazio i membri erano costretti a vivere tutto il giorno in stretta intimità fisica, a volte in un'unica stanza. Inoltre, spesso lavoravano fianco a fianco in attività strettamente connesse, sul podere o nella bottega di famiglia. Dipendevano gli uni dagli altri non solo nella malattia, ma anche nella buona salute, nella buona e nella cattiva sorte. Non mancavano, è vero, conflitti e litigi, ma la famiglia rimaneva la principale fonte di informazioni e di ricreazione, perché erano minori le occasioni che potessero indurre a cercare gratificazioni al di fuori di essa. Quasi tutta la vita si svolgeva in un ambito molto più angusto, il cui centro era la casa, o la chiesa, dove la famiglia si recava, tutta insieme.

È un peccato che proprio oggi, quando il valore della famiglia per i suoi membri consiste essenzialmente nel soddisfare i bisogni psicologici, più che quelli materiali, molte delle esperienze che davano alla vita un più profondo significato psicologico non vengano più vissute insieme nella famiglia. Una volta, per esempio, la religione costituiva un fattore di coesione familiare, in quanto alle funzioni e alle festività religiose, molte delle quali dirette a celebrare eventi della vita familiare, conferendo loro solennità e trascendenza, partecipava regolarmente la famiglia intera. L'osservanza religiosa conferiva stabilità alla famiglia e sicurezza al credente. Oggi, per la maggior parte della gente, andare in chiesa e celebrare in forma simbolica gli eventi fondamentali della vita non rivestono più la medesima importanza; in molti casi la chiesa e la casa non sono più i luoghi per la celebrazione di tali eventi. Per controbilanciare gli effetti di una tale perdita, si potrebbe oggi accentuare il significato simbolico di altre feste familiari, come i compleanni, gli onomastici, le promozioni, così da dare comunque ai nostri figli quel senso di sicurezza che solo dalla famiglia può venire.

I nostri figli sono molto più sani e più precoci dei bambini di parecchie generazioni addietro; grazie alle vaccinazioni e alle cure pre e perinatali sono state debellate o rese innocue molte pericolose malattie dell'infanzia. Da piccolo io, per esempio, presi la dissenteria, la scarlattina, la difterite, il morbillo, gli orecchioni e non so che altro, per non parlare di tutte le influenze e le tonsilliti, che mi costringevano a letto per settimane di fila. Grazie alle vaccinazioni, ai sulfamidici e agli antibiotici, oggi il quadro è completamente cambiato.

Tuttavia, nonostante le molte, gravi e prolungate malattie, da bambino non passai neppure un giorno in un ospedale; venivo curato a casa, dal medico di famiglia, come tutti i miei familiari. Quello di andare a farsi visitare nell'ambulatorio del medico è un uso che risale a dopo la prima guerra mondiale. Nulla può forse servire a mettere in luce l'entità dei cambiamenti avvenuti sotto questo profilo meglio del fatto che, agli inizi della sua carriera, Freud stesso curasse regolarmente i suoi pazienti a casa loro. Oggi la cura della propria salute richiede di recarsi con una certa frequenza nell'ambulatorio del medico e anche, se è il caso, di essere ricoverati all'ospedale, che è diventato il luogo deputato al trattamento di molte malattie che un tempo venivano curate in casa. La casa, la famiglia, ha perduto così parte della sua funzione (e della sua identità) di porto sicuro nel quale cercare rifugio nei momenti in cui la nostra incolumità fisica è minacciata dalla malattia o dai rischi del parto.

Il mio accudimento quotidiano, da bambino, era affidato alla balia e poi alla governante o alle cameriere. Ma quando ero ammalato, era mia madre a provvedere a tutti i miei bisogni, a starmi accanto, a farmi compagnia, a darmi da mangiare, a vegliare la notte, quando avevo la febbre alta, facendomi spugnature e impacchi di acqua e aceto per abbassare la temperatura. Fu in momenti come quelli che imparai a capire veramente che cosa significa avere una madre, quando si sta male, si ha un dolore, una preoccupazione o si è disperati.

Non sto dicendo che dovremmo rinunciare neppure a uno solo dei progressi che sono stati compiuti in medicina dal tempo della mia infanzia né ai vantaggi del trattamento ospedaliero (quando è il caso) rispetto alle cure domestiche. Il ricovero in ospedale ha quasi completamente eliminato le complicazioni del parto, migliorato l'igiene neonatale, ridotto notevolmente le affezioni alla nascita, e così via; nel caso di gravi infermità ha salvato molte vite. E la medicina moderna protegge i bambini da molte delle serie malattie infantili che tennero me relegato a letto per lunghi periodi. Eppure, a mio avviso, sono poche le occasioni in cui un bambino può sentirsi accudito con altrettanta sollecitudine e si rende conto di quanto i genitori lo amino, come quando è a letto ammalato, specialmente la notte.

Questa esperienza non è però limitata ai periodi di malattia. Quando, da lattante, non riuscivo a dormire, mia madre (e a volte mio padre) mi prendeva in braccio e mi cullava finché non mi addormentavo. Da più grandicello, se mi svegliavo atterrito da un brutto sogno, mio padre o mia madre venivano da me, sedevano sul mio letto, mi tenevano compagnia, mi confortavano e rassicuravano, mi leggevano una storia. Per quanto ricordi, furono queste le occasioni in cui tra i miei genitori e me si formarono quegli intimi legami reciproci che in seguito dovevano esserci di sostegno nella vita. I miei genitori sapevano, forse dalle loro esperienze infantili, che non è cosa strana per un bambino fare brutti sogni, benché a quei tempi non fosse ancora intervenuta la psicoanalisi a spiegarne le cause e a dimostrarne l'universalità in certe fasi dello sviluppo. Eppure oggi, quando tutto questo è nozione comune, molti genitori continuano a pensare che i bambini *non dovrebbero* avere incubi notturni. E se il figlio ha difficoltà ad addormentarsi, preferiscono ricorrere ai tranquillanti, spesso su consiglio del pediatra (perché coincide con i loro desideri, oppure perché sembra la soluzione più semplice), piuttosto che affidarsi alla sicurezza che la loro presenza comunica o al conforto che una favola o una bevanda calda non mancano di offrire. S'intende che i tranquillanti funzionano; ma il loro uso insegna al bambino a un'età tanto precoce a ricorrere alle droghe per ottenere il benessere, anziché cercarlo nel calore dei rapporti umani. Non dovremmo stupirci, allora, se tanti adolescenti si affidano alla droga per placare le loro angosce; l'hanno imparato durante l'infanzia. A quel punto non servono le prediche sui pericoli della tossicodipendenza, perché, a causa della loro esperienza infantile, quei ragazzi portano incisa nel profondo dell'inconscio la convinzione che la droga è la soluzione più semplice. Tutte queste odierne "scorciatoie", comode, indubbiamente, e di più rapido effetto, derubano il bambino del diritto a ricevere conforto umanamente, nel momento in cui più ne ha bisogno e lo desidera. E privano i genitori della possibilità di sentire quale disperato bisogno il figlio abbia di loro, e di ricevere la sua gratitudine per il conforto arrecatogli. È una profonda soddisfazione scoprire che, grazie ai nostri sforzi, nostro figlio si sente sicuro, mentre prima non lo era; che, grazie a noi, nostro figlio dorme sereno e si sente in pace con il mondo. È questa esperienza condivisa che dà sollievo a entrambi, e diventa un legame che ci unirà per sempre.

L'allattamento al seno: esperienza archetipica dell'intimità umana

L'allattamento al seno unisce madre e figlio in un legame di intimità che è a un tempo fisico ed emotivo. Forse può essere di qualche interesse al riguardo la mia esperienza personale. Io fui allattato al seno fin oltre i tre anni d'età, ma non da mia madre. Mia madre era troppo dama vittoriana, per allattare i figli. Il nostro benessere le stava però molto a cuore e aveva posto ogni cura nello scegliere per noi delle balie disposte a soddisfare tutti i nostri bisogni fisici ed emotivi. Sebbene dunque non ricevessi da mia madre le gratificazioni corporee che accompagnano l'allattamento, la sua attenzione e sollecitudine furono una compensazione sufficiente. La mia balia viveva con noi ed era parte della famiglia; perciò il rapporto con lei, la sicurezza che la sua presenza e le sue cure mi comunicavano, mi legarono intimamente alla mia casa. Il rispetto che la balia nutriva per i miei genitori, la sua contentezza di stare da noi (i miei genitori tenevano molto a che fosse in buona salute e felice, in modo che avesse latte buono e abbondante e si prendesse volentieri cura di me; perciò non le facevano mancare nulla e la trattavano molto bene) contribuivano anch'essi a farmi ritenere fortunato a essere nato nella mia casa e nella mia famiglia.

Credo che anche il fatto che i miei genitori mi avessero destinato una persona dedita esclusivamente alle mie cure, che non avesse altri doveri a distrarla dal pensare solo a me, lasciasse in me un'impressione positiva. Era normale a quei tempi che le balie che allattavano non avessero altri doveri che accudire al lattante, mentre tutti i lavori domestici venivano sbrigati dalla cameriera e dalla cuoca. La mia balia, dunque, era tutta per me. Se fosse stata mia madre ad allattarmi, non avrebbe potuto dedicarmi tutto il suo tempo, perché avrebbe dovuto continuare ad assolvere i suoi doveri sociali. Era pure normale che alla balia che aveva accudito bene al bambino affidatole fosse destinata, alla fine dell'allattamento, in aggiunta alla modesta retribuzione mensile, una dote generosa, che le avrebbe permesso di tornare al paese e sposarsi, dando così una famiglia e una casa al piccolo che aveva dovuto lasciare per venire in città a lavorare. La mia balia aveva dunque tutto da guadagnare accudendomi il meglio possibile. Infatti, anche dopo che se ne fu andata e si fu sposata, continuò per molti anni a occupare un posto molto importante nella mia vita. Ciò nonostante, mi è venuto il pensiero, a volte, che sarebbe stato più bello essere allattato da mia madre.

L'allattamento al seno costituisce l'esempio archetipico del legame che ci unisce contemporaneamente a un'altra persona e alla vita stessa. Fino ad anni relativamente recenti, quando, con l'applicazione dei moderni procedimenti di sterilizzazione e la pastorizzazione del latte, l'allattamento artificiale cessò di presentare dei rischi, l'allattamento al seno era l'unico modo di nutrire il neonato, di mantenerlo in vita e farlo crescere; in più, esso presenta il vantaggio (ancora più importante prima della scoperta delle vaccinazioni) di trasmettere al bambino alcune delle immunità e delle difese contro le malattie acquisite dalla madre durante la sua vita. Ma l'allattamento al seno ha effetti che trascendono la sua funzione di assicurare al neonato il nutrimento di cui ha bisogno: l'esperienza dell'allattamento è l'esperienza centrale della vita del bambino, che irradia la sua luce su tutte le altre esperienze, le quali traggono di lì gran parte del loro significato. L'allattamento è l'evento centrale dell'esistenza infantile, il mattone fondamentale sul quale, se tutto va bene, il bambino costruirà la sua fiducia in se stesso, nelle persone significative della sua vita e, per estensione, nel mondo. Se essere allattato per il bambino è un'esperienza spiacevole, frustrante, allora l'esperienza deludente dell'allattamento diventerà il germe di una profonda sfiducia in se stesso e nel mondo. Se proprio l'esperienza che dovrebbe dargli la soddisfazione più piena diventa la causa di un'intensa delusione, verranno poste le condizioni per una sfiducia e un'insoddisfazione generalizzate.

Ciò che nell'allattamento al seno unisce così intimamente madre e figlio è il fatto che ciascuno riceve e dà la gratificazione di un bisogno fisico, il sollievo da una tensione e una profonda soddisfazione emotiva. Si tratta di un'interazione in cui madre e figlio sono al tempo stesso attivi e passivi, in cui sono totalmente se stessi, al proprio servizio, e, insieme, uniti all'altro, al suo servizio. La madre è attiva in quanto offre il seno al figlio, lo tiene tra le braccia, gli parla, gli fa gesti di rassicurazione e di incoraggiamento, gli sorride; ed è passiva in quanto lascia che il figlio succhi dal suo seno. Il bambino è attivo in quanto cerca il capezzolo, succhia il latte, adatta il suo corpo all'abbraccio della madre, la guarda, sorride, assorbe l'immagine della madre; è passivo in quanto si lascia tenere in braccio e cullare. Succhiando il latte della madre, il bambino sazia la sua fame, alleviando un bisogno fisico pressante, mentre la madre trova sollievo al turgore del seno pieno di latte. Il piacere che in tal modo ciascuno dei due dà a se stesso e all'altro costituisce il legame che, come dice il poeta, "la mente alla mente, il cuore al cuore, può nel corpo e nell'anima unire".

Dopo tutto quello che abbiamo detto in favore dell'allattamento al seno, sarà opportuno precisare, dato che sono molte le donne che per i motivi più vari non possono allattare il figlio, che l'allattamento artificiale può costituire un'esperienza in grado di sostituire egregiamente l'allattamento al seno, e che i bambini che hanno preso il latte dal poppatoio crescono altrettanto bene di quelli allattati al seno. È l'amore materno, infatti, a gettare le basi della fiducia del bambino in se stesso e nel mondo; come la madre lo ama, così il bambino impara ad amare se stesso e la madre e il mondo che essa rappresenta ai suoi occhi. Sono i messaggi che il lattante riceve nell'essere allattato al momento giusto, nella misura giusta, tale da placare la sua fame per il periodo necessario; nell'essere tenuto in braccio in maniera confortevole ma ferma; nel sentire il contatto tra la sua pelle e quella della madre; sono tutti questi messaggi insieme, che, con azione sinergica, convincono il lattante del suo benessere e della bontà del mondo. Udire il battito regolare del cuore della madre mentre è stretto contro il suo seno, come avveniva nel ventre materno, prima della nascita, lo ricollega alla sua esistenza prenatale, e gli dà la sensazione, sia pur vaga e incoerente, che il cuore di sua madre continui a battere per lui e con lui. Tutti questi fattori, che il lattante è incapace di distinguere e di percepire nettamente, costituiscono un universo di esperienza che lascia un'impronta indelebile sui suoi sentimenti più intimi e che influirà in modo potente su tutte le esperienze successive.

Perché questo avvenga, e avvenga nel modo giusto, occorre che la poppata non sia vista come un'attività a scadenza, finalizzata, il cui scopo principale sia, da parte della madre, l'erogazione e, da parte del bambino, l'ingestione del nutrimento, e che abbia termine non appena tale scopo è raggiunto, come in troppi casi sembra avvenire da noi. In altri paesi, in Giappone per esempio, il contatto pelle a pelle viene prolungato ben oltre la poppata; si lascia che il lattante si addormenti mentre ancora ha in bocca il capezzolo, e la madre ne è contenta e intenerita. Naturalmente tutto questo riesce più facile se il bambino, come avviene normalmente in molte culture, viene tenuto a dormire nel letto dei genitori.

Quando il bambino viene allattato col poppatoio, bisognerebbe riprodurre il più possibile le condizioni ora descritte. Per esempio, l'erogazione del latte dal poppatoio non dovrebbe essere né troppo abbondante né troppo veloce, perché priverebbe il lattante dell'esperienza di partecipare attivamente al processo di nutrizione. Bisogna che si guadagni il suo pranzo, per così dire, perché si tratta della sua prima esperienza nel procurarsi qualcosa di importante con i suoi sforzi personali. E, che sia allattato al seno o con il poppatoio, va tenuto confortevolmente ma con fermezza contro il seno materno. L'uso del poppatoio non preclude necessariamente al lattante il piacere cenestesico di sentire la pelle calda della madre contro la sua, né di udire il battito del suo cuore. Quando in Giappone venne introdotto l'allattamento artificiale, le madri giapponesi continuarono a denudarsi il seno e a premervi contro il corpicino nudo del figlio mentre gli davano il poppatoio, esattamente come avrebbero fatto allattandolo al seno. Quello che le madri giapponesi facevano d'istinto, le madri occidentali lo possono imparare: basta che si rendano conto che il loro amore viene trasmesso al bambino attraverso il più intimo contatto corporeo.

Già che ho citato il Giappone, potrei aggiungere che in quel paese, come anche in altre culture, esiste tutta una serie di riti che esprimono simbolicamente lo stretto legame che unisce il lattante alla madre. Secondo un'antica e venerabile usanza, dopo il parto veniva offerta alla madre una porzione del cordone ombelicale, che spesso era poi conservata in un cofanetto riccamente ornato nel posto d'onore della casa. In alcune regioni, quando un figlio si sposava, gli veniva consegnato il cofanetto contenente il suo cordone ombelicale, da portarsi nella nuova casa, a simboleggiare la continuità del legame con la madre.

Oggi, come abbiamo osservato più sopra, i nostri figli non sono più vincolati alla famiglia dalla bruta necessità, né la casa paterna costituisce più per loro l'unico porto sicuro in un mondo ostile. Alle forze centripete che tenevano i figli legati alla famiglia si sono sostituite oggi innumerevoli forze centrifughe: gli stimoli allettanti che provengono dal mondo esterno, l'ampio spazio dato alla scuola, che inizia molto presto, con i nidi d'infanzia e la scuola materna, la partecipazione alla cura dei bambini di persone estranee alla famiglia, l'influenza del gruppo dei pari. Oggi, ad ancorare il bambino alla famiglia, devono essere legami di tipo essenzialmente emotivo. Perciò è tanto più importante che, in un periodo in cui il mondo più ampio ancora non interferisce nella sua esperienza, al lattante sia consentito il contatto fisico ed emotivo nella forma più intima con le persone che più contano per lui, in modo che la sicurezza così consolidata possa controbilanciare in seguito le forze alienanti, fin troppo numerose anche all'interno della famiglia. Per instillare nel bambino fiducia e senso di appartenenza, bisogna dargli dunque le esperienze giuste, nell'allattamento e in tutti gli altri aspetti dell'accudimento; nel cambiargli il pannolino, nel fargli il bagno, nel farlo giocare; in modo che sappia che apparteniamo a coloro che si prendono cura di noi con amore, ed essi a noi.

Per il nostro benessere psicologico, abbiamo bisogno di provare un senso di appartenenza, di sentire che coloro ai quali siamo legati *desiderano* questo legame, e vogliono che sia reciproco. Se non facciamo questa esperienza, e a un'età molto precoce, ci sentiremo smarriti e poveri, persino nell'abbondanza.

L'invenzione dell'adolescenza

Le migliorate condizioni igieniche e sanitarie e un'alimentazione più ricca hanno portato, nei paesi più sviluppati, a una maggiore longevità; e non solo viviamo più a lungo, conviviamo anche più a lungo in famiglia. Questo è un bene, che però impone un carico più pesante ai genitori come ai figli, che ora devono convivere per un numero maggiore di anni, cosa che crea di per sé nuovi problemi e tensioni. Il miglioramento delle condizioni sanitarie ha fatto sì che a ogni generazione i bambini siano più forti fisicamente; ne ha accelerato inoltre la maturazione fisiologica e sessuale, mentre la maggiore agiatezza consente (e la crescente complessità del nostro mondo tecnologico esige) un periodo molto più prolungato di apprendimento e addestramento dei giovani. Di conseguenza i nostri figli, pur maturando più precocemente, devono accettare di frequentare la scuola per un numero di anni molto superiore a quanto si facesse e si ritenesse possibile in passato. A sua volta, questo presuppone che rimangano molto più a lungo in una situazione di dipendenza economica e in gran parte anche sociale nei confronti dei genitori. È un peso di cui risentono sia i genitori sia i figli. I genitori si trovano a dover provvedere ai figli ben oltre l'infanzia, quando essi hanno smesso di sentirsi e di comportarsi come bambini, cosa che rendeva più facile e molto più gratificante provvedere ai loro bisogni, mentre dover mantenere un adolescente, che si ribella all'idea di dipendere dai genitori quando si sente, giustamente, ormai grande, è molto più pesante psicologicamente e molto più problematico.

È raro infatti che sorgano seri problemi nei rapporti tra genitori e figli prima che questi abbiano raggiunto l'adolescenza. Due secoli fa, e fino a tempi molto vicini a noi, l'età in cui un ragazzo rimaneva orfano di uno dei genitori si aggirava in media sui quattordici anni: che è l'età in cui i ragazzi di oggi incominciano ad avere difficoltà con i genitori. Certo, la morte del padre o della madre creava gravi problemi ai ragazzi di allora, ma di un tipo completamente diverso da quelli che incontriamo noi con i nostri figli adolescenti.

In realtà, l'adolescenza non è una fase evolutiva imposta da Dio e neppure insita nella nostra natura: è la conseguenza di una situazione sociale che si è creata in tempi abbastanza recenti. Quanto recenti lo si può capire leggendo le descrizioni della vita quotidiana nei paesi più sviluppati meno di cent'anni or sono. Descrivendo la vita rurale (che riguardava un settore molto più ampio della popolazione, rispetto a oggi) alla fine del secolo, Flora Thompson, in *Lark Rise to Candleford*, racconta come nel villaggio dell'Inghilterra nel quale era cresciuta, "il forestiero avrebbe cercato invano la dolce contadinella della tradizione, con il cappello di paglia e il rastrello... Nessuna ragazzina al di sopra dei dodici, tredici anni abitava stabilmente in famiglia. Alcune erano mandate a servizio già a dieci, undici anni. E il modo in cui erano spedite nel mondo a quella tenera età potrebbe sembrare crudele all'osservatore casuale: appena terminata la scuola (la fine dell'obbligo scolastico era a tredici anni, ma per ragioni economiche molti bambini interrompevano la scuola molto prima) la madre le diceva: 'È ora che ti guadagni il pane che mangi, ragazza mia'... I suoi fratelli avevano già incominciato a portare a casa qualche scellino la settimana" facendo lavori avventizi in campagna. In altre località erano messi a bottega a imparare un mestiere, quando non lavoravano in fabbrica o nelle miniere.

L'adolescenza quale noi la conosciamo, un secolo fa esisteva soltanto nelle famiglie dell'alta borghesia, che potevano permettersi di mantenere i figli oltre l'infanzia; anche oggi, in realtà, rappresenta una normale fase evolutiva solo nei paesi più sviluppati, dove l'alto tenore di vita e la maggiore longevità consentono una scolarizzazione prolungata.

È evidente che, quando le aspettative di vita raggiungevano a mala pena i trent'anni, era economicamente impossibile per i più passare metà dell'esistenza a carico dei genitori, senza produrre. Persino oggi, anche nei paesi tecnologicamente avanzati, perché l'economia possa reggersi, i cittadini devono essere membri produttivi della società per molto più di metà della vita. Solo la maggiore agiatezza e il prolungarsi della vita media, dunque, permettono ai nostri figli di passare i primi diciotto anni, e anche più, della loro esistenza sui banchi di scuola. Scrive lo storico della famiglia e dell'infanzia, Philippe Ariès (in *Padri e figli nell'Europa medioevale e moderna**): "La gente non aveva idea di quella che noi chiamiamo adolescenza, fu un'idea che impiegò molto tempo a prendere forma. Se ne può cogliere un primo accenno nel XVIII secolo [...] ma divenne un fenomeno generale [solo] dopo la fine della prima guerra mondiale."

Se l'adolescenza è una fase evolutiva creata dalle condizioni sociali, la pubertà rappresenta invece un fenomeno naturale, la conseguenza dei mutamenti fisici che avvengono nel corpo con il sopraggiungere della maturità sessuale. Non è facile ricavare dati esatti sull'inizio della pubertà nei secoli passati; secondo fonti attendibili si può situare l'età del menarca, nell'Europa del XVII secolo, intorno ai diciassette anni. Negli Stati Uniti l'età del primo mestruo è scesa da una media di quattordici anni e tre mesi, nel 1890, agli attuali dodici anni e sei mesi. Dall'inizio del secolo si è avuta una diminuzione dell'età media del menarca di quasi tre mesi ogni dieci anni; lo stesso vale per l'età in cui raggiungono la maturità sessuale i maschi. Dunque, i nostri figli sono sessualmente maturi a un'età molto più precoce dei ragazzi dell'inizio del secolo. Nello stesso periodo è aumentato in pari, se non in maggiore misura, il numero di anni che i ragazzi trascorrono a scuola.

Una maturazione fisica e sessuale più precoce, unita a un periodo molto più prolungato di dipendenza, conduce inevitabilmente al crearsi di tensioni all'interno dell'individuo e tra l'individuo e la famiglia. Poiché maturano precocemente, non deve meravigliare che molti dei nostri bambini abbiano esperienze sessuali precoci, se pure è lecito chiamare bambini individui già maturi. A questo riguardo, è interessante notare che, secondo il diritto romano (il *Corpus Juris Civilis* di Giustiniano, del V secolo d.C.), la maggiore età era fissata in corrispondenza del raggiungimento della maturità sessuale, un principio ripreso dalla Chiesa e confermato un migliaio di anni dopo dal Concilio di Trento.

* Trad. it., Bari 1983[2].

Nella tradizione giudaica, la maggiore età viene celebrata a tredici anni, età in cui i maschi (successivamente anche le femmine) vengono solennemente introdotti nella comunità degli adulti, almeno sotto il profilo dell'impegno religioso, e in molti paesi cattolici all'incirca alla stessa età ha luogo la cresima. Fino alla seconda guerra mondiale, l'obbligo scolastico finiva intorno ai tredici, quattordici anni, in quasi tutti i paesi occidentali. I ragazzi che non continuavano gli studi, pur non essendo considerati adulti a pieno diritto, divenivano membri produttivi della società e, in molti casi, conducevano una vita relativamente indipendente. Solo una piccola minoranza, per lo più figli delle classi superiori, destinati alle professioni liberali, continuava gli studi oltre il quattordicesimo anno di età.

Recentemente, è stato chiesto a un gruppo di ragazze intelligenti e impegnate, al penultimo anno delle scuole superiori, se sarebbero state contente di accudire a un figlio di pochi mesi; quasi tutte alzarono immediatamente la mano in segno di assenso. Alla domanda se sarebbe loro piaciuto avere dei figli adolescenti, nessuna alzò la mano. E infine alla domanda se prevedevano di avere un buon rapporto con i figli divenuti adulti, di nuovo quasi tutte risposero affermativamente. Quelle ragazze sapevano per esperienza diretta che non è facile fare i genitori di figli della loro età, alla ricerca di se stessi. Tuttavia speravano che, quando fosse venuto il loro momento, l'esperienza globale della maternità le avrebbe compensate dei problemi incontrati negli anni dell'adolescenza.

Se le stesse domande fossero state rivolte alle ragazze di centocinquant'anni or sono, la votazione avrebbe indubbiamente dato risultati diversi. Per quanto forte fosse il desiderio di maternità, la paura dei rischi del parto, che provocava la morte di tante donne, e la preoccupazione per l'alta mortalità infantile le avrebbero forse fatte esitare all'idea di avere figli piccoli. Una volta superata l'infanzia, invece, le probabilità di sopravvivenza aumentavano notevolmente; inoltre, a quei tempi, l'adolescenza non veniva considerata una fase a sé stante, giacché dai tredici anni in avanti la maggior parte dei ragazzi lavorava a pieno tempo fianco a fianco agli adulti. Quelle ragazze sarebbero dunque state nella maggioranza favorevoli all'idea di avere dei figli adolescenti. E sicuramente tutte sarebbero state contente di avere dei figli grandi, perché erano i figli a mantenere e ad assistere nella vecchiaia i genitori.

Quando dunque i figli, divenuti adulti, restituivano ai genitori le cure ricevute durante l'infanzia, si creava un legame di reciprocità che univa tra loro, sul piano psicologico, le due generazioni, così come la reciproca dipendenza economica le univa sul piano concreto della sopravvivenza. Nella nostra società, invece, siamo abituati a una struttura familiare in cui i genitori devono provvedere ai figli per un periodo molto più prolungato, senza che i figli debbano, e nella maggior parte dei casi vogliano, occuparsi dei genitori quando questi sono vecchi. Negli Stati Uniti, il sistema di previdenza sociale risale alla metà degli anni trenta, ma oggi si tende a dimenticare quanto in fondo sia recente questa svolta nella società: è trascorso poco più di mezzo secolo da quando, per la prima volta nella storia, grazie alla più elevata ricchezza nazionale e ai progressi della medicina, larghi settori della popolazione, nei paesi più sviluppati, hanno avuto la possibilità di accantonare durante la loro vita produttiva abbastanza denaro da essere economicamente indipendenti nella vecchiaia.

Solo poche generazioni fa, dunque, tra genitori e figli esisteva un rapporto di reciprocità, nel senso che i genitori erano debitori ai figli del senso di sicurezza circa il proprio futuro, così come i figli derivávano dai genitori il senso di sicurezza interiorizzato durante l'infanzia. Il più delle volte, invero, non c'era modo di mettere alla prova l'efficacia nel tempo di questo sistema, perché la durata della vita media era troppo breve. Finché i genitori erano in vita, comunque, figli e genitori erano convinti che l'impegno sarebbe stato rispettato e dunque i figli, appunto per la convinzione che, quando fosse venuto il momento, si sarebbero presi cura dei loro genitori, non avevano ragione di sentirsi in colpa per i sacrifici che essi facevano per loro.

Ora non è più così. Gli adolescenti, mentre sono pronti a riconoscere il risentimento che provano a dover dipendere così a lungo dai genitori, non parlano volentieri dei loro sensi di colpa per i sacrifici che questi hanno fatto per loro; molti ragazzi non sono neppure consapevoli di sentirsi in colpa, perché hanno dovuto rimuovere un sentimento così penoso, tanto più che non hanno modo di modificare la situazione che ne è stata la causa. Ma questo non significa che il senso di colpa non continui a lavorare dentro di loro. Anzi, possiamo dire che il rifiuto adolescenziale dei genitori (e del loro modo di vivere) sia dovuto in gran parte al senso di colpa rimosso, che viene allora negato apertamente appunto con la ribellione, il rifiuto, la critica dei loro valori. Una delle manifestazioni più chiare del senso di colpa degli adolescenti è l'idea professata da molti di essi che l'agiatezza profusa su di loro sia il risultato dello sfruttamento capitalistico o imperialistico: non occorre dunque sentirsi in colpa per il denaro messo a nostra disposizione, visto che è stato accumulato illecitamente.

Il disagio e il senso di colpa per il fatto che la loro educazione è stata e continua a essere così costosa sono aggravati dalla sensazione di dover accettare tanti sacrifici da parte dei genitori senza poter dare loro nulla in cambio. Ma è il nostro sistema sociale che rende questa situazione inevitabile. Il ragazzo non può esprimere gratitudine per tutto quello che i genitori fanno per lui, perché la gratitudine presupporrebbe il riconoscimento del bene ricevuto, un riconoscimento troppo pesante per chi non può fare nulla per ricambiare.

È l'assenza di ogni esplicito apprezzamento, molto più che i sacrifici in sé, a provocare a volte risentimento nel genitore. Di norma, però, il risentimento viene subito rimosso: il genitore sa bene, in fondo, che non è il figlio a chiedere la maggior parte delle cose che gli vengono date; è lo stile di vita della borghesia, a cui la famiglia appartiene, a imporre che abbia determinati agi. E in realtà i genitori, nella maggioranza, sono contenti, persino orgogliosi, di essere in grado di fare così tanto per i loro figli. Ma non possono fare a meno, a volte, di provare una punta di risentimento, quando vedono che i figli sembrano prendere tutto per scontato, o, peggio, criticano i genitori per l'importanza che attribuiscono a queste cose. (Può essere, come abbiamo visto, un modo per sfuggire al senso di colpa, divenuto troppo pesante per l'adolescente.) Paradossalmente, dunque, è il senso di colpa del figlio, o meglio la sua rimozione e negazione, a privare il genitore della gratitudine, che pure, inconsciamente, si aspetta.

Fino a non molto tempo fa l'aspettativa di essere mantenuti dai figli nella vecchiaia riequilibrava la situazione, creando inoltre tra genitori e figli un forte legame, basato su una riconosciuta reciprocità. Tale legame non esiste più, e al suo posto troviamo un rapporto fatto di sensi di colpa non riconosciuti da parte del figlio e di risentimento, parimenti non riconosciuto, da parte del genitore. Il vincolo familiare, che un tempo garantiva a entrambi la sicurezza sociale ed economica, e perciò stesso una profonda soddisfazione psicologica, è divenuto oggi fonte di irritazione reciproca, se non addirittura di ostilità, appunto per l'unilateralità dei servizi resi. E anche se queste reazioni negative vengono mantenute a un livello sotterraneo, ciò nonostante intaccano la buona disposizione d'animo reciproca e dunque il benessere di entrambi.

Gli anni dell'adolescenza costituiscono oggi un periodo di dipendenza sociale ed economica troppo prolungata, imposta, oltre tutto, a individui che maturano fisicamente e sessualmente molto più precocemente che in passato e che con ogni probabilità sono anche sul piano intellettuale molto più precoci dei loro coetanei di un tempo. Queste contraddizioni provocano tra i genitori e i loro figli adolescenti tensioni così gravi e numerose che diviene ancora più importante, da parte dei genitori, saper creare, durante l'infanzia dei figli, quei legami durevoli che, per citare nuovamente il poeta, "la mente alla mente, il cuore al cuore, possono nel corpo e nell'anima unire". Il legame tra genitore e figlio, che solo la devozione del genitore può creare, deve essere abbastanza solido da non spezzarsi, con grave danno di entrambi, di fronte alle difficoltà dell'adolescenza. Per la sua condizione di grande insicurezza interiore, il bambino non desidera altro che i genitori sappiano legarlo a sé. Il genitore passabile potrà dunque contare sulla tenacia e la forza del legame che avrà saputo creare con il figlio e l'intera famiglia potrà attraversare senza danni i mari tempestosi dell'adolescenza.

25. In cerca del posto che ci spetta

"*belong*", "appartenere". Nell'uso inglese regge di preferenza la preposizione *to* ["a"].
L'uso americano, mantenendo il significato fondamentale di "avere il posto che spetta", consente qualunque preposizione di luogo.

BERGEN e CORNELIA EVANS, *A Dictionary of Contemporary American Usage*

Il senso di appartenenza si sviluppa in primo luogo e soprattutto nell'ambito della famiglia e della casa paterna, e solo a partire da questa prima esperienza si estende in seguito al quartiere, alla nazione, al gruppo etnico e religioso dei genitori. Le nostre prime e più profonde radici affondano nella famiglia e nella casa in cui siamo nati; vanno a formare quei solidi sentimenti positivi verso noi stessi e i tenaci legami emotivi con gli altri, che ci ancoreranno saldamente alla vita, alimentando la nostra sicurezza e permettendoci di superare indenni le avversità dell'esistenza.

È un triste segno di alienazione il fatto che oggi tanta gente cerchi le proprie "radici" nel passato più lontano di paesi di là dal mare. Il seme di un albero può, sì, essere trasportato molto lontano dal luogo dove quell'albero è cresciuto, ma la nuova pianta, che da quel seme nascerà, può metter radici solo nel terreno in cui esso è affondato; lo stesso vale per l'uomo. Le nostre radici stanno prima di tutto e sopra tutto nella nostra famiglia; è quello il nostro posto, nel senso più profondo: nella famiglia che ci ha allevato dall'infanzia, e poi nella famiglia che ci saremo formata noi stessi, per noi e per i nostri figli.

Secondo il dizionario, appartenere significa avere il posto che ci spetta. E il posto che ci spetta non è quello che ci viene assegnato da chi detiene il potere, fossero anche i genitori; sarebbe una base troppo labile, per un autentico senso di appartenenza. Il posto che ci spetta è quello che ci conquistiamo noi, dapprima attraverso l'amore dato e ricevuto nel modo giusto, quindi attraverso lo sforzo personale. È questo che, solo, può rendere il nostro posto sicuro, realmente nostro.

Nel corso della storia, la famiglia è sempre stata una forma sociale necessaria per la sopravvivenza dei suoi membri. Ciascuno doveva contribuire con il suo lavoro, altrimenti tutti avrebbero sofferto gravi privazioni. Purché fossero assicurati cibo a sufficienza, un tetto, di che coprirsi e un minimo di istruzione, la famiglia funzionava bene. La capacità di sopperire alle necessità fondamentali della vita costituiva una dimostrazione sufficiente dei meriti della famiglia in generale e dei genitori in particolare. Per sopravvivere, genitori e figli dovevano impegnarsi seriamente nei loro compiti, e traevano giustificato orgoglio dall'adempimento dei rispettivi doveri. Ciascuno conosceva il posto che gli spettava. I figli contribuivano fin da bambini al benessere economico della famiglia e, quale che fosse il loro contributo, non potevano dubitare che la loro vita avesse uno scopo e un senso; si sentivano persone degne di rispetto in quanto svolgevano la parte loro assegnata in un'impresa tangibilmente importante. Al termine di lunghe e dure ore di lavoro (nella maggior parte dei casi troppo lunghe e troppo dure) nei campi, in bottega, in casa, il giovane aveva la certezza di avere fatto tutto il possibile, tutto quello che si poteva pretendere da lui. Sapeva qual era il suo posto nella famiglia, e sapeva di meritarselo giorno dopo giorno; di lì gli veniva un solido e incrollabile senso di appartenenza e anche di autostima. E se, come poteva accadere, i suoi genitori non mostravano di apprezzare il suo contributo, il giovane sapeva che non era per colpa sua, che erano i suoi genitori a fargli torto.

I nostri figli, dai quali non ci si aspetta alcuna fatica fisica, e i cui compiti sembrano tanto più lievi, non possono mai provare una tale sicurezza, una tale fiducia in se stessi. C'è sempre qualcosa in più che potrebbero fare, una lezione da ripassare, un esercizio da ripetere, e c'è sempre qualcun altro al cui confronto sono da meno. I doveri scolastici dei nostri figli non sono chiaramente definiti, e i loro frutti così lontani nel tempo da farli apparire senza scopo sul momento. Il ragazzo di oggi, dunque, non può mai sapere con certezza se ha adempiuto a tutti i suoi doveri, né se li ha svolti bene. E come potrebbe sentirsi sicuro di sé, quando il suo valore è determinato dalla valutazione che un insegnante può dare delle sue prestazioni, o dipende dal riuscire a soddisfare un genitore formando la sua personalità come piace a questi, più che secondo le sue inclinazioni, disposizioni ed esperienze? I ragazzi, oggi, sono incerti su quello che fanno e su come lo fanno, ma, naturalmente, non si rendono conto che non è a causa di carenze loro, bensì per le condizioni della vita moderna, che non danno loro la possibilità di capire che cosa legittimamente dovrebbero aspettarsi da se stessi. Sanno soltanto che cosa si aspettano gli altri da loro, e neppure questo è sempre detto a chiare lettere; per di più, quando sono espresse chiaramente, tali aspettative sembrano estranee alla loro vita e prive di senso. Mentre, da un punto di vista obiettivo, sembrerebbe che ai nostri figli si richieda molto meno che ai loro coetanei di qualche generazione fa, di fatto il più delle volte essi finiscono per sentirsi profondamente insoddisfatti di sé e del mondo, senza sapere bene perché, il che rende ancora più sconcertante quella sensazione.

Genitori e insegnanti ripetono che studiare ha senso, perché avrà come risultato un impiego migliore in anni a venire, ma questi non sono ragionamenti convincenti per un ragazzo, al quale persino un paio di anni sembrano un'eternità. Invece, il ragazzo che in passato aiutava a coltivare i campi per nutrire la famiglia, vedeva bene il senso delle sue fatiche, così come lo vedeva il ragazzo che aiutava a fabbricare manufatti, che prendevano forma ed erano portati a termine sotto i suoi occhi. I prodotti dei suoi sforzi erano lì, davanti a lui, a dire il suo valore; mentre per il ragazzo di oggi i risultati del suo impegno sono nel migliore dei casi intangibili, con tutti i dubbi e le incertezze propri di ciò che non si può vedere e toccare. La certezza del nostro valore nasce soltanto dalla sensazione di avere adempiuto bene ai nostri compiti, compiti che devono intrinsecamente avere un senso *nel momento stesso* in cui li svolgiamo. Non sono solo la noia o le ingiustizie del sistema sociale a indurre i giovani a cercare distrazione o oblio in una musica così assordante da coprire qualunque pensiero, o, peggio, a cercare evasione nella droga; è il prevalente senso di incertezza, di insoddisfazione nei propri confronti, così doloroso da doversene liberare a ogni costo, sia pure temporaneamente.

Certi genitori pretendono che il figlio aiuti nelle faccende domestiche, ma neppure questo basta a dare al ragazzo della borghesia una minima parte della sicurezza che al suo coetaneo di qualche generazione fa derivava dal contribuire al benessere familiare. Aiutare nelle faccende domestiche rende la vita più facile ai genitori, ma non contribuisce in maniera significativa al benessere della famiglia né, quel che più conta in questo contesto, a quello del ragazzo, che non vede proprio come la *sua* vita ne sia migliorata. Peggio ancora, sa bene che si tratta di lavori ai quali i suoi genitori stessi non attribuiscono un'importanza intrinseca, che non contribuiscono in modo evidente al reddito o alla sicurezza economica della famiglia. Un lavoro che non ci piace (e di solito ai ragazzi non piace aiutare in casa) non serve ad accrescere il senso del nostro valore e il rispetto di noi stessi.

È più facile accettare di svolgere compiti noiosi e poco soddisfacenti in sé, se questi hanno qualche relazione con attività più importanti, di cui rappresentano una conseguenza. Per esempio, lavare i piatti è una conseguenza dell'averli usati per mangiare i cibi che sono stati cucinati. E organizzare e cucinare un pasto può essere considerata un'attività creativa, che comporta di fare delle scelte, prendere decisioni e usare certe abilità. Per chi ha cucinato, lavare i piatti non è che la logica conseguenza di tutte le azioni compiute prima. Di solito, però, i ragazzi non prendono parte ai processi decisionali e alla soddisfazione che preparare un buon pranzo comporta. Perciò, per loro sparecchiare e lavare i piatti non è più parte integrante del processo, ma soltanto un noioso dovere. Se a noi toccano i piatti sporchi, dopo che qualcun altro ha svolto la parte creativa, il nostro ci sembra un lavoro da sguattero, che, anche se lo svolgiamo bene, non serve ad aumentare il nostro prestigio. Solo se abbiamo contribuito anche alla fase creativa, possiamo trarre motivo di rispetto di noi stessi dall'eseguire il lavoro più umile. Un altro fattore che tende a ridurre il piacere di fare una cosa e la soddisfazione che ne possiamo trarre è il fatto di sentirci dire che la dobbiamo fare e come e quando farla. Si è già accennato, a proposito del gioco, a come il bambino al quale è lasciata la libertà di decidere il momento e le modalità delle sue attività abbia maggiori probabilità di provare un senso di orgoglio per averle sapute svolgere bene, che non il bambino a cui non è data questa possibilità. Lo stesso vale per l'aiuto che al ragazzo più grandicello viene richiesto di dare in casa.

Alcuni genitori pensano che assegnando ai figli dei compiti da svolgere in casa si insegna loro il senso di responsabilità. Purtroppo non si diventa responsabili solo perché qualcuno ci dice che abbiamo delle responsabilità, e neppure se ce le fa effettivamente rispettare. Si impara ad agire in modo responsabile (che è diverso dall'ubbidire agli ordini) solo se si è convinti che il nostro rispetto di noi stessi ci impone di far fronte a certi obblighi, e di farvi fronte il meglio possibile. Se un ragazzo possiede questa convinzione, non sarà neppure necessario dirgli quali sono i suoi obblighi, o responsabilità. Se invece gli si *dice* che è sua responsabilità fare una certa cosa, questo tenderà a suscitare in lui atteggiamenti negativi; allora ubbidirà a un ordine, invece di fare una cosa di sua libera scelta, per rafforzare il suo rispetto di sé. E se il genitore, la più alta autorità della sua vita, lo richiama ai suoi doveri, o, peggio, lo obbliga a compiere quello che il genitore stesso ha deciso essere il suo dovere, allora il ragazzo ne deduce che suo padre o sua madre non pensano che egli sappia comportarsi bene per libera scelta o per un senso di amor proprio.

Per esempio, molti genitori spiegano al figlio che deve tenere in ordine la sua stanza *perché* è la *sua* stanza, e a volte ottengono il risultato che vogliono, ma solo perché in qualche modo riescono a farsi ubbidire, non perché il ragionamento sia convincente o corretto. E non è convincente, anche se il genitore ha il potere di far rispettare la sua volontà, perché ogni bambino sa bene, fin dalla più tenera età, che una delle caratteristiche principali del possesso è che si può fare quello che si vuole con la cosa posseduta, tranne usarla per fare del male agli altri. Ma questa riserva risulterebbe davvero tirata per i capelli, se il genitore volesse far intendere che il disordine della stanza del figlio mette a repentaglio il benessere della famiglia. Perciò l'affermazione che il ragazzo è responsabile dello stato della sua camera (vale a dire, la deve tenere in condizioni che soddisfino all'idea di ordine e di pulizia che ha il genitore) per il fatto che è la *sua* camera, è in sostanziale contraddizione con il principio della proprietà personale. Dire a un ragazzo quello che deve fare nella sua stanza equivale a negare che sia veramente sua, perché, se lo fosse, potrebbe farne quello che vuole. Probabilmente il ragazzo non si rende conto consapevolmente che l'argomentazione del genitore è fallace, però lo sente, e questo fa diminuire la sua fiducia nell'equità del genitore, cosa, questa, che non lo aiuta certamente ad acquisire il senso di responsabilità.

Se, invece, viene chiarito che tutta la casa è proprietà comune della famiglia, compresa la stanza che il ragazzo usa come sua, allora i genitori, in quanto capifamiglia, hanno il diritto di dire come andrebbero usate e tenute tutte le stanze. Vero è, tuttavia, che, se tutte le stanze sono proprietà comune della famiglia, non vi è motivo perché il ragazzo debba essere ritenuto responsabile dello stato di una particolare stanza; l'ordine e la pulizia di tutti gli ambienti della casa diventano compito di tutta la famiglia. Se una delle camere, quella del ragazzo, ha bisogno di una ripulita, toccherà ai genitori quanto al ragazzo provvedervi; anzi, dato che di solito sono i genitori a sentirne più acutamente la necessità, diventa compito loro sbrigare la maggior parte del lavoro. S'intende che è ragionevole che anche il figlio partecipi alle pulizie, visto che probabilmente è stato lui a crearne la necessità; è lecito quindi aspettarsi che dia una mano. Per la mia esperienza, una pretesa del genere risulta abbastanza ragionevole a qualunque ragazzo che abbia un buon rapporto con i genitori; e una volta che questi abbiano dato il via, il ragazzo di solito è disposto a collaborare e anzi lo fa con piacere, soprattutto se viene richiesto e almeno in parte seguito il suo parere su come procedere. Con ciò non gli avremo ugualmente insegnato il senso di responsabilità, ma la stanza sarà in ordine, e avremo evitato che questo problema divenga il pomo della discordia tra noi e nostro figlio.

Nella moderna famiglia della classe media non è rimasta praticamente alcuna attività quotidiana che possa risultare intrinsecamente significativa per un ragazzo, al punto da farlo sentire in dovere di svolgerla e da accrescere il suo rispetto di sé se la svolge bene, se non in situazioni eccezionali, di emergenza, per esempio quando il genitore è malato o c'è un fratellino piccolo da accudire. Ma di solito tali situazioni sono rare e di breve durata. Perciò tutto quello che noi genitori possiamo fare è prendere coscienza di quanto sia diventato difficile per i nostri figli sviluppare quell'intima sicurezza che deriva all'individuo dalla sensazione che c'è bisogno di lui, che il suo aiuto contribuisce concretamente al benessere familiare. Il senso del dovere, che nasce dalla convinzione che una certa cosa è così importante che va assolutamente fatta, e fatta da noi perché nessun altro la può fare, i nostri figli dovranno acquisirlo attraverso altre esperienze, molto meno tangibili.

La solitudine in seno alla famiglia

In passato, non solo il bambino aveva fin da piccolo la certezza di essere necessario alla famiglia e quindi di avere in seno a essa il posto che gli spettava (che gli faceva sentire di appartenere realmente alla sua famiglia), ma, dovendo lavorare con altri giorno dopo giorno, anno dopo anno, non era mai solo. La solitudine, il senso di non avere radici: queste sono le maledizioni dell'uomo moderno; sudore e lacrime, una vita breve e fatiche bestiali, quelle dei nostri avi. Tutti quegli stenti non erano però sopportati in solitudine, senza il sostegno delle persone care. La famiglia moderna, invece, si ritrova unita solo all'ora di pranzo, oppure la sera, la domenica o durante le vacanze, in momenti in cui non hanno luogo attività essenziali alla sua sopravvivenza. Si pensi, per esempio, al tempo che nelle nostre città adulti e bambini sono costretti a passare in automobile, e a come i bambini sono obbligati a rimanere passivi durante questi tragitti. Anche se scopo del trasferimento è di portare il bambino dove desidera andare, il fatto che ce lo debba portare in macchina un adulto significa che sarà questi a decidere se e quando il bambino può fare ciò che desidera. La realizzazione del suo desiderio dipende cioè dalla buona volontà del genitore, e durante il tragitto dovrà starsene seduto fermo, limitandosi a osservare il genitore che guida, cioè che fa la cosa importante, senza la quale i suoi progetti non possono realizzarsi. In automobile, genitore e figlio sono confinati in uno spazio angusto, che quasi mai, o solo raramente, si traduce in un godibile senso di intimità. Al contrario, i lunghi viaggi in macchina provocano di solito reazioni di suscettibilità e tensione, e, da parte del bambino, anche di noia.

Una volta arrivati a destinazione, ci si può divertire, ma i lati piacevoli delle attività del tempo libero non compensano la loro insignificanza rispetto ad attività che vengono svolte perché sono necessarie alla sopravvivenza. Come è stato rilevato da diversi studiosi della famiglia, durante tutta la sua storia la coesione familiare si è sempre basata sulla produzione in comune di beni che garantivano il benessere di tutti, mentre oggi l'attività principale della famiglia consiste nel consumo in comune di beni. Per importante che sia il momento della fruizione, non basta a creare un senso di appartenenza, a darci la convinzione di avere il posto che ci spetta nell'ordine naturale delle cose. Come tutti sappiamo, è facile vivere quando tutto va bene: allora, per divertirci, non abbiamo bisogno dei nostri familiari; anche un estraneo può condividere la buona sorte, e il mondo è pieno di amici negli anni dell'abbondanza. Ma quello di cui abbiamo bisogno per il nostro senso di sicurezza è di sapere nel nostro intimo che ci sarà qualcuno che rimarrà al nostro fianco, e lavorerà con noi o per noi e condividerà le nostre pene e le nostre difficoltà quando le cose vanno male. E questa non è un'esperienza che si possa normalmente fare durante una vacanza.

Fino all'inizio del secolo, il bambino poteva constatare con i suoi occhi le fatiche e l'impegno che i genitori mettevano nel mantenere la famiglia, e li rispettava per le loro fatiche e per le loro capacità. Nessun figlio poteva rimanere insensibile di fronte al travaglio della madre nel dare alla luce i suoi fratellini, di fronte allo spettacolo della madre che allattava e accudiva un neonato. Né poteva rimanere insensibile vedendo con quanta sollecitudine essa teneva pulita la casa e accudiva alla famiglia e spesso anche a tutta una serie di altre persone, come i braccianti che aiutavano nei campi o gli apprendisti della bottega del marito. Occorreva grande sapienza, competenza e forza morale e fisica per fare fronte a tutto, prima dell'arrivo degli elettrodomestici, degli abiti confezionati e dei cibi in scatola. E c'erano tutte le altre incombenze, a cui pensava la madre di famiglia: la cura dei malati, l'aiuto quando le bestie partorivano, la mungitura, spesso anche il lavoro nei campi.

Era la madre di solito che andava al mercato a vendere i loro prodotti e che riportava a casa il denaro così guadagnato. Il suo apporto al benessere della famiglia non mancava così di imporsi agli occhi dei figli.

Allo stesso modo, il figlio di un contadino non poteva che ammirare fin da bambino la forza e la bravura del padre, che riusciva a guidare una coppia di buoi possenti e a tracciare un solco impeccabile, e sapeva riparare tutto, dal tetto della casa agli arnesi agricoli. I figli del fabbro osservavano con riverente ammirazione il padre che maneggiava un pezzo di ferro incandescente e a colpi di maglio lo plasmava facendone un attrezzo. Quanto agli artigiani, carpentieri, ciabattini, i loro figli rimanevano certamente colpiti vedendo come sapessero trarre gli oggetti più complessi da materiali inerti e informi. Non avevano bisogno, quei bambini e ragazzi, che il comandamento divino gli rammentasse di onorare il padre e la madre; onorarli, rispettarli era il portato logico e pressoché inevitabile dell'averli tante volte osservati mentre svolgevano le loro normali attività quotidiane, il lavoro che in modo evidente serviva alla sopravvivenza e al benessere della famiglia.

Mi ha sempre colpito il fatto che, a differenza della famiglia moderna, che vuole basarsi sull'*amore* per cementare la sua coesione, l'unico comandamento che si riferisca direttamente alla famiglia ci ordini di *onorare* il padre e la madre, non già di amarli. È evidente che onorare e rispettare i genitori era considerato sufficiente a creare il giusto tipo di relazioni all'interno della famiglia; non sembrava necessario aggiungervi altro.

Il rispetto sembra un sentimento più trasparente, privo di ambivalenza, soprattutto se lo paragoniamo all'amore, un'emozione spesso ambivalente, che fa sorgere tante pretese in noi e nell'altro, ed è inoltre capricciosa, per non accennare al fatto che, dove c'è amore, si trova spesso anche la gelosia. Come ha mostrato Freud, l'amore per uno dei genitori fa nascere la gelosia per l'altro, mentre il rispetto no. Quando i genitori vanno d'accordo, si aiutano e si completano in attività che mantengono in vita la famiglia, è praticamente impossibile onorare l'uno senza onorare anche l'altro.

Non era però soltanto l'ammirazione per la bravura e la competenza dei genitori nel provvedere alle necessità della famiglia a suscitare il rispetto dei figli. Vivendo e lavorando in così stretto contatto con loro, il bambino si formava anche un'idea sui suoi genitori come persone. Altrettanta importanza aveva il fatto che, prima che la scuola si sostituisse a loro in questa funzione (uno sviluppo relativamente recente), i genitori erano anche i primi maestri del bambino. L'educazione scolastica, anche dove esisteva, svolgeva un ruolo limitato nella vita della grande maggioranza dei bambini. Nel pensiero di tutti, il lavoro a fianco dei genitori aveva la priorità sull'andare a scuola. Ne è rimasta una traccia fino ai giorni nostri: ancor oggi le vacanze più lunghe, quelle estive, coincidono con la stagione in cui in famiglia c'era bisogno di tutti i figli perché aiutassero nella mietitura e nel raccolto.

Il fatto che i genitori facessero da maestri ai figli mentre lavoravano fianco a fianco creava tra loro un forte legame; tale insegnamento e apprendimento rivestiva grande importanza in tempi in cui ci si aspettava tacitamente che i figli seguissero perlopiù le orme paterne. A tutti fa piacere se qualcuno apprezza la nostra bravura, e quanto più quella persona è importante per noi, tanto più prezioso è il suo apprezzamento. Per un genitore, di solito, il figlio è una persona enormemente importante, così come è importante quello che il figlio pensa di lui. Perciò, quando il figlio ammira il genitore per quello che sa fare (e spesso, su questa base, anche per la persona che è), questo per il genitore è enormemente gratificante. Tutti, per sorreggere il nostro benessere emotivo, abbiamo bisogno di quelli che in linguaggio tecnico si chiamano "rinforzi narcisistici": quando gli altri hanno un'alta opinione di noi, noi non solo ci facciamo un'alta opinione di noi stessi, ma proviamo anche un profondo senso di benessere psicologico. Quanto più una persona per noi è importante, tanto più efficaci sono i rinforzi narcisistici che riceviamo da lei e tanto più ci sforzeremo per continuare a riceverne. Perciò l'ammirazione da parte di nostro figlio conferisce ulteriore valore all'attività per cui siamo ammirati, e può compensarci di tutte le sue durezze. Che ce ne rendiamo conto o meno, noi proviamo gratitudine per chi ci fornisce questi rinforzi psicologici di cui abbiamo tanto bisogno. Ecco dunque che il genitore si sente in obbligo nei confronti del figlio che lo fa sentire ammirato, che, per usare le parole della Bibbia, lo onora. Gli riesce più facile allora, e più piacevole, muovere incontro al figlio, farlo partecipe di sé, insegnandogli la sua arte. E il figlio, a sua volta, si sente più sicuro, più importante, più amato, nel vedere che il genitore si dedica a insegnargli qualcosa che per lui conta davvero. Dunque, il genitore che è ammirato dal figlio, che è "onorato", a meno che in lui non ci sia qualcosa di gravemente patologico, non può fare altrimenti che amare quel figlio. Credo sia per questo che le Scritture ci dicono che tutto quello che occorre per il buon funzionamento della famiglia sia che i figli onorino il padre e la madre: l'amore dei genitori per i figli ne consegue naturalmente.

Quando i figli seguivano perlopiù le orme dei genitori, il loro rapporto si arricchiva di un altro elemento ancora. Quando il figlio maschio ereditava il podere o la bottega del padre, o questi si aspettava comunque che lo facesse, il padre poteva provare la sensazione che il figlio avrebbe proseguito là dove egli si era dovuto interrompere. In tal modo, il lavoro di tutta la sua vita sarebbe continuato, non sarebbe finito con la fine della sua esistenza; gli veniva promessa la continuità non tanto della sua vita, quanto del suo lavoro: e dunque non aveva faticato invano. Uguali erano i sentimenti della madre: si aspettava che la figlia mettesse al mondo dei figli e li allevasse, come aveva fatto lei. I figli erano grati che i genitori insegnassero loro a guadagnarsi il pane, e i genitori erano grati ai figli per il senso di continuità che portavano alla loro vita. Di nuovo, una profonda esperienza di reciprocità univa genitori e figli.

Oggi che la vita e le occupazioni dei nostri figli tendono a essere totalmente diverse dalle nostre, non c'è spazio per la sensazione che essi porteranno avanti la nostra opera, sicché il frutto delle nostre fatiche continuerà ad arrecare beneficio alla famiglia. Le nostre fatiche hanno perduto in gran parte il loro senso trascendente, giacché raramente possiamo pensare che i loro effetti si estenderanno oltre la nostra vita e dunque, in un certo senso, prolungheranno la nostra vita oltre la tomba.

Non avendo la possibilità di osservarci nello svolgimento delle nostre attività lavorative, e non comprendendone il senso sulla base dell'osservazione personale, ai nostri figli riesce molto più difficile onorarci per quello che facciamo. E, siccome non veniamo onorati dai figli, come invece avveniva in passato, a noi riesce più difficile amarli con quel particolare amore profondo che veniva facile e naturale ai genitori di un tempo, quando l'ammirazione dei figli per quello che facevano conferiva, ai loro stessi occhi, una speciale dignità alla loro persona.

Il bambino della classe media, oggi, non ha quasi mai occasione di osservare i suoi genitori mentre lavorano, o comunque di capire, data la complessità di molte attuali professioni, in che senso il loro lavoro sia importante in sé e per la sopravvivenza e il benessere della famiglia. Il bambino che, in passato, vedeva il padre riporre il raccolto, e la madre cucinare i pasti, cucire indumenti per tutta la famiglia e curare l'orto, non poteva dubitare che il lavoro dei genitori servisse direttamente a mantenere la famiglia. È ancora così, oggi, per i figli dei contadini, il cui numero, peraltro, diminuisce di anno in anno. Nella maggioranza dei casi, oggi il bambino vede i genitori scegliere i vestiti in un grande magazzino, riempire il carrello di barattoli e scatolame al supermercato e partire in macchina per l'ufficio: attività che non gli suggeriscono naturalmente l'idea che i suoi genitori lavorino duramente per il suo benessere. A conferma che così invece è ha solo le dichiarazioni dei genitori stessi, ma le parole hanno poco peso, rispetto a quello che il bambino osserva quotidianamente. Di solito il bambino della classe media ha occasione di vedere i genitori durante il tempo libero, quando sono impegnati in attività ricreative o di fruizione più o meno consumistica. Non sono attività che colpiscano per la loro importanza. Neppure quando la madre pulisce la casa o fa il bucato, tutti lavori necessari e di evidente beneficio per tutta la famiglia, il bambino rimane colpito dal loro valore intrinseco, perché nella sua mente queste attività sono troppo direttamente collegate alle critiche che i genitori gli hanno tante volte rivolto: perché non tiene in ordine la sua stanza, perché lascia in giro le sue cose e non si sa da dove cominciare a pulire, perché si sporca talmente che bisognerebbe cambiarlo dieci volte al giorno... Il risentimento per le osservazioni che riceve gli impedisce di cogliere i meriti delle faccende domestiche.

È ben diverso quando il bambino vede uno dei genitori compiere delle riparazioni in casa o apportare delle migliorie. Queste attività sono comprensibili e sensate anche per lui, perciò l'abilità del genitore non manca di colpirlo. Di solito è felice se gli si permette di aiutare, e orgoglioso del contributo dato, purché il genitore ne sia soddisfatto. Insomma è la sua personale convinzione del valore di ciò che il genitore fa a indurre il bambino ad ammirarlo e a rispettarlo, e ad ammirare e rispettare il suo modo di vivere; ma è difficile che un bambino possa crearsi tale convinzione, se vede i genitori solo nel loro tempo libero. D'altro canto, è solo il rispetto che prova per lui a indurlo a prendere seriamente quello che il genitore gli dice; in caso contrario, le sue parole non avranno molto peso.

La società opulenta ha imposto una separazione tra le attività della vita del bambino e quelle dei genitori e in più ha imposto anche una notevole distanza fisica tra genitori e figli. Il lato peggiore della situazione che si è venuta a creare è dato dal fatto che la moderna famiglia della classe media è composta di persone che non imparano fin dall'infanzia come si fa a convivere in modo soddisfacente. Dei genitori, che non hanno loro stessi acquisito la capacità di vivere in armonia con gli altri fianco a fianco nelle avversità e di far fronte ai problemi e alle difficoltà della convivenza, non possono insegnare quest'arte ai loro figli, e tutti soffrono per la distanza emotiva che si crea. Perciò, proprio in un'epoca in cui, perché la famiglia abbia un senso, più ci si dovrebbe sentire vicini emotivamente, visto che, oggi, gli unici fattori di coesione della famiglia possono solo essere i legami affettivi tra i suoi membri, troppe persone hanno perduto l'arte di saper vivere in stretto contatto fisico con gli altri. E non può aversi intimità emotiva, dove si desidera la distanza fisica. Anche se non è necessariamente vero il detto "lontano dagli occhi, lontano dal cuore", per i bambini è comunque molto più vero che per gli adulti. S'intende che la vicinanza fisica non produce automaticamente l'intimità emotiva, come hanno dovuto imparare, con grave loro delusione, molti dei nostri giovani, che si sono ritrovati soli come prima pur vivendo nelle comuni o con gli amici. Ciò nonostante, è pur vero che, se non si è vissuto prima un periodo di vicinanza fisica, l'intimità risulta sovente impossibile.

Intimità o invasione dell'intimità?

Se si vuole che ci sia di sostegno per tutta la vita, occorre che la capacità di formare rapporti umani basati sull'intimità venga acquisita molto presto, quando ancora la nostra esperienza del mondo è istintiva. Il lattante la impara stando stretto contro il seno materno: il calore che dal corpo della madre irradia fino a lui non potrà mai venirgli neppure dalla più soffice delle coperte; certo, il suo corpo sarà al caldo, sotto le coperte, ma senza calore umano non potrà esservi calore emotivo dentro di lui, che è ciò che lo fa sentire in pace con se stesso.

Dice un antico detto popolare tedesco che la lezione più importante da imparare nella vita è "stirarsi a misura della coperta". Questo adagio risale ai tempi in cui l'intera famiglia dormiva nello stesso letto, davvero sotto un'unica coperta. Allora i bambini imparavano molto presto ad adattarsi alla convivenza stretta con gli altri. Se, nel lettone, uno dei bambini tirava la coperta troppo dalla sua parte, subito il fratello lo svegliava per riprendersi il maltolto; se l'uno scalciava, il vicino gli esprimeva le sue vive rimostranze; se qualcuno aveva degli incubi, qualcun altro lo calmava per farlo riaddormentare e ristabilire la tranquillità di tutto il letto. Perciò, se volevano dormire in pace senza interruzioni, i bambini imparavano presto e quasi istintivamente quello scambio di dare e avere e gli adattamenti reciproci che ieri come oggi sono e rimangono indispensabili per una pacifica convivenza.

Il filosofo Schopenhauer paragonò la condizione umana a quella di due porcospini che cerchino di sopravvivere a un rigido inverno. Si scavano una tana, ma poiché fa molto freddo anche là dentro, cercano calore e compagnia stringendosi l'uno all'altro; ma più si fanno vicini, più si pungono con i loro aculei. Feriti e irritati, si allontanano di nuovo, ed ecco che di nuovo si fanno sentire il freddo e la solitudine. Allora riprovano ad avvicinarsi, e nuovamente si feriscono. Alla fine, a forza di provare, imparano a tenersi abbastanza distanti da non pungersi troppo e abbastanza vicini da scaldarsi e confortarsi. Come a dire che bisogna imparare a vivere insieme a fianco a fianco pur senza invadere l'intimità dell'altro, altrimenti o ci facciamo del male, o moriamo di freddo per l'isolamento emotivo.

In passato la vita umana era regolata dalla tradizione perché le necessità della sopravvivenza non lasciavano all'uomo alcun margine per organizzare la vita a suo piacimento. A poco a poco l'umanità imparò quali fossero le distanze ottimali per evitare sia l'asservimento agli altri sia l'isolamento dagli altri. Vennero così codificate dalla tradizione norme che regolassero i rapporti tra gli individui e i loro ruoli nella società, come le relazioni tra marito e moglie, tra genitori e figli, tra le classi sociali; norme, che venivano seguite senza discutere e che per migliaia di anni vennero considerate emanate da Dio. In realtà erano tutte il risultato di secoli di prove ed errori per scoprire la giusta distanza tra gli uomini in ogni data situazione di vita. Sovente la sperimentazione portò a un rigido, restrittivo, ma comunque vivibile, compromesso tra la libertà individuale (molto poca, secondo la nostra moderna concezione) e la dipendenza sociale, accompagnato dalla radicata sensazione che ciascuno doveva rimanere al suo posto (un'idea in contrasto con la sensibilità dell'uomo moderno).

La società opulenta ha modificato molte delle condizioni entro le quali erano state codificate le norme della convivenza familiare e sociale. Nella tana dei porcospini è stato installato il riscaldamento centrale; per reazione alle passate sofferenze, alle punture degli aculei quando cercavamo di sottrarci alla morsa del freddo, tendiamo oggi, nelle nostre comode tane, ad allontanarci gli uni dagli altri, a rinchiuderci nei nostri angoli privati, dove viviamo tutti soli, così da non pungere e non essere punti. Così è avvenuta la nostra fuga nella separatezza emotiva, una fuga indotta da antiche paure di fare o subire soprusi. Ma l'effetto è stato per molti un'incapacità a vivere con gli altri, che li obbliga a un isolamento sociale sfociante quasi sempre nella disperazione esistenziale. Queste persone non hanno in realtà mai fatto l'esperienza di quel reciproco dare calore che i porcospini dovettero di necessità apprendere, per mancanza di riscaldamento centrale. E ora tremano, non per il freddo, ma per la solitudine, nelle loro ampie, surriscaldate tane, senza capire il perché di quei brividi.

Non può stupire, allora, che persone cresciute nell'isolamento affettivo, in condizioni di vita che non le costrinsero mai a imparare a "stirarsi a misura della coperta", trovino così difficile instaurare rapporti durevoli. Vanno in cerca di quello che non hanno avuto, ma non sanno trovarlo, perché non hanno imparato a far fronte alle difficoltà che spesso vivere a contatto di gomito comporta. Non avendo sperimentato la vera intimità da piccoli, non la sanno gestire da adulti. Di qui i molti matrimoni falliti, matrimoni intrapresi con la speranza di trovarvi il calore e l'intimità mai avuti nell'infanzia, e sfociati nella delusione, perché nessuno dei due è capace di dare all'altro l'intimità desiderata.

A loro volta, i figli di genitori separati hanno paura a stringere rapporti di intimità, perché quello che avevano formato con uno dei genitori è finito in una dolorosa delusione. Nel timore di ripetere quell'esperienza, non osano coinvolgersi fino in fondo con un'altra persona, sicché anche il loro matrimonio finisce per fallire. I bambini che hanno fatto questo tipo di esperienza non possono sviluppare un senso di appartenenza, perché sono stati privati del "posto che gli spetta" nella vita non di uno solo, ma di entrambi i genitori.

Qualunque forma di instabilità nella vita di un bambino, non solo quella derivante dal matrimonio fallito dei genitori, gli rende difficile se non impossibile sviluppare un senso di appartenenza. Troppi trasferimenti da un posto all'altro, con la perdita dei legami di amicizia, persino cambiare scuola troppo spesso, possono avere i medesimi effetti deleteri. Ma sono cose troppo ovvie perché ci sia bisogno di soffermarvisi più oltre.

Anche sotto questo profilo, le cose andavano diversamente un tempo. Spesso essere legati per tutta la vita al luogo in cui si era nati voleva dire una vita di stenti e privazioni. Tuttavia, sapere che si sarebbe vissuti lì per sempre e che con ogni probabilità lo stesso avrebbero fatto i figli, contribuiva a creare un forte senso di appartenenza a un luogo preciso, e anche alla piccola cerchia di persone che pure vi vivevano da sempre.

A questo proposito, può essere illuminante visitare le ricostruzioni dei villaggi in cui abitavano i nostri avi prima della Rivoluzione industriale. Sono spesso villaggi di poche case, dove gli abitanti vivevano accosto gli uni agli altri. Anche le case dei più ricchi erano molto anguste. A Sturbridge, nel Massachusetts, per esempio, la casa di un notabile consisteva di un piano terreno con la cucina, la sala da pranzo e il salotto, tutti molto piccoli; ciascun vano misurava forse un quarto di quella che noi considereremmo una stanza di dimensioni adeguate all'uso: i soffitti erano bassi, per non disperdere il calore d'inverno, e questo creava un'atmosfera intima. Il piano di sopra era essenzialmente un sottotetto diviso in due ambienti: la camera da letto dei genitori e quella dei figli; la parete divisoria era di legno sottile, attraverso il quale si sentiva tutto quello che succedeva dall'altra parte. Non c'era bisogno di citofoni interni, in quella casa!

In ciascuna camera da letto entravano a mala pena due letti e un paio di mobili. I letti dei ragazzi erano delle brandine; ci dormivano, per quanto è dato presumere, almeno in quattro, di entrambi i sessi. Un dato interessante è che questo tipo di sistemazione non sembrava portare a rapporti sessuali indebiti; e lo stesso si può dire degli odierni kibbutzim di Israele, dove due maschi e due femmine, senza vincoli di parentela, dormono insieme in una piccola stanza dall'infanzia fino ai diciotto anni. Anzi, i costumi sessuali erano allora, e sono oggi nei kibbutzim, molto meno disimpegnati di quanto siano quelli dei nostri giovani della borghesia, che dormono ciascuno nella propria stanza.

Altro dato interessante, di solito due o più figli dormivano nello stesso letto. Imparavano così, come abbiamo visto, fin da molto piccoli a trovare calore, sicurezza e compagnia gli uni negli altri, a non disturbare il sonno dell'altro, e, cosa ancora più importante, a darsi conforto quando qualcuno si svegliava nel cuore della notte in preda a un incubo. Lo stesso fanno oggi i bambini dei kibbutzim, dove uno si assume la parte di "protettore" del suo vicino, se la notte viene preso dall'angoscia.

Nelle stanze dei bambini, a Sturbridge, si possono trovare un cavalluccio a dondolo, una culla per la bambola e una bambola; questi erano gli unici giocattoli. Se ne può dedurre che ci fossero meno discussioni sul rimettere i giochi al loro posto; e anche sui vestiti da indossare, visto che ne avevano solo due, quello di tutti i giorni e quello della domenica. Non essendovi in giro oggetti fragili, diminuivano anche le occasioni di dire "non toccare". E siccome l'acqua si attingeva al pozzo del villaggio, probabilmente i genitori insistevano meno perché i figli si lavassero le mani più volte al giorno, prima di ogni pasto e dopo aver usato il bagno, o meglio il casotto di legno fuori della casa.

Lo storico americano Daniel Boorstin ha fatto un'osservazione molto acuta sul villaggio di Williamsburg, ricostruito a uso turistico: ha fatto notare che divenne "accettabile" solo dopo l'installazione di servizi igienici interni e di fognature coperte. Se fossero state ricostruite le fogne a cielo aperto e i gabinetti esterni della Williamsburg dell'epoca, il puzzo avrebbe fatto fuggire i villeggianti moderni. Ma quegli odori facevano parte della vita quotidiana solo poche generazioni or sono. Allora gli odori corporei non preoccupavano nessuno, non c'era l'alienazione dal proprio corpo causata da una troppo severa educazione al controllo delle funzioni fisiologiche. Anzi, gli escrementi non erano affatto oggetto di disgusto, ma venivano accuratamente raccolti per impiegarli come concime, così come si fa ancor oggi in Cina con lo "sporco notturno", e come fanno i nomadi, che li usano come combustibile. L'"educazione alla pulizia" non avrebbe mai potuto indurre il disgusto per il proprio corpo, che troppe volte ne è la conseguenza oggi, perché i prodotti di scarto del corpo erano preziosi e trattati con rispetto.

Questa naturale accettazione delle funzioni fisiologiche proprie e altrui portava a una pari naturalezza rispetto alla sessualità. Concetti moderni, come quello di sessualità infantile, non avrebbero neppure potuto essere "scoperti" un paio di secoli prima di Freud, perché l'estraniamento dell'adulto dalla vita sessuale infantile (e il conseguente estraniamento del bambino dalla propria sessualità) è un fenomeno che prese piede molto lentamente, raggiungendo il culmine in epoca vittoriana, in un periodo, dunque, abbastanza vicino a noi.

Quello che è importante capire è che lo stile di vita della nostra società opulenta non è il risultato di una progettazione cosciente mirante a migliorare la vita familiare, bensì una reazione al sovraffollamento abitativo prevalente ancora non molto tempo fa. Allora, la maggior parte della gente non poteva disporre di spazi privati, e oggi, per reazione, noi aspiriamo a dare a ciascun figlio la sua camera e possibilmente la sua stanza da bagno, così potremo anche non incontrarci mai mentre attendiamo ai bisogni del nostro corpo e non saremo obbligati a imparare a condividere le nostre faccende intime con i familiari. È una vita confortevole, ma anche una vita di relativo isolamento praticamente fin dalla nascita, visto che oggi i lattanti non vengono più tenuti a dormire nel letto dei genitori o nella culla a fianco al letto, come una volta.

L'intimità coniugale dei genitori viene pure tenuta accuratamente nascosta. Lungi da me suggerire che i nostri figli si troverebbero meglio se potessero osservare i genitori nella loro intimità sessuale. Ma il fatto è che siamo riusciti a rendere praticamente impossibile ai nostri figli sperimentare l'intimità con il proprio corpo e con quello degli altri quando sono in fasce, e anche di conoscere la sessualità passo a passo, via via che crescono; e questo proprio in un'epoca come la nostra, quando le condizioni sociali ed economiche ci costringono a costruire la coesione familiare esclusivamente sull'intimità affettiva.

I nostri adolescenti riconoscono come una carenza tale isolamento fisico, e vi reagiscono. A differenza dei loro genitori vittoriani e postvittoriani, non amano per le loro feste enormi saloni pieni di luci, dove ampi spazi separano i vari gruppi. Agli adolescenti di oggi piace stiparsi nella penombra delle discoteche, gomito a gomito, senza quasi spazio per muoversi. Tardivamente, ricostruiscono la vicinanza fisica dei tempi antecedenti la rivoluzione industriale. Ma nell'adolescenza è già troppo tardi per incominciare a fare l'esperienza dell'intimità, e i nostri ragazzi arrivano al massimo a ottenere la vicinanza fisica, non la vicinanza affettiva.

26. La famiglia che sostiene

Famiglia numerosa, di aiuto generosa.

Proverbio serbo

Nessun organismo sociale richiede maggiore coesione interna della famiglia, per poter garantire il benessere di tutti i suoi membri. Nella nostra epoca, tuttavia, tale coesione è difficile da raggiungere, soprattutto per l'accento che viene posto, nella sensibilità dell'uomo moderno, sull'individualità di ciascuno. Vediamo allora che molte persone, pur desiderando di avere figli ed essendo convinte che la loro vita ne verrà arricchita, hanno contemporaneamente paura che la maternità o la paternità li defrauderà della loro libertà individuale; e questa ambivalenza spesso prende piede prima ancora del concepimento del figlio. Una giovane coppia espresse in modo molto incisivo questo atteggiamento, spiegandomi che intendevano fare un viaggio all'estero, perché: "Questa è la nostra ultima occasione di essere degli esseri umani: al ritorno vogliamo fare un figlio." I due giovani sapevano con certezza di volere dei figli, ma sapevano anche che ciò avrebbe comportato la rinuncia a una serie di cose che per loro erano molto importanti.

Finché i ruoli e le attività dei singoli erano determinati dalla tradizione (vale a dire, finché l'individuazione non era considerata una conquista possibile, desiderabile o importante) era abbastanza facile mantenere la solidarietà in famiglia. Pur imponendo notevoli restrizioni alla libertà individuale, la solidarietà familiare era considerata qualcosa di assolutamente necessario, di scontato, parte dell'ordine naturale delle cose. Ma una volta accettato il principio secondo il quale ciascun individuo ha non solo il diritto ma anche il dovere di diventare se stesso, di sviluppare liberamente la sua personalità, cercando di realizzarsi come persona, piuttosto che come membro della famiglia, del gruppo tribale o della casta di appartenenza, allora incominciarono a intensificarsi le tensioni all'interno della famiglia, divenendo in alcuni casi insostenibili.

La solidarietà reciproca all'interno della famiglia continua a essere desiderata con la medesima intensità di prima, ma oggi è più difficile da realizzare appunto per la forza delle emozioni, e dei conflitti, che sorgono tra persone che vivono insieme e sono tese ciascuna a conseguire la propria autonomia. Rimane vivo tuttavia il bisogno di essere aiutati nello sforzo di divenire degli individui unici e autonomi, e si prova risentimento se tale aiuto non viene dato. Se nella famiglia non viene meno la solidarietà reciproca, allora i suoi membri sono felici di vivere insieme, non tanto perché non incontrino problemi e difficoltà nella convivenza, quanto perché, anziché dare la colpa agli altri o a se stessi dei loro fastidi, li affrontano insieme. Gli interventi psichiatrici e psicoterapeutici, oggi, sono rivolti soprattutto ad alleviare l'angoscia di quanti non hanno potuto sperimentare in famiglia questo genere di solidarietà. È questo dunque il paradosso che si è creato: benché solo la solidarietà familiare possa evitare i contraccolpi emotivi del processo di individuazione, l'individualità personale tende a definirsi in contrapposizione agli altri, soprattutto a chi ci è più vicino, con effetti disgreganti sulla buona armonia del gruppo.

Esiste un unico antidoto, un'unica cura per questo stato di cose: la sicurezza interiore. Nella misura in cui ci sentiamo importanti agli occhi delle persone significative della nostra vita, ci sentiamo sicuri di noi stessi, e le pressioni della gelosia diminuiscono nella stessa misura. Una famiglia può essere definita felice se, quando le cose vanno male per uno dei suoi membri, tutti gli altri lo sostengono e fanno dei suoi problemi il problema di tutti. La famiglia felice non è quella in cui non succede mai nulla di brutto; è quella in cui, quando qualcosa di brutto succede, colui che ne è causa o che ne soffre non viene colpevolizzato, ma è anzi sostenuto nella sua disgrazia. Infatti, se ci sentiamo depressi e nessuno ci aiuta, come possiamo pensare che la nostra famiglia sia un rifugio sicuro?

Che cosa può fare, allora, la famiglia della classe media del nostro tempo per mantenere la sua coesione? Non possiamo più, né lo dobbiamo, trovare l'unità in reazione a minacce provenienti dall'esterno. La lotta per la sopravvivenza non ci costringe più a faticare insieme per procurarci abbastanza da mangiare. Abbiamo visto più sopra come l'amore e l'affetto fossero per così dire la glassa sulla torta della cruda necessità, valenze in più, innestate su una base di estremo bisogno.

Ora che la sicurezza fisica non costituisce più il vantaggio principale garantito dalla famiglia a tutti i suoi membri, è evidente che la sicurezza emotiva dovrà prenderne il posto. Nonostante tutti gli esperimenti tentati, l'umanità non ha ancora trovato un modo migliore per allevare i suoi piccoli se non nell'ambito della famiglia, né un'organizzazione più adatta a fornirci il benessere emotivo, o una struttura entro la quale il bambino possa più direttamente fare esperienza di un rapporto di intimità, che è ciò che gli darà la sicurezza interiore per tutto il resto della vita.

La sicurezza economica garantita dalla società è un'ottima cosa, ma non può darci la sicurezza interiore e neppure il calore e il benessere emotivi, né il rispetto di noi stessi, né il senso della nostra dignità e del nostro valore. Sono tutte cose, queste, che solo i genitori possono dare al bambino, e possono dargliele più facilmente se sono in grado anche di darle l'uno all'altro. Se non le riceviamo dai nostri genitori, è estremamente difficile acquisirle in seguito nella vita; rimarrà sempre in noi una sorta di fragilità. Tutto dipende dunque dalla possibilità che la famiglia moderna sia in grado di fornire la sicurezza emotiva, basata sull'intimità personale e l'amore e il rispetto reciproci di tutti i suoi membri.

Proviamo ora a pensare a quello che succede, tipicamente, quando un bambino di una normale famiglia della classe media ha un disperato bisogno della sicurezza affettiva che solo la sua famiglia può dargli. Il bambino, dunque, torna da scuola, abbattuto perché ha preso un brutto voto; pensa di non valere nulla, che la sua vita è finita, che l'insegnante, e forse il mondo intero, l'hanno trattato ingiustamente. A questo punto che cosa faranno suo padre e sua madre? Ubbidiranno al comandamento biblico di sollevare i diseredati, o scoraggeranno ulteriormente il figlio, che già ha la sensazione di non poter camminare a testa alta, sgridandolo perché non ha studiato abbastanza? È questo il momento in cui il bambino ha più bisogno di sperimentare il sostegno della famiglia, di constatare che i suoi genitori gli stanno accanto di fronte ai primi dolori della sua giovane vita. Quanti genitori avvertiranno la sua sofferenza e lo incoraggeranno a non considerarsi sconfitto? E quanti, invece, acuiranno con le loro critiche la sua sensazione di non valere nulla?

È vero che, quando il bambino torna da scuola tutto contento perché ha meritato un bel voto, il padre e la madre gli esprimeranno, come è giusto, il loro piacere. Ma se riceve approvazione e sostegno quando già è contento di sé, e disapprovazione quando è scontento, come potrà il bambino non avere l'impressione che i suoi genitori siano come gli amici negli anni dell'abbondanza, che ci lasciano soli nel momento del bisogno?

E che cosa succede in una normale famiglia della classe media quando un ragazzo soffre per la delusione di avere visto spezzarsi un importante legame emotivo? Supponiamo che un adolescente abbia subito appunto una delle più grosse delusioni della sua vita: il compagno di classe, che era il suo migliore amico, gli ha fatto un torto, e il ragazzo si sente d'improvviso abbandonato e tradito. I rapporti tra adolescenti sono molto più volubili di quelli tra adulti, ma non per questo meno intensi e sofferti sul momento. Può darsi che il nostro ragazzo non si senta in grado di guardare in faccia l'amico di prima, che l'ha così gravemente ferito e deluso. In un caso del genere, che cosa faremo noi, che dovremmo cercare di costruire la famiglia sulla capacità di soddisfare ai bisogni emotivi di tutti i suoi membri? Gli esprimeremo la nostra comprensione per la serietà del suo stato d'animo, in modo che il ragazzo comprenda come tale comprensione dei sentimenti altrui sia appunto la base di ogni legame affettivo, a maggior ragione di quelli familiari?

Tutti noi, dopo aver ricevuto un colpo del genere, tendiamo a evitare di incontrare la persona che secondo noi ce l'ha inferto; non vogliamo che il traditore veda la nostra angoscia, né che il rivale gioisca del nostro dolore. Ho conosciuto più di un adulto che, dopo la rottura di un'amicizia intima o la delusione procurata da un caro amico, ha evitato per mesi, addirittura per anni, di vedere la persona responsabile di tanta sofferenza. Se un simile dramma getta nella disperazione nostro figlio adolescente, noi lo incoraggiamo a concentrarsi sull'elaborazione del suo lutto? Lo teniamo a casa da scuola per qualche giorno, finché si sia ripreso dalla malattia della sua anima, finché la ferita abbia avuto il tempo di rimarginarsi un poco, prima di dover incontrare di nuovo chi gliel'ha inferta? Oppure insistiamo perché torni a scuola la mattina dopo, anche se inevitabilmente vi incontrerà l'amico traditore, come se perdere il migliore amico fosse molto meno importante di un comune raffreddore, nel qual caso saremmo pronti a fargli saltare qualche giorno di lezione? Molti genitori si comportano così anche se il figlio va benissimo a scuola e potrebbe facilmente recuperare i giorni di assenza, dimostrandogli in tal modo che, nella loro scala di valori, la riuscita scolastica (o, il che sarebbe molto più grave, il desiderio di non vederselo girare per casa triste e depresso) ha la priorità sul bisogno di dare alle sue più profonde ferite psicologiche il tempo di guarire. E questi sarebbero i genitori che vogliono costruire la famiglia sui legami affettivi, quando con le loro azioni li hanno completamente svuotati di senso!

Di solito, quando il figlio confida il motivo della sua infelicità, i genitori tendono a cercare di convincerlo a non dare troppo peso all'accaduto, come se bastasse dirgli di non prendersela tanto a cuore per fargli passare in parte il dispiacere. Un'autentica simpatia per i sentimenti del ragazzo dovrebbe, nel caso ipotizzato, esprimersi nel lasciare che eviti di affrontare chi gli ha causato tanta pena; e questo è il minimo che i genitori possano fare per convincere il figlio di avere realmente a cuore i legami affettivi.

Insistendo perché vada a scuola ugualmente, è come se gli dicessimo che deve prendere sul serio soltanto i legami affettivi con noi come suoi genitori, e non anche quelli con altre persone. Ma le emozioni non possono essere schizofrenicamente suddivise in emozioni "importanti", quelle per i familiari, e "poco importanti", quelle per gli amici. I legami di intimità o sono importanti o non lo sono: e i nostri figli deducono qual è il nostro vero atteggiamento dalla nostra reazione alle loro emozioni. E se non rispondiamo in modo appropriato ai loro sentimenti, non con belle parole soltanto, ma con le nostre azioni, possono decidere per il futuro di tenersi per sé quello che provano, impedendoci così di dargli qualunque aiuto.

Posso citare il caso di un bambino che in prima elementare si era profondamente affezionato alla sua maestra. La donna morì improvvisamente di infarto dopo pochi mesi di scuola; il bambino pianse tutto il giorno, e il mattino dopo si rifiutò di andare a scuola. I genitori però lo obbligarono ad andarci, perché non perdesse la lezione, rimanendo indietro rispetto ai compagni. Il bambino, costretto ad agire in contrasto con i suoi sentimenti, prese a odiare la nuova maestra e continuò a detestare tutti gli insegnanti che seguirono, rimanendo per sempre fedele al suo primo amore, con il risultato che non fece mai alcun progresso nell'apprendimento. Se gli fosse stato concesso di elaborare la sua perdita, concentrando per qualche giorno tutte le sue energie emotive nel processo del lutto, probabilmente sarebbe riuscito ad accettare la sostituzione dell'insegnante e avrebbe continuato a imparare. Invece non riuscì più a perdonare i suoi genitori, neppure da adulto, per lo scarso rispetto dimostrato di fronte alla sua disperazione infantile: non gli avevano concesso neppure un giorno di tregua. Quello che ho esposto è un caso abbastanza insolito, è vero, ma sempre, in ogni circostanza, il dolore di un bambino va preso seriamente e rispettato. Quando parlo con i genitori, cercando di far loro capire quanto siano poco disposti a prendere sul serio i dolori dei figli, mi viene spesso la tentazione di rammentare loro le parole di Shakespeare: "Tutti sono bravi a dominare un dolore, tranne colui che ce l'ha."

Di fronte alle pene e ai dolori dei figli, molti genitori si comportano come se, per il fatto che il figlio è piccolo e immaturo, anche le sue afflizioni debbano essere piccole e immature. Se solo ci riflettessero un istante, e osservassero il bambino quando è infelice, si accorgerebbero che non è vero. Di solito, però, non è una forma di insensibilità che fa attribuire scarsa importanza ai dispiaceri dei bambini, o pensare che siano facilmente superabili. Il più delle volte, il genitore vorrebbe dal profondo dell'anima che a suo figlio fosse risparmiata ogni sofferenza: vorrebbe che fosse felice, che non dovesse subire in così tenera età le pene che la vita infligge a tutti, non quand'è ancora così piccolo. Questi sentimenti, per quanto comprensibili, rendono il genitore, senza che se ne renda conto, facile preda del falso e vuoto cliché dell'infanzia felice. Inoltre, poiché è idea diffusa che sia uno dei doveri del genitore rendere felice l'infanzia dei figli, ecco che, volendo poterci sentire dei bravi genitori, abbiamo una certa difficoltà ad accettare che nostro figlio possa a volte essere, invece, molto infelice; ci sembra che getterebbe un'ombra sulla nostra adeguatezza come genitori, e quindi preferiamo credere che il dolore di nostro figlio sia cosa da poco, che si può facilmente superare. Ma l'infanzia ha colma la sua misura di pene e dolori al pari di qualunque età della vita, e non accettare questo dato di fatto, e non agire di conseguenza, equivale a sminuire la dignità del bambino.

Spesso neppure i genitori che ci tengono a che il figlio dia importanza alle cose importanti si comportano in modo diverso, perché di solito si riferiscono alle cose che *secondo loro* sono importanti. Raramente il principio viene esteso alle questioni che il bambino ritiene importanti e il genitore no, come appunto negli esempi citati, la perdita del migliore amico o di un'insegnante amata. È questo un atteggiamento più comune di quanto non si creda, esemplificato in maniera lampante da quei genitori, per esempio, che, angosciati per il pericolo della guerra atomica, coinvolgono i figli in questa, che è una preoccupazione da persone adulte. E probabilmente sono contenti di vedere che il figlio condivide le loro ansie e prende sul serio un problema così grave. Eppure l'ansia circa la possibilità di una guerra totale intacca chiaramente la felicità dell'infanzia, che quegli stessi genitori vorrebbero che il figlio assaporasse, giacché è ovvio che un bambino non può fare nulla per impedire un conflitto nucleare.

È molto negativo che un genitore creda di poter decidere a quali problemi suo figlio debba dare importanza e a quali no, perché di solito i genitori che proiettano sui figli le proprie insicurezze e le proprie ansie non sono poi disposti a dare credito all'intensità della sofferenza del figlio se secondo loro non ha vero motivo di soffrire. Qualunque età si abbia, la pretesa degli altri (anche dei nostri genitori) di sapere che cosa ci dovrebbe toccare profondamente, e che cosa no, viene vissuta come una prova di quanto poco ci conoscano, e di quanto poco abbiano a cuore i *nostri* veri sentimenti.

In conseguenza degli atteggiamenti ora descritti, spesso, quando vedono che il figlio è molto triste, i genitori cercano di distrarlo dalla sua infelicità; e il più delle volte ci riescono, perché il bambino non è nelle condizioni migliori per opporre resistenza, e inoltre perché il loro desiderio di rallegrarlo è per lui un segno prezioso dell'importanza che egli riveste per i suoi genitori. Inoltre, gli stati d'animo di un bambino sono molto più mutevoli di quelli della maggior parte di noi adulti; il bambino può passare facilmente, o essere fatto passare, dallo sconforto a uno stato d'animo più sereno. Ma questo non significa che le sue emozioni siano meno profonde di quelle degli adulti, e che esse non continuino ad agire in lui, anche se sul momento sembra averle dimenticate. Il dolore, però, tornerà presto ad assalirlo, e allora il bambino sarà ancora più afflitto, all'idea di avere momentaneamente tradito i suoi più intimi sentimenti. Dal canto suo, il genitore, che è riuscito a rasserenare temporaneamente il figlio, ne dedurrà che i sentimenti del bambino sono abbastanza superficiali, e si farà una regola di prendere con leggerezza i suoi stati d'animo depressi per farglieli passare. Ma, anche se la sua infelicità ne viene temporaneamente alleviata, ripensandoci il bambino si sentirà offeso all'idea che si siano giudicati i suoi sentimenti così superficiali da pensare di poterglieli far dimenticare.

Se noi dessimo davvero importanza a quello che prova nostro figlio, allora, quando è triste e addolorato per una perdita, non cercheremmo di distrarlo dal suo dolore. Se noi stessimo piangendo per la morte di una persona cara, ci parrebbe un segno di scarsa sensibilità se un amico volesse distrarci dal nostro dolore. Da un vero amico ci aspetteremmo che rispettasse la nostra tristezza, che piangesse con noi, e cercasse in questo modo di aiutarci. E rimarremmo allibiti se volesse farci ridere. Ebbene, così si sentono i nostri figli quando mettiamo in atto qualche tattica per fargli dimenticare il dolore che provano. Solo che loro non possono dirci quanto li offenda e quanto li ferisca il fatto che noi possiamo trattarli con tanta leggerezza, anziché piangere con loro. Tuttavia il loro risentimento è uguale a quello che proveremmo noi se un amico volesse fare lo spiritoso quando noi siamo profondamente addolorati.

La perdita di un'amicizia è solo una delle situazioni che possono rendere infelice un bambino o un ragazzo. Indipendentemente dalle sue reazioni manifeste, dentro di lui i nostri tentativi per farlo sorridere, anziché associarsi al suo dolore, vengono vissuti come il segno che a noi interessano soltanto i nostri sentimenti, nella fattispecie il desiderio di non vederlo infelice, e non ci importa di quello che prova lui.

Se vogliamo che la vita familiare possa trovare una solida base nei legami affettivi che i membri della famiglia formano tra loro, dobbiamo prendere molto seriamente i sentimenti di ciascuno, soprattutto i sentimenti di infelicità. E questo perché, come già si è accennato, quando siamo di buon umore, chiunque è contento di stare in nostra compagnia. È dunque particolarmente importante che stiamo vicini ai nostri figli, con la nostra più profonda simpatia, quando essi si sentono infelici; che gli dimostriamo di non considerarli così frivoli da riuscire a dimenticare una profonda tristezza in pochi minuti. È importante inoltre far loro capire concretamente, fin dall'infanzia, l'importanza che rivestono nella vita i legami affettivi, alimentandoli e curandoli quanto più è possibile. Dovremmo preoccuparcene tanto quanto i nostri padri si preoccupavano della salvezza eterna e della sopravvivenza. Dovremmo dedicare ai legami affettivi il tempo e l'attenzione che i genitori del passato dedicavano al lavoro in comune per mandare avanti economicamente la famiglia. Un tempo erano le necessità primarie che tenevano unita la famiglia, e se queste venivano soddisfatte, ciascuno era orgoglioso di appartenervi e di lì traeva la sicurezza personale. Oggi tutto questo è affidato ai legami affettivi. Più riusciremo a renderli forti, più i nostri figli diventeranno persone forti e sicure.

La lealtà familiare

Lavorare insieme per garantire la sopravvivenza della famiglia era una faccenda molto seria. La vita stessa era una cosa seria, piena di fatiche e di difficoltà; solo in occasione delle feste la gente si permetteva di dimenticarsene momentaneamente. Una brava famiglia era quella che sapeva dare il suo sostegno a ciascuno dei suoi membri nelle piccole e nelle grandi avversità della vita. Nessuno si aspettava che potesse esservi altra felicità che quella di appartenere a una brava famiglia, o che la vita potesse essere altro che dura e difficile.

Molti dei problemi che più affliggono nella sua vita di ogni giorno la famiglia moderna traggono invece origine dall'aspettativa che la vita debba essere se non felice, almeno senza intoppi, che nessuna avversità debba contaminare la vita quotidiana. Perciò quella che in passato era la pietra di paragone del valore di una famiglia (il fatto che quando le cose andavano male, i suoi membri facessero fronte comune) è divenuta, in tempi relativamente recenti, lo scoglio contro cui tante famiglie di oggi fanno naufragio. E la causa è l'erronea convinzione che, se in famiglia sorgono delle gravi difficoltà, debba esserci qualcosa di malato nella famiglia stessa; vale a dire bisogna cercare di chi o di che cosa ne sia la colpa.

La moderna famiglia della classe media non crede più nella sua funzione di organismo preposto alla sopravvivenza; ed è ulteriormente indebolita dalla tendenza dei suoi membri a incolpare sé o gli altri delle difficoltà che sorgono, benché quelli siano precisamente i momenti in cui ciascuno, per il benessere di tutti, dovrebbe sostenere l'altro. Esistono, naturalmente, fondati motivi di ordine psicologico che spiegano la tendenza dei vari componenti la famiglia a incolparsi l'un l'altro quando le cose vanno male. Uno di questi è l'idea diffusa che, se un figlio si mette nei guai o crea dei problemi gravi, è a causa del modo come è stato allevato. Di fronte a una critica del genere, implicita o espressa apertamente, la famiglia cerca di difendersi sostenendo che non lei, bensì il ragazzo è il vero colpevole. Il fatto di essere incolpata per la condotta di un suo membro fa sì che la famiglia provi risentimento contro di lui. Il ragazzo che si trova in difficoltà, dunque, oggi non ha più dove rifugiarsi, mentre in passato trovava sempre sostegno e consolazione in seno alla famiglia.

Una volta i genitori dovevano concentrarsi così esclusivamente sulle difficoltà da superare per garantire ai figli la sopravvivenza e il benessere fisico, che non stavano tanto a riflettere sulla propria influenza sul loro sviluppo psicologico. Sapevano solamente che dovevano dare loro il buon esempio e insegnargli a distinguere il bene dal male. E, date le fatiche necessarie per sopravvivere, una volta che erano stati capaci di provvedere alle necessità materiali, non avevano da temere che i figli o chiunque altro potessero criticarli per non averli saputi educare nel modo giusto. Erano così in grado di affrontare i vari problemi psicologici, che naturalmente non mancavano di presentarsi anche allora, come succede in tutti i rapporti più intimi, con quell'equanimità che deriva dalla sicurezza interiore; e questo rafforzava anche nei figli il senso di sicurezza.

La situazione ora descritta è ancor oggi prevalente in buona parte del mondo. Molto meno, però, nei paesi industrializzati, come il nostro; nelle nostre famiglie è sempre più difficile che genitori e figli si diano un reciproco senso di sicurezza.

Uno dei motivi è dato dal fatto che oggi i genitori considerano loro funzione e dovere principale creare nei figli le condizioni interiori che ne garantiscano il benessere psicologico ed emotivo (e non solo per l'oggi, ma per tutto il resto della loro vita!). La complessità dei fenomeni psicologici e l'incertezza su come meglio realizzare dei fini così intrinsecamente esclusivi tendono a far perdere al genitore la fiducia in quello che fa; e, naturalmente, la sua insicurezza acuisce quella del figlio. Si è creata intorno al genitore una specie di gabbia, perché dare al figlio la sicurezza emotiva è appunto ciò che viene considerato uno dei primi doveri della brava madre e del bravo padre.

Tutti i bambini sono profondamente toccati dalle insicurezze dei loro genitori, e in più, a peggiorare le cose, hanno le insicurezze proprie dell'infanzia, che derivano dalla loro limitata comprensione del mondo, dai loro dubbi sulla propria capacità di far fronte ai problemi del vivere, e soprattutto dai loro dubbi sulla propria capacità di meritarsi l'amore. Il bambino riesce a gestire queste insicurezze solo nella misura in cui è sostenuto dalla fiducia dei suoi genitori nella persona che è e nella sua capacità di far fronte alla vita, se non immediatamente, quando sarà grande. La fiducia dei genitori è l'unico punto di riferimento che possiede e di cui si può fidare, perché sa che i suoi genitori sanno molte più cose di lui sulla vita e sul mondo. Ma quando i genitori sono essi stessi in dubbio sulla sua adeguatezza ora e in futuro, allora il bambino si trova sguarnito su tutti i fronti: si sente minacciato dalle proprie insicurezze e al tempo stesso dalla mancanza di rassicurazione da parte dei genitori. E, dato che essi sono molto più competenti di lui nel valutare la realtà, le loro preoccupazioni riguardo alla sua persona e al suo futuro gli sembrano fondate sulla scoperta in lui di carenze e difetti, che evidentemente egli non vede ma che ci sono. Quel che è peggio, il bambino non sa di che cosa possa trattarsi, né quali rimedi vi si possano porre. Non c'è paura più debilitante e più angosciosa di quella di cui non conosciamo la causa; quelle che ci sono note rimangono, se non altro, circoscritte. Perciò, il genitore che si angustia per il figlio e il suo futuro produce esattamente ciò che più lo angustia: un figlio profondamente insicuro di sé. Mentre il genitore che ha fiducia nelle proprie capacità di educatore riesce a vincere per ciò stesso le insicurezze del figlio, aiutandolo ad avere fiducia in se stesso.

Naturalmente, avere dei figli comporta innumerevoli reali motivi di preoccupazione; le preoccupazioni per i figli sono il portato naturale del fatto di essere dei genitori coscienziosi. Tutto dipende, come sempre nell'educazione dei bambini, dal giusto equilibrio tra preoccupazione e fiducia: dobbiamo preoccuparci di fare del nostro meglio e che nostro figlio cresca bene, ma anche avere fiducia che, essendo nostro figlio, non può che essere una persona degna, capace di far fronte alle sfide della vita. L'intima convinzione di stare facendo del nostro meglio sfocia naturalmente nella parallela certezza che, grazie ai nostri sforzi, nostro figlio riuscirà bene, nonostante i problemi, momentanei e secondari, che possa a volte presentare. Poiché il futuro è lontano e sempre incerto, noi non possiamo prevedere quali particolari problemi nostro figlio incontrerà nella vita; perciò il miglior viatico che possiamo dargli è la nostra fiducia in lui, la sensazione che è un essere umano che vale.

Potrà forse essere utile un piccolo esempio tratto dalla mia vita. Quand'ero ragazzo, a Vienna, un mio cugino commise una brutta azione. La cosa, naturalmente, fu considerata una disgrazia terribile, ma nessuno, a quei tempi, pensò di darne la colpa ai suoi genitori. Anzi, tutti dicevano come fosse ingiusto che una disgrazia del genere dovesse capitare a persone così per bene. Quindi, per far fronte alla crisi, tutto il parentado, circa due dozzine di famiglie, si unì per aiutare e confortare i familiari direttamente colpiti; venne raccolto il denaro per mandare il giovane oltremare e aiutarlo a ricominciare una nuova vita. Se venne criticato, lo fu nell'intimo, mai di fronte a lui; partì lasciando tutti col cuore pesante, ma accompagnato dai voti e dagli auguri di bene di tutta la famiglia.

Ricevuti i mezzi per iniziare una nuova vita in un nuovo paese, lontano dai genitori, le cui recriminazioni e il cui disaccordo avevano certamente pesato su di lui, e rincuorato dall'inatteso sostegno ricevuto dai parenti, mio cugino riprese animo e fece un'ottima riuscita. E i suoi genitori, avendo ricevuto sostegno emotivo dal parentado nel momento in cui più ne avevano bisogno, poterono accompagnare la sua partenza con le loro benedizioni. Non solo, il sostegno ricevuto e la necessità di organizzare insieme la partenza del figlio, li riavvicinò l'uno all'altra, e il loro matrimonio andò meglio, almeno per un certo periodo. Il fatto di sentirsi sostenuti, invece che colpevolizzati, dai parenti eliminò un motivo di ostilità reciproca e contro il figlio, e li aiutò a superare l'inevitabile sofferenza di chi vede il proprio figlio mettersi nei guai. La struttura familiare si rivelò preziosa per tutti e per ciascuno.

Le cose finirono in modo così soddisfacente grazie all'intima convinzione di tutta la famiglia che nessuno dei suoi membri potesse davvero essere cattivo fino in fondo. Eravamo tutti così certi dell'indole essenzialmente buona di chiunque appartenesse alla nostra famiglia, che questa fede riuscì ad avere la meglio sui dubbi personali di mio cugino e dei suoi genitori.

La grande stima in cui erano tenuti dalla famiglia tutti i suoi membri fu certamente un fattore determinante nella risoluzione positiva di quella vicenda. Erano tempi in cui l'antico proverbio serbo, "Famiglia numerosa, di aiuto generosa", aveva ancora una validità.

Solo una ventina di anni dopo, le cose erano già cambiate. Un altro mio parente creava dei problemi e venne mandato all'estero. Ormai, però, la struttura familiare si era indebolita e non c'era più quell'alta opinione per chiunque ne facesse parte. Quel ragazzo non aveva commesso una grave mancanza, come mio cugino; semplicemente non riusciva a mantenere il lavoro che aveva, spendeva più di quanto guadagnasse e in generale non combinava niente di buono. A quel punto anche nella mia famiglia diversi elementi della vita moderna avevano contribuito a intaccare la coesione familiare, e nessuno al di fuori della sua famiglia nucleare sapeva nulla dei suoi problemi. Il parentado avrebbe certamente dato il suo aiuto, come già due decenni prima, ma i genitori del ragazzo temevano, non senza ragione, che gli altri avrebbero criticato loro stessi e il figlio; perciò si tenevano per sé i loro problemi. Anche questo giovane, comunque, venne mandato in America, del Sud questa volta, a cercare fortuna. Ma, poiché gli erano mancati il sostegno e i voti di bene della famiglia estesa, la sua scarsa opinione di sé rimase inalterata, e in più gli pesavano addosso i dubbi e il risentimento dei genitori, che si vergognavano di lui. E, mancandogli la fede nel suo valore da parte della famiglia, fallì nel nuovo mondo come era fallito nel vecchio.

Una facile obiezione che si può muovere alla mia interpretazione è che i due giovani coinvolti in queste vicende erano tipi molto diversi tra loro e diverse erano anche tutte le altre circostanze. Questo sarà certamente vero, tuttavia è un fatto che all'epoca anche in molte altre situazioni, gravi e meno gravi, il parentado aveva cessato di fornire ai suoi membri quel sostegno nei momenti difficili che prima era normale. L'atteggiamento di chi pensa, "È la mia famiglia, nel bene o nel male", può avere molte pecche, ma è indubbio che, soggettivamente, costituiva una preziosa protezione contro le conseguenze più negative delle disgrazie che potevano capitare, oltre a dare agli interessati un sollievo che consentiva loro di riprendersi più facilmente.

In casi del genere, oggi, raramente i genitori ricevono dai parenti il sostegno di cui hanno un disperato bisogno, e inoltre devono sopportare il peso dei sensi di colpa personali e della colpevolizzazione di cui sono fatti oggetto da parte di coloro che un tempo, invece, erano fonte di forza e di consolazione. Questo accentua l'irritazione e il risentimento per il familiare che è stato causa della difficoltà, che quindi si aggrava. Una delle cause maggiori dei problemi della famiglia moderna, dunque, è l'enorme cambiamento di prospettiva nel modo di considerare i guai familiari e di rispondervi.

Tale mutamento di prospettiva è in larga misura una conseguenza del riconoscimento dell'importanza della psicologia individuale, che è un fenomeno relativamente recente: oggi, cioè, si pensa che i fenomeni che hanno origine dentro di noi, nella nostra personalità, e nei rapporti primari, siano la causa delle nostre più gravi difficoltà nel far fronte alla vita e nel vivere con gli altri. Quello che viene trascurato è però il fatto che solo le più agiate condizioni di vita hanno reso possibile questa nuova enfasi sullo stato psicologico. Le intuizioni della psicologia e le condizioni sociali ed economiche sono così strettamente collegate, soprattutto per quel che riguarda i rapporti familiari, che sarebbe una distorsione riferirsi alle prime come se fossero avulse dal resto. Finché non era possibile sopravvivere fisicamente senza il sostegno degli altri membri della famiglia, c'era un motivo molto vitale per attribuire a forze esterne la colpa di tutti i nostri problemi, perché altrimenti non avremmo potuto continuare a convivere in armonia e quindi ad assicurarci reciprocamente la sopravvivenza. Oggi invece possiamo permetterci di riconoscere la natura psicologica delle difficoltà che incontriamo e di attribuirle a noi stessi o ai nostri familiari, mentre prima non potevamo.

È ragionevole presumere che molti problemi dei figli siano effettivamente dovuti a carenze dei genitori o dei loro metodi educativi. Ma questa interpretazione ha senso ed è utile *soltanto* se induce un cambiamento nei genitori e nei figli; altrimenti non fa che aggravare le loro sofferenze. Facciamo un esempio: spesso il ragazzo che per motivi inconsci si mette nei guai, va male a scuola, interrompe gli studi, e infine commette atti di teppismo, lo fa per punire i genitori, sapendo che si sentiranno feriti e in colpa e saranno biasimati dalla società. I genitori, dal canto loro, si ribellano giustamente all'idea che il figlio possa farli risultare agli occhi di tutti dei cattivi genitori, e, con questa preoccupazione, tendono a reagire in modo sproporzionato a certe normali inadeguatezze o carenze del ragazzo, perché vi vedono i segni premonitori di cose peggiori a venire. Il ragazzo allora ha da far fronte non solo alle proprie angosce circa la propria inadeguatezza, ma anche a quelle dei genitori, che è un carico indebito, e quindi giustamente odiato. Già gli riesce difficile dimostrare il proprio valore; l'idea di dover anche dimostrare la validità dell'educazione ricevuta è qualcosa a cui giustamente tutti i ragazzi si ribellano. Come era più facile appianare i contrasti tra genitori e figli, quando i guai potevano essere attribuiti alla naturale inesperienza del giovane di fronte alle tentazioni del mondo oppure alla sfortuna, che va accettata perché fa parte della vita.

Sapere in anticipo che nostro figlio potrà nutrire sentimenti di ostilità e di rifiuto nei nostri confronti ci fa sentire insicuri, ansiosi e spesso in collera, prima ancora che il bambino ce ne dia effettivamente motivo. In passato, quando un bambino sul seggiolone rovesciava per terra la tazza col latte o la pappa, a sua madre non veniva neppure in mente che quel gesto potesse essere un'espressione di collera nei suoi confronti o di insoddisfazione per il mondo o il presagio della sua futura incapacità di far fronte alla vita. Quella madre era sicura che il figlio avesse rovesciato la tazza perché era immaturo e maldestro; anzi, questi incidenti dimostravano alla madre quanto il bambino avesse bisogno del suo aiuto per mangiare, e questo la faceva sentire ancora più importante per il figlio. (Bisognerebbe aggiungere che, siccome a quei tempi la tazza del bambino era fatta di legno o di peltro, non andava in mille pezzi se cadeva; inoltre il pavimento era di solito piuttosto rozzo e non soffriva se vi si rovesciava sopra del cibo; diverso è il discorso se a venire macchiato è un costoso tappeto.) In questa come in molte altre situazioni, l'agiatezza si rivela un'arma a doppio taglio per i nostri figli, e rende più difficile per noi genitori accettare i loro capricci con simpatia, o quanto meno con tollerante indifferenza. Oggi, poiché sappiamo che l'incidente potrebbe essere un deliberato gesto di sfida o di provocazione, tutta la buona disposizione d'animo, suscitata dalla sensazione di essere importanti per nostro figlio, viene rovinata dal sospetto di essere stati rifiutati come persone attraverso il rifiuto del cibo che gli abbiamo con tanta cura preparato. E sentendoci rifiutati, tenderemo a nostra volta a reagire con irritazione o collera quando il bambino rovescia il latte, sporca il pavimento, rompe la tazza, invece di accettare queste azioni come segni di imperizia infantile.

Benché l'ignoranza non sia mai un bene, sapere poco è peggio che non sapere niente, come insegna il Talmud. Prima che ci si rendesse conto che i bambini non solo amano ma anche rifiutano i loro genitori, la gente non prendeva neppure in considerazione questa possibilità, ben sapendo che, senza le cure dei genitori, i bambini non avrebbero potuto sopravvivere, e dunque la loro esistenza dipendeva dalla buona disposizione d'animo del genitore. Ma noi oggi sappiamo che i bambini provano sia amore sia odio per i genitori, e quindi siamo pronti ad attribuire a ostilità i comportamenti che noi consideriamo negativi. E a volte è vero, ma molto più raramente di quanto non pensino angustiati tanti genitori: ed è qui che sapere poco è peggio di non sapere. Una conoscenza più approfondita ci chiarirebbe infatti che molti atti, che sembrerebbero di rifiuto del genitore, in realtà non sono altro che espressioni della frustrazione che il bambino prova di fronte alla propria inadeguatezza. Nel caso del bambino che butta per terra il piatto con la pappa, il più delle volte lo fa per la frustrazione di non essere capace di mangiare da solo bene come vorrebbe, o di non poter scegliere da solo il contenuto e i tempi dei suoi pasti. Ecco dunque che molte delle manifestazioni che il genitore moderno prende per un rifiuto non sono altro che l'effetto della profonda delusione del bambino nei confronti di se stesso. In molti casi, l'ingenuo genitore, che attribuiva tutto alla naturale imperizia del bambino, era più vicino alla verità del genitore moderno, che si preoccupa per timore di non essere abbastanza bravo e che, a causa della sua ansia, è troppo pronto a vedere degli atteggiamenti negativi nelle azioni di suo figlio. Per essere dei genitori passabili occorre perciò che noi stessi si sia convinti di esserlo. È la sicurezza in noi stessi e nel nostro amore che ci deve proteggere, oggi, dalla tendenza a sentirci rifiutati da nostro figlio, quando in realtà è soltanto o principalmente frustrato per la sua inadeguatezza e le limitazioni che questa gli impone. Dove il genitore di un tempo vedeva solo l'inadeguatezza del bambino, noi, con le nostre maggiori conoscenze, dovremmo riuscire a vedere anche l'intensità della frustrazione che essa gli provoca, e a capire che questa è il più delle volte la molla delle sue azioni. E qui si dimostra la verità di quel detto dell'imperatore Graziano: la sapienza senza la saggezza è duplice follia. Occorre saggezza nel giudicare noi stessi: pur non essendo perfetti, possiamo dirci genitori passabili, se per la maggior parte del tempo riusciamo ad amare i nostri figli e a fare del nostro meglio per non deluderli. Follia è invece pensare che tutto quello che nostro figlio fa sia da riferire solamente a noi: il più delle volte quello che fa ha a che fare principalmente con lui e solo indirettamente e marginalmente con noi. Un giudizio saggio, e dunque oggettivo, ci consentirà di capire che quella che può parere ostilità rivolta contro di noi (che, se la giudichiamo così, non può non suscitare il nostro risentimento e quindi una reazione negativa da parte nostra) è invece il più delle volte insoddisfazione del bambino nei propri confronti. Una volta riconosciuto questo, il nostro cuore non mancherà di essere tutto con lui, e di suggerirci come poterlo aiutare. E allora ci sentiremo bravi, automaticamente; e nostro figlio avvertirà come sia bello far parte di una famiglia che sostiene chi ha bisogno di aiuto. E tutto andrà per il meglio, nella nostra famiglia.

27. Giorni incantati

"Diano inizio a lieti trastulli
Nei dì di festa vecchi e fanciulli."

MILTON, *L'Allegro*

Dà sempre un senso di esaltazione sentire di essere l'origine di una festa speciale, come avviene ai bambini quando si festeggia il loro compleanno. Momenti di così intenso significato personale sono davvero preziosi, perché, oltre alla gioia del momento, ci trasmettono una vitale speranza per il futuro. Quanto più ci sentiamo piccini e insicuri circa il nostro posto nel mondo, tanto più abbiamo bisogno di vedere affermata la nostra importanza, possibilmente dal mondo intero, e comunque dalle persone che più contano per noi.

I bambini hanno un particolare bisogno di questa esperienza, come possiamo vedere nelle feste loro dedicate, sia personali, come i compleanni, sia di tutti i bambini, come il Natale. In quelle occasioni essi sono al centro dell'affettuosa attenzione di tutti, possono sentirsi importanti, e i regali che ricevono servono a dimostrar loro che sono amati e meritevoli di amore. Se queste feste sono celebrate con lo spirito giusto, il loro splendore continuerà a riscaldarli per tutta la vita. Il ripetersi regolare di tali eventi, che scandiscono l'anno e dunque la vita del bambino, costituisce ai suoi occhi la garanzia che la sua importanza non viene meno, e la dimostrazione che è bello che la vita sia organizzata attorno ai momenti felici.

Non sappiamo con esattezza che cosa simboleggiassero le primissime festività; è indubbio però che celebravano la vita e le forze che la sostengono. Ancor oggi, momento centrale della giornata di festa è il pranzo, che con l'abbondanza e l'eccezionalità delle sue portate, ne simboleggia un po' lo spirito. Una distinzione andrebbe fatta tra festività strettamente religiose, osservate con il digiuno e la penitenza (che per il credente sono momenti di grande elevazione spirituale), e le ricorrenze di carattere più secolare, vissute come feste dai bambini e spesso da tutta la collettività, al punto che anche uno spirito profondamente religioso come Milton riteneva fosse lecito a grandi e piccini dare "inizio a lieti trastulli".

Le prime festività codificate e regolarmente osservate furono i riti di evocazione delle forze della natura, volti ad assicurare la fertilità, la continuità di generazione delle piante, degli animali e degli uomini. C'erano poi i riti di passaggio, volti a garantire, solennizzare ed esaltare le fasi della crescita umana o le stagioni dell'anno. Nell'antica tradizione giudaico-cristiana le festività religiose erano manifestazioni collettive di gioia. Anzi, la parola ebraica per indicare la festività, *Chag*, deriva dalla radice *Chug*, danzare in cerchio, e in questo modo gli ebrei cassidici celebrano ancor oggi le feste religiose; e la parola ebraica per indicare la Pasqua significa letteralmente "festa del saltare". Oggi le nostre principali festività, religiose ma anche civili, celebrano una nascita: la natività di Gesù bambino, la resurrezione, ovvero la rinascita, di Cristo, ma anche la nascita, la fondazione, delle nazioni, esattamente come si festeggia nel compleanno l'anniversario della nascita dei nostri figli. (Il fatto che la Chiesa decidesse di commemorare la data, ignota, della nascita di Cristo nel giorno del solstizio d'inverno conferma il collegamento simbolico tra la nascita del Redentore e il primo risveglio della vita della natura nel ciclo dell'anno, nell'emisfero occidentale.) Anche la Pasqua ebraica, accanto alla liberazione dalla schiavitù, celebra la nascita della nazione, in quanto l'esodo dall'Egitto portò Mosè a ricevere i dieci comandamenti, il fondamento della legge ebraica. E l'ultima cena, che per gli ebrei era il pranzo della Pasqua, diede inizio alla sequenza di eventi che portarono alla Passione e alla Resurrezione, con la sua promessa di "una nuova vita".

Tutte queste feste rievocano e sono dei misteri sacri; che cosa può esservi infatti di più misterioso e di più sacro della nascita di un bambino o della rinascita della Terra? O della promessa di un nuovo inizio? In origine la celebrazione di tali feste comportava di indossare vesti dal riferimento rituale, magico, di cui si conservano le tracce nell'uso di indossare "qualcosa di nuovo e di rosso" a Capodanno e nei cotillon delle feste di compleanno. I regali che si usa dare ai bambini a Natale e al loro compleanno rimandano ai doni dei Re Magi, mentre i fuochi d'artificio sono simbolo del nuovo sole che porterà agli uomini gioia e libertà, un significato presente anche nelle luci dell'albero di Natale.

In epoca pagana, molto prima che l'albero di Natale splendente di luci entrasse a far parte della tradizione natalizia del

Nord dell'Europa, la notte del solstizio d'inverno venivano accesi enormi falò sulla cima delle montagne per invitare magicamente il sole ad allungare il suo corso e a tornare a riscaldare la terra. L'accensione del ceppo di Natale sintetizza ancor oggi quest'antica usanza. Precorritore delle luci dell'albero di Natale è l'uso ebraico di tenere le candele accese durante la festa di Hanukah, che rievoca un evento magico: il fatto che la lampada del Tempio di Gerusalemme avesse continuato ad ardere benché non avesse più olio. Come spesso succede, il rituale magico continua a esistere e passa da una cultura all'altra, assumendo via via significati diversi. Così, i rituali di varia origine e significato assimilati nelle nostre celebrazioni del Natale simboleggiano per noi la nascita meravigliosa di un bambino che aprì una nuova era, dando un senso nuovo alla vita umana.

Le feste dedicate ai bambini hanno una caratteristica tutta speciale: ogni distinzione di rango viene cancellata oppure rovesciata. Il bambino è il re nel giorno del suo compleanno, e il giorno della Befana può andare in giro a pretendere monete o dolcetti dagli adulti e persino minacciarli se non glieli danno; mentre il primo di aprile può giocare loro i "pesci" che vuole. Queste connotazioni magiche e il rovesciamento di status spiegano in parte l'importanza di queste feste per i bambini e il particolare divertimento che ne traggono. È una grave deprivazione per il bambino se non ha la possibilità di godersi appieno le sue feste e di beneficiare dei loro significati simbolici, che si iscrivono indelebilmente nella nostra esperienza inconscia del mondo. Perciò, benché vi si partecipi anche da adulti, il modo in cui le feste vengono celebrate durante l'infanzia ha conseguenze di vastissima portata su tutto il resto della vita.

"Le feste sono gli anniversari segreti del cuore," ci rammenta il poeta Longfellow, parlando da adulto ad adulti. Quando eravamo bambini tali ricorrenze annuali erano attese con ansia gioiosa, ne pregustavamo la gioia per settimane e mesi, o da un anno all'altro; esse scandivano nel modo più piacevole la nostra vita, dando un senso positivo ai giorni che le separavano. Da adulti, ci vergognamo di assecondare un'idea così puerile su ciò che rende la vita degna di essere vissuta, e tendiamo a nascondere agli altri e anche a noi stessi i nostri veri sentimenti al riguardo. Il significato delle feste rimane tuttavia profondamente radicato nel nostro inconscio: per questo Longfellow le chiama "gli anniversari segreti del cuore". I nostri sentimenti circa quei giorni così speciali vengono dunque interiorizzati ed entrano a far parte della nostra sotterranea vita interiore.

Il modo di celebrare le festività si è notevolmente modificato nel tempo. Il Natale, per esempio, da festa essenzialmente religiosa, in cui solo i bambini ricevevano doni, si è trasformato via via, nel corso degli ultimi cent'anni, in una festa di famiglia, in cui tutti si scambiano regali. Non dico che questo sia un male, anzi: sarebbe molto positivo che le feste di famiglia fossero più frequenti. Le persone della mia generazione ricordano come ai loro tempi quasi ogni domenica fosse una festa di famiglia, un'occasione per riunirsi con gli altri parenti; e questo poteva voler dire una ventina e più di persone riunite nella stessa casa, perché allora le famiglie erano più numerose, e anche perché i parenti vivevano molto più vicini di ora, fisicamente, affettivamente e socialmente. Le occasionali dispute aggiungevano vivacità alla riunione e venivano presto appianate nell'atmosfera conviviale del grande pranzo della domenica. Gli adulti si divertivano a conversare, i bambini a giocare, e c'era l'occasione di discutere e risolvere eventuali problemi di famiglia.

Tra i ricordi più lieti della mia infanzia sono appunto quelli del pranzo domenicale, dopo il quale io e i cugini della mia età (eravamo chiamati "i piccoli") andavamo a giocare sotto la tavola, attorno alla quale sedevano genitori, zii, cugini adulti, una dozzina o più di persone, spesso dimentichi della nostra presenza. E noi giocavamo, nella penombra accogliente del tavolo, nascosti dalla grande tovaglia che arrivava fin quasi a terra, e ascoltavamo i discorsi dei "grandi". E tutti, ciascuno al suo livello, passavamo delle domeniche bellissime.

L'esperienza più simile a quella che ho raccontato, nelle famiglie americane si ha il giorno del Ringraziamento. Per il bambino piccolo, il giorno del Ringraziamento significa prima di tutto e sopra tutto il pranzo con il tacchino e tutti gli annessi e connessi, e in secondo luogo la famiglia riunita a festeggiare una ricorrenza molto particolare. Genitori e insegnanti possono spiegare le origini e la storia della festa, ma la cosa che più rimane impressa nella mente del bambino (e anche degli adulti) è l'abbondanza del cibo e lo spirito di gioconda amicizia. A livello di coscienza, tali feste hanno significato per il bambino principalmente per il senso di calore che evocano in lui e che potrà in seguito riscaldare i significati più astratti che verranno poi associati alla ricorrenza. Ma a livello inconscio agirà anche il loro significato simbolico.

La deprivazione fisica e la deprivazione affettiva costituiscono le cause delle due più grandi angosce dell'uomo; la fame e la morte per fame rappresentano le forme fondamentali della prima; la paura dell'abbandono, di cui la morte è solo la conseguenza ultima e definitiva, è la forma della seconda. Il bambino piccolo non possiede l'idea della morte, e dunque non teme la propria, mentre quella dei genitori viene assimilata a una forma di abbandono definitivo. Nella nostra società i bambini non rischiano più di morire di fame, tuttavia tutti, in qualche occasione, provano i morsi della fame; e tutti si sentono temporaneamente abbandonati quando i genitori non sono fisicamente presenti. Queste due forme di vera e grave deprivazione, che quasi tutti i bambini inevitabilmente sperimentano, nell'inconscio vengono ingrandite a proporzioni gigantesche, divenendo il simbolo di tutte le angosce. (Anche la paura degli animali feroci, così ricorrente negli incubi infantili, è, nel vissuto del bambino, un caso particolare della paura dell'abbandono, in quanto gli animali feroci sono pericolosi soltanto per l'assenza dei genitori, che saprebbero scacciarli, proteggendo così il figlio.)

Le feste di famiglia celebrate attorno alla tavola riccamente imbandita servono così a vincere le più grandi angosce del bambino, sia sul piano di realtà, sia, di gran lunga più importante, a livello simbolico. Vedere riunito tutto il parentado rassicura il bambino di non dover fare affidamento, per proteggersi dall'abbandono, soltanto sui suoi genitori, perché esistono tante altre persone alle quali fare ricorso nei momenti di crisi. Alla stessa stregua, il pranzo abbondante garantisce, sul piano di realtà e a livello simbolico, dal pericolo di morire di fame. Le feste familiari costituiscono pertanto, sia a livello di coscienza sia per l'inconscio, una delle esperienze più rassicuranti che il bambino possa fare in relazione alle sue angosce più brucianti. Sono dunque tra le esperienze più costruttive che noi genitori possiamo fornire ai nostri figli per rafforzare il loro senso di sicurezza.

Per fondati motivi, dunque, la storia della festa del Ringraziamento sottolinea la gratitudine per l'abbondante raccolto che salvò i Padri Pellegrini dalla fame e dagli stenti sofferti l'inverno precedente: la festa simboleggia un salvataggio e l'inizio di una vita migliore e più sicura, una sorta di rinascita simbolica a un livello superiore. Al fondo, tutte le ricorrenze più importanti, il Natale, la Pasqua, il giorno dell'Indipendenza, i compleanni, commemorano una nascita o una rinascita. E la speranza insita in un tale significato simbolico continua, che ne siamo coscienti o meno, a rimandare la sua eco dentro di noi.

Lungo tutta la storia dell'umanità, i gesti rituali e i sentimenti positivi a essi associati sono sopravvissuti all'evento o all'idea che avevano dato origine alla festa, mentre, come abbiamo visto, l'idea si modifica nel tempo. Per esempio, il Natale era inizialmente un rito pagano, che celebrava la rinascita del sole e della natura, e solo molto più tardi vi venne associata l'idea della nascita del Cristo. Allo stesso modo, i riti più antichi, portatori dei più profondi significati inconsci ed emotivi, ricompaiono in forma diversa, a volte dopo secoli. Così, gli enormi falò accesi sulle montagne più alte la notte del solstizio d'inverno per invitare il sole a fermarsi più a lungo nel cielo, sono ricomparsi secoli dopo sotto forma di candele che illuminano l'albero di Natale. Sono riti troppo importanti per essere abbandonati, perché soddisfano bisogni molto profondi, di solito inconsci, dell'uomo. Così come si è modificato nel tempo il modo di celebrare le varie festività, arricchendosi di idee nuove e diverse, alla stessa stregua si modifica nel corso della nostra vita il modo in cui noi, come individui, le celebriamo. Le idee che associamo al Natale, per esempio, sono cambiate con noi via via che siamo divenuti più maturi, e Babbo Natale, con la sua slitta carica di doni, si è trasformato nello spirito del dare, e la gioia di ricevere regali in quella di farne agli altri.

I gesti rituali e le cerimonie tangibili, dunque, sono permanenti e mantengono la loro primaria importanza, mentre le idee astratte che vi vengono di volta in volta associate possono modificarsi; quasi sempre, però, tali rappresentazioni astratte sono state precedute da immagini concrete, senza le quali le astrazioni rimangono gusci vuoti. Perciò, come racconta la Bibbia, Dio proibì agli ebrei di rappresentare la sua effigie: appunto perché l'impulso a rappresentarsi concretamente la divinità, in forma di vegliardo con la barba, per esempio, o di vitello d'oro, è così irresistibile; è molto difficile infatti per l'uomo non visualizzare Dio in una forma precisa. Tant'è vero che, anche ai giorni nostri, non c'è bambino che non si immagini Dio come un venerabile, immortale vecchio. In quasi tutti noi, via via che raggiungiamo una maggiore maturità, questa immagine viene sostituita da concetti astratti, come essere supremo, essenza di tutte le cose, causa prima, e via dicendo. Tutti però continuiamo a essere capaci di ammirare le rappresentazioni di Dio in forma umana che ne hanno dato i grandi artisti, come Michelangelo nella *Creazione di Adamo* sulle volte della Cappella Sistina. E in quelle forme ci appare Dio nei nostri sogni, a dimostrare come, per quanto ci si sia distanziati dall'immaginario infantile nella vita di veglia, esso continui a vivere nell'inconscio.

Perché allora dovremmo preoccuparci se i nostri figli si rappresentano il Natale attraverso l'immagine di Babbo Natale? Anche senza il minimo intervento da parte nostra, una volta cresciuti, sfronderanno da soli la loro idea del Natale da questo tipo di rappresentazioni concrete. Ma, almeno per i primi sei anni di vita, tutti i bambini credono fermamente nelle loro magiche raffigurazioni, come, appunto, Babbo Natale o la Lepre di Pasqua, anche quelli che si sentono in obbligo di accettare a parole il diverso punto di vista dei genitori. Poi, per un paio d'anni, hanno qualche dubbio, si sentono incerti, anche se in cuor loro vorrebbero crederci ancora. Dopo di che diventa tutto un gioco, una finzione, che li diverte molto; ed è un'offesa che il genitore cerchi di togliergli le loro illusioni. Se i genitori gli spiegano quella che per loro è "la verità" lo fanno, così ragiona il bambino, perché sono invidiosi del suo divertimento. E il divertimento sta nel fingere di credere ancora in queste figure magiche, ingannando i genitori e quindi dimostrandosi più furbi di loro. In questa finzione, il senso di magia, che inizialmente era associato a quelle figure, può continuare a evocare emozioni e vissuti felici, che rafforzano nel modo più godibile il legame tra genitori e figli.

Un recente studio condotto sui bambini americani dimostra come il fatto di credere nelle varie creature della fantasia sia direttamente correlato con i bisogni del bambino. Dallo studio risultò che, mentre quasi tutti i bambini di quattro anni credevano a Babbo Natale e alla Lepre di Pasqua, solo il venti per cento credeva anche al topolino dei denti. La spiegazione di tale discrepanza è che, all'età di quattro anni, i bambini di solito non hanno ancora incominciato la seconda dentizione. A sei anni, invece, solo i due terzi del gruppo studiato credevano ancora a Babbo Natale e alla Lepre di Pasqua; ora però, avendo incominciato a perdere i denti da latte, gli stessi bambini credevano anche al topolino. Due anni dopo, a otto anni, il numero dei bambini che ancora credevano a Babbo Natale e alla Lepre di Pasqua era calato a un terzo del totale, mentre al topolino credevano ancora i due terzi dei bambini. A quell'età, infatti, il cambio dei denti è ancora in corso, e i bambini si tenevano attaccati alla loro fede nel topolino che lascia un regalo in cambio del dentino. La connessione tra l'esperienza un po' allarmante di perdere un dente e la credenza in una magia compensatoria è evidente.

Il bisogno, o forse meglio il desiderio, dei bambini di fingere di credere ancora a queste figure magiche (forse per essere sicuri che i genitori continuino a portargli i regali, ma più probabilmente per godersi il piacere della finzione) è messo in evidenza dal fatto che, benché, a otto anni, solo un terzo dei bambini dicesse di crederci ancora, i tre quarti dello stesso gruppo d'età continuavano a lasciare biscotti, un bicchiere di latte o qualche altro regalino, come un disegno fatto da loro, per Babbo Natale e non mancavano di appendere in bella vista al caminetto la calza da riempire di doni.

Il bisogno di ricorrere a un'immagine concreta per afferrare il significato delle idee astratte non è prerogativa solo dei bambini, ma è sentito anche dalla maggior parte degli adulti. Pochi di noi sono in grado di comprendere veramente l'idea di bellezza senza fare riferimento a qualche oggetto la cui perfezione riesce a dare significato emotivo al concetto astratto. Solo chi da bambino è arrivato ad amare oggetti da lui ritenuti belli (indipendentemente da quello che ne potevano pensare gli adulti) sarà in grado da grande di cogliere, e amare, la bellezza in astratto. Se mettiamo in discussione, dal nostro punto di vista più colto e più raffinato di adulti, la bellezza di un oggetto che per il bambino incarna la sua idea di bello, è come se gli dicessimo che non può fidarsi del suo giudizio, con il rischio di rendergli estranea per sempre l'esperienza estetica. Potrà forse arrivare a tenere in gran conto la bellezza in astratto, ma non sarà capace di amarla nelle sue manifestazioni concrete, perché è stato prematuramente costretto a separare il giudizio dall'emozione. Spiegare a parole a un bambino che cosa è bello e che cosa non lo è non l'aiuta a scoprire che cosa la bellezza può fare al suo animo. Potrà parlarne in modo intelligente, ma la sua anima non ne sarà riscaldata, come avviene quando amiamo un oggetto che per noi è bello.

Permettiamo dunque ai nostri figli di credere a Babbo Natale, alla Lepre di Pasqua, al topolino dei denti, perché queste figure sono i precursori degli importanti concetti astratti che essi si formeranno crescendo e maturando, sui quali quelle immagini continueranno a irradiare l'intensità del loro calore emotivo. Per il bambino piccolo, il topolino che gli porta qualche soldino in cambio del dente perduto è insieme una garanzia di giustizia e l'incarnazione della giustizia; simboleggia inoltre la benevolenza di un mondo che non lascia che un bambino possa perdere qualcosa senza cercare di compensarlo.

Al contrario, la realtà, cioè il genitore che regala al figlio una moneta per ogni dentino perduto, non serve di compensazione, perché il bambino già sa che i genitori possono dare e togliere. È una cosa che fa paura a un bambino, perdere una parte del suo corpo, e che sua madre o suo padre gli facciano un regalo per consolarlo è molto bello... ma ci si può davvero contare, sarà sempre così? Il padre o la madre hanno il potere di far crescere un nuovo dente al posto di quello perduto? Invece, se il soprannaturale entra nella vicenda sotto le spoglie del topolino, di un essere fatato, allora il bambino può essere più sicuro dell'esistenza di un ordine superiore, in cui sarà provveduto a che la sua perdita non rimanga senza compensazione. È da esperienze di questo tipo che si costruisce il senso di giustizia del bambino. Non si può istillare nella mente dell'uomo il senso della maestà della giustizia, se non innestandolo su esperienze di fede infantile, le quali continueranno a esercitare una profonda forza di persuasione emotiva anche dopo che le immature e fantasiose idee da cui sono nate saranno state dimenticate da un pezzo affondando nell'inconscio. La razionalità si sviluppa solo molto più tardi, nel bambino che cresce, e la passione morale rimane debole se le nostre convinzioni sono frutto soltanto della fredda ragione.

La cosa straordinaria della magia buona dei giorni di festa è il suo potere di conferire sicurezza per tutto l'anno, quando più se ne ha bisogno, nelle situazioni più buie. I bambini lo sanno e, lasciati a se stessi, ricorrono alla forza simbolica che emana dallo spirito delle festività per ricevere sostegno morale nei momenti di disperazione. Ce lo dimostra il seguente episodio, riferito dalla psicoanalista svedese Stefi Pedersen.

Quando i nazisti occuparono la Norvegia, la Pedersen fece da guida a un gruppo di profughi, tra i quali molti ragazzini, in fuga nel cuore dell'inverno attraverso le alte montagne che dividono la Norvegia dalla Svezia. Poiché la scalata era difficoltosa ed era vitale compierla nel più breve tempo possibile, tutti avevano dovuto portare con sé solo il poco bagaglio che erano in grado di reggere sulle spalle. Quei profughi non erano alla loro prima esperienza di fuga, giacché molti di loro erano scappati pochi anni prima dalla Germania e dall'Austria fino alla Norvegia: sapevano quindi che cosa significa dover abbandonare tutto quello che si possiede per portare solo lo stretto necessario. Si fermarono, per riposare e mangiare qualcosa, solo dopo essersi messi in salvo oltre il confine svedese. Consumate le scarse provviste portate con sé, negli zaini dei bambini era rimasto ben poco. Guardando per caso nel sacco di uno dei bambini, Stefi Pedersen vide tra le poche povere cose che vi erano contenute una stellina d'argento, di quelle che si appendono all'albero di Natale. La prese in mano sorpresa, ma sentì su di sé lo sguardo imbarazzato del bambino, come se avesse tradito un suo prezioso segreto; allora, senza una parola, rimise la stellina nel sacco.

Poiché i bambini sarebbero stati affidati a lei una volta raggiunta la loro destinazione, in Svezia, e poiché, come analista infantile, le interessava capire come dare loro la sicurezza psicologica necessaria in quei tragici frangenti, la donna decise di scoprire quali altri oggetti i bambini avessero scelto di portare con sé nella fuga dalla patria. Guardò anche negli altri zaini e in tutti trovò decorazioni natalizie da pochi soldi, stelle e campane di cartone ricoperto di carta argentata. Erano quelle le cose che quei bambini (perlopiù di origine ebraica, ma di famiglie assimilate, che nel Natale celebravano non un evento religioso, ma una festa della famiglia e soprattutto una festa dei bambini) avevano scelto di portare con sé dalla Norvegia, a preferenza di qualunque altro bene: per il resto, avevano soltanto i vestiti che portavano indosso. Stefi Pedersen ne concluse che si erano portati via quei simboli di un passato felice perché essi soltanto avrebbero potuto irradiare una luce di speranza dentro la buia angoscia di un viaggio verso l'ignoto. E quelle stelline da pochi soldi, simboli della felicità vissuta un tempo nelle loro case in compagnia dei loro cari, alleviavano il senso di solitudine e di impotenza e tenevano viva la speranza.

Quella stessa sera, in vicinanza di un villaggio di confine, furono raggiunti da una ragazza norvegese, che si era dovuta dare alla fuga all'improvviso, per evitare la deportazione, senza quasi avere il tempo per radunare il necessario per il viaggio. Era in cammino per le montagne, già da diversi giorni e il suo zaino era mezzo vuoto. Solo allora ebbe l'agio di aprirlo: a parte qualche indumento, conteneva soltanto un pesante carillon di ottone. "Visto che dovevo andarmene per sempre," spiegò la giovane con aria di scusa, "ho pensato di portare con me qualcosa di bello."

L'attore danese Texiere raccontò che, durante la fuga verso la Svezia, l'unica cosa che riuscì a portare con sé fu una piccola tabacchiera che era appartenuta a Hans Christian Andersen. Di scarso valore in se stessa, la tabacchiera simboleggiava per Texiere la vita di agi che era costretto a lasciarsi alle spalle. E ci fu una donna che, oltre ai pochi indumenti sportivi, adatti per una fuga attraverso le montagne, si era portata un paio di scarpette dorate con il tacco alto. Ogni volta, tra gli scarsi effetti personali che i profughi si portavano con sé nell'abbandonare per sempre la loro casa, si potevano trovare oggetti che, giudicati obiettivamente, sarebbero parsi bizzarri e assolutamente inadatti rispetto alle necessità immediate di chi intraprende una fuga incerta e rischiosa. Nessuno di essi aveva un qualche legame razionale con la situazione del momento. Ma erano oggetti che avevano assunto il valore di rappresentazione simbolica di ciò che di meglio c'era stato nella vita dei loro possessori, e come tali erano le ultime vestigia di una vita buona e insieme una promessa di nuovi momenti felici.

Chiunque abbia avuto a che fare con persone in simili tragiche circostanze potrebbe facilmente moltiplicare questi esempi. Quello che interessa notare, qui, è però la differenza tra gli oggetti scelti dai bambini e dagli adulti a sostenerli nelle circostanze più avverse. Gli adulti, tipicamente, portarono con sé oggetti che simboleggiavano ai loro occhi esperienze felici vissute con persone reali. Il pesante carillon, si venne a sapere, era stato regalato alla ragazza da un uomo che l'aveva amata e che lei aveva amato. La donna che si era portata con sé le scarpette dorate le aveva indossate nel giorno più felice della sua vita, quando più si era sentita bella e ammirata. I bambini invece cercavano e trovavano conforto in qualcosa che rammentava loro, è vero, una felice ricorrenza trascorsa in compagnia dei genitori, ma che al tempo stesso simboleggiava un potenza più alta, superiore anche ai genitori. E, soprattutto, che simboleggiava una giornata dedicata ai bambini, la cui ricorrenza era certa e prevedibile: per quanto disperata fosse la situazione del momento, quelle decorazioni natalizie sembravano assicurare a quei bambini che ci sarebbe stato di nuovo, nella loro vita, un albero di Natale.

È questo, forse, il più profondo e più rassicurante significato del Natale, per i bambini: un ricordo capace di sostenerli nelle avversità, come lo fu per i piccoli profughi ebrei. La promessa contenuta nelle loro stelline di carta d'argento parlava loro di speranza quando tutto il resto sembrava negarla. I bambini lo avvertono, inconsciamente; ed è per questo che si tengono stretta la loro fede nella favole di Babbo Natale.

Le depressioni da anniversario

L'intuizione del poeta sugli "anniversari segreti del cuore" anticipa una verità che la psiconalisi doveva scoprire solo faticosamente: che gli "anniversari" emotivi informano la nostra visione della vita, in senso sia positivo sia negativo. La forza distruttiva delle reazioni negative mette in risalto l'importanza delle ricorrenze con evidenza forse maggiore che non quando l'influenza è positiva. Infatti, nonostante il piacere e il divertimento delle occasioni festive, a volte gli adulti non ne accolgono seriamente gli effetti, ma ricacciano nel subcosciente quelle reazioni, perché le considerano puerili.

Lo studio dei comportamenti patologici ha messo in rilievo come tali comportamenti presentino sovente un andamento ciclico, aggravandosi in coincidenza dell'anniversario di certi eventi significativi, di solito, ma non sempre, senza che il soggetto sia in grado di compiere il collegamento. Nella letteratura psicologica si parla allora di reazioni da anniversario, il cui significato è sempre assolutamente personale; sono i giorni, o i periodi dell'anno, in cui ha avuto luogo un evento infelice di grande portata come la morte di un genitore, o di un figlio. Altre volte tali reazioni si accentuano in prossimità delle feste, soprattutto del Natale. Anche i suicidi sono spesso associati a reazioni da anniversario, si tratti di festività o di disgrazie personali, mostrando come, nell'inconscio, si ricordi perfettamente quello che è accaduto in un certo giorno o in un particolare momento dell'anno. Altrettanto intensi sono gli effetti degli eventi felici, ma, siccome non c'è ragione di reprimerne il ricordo, le reazioni anniversarie positive sono molto meno drammatiche, e quindi meno facili da rilevare. Per esempio, le persone che da bambine hanno passato dei Natali particolarmente infelici, tendono per tutta la vita a soffrire di gravi depressioni intorno al periodo natalizio, mentre quelle che da bambine hanno vissuto esperienze felici a Natale non soffriranno in seguito di depressioni in quel periodo, neppure se hanno una vita dura e sono soli. È come se il ricordo di quei giorni felici permettesse loro di reggere alle difficoltà del presente.

Ho conosciuto una donna che, pur avendo una vita piena e felice, entrava in una profonda depressione tutti gli anni, intorno al giorno del Ringraziamento. In reazione alla festività, si sentiva terribilmente sola e misera, pur rendendosi benissimo conto che nulla nella sua situazione presente le dava motivo di sentirsi così. La tormentava il ricordo di quando da bambina non poteva mai essere certa che a casa sua si sarebbe festeggiato il giorno del Ringraziamento (questo, almeno, era quello che ricordava), perché non si sapeva se suo padre sarebbe ritornato in tempo, portando il tradizionale tacchino. Benché in realtà il padre finisse sempre per arrivare, sia pure all'ultimo momento, e il più delle volte portasse il tacchino, l'angoscia anticipatoria le rovinava tutta la festa e continuò a rovinargliela. L'angoscia, come pure il piacere, che proviamo in anticipazione di un evento esercita dunque una grande influenza psicologica sul nostro modo di vivere gli anniversari di quell'evento. Purtroppo, come insegna questo esempio, l'angoscia non viene cancellata dal fatto di rivelarsi ingiustificata, mentre il piacere può essere completamente distrutto se l'evento si svolge poi in modo contrario alle nostre aspettative.

Nelle feste a lui dedicate il bambino si sente più vivo, più se stesso che negli altri giorni, e questa è un'esperienza che fa bene a tutti. Il giorno del compleanno rappresenta per ogni bambino la ricorrenza più speciale, che più lo rassicura del fatto che la sua venuta in questo mondo, il suo arrivo in famiglia fu realmente un evento felice per i suoi genitori. Ed è naturale che in quel giorno abbia bisogno di sentirsi qualcuno di speciale e che debba soffrire se l'anniversario della sua nascita non viene festeggiato. Al riguardo riferirò brevemente due casi di mia conoscenza. Il primo riguarda un bambino, nato il 21 dicembre, che per tutta la sua vita risentì del fatto che i genitori, per non dover celebrare due feste a breve distanza l'una dall'altra, festeggiavano il suo compleanno insieme al Natale. Nel secondo caso, il bambino era nato proprio il giorno di Natale; avrebbe potuto sentirsi privilegiato per la coincidenza, invece la viveva come una diminuzione, perché, anziché avere due feste, che gli dimostrassero due volte la sua importanza agli occhi dei genitori, ne aveva una sola. Nel primo caso, sarebbe stato abbastanza facile fargli festeggiare il compleanno il 21 dicembre, e il fatto che i genitori lo considerassero un fastidio di troppo era giustamente interpretato dal bambino come la prova di non essere, secondo loro, una persona per cui valesse la pena darsi da fare due volte di seguito. Per i genitori del bambino nato il giorno di Natale, la cosa presentava maggiori difficoltà, ma anche in quel caso, con un po' di fantasia e di buona volontà, si sarebbe potuta trovare una soluzione. Avrebbero potuto festeggiare l'onomastico, per esempio, che è una ricorrenza a cui in molte culture si dà grande importanza. E c'è l'autorevole esempio dei regnanti d'Inghilterra, il cui compleanno è sempre celebrato a qualche giorno di distanza da quello in cui sono nati. Oppure si sarebbe potuto scegliere un giorno da festeggiare in onore del bambino, pur non essendo quello del compleanno. Ai bambini piace molto, quando, per puro divertimento, una certa giornata diventa l'occasione per una festa speciale in più. Si può inventare, per esempio, il "Natale di luglio", che richiamerà alla memoria le ore di gioia vissute insieme nel Natale vero e lascerà nel bambino l'impressione di avere dei genitori che fanno di tutto per dargli dei ricordi felici.

L'amarezza e il risentimento per essersi visti negare o rovinare il piacere della festa in certi casi non rimangono circoscritti a un particolare periodo dell'anno, ma possono gettare un'ombra greve su tutta la vita. So di una donna la cui sorellina minore era nata pochi giorni prima del suo compleanno; perciò i genitori, per semplificare le cose, decisero di festeggiare insieme i due compleanni, e, pensando che fosse meglio anticipare, anziché ritardare, l'arrivo dei regali, scelsero di festeggiarli entrambi nel giorno del compleanno della bambina più piccola. La maggiore si sentì tradita e defraudata; era come, diceva, se le avessero "rubato" il suo compleanno. Già era contrariata per la nascita della sorellina, che le aveva sottratto il privilegio di essere l'unica bambina della famiglia; ora l'obbligo di dividere con lei la festa di compleanno aveva acuito il suo odio per la sorella. Le sembrava di non avere un vero compleanno, tutto suo e che questo dimostrasse come i suoi genitori volessero bene solo all'altra. Non riusciva a godere neppure dei regali che riceveva, benché razionalmente ammettesse che erano altrettanto belli di quelli della sorella.

Quando fu un poco più grande, non volle più invitare le amiche a quella che secondo lei era la festa di sua sorella, non la sua. Non so come vivesse questa condivisione del compleanno la sorella più piccola, ma la maggiore non perdonò mai ai genitori di averla defraudata della sua festa per motivi di loro comodità. "Mi davano i miei regali nel giorno del suo compleanno," continuava a recriminare. E neppure da adulta superò mai il rancore verso la sorella, pur capendo che questa non aveva colpa della decisione dei genitori, che le negava il riconoscimento della sua autonomia come persona. A questa circostanza la donna attribuì sempre il senso di inferiorità e di deprivazione che l'aveva accompagnata per tutta la vita, e che incominciò ad alleviarsi un poco solo quando poté compensare l'infelice esperienza infantile organizzando meravigliose feste di compleanno per ciascuno dei suoi figli.

Nel caso di questa donna, come anche dell'altra che si deprimeva in occasione del giorno del Ringraziamento, la depressione da anniversario si attenuò grazie al fatto di rendere felice per i figli quello stesso evento che aveva scatenato la loro reazione depressiva. Ho conosciuto inoltre parecchi ebrei che soffrivano di depressione nel periodo natalizio, perché da bambini nelle loro famiglie il Natale non veniva festeggiato, e che riuscirono a superare la loro ciclica depressione quando incominciarono a organizzare belle feste di Natale per i loro figli. Non era stato loro di giovamento, invece, il fatto che da bambini in casa loro si celebrasse la festa di Hanukah. E questo, da un lato, perché, pur trattandosi di due festività religiose in cui i bambini ricevono dei doni, a differenza di Hanukah, il Natale commemora simbolicamente la nascita di un bambino divino, esaltando così l'evento della nascita e con esso tutta l'infanzia. Dall'altro, perché il Natale è una festa che si celebra dappertutto, il cui spirito festoso permea tutta la vita. Ecco dunque che rivivere gioiosamente con i propri figli un evento infelice della propria infanzia può mitigare in misura notevole i postumi di esperienze infantili negative.

Non sempre, però, la presenza dei figli permette di vivere esperienze positive compensatorie. Vengono riferiti diversi casi di persone tendenti ad avere gravi reazioni depressive in coincidenza del periodo dell'anno in cui da bambini avevano perduto uno dei genitori. E quando il figlio, di solito il figlio preferito o quello del medesimo sesso, raggiungeva l'età in cui il genitore era rimasto orfano, questi, ritrovando nel figlio il se stesso di allora, entrava in una depressione profonda, a volte suicida, o aveva un crollo schizofrenico. In questi casi, cioè, il fatto di rivivere attraverso la persona del figlio la fase della vita in cui avevano subito un trauma psicologico al quale all'epoca non avevano saputo far fronte, ne riattivava tutta la forza distruttiva. Come abbiamo visto, dunque, le reazioni da anniversario possono venire esacerbate, mitigate o addirittura superate, a seconda di come viene rivissuto l'evento doloroso. Purtroppo, alle volte, il riviverlo attraverso i figli ne accresce la forza distruttiva.

Questi che abbiamo riferito non sono che esempi ulteriori di come i figli, per il fatto stesso di esistere e di vivere con i genitori in stretta intimità emotiva, possano esercitare l'influenza più profonda e della più vasta portata su di essi, in senso sia positivo sia negativo. E ancora più grande è l'influenza dei genitori sulla vita dei figli, nel bene e nel male. Sarebbe saggio, allora, fare in modo che i nostri figli possano avere dei giorni di gioia speciale, dei giorni dedicati a loro, alla cui felicità anche noi partecipiamo pienamente, perché, come si è visto, tali felici "anniversari del cuore" possono compensare in ampia misura le deprivazioni del passato.

28. Non esiste Babbo Natale?!

> No, Virginia, i tuoi piccoli amici hanno torto. Sono stati contagiati dallo scetticismo di quest'epoca scettica. Credono solo a quello che vedono. Pensano che una cosa non esista, se non la possono abbracciare con la loro piccola mente... Babbo Natale non esiste?... Niente Babbo Natale! Grazie al cielo, Babbo Natale esiste, ed esisterà per sempre. Di qui a mille anni continuerà ad allietare il cuore dell'infanzia.
>
> Francis Pharcellus Church, in *The New York Sun*, 21 settembre 1897

È una profonda sofferenza per i bambini essere privati delle poche ricorrenze che sono realmente in loro onore, e gran parte della gioia va perduta se ne viene sminuita l'importanza. Nella nostra cultura, a parte il giorno del diploma e alcune cerimonie a carattere religioso come la Prima comunione e la Cresima, solo il compleanno e il giorno di Natale sono rimasti autentici giorni dei bambini. E mentre la natività di Cristo riveste un profondo significato religioso per tutta la cristianità, soltanto Babbo Natale pensa veramente ai bambini come nessun incorporeo "spirito del dare" potrà mai fare. L'uso di scambiarsi doni in segno di amore e di buona volontà può essere seguito in qualunque occasione, e fa certo parte del Natale. Ma a nessun bambino verrà in mente che Babbo Natale possa portare dei doni ai genitori e li riterrebbe ben sciocchi se appendessero le loro calze al camino perché Babbo Natale le riempia. Tutti possono festeggiare il Natale, il giorno in cui nacque il redentore del mondo, ma il grasso e gioviale vecchietto che scende dalla cappa del camino per far trovare ai bambini i suoi doni sotto l'albero, è solo ed esclusivamente per loro. Perciò i bambini lasciati liberi di credere a Babbo Natale con tutto il cuore vivranno per tutta la vita il Natale come un giorno di grande pienezza e felicità personali, molto più di quelli per i quali era stato una ricorrenza soprattutto religiosa; e, riscaldati da quelle antiche sensazioni, sapranno a loro volta dare ai figli dei Natali di gioia.

Tutte le festività traggono il loro significato più profondo da connotazioni di tipo magico. Se spogliamo una festa della sua magia, le togliamo gran parte del suo senso simbolico e inconscio, e con esso la festa perderà anche la capacità di estendere i suoi rassicuranti e benefici effetti a tutto il resto della vita. Né ci sarà più alcuna salvaguardia contro le conseguenze devastanti che possono venire al bambino se la festa gli lascia tristi ricordi. Una razionalità prematura, al pari di ogni esperienza prematura, ci lascia scarsamente equipaggiati a far fronte alle vicissitudini e agli imprevisti della vita.

I genitori di un bambino di sei anni, piuttosto sveglio, decisero che era tempo di spiegargli che Babbo Natale è solo un'invenzione. E quando, nel corso della festa, Babbo Natale fece la sua attesa apparizione, gli spiegarono che si trattava di una persona a lui ben nota, travestita da Babbo Natale. Subito il bambino scoppiò in un pianto disperato: "Perché *da me* non viene il *vero* Babbo Natale?" Quei razionalistici genitori rimasero allibiti. Non capivano che, trovandosi in un'età in cui i bambini hanno ancora bisogno dell'aiuto del soprannaturale, del magico, per riuscire a far fronte alla vita, il figlio non poteva prestare fede alle loro razionalistiche spiegazioni, e si sentiva orribilmente defraudato all'idea di non avere ricevuto, unico tra tutti i bambini, la visita del "vero" magico vecchio. Né l'assicurazione che neppure dagli altri andava il "vero" Babbo Natale poté incrinare la sua certezza di essere l'unico al mondo a essere stato trascurato. E quando cercarono di spiegargli che anche dagli altri bambini andava un Babbo Natale come lo zio Gianni, il bambino ribatté: "Ma lo zio Gianni non può andare da tutti i bambini!", un'osservazione che rispecchiava l'intelligenza e la logica impeccabile del suo pensiero, del pensiero, però, di un bambino di sei anni. E rispecchiava anche la forza del bisogno di continuare a credere a Babbo Natale, qualunque cosa gli dicessero i suoi genitori, a dispetto anche dell'aver visto con i suoi occhi che si trattava effettivamente dello zio Gianni con il costume rosso e la barba finta. Infatti, quando gli spiegarono che dagli altri bambini si recavano i loro zii o amici di famiglia, il bimbo insistette: "Però da certi bambini ci va il *vero* Babbo Natale!"

Perché non si pensi che quello era un bambino particolarmente caparbio, dovrei aggiungere che di solito era anzi molto ragionevole, tranne quando una questione lo coinvolgeva molto emotivamente. Insomma, non era molto diverso da chiunque di noi. Essendo intelligente e sensibile, e abituato a dire apertamente quello che pensava, espresse appunto il suo pensiero. Molti bambini la pensano esattamente come lui, ma non hanno il coraggio di far conoscere le nostalgie segrete del loro cuore, perché sono sicuri che i genitori li prenderanno in giro. E si disperano perché da loro non arriva il "vero" Babbo Natale, tenendo per sé la loro pena, mentre nel segreto del cuore ne danno la colpa ai genitori. Hanno l'impressione che le cose buone della vita, come il "vero" Babbo Natale, passino oltre senza fermarsi da loro, e temono che tale sarà sempre il loro destino.

Un altro bambino, di cinque anni, più piccolo dunque del precedente, dovette in altro modo cercare di tenere viva dentro di sé la figura magica di Babbo Natale, contro i tentativi dei genitori di fargli accettare un'interpretazione prematuramente razionale del significato del Natale. In realtà, quei genitori avrebbero voluto che il figlio, a cinque anni, celebrasse la festività del Natale conformemente alle loro idee, come se i sentimenti di un bambino di cinque anni e quelli di un adulto potessero coincidere.

La madre decise dunque di spiegare al figlio che Babbo Natale non esiste, perché, a suo parere, il bambino doveva sapere "la verità". E gli spiegò che era soltanto una bella favola che si racconta ai bambini, e che simboleggia lo "spirito del dare". Il bambino parve accettare la spiegazione. Poco dopo, però, uscì con la domanda: "Che cosa succede se c'è acceso il fuoco quando Babbo Natale scende dal camino?" La madre rimase sconcertata, tanto più che in casa loro non avevano il camino. Comunque gli rispose di non preoccuparsi, perché era solo una favola. Quella notte però il bambino si svegliò tutto angosciato e chiese: "Babbo Natale esiste?" La madre a quel punto non sapeva più che cosa pensasse il figlio: che Babbo Natale esisteva, come lasciava intendere la sua domanda nel cuore della notte, o che era solo un'invenzione, come sembrava dimostrare il suo assenso nel corso della giornata, di fronte alle sue spiegazioni?

Ma il fatto che il bambino si fosse svegliato nel cuore della notte con quella domanda, come pure che si fosse preoccupato del fuoco acceso nel camino, dimostrava che non era in grado di accettare la spiegazione razionale della madre. Alla madre era sembrato assurdo che il figlio si preoccupasse del fuoco acceso in un camino che non esisteva, perché era incapace di vedere il mondo come lo vedeva il bambino. Se a lei quella preoccupazione pareva insensata, per il bambino era invece molto ragionevole, perché lui credeva all'esistenza di Babbo Natale e dunque sapeva che Babbo Natale scende giù per la cappa del camino. Vedendo il figlio così in preda alla confusione, la donna incominciò a domandarsi se avesse fatto bene a spiegargli che Babbo Natale non esiste.

Era dunque disposta ad accettare le fantasie del figlio, ma, purtroppo per entrambi, solo fino a un certo punto. Sarebbe stata forse propensa ad assecondare la fede in Babbo Natale, mentre l'idea che egli scendesse da un camino che non esisteva, le riusciva assolutamente inaccettabile. Ma, poiché per il bambino Babbo Natale esisteva realmente, e siccome Babbo Natale scende sempre dal camino, nella sua logica ne conseguiva che anche da loro sarebbe sceso dal camino, indipendentemente dal fatto che in casa loro ci fosse o meno un camino.

Gli spiriti magici non si lasciano certo fermare da un ostacolo materiale! Una volta che pensiamo che la realtà possa frenarli, già non crediamo più agli spiriti. Se un bambino crede a Babbo Natale, crederà anche che debba scendere dal camino, anche se il camino non c'è. Comprendere una logica del genere è difficile se ci accostiamo a essa con la nostra mente razionale di adulti, ma per un bambino è del tutto sensata; e lo è stata anche per noi, quando eravamo bambini, anche se forse, per il bisogno di noi adulti di vederci più razionali di quel che siamo, ora l'abbiamo dimenticato.

È difficile immaginarsi come un bambino di cinque anni possa credere alla realtà dello "spirito del dare", e non invece a Babbo Natale, che è uno spirito tanto più visibile e tangibile! Quella madre avrebbe voluto, per motivi suoi, che il figlio concepisse il Natale nel modo in cui lo concepiva lei. Ma che senso ha avere delle feste dei bambini, se poi pretendiamo che le vivano secondo gli schemi di noi adulti? Perché allora prenderci il disturbo di celebrare feste dedicate ai bambini? Il problema, per la madre del nostro esempio, era duplice: voleva che il figlio accettasse il *suo* concetto di realtà, e non era disposta ad accettare la validità della visione che della realtà aveva il *bambino*.

Tuttavia era convinta di volere solo la felicità del figlio. Disse che gli aveva spiegato che Babbo Natale non esiste perché non voleva dirgli una bugia, e anche perché temeva che gli altri bambini lo schernissero per quella credenza così puerile. In realtà, quello che voleva era avere un figlio più avanti intellettualmente ed emotivamente della sua età, visto che avrebbe voluto che sostituisse Babbo Natale con lo spirito del dare, cioè un simbolo vivo con un'idea astratta.

Simili costrutti intellettuali non potranno mai compensare la soddisfazione emotiva di credere a un personaggio magico che porta i suoi doni a tutti i bambini. Quello che la madre intendeva per "spirito del dare" e quello che il figlio intendeva per Babbo Natale non erano affatto la stessa cosa. Vivere l'essenza del Natale come spirito del dare vuol dire scambiarsi reciprocamente doni e auguri di bene: richiede cioè che tutti partecipino di questo "dare", anche il bambino. Forse Babbo Natale, o chi lo ha inventato, comprendeva meglio la natura dei bisogni infantili. Secondo la sua leggenda, egli lavora tutto l'anno al Polo Nord per preparare i regali da portare ai bambini; è un elfo benefico che non vuole nulla in cambio, perciò arriva nel cuore della notte e non si lascia vedere, anche se tutti lo visualizziamo con tanta precisione. Tutti noi sappiamo, e lo sanno anche i nostri figli, che esiste una grande differenza tra il ricevere doni da un'entità spirituale che non vuole nulla in cambio, e il riceverli da amici e parenti, che si aspettano se non altro almeno la gratitudine.

Una negazione prematura del desiderio di credere a Babbo Natale è una delusione che può indurci a vivere per tutta la vita il Natale in modo razionalistico, senza quei sovratoni affettivi che solo gli antichi ricordi di esperienze infantili possono infondere alle nostre attività adulte. E allora il Natale che noi prepareremo a nostra volta per i nostri figli parlerà solo al loro intelletto, perché il dare, per un bambino, può solo essere motivato dall'intelletto. E questo non solo lascia i bisogni del cuore insoddisfatti, ma non li risveglia: nessun astratto "spirito del dare" può stare alla pari con l'immagine di Babbo Natale che scende dalla cappa del camino; tanto più che i bambini la vedono comunque rappresentata tutt'intorno a loro durante il periodo natalizio.

Il bambino piccolo riesce a comprendere i concetti astratti soltanto se espressi in forme concrete. Piaget dà un esempio molto significativo di come si sviluppa nel bambino il concetto di realtà, e di come sia diverso da quello di un adulto. Mentre passeggiava in giardino con il suo figlioletto, Piaget gli domandò: "Dov'è il papà?" E suo figlio, indicando la finestra del suo studio, rispose: "Lassù." Il bambino aveva un'età in cui il suo senso di sicurezza dipendeva dal "sapere" che il papà sta nel suo studio. E se Piaget avesse cercato di convincerlo, in quella fase del suo sviluppo, che papà non può trovarsi contemporaneamente in due luoghi diversi, non solo non avrebbe migliorato affatto la sua comprensione della realtà, avrebbe aumentato di molto la sua confusione e insicurezza circa la realtà. Sapere che il posto di suo padre era lassù nel suo studio dava al bambino sicurezza circa l'ordine delle cose, mentre sentirsi dire che non poteva essere nel suo studio, visto che in quel preciso momento si trovava in giardino accanto a lui, l'avrebbe indotto a pensare di non sapere nulla con certezza.

L'episodio raccontato da Piaget illustra come, nel mondo del bambino piccolo, il padre in carne e ossa e il padre in spirito possano avere un'esistenza indipendente, che, ben lungi dallo sminuirli, li arricchisce entrambi. Per il bambino piccolo le figure importanti della sua vita possono trovarsi in molti luoghi diversi nello stesso momento, ed esistono sia in forma spirituale sia in forma materiale. Ecco perché non lo disturba vedere tutti i Babbi Natale che circolano nelle nostre città durante il periodo natalizio, e anzi gli piacciono, per quanto a noi possano sembrare volgari: perché sta proprio allora iniziando a separare le idee astratte dalle loro personificazioni materiali, così come il figlio di Piaget separava l'idea del padre che svolge il suo importante lavoro lassù nello studio dal padre che stava giocando con lui giù nel giardino. A noi adulti sembra che i Babbi Natale per la strada possano distruggere tutta la bellezza e il mistero del Natale, mentre per il bambino piccolo essi sono una conferma rassicurante dell'esistenza, della realtà e dell'onnipresenza del mistero. Sulla base dell'osservazione di Piaget si può capire anche come possa il bambino credere che un unico e identico Babbo Natale porti i doni a tutti i bambini, in tutto il mondo, nello stesso istante.

Neppure le esperienze più drastiche possono intaccare il bisogno e il desiderio del bambino di credere a Babbo Natale, se ancora non è pronto a rinunciare a questa amichevole figura in nome della fredda realtà. Lo illustra l'esperienza di un bambino ebreo di cinque anni, raccontatami dalla madre. Essendo la famiglia ebrea, in casa non si parlava di Babbo Natale, ma il figlio ne era informato attraverso l'esperienza a scuola e attraverso la televisione. Un giorno, andarono a fare acquisti in un grande magazzino, ma il bambino si annoiava; allora la madre gli disse di andare in giro a dare un'occhiata alle cose che gli interessavano e di farsi trovare, quando aveva finito, in un certo punto del locale. Quando si ritrovarono, il bambino le raccontò: "Sono stato a vedere Babbo Natale." La madre gli domandò che cosa si fossero detti. "Gli ho chiesto come faceva a sapere quali erano i bambini ebrei e quali i bambini cristiani, e poi gli ho chiesto che doni avrebbe portato ai bambini cristiani," rispose il bambino, e poi aggiunse: "Sai, mamma, Babbo Natale sembrava molto confuso." Benché in famiglia non festeggiassero il Natale, quel bambino era ugualmente sicuro dell'esistenza di Babbo Natale, di un Babbo Natale che si recava soltanto dai bambini cristiani. Fortunatamente, sua madre non ebbe cuore di dirgli "la verità".

Ricevere e donare attraverso Babbo Natale

Esiste un fondato motivo, se la storia di Babbo Natale venne così prontamente accettata e integrata nella celebrazione del Natale, che inizialmente era una festività religiosa universale, e non una festa speciale dei bambini. Il Natale divenne la festa dei bambini solo con l'introduzione di Babbo Natale, perché solo credendo in questa figura certi bambini si possono permettere di accettare dei doni. Ci sono molti bambini che hanno la sensazione di non meritarsi i regali dai genitori, perché si sono comportati male o hanno avuto pensieri negativi verso di loro. E un numero ancora maggiore di bambini hanno l'impressione che accettare regali dai genitori o dai parenti li metterebbe in una posizione di obbligo nei loro confronti, come se dovessero sentirsi grati loro malgrado. Tutti i bambini sanno invece di non avere mai nutrito pensieri negativi nei confronti di Babbo Natale, e sanno che lui non si aspetta in cambio la loro gratitudine; perciò da lui possono accettare doni senza ambivalenze.

I regali che si ricevono dai genitori sono segnati dai sentimenti a loro connessi. Perciò a volte i bambini hanno reazioni ambivalenti verso i regali dei genitori, o si sentono in colpa quando ci giocano, e non riescono a goderli appieno. Alcuni persino li rifiutano o pensano, se non è esattamente il regalo che avrebbero voluto, che quello sia il segno che i loro genitori non hanno ritenuto valesse la pena di porre maggior cura nella scelta. Ma nessun bambino rifiuta i regali che porta Babbo Natale né nutre sentimenti ambivalenti nei loro confronti. E anche se il regalo non è esattamente quello desiderato, da parte di Babbo Natale si tratta sempre di un peccato veniale, e comunque non si riflette sui genitori.

Forse preparare il Natale per i figli e accettare con gioia che credessero a Babbo Natale veniva più facile un tempo, quando il Natale non era contaminato dalla pubblicità. Il consumismo diffuso ha talmente elevato le aspettative dei bambini, che difficilmente la realtà riesce ad appagarle, con grande frustrazione di genitori e figli insieme. La fanfara natalizia induce i genitori a fare più di quanto possano in realtà permettersi, sia psicologicamente sia economicamente. Inoltre, appunto perché fanno tanto per rendere spettacolare il Natale dei loro figli, ai genitori riesce sempre più difficile non aspettarsi dai figli qualche riconoscimento per i sacrifici compiuti. Quando i regali erano modesti, era facile per i genitori fingere che li avesse portati Babbo Natale; ma ora che costano così tanto, in fatica e denaro, si vorrebbe, a dispetto delle migliori intenzioni, vedere un po' di gratitudine e di riconoscimento da parte dei figli. Il desiderio inconscio di riconoscimento e di gratitudine da parte dei genitori non fa che acuire nel bambino il bisogno di credere a Babbo Natale; ecco dunque che i rispettivi scopi di genitori e figli si trovano a divergere.

S'intende che i bambini sanno bene quale ruolo importante abbiano i genitori nel rendere il Natale una bella festa, perché vedono tutto il cucinare e tutti gli altri preparativi che si fanno in casa. La bellezza del Natale sta appunto in questa fusione di finzione e di realtà, che rende più vitali entrambe. Che il bambino lo viva positivamente o negativamente, dipende esclusivamente dallo spirito con il quale i genitori sanno amalgamare la realtà della festa e il suo significato magico. Perché il bambino la possa vivere in tutta la sua pienezza, bisogna che realtà e fantasia vi entrino in pari misura.

I bambini hanno una tale istintiva affinità per i significati più profondi del Natale, che quanto più noi adulti ci prendiamo a cuore i suoi aspetti di realtà, più ne viene risvegliato e appagato l'immaginario infantile. Soprattutto significativo è l'albero di Natale: qualunque genitore che abbia decorato l'albero con o per i suoi figli è stato testimone della miracolosa, magica trasformazione (e di vera magia si tratta, giacché si basa sulle credenze magiche del bambino) di un abete reale nell'appagamento di un sogno meraviglioso, quando il bambino contempla l'albero decorato in tutto il suo lucente splendore. È per questa ragione che l'albero di Natale è stato così immediatamente accettato come un simbolo perfetto, perché è incontrovertibilmente un albero reale, e tuttavia è altrettanto evidente ciò che un albero reale non potrà mai essere. I genitori hanno trasfigurato la sua arborea realtà quotidiana in un mondo meraviglioso.

Il vero miracolo del Natale, a parte il suo significato religioso, è il miracolo della mente infantile, che sa trasformare l'ingenua esile bugia che nasconde il genitore dietro l'immagine di Babbo Natale nella promessa di un mondo benevolo e gratificante. Per il bambino, oltre a tutti gli altri suoi significati, Babbo Natale è il simbolo non soltanto della generosità dei suoi genitori, ma anche della benevolenza e della buona volontà dell'universo. Una benevolenza che non può essere garantita dai regali soltanto, per numerosi e raffinati che siano, ma viene segnalata dalla disponibilità dei genitori a creare per il loro bambino, una volta all'anno, un mondo che è in armonia con i suoi desideri più profondi, con il suo pensiero magico. L'esistenza di Babbo Natale, questo simbolo di benevolenza e di dedizione alla felicità di tutti i bambini, comunica al bambino una sicurezza più grande di qualunque regalo i genitori possano fargli a proprio nome.

(E, a questo riguardo, vale la pena ripetere come i regali che il genitore ha costruito con le proprie mani posseggano un valore molto speciale. Non c'è bambola di lusso che possa stare alla pari con quella di pezza cucita da una madre per la propria bambina: questa infatti diventerà davvero la sua figliolina. E i pezzi di legno sagomati dal genitore con le sue mani serviranno al bambino a costruire il castello dei suoi sogni.)

In una società come la nostra, Babbo Natale è per molti aspetti l'ultima traccia dell'antica credenza in un'età dell'oro, nella quale tutto ci era dato senza dover fare nulla per meritarlo e senza dovere nulla in cambio. Questo mito è, naturalmente, una proiezione del mondo del lattante. E il pancione di Babbo Natale sembra gravido di tutte le cose buone che dispenserà, simbolo vivo della nostra felice esistenza intrauterina. È incredibile in quale alto grado si sia rimasti legati, nonostante la nostra razionalità di adulti, a questa antica immagine di un'esistenza di pura beatitudine, a questo mito dell'età dell'oro, presto infranto dalla realtà, quando ci rendemmo conto che non ci sarebbe stato dato tutto per sempre, che a dare erano solo dei genitori, il cui potere è umanamente limitato.

I bambini sono anche troppo acutamente consapevoli dei limiti dei genitori e della realtà in tutti gli altri giorni dell'anno. Hanno ragione dunque a voler credere che, almeno un giorno all'anno, il mondo incantato, il paradiso perduto dell'esistenza infantile possa essere riconquistato almeno per finta, almeno per poche ore. E sono esperienze estremamente rassicuranti per il bambino, perché significano che l'età dell'oro, il paradiso, non sono perduti per sempre. E questo gli conferisce la forza di resistere nonostante le difficoltà del presente, e gli dà speranza per il futuro. Il mondo diventa un posto davvero desolato e ostile, se i genitori negano a questo sogno ogni base di realtà, persino come annuale ritorno di Babbo Natale.

Come ebbe a dire una ragazzina di dieci anni, quando venne messa in dubbio l'esistenza di Babbo Natale: "Lo so che Babbo Natale in realtà non esiste e neppure il topolino dei denti che mette la moneta sotto il mio cuscino" e poi, scoppiando in lacrime, "come detesto la realtà!" Il suo odio per la realtà era la conseguenza dell'essere stata troppo precocemente obbligata a rinunciare alle sue fantasie di realizzazione dei desideri. Lungi dall'avvicinarla a una più sana visione della realtà, secondo l'intenzione dei genitori, le loro spiegazioni razionali l'avevano alienata dalla realtà, perché, senza qualche escursione nel mondo della fantasia, senza qualche evento o rituale intimamente appagante, la grezza realtà riesce intollerabile al bambino, e anche a molti di noi che bambini non sono più. Per tenere a bada l'angoscia, e per riaccendere la speranza nelle cose belle a venire, cioè per padroneggiare veramente la realtà, i bambini hanno bisogno di ricorrere al pensiero magico e di credere a una dimensione magica, alle fate buone o all'angelo custode, a Babbo Natale, alla Lepre di Pasqua.

Di norma, il bisogno di una dimensione magica è soprattutto sentito nei sei anni che vanno dai quattro ai dieci, che sono precisamente gli anni in cui il bambino deve imparare a far fronte al mondo della realtà. L'uso del pensiero magico declina spontaneamente più presto, di norma non prima però dei sei, sette anni, l'età della scuola; e così è bene che sia. Quando la razionalità viene imposta prematuramente, dall'esterno, il bisogno di ricorrere al pensiero magico viene rimosso; non si ha cioè una vera rinuncia, ma una compressione nell'inconscio, dove questa forma di pensiero non ha più la possibilità di seguire il normale processo di graduale disintegrazione a opera dell'affermarsi del pensiero razionale. Potrebbe allora riproporsi in tutta la sua forza durante l'adolescenza, quando il ragazzo si libera del predominio dei genitori. Molti ragazzi, ai quali venne detto troppo presto che Babbo Natale non esiste, che furono nutriti non di fiabe bensì di racconti realistici, arrivano all'università credendo nell'astrologia, affidandosi ciecamente all'*I Ching* per ogni decisione, ai tarocchi per sapere il futuro: cercano così di rifarsi di quello che hanno dovuto perdere da piccoli.

Di norma la fede nella dimensione magica viene meno gradualmente, via via che, con l'ampliarsi dell'esperienza del bambino, la realtà prende il sopravvento ed egli riesce sempre meglio a gestirla. Viene allora il giorno che il bambino non vorrà più credere a Babbo Natale, qualunque cosa gli dicano i genitori; anche se forse continuerà a fingere di crederci, come parte di un gioco molto godibile di complicità con i genitori, in cui viene ricreato temporaneamente il mondo fantastico dell'infanzia, con piacere di entrambi, ciascuno al suo livello. La fantasia di Babbo Natale, tuttavia, può essere goduta appieno solo se in passato essa ha fatto veramente parte della realtà del bambino, e questi non è stato prematuramente spinto ad accettare l'interpretazione degli adulti.

Perciò, se vogliamo aiutare i nostri figli a formarsi una sana visione della realtà e ad acquisire la capacità di farvi fronte, dobbiamo non solo permettere loro di credere alle proprie fantasie per il tempo necessario, ma anche, nei momenti più significativi, dare realtà a tali fantasie. È questa infatti l'importante funzione delle festività nell'economia psichica del bambino: dargli la forza necessaria al mestiere di vivere.

29. Il "vero" Babbo Natale. La Lepre di Pasqua. E il Diavolo

E sopra tutto detestava l'omelia,
Lo slogan e la pubblicità...
... L'albero di Natale,
L'uovo di Pasqua, il battesimo, questi li osservava.

KARL JAY SHAPIRO, *Elegy for a dead soldier*

Pochi regali possono appagare di più di un eccesso di doni, o, meglio lo potrebbero, se la commercializzazione del Natale e l'onnipresenza della pubblicità televisiva non avessero gonfiato oltre ogni ragionevolezza le aspettative dei bambini. Se i regali sono pochi, si elimina l'ambivalenza circa il fatto di ricevere senza contraccambiare, a cui abbiamo accennato nel capitolo precedente. È quello che avviene in un'altra festa dei bambini, celebrata in molti paesi del Nord dell'Europa e che dall'Olanda fu portata a New Amsterdam, cioè a New York, e pertanto nel nuovo mondo: la festa di san Nicola. Il giorno di San Nicola, il 6 dicembre, si usa dare ai bambini piccoli regali da poco prezzo, sicché anche il più povero dei genitori può permettersi di festeggiare la ricorrenza e di parteciparvi con il giusto spirito, e nessun bambino ha bisogno di sentirsi in colpa di fronte ai regali ricevuti, anche se pensa di non meritarli.

Anche se si tratta di una festa che da noi non viene osservata, vale la pena parlarne, perché ci può aiutare a capire meglio la figura di Babbo Natale, e, attraverso questa figura, che parla ad alcune tra le nostre più importanti emozioni, a capire meglio il significato che il Natale ha assunto oggi per i bambini.

Per molti secoli, molti più di quanti ne contino le nostre attuali tradizioni natalizie, san Nicola fu il santo più venerato e celebrato dal popolo nella chiesa d'Oriente come in quella d'Occidente. E la sua festa, per tutti i secoli in cui il Natale rimase una ricorrenza strettamente religiosa, fu forse la festa secolare più popolare.

Per quanto riguarda il personaggio del santo, sembra siano esistiti due pii vescovi che portavano il suo nome, entrambi attivi a Myra, un'antica città della Licia, in Asia Minore. Il primo visse probabilmente nel III o nel IV secolo; gli si attribuiscono molti miracoli, ma di lui non si sa nulla di preciso, neppure se sia realmente esistito. Anche dell'altro vescovo di Myra, a nome Nicola, vissuto nel VI secolo, si sa abbastanza poco. I due personaggi vennero assimilati nella figura di san Nicola di Myra, autore, secondo la tradizione, di innumerevoli miracoli. La venerazione del santo si diffuse a tal punto che già nell'XI secolo vennero inviate in Licia diverse spedizioni per assicurarsi le sue reliquie. A Bari, nel 1087, per accogliere parte di esse venne fondata una chiesa la cui importanza è attestata dal fatto che divenne una delle quattro chiese palatine dell'Apulia. Da allora molte chiese, grandi e piccole, vennero dedicate al suo nome in tutta Europa, e la sua festa è sempre stata solennemente celebrata ovunque.

Alcuni dei miracoli attribuiti a san Nicola hanno attinenza con il nostro tema. Innumerevoli volte salvò bambini e fanciulli da pericoli mortali e molti ne risuscitò, divenendo così il santo patrono dell'infanzia. Si dice anche che, avendo ereditato grandi ricchezze, donò tutti i suoi averi ai poveri, tra gli altri a tre virtuose fanciulle che non potevano maritarsi perché non avevano la dote; secondo la leggenda, il santo lasciò cadere una borsa piena d'oro al fianco di ciascuna fanciulla durante la notte mentre dormivano, così che non sapessero l'origine di quei doni. Questo particolare della leggenda di san Nicola, la scelta di rimanere anonimo, deponendo i suoi doni nel cuore della notte quando tutti dormivano, è poi divenuta una caratteristica importante del personaggio di Babbo Natale.

San Nicola era il patrono non solo dei bambini, che salvava e proteggeva, ma anche della famiglia e della fecondità. Questo aspetto risale probabilmente ad antichissimi culti pagani della fertilità, poi in qualche misura assimilati al culto del santo. Come patrono della famiglia e della fecondità, veniva invocato dalle coppie che desideravano avere figli, soprattutto dalle donne. Analogamente lo invocavano le vergini che avevano bisogno della dote. La sua disponibilità ad assistere le donne che desideravano un figlio era così nota e celebrata che in molti cantoni svizzeri dire che una donna aveva pregato san Nicola equivaleva a dire che era incinta, e quando si diceva che una famiglia era stata visitata da Sant Klos (dizione dialettale per san Nicola, da cui probabilmente derivò Santa Claus, il nome che viene dato al personaggio di Babbo Natale nei paesi anglosassoni), significava che in quella famiglia era nato un bambino.

In alcune zone della Svizzera non era la cicogna a portare,

secondo la tradizione, i bambini, bensì Smichlaus, altra dizione dialettale del nome di san Nicola. In Bretagna, le donne che desideravano un figlio si recavano in una cappella dedicata al santo, dove una sua effigie era appesa al soffitto per mezzo di una fune; si pensava che pregando il santo e toccando la sua statua avrebbero ottenuto la grazia di concepire un figlio; quest'usanza costituisce un esempio di come nel culto di san Nicola confluissero riti per la fertilità di origine pagana. Fin dall'XI secolo, dunque, il culto di san Nicola fu strettamente associato con la gravidanza e la fertilità, con la nascita dei bambini e con l'elargizione di doni nel cuore della notte. In alcune località si diceva che la notte del giorno a lui dedicato, il santo passasse sul suo cavallo bianco (o grigio pomellato) sopra i tetti delle case, lasciando cadere a seconda dei casi dalla cappa del camino i suoi doni per i bambini o il neonato atteso. È evidente l'analogia con la leggenda di Babbo Natale che passa di notte sopra i tetti sulla sua slitta trainata dalle renne. Durante le rappresentazioni sacre in onore di san Nicola, inoltre, chi lo impersonava vestiva i paludamenti vescovili o, a volte, la porpora cardinalizia: di qui, forse, l'origine del costume rosso di Babbo Natale.

Quali sono le caratteristiche di Babbo Natale che possono fare appello all'inconscio infantile, soprattutto in rapporto ad altri elementi delle celebrazioni natalizie? Gli aspetti del Natale che globalmente e singolarmente evocano risposte inconsce sono numerosi. Per esempio, tutti i bambini si domandano che effetto abbia fatto il loro arrivo ai loro genitori, se sia stato accolto con gioia oppure no. Perciò, qualunque festività che celebri la natività ha un effetto rassicurante, e tale è appunto l'evento che più evidentemente il Natale festeggia. La gioia con la quale il Cristo bambino venne accolto nel mondo, la felicità non solo dei suoi genitori, ma anche dei pastori e dei tre Re Magi, viene assunta dal bambino come segno che anche la sua nascita fu un avvenimento gioioso per i suoi genitori e per la collettività, visto che tutti festeggiano il Natale.

L'avvento, il periodo che precede il Natale, è un tempo di gioiosa anticipazione, come lo è il periodo che precede la nascita di un bambino; la casa viene preparata per ricevere il nuovo membro della famiglia, così come viene addobbata in preparazione del Natale. La venuta di Babbo Natale nel cuore della notte rimane avvolta nel mistero, così come lo è la nascita dei bambini, i quali, pure, nascono di preferenza durante le ore notturne. Babbo Natale scende giù per la cappa e fa il suo ingresso in casa attraverso il camino, che dispensa intorno il suo calore vitale; il pancione di Babbo Natale, inoltre, assomiglia al ventre di una donna prossima a partorire. Anche il bambino, per nascere, discende lungo uno stretto e oscuro condotto, dal quale emerge alla luce del mondo. Una nota e antica tradizione vuole che i bambini vengano portati dalla cicogna, che li lascia cadere dalla cappa del camino: un altro parallelismo che ricollega Babbo Natale con san Nicola. Infine, non meno importante, i genitori sanno come avvengono il concepimento e la nascita, ma i figli non devono saperlo, a loro si racconta una storia diversa; analogamente, i genitori conoscono la verità su Babbo Natale, ma ai figli raccontano una favola. Sia il giorno di san Nicola sia quello di Natale, inoltre, celebrano in un certo senso la rinascita dell'anno e la fecondità della terra. Anche nei luoghi dove san Nicola non viene festeggiato, solo un bambino particolarmente poco ricettivo non risponderebbe, almeno nell'inconscio, a tutte queste analogie tra l'arrivo di Babbo Natale e (per i suoi rimandi alla leggenda di san Nicola) la nascita dei bambini. Insieme, tutti questi significati simbolici fanno del Natale il giorno forse più bello della vita di ogni bambino.

Quando ero piccolo, in Austria, il giorno di San Nicola veniva celebrato più o meno allo stesso modo in cui lo era stato per secoli: e così viene festeggiato ancor oggi, in Austria e in molti altri paesi. Quel giorno, arrivano in ogni casa due uomini: uno impersona san Nicola, ed è paludato come un vescovo; l'altro recita la parte del suo aiutante o servitore, oppure del suo opposto; il nome e il travestimento variano a seconda delle località. Come servitore del santo, viene chiamato Ruprecht, e trasporta il sacco contenente i regali; più spesso, però, ha nome Pietro il Nero, o Krampus o Grampus, ha la faccia tinta di nero, due corna sulla fronte, la coda, a volte persino il piede caprino: rappresenta cioè il Diavolo. E il suo sacco non contiene regali, serve a portar via i bambini cattivi; quasi sempre trascina anche delle catene, che fa paurosamente ondeggiare, come una sferza. Ma questo personaggio maligno, dall'aspetto e dalle maniere così feroci, è in realtà sottoposto al potere del buon vescovo Nicola, il quale arriva sempre a fermarlo, così come, nella leggenda, salvava i bambini in pericolo.

Il giorno di san Nicola, dunque, questi due personaggi, che in realtà sono dei vicini compiacenti opportunamente travestiti, bussano di porta in porta, chiedendo ai genitori (che sono d'accordo, ovviamente) se i loro figli sono stati buoni o cattivi. Di solito la risposta è: "Il più delle volte buoni, ma non sempre." Allora il Diavolo fa un balzo in avanti e cerca di afferrare il bambino per dargli una buona sferzata con la sua frusta fatta di ramoscelli, ma il bambino riesce quasi sempre a sfuggirgli, tra alti strilli. In ogni caso, dopo qualche tentativo di punirlo da parte del Diavolo, entra in azione san Nicola, che lo rimette al suo posto, facendo capire chiaramente che proteggerà sempre tutti i bambini. Quindi il santo ammonisce il bambino di essere buono e gli dà i suoi doni, cose modeste, di solito frutta e dolcetti. Uno dei suoi doni tradizionali, in particolare, riveste un importante significato: è un ramoscello uguale alla sferza di Krampus, ma dipinto d'oro o d'argento, e con appesi alcuni frutti e dolcetti. Il ramoscello di san Nicola, richiama cioè la verga con cui sono puniti i bambini, ma è bello e dolce, è la trasfigurazione di uno strumento di punizione in uno strumento di piacere, cosa molto apprezzata dai bambini. Nel giorno di san Nicola, dunque, attraverso una drammatizzazione che diverte grandi e piccini, viene dapprima, con la punizione minacciata o simbolica impartita dalla figura del Diavolo data soddisfazione al lato negativo dell'ambivalenza dei genitori e dei figli (che si sentono in colpa per essersi comportati male o per aver fatto cattivi pensieri); dopo di che può trionfare il lato positivo dell'ambivalenza, e vengono distribuiti piccoli doni, che hanno un valore molto più immediato e reale della punizione simbolica. (Aggiungerò, per amore di completezza, che alla fine, quando i bambini sono tutti intenti a godersi i regali ricevuti, i genitori fanno scivolare un piccolo obolo e una regalia in mano ai volonterosi attori, a ricompensa delle spese e delle fatiche sostenute.)

In queste piccole rappresentazioni dedicate ai bambini, San Nicola compare sempre in coppia con l'altro personaggio a significare in un modo comprensibile a tutti le due parti della nostra personalità; come a dire che sia nel bambino sia nell'adulto, né il bene né il male esistono indipendentemente l'uno dall'altro. E la risposta dei genitori alla domanda su come si sono comportati i loro figli indica che essi sanno che questi non sono né tutti buoni né tutti cattivi; i bambini possono perciò godersi i loro piccoli regali senza doversi sentire in colpa. Naturalmente i maestosi paramenti vescovili del santo, con la mitra e il bastone pastorale, e l'ingegnoso travestimento di Pietro il Nero (o Grampus o Ruprecht) accrescono il divertimento, come fanno il costume rosso di Babbo Natale e la sua barba bianca. Poiché la messa in scena avviene con la totale collaborazione dei genitori, ecco che questi contribuiscono a dare corpo e realtà alle fantasie del bambino, alle sue paure inconsce come alle fantasie di realizzazione dei desideri, imprimendo loro il marchio rassicurante dell'approvazione materna e paterna.

Il Natale non è l'unica festa dei bambini che celebra la natività, la fertilità della terra e la rinascita della natura; anche il Primo Maggio ha un significato analogo e, con le sue danze intorno all'albero di maggio, era un tempo occasione di festeggiamenti, soprattutto da parte dei bambini e dei giovani, ma con l'attiva partecipazione dell'intera collettività. Allora, davvero, tutti davano "inizio ai trastulli". (Oggi negli Stati Uniti il primo maggio non viene più festeggiato, ma conserva ancora, altrove, come festa socialista dei lavoratori, l'antico significato di annuncio di un nuovo inizio.) L'altra grande festività annunciatrice di un nuovo inizio è la Pasqua, il giorno della Resurrezione, la celebrazione della rinascita. Senza la Pasqua, la vicenda di Cristo finirebbe con la sua crocifissione e morte, mentre, così, una nuova vita, una nuova era si apre, con una nuova speranza. Anche la Pasqua, come il Natale, era inizialmente una festa soprattutto religiosa, divenuta col tempo un'importante festa dedicata ai bambini.

Come mostrano il suo nome in molte lingue e i riti a essa connessi, la Pasqua possiede profondi significati simbolici in relazione alla nascita, alla rinascita e alla fertilità. I termini tedesco e inglese derivano dal nome della divinità germanica Ostara, dea della primavera e della fecondità. Suo contrassegno era l'uovo e suo messaggero la lepre; fu questa l'origine dell'uovo di Pasqua e della Lepre di Pasqua. L'uovo occupa un posto di rilievo nei miti della creazione di tutto il mondo a significare la nascita e già a partire dal IV secolo ne è attestato il collegamento con le cerimonie pasquali. Nel XII secolo la chiesa cattolica diede la sua legittimazione a tale collegamento introducendo la *Benedictio Ovarum*, la benedizione delle uova, e autorizzandone un uso particolare nelle festività pasquali. Da allora l'uovo ha sempre occupato un posto centrale nella celebrazione della Pasqua, dalla tradizionale corsa delle uova, alla caccia alle uova da parte dei bambini, all'uso di regalare uova riccamente decorate. La lepre, come poi il coniglio, si prestava naturalmente a simboleggiare la fertilità, per la sua nota prolificità. Il primo riferimento in lingua tedesca alla lepre in rapporto all'uovo pasquale risale al 1572, quando peraltro l'usanza era da lungo tempo affermata. Molti riti, in aggiunta al senso comune, attestano la connessione simbolica tra l'uovo e la nascita. Per esempio, tra gli zingari d'Ungheria, c'era l'uso, quando il travaglio era particolarmente doloroso, che un parente entrasse nella stanza dove stava la partoriente e lasciasse cadere sopra di lei un uovo, mentre tutti gli astanti intonavano una canzone che diceva: "L'uovo, l'uovo è tondo / E tondo è il ventre; / Vieni bambino in buona salute! / Dio, Dio ti chiama!"

Tutte le più importanti feste dei bambini (il compleanno, in molti paesi del mondo l'onomastico, Natale, Pasqua), commemorano e celebrano la natività, rassicurando così il bambino sul fatto che la sua venuta al mondo è stato un evento felice, desiderato e atteso con gioia dai suoi genitori e dal mondo intero. Quanto più festosamente celebreremo queste ricorrenze, tanto più nostro figlio si sentirà sicuro di essere amato.

Per raggiungere la sicurezza emotiva, il bambino ha bisogno non solo di sentirsi amato e desiderato, ma anche di sapere che i suoi lati oscuri sono accettati. La tradizionale messa in scena del giorno di san Nicola serve a dare riconoscimento, come abbiamo visto, al fatto che i bambini non possono essere sempre buoni; la stessa funzione svolgevano certe usanze del periodo pasquale, quando veniva dato modo ai bambini di esprimere in qualche misura i loro impulsi asociali. In Inghilterra, nell'Oxfordshire, per esempio, la settimana di Pasqua gruppi di ragazzi e ragazze andavano di casa in casa a chiedere un tributo in cambio di canzoncine pasquali. Se nulla veniva dato, intonavano questa cantilena: "In questa casa abita una cattiva massaia / Venga il diavolo a prenderla con la sua mannaia." E segavano il saliscendi della porta, o riempivano di terra la toppa, o lasciavano qualche altro segno della loro disapprovazione davanti all'uscio.

Un altro giorno usato per dare espressione al lato negativo dell'ambivalenza infantile era il Primo di Aprile, un tempo una delle giornate più allegre del calendario dei giovani, i quali potevano giocare ogni sorta di scherzi agli adulti, che dovevano accettarli con spirito. Oltre al Primo di Aprile, tutta una serie di altre ricorrenze, a seconda delle usanze locali, offriva il destro per dare sfogo all'aggressività e alla ribellione, come il Capodanno, san Valentino, il martedì grasso. La preferita era però la festa di san Nicola. Come abbiamo visto, Pietro il Nero o il Grampus erano espressioni dell'ostilità degli adulti verso i bambini; ma, terminata la visita dei due personaggi, la sera o la notte, bande di ragazzi e ragazze con la faccia dipinta di nero si riversavano chiassosamente per le strade, inseguendo i passanti, imbrattando muri e finestre, e in genere scatenandosi il più possibile. L'usanza, che gli adulti dovevano accettare con buona grazia, era diffusa soprattutto in Olanda. Anche negli Stati Uniti c'era una festa che serviva a celebrare e scaricare ritualisticamente la componente negativa dell'ambivalenza infantile nei confronti degli adulti, anche se con minor grazia e precisione della nostra festa di san Nicola: la notte di Halloween. Halloween è una festa di origine celtica, che si celebrava verso la fine dell'estate ed era connessa con il ritorno delle mandrie dai pascoli estivi e con la riaccensione del fuoco nelle case.

In tempi moderni la festa divenne l'occasione in cui bambini e ragazzi potevano mettere in atto il risentimento contro gli adulti che per tutto il resto dell'anno pretendevano da loro un contegno più civile di quello che potevano o volevano avere. I bambini hanno sempre l'impressione che gli adulti pretendano che siano più educati, più puliti, più ordinati di quel che piace a loro. A Halloween potevano finalmente minacciare gli adulti, come per tutto il resto dell'anno si sentivano minacciati da loro, e metter loro paura, come gli adulti mettevano paura a loro. Era l'unica notte dell'anno in cui potevano imbrattare porte e finestre a loro piacimento; sfogare la rabbia per il rigido controllo delle funzioni fisiologiche imposto loro, devastando i gabinetti; abbattere siepi e recinti per ribellarsi al senso di costrizione: insomma la notte di Halloween bambini e ragazzi potevano coalizzarsi contro il mondo degli adulti che, nel loro vissuto, tutto l'anno era coalizzato contro di loro.

Quello che rendeva Halloween un'esperienza significativa per i ragazzi era la disponibilità degli adulti a entrare nello spirito della festa fingendosi spaventati dalle loro minacce e affrettandosi a rispondere con l'offerta di dolci o denaro alla richiesta: "Scherzetto o dolcetto?" Per una sera, gli adulti dovevano accettare come legittimo l'impulso del bambino a essere "cattivo" e "scatenato"; dovevano cedere alle sue richieste e comportarsi come se ne avessero paura: uno straordinario rovesciamento dei ruoli, il contrario della vita normale. Ed era questo che piaceva tanto ai bambini in Halloween: la solenne ammissione da parte del mondo adulto che anche i bambini hanno il diritto di vendicarsi, il diritto di agire i loro sentimenti negativi. Chiunque non sapesse entrare nello spirito di Halloween, e si rifiutasse di assecondare la bricconeria dei giovani era un guastafeste, come quelli che negavano l'esistenza di Babbo Natale di fronte al bambino che voleva crederci.

E, dopo che tutti gli adulti avevano accettato, anzi reso possibile lo scatenarsi dei bambini, e incoraggiato, nascondendo a stento il divertimento dietro l'espressione di esagerato spavento, i legami positivi tra genitori e figli ne uscivano rafforzati. Halloween diceva ai bambini che, al fondo, nonostante la pretesa di socializzarli, i loro genitori non rifiutavano del tutto il lato negativo dei loro sentimenti; sapevano che esisteva e che bisognava dargli soddisfazione, almeno una volta all'anno. E i figli, liberatisi in quella giornata della loro ostilità, potevano concentrarsi pienamente, nel periodo del Natale, ormai prossimo, sui sentimenti positivi.

Halloween in origine era, come il Natale, una festività religiosa, e, come il Natale, discendeva da un'antica tradizione pagana sulla quale erano stati innestati significati cristiani. Come quelli del Natale, i riti di Halloween affondano le loro radici negli strati più profondi dell'inconscio, dove più intense vivono le nostre emozioni. Babbo Natale rappresenta, come abbiamo visto, le fantasie infantili del genitore benigno dell'età dell'oro, che soddisfa immediatamente tutti i nostri desideri; in un certo senso è anche l'incarnazione della grande madre buona che diede alla luce il bambino. Halloween, invece, rappresenta l'aspetto opposto della nostra ambivalenza di fondo. Dove il Natale simboleggia l'appagamento di tutte le speranze, Halloween esprime le nostre angosce persecutorie. La strega sulla sua scopa, il personaggio centrale di Halloween, è l'incarnazione della cattiva madre, la madre ostile-distruttiva. E il diavolo, una figura che in tutte le sue caratteristiche (il piede caprino, la coda, le corna) simboleggia l'aggressività fallica, rappresenta il padre cattivo. Questa festa offriva dunque a bambini e bambine dai tre anni all'adolescenza un'occasione unica per mettere in atto alcuni dei loro desideri aggressivi e, così facendo, per riconoscerli e anche, in qualche misura, padroneggiarli.

Prima che la festa di Halloween venisse moralisticamente espurgata dei suoi più profondi significati, i bambini avevano la possibilità di conquistare, per una notte, il potere. Travestirsi da strega, da diavolo, da fantasma significa assumersene indirettamente i poteri segreti. L'inseguimento degli adulti in quei travestimenti non era soltanto un gioco; non era soltanto la messa in atto del desiderio di capovolgere i ruoli. Toccava luoghi molto più profondi dell'inconscio, e appagava un primitivo bisogno di identificarsi con quelle forze primordiali. Perché questi strati straordinariamente primitivi della personalità potessero essere esorcizzati, occorreva che i bambini fossero lasciati liberi di scatenarsi per alcune ore, mentre gli adulti badavano a che lo potessero fare senza pericolo.

Quella che fino a una generazione or sono era un'esperienza orgiastica e dunque profondamente catartica si è trasformata oggi in una sfilata in costume. La vera funzione di Halloween è stata negata e rifiutata. Quella che era stata la messa in atto simbolica delle pulsioni più angosciose e distruttive dell'umanità, la loro liberazione della rimozione, è stata oggi totalmente mistificata e "normalizzata". Oggi, tra le famiglie per bene della borghesia, questa rituale evocazione di diavoli e streghe, di tutte le forze oscure dell'uomo, è stata annacquata e ridotta a ben educata raccolta di fondi per le cause più meritevoli, tipo Unicef. Se è così che pretendiamo di rendere esseri civili i nostri figli, negando quanto esiste di forte e selvaggio in loro, non stupisce che alcuni di essi, da adolescenti e da giovani, finiscano per odiare la civiltà, perché la civiltà li ha defraudati di quell'unica notte all'anno in cui potevano dare libero sfogo a un aspetto così importante della loro natura.

Ultimamente, in alcune parti degli Stati Uniti, come in California e a New York, la notte di Halloween hanno preso a mascherarsi da fantasmi e da streghe anche gli adulti, intromettendosi così in quella che era una festa dedicata esclusivamente ai bambini. Con gli adulti che vanno in giro a fare quello che dovrebbero fare loro, ai bambini viene sottratta quell'unica occasione a loro riservata per affermare il proprio predominio. E, giustamente, l'interpretano come una manifestazione di invidia da parte dell'adulto, che perciò ha stravolto il significato della loro festa. Gli adulti che si mettono a festeggiare Halloween, probabilmente non l'hanno potuto fare da bambini; forse erano stati costretti a raccogliere fondi per qualche causa meritoria, invece di scatenarsi e aggredire i grandi, dando per una volta all'anno espressione ai loro impulsi asociali e perciò stesso liberandosene. Allora, da adulti, cercano di rifarsi di quel che hanno perduto da piccoli. Così facendo, però, tolgono ai loro figli la possibilità di farlo.

Lo stesso processo di distruzione dei significati emotivi più profondi di una festa si può rilevare nei cambiamenti avvenuti nel modo di festeggiare il 4 luglio, l'anniversario dell'Indipendenza. Questa è sempre stata una ricorrenza familiare a carattere patriottico, più che una festa dei bambini. Ma, giacché commemorava una rivoluzione, tendeva a essere una celebrazione piuttosto scomposta, sanguigna, che culminava, la notte della vigilia, con lo scoppio di petardi e fuochi d'artificio. Poi, il giorno seguente, ci si poteva concentrare, nei discorsi e nelle cerimonie, su quella che fu la grande conquista della guerra di Indipendenza: la creazione di una nuova forma di governo. Ma ora che si sono eliminati gli aspetti più rudi dei festeggiamenti, è venuta a mancare anche la passione patriottica e civile. Come sempre nella vita, a cancellare il lato negativo dell'ambivalenza umana, si toglie forza emotiva anche al lato positivo.

Il tentativo di estromettere dalle nostre celebrazioni l'ambivalenza, il riconoscimento della compresenza nell'essere umano di lati di luce e di tenebra, facendone delle festicciole carine e civili, ha finito per recidere il loro legame con le sorgenti più profonde dell'esistenza umana, trasformandole in eventi vacui. Come ben sapeva Aristotele, possiamo renderci disponibili per i nostri fini più elevati soltanto se, prima, ci purghiamo delle forze oscure che portiamo dentro. Tale catarsi tradizionalmente aveva luogo attraverso la partecipazione emotiva alla rappresentazione di entrambi i nostri lati, come avveniva nell'antica Grecia, dove la nobilitante tragedia classica era seguita da uno spettacolo di satiri o da una sboccata commedia, e dove esistevano le feste dionisiache, a celebrare il caos. Dando ai nostri figli delle feste emotivamente neutre, abbiamo creato intorno a loro un mondo scipito; un mondo che non riconosce le loro, e le nostre, paure più profonde e aspirazioni più appaganti. E la cosa più triste è che, costruendo intorno ai nostri figli un mondo senza spessore, finiamo per togliere spessore ai loro sentimenti verso di noi, una cosa di cui entrambi soffriamo. Se riuscissimo, invece, a reintegrare la dimensione dell'arcano nel loro mondo, essa potrebbe nuovamente permeare, arricchendolo enormemente, il rapporto tra noi e i nostri figli.

Intento di questo libro è incoraggiare i genitori a riflettere autonomamente su certi aspetti dell'educazione dei figli, nella speranza che gli esempi portati saranno loro di aiuto per trovare una soluzione soddisfacente ai problemi, quali che siano, che potranno incontrare nell'allevare i loro figli. Lo sforzo e la fatica di capire basteranno a renderli dei "genitori passabili", con beneficio loro e dei loro figli. Il genitore passabile avrà sempre presente che concepire, portare in seno e dare alla luce un figlio rappresenta l'evento più meraviglioso della sua vita. E che essere messo al mondo è l'evento più meraviglioso nella vita del figlio. Quanto più genitori e figli sapranno godere insieme, ciascuno a suo modo, di quello che viene dopo: per i genitori crescere un figlio, per il figlio essere cresciuto dai propri genitori, tanto più felice sarà la vita di ciascuno.

Se questo libro saprà dare il suo piccolo contributo nel rendere una realtà questa felicità possibile, avrà conseguito pienamente il suo scopo.

[illegible] [illegible] [illegible] a [illegible] [illegible] [illegible] [illegible] [illegible] [illegible] [illegible] [illegible] [illegible] [illegible] [illegible] di quello per [illegible] alla [illegible] [illegible] [illegible] [illegible] [illegible] [illegible] [illegible] [illegible] [illegible] [illegible] [illegible] [illegible] [illegible] Quanto più [illegible] [illegible] [illegible] [illegible] [illegible] [illegible] per [illegible]

Indice

Parte seconda

Lo sviluppo della personalità individuale

Parte terza

La famiglia, il bambino, la società